学海问津

武汉大学国学院本科生论文集　第四辑

■主编　于亭　■副主编　任慧峰　余婉卉

WUHAN UNIVERSITY PRESS
武汉大学出版社

图书在版编目(CIP)数据

学海问津:武汉大学国学院本科生论文集.第四辑/于亭主编.—武汉:武汉大学出版社,2017.8

ISBN 978-7-307-19532-5

Ⅰ.学…　Ⅱ.于…　Ⅲ.国学—文集　Ⅳ.Z126.27-53

中国版本图书馆 CIP 数据核字(2017)第 188594 号

责任编辑:陈　豪　　　责任校对:李孟潇

出版发行:**武汉大学出版社**　(430072　武昌　珞珈山)

(电子邮件:cbs22@whu.edu.cn　网址:www.wdp.com.cn)

印刷:虎彩印艺股份有限公司

开本:720×1000　1/16　印张:40.25　字数:580 千字　插页:1

版次:2017 年 8 月第 1 版　　2017 年 8 月第 1 次印刷

ISBN 978-7-307-19532-5　　定价:80.00 元

目　　录

明中期以降阳明学与《家礼》之争 ………………………… 姚裕瑞(1)
丰坊《鲁诗世学》"极骂季本"考
　　——兼论明世宗"大礼议"中失势士人心态 ………… 王赫(79)
宋人对杜诗的理解与接受初探 ………………………… 王茹钰(120)
公孙龙"指物论"新解 ………………………………… 杜嫱(172)
《四本论》与魏晋才性论的发展 ……………………… 付子轩(197)
汉代纬书中的五星合聚 ……………………………… 蔡纪风(237)
香泛流酥——魏晋至隋唐时期乳制品考述 ………… 孙博弘(267)
清代嘉道间的学风嬗变再探
　　——以鳌峰书院为中心 ………………………… 段亚彤(299)
"明式衣冠汉式裳"
　　——清初满、汉民族服饰政策考实 ……………… 张爽(352)
阮元《十三经注疏·毛诗注疏校勘记》的学术史考察 … 钟毅(402)
寻"趣"入情
　　——《才子牡丹亭》的情趣化解读探究 ………… 刘东仪(443)
"朝闻道，夕死可矣"章的儒学诠释史 ……………… 金怿菲(471)
传统语文学视阈下的《重刊详校篇海》编撰探析 ……… 谢天(487)
朱珔《文选集释》初探 ……………………………… 程子莹(531)
明清时期朝鲜诗文中的"江南" ………………………… 李好(559)
民国学术中的白居易 ……………………………… 夏雨薇(608)

明中期以降阳明学与《家礼》之争

2012 级　姚裕瑞

摘　要：明中期以降，《家礼》的讨论、实践领域均出现了分歧。以往研究一直视为“民间通用礼”的《朱子家礼》，其实在明代中后期的传播情况非常复杂。在对“情”“礼”关系的认识和表述上，阳明与朱子是有很大差异的。阳明礼观的兴起及其与朱子学者的竞争，一方面，推动了《家礼》主张的突破和重构；另一方面则又代表了一种大众化、经世性的共同趋势。本文从《家礼》争论着手，意欲探讨礼仪实践与学术思想的关系，试图从家礼的层面去呼应明代思想史的一个大的转型。

关键词：《家礼》；阳明学；朱子

一、绪论

傅斯年先生曾提出过一种观点，儒学在近世社会的影响并没有想象的那么大，民间社会内部具有流动性和不稳定性。① 若以这样一种看法来重新审视儒家的礼乐教化问题，我们发现：礼教的传播并不是简单的上行下效、风行草偃，在特定的历史空间和学术脉络

---

① 傅斯年在《中国学校制度之批评》中提过“儒家文化的不安定层”一语，即儒家学说“礼不下庶民”的传统使得经典对下层百姓失去了力量。王汎森曾对此说进行详细的评述，见王汎森：《“儒家文化的不安定层”——对“地方的近代史”的若干思考》，《近代史研究》2015 年第 6 期。王汎森亦认为：明清两代的上层学术对于下层百姓而言太过抽象，太“明其道而不计其功”，故对于重视实效的平民来说处处显示出其不相干性。

中，人们对于礼的认识和实践也会有所变动、产生阻力。这一过程在思想史上的突出表现，便是明代中后期《家礼》争论的盛行。

明中期以降，《家礼》的讨论、实践领域均出现了分歧。质疑、恢复、调和，不同声音的交织和较量，不同文本的改编与落实——以往研究一直视为“民间通用礼”的《朱子家礼》，在明代中后期的传播情况其实非常复杂。而当我们以学术史的角度去审视，这场争论的产生或与学风的转变有关。我们知道，在对“情”“礼”关系的认识和表述上，阳明与朱子是有很大差异的。阳明礼观的兴起及其与朱子学者的竞争，一方面推动了《家礼》主张的突破和重构，另一方面又代表了一种大众化、经世性的共同趋势。从冲突到调和的《家礼》传播过程，或可反映学术流变的整体走向。

本文从《家礼》争论着手，意欲探讨礼仪实践与学术思想的关系，试图从家礼的层面去呼应明代思想史的一个大的转型。笔者所着力解决的问题为：学风流变如何体现于《家礼》的争论中？阳明学者在此过程发挥了怎样的作用？他们的议礼主张能否反映学术思想的痕迹？与明代朱子学者相比又有何对立与相通之处？进一步思考：阳明学者的议礼主张怎样落实为经世的实践？士人大众化、经世化的努力，在民间社会又真正产生了多大的影响？

以往研究对于明代《家礼》传播问题的关注甚多，但据管窥所及，大多停留于对《家礼》“备受推崇”“广泛接受”的笼统表述。① 在“礼下庶民”、化民成俗的前见及预设下，这些说法都在不同程

① 诸如杨志刚、赵克生、陈瑞、伊沛霞、吾妻重二等研究者皆认为：在官方的推崇与民间的刊布下，《家礼》成为了中国近世时期的“民间通用礼”，对明清社会生活造成了极其深远的影响。详见杨志刚：《论朱子家礼及其影响》，《朱子学刊》1994 年第 1 期；杨志刚：《朱子家礼民间通用礼》，《传统文化与现代化》1994 年第 4 期；赵克生：《修书、科图与观礼明代地方社会的家礼传播》，《中国史研究》2010 年第 1 期；陈瑞：《朱熹〈家礼〉与明清徽州宗族以礼治族的实践》，《史学月刊》2007 年第 3 期；Patricia B. Ebrey. Confucianism and Family Rituals in Imperial China：A Social History of Writing about Rites. Princeton：Princeton University Press，1991；［日］吾妻重二：《朱熹〈家礼〉实证研究》，上海：华东师范大学出版社 2012 年版。

度上忽视了《家礼》在传播过程中所遭遇的不同声音。偶有常建华、王志跃等提到“非议”的现象,① 也只是浅显、零碎地一笔带过,未能深入社会背景与学术思想的高度。反而是20世纪90年代初的日本学者,如沟口雄三、伊东贵之、井上徹等明确指出:从朱子学到阳明学这一思想史上的趋势,或者说阳明学中所看到的儒教大众化,“毋宁理解为礼教的渗透化”。② 其注意到了家礼转型与学术流变的互动关系,但不足在于:由于缺乏具体的地域考察与强有力的材料论据,这些观点至今仍停留于零星的想法,或有待证实的推论而已。

近一二十年来,受日本学者“地域社会”方法论的影响,③ 关于明代《家礼》传播的个案研究亦大量涌现。在具体的地域和宗族个案中,④ 诸多学者开始探讨阳明学人的社会事业与他们的思想主张有何关系,一定程度上补充了日本学者的上述“礼教大众化”设

---

① 王志跃:《推崇与抵制:明代不遵循〈朱子家礼〉现象之探研》,《求是学刊》2013年第5期。

② [日]沟口雄三、小岛毅主编:《中国的思维世界》,南京:江苏人民出版社2006年版,第539页。

③ “地域社会”最早由日本学者重田德于20世纪70年代提出,其后宫崎市定、森正夫、沟口雄三等对其有不同程度的运用和发展。近一二十年来,此种理论对中国的明清社会史、宗族史研究影响颇大。其主流观点以为,明中期以降,中国地方社会的基础单位是“乡绅统治”,或者说是“由士大夫和民众共同构成的乡里社会”。参见[日]森正夫:《中国前近代史研究中的地域社会视角》,沟口雄三、小岛毅主编:《中国的思维世界》,南京:江苏人民出版社2006年版;常建华:《旧领域与新视野:从风俗论看明清社会史研究》,《中国社会历史评论》2001年第12卷。

④ 关于《家礼》传播的地域个案,代表性研究成果有:李丰楙《朱子家礼与闽台家礼》、赵克生《修书、刻图与观礼:明代地方社会的家礼传播》、何淑宜《香火:江南士人与元明时期祭祖传统的建构》、刘永华《亦礼亦俗——晚清至民国闽西四保礼生的初步分析》等,皆试图从不同传统的地域脉络中,理解《家礼》普及与传播过程的复杂性与多样性。关于《家礼》传播的宗族个案,代表性成果有:常建华《宋元时期徽州祠庙祭祖的形式及其变化》《明代福建兴化府的宗族祠庙祭祖》、郑振满《宋以后福建的祭祖习俗与宗族组织》、科大卫《祠堂与家庙从宋末到明中叶宗族礼仪的演变》。上述研究皆已发现:不同地域的儒士在践行《家礼》祠堂祭祖仪礼时,直面的不只是《家礼》仪文与国家礼制,更有地方时俗的压力。

想。例如，余英时在《明代理学与政治文化发微》中指出，明中期王学兴起以后，更全面、更彻底地将得君行道的理想转向对社会大众的觉民行道，寻求在乡野间里间的经世济民，可以说在很大程度上实现了宋明两代理学家“化乡”的理想。① 与此相呼应，吕妙芬的《阳明学士人社群：历史、思想与实践》则试图从阳明学派的讲学活动着手，考察讲学过程中士人的教化主张对于地方风俗、社会秩序的破坏与重建作用。② 二书的侧重虽不同，但均反映出一共同的问题意识：即士人的社会实践与争论背后，一定有某种学术思想的支撑。受此影响，学者何淑仪在《香火——江南士人与元明时期祭祖传统的建构》中专列《王学士人的祠堂建设》一章，研究祭祖礼仪与王门士人的关系；③ 张艺曦在《阳明学的乡里实践：以明中晚期江西吉水、安福两县为例》中则专门探讨阳明学“一体”说对于风俗教化、乡约建构等地方工作的影响；④ 左东岭的《王学与中晚明士人心态》、尤淑君的《名分礼秩与皇权重塑：大议礼与嘉靖政治文化》等则关注王阳明的情礼观在明中期“大礼议”中的体现和作用。⑤ 以及随后涌现的一些关于阳明学议礼理念与礼之践行等方面的研究成果，⑥ 似乎都发出这样一种学术信号：如果我们可以证

① 余英时：《明代理学与政治文化发微》，《宋明理学与政治文化》，桂林：广西师范大学出版社 2005 年版。

② 吕妙芬：《阳明学士人社群：历史、思想与实践》，北京：新星出版社 2006 年版。

③ 何淑宜：《香火：江南士人与元明时期祭祖传统的建构》，台北：稻乡出版社 2009 年版，第 255-310 页。

④ 张艺曦：《阳明学的乡里实践：以明中晚期江西吉水、安福两县为例》，北京：北京师范大学出版社 2013 年版。

⑤ 左东岭：《王学与中晚明士人心态》，北京：人民文学出版社 2000 年版；尤淑君：《名分礼秩与皇权重塑：大议礼与嘉靖政治文化》，台北：台湾政治大学历史系 2006 年版。

⑥ 如王汎森：《“心即理”说的动摇与明末清初学风之转变》，台北历史语言研究所辑刊 1994 年；张立文：《论“大议礼”与朱熹王阳明思想的冲突》，《南昌大学学报(人文社会科学版)》1999 年第 2 期；陈力祥：《王阳明崇礼理念与礼之践行思想探析》，《贵州大学学报(社会科学版)》2009 年第 4 期；王宇：《合作、分歧、挽救：王阳明与议礼派的关系史》，《中山大学学报(社会科学版)》2009 年第 6 期。

明，阳明学发端于《朱子家礼》被质疑与突破的历史转折期，那么它究竟是对传统礼教秩序的破坏，还是重构与巩固？其在晚明是与朱子学“礼教”理想“趋于一致的运动”①，还是彻底的分道扬镳？这些问题，还有待于进一步的研究与证实。

相对上述研究，本文的推进在于：不仅着眼于《家礼》传播过程中的争论，且将这种争论置于思想转型和学术流变的脉络中；既关注学术思潮的竞争，又注意这种竞争的变动性，即从对峙走向合流的趋势；既从宏观的角度加以梳理，又以具体的仪节个案和文本个案对比分析。笔者的最终目的不在于就《家礼》而论《家礼》，而是试图以礼争来反观一个时代，勾勒出正变冲突、时俗交互的明代中后期，《家礼》传播的复杂展开及其流变过程。另外，在思想史的解释之余，笔者还以“小传统”的材料加以补充：《家礼》在民间社会的落实情况如何？士人的礼教理想和大众化努力是否真正发挥了作用？而结合大、小传统两种视角下的家礼研究，其结论又会产生何种新见？

本文结构脉络如下：（一）引论。（二）朱子与阳明礼观对比。这是《家礼》之争的理论铺垫。（三）《家礼》争论与学术转型。分三个方面论述：(1)《家礼》争论与阳明士人的关系；(2)争论原因与阳明学思想的痕迹；(3)调和主张与学术合流趋势。这是学风流变在议礼环节的体现。（四）《家礼》实践与文本改造。也分为三方面：(1)阳明士人《家礼》措施的特色；(2)文本个案中的《家礼》改造；(3)大众化与经世性的共同趋势。这是学风流变在执礼环节的体现。（五）余论。在探讨阳明学与《家礼》之争关系的基础上，继续考察《家礼》的民间落实情况，这是本文自然的逻辑引申。若将研究目光下移，士人大众化的努力在民间社会真正实现了吗？当我们以小传统来补注思想史，融通精英文化与乡村实践两种研究思路，又会对儒家传统的礼教观念、上层教化与民间社会的关系、士阶层的分化与下层士人的作用等诸多议题产生何种引申和

① 小岛毅语，见［日］沟口雄三、小岛毅主编：《中国的思维世界》，南京：江苏人民出版社2006年版，第541页。

思考？

二、明代《家礼》之争的理论背景

在对于“礼”的认识和表述上，朱子与阳明是有很大分歧的。二者议礼观的对比，成为《家礼》争论和礼仪实践的理论基础与思想资源。古与今、情与礼、礼与俗——三种冲突贯穿于明人议礼始终，呈现出以情抗礼、简便易行、“一体”经世等思想领域的新趋势。

（一）情礼之辨

朱熹的情礼观集中体现在他对古礼的考订、恢复和践履中：

> 古礼繁缛，后人于礼日益疏略。然居今而欲行古礼，亦恐情文不相称，不若只就今人所行礼中删修，令有节文、制数、等威足矣。古乐亦难遽复，且于今乐中去其噍杀、促数之音，并考其律吕，令得其正；更令掌词命之官制撰乐章，其间略述教化训戒，及宾主相与之情，及如人主待臣下恩意之类，令人歌之，亦足以养人心之和平。①

朱子欲行古礼，囿于时代变迁，古制已扞格难行。在准确考证古礼的基础上，朱子认为，“遽复”自然最好，如不得已，缘情也未为不可。在朱子的情礼体系中，情本质上是为礼服务的，因情不过是为了复礼的权宜之计。无论是编纂《仪礼经传通解》，还是参酌古礼编修《家礼》，朱子都一再强调“礼乐器数”的重要性：

> 古者礼乐之书具在，人皆识其器数，却怕他不晓其义，故

① （宋）黎靖德辑：《朱子语类 · 论考礼纲领》，朱杰人等编：《朱子全书》第17册，上海：上海古籍出版社、合肥：安徽教育出版社2002年版，第2877页。

教之曰："凡音之起，由人心生也。"又曰："失其义，陈其数者，祝、史之徒也。"今则礼乐之书皆亡，学者却但言其义，至于器数，则不复晓，盖失其本矣。①

"器数"为本，"礼义"只是第二义的。行礼虽不可"泥古"，但要"识得大纲"，"理会大本大原"，② 即遵守一定的礼仪标准和度数规范。缘情绝不是要抛弃古礼，晓义也断不可"遽以义起"。

与朱子不同，王阳明的情礼观则体现在他对"良知"的阐述中：

盖天下古今之人，其情一而已矣。先王制礼，皆因人情而为之节文，是以行之万世而皆备。其或反之吾心而有所未安者，非其传记之讹阙，则必古今风气习俗之异宜者矣。此虽先王未之有，亦可以义起，三王之所以不相袭礼也。若徒拘泥于古，不得于心，而冥行焉，是乃非礼之礼，行不著而习不察者矣。后世心学不讲，人失其情，难乎与之言礼！然良知之在人心，则万古如一日，苟顺吾心之良知以致之，则所谓不知足而为屦，我知其不为蒉矣。③

情是本原，是礼的内核，礼只是情的发用和外现。情可与良知相配，而"良知只在声色货利上用功"④，即人情就是良知，良知

① （宋）黎靖德辑：《朱子语类·乐记》，朱杰人等编：《朱子全书》第17册，上海：上海古籍出版社、合肥：安徽教育出版社2002年版，第2972页。

② （宋）黎靖德辑：《朱子语类·论考礼纲领》，朱杰人等编：《朱子全书》第17册，上海：上海古籍出版社、合肥：安徽教育出版社2002年版，第2879页。

③ （明）王阳明：《寄邹谦之》，吴光等编校：《王阳明全集》，上海：上海古籍出版社2014年版，第225页。

④ 王阳明明确提出，"今时同志中，虽皆知得良知无所不在，一涉酬应，便又将人情物理与良知看作两事，此诚不可以不察也"，即视人情与良知为一回事，要求学人不要把人情与良知分开。参见（明）王阳明：《答魏师说》，吴光等编校：《王阳明全集》，上海：上海古籍出版社2014年版，第242页。

不离人情。在阳明眼中，因情的目的不是“复礼”，而是“得于心”“安于心”“顺吾心”“致良知”的内在需要。“酌量利害之多寡，审察人情之顺逆，务求公私两便”，① 阳明的良知说为其情本论找到了合理性的依据。

显然，在情礼关系的表述中，朱熹与阳明虽均认可“缘情”，但二者的体用关系与重视程度却有本质的差异。从礼本情末到情本礼用，情礼关系的颠倒，代表了明代礼学思想的一种重新取向。这一新的情礼观，阳明曾用“规矩”与“方圆”来比喻：

> 礼之于节文也，犹规矩之于方圆也。非方圆无以见规矩之所出，而不可遂以方圆为规矩。故执规矩以为方圆，则方圆不可胜用。舍规矩以为方圆，而遂以方圆为之规矩，则规矩之用息矣。故规矩者，无一定之方圆；而方圆者，有一定之规矩。此学礼之要，盛德者之所以动容周旋而中也。②

“礼”即礼的内涵，“节文”即外在规范。方圆出于规矩，正如礼本于心；没有规矩不成方圆，没有人情，节文亦将无所倚据；规矩没有一定之方圆，正如礼仪条文会因时而变，但情理人心却是古今如一的；规矩虽要变为方圆，礼义虽然无法自现，节文固然不可或缺，但断不可认为规矩就是方圆，即不能以外在的礼制条文来代替内心的道德本性与真正的礼的精神。

（二）对“克己复礼”的不同解读

朱、王情礼观的分歧，根植于心、性、理、欲等核心概念的理解差异。阳明弟子邹守益曾在《论克己复礼章》中言：

---

① （明）王阳明：《批广州卫议处哨守官兵呈》，吴光等编校：《王阳明全集》，上海：上海古籍出版社 2014 年版，第 1210 页。

② （明）王阳明：《礼记纂言序》，吴光等编校：《王阳明全集》，上海：上海古籍出版社 2014 年版，第 272 页。

先师之言曰：心之本体，原只是天理，原无非礼。①

颜子克己复礼一章，是圣门传授正脉……今以非礼为己之私则可，以己为私欲则不可。己既为私欲矣，则礼安顿在何处？又从何处得复礼也者？……曰恭己，曰正己，曰求诸己，未有以己为私欲者。本章所指为仁由己，正靠此翁作主宰。②

此说点明了朱、王二人对于“克己复礼”的不同理解。从文字表面看：朱子训“己”为“私欲”，“克己复礼”就是克胜己心之私欲，以外在的礼仪规范与道德理性约束内心的情感欲望；阳明则训“己”为“心之本体”，“克己复礼”就是充分扩充自我良知以达到原非无礼的状态，心体纯粹至善，礼仪人心本有，条文只是引导了人情的自然流露而已。

二者的解读为何会有如此的差异？朱子与阳明都强调“礼即理”，但对“理”这一哲学概念的解释不同。朱子之“理”，是外在于心的宇宙本体，“礼”即是合乎这一本体的最高原理，是“一理”在具体人伦规则上的分殊和外现，是“事父之孝，事君之忠，交友之信，治民之仁”③等伦理道德规范。而阳明之“理”，却“根于心而一本者”④，“理”只是过渡到本体层面“心”的一个中间环节。“天命之性具于吾心，其浑然全体之中，而条理节目森然毕具，是故谓之天理。天理之条理谓之礼”，⑤ 心外无礼、吾心即礼，礼与

① （明）邹守益：《论克己复礼章》，董平编校：《邹守益集》，南京：凤凰出版社2007年版，第740页。

② （明）邹守益：《复古答刘让甫问四条》，董平编校：《邹守益集》，南京：凤凰出版社2007年版，第764-765页。

③ 《传习录》：“爱曰：‘如事父之孝，事君之忠，交友之信，治民之仁，其间有许多理在，恐亦不可不察。’先生叹曰：‘此说之蔽久矣，岂一语所能悟？今姑就所问者言之。’”

④ （明）王阳明：《博约说》，吴光等编校：《王阳明全集》，上海：上海古籍出版社2014年版，第297页。

⑤ （明）王阳明：《博约说》，吴光等编校：《王阳明全集》，上海：上海古籍出版社2014年版，第297页。

“心”、与“良知”、与“天命之性”一一打通。以心解礼的思路，使得阳明之“礼”具有了自然之情的内涵，一定程度上消解了对外在规范的刻意索求和过分执著。

在对“心”的理解上，朱子认为：“心统性情”，人心与道心、天命之性与气质之性二分；故人不及天，人心并非纯然无欲，“克己复礼”就是要以道心来统领人心，以先验的道德理性来主宰先天气质上的不足。二元的心性论决定了朱子必然强调对于“私欲”的控制和约束。而阳明则不然：

> 所谓汝心，却是那能视听言动的，这个便是性，便是天理。有这个性才能生。这性之生理便谓之仁。这性之生理，发在目便会视，发在耳便会听，发在口便会言，发在四肢便会动，都只是那天理发生，以其主宰一身，故谓之心。这心之本体，原只是个天理，原无非礼，这个便是汝之真己。①

阳明之“心”纯粹至善、毫无私欲，它是天命之性的着落点，亦是礼仪道德的安顿处；吾性自足，“汝心”可以自我发动、自然流露，根本无需外在条文的约束，便能从容中礼、随心所欲。故阳明一再强调“正心修礼”“以德习礼”,② 学者须在“礼之本原上用功”，“尽性则动容周旋中礼”③。所谓“尽性”，即强调道德良知的

---

① (明)王阳明：《传习录上》，吴光等编校：《王阳明全集》，上海：上海古籍出版社2014年版，第41页。

② 阳明有言：“欲修身，便是要目非礼勿视，耳非礼勿听，口非礼勿言，四肢非礼勿动。要修这个身，身上如何用得工夫？心者身之主宰，目虽视而所以视者心也，耳虽听而所以听者心也，口与四肢虽言动而所以言动者心也，故欲修身在于体当自家心体，当令廓然大公，无有些子不正处。主宰一正，则发窍于目，自无非礼之视；发窍于耳，自无非礼之听；发窍于口与四肢，自无非礼之言动：此便是修身在正其心。然至善者，心之本体也。心之本体，那有不善？”参见(明)王阳明：《传习录下》，吴光等编校：《王阳明全集》，上海：上海古籍出版社2014年版，第135页。

③ (明)王阳明：《礼记纂言序》，吴光等编校：《王阳明全集》，上海：上海古籍出版社2014年版，第272页。

重要性，将修身之本归为修心，从正心入手，以本心发明良知，通过内心“自然之礼”的体认与扩充，最终达到心理合一、“动容中礼”的圣人境界。换句话说，阳明“克己复礼”的工夫，就是“修身”，即“修心”、也即“致良知”的道德修养工夫。

简单概括这种区别：朱子侧重礼的约束作用，即“以礼治情”的一面，因而更强调礼文的规范性与权威性；阳明则看重礼的引导作用，即“礼顺人情”的一面，因而更强调礼意的自发性与人心的主体性。《礼记·礼运》所谓“圣王修义之柄，礼之序，以治人情。故人情者，圣王之田也；礼也者，义之实也”①；情、礼之间的关系是双向的，“以礼治情”与“礼顺人情”，作为古礼精神之两端，在不同历史时期和思想体系中会有所偏重和取舍。故上文“情礼之辨”，毋宁理解为“礼文”与“礼意”，即礼的外在条文与内核精神的冲突与转型。阳明的真正用意在于，警惕仪文末节的放任自流与规范条章的僵硬刻板，重新发现内心的道德情感和真正的礼的精神内涵。

（三）“至善”与“一体”

在朱、王的情礼体系中，又有作为中国哲学“境界论”的表述。如果说宋明理学家的主要目标都是“合理秩序的重建”②，对于这种秩序的设计与建构的方式却颇有不同。朱子曾数次提到《大学》中“至善”一词的理解：

> 至善，则事理当然之极也。③
>
> 是其所以得之于天而见于日用之间者，固已莫不各有本然一定之则，程子所谓“以其义理精微之极，有不可得而名”者，

① （清）阮元校刻：《礼记正义》，《十三经注疏》清嘉庆刊本，上海：上海古籍出版社1997年版，第1426页。

② 余英时语。参见余英时：《士与中国文化》新版自序，上海：上海人民出版社2013年版，第3页。

③ （宋）朱熹：《大学章句》，《四书章句集注》，北京：中华书局2010年版，第3页。

故姑以“至善”目之。①

问至善。先生云：“事理当然之极也”。“恐与伊川说‘艮其止，止其所也’之义一同。谓有物必有则，如父止于慈，子止于孝，君止于仁，臣止于敬，万物庶事莫不各有其所。得其所则安，失其所则悖。所谓‘止其所’者，即止于至善之地也。”曰：“只是要如此……但其间节目，须当讲学以明之，此所以读圣贤之书，须当知他下工夫处。”②

朱子主张在“事理”之上言“至善”。所谓“事理”，指一事之“节目”，即父慈、子孝、君仁、臣敬等儒家传统的名教伦理原则。事理既在我心之外，万事万物各有“本然一定之则”，故至善的达至，必须通过外在的读书、学习、隆礼以得之。

阳明也谈“至善”，但与朱子不同，阳明的至善倾向于心中的体悟与证得：

知止者，知至善只在吾心，元不在外也，而后志定。③

天命之性，粹然至善，其灵昭不昧者，此其至善之发见，是乃明德之本体，而即所谓良知也。至善之发现，是而是焉，非而非焉，轻重厚薄，随感随应，变动不居，而亦莫不自有天然之中，是乃民彝物则之极，而不容少有议拟增损于其间也……后之人惟其不知至善之在吾心，而用其私智以揣摸测度于其外，以为事事物物各有定理也，是以昧其是非之则，支离决裂，人欲肆而天理亡，明德、亲民之学遂大乱于天下。④

---

① （宋）朱熹：《大学或问上》，《四书或问》，上海：上海古籍出版社、合肥：安徽教育出版社 2001 年版，第 5 页。

② （宋）黎靖德辑：《朱子语类》，朱杰人等编：《朱子全书》第 14 册，上海：上海古籍出版社、合肥：安徽教育出版社 2002 年版，第 442 页。

③ （明）王阳明：《传习录上》，吴光等编校：《王阳明全集》，上海：上海古籍出版社 2014 年版，第 28 页。

④ （明）王阳明：《亲民堂记》，吴光等编校：《王阳明全集》，上海：上海古籍出版社 2014 年版，第 280 页。

以此纯乎天理之心，发之事父便是孝，发之事君便是忠，发之交友治民便是信与仁，只在此心去人欲、存天理上用功便是。……若只是那些仪节求得是当，便谓至善，即如今扮戏子，扮得许多温凊奉养的仪节是当，亦可谓之至善矣。①

在阳明看来，天理吾心本有，良知本自具足，无需名分礼教，唯明吾心之“诚孝”“深爱”足矣。阳明批评朱子的揣摩于外、“支离决裂”，指出“仪节求得是当”与此心“纯乎天理”的区别，明确提醒世人：若一心只求仪节的精密无误，难免流于形式、徒务虚文；只有“成就自家心体”，才能“自然有发而中节之和”②。在此基础上，他热情描绘了这种“行必以礼”的“至善”境界：

行必以礼，而不戾其所存，动必以正，而不失其所养，则是动静不违，而身无不修矣。③

和融莹彻，充塞流行，动容周旋而中礼，从心所欲而不逾，斯乃所谓真洒落矣。是洒落生于天理之常存，天理常存生于戒慎恐惧之无间。④

天理常存，万物为一，阳明至善论的背后有明显“一体”思想的痕迹。既然“至善”的达至需要良知之心的扩充，圣人之心便是以天地万物为一体，只要每一个人都能充盈本心、亲民爱物，人心即可自作天地鬼神之主宰。在继承张载“民吾同胞，物吾与也”和程颢“仁者浑然与物同体”的基础上，阳明进一步指出：

---

① （明）王阳明：《传习录上》，吴光等编校：《王阳明全集》，上海：上海古籍出版社 2014 年版，第 4 页。

② （明）王阳明：《传习录上》，吴光等编校：《王阳明全集》，上海：上海古籍出版社 2014 年版，第 24 页。

③ （明）王阳明：《山东乡试录·四书》，吴光等编校：《王阳明全集》，上海：上海古籍出版社 2014 年版，第 928 页。

④ （明）王阳明：《答舒国用》，吴光等编校：《王阳明全集》，上海：上海古籍出版社 2014 年版，第 212 页。

> 夫人者，天地之心，天地万物本吾一体者也。……良知之在人心，无间于圣愚，天下古今之所同也，世之君子唯务其良知，则自能公是非，同好恶，视人犹己，视国犹家，而以天地万物为一体，求天下无治，不可得也矣。①

与朱子批评“一体”的态度相反，② 阳明把“万物一体为仁”的思想发展至极致。③ “至善”的达至要求物我一与，成圣不单单是心性的彻悟，还须与人伦日用相接、与族人庶民一源、与修谱合祠相证。“至善”与“一体”的思想被阳明后学接受、利用，在下文的《家礼》论争中会反复提及。一体说下的家族论具有了平民化的特征，成为明人议礼主张与家族实践的一大理论支持。

明世宗时期的“大礼议”，是朱、王礼观分歧的一个例证。围绕“继统”还是“继嗣”的礼仪形式，嘉靖前后，以杨廷和为首的“维

① (明)王阳明：《传习录中》，吴光等编校：《王阳明全集》，上海：上海古籍出版社 2014 年版，第 89-90 页。

② 朱熹虽尊二程，但在评价《识仁》篇时却说：“如明道这般说话极好，只是说得太广，学者难入。”朱熹担心一体说可能流于“认物为己”“认欲为理”的弊害，因此《近思录》中不收此篇，朱子也极少引用“万物一体”“与物同体”等字句。参见(宋)黎靖德辑：《朱子语类·乐记》，朱杰人等编：《朱子全书》第 16 册，上海：上海古籍出版社、合肥：安徽教育出版社 2002 年版，第 1951 页；陈来：《论宋代道学话语的形成和转变——论二程到朱子的仁说》，《中国近世思想史研究》，北京：商务印书馆 2003 年版，第 52-109 页；张艺曦：《阳明学的乡里实践：以明中晚期江西吉水、安福两县为例》，北京：北京师范大学出版社 2013 年版，第 79 页。

③ 明人罗洪先曾指出两代一体说发展的轨迹以及相承相异之处：“夫万物一体之义，自孔门仁字发之，至宋明道始为敷绎，其后《西铭》一篇，程门极其称羡，自是止以文义视之，微先生(按：指王阳明)，则孔门一脉几于绝矣，故尝以为先生一体之说，虽谓发千古之秘亦可也。”见(明)罗洪先：《念庵文集·跋阳明先生与双江公书》，《景印文渊阁四库全书》第 1275 册，台北：“商务印书馆”1986 年版，第 22 页；张艺曦：《阳明学的乡里实践：以明中晚期江西吉水、安福两县为例》，北京：北京师范大学出版社 2013 年版，第 79-80 页。

礼派”和以张璁为首的“议礼派”展开较量，除政治争权的考量外，这场冲突还代表了学术思想的一次正面交锋。① 执守于程朱官学的维礼士人主张“礼治人情”，以古礼“尊尊”之义对传统祭祀礼制进行辩护；而代表着新兴阳明学术的议礼士人却强调皇帝孝情的申发，② 认为“亲亲”胜于“尊尊”。议礼士人对于祭祀礼制的突破，正是以“礼本人情”为理据，将阳明心学当做立论的基础与思想的武器，黄宗羲所谓“阳明所谓‘心即理’也，正在此等处(按：指‘大礼议’)见之”③，即是其证。“大礼议”与本文所要讨论的家礼之争，虽内容殊异、对象有别，但思想基础与理论关怀实无本质不同，或可视为明代家礼争论的一个上层的背景。

总而言之，朱、王礼观之分歧，无非三方面的内容——古与今、情与礼、礼与俗。从崇礼到重情、从泥古到随今、从条文到变通，三种冲突贯穿于明人议礼始终，也代表了明代礼学发展的基本转向。其一，“以情抗礼”，即注重内心自然之礼而忽视外在节文规范的趋势；其二，“一体”理论下礼仪大众化、简易化与经世性的趋势，即阳明“敦典崇礼，务在躬行”④“必使人情乐从，庶几事

① 参见欧阳琛：《王守仁与大礼议》，《新中华》1949 年第 12 卷第 7 期；邓志峰：《谁与青天扫旧尘——“大礼议”思想背景新探》，《学术月刊》1997 年第 7 期；张立文：《论“大礼议”与朱熹王阳明思想的冲突》，《南昌大学学报》1999 年第 2 期。

② 议礼派与王阳明渊源颇深，如方献夫、黄宗明、席书等本身即为阳明弟子，而张璁等人虽与阳明交往不深，却也倾心王学，其议礼主张受到了阳明心学的影响。参见张立文：《论“大礼议”与朱熹王阳明思想的冲突》，《南昌大学学报》1999 年第 2 期，第 67-69 页。

③ 欧阳琛也认为：“考赞礼诸臣之思想渊源，多为姚江王门高弟，则此一新旧士大夫集团之政争，实与当时新兴王学及正统朱学之对立有关，此又欲明大礼议之思想背景者不可不知也。”参见(清)黄宗羲著，沈芝盈点校：《明儒学案 · 浙中王门学案四》，北京：中华书局 1985 年版，第 296 页；欧阳琛：《王守仁与大礼议)》，《新中华》1949 年第 12 卷第 7 期。

④ (明)王阳明：《陈处士墓志铭》，吴光等编校：《王阳明全集》，上海：上海古籍出版社 2014 年版，第 1022 页。

功易集”之谓。① 明代士人对于《家礼》或遵循、或质疑、或调和、或突破的所有论述，无一不在此三种冲突、两种趋势的范围内进行。

在下文中，笔者所要思考的问题是：这三种冲突、两种趋势如何具体体现在对《家礼》的争论和实践中？王门后学对阳明“礼”的论述有何发展？又如何印证、实践所学？换句话说，在明代情礼关系的转型中，阳明思想究竟发挥了多大的作用？与明代的朱子学又产生了怎样的互动？这一系列问题，只有深入具体的《家礼》传播和礼教下渗的过程中，我们才能理解一门学术、一种思想趋势的真正展开、发展和完成。

三、《家礼》之争与学术转型

在明代纷繁复杂的《家礼》讨论中，学术背景和思想主张的影响颇为明显。阳明学的兴起及其在情礼关系上的运用，推动了《家礼》主张的突破和重构；但就礼仪的大众化与经世性而言，又呈现出学术发展的共通之处。走向下层的时代潮流是一致的，只是在具体的“礼”的建构和调整方式上，王学士人具有了新意。

（一）《家礼》主张的归类呈现

明人极崇朱子学，“（永乐中）颁《文公家礼》于天下”②，但在这样一种普遍“述朱”的学术与文化氛围中，却出现了争论《家礼》的异调新声。士人对于《家礼》的态度，笔者将其归纳为“质疑”与“恢复”两种声音，从中或可看到学风转变的大致走向。以下分别进行考订。

1. “质疑”——阳明士人的《家礼》突破

阳明士人对于《家礼》有明显的质疑倾向。弘治学人倪宗正

① （明）王阳明：《议处添设县所城堡巡司咨》，吴光等编校：《王阳明全集》，上海：上海古籍出版社2014年版，第1206页。

② （清）张廷玉等撰：《明史》，北京：中华书局1974年版，第1224页。

(约公元1514年前后人)反对将《家礼》作为唯一不变的礼仪标准，以为时人修家谱，当“多采摭《家礼》《仪礼》等篇及诸儒议论”①。同时期的学者王廷相(1474—1544)亦有言：“《家礼》本之《书仪》，或者缘此而误”，“若以《仪礼》及《家礼》祭仪论之……似为过重”②。质疑《家礼》极为明显。在倪、王二人眼中，《家礼》乃朱熹斟酌删节古人礼仪而成，故去取只能代表朱子个人观点，却绝不能视为绝对权威、完美无误之准则。时人还有质疑《家礼》之完整性者，如夏时正(1412—1499)“以《朱子家礼》为未成之书”③，邓元锡(1529—1593)所谓“(《家礼》)顾成而逸，未及再订，后虽刊布，时有学者，亦不能无遗憾焉”④。甚至还有对《家礼》之注解发出异议的。⑤ 虽然上述批评还略显朴素、零碎，但士人突破《家礼》、解放思想之势，已呼之欲出。

① 倪宗正，浙江余姚人，弘治十八年(1505)进士。其人与王阳明交好，浙中王门的代表人物钱德洪曾受学于其门下。参见(明)倪宗正：《倪小野先生全集》，《四库全书存目丛书》集部第58册，济南：齐鲁书社1997年版，第454页。

② 王廷相，世称浚川先生，河南仪封人。其学既批评朱熹的理气论，亦不满于白沙、阳明心学，学术主张比较独立，黄宗羲《明儒学案》谓“先生主张横渠之论理气”，应为明代理学“主气论”一派的代表。参见(明)王廷相：《王氏家藏集》，《四库全书存目丛书》集部第53册，济南：齐鲁书社1997年版，第170-247页。

③ (明)杨守址：《碧川文选》，《四库全书存目丛书》集部第42册，济南：齐鲁书社1997年版，第112页。

④ 邓元锡，人称“潜谷先生”，在《明儒学案》中被列入《江右王门学案》，学术思想渊源于王守仁，曾受学于邹守益、刘邦采等江右学者门下。黄宗羲谓其“(邓)杂著，近世‘心宗’盛行说者，无虑归于禅乘”。参见(明)邓元锡：《家礼诠补序》，明万历三十八年(1610)王玉其等刻本，现藏中国科学院图书馆；(清)黄宗羲著，沈芝盈点校：《明儒学案·江右王门学案九》，北京：中华书局1985年版，第564页。

⑤ 杨廉有言：“《朱子家礼》一书，后人增附大多，愈繁愈乱。”参见(明)杨廉：《杨文恪公文集》，《续修四库全书》集部第1333册，上海：上海古籍出版社2013年版，第85页。

延及正德、嘉靖时期①，士人的质疑更加深入、具体。与上述笼统、单纯地批评《家礼》不同，此时的质疑，更多地表现为对某种具体礼制仪节“不合时俗”的反思。王阳明在《寄邹谦之》其三中有云：

> 或问：《文公家礼》高、曾、祖、祢之位皆西上，以次而东，于心切有未安。阳明子曰：古者庙门皆南向，主皆东向，合祭之时，昭之迁主列于北牖，穆之迁主列于南牖，皆统于太祖东向之尊。是故西上，以次而东。今祠堂之制既异于古，而又无太祖东向之统，则西上之说诚有所未安。曰：然则今当何如？曰：礼以时为大。若事死如事生，则宜以高祖南向，而曾、祖、祢东西分列，席皆稍降而弗正对，似于人心为安。②

祠堂规制既今古不同，祭祖位次亦当随时而变通。“礼以时为大”的态度，透露出阳明对死板遵依《家礼》、置时制于不顾者的不满与批判。像王阳明这般针对具体仪节，以时制人情为导向，有理有据且能自圆其说的《家礼》质疑，在明代中后期并不鲜见。“省牲”与“戒杀”即又为一例。《家礼·祭礼》强调“省牲”之礼，即由主人亲自监督宰杀祭祀用的牲口，这是儒家“血亲”传统在《家礼》中的遗留。然而明人屠隆(1542—1605)却以为，《家礼》“血食而不茹素”实是“王政之不及”，乃“仁义道德之一缺”。③ 王门后学的另

① 关于明代中期社会转型的起始时间和历史分期问题，学界众说纷纭。笔者采取陈宝良先生的研究成果，认为明代社会、文化发生变化应滥觞于成化、弘治时代，而真正的形成乃在正德年间。详见陈宝良：《明代社会转型与文化变迁》，重庆：重庆大学出版社 2014 年版，第 2 页。

② (明)王阳明：《寄邹谦之》，吴光等编校：《王阳明全集》，上海：上海古籍出版社 2014 年版，第 226 页。

③ 屠隆，字长卿，一字纬真，浙中鄞县人，其思想受到阳明心学与佛学的共同影响。参见(明)屠隆：《栖真馆集》，《续修四库全书》集部第 1360 册，上海：上海古籍出版社 2013 年版。

一代表人物管志道(1537—1608)亦云："设有足父生平不戒杀，而临终悔杀，或又遗言戒杀，则义在顺志，不在备物。虽违少牢特牲馈食之礼，何害焉?"①在"戒杀"与"生生"的佛道习俗面前，《朱子家礼》不再无法撼动，宗法古制亦可随之妥协。

类似的质疑还体现于《家礼》四礼的方方面面：冠服礼制中，《家礼》"襆头公服"、深衣缁冠等在明人看来"难晓不传"的服制，遭到了永嘉学人王叔杲(1517—1600)的质疑；② 祭祖问题上，《家礼》"祠堂之制，止列四亲"等明代已不合时宜的仪节，受到了王门后学曾维伦(1595 年前后在世)的驳斥；③ 丧葬礼仪中，《家礼》"葬用柔日""孤哀分父母"等在明人眼中有悖人情的做法，被明末学人吕坤(1516—1638)大加批判。④ 质疑之声亦落实于实践中：安徽王门士人赵釴(约 1556 年前后在世)变通《家礼》，采用俗节，奉祀始祖，举行合祀；江右王门代表刘元卿(1544—1609)远酌礼经，近依律例，自撰礼律，用梓以行；浙江阳明后学许相卿(1479—

① (明)管志道：《从先维俗议·仰稽〈大明集礼〉合〈仪礼〉及朱子之〈家礼〉以订四大礼议》，《四库全书存目丛书》子部第 88 册，济南：齐鲁书社 1995 年版，第 368-369 页。

② 王叔杲，浙南永嘉人。浙南学术在明代虽未形成王门地域流派，但永嘉王叔杲、王叔果等因与阳明弟子交好，实与阳明学术有很深的瓜葛，可以视为浙南王学的代表。王叔杲在《家礼要节·冠礼》中谓："《家礼》用襆头公服，今制不可用，拟以生员儒巾、蓝衫、皂丝绦、皂靴加之。"参见(明)王叔杲：《家礼要节》，隆庆五年(1571)刻本，现藏国家图书馆。

③ 曾维伦，江西乐安人，王门后学，四库馆臣评价其"学出姚江，与焦竑、李材、罗汝芳等共阐良知之旨"。曾维伦曾驳斥《家礼》"四亲之祭"："然高祖而上不得祭矣，宁无遗焉者乎？程夫子乃教冬至有始祖祭，立春有先祖祭……斯礼也，余族世行之至今。"参见(明)曾维伦：《来复堂遗集·琴源杨氏重修祠堂碑记》，《四库全书存目丛书》集部第 169 册，济南：齐鲁书社 1997 年版，第 348-349 页。

④ 吕坤字叔简，宁陵人，万历甲戌(1574)进士。其学驳正程朱、陆王两家，自成一体，独具一格。自谓"近日学问，不归陆则归朱，不攻陆则攻朱。假设推尊两家，是于陈卷中多添故纸；驳正两家，是于聚讼中起灭官词。"参见(明)吕坤：《去伪斋文集·答姜养冲》，《四库全书存目丛书》集部第 161 册，济南：齐鲁书社 1997 年版，第 124 页。

1557)“自我作主”，“另立大宗”，祠堂祭祖皆照搬阳明家制，而与朱子不同。① 当然还有对《家礼》诸多不满的吕坤，亦违众立异、大胆创新，将扞格之处全部汇为《四礼疑》《四礼翼》二书，使得四库馆臣一再慨叹坤“不知古礼”，“遽议经文”，“好用臆说”。

在上述质疑声中，我们发现，这些质疑者的学术背景：或出于王门，或与王学交好者，或自身就是反理学的斗士。在《家礼》被拉下神坛的过程中，阳明士人群体的作用尤其不可小觑。可以说，《家礼》地位的下降，正伴随着明中期以降朱子学权威的下滑。而诸如王守仁、刘元卿、管志道等一批心学大儒，出于一定学派立场，尤其是对抗程朱官学的考虑，他们对《家礼》的批判往往更为大胆，也更加自觉地与朱子学划开界限。从这个意义上来说，《家礼》之争从一开始就带有某种学派竞争的意味。

2. “恢复”——朱子学者的重建主张

明中后期士林中又存在着另一种声音——恢复、重建《家礼》的呼声。与质疑针锋相对，部分学者对于《家礼》近乎固执的坚持，可视为明代朱子学者某种程度上的反击和回应。

浙东程朱学人谢铎(1435—1510)曾对“以中为上”的祭祖时制不满，认为应遵照《家礼》、“以右为尊”，才可拯救宗法伦序的混乱无章。② 泰和朱子学者杨士奇(1366—1444)曾痛心于丧祭习俗的简陋溺弊，认为只有兴《家礼》、建祠堂，才能对世道人心发挥作用。③ 嘉靖二十四年(1545)，礼科给事中查秉彝针对风俗趋奢、盗贼横行的现象铿锵陈词，“欲天下太平，在息盗贼；欲息盗贼，

---

① 许相卿，字伯台，浙江海宁袁花人，正德十二年(1517)进士，因听闻阳明之说，趁着归乡待官期间，曾亲往会稽向王阳明问学。参见(明)许相卿：《许氏贻谋四则》，《续修四库全书》子部第938册，上海：上海古籍出版社2013年版。

② (明)谢铎：《桃溪净稿·重录祭礼仪注序》，《四库全书存目丛书》集部第38册，济南：齐鲁书社1997年版，第341页。

③ 杨士奇谓：“盖士大夫溺于习俗，安于简陋。朱子以庙非赐不得立，遂定祠堂之制，于是重水木本源者，皆得伸其追远报本之诚矣。然世遵用之者犹鲜，盖非敦仁尚礼之君子不能也。……祠堂者，知礼复古之为，其系于人心世道非细故也，其可无记?”参见(明)杨士奇：《东里诗集·茨溪刘氏祠堂记》，《四库全书》第1238册，上海：上海古籍出版社1987年版，第371页。

在保善良，在明礼制”，将《家礼》看成解决时弊的良方。① 理学大家罗钦顺(1465—1547)亦有言：

> 礼之行于家者，惟祭为重，所以报本而追远也。此人道之大端，孝子慈孙之至情也。去古虽远，遗经尚存，制度仪文犹有可考。而因陋就简，其来已非一日，虽贵极卿相，有家庙者亦云鲜矣。知礼之君子，盖深病之，于是乎祠堂之制起焉。其为制也，盖参酌古今之宜而通乎上下者也。是故家有祠堂，则神主有所藏，人心有所系，昭穆有序，尊亲并隆，仁让之兴未必不由乎此，其有裨于风化岂小哉。②

《家礼》不仅仅是一纸条文、行为准则，更是为人之道、有家之本，甚至纪纲始终以安天下的治世良药。作为与王阳明分庭抗礼的“江右大儒”，③ 罗钦顺对《家礼》祠堂制度的执守，除了学派辩护的需要，很大程度上源于对社会现实的深刻担忧。建祠不仅是为了祭祖、聚会或办理族务，更重要的是利用宗族的力量来维持地方秩序，拯救衰败的世道与时风。事实上，明中叶以降，尤其是嘉靖以后，随着朱子学地位的下降和多元文化思想的竞争，诸多学者普遍感到了学术的危机及随之而来的风俗颓敝。在晚明朱子学者眼中，“社会秩序”④的剧烈变动和对固有等级、礼法的破坏，使佛

① (明)俞汝为辑：《荒政要览》，《续修四库全书》史部第846册，上海：上海古籍出版社2013年版。

② (明)罗钦顺：《整菴存稿·泰和山东王氏祠堂记》，《四库全书》第1261册，上海：上海古籍出版社1987年版，第1250页。

③ 《明史》所谓“时天下言学者，不归王守仁，则归湛若水，独守程、朱不变者，惟柟与罗钦顺云”。参见(清)张廷玉等撰：《明史·儒林传》，北京：中华书局1974年版，第7244页。

④ “社会秩序”的概念最先由日本学者森正夫提出，在明清史学界影响很大，陈宝良一书中亦有论述。森正夫认为：长幼、尊卑、贵贱等级关系的松弛化，传统礼教等级秩序的颠覆，以及兵变、民变、士变等统治者与被统治者之间关系的颠倒，构成了明中后期社会秩序变动的主要内容和表现形式。[日]森正夫：《关于明末社会关系中的秩序变动》，《名古屋大学文学部三十周年纪念论集》，名古屋：名古屋大学出版社1979年版；陈宝良：《明代社会转型与文化变迁》，重庆：重庆大学出版社2014年版，第410-425页。

道礼俗混入了儒礼，而儒家文化的价值意义在失去礼仪形式之后无处着落。风俗之厚薄关系着人心之正邪，治平之要件不只在个人的内在道德，更迫切的是儒家生活礼仪的外在实践。① 可以说，明代朱子学者"恢复"《家礼》呼声的背后，正是改良风俗、重建秩序的诉求。

桐乡学人张履祥（1611—1674）是明末朱子学的殿军人物。在《丧祭杂说》中，张大声疾呼：

> 《家礼》祠堂之制，则贵贱则通得用之，乃吾乡则于百家而无一也。……闽南陈布衣与其乡人将行《文公家礼》，而风俗以革，夫风俗之薄莫甚于不尊祖，不敬宗，而一本之宜漠如也。今欲萃人心，莫大于敦本收族，欲敦本收族，莫急于建祠堂。其规制大小，称财称礼，无不可为，愿与同志共勉之也。②

面对"素食""火葬"等佛道习俗，张深恶痛绝，丧祭混入了陋俗，将会"甚悖"先祖、于心不安。③ 在张履祥看来，晚明社会礼教失范、秩序失衡已相当严重："贵贱通行《家礼》"的治世之象荡然无存；而"吾乡于百家无一"的礼法崩溃，无疑是一种大乱之兆。为了抗击佛老、改造时弊，亟须重拾《家礼》、学宗程朱，方能"敦本收族"、萃聚人心，达到宗法重塑、风俗重省的救世目标。

在张履祥等明代朱子学者身上，我们可以看到《家礼》论述的

---

① 张寿安：《十八世纪礼学考证的思想活力：礼教论争与礼秩重省》，北京：北京大学出版社2005年版，第21页。

② 张履祥，字考夫，号杨园，明末清初著名理学家，清初朱子学的倡导者。参见（清）张履祥：《杨园先生全集·丧祭杂说》，《四库全书存目丛书》子部第165册，济南：齐鲁书社1995年版；（清）张履祥：《家堂》，（清）贺长龄、魏源等编：《清经世文编》，北京：中华书局1992年版，第1660页。

③ （清）张履祥：《杨园先生全集·丧祭杂说》，《四库全书存目丛书》子部第165册，济南：齐鲁书社1995年版。

另一种导向。在阳明学者致力于突破《家礼》的同时，事实上，朱子学者也在进行着《家礼》的辩护、调适和自我重构。虽然，此种“恢复”或许窒碍难行，但确为《家礼》争论中不可忽视的一种声音。诚如小岛毅所说，乍看之下似乎已被超越的晚明朱子学，其实亦不乏作为阳明批评者而闻名的杰出士人，甚至包括冯从吾等从阳明右派转而归属朱子学立场的系列人物，阳明学与朱子学其实难分伯仲。①

3. 从朱子到阳明——思想界的重新取向

上文中，笔者特别考察了议礼者的学术背景，从中或可看出学风流变的蛛丝马迹。明初理学大家曹端（1376—1434）曾对民间违背《家礼》之事大加批判：

> 一乡溺于流俗，是不读书的人。子读儒书，明儒理，不以违礼为非，而以违俗为非，可谓执德信道之士乎？一乡皆然，子能特立独行，卓然不为流俗所染，举行周孔之礼，则乡人孰不转谤为誉而矜式哉！（因命子如玉与王惠相之，一依《文公家礼》，境内士大夫闻风，相率观礼约。）②

这是明初士人的典型心态：一遵《家礼》，笃信不疑；固守条文，亦步亦趋；哪怕时俗变迁、乡民非谤，对于古礼的信念也应不为流俗所染。正如伊东贵之所言，“朱子学的道德实践，将人引入自我修养的往复之路，并封闭其中，而在体会自我实现真实方面，理想与现实之间存在隔阂”，③ 曹端对于“古礼”近乎偏执、僵化的遵从，正是朱子学强调“理即礼”的一个绝好说明。

① ［日］沟口雄三、小岛毅主编：《中国的思维世界》，南京：江苏人民出版社 2006 年版，第 541-542 页。

② （明）曹端：《曹月川集》，《景印文渊阁四库全书》第 1243 册，台北：“商务印书馆”1986 年版，第 25 页。

③ ［日］伊东贵之：《从“气质变化论”到“礼教”——中国近世“儒教”社会“秩序”形成的观点》，见沟口雄三等主编：《中国的思维世界》，南京：江苏人民出版社 2006 年版，第 539 页。

而至明中期以降，《家礼》论述显然与明初的情况迥异。一方面，质疑《家礼》、大胆突破；另一方面，恢复《家礼》、重建秩序——士人不再唯程朱马首是瞻，而是意见不一、立场各异，甚至自撰家礼、特立独行。尤其是当《家礼》的争论与学术的竞争相挂钩时，议礼问题变得更加复杂、多变。《明史·儒林传》所谓“时(按：指明中后期)天下言学者，不归王守仁，则归湛若水，独守程、朱不变者，惟柟与罗钦顺云”①，明中期以降，白沙思想流行，至阳明心学大盛，陆王心学与程朱理学之争日趋激烈，质疑程朱之声鹊起，《家礼》权威之下降也在情理之中。如果说明初学术以“述朱”为根基，具有明显的“保守主义”“原典主义”的“官方”“复古”特征，② 那么士人突破《家礼》的背后，则代表了明中期以降思想界的重新取向。明人对《家礼》态度的变迁，与学术之兴废、学风的导向密不可分。

当然，我们也断不可将这种态度的对立与学派的划分笼统相配。虽然从表面上看，阳明学者更多质疑《家礼》者，朱子学者也的确更倾向于复礼的一派。但不可忽视的是那些不属于这个划分阵营里的议礼士人，比如同样持反对意见的朱子学者，同样要求恢复《家礼》的阳明士人，或是根本没有明显学术倾向的民间小儒。学风的转变不能仅仅依靠上述对于单个人学术背景的简单考察来证明。更为根本的是，阳明学思想在议礼过程中发挥了怎样的作用？或者说，虽然我们已能看到这场争论中有阳明士人的身影，但问题是，他们的《家礼》主张在多大程度上受到了其学术主张的影响？

(二)《家礼》主张的论证过程

祠堂乃《朱子家礼》之创制，在明人观念中尤为重要。本节将以《家礼》祠堂祭祖之争为例，探讨这些祭祖主张背后的原因，从

---

① (清)张廷玉等撰：《明史·儒林传》，北京：中华书局1974年版，第7244页。

② 参见陈宝良：《明代社会转型与文化变迁》，重庆：重庆大学出版社2014年版，第2-4页。

中可以看到阳明思想在《家礼》争论中的运用。

1. 阳明学兴起以前的祭祖主张

丘濬(1421—1495)是较早改动《家礼·祭礼》的朱子学者。明代中期，随着联宗合族、建祠祭祖大规模地展开，《家礼》祭祖礼仪逐渐显露其扞格难行之处。在《大学衍义补》中，丘濬表示：

> 古者宗法行，故支子无自祭之礼。今世人家兄弟多有析居及出远宦者，不能皆合祭于宗子也。乞敕礼官定制，凡人家庶子，只许祭其所曾经事者。如逮事曾祖或祖，则许祀之。不逮事之，惟得祭祢。……兄弟析居者，不许自祀其父。遇有告祀荐新之类，皆就兄长家行礼。如此，是亦敦本厚俗之一端。①

对于“宗子主祭”“止列四亲”“以西为上”等《家礼》明显有违时俗的礼制，丘濬显得十分为难：一方面，他建议庶子，万不得已时可以祭祀祖先；另一方面，却又话锋一转，出于维护宗法、“敦本厚俗”的考虑，宗子主祭原则不可变更。这种略显勉强、矛盾的态度，在其《文公家礼仪节》(1474)一书亦随处可见。丘濬运用了大量的按语、礼图，在保留朱子原文的基础上，另附注说明自己的困惑和新见。②“以始迁及初有封爵者为始祖，准古之别子，有以始祖之长子准古祭别之宗，虽非古制，其实古人之意也”，③这是明代朱子学者的常用手法：新旧并陈、托古改制，既不离朱子，又兼顾时风。无独有偶，安徽祁门朱子学者汪褆(约1597年左右在世)亦云：

---

① (明)丘濬著，林冠群、周济夫校点：《大学衍义补》，北京：京华出版社1999年版，第456页。

② 如对于祖宗祠位的排序，丘濬虽然在《家礼仪节》正文中保留了朱子“以西为上”，但在“祭四世之图”的图说中，却依洪武时制和民间习惯将祠位改为了“以中为尊”。参见(明)丘濬：《文公家礼仪节·通礼》，《四库全书存目丛书》经部第114册，济南：齐鲁书社1997年版，第438、459页。

③ (明)丘濬：《文公家礼仪节·通礼·大宗小宗之图》，《四库全书存目丛书》经部第114册，济南：齐鲁书社1997年版，第457页。

> 或有问于余曰："始祖之祭可行乎?"余曰："始祖之祭……朱子废焉，以疑于禘也。"……或曰："子谓先祖之祭，夫亦有据否?"曰："吾据之朱子耳。朱子尝取横渠袷毕后迁之说矣，取之固欲为之也。"……或曰："世俗之弊固不可胜正已，君子之因俗为礼也，宜如何而乃可?"曰："四亲之祠，小宗之法，不可不修也。世之远，族之众，先祖之祭其焉可废耶?"①

同丘濬类似，汪禔对四亲之祭不满，却又不敢大胆批驳；试图突破《家礼》祭祀先祖，却又一再解释：先祖之祭本出于朱子原说，乃符合古礼之本意。这里又涉及《家礼》论述的另一方式——所谓《家礼》公案的问题：朱熹弟子杨复等认为《家礼》未成即被行童窃取，而与朱子晚年定论不尽相同的说法，在明代被诸多学者重提，成为质疑《家礼》有力的借口，凡与《家礼》不合者，即云"非朱子晚年之定论也"。② 显然，这种借口并未突破朱子学术之权威，对于《家礼》的批判尚显朴素而无力。

从上述两例，我们或可认为：早在成化、正德时期，士林中已不乏《家礼》之质疑者。但因缺乏理论支持和系统论证，无论是按语、图说，还是《家礼》公案的运用，阳明学兴起以前的《家礼》突破尚属小心翼翼，虽为后人的家礼创制留下了可能的空间，但其真正影响和实际效果却十分有限。嘉靖中叶，江西吉水王氏家族的王洙突然对自家一直奉行的始祖之祀产生怀疑，于是问教于阳明弟子欧阳德(1496—1554)，欧阳德肯定地表示：

> 以为墓祭，以为族厉祭，因以合族；以为乡厉祭，因以合

① (明)汪禔：《檗菴集·胡氏祠堂记》，《四库全书存目丛书》集部第146册，济南：齐鲁书社1997年版，第343-344页。

② 详见(宋)杨复等：《家礼附录》，朱杰人等编《朱子全书》第7册，上海：上海古籍出版社、合肥：安徽教育出版社2002年版，第947页。

乡。又推以食族之贫者，敬其所尊，斯爱其所亲，孝之至也。①

在推动明人祭祖礼仪的突破过程中，可以想见，是学术思想的运用真正发挥了更为直接的作用。

2. 关于宗法是否可行之争

宗法乃《朱子家礼》一重要原则。敬宗尊祖、嫡庶有别、尊卑有等、位列有序，朱子的本意，就是通过"固寓宗子之法"②，以恢复古代社会的伦理秩序。但在明代，这种看法却遭到了学者的质疑。

嘉靖年间，江右王门学人罗洪先(1504—1564)认为，古代宗法不可行于后世，尤其不能通行于士庶之家。其理由如下：

古之宗以统族，必有禄秩而后行，今庶民之家仿而行之，名存而义实悖。故觉先贤议论难于尽协。……宗法不可行于今者有三，封建不复举，学校不复修，井田不复制，其不可行者势也。③

社会结构的变革与阶级流动的加剧，使得上古封建、学校、井田等制荡然无存，宗法变成了无可依附的陈年旧制。在罗洪先心中，礼仪制度随时变迁是必然规律，与其不合时宜地固守，倒不如根据时代的要求加以变革。同时期的另一王门学者金瑶(约1544年前后在世)亦指出，今制不能"一如古礼"，但与罗氏不同，金瑶并

① (明)欧阳德：《欧阳南野先生文集·吉水富谿王氏始祖祠记》，《四库全书存目丛书》集部第80册，济南：齐鲁书社1997年版，第707页。

② 明初学者胡翰认为，《家礼》中蕴含着朱子丰富的宗法精神："朱子之述《家礼》，固欲同志之士熟讲而勉行也。其于祭祀之礼，未尝不严于主人、主妇之位，则固寓宗子之法矣。"参见(明)胡翰：《胡仲子集·与许门诸友论宗法》，《丛书集成初编》本，北京：中华书局1985年版，第44页。

③ (明)罗洪先：《念庵文集·宗论下》，《景印文渊阁四库全书》第1275册，台北："商务印书馆"1986年版，第159页。

不主张彻底废弃，而是变通古制、创造新法：

> 原其（宗法）初虽为诸侯之别子设，而非为士庶人也，而其道则通于士庶人，何也？宗法之立，自然之理也，未有士庶人之族而可以违理也……圣人法水木之本源而立之大宗，以统乎一宗；法水木之枝脉而立之小宗，以统其各支。今士大夫家往往有行宗法，虽其制度文不能一如古礼……宗法虽未言可行于士庶人，然亦未有士庶人之禁，原其初皆泥于经文。①

在金瑶看来，先秦等级鲜明的宗法形式虽不可再用，但尊宗敬祖的宗法精神却是古今如一的。出于社会所需、人心所感、情意所向，建立起一套适用时制、士庶无别、上下通行的新宗法，虽不合古礼，却能满足庶民宗族发展的内在需要。显然，在巨大的时俗压力面前，哪怕是主张恢复宗法的金瑶一派②，其推行的也只是一种变通或者说弱化的宗法，而对于强调“分别”精神的宗法古义来说，其实是一定程度上的妥协与破坏。

罗、金的宗法主张虽然相悖，但二者对于古今问题的看法却无实质区别。无论是废弃还是变通，《覆罗念庵先生论宗法书》中金瑶解释道：“盖圣人所以辨其异者，止在节目文为之间。而大礼大经百世不能易者，通之上下而无禁。”③同篇有言：“心有是情，情

---

① （明）金瑶：《金栗斋先生文集·覆罗念庵先生论宗法书》，《续修四库全书》集部第1342册，上海：上海古籍出版社2013年版，第639-640页。

② 明人归有光（1507—1571）、刘宗周（1578—1645）等有与金瑶类似的看法，即均主张变通宗法，通行士庶。详见（明）归有光：《震川集·平和李氏家规序》，《景印文渊阁四库全书》第1289册，台北：“商务印书馆”1986年版，第26页；（明）刘宗周：《刘蕺山集·按察司副使累赠资政大夫太子少保兵部尚书乌石吴公家庙记》，《景印文渊阁四库全书》第1294册，台北：“商务印书馆”1986年版，第491页。

③ （明）金瑶：《金栗斋先生文集·覆罗念庵先生论宗法书》，《续修四库全书》集部第1342册，上海：上海古籍出版社2013年版，第639-640页。

有是礼。情之所不容已，礼之所不可废。”①金瑶的宗法主张显然受到了其情礼观念的影响。礼本人心，因情制礼；礼义不变，节文不同——这种论调与阳明情本礼用的思想极相似。“规矩者，无一定之方圆；而方圆者，有一定之规矩”，宗法制度虽不能一如古礼，但“大礼大经”，即宗法的精神却不应有士庶之别，唯一变化的只能是“节目文为”品物度数的丰啬不同而已。罗、金之辩从一定意义上来说，正是阳明情礼、古今观念在宗法问题上的一个运用和例证。

3. 儒礼与俗祭之争

“世俗信浮屠诳诱……何其易惑而难晓也”②，《家礼》从一开始便带有抵御佛老的意图。然而，在阳明后学郭子章的心中，以礼矫俗的信念已渐趋淡化。

万历十四年(1586)，江右学人郭子章(1542—1618)重修宗祠祭礼，面对佛道祭俗的风衍流行，郭氏表现得相当宽容：俗祭既同儒礼一样，皆为启发爱敬之心，儒者又何必拘泥形式、故步自封？祠堂规制虽应仿照《家礼》，具体仪节却应兼融习俗。③ 郭氏的祭祖主张，显然不是“以礼正俗”的儒家传统做法，而是主动地将礼制渗入习俗，演变成民间生活的一部分。在此过程中，并非要以儒礼取代时俗，而是让礼俗之间相互混融。

郭子章的俗祭主张，乃源于其对佛道二家的宽容态度。我们或可从他的一篇《心经》跋语中找到缘由：

---

① (明)金瑶：《金栗斋先生文集·覆罗念庵先生论宗法书》，《续修四库全书》集部第1342册，上海：上海古籍出版社2013年版，第639-640页。

② (宋)朱熹：《家礼·丧礼》，《朱子全书》第7册，上海：上海古籍出版社、合肥：安徽教育出版社2002年版，第905页。抵御佛老的意图亦被明代朱子学者所继承，丘濬《家礼仪节》即言：“夫儒教所以不振者，异端乱之也。”(明)丘濬：《文公家礼仪节序》，《四库全书存目丛书》经部第114册，济南：齐鲁书社1997年版，第431页。

③ 郭子章，字相奎，号青螺，自号蠙衣生，江西泰和人。曾拜同邑王门学者胡直为师，常与邹德涵、刘元卿、王时槐等人相聚讲学。参见(明)郭子章：《蠙衣生传草·郭氏五宝堂祀典》，《四库全书存目丛书》集部第156册，济南：齐鲁书社1997年版。

吾儒岂佞佛哉？乃仁体也。仁，人心也。《论语》一部止一心字，曰：心不违仁。是吾儒之心经也。仁及于佛，儒之用心弘矣。①

郭氏所谓的“仁体”说，实际上就是阳明“良知”说的另一种表述。“仁体”即“心体”，即良知之心。良知本有，人人具足，乃天理之“公”在个人之“私”上的分殊和外现。人心既为“道”“理”的承担者，离开个体之私，良知更从何处发用？故对于儒佛二家，郭氏以为，儒佛只不过是“心体”的不同表现形式而已，其说虽异，其“理”却无不同。即阳明“汝辈只要去培养良知，良知同，更不妨有异处”②之谓也。事实上，晚明的阳明学者兼修佛道的现象十分普遍：万历时期王门学者杨起元(1547—1599)有言，“(儒释道)其教虽异，其道实同”，“学之者本心之良，而辟之者名义之束”；③ 泰州学派周汝登(1547—1629)亦认为，“辟佛须自有安身处，不可茫然随俗诋毁也”。④ 阳明学者对于“同然”与“众异”的理解，必然预设着他们对个体价值的肯定和对多元文化习俗的宽容。

其实非唯佛道，《家礼》领域还并陈着各种极具个性化的习俗主张，儒俗之争代表了晚明礼俗关系的一种新取向。陈确(1604—1677)在《宗祠末议》一文中认为：

或曰：墓祭则然矣。若夫祠中祔主，自非无后者，不可请归奉私庙与？按祭礼，虽卿大夫之家，四世以上之主皆从祧。

① (明)郭子章：《蠙衣生晋草·金沙寺石刻心经跋》，《四库禁毁书丛刊补编》第65册，北京：北京出版社2005年版，第736页。

② (明)王阳明：《传习录下》，吴光等编校：《王阳明全集》，上海：上海古籍出版社2014年版，第127页。

③ (明)杨起元：《证学编·论学书》，《续修四库全书》子部第1129册，上海：上海古籍出版社2013年版，第417-418页。

④ (明)周汝登：《东越证学录·南都会语》，《四库全书存目丛书》集部第165册，济南：齐鲁书社1997年版，第437页。

此犹就本支言也，况非本支乎？况不止四世以上乎？曰：此亦就俗言俗当如是也。且此非家庙，乃是始祖墓祠，所以合族饮福于是者也。①

“此就俗言俗当如是”：这是社会变动中出现的一种对所谓“陋俗”的宽容见识，也就是旧俗讲究的一种“微权”。明末士大夫亦多深谙此道：针对奢侈蔓延、倡优不绝等在传统卫道士看来“最伤风化”之事，谢肇淛(1567—1624)却以为此乃民间习俗所尚，不必强为禁止，② 更有甚者，提出“崇奢抑俭”的主张；文人钟惺(1574—1624)违背居丧“禁断文字”礼制，而谭元春(1586—1637)为其撰写墓志时，不唯不加隐避、没有微词，反而称赞钟惺哀乐奇到，并非俗儒所能蠡测。这是晚明士大大的风气，对于名目礼教多有蔑视。③ “是非厚薄，宁有定论?”④宋儒所“非”之“薄俗”，却成为明人风俗所尚，在晚明士人的礼俗观念中，《家礼》显然被时俗所战胜。

4. 家礼主祭权之争

有明一代，“支庶富贵而夺宗”的现象在民间社会颇为普遍。曹端等明初学者认为，《家礼》“宗子主祭”的原则不可轻易。⑤ 宗子主祭不仅是对朱子的遵从，更乃宗法古礼精神的体现。主祭身份一旦放开，宗法便无处着落，嫡长、尊卑之别将难以显现，祭祖之

① 陈确(1604—1677)，明末清初思想家，阳明心学殿军刘宗周的弟子。虽坚持反对宋明理学和佛学，但在思想上仍可归于心学一系。参见(清)陈确：《陈确集·宗祠末议》，北京：中华书局1979年版，第194页。

② (明)谢肇淛：《五杂俎·地部》，上海：上海书店出版社2001年版，第49页。

③ 详见陈宝良：《明代社会转型与文化变迁》，重庆：重庆大学出版社2014年版，第406-407页。

④ (明)袁宗道：《白苏斋类集·杂说》，上海：上海古籍出版社2007年版，第302-303页。

⑤ (明)曹端：《曹月川集》，《景印文渊阁四库全书》第1243册，台北：“商务印书馆”1986年版。

社会功能就会失去意义。

相较朱子学者的审慎态度，王门士人对于祭权多元化的思考则显得务实且灵活。阳明弟子许相卿(1479—1557)死后，其子许闻造以次子身份祭祀，在长支均无仕宦且早逝的情况下，闻造以为：如若固守宗子原则，必将于情有污；只有变通主祭，才能情礼两顾。王门学者邓元锡(1529—1593)亦谓：

> 宋程朱诸公最重宗法，故《家礼》祭法一本宗法。但宗法本自封建而来，封建废宗法必有格而不行者，与其不行，程朱亦既委曲变通之矣……今世嫡长子孙恒贵且贤者数世能修古宗法以收族。于风俗人心信有大益。不幸贱不肖者恒多，使之主祭，献奠升降犹且不堪，欲使族人之贤智者宗之而听其收族，不亦远乎?①

宗子若贫贱不肖，必不能凝聚族人；支子若更通礼仪，大可富贵而夺宗。在“尊尊”与“贵贵”的冲突面前，邓元锡显然倒向了“贵贵”的一方：主祭归属应该符合社会情态，满足不同宗族群体的情感诉求。

从“宗子之祭”到“富贵夺宗”，从中或可看到明代礼学发展的又一微妙变化：从“礼有等差”到“礼无等差”的演变趋势。朱子在《家礼》中反复提及“似僭也”：表达对僭礼逾制的担忧，如果说《家礼》更多地体现了先秦礼义“别”的一面，明代的王学士人则更加强调祭祀权利的“兼通”。支子亦可主祭，庶民也能祭天②，士庶之家可突破四代奉祀始祖，任何一个家族成员都有主祭的权利，都应与人伦庶物相接。通其上下，嫡庶无别，人同此心，心同此理，良

① 参见(明)邓元锡：《家礼诠补·宗法》，明万历三十八年(1610)王玉其等刻本，现藏中国科学院图书馆。

② 山东葛氏家族明知礼法不许庶民祭天，但在葛引生《家礼摘要》中仍然保存祭祀天神的例子，且云：“祭天神虽限于例，然为吾邑民风土俗，传之已久。夫獭祭鱼，豺祭兽，物亦有然者，而况人为万物之灵。”参见(明)葛引生：《家礼摘要》，嘉庆九年(1804)东山葛氏遗书本，现藏清华大学图书馆。

知既人人本有，礼仪的目的便是唤醒每一个人内心的良知。

5. 祖先祭祀代数之争

祭祖世数在《家礼》论述中争议最大。朱子主张“止列四亲”，以为始祖之祭“僭越非臣民所得用”①；但在明代士人的论述中，却对始祖之祭给予了更多的认同。始祖主张并不限于阳明学者，然尤以王门最多，论证也更为有力。究其原因，无外乎王学两种理论的发挥和运用。阳明本人即言：

> 承示《谕俗礼要》，大抵一宗《文公家礼》而简约之，切近人情，甚善甚善！……中间如四代位次及与祔祭之类，固区区向时欲稍改以从俗者，今皆斟酌为之，于人情甚协。盖天下古今之人，其情一而已矣。先王制礼，皆因人情而为之节文，是以行之万世而皆准。……②

阳明对始祖之祀的肯定，是以“甚协人情”为判准，通过情礼关系来加以证明。这种论说方式，也被王门后学所继承。嘉靖王学士人尹台(约1551年前后在世)曾为始祖之祠辩护：

> 故始祖之祀，虽于三代礼制不皆协，然其追远报始之思，合崇一祖以为百世不迁之祖，而四世之亲或各从其服属，祀之于私寝，所谓大宗一而小宗四，庶几古法亦因以行乎。其中非《记》所谓礼虽先王未之有，可以义起者与？繇是极祭之诚，则孝思可感乎百世，而百世之祖、百世之子孙，欣然合萃一堂，忘其远迩戚疏之瞬间，则始祖祠建，谓犹行古之道，而足

① 《家礼》中朱子虽然保留了程颐“冬至祭始祖”的看法，但根据明代学者杨守祇的考证，今《家礼》文本中保存的始祖之祭，乃朱子未成之书，“与晚年定论不同也”。而朱子晚年真正的意思，是认为程子的冬至祭始祖“近于禘祭，僭越非臣民所得用”，遂废而不行。(明)杨守阯：《碧川文选》，《四库全书存目丛书》集部第42册，济南：齐鲁书社1997年版，第82-83页。

② (明)王阳明：《寄邹谦之》，吴光等编校：《王阳明全集》，上海：上海古籍出版社2014年版，第225页。

为世教之维持辅翼也。①

在尹台看来，始祖祀符合追远报始的实际情感和敬宗尊祖的利益需求，虽不合古礼，却能曲尽报本之道。颇类似的：永嘉学者项乔(1493—1552)有言："新立祠不及始祖，于情安乎？"②同门学人王叔果(1516—1588)亦谓："(始祖之祀)虽近于僭，然实人情所不容已者，以义而起，亦何害哉？"③在上引欧阳德对王氏家族祭祀始祖的回复中，同样以"孝之至也"为理由。情礼关系在阳明士人的始祖论述中被反复提及。阳明弟子邹守益(1491—1562)曾作《谕俗礼要》一书，在继承了王皞(约1524年左右在世)始祖主张的基础上，邹氏更将其提升至"良知"与"人心"的高度：

> 礼乐之文，非自外至也，由中出者也。④
>
> 此天性之良，不待于学，知而虑能也。然人不能皆然者，物欲蔽之也。顾所以觉之何如耳？觉之者，非外益之以知觉也。……夫先王制礼，以觉我心之敬也。……夫礼以敬为本，而节文度数则其末也。苟为矫枉过直，而祇为观美之文，则是编也将不为傀儡之传本欤？是故亦可惧也。⑤

礼本良知、心外无礼，礼仪的作用在于情感的引导，祭祀始祖

---

① (明)尹台：《洞麓堂集·泰和杨氏祠堂记》，《景印文渊阁四库全书》第1277册，台北："商务印书馆"1986年版，第532-533页。

② (明)项乔撰，方长山、魏得良点校：《项乔集·初立祠堂记》，上海：上海社会科学出版社2006年版，第533-535页。

③ (明)王叔果：《请记祠堂状》，收入(明)王叔杲等纂：《永嘉县志》，中国科学院图书馆选编：《稀见中国地方志汇刊》第18册，北京：中国书店出版社1992年版，第560页。

④ (明)邹守益：《谕俗礼要序》，董平编校：《邹守益集》，南京：凤凰出版社2007年版，第23-24页。

⑤ (明)王皞：《四礼纂要序》，(明)范镐纂修：《(嘉靖)宁国县志》，合肥：安徽省宁国县地方志办公室编校1987年版，第193页。

正是为了“觉”这种报本溯源、敬宗爱祖的内心之情。“礼仪就像开罐器”①，始祖祭礼就是要将障蔽良知的盖子打开，使自然之心充分显现，并生生不息地外扩。“开罐器”固然不可或缺，但不等于“我心”本身，它毕竟只是制式的外在规范，而非内心的绝对本原。如若“矫枉过直”、放任自流，节文度数就会成为“观美之文”，流于形式而无真心实感。如果说尹台的解释还停留在相对简单的阶段，邹、王二人对于情礼关系的探讨则显得更为深入且思辨。

除情礼关系的运用外，“一体”思想也是阳明士人常见的论证依据。尹台所谓“欣然合萃一堂”“忘其远迩戚疏之睽间”已透露出，非唯抒发孝情的需要，始祖之祭实亦有尊祖合族的现实考量。阳明弟子陈九川(1494—1562)曾谓：

> 自仁率亲，等而上之，虽远至百世，一体也；自义率祖，顺而下之，虽繁至千亿，亦一体也。故君子之尊祖合族也，非外饰于礼也，所致其一体之仁，上达于祖，旁达于族，以自尽其心也。……不知尊祖而能淳族者，未之有也。故蔽其心则人道废，不可以为人矣。②

陈氏将祖先祭祀与“一体”“尽心”相配：万物一体、民吾同胞，每一位家族成员都与我休戚相关、痛痒相连，都应被纳入到祖先祠祭的宗族事物中来，只有上达于祖、旁达于族，祭祖礼仪才能真正发挥人群结合的作用。一体观下的家族论在其时十分常见，阳明后学聂豹(1487—1563)、万士和(1500—1571)、欧阳德(1496—1554)、王畿(1498—1583)等都曾有过论述：

> 天地万物本吾一体。故天地我位，万物我育，莫非己

① 何淑仪语。参见何淑宜：《香火：江南士人与元明时期祭祖传统的建构》，台北：稻乡出版社2009年版，第271页。

② (明)陈九川：《明水陈先生文集·乐安招携邓氏祖祠记》，《四库全书存目丛书》集部第72册，济南：齐鲁书社1997年版，第51页。

也。……禽兽草木一物失所，匹夫匹妇有不备尧舜之泽，皆我之责也。①

君子有天地之量而无其位，则观之于身可也；有天下之度而不得行，则施之于家可也。②

夫祖孙幽明异而其神通，宗族形骸隔而其气通，此体之所以为一，人之所以周流无间者。知仁斯祖宗、族属，通一无二，故上达下达旁达，而仁不可胜用矣。③

天下一大家也……以心观心，以亲观亲，以家观家，使人人各归其宗，各亲其亲，各长其长，而我无与焉。其为教也微，其止邪也豫。④

这是阳明后学对“一体”思想的发展：万物一体的核心乃人与人的结合，而人群结合的基点即为家族的整合，一体论下必然导致对祭祀始祖的认同。从家族出发，推己及人、由人及物，生生不息、不容自已，最终上达天理、周流无间。故倾心王学的马一龙(1499—1571)总结道：

吾忧天下澜倒，吾道陆沈，谆谆然立务本之说，挽人心，定天之所向。……故为务本一教，莫重于人伦，莫先于孝弟，莫大于祀事。立宗建祠，盖务本中第一义也。……吾是以凭藉世家维持国本，各收其祖，明祀立宗，庶几务本之学有究竟实

---

① (明)聂豹：《双江聂先生文集·辩仁》，《四库全书存目丛书》集部第72册，济南：齐鲁书社1997年版，第581页。

② (明)万士和：《万文恭公摘集·万氏墓屋记》，《四库全书存目丛书》集部第109册，济南：齐鲁书社1997年版，第319页。

③ (明)欧阳德：《欧阳南野先生文集·苏山吴氏重修祠堂记》，《四库全书存目丛书》集部第80册，济南：齐鲁书社1997年版，第718页。

④ (明)王畿：《起俗肤言后序》，吴震编校整理：《王畿集》，南京：凤凰出版社2007年版，第358页。

际，而自吾身推之民物，又推之天地。①

后世风俗恶……使知一本，从而推之，由其身以及其父，由其父以及其祖，及其祖之父祖，以究其始，以尽其族，皆其身之一气分布而散殊。其视一族之人肥瘠痛痒真若在其身而不异……故圣人视天下一家，视中国一人，视万物一体。②

“务本”即一体良知，“究始”即奉祀始祖，“尽族”即敬宗睦族。“道无所假于外”③而在吾心之中，但“自尽其心”远远不够；人我一体、族我同源，“务本”之教建立的方法，就是透过始祖以合族，最终达至乡里、推之天下、萃聚人心、化民成俗。在秩序失和、人伦异变的晚明社会，始祖主张的背后其实是王学士人重塑家族伦理、重建社会秩序的迫切诉求。

总而言之，阳明士人的祭祖论证，可归结为两种思路：一为报本溯源；一为敬宗睦族。“以情为断”和“一体致用”是其判断仪节是否合宜的标准。无论是探讨祭祖的代数，还是上文有关宗法、位次、主祭等争论，阳明重情、实用的释礼倾向及其后学对于情礼关系、一体良知思想的运用、发展，贯穿于议礼始终。

6. 调和主张的出现

上述对于祭祖世数之争的梳理，只是一个极其笼统的概括。“四亲之祭”与“始祖之祭”并非一个截然对立的过程，时俗对《家礼》的替代也不可能一蹴而就。事实上，其中一直存在着“复古”的逆流，更有相对温和的“调和”主张。万历以后，将四亲之祭纳入始祖之祀的呼声占据了一席之地。

① 马一龙，字负图，南直隶溧阳人，从薛侨处得知王阳明学说而渐渐有所顿悟，常与王畿、钱德洪、欧阳德等人交游讲学。(明)马一龙：《玉华子游艺集·彭氏会宗祠堂序》，《北京图书馆古籍珍本丛刊》集部第108册，北京：书目文献出版社2000年版，第859-869页。

② (明)马一龙：《玉华子游艺集·义亩史氏宗谱序》，《北京图书馆古籍珍本丛刊》集部第108册，第447-448页。

③ (明)马一龙：《玉华子游艺集·务本馆学训》，《北京图书馆古籍珍本丛刊》集部第108册，北京：书目文献出版社2000年版，第841页。

一方面，调和主张的出现是朱子学者自我调适的产物。时称“江右大儒”的学者罗钦顺(1465—1547)有言：

> 姑以祭礼言之，如伊川程先生所行，则岁周于远祖；如晦庵朱先生所定，惟时举于近代。二先生皆命世之才，礼学之宗，而其所出乃不同如此，有志于礼者可不审乎！今吾乡大族往往皆有祠堂，祭礼之行，各有所受。盖周及于远祖者，近代之祭颇略而不专，致隆于近代者，远祖之祭或废而不举，揆诸人情皆未安也。夫合族以居，昭穆素辨，生同出于一本，心同萃一堂，则自始祖而下，岁事之修，宜有不容缺者，其自称而上以至高祖，则当各随所继而于时祭每致谨焉。庶几远近有伦、恩义兼备，虽不能尽合于古，亦当无大谬已……幸相与参酌余言而审处其当，使礼之行而乡人颂焉。曰胡氏祀先不苟如此，则岂不有以增于斯堂轮奂之美，而垂永世之规哉！①

面对流传已久且深入人心的民间习俗，罗钦顺固然感到恢复古礼的必要性，但也不是一味地让人们的生活去适应一成不变甚至已然僵化的礼仪，而是主张参酌古今、调和情礼、折中程朱，同时祭祀远祖和近祖。“揆诸人情”“通其上下”“生出于一本，心同萃一堂”的表述，体现出与阳明学士人极其相似的倾向：万物一体、族我同源，祭礼应下于庶民，礼仪要反映大众化和通俗化。②

另一方面，阳明学者却对《家礼》进行着有意识的回复与靠拢。万历时期王门学者刘元卿(1544—1609)曾谓：

---

① (明)罗钦顺：《整菴存稿》，《四库全书》第1261册，上海：上海古籍出版社1987年版，第32页。

② 故赵克生有言：“明人不以考礼、议礼为胜，‘执礼’才是明代家礼传播之鹄的。执礼，就是行礼，就是礼的实践，即古人‘礼者，履也’之意。明代家礼传播与家礼庶民化趋势的出现，由明朝国家、地方政府‘以礼治民’和民间‘以礼造族’协同推进，一开始就表现出经世致用的行动性。”赵克生：《修书、刻图与观礼：明代地方社会的家礼传播》，《中国史研究》2010年第1期，第141页。

古者庶人祭于寝，而后乃改用堂云，然其时家自为祠正寝之东，为四龛以祀四世，继高祖之小宗，则高祖居西，神道尚右也，次曾祖、次祖、次父，以序而东，祭曾祖之小宗不敢祭高祖，而继祖之小宗，不敢祭曾祖，继祢之小宗，不敢祭祖，大抵一祠之中为龛四，为主八，旁亲之无后者，以其班附而已。今且族立一祠，尽以其主来附，祭之日，宗子主祭，诚有所专，而其余主尽若旁亲无后之附食者，然为人子孙者，宜于此焉变矣。予以为今人正寝稍北，往往为龛奉神，移以祀先，如前所谓祀小宗之法，不犹愈于祀外神者乎。族之总祠，世近而同高祖，则合祀高祖，以祭高祖之玄孙主之，余皆入而助祭焉；世远而高祖已分，则合祀始祖，以族之长者主之，余皆入而助祭焉。斯则今日祭法之当议者也。顾相沿已久，猝然行之，怠者惮繁，鄙者怪费。则又安得遂复古礼而骤革其苟简之陋习乎。……予与翰吉君论祠制有日矣。夫四代之祭，品官之制也。国初许庶人祭三代，既而修会典，竟令庶人祭其祖、父，则三代之祭犹为僭也，今祭及四代矣，又及始迁之主矣，又及各派初分之始祖矣。斯又可谓过于厚也。乃一祠之中，高祖而上不忍祧，高祖而下不欲分，是祠且为委祖之壑，亵亦极矣。独苦于沿旧莫能革也。①

面对始祖之祀的过分盛行以及“过厚”“亵极”的可能危害，刘元卿主张以《家礼》改造始祖祠，兼顾四亲之祭与始祖之祀。从这种调和的呼声看，刘元卿对于《家礼》的态度十分微妙：一方面《家礼》不可不变，另一方面《家礼》又不能完全废弃。他虽然宽容了始祖祠的存在，却也同时承认，这是一种沿旧莫革、有违古礼的陋习。对于朱子学的礼教理想，他仍然心存希望，试图以重拾《家礼》来拯救“似过于情”的习俗流弊。

① （明）刘元卿：《刘聘君全集 · 鱼石祠堂记》，《四库全书存目丛书》集部第 154 册，济南：齐鲁书社 1997 年版，第 148 页。

罗、刘二人的调和主张虽然只是部分晚明学者的一种论调，却也透露出学风转变的某些倾向：万历以降，儒家知识分子中出现了一种文化反思和自我批判的思潮，开始摒弃理学家和人文主义者的极端做法，“深究儒家传统‘中庸’的堂奥”①，试图在“礼”与“情”、“古制”与“时俗”的鸿沟上，架起一座桥梁。“礼教”重新被意识到，作为重编社会秩序的捷径，朱子学的立场在相当广的范围内得以复兴。刘元卿对于《家礼》祭礼的重提，一定程度上正是这种“实学”影响下有意识的礼教重省。

当然，与朱子原本相比，刘元卿的祭祖主张已大有不同。哪怕是对于“四亲之祭”的恢复，刘更多的也是出于孝敬近亲的感情考虑，而非朱子“似过于僭”的宗法担忧。恢复并非原封不动地照搬，调和即意味着变动与突破。正如小岛毅所说，在涉及晚明各种各样的议礼改革时，一方面是朱子学“礼仪原理主义”的产物；另一方面，它恰如“盾之表里”，是“在深处与阳明学趋于一致的运动”②，朱子学与阳明学呈现出一种殊途同归之势。正因如此，即使是与阳明分庭抗礼的罗钦顺，其《家礼》主张亦不可避免地受到了阳明礼观的影响。或者说，礼仪的平民化、大众化实乃时代之一共同趋势，它既是嘉、万时期社会转型的产物，又与晚明“经世致用”之实学思潮一脉相承。

通过以上梳理，笔者认为：礼争由冲突走向调和的过程，大致可以对应学术从对峙走向合流的趋势。阳明思想在祭祖争论中的运用，反映出学风流变对于《家礼》突破的影响。这种影响固然不可泛化，许多观点虽不见得归王门独有，但不可否认的是，在阳明学兴起的嘉靖、万历这一时段内，《家礼》讨论的确达到了前所未有的理论高度。阳明士人尤其是江右王门的学者，将《家礼》论述与“良知”“一体”结合，从一种零星、笼统的自发行为变成了一种系

① 陈宝良：《明代社会转型与文化变迁》，重庆：重庆大学出版社 2014 年版，第 7 页。

② ［日］沟口雄三、小岛毅主编：《中国的思维世界》，南京：江苏人民出版社 2006 年版，第 541-542 页。

统、自觉的责任使命。对于王门学者来说，议礼不只是一种仿效或完全自利的动机，更是为了印证与实践所学，学术立场为他们提供了行动的动能。

另外，在这一过程中，我们也觉察到了一种视角的转变：无论是晚明的朱子学者，还是新兴的阳明士人，都或多或少流露出关注庶民的下层倾向。在上述议礼的环节，我们看到了这一大众化趋势是如何在思想史内部展开的，或也正印证了余英时所谓“得君行道”到“觉民行道”的理学流变趋势。① 这一趋势，也将会在下一节介绍的实践环节得到更加充分的证明。

四、文本构想与《家礼》实践

学术的理想如何落实为经世的践行？在阳明士人“觉民行道”的乡里实践过程中，以往研究总是过多关注于“乡约”，而事实上，王门学者的家礼、家族措施同样不容忽视。

（一）阳明士人的《家礼》实践措施

建祠修谱是家礼实践的一大措施。嘉靖五年（1526），王阳明在给弟子邹守益的回信中赞赏，“范祠之建，实亦有裨风教”，② 奠定了王门学者建祠睦族的传统。嘉靖、万历年间，江西吉安府许相卿的许氏宗祠、聂豹的聂氏祠堂、郭子章的郭氏宗祠相继建立。除江右学者外，江左泰州的士人们也纷纷兴祠立谱：嘉靖二十八年（1549），王艮之子王衣、王襞（1511—1587）创设家祠、建立宗会、讲授睦族之法；③ 隆庆六年（1572），王艮弟子王栋

① 余英时：《明代理学与政治文化发微》，《宋明理学与政治文化》，桂林：广西师范大学出版社 2005 年版，第 10-60 页。

② （明）王阳明：《寄邹谦之》，吴光等编校：《王阳明全集》，上海：上海古籍出版社 2014 年版，第 225 页。

③ （明）王襞：《新镌东厓王先生遗集·年谱记略》，《四库全书存目丛书》集部第 146 册，济南：齐鲁书社 1997 年版，第 647 页。

(1502—1581)开筵讲学，宣扬立祠、定典、修谱之道;① 嘉靖年间，与王畿交好的进士谭潜(1520)亦曾率族子建宗祠、立家约、置祭田。②

在阳明士人主导的宗祠建设中，我们发现，《家礼》的作用十分微妙：这些王门祠堂虽以《家礼》为蓝本，却又不完全吻合。当问及立祠动机时，王栋大谈族兄格物致知之旨；面对乡人“近于迂”的质疑，查铎(1516—1589)以“一体之心，不容自已”来回应，③ 阳明士人建祠行礼的背后，根本上还是为了践行所学。谭潜曾感叹：

> 吾之志不得行于天下，犹得行于一家。欲行于家，必自合族始，欲合族，必自祠堂始。④

以礼睦族是阳明士人宗祠实践的直接动机，而“良知”“一体”的背景，则为此种动机提供了理论的根柢。在以“家礼”为规范的价值重构和秩序重省中，祠堂成为阳明士人发见良知、体验天理、与物合一的方便法门。

刊刻礼书是践行《家礼》的另一种方式。嘉靖三年(1524)，王皞为改良风俗，损益《家礼》、重新绘图，不仅召集诸生公开讲授，更开馆训导亲自演习;⑤ 嘉靖五年(1526)，邹守益为推行地方教

---

① 王栋，字隆吉，号一庵，王艮族弟，泰州学派的中坚人物。参见(明)王栋：《一菴先生遗集·年谱记略》，《四库全书存目丛书》子部第10册，济南：齐鲁书社1995年版，第49页。

② (明)查铎：《阐道集·谭氏祠堂记》，《四库未收书辑刊》第七辑16册，北京：北京出版社1997年版，第543-544页。

③ (明)查铎：《阐道集·谭氏祠堂记》，《四库未收书辑刊》第七辑16册，北京：北京出版社1997年版，第543-544页。

④ (明)查铎：《阐道集·谭氏祠堂记》，《四库未收书辑刊》第七辑16册，北京：北京出版社1997年版，第543-544页。

⑤ (明)王皞：《四礼纂要序》，(明)范镐纂修：《(嘉靖)宁国县志》，合肥：安徽省宁国县地方志办公室编校1987年版，第193页。

化，乃编次《家礼》、布在学官，乡民诵习、一邑肃然，阳明亦称赞其“易知易从”“甚善甚善”；① 隆庆五年(1571)，王叔杲为推广《家礼》，“删繁就简，稍稍损益，俾简而易从，总为一帙，曰《家礼要节》”。② 另有朱廷立《家礼节要》、邓元锡《家礼诠补》、刘元卿《礼律类要》、吕维祺《四礼约言》……在晚明大量印发《家礼》的浪潮中，阳明士人并非一板一眼地复制照搬，而是或删减、或增修、或注解、或改编，在《家礼》原本的基础上进行移变和重构。“家有此书，人无难晓，赞相不必备其人，仪物不必备其制”③，这些以“家礼”冠名的衍生本子面向的不只是士大夫，更是朴野少文的下层民众。礼者，履也，“惟简切明白而使人易行之为贵耳”(阳明语)④，阳明士人刊刻《家礼》的行动，从一开始就具有礼下庶民、经世致用的现实诉求。

讲学和演礼是家礼实践的又一大途径。嘉靖年间，邹守益授讲于冲玄观，《金溪龚氏祠堂记》乃作；⑤ 万历五年(1577)，王畿赴会九龙山，《太平杜氏重修家谱序》问世；⑥ 万历中期，曾维纶(约1595年前后在世)聚讲于江西乐安，邓氏子弟慕名而来，邓氏祠记亦随之出现。⑦ 趁着王学讲会的契机，敦请阳明学者为自家祠堂

① (明)邹守益：《谕俗礼要序》，董平编校：《邹守益集》，南京：凤凰出版社2007年版，第23-24页；(明)王阳明：《寄邹谦之》，吴光等编校：《王阳明全集》，上海：上海古籍出版社2014年版，第225页。

② (明)王叔杲：《家礼要节序》，隆庆五年(1571)自刻本，现藏国家图书馆。

③ (明)王皞：《叙〈丧祭礼要〉谕诸生》，(明)范镐纂修：《(嘉靖)宁国县志》，合肥：安徽省宁国县地方志办公室编校1987年版，第189页。

④ (明)王阳明：《寄邹谦之》，吴光等编校：《王阳明全集》，上海：上海古籍出版社2014年版，第225页。

⑤ (明)邹守益：《金谿龚氏先祠记》，董平编校：《邹守益集》，南京：凤凰出版社2007年版，第350-352页。

⑥ (明)王畿：《太平杜氏重修家谱序》，吴震编校整理：《王畿集》，南京：凤凰出版社2007年版，第359-360页。

⑦ (明)曾维纶：《来复堂遗集·琴源邓土含祠堂记》，《四库全书存目丛书》集部第169册，济南：齐鲁书社1997年版，第359-341页。

撰文作序的现象十分流行。这些讲会的具体内容虽不得而知，然不难想见，家礼必是重要一项。陕西洵阳的罗启先(约1588年前后在世)因听闻罗洪先修祀事、睦宗族之说，而始终不忘建祠堂、立约法之行；江西安福的王秉良(约1528年前后在世)因受学于邹守益，便在自家祠堂改奉始祖；① 萍乡布衣陈守中在刘元卿处抄得祠祭后，回乡遂与族人演习礼仪。② 王畿所谓"欲父兄子弟之贤，必本于讲学，始能正心修身以齐其家"③，许多参与讲会的地方士人，正是受到了王门诸儒的启发和感染，才不遗余力地投入到家礼建设的行动中去。讲学和演礼——作为有意识的风俗引导措施——阳明士人的家礼传播也因此具有了更明显的行动力和感染力。

建祠、刻书、讲学、演礼……明代的阳明学者通过家礼与乡约的建构，将"一体"的学术理想转化为经世的地方践行。在学术资源的利用与学术社群聚集的同时，正是这些极具阳明学特色的践礼方式，真正成为了他们扎根地方、实践其学的主要助力。下面我们也不妨对这一现象加以反思和深化：

(1)阳明士人的家礼措施颇具新意。文本改编中明显的简化易行倾向；祠堂规制对于《家礼》祭礼的突破；合族背后"一体""良知"的身影；以及讲学、演礼等传播方式本身，均带有鲜明的阳明学特色。从时、从简、从俗、从宜、重情、重行等仪节新变与风俗新导，将会在下一节的文本个案中具体展开。

(2)但若换一种角度看，建祠演礼的主张与撰写《家礼》的行为，竟然诸多出自一向被视为轻视外在规范的王门学者之手。这不得不使笔者思考另一种解释的可能：以往研究所谓的"以情抗礼"

---

① (明)刘元卿：《刘聘君全集·王箕峰公墓铭》，《四库全书存目丛书》集部第154册，济南：齐鲁书社1997年版，第202页。

② (明)刘元卿：《刘聘君全集·陈布衣传》，《四库全书存目丛书》集部第154册，济南：齐鲁书社1997年版，第164页。

③ (明)王畿：《太平县杜氏族约序》，吴震编校整理：《王畿集》，南京：凤凰出版社2007年版，第360-361页。

“冲决名教”的阳明学者，还是有崇礼、践礼的主张的，他们对《家礼》的改动，更多的是一种继承和发展，而非彻底地叛逆或废弃。① 这一推论，又可与阳明对于“礼”的定义相参证：

> 是礼也，其发见于外，则有五常百行，酬酢变化，语默动静，升降周旋，隆杀厚薄之属；宜之于言而成章，措之于为而成行，书之于册而成训。②

何谓“礼”？在阳明看来：礼本于心，但心的发见却要靠礼的规范；由外在礼仪到内在心性，礼的作用同样不可或缺。阳明强调“敦典崇礼”③，提倡遵循礼教：“照得安上治民，莫善于礼”④，“务使礼让日新，风俗日美”⑤，“务兴礼义之习，永为良善之民”⑥，“若教之以礼，庶几所谓小人学道则易使矣”⑦。崇礼的倾

① 以岛田虔次为首的一批学者认为，阳明后学、尤其是泰州学派思想中对于人欲的重视和对礼教的反叛，体现了一种类似于西方近代化启蒙的历史发展趋势。笔者并不十分赞同这种观点，因为就本文对于晚明礼教史的观察，其实大部分阳明学者还是有“崇礼”“践礼”主张的，他们对朱子礼学思想是既批判又倚附、既分立又合流的关系，晚明士人对于传统礼教秩序更多的是一种重建和巩固。故笔者提到这个话题，意欲从思想者的言行、社会和历史脉络中，发掘阳明学派符合传统的一面，以对岛田等套用西方进步史观的所谓“近代化”观点，予以反思和纠正。

② （明）王阳明：《博约说》，吴光等编校：《王阳明全集》，上海：上海古籍出版社 2014 年版，第 297 页。

③ （明）王阳明：《陈处士墓志铭》，吴光等编校：《王阳明全集》，上海：上海古籍出版社 2014 年版，第 1022 页。

④ （明）王阳明：《年谱三》，吴光等编校：《王阳明全集》，上海：上海古籍出版社 2014 年版，第 1455 页。

⑤ （明）王阳明：《颁行社学教条》，吴光等编校：《王阳明全集》，上海：上海古籍出版社 2014 年版，第 677 页。

⑥ （明）王阳明：《告谕新民》，吴光等编校：《王阳明全集》，上海：上海古籍出版社 2014 年版，第 598 页。

⑦ （明）王阳明：《牌行南宁府延师讲礼》，吴光等编校：《王阳明全集》，上海：上海古籍出版社 2014 年版，第 707 页。

向亦被王门后学所继承：耿定向(1524—1596)“礼之所自生，而知吾儒之教之为全”①；许相卿“笃志师古……动必以礼”“尤严于祭”②；许相卿所谓“心有定矩”，“从心”而中礼③；即使是晚明的泰州学派，“礼”的主张也未完全搁置，以情抗礼的倾向不可过分强调。

抗礼还是崇礼？阳明士人的身上交织着两种相反的倾向。基于上述研究，笔者认为：《朱子家礼》在明代或许是一种共同的资源，明人都是在《家礼》的框架上进行讨论和实践。从这个层面来讲，晚明阳明学者和朱子学者也并未分道扬镳，对于改良风俗、重建礼教的根本态度，二者是一致的：恢复也好，质疑也罢，《家礼》主张的背后均乃社会价值、礼教秩序的一种重构。在宇宙、人间社会的重新设计中，明人或遵循、或突破、或调和、或改编，本质上都是致力于“理想秩序的重建”④，所不同的，只不过是对这个“秩序”内容的理解和建构的方式有所分歧罢了。

(二)《四礼约言》：吕维祺的文本改造

吕维祺(1587—1641)，字介孺，号豫石，河南新安人，万历四十一年(1613)进士，为晚明河洛地区阳明心学的重要传人。天启元年(1621)，吕维祺罢职归乡，之后四年的闲居期间，维祺不仅立讲会(芝泉会)、建祖祠(梦月祠)、创书院(七贤书院)、论诸学，更着手整理诸儒的礼说与《朱子家礼》。天启四年(1624)，草成《四礼约言》一书(以下简称《约言》)，随即传刻而

① (明)耿定向：《耿天台先生文集·周氏族谱序》，《四库全书存目丛书》集部第131册，济南：齐鲁书社1997年版，第288页。

② (明)许相卿：《黄门集》，明万历二十五年(1597)刊本。

③ 面对族子桓卿的违礼恣情，许相卿认为他并未理解阳明的真意，所谓“从心”乃因“心有定矩”，而非随意地任情。参见(明)许相卿：《云村先生文集·从心说》，明嘉靖刻本。

④ 余英时：《士与中国文化》新版自序，上海：上海人民出版社2013年版，第3页。

风行天下。①

1. 救世的理想

谈及是书的撰写意图，吕维祺在其序文中写道：

> 今之心犹古之心也。古实而今好伪，古厚而今好浇，古俭而今好奢。彼其心岂不欲实欲厚欲俭哉？俗移之也。即不欲实欲厚欲俭，亦其习于俗以成性，非其本心也。嗟乎，唯礼可以已之。②

今古之心本应如一，但今心被时俗蒙蔽而好伪、好浇、好奢。《约言》的目的，就在于以礼化俗、去伪存真，约束时俗的虚伪不实，引导本心之纯粹至善。那么吕维祺这里所说的“伪”“俗”究竟指什么呢？

万历末年，世道纷扰，时局动荡，在吕维祺眼中是一个儒学不振的时代，《约言》处处透露着对抗佛老、整顿学术的意图。③ 但学术之颓敝又非唯佛老的攻击，更出于儒者自身的原因。“世多非笑儒者，尤多非笑迂儒”，④ 吕氏所批判的“迂儒”，在其《题功甫四书解》中有详细的解释：

> 夫学者欲以千百世下解千百世以上圣人之言，斯亦远矣。乃或求诸渺茫无可有之乡，以为神化精微在孝弟庸行外，是雕楮削棘也。不然则胶柱紫阳，曰：“吾以遵功令耳”，是扪籥

① 参见(清)施化远等编撰：《吕明德先生年谱》，吴洪泽等编：《儒藏·史部·儒林年谱》，成都：四川大学出版社2007年版，第351-414页。

② (明)吕维祺：《四礼约言原序》，《四库全书存目丛书》经部第115册，济南：齐鲁书社1997年版，第112页。

③ 比如《四礼约言·论丧》：“丧家不招僧道做佛事”，“若招僧演剧……习而不知其非”。(明)吕维祺：《四礼约言·论丧》，《四库全书存目丛书》经部第115册，济南：齐鲁书社1997年版，第117页。

④ (明)吕维祺：《四礼约言原序》，《四库全书存目丛书》经部第115册，济南：齐鲁书社1997年版，第113页。

扣槃也。夫宁知圣人之言即圣人之心与？①

在吕维祺看来，晚明学风凿空蹈虚、迂腐固执的现象十分严重。时人或胶柱紫阳、或泛空心学，汲汲功名、不务人事、毫无心得。学风影响下的礼学领域也出现了繁琐空虚的流弊：

> 家礼备矣，俗方规规然，终其身之弗由。吾与之言礼，而复繁其辞，泛其指，而骤与之革，彼必骇而不信，议而弗从，吾盖有隐忧焉。②

除学术性的动机外，《约言》还有重整世风的意图：风俗难易、家礼不行，“昏礼失而天下无妇道，此与亡成败之关”③，礼教的失序直接关乎世道人心之衰。吕维祺扛起“四礼”的大旗，“繇《家礼》”“溯古礼”，④“力挽此风”“还雅道之一节”。⑤在宇宙、人间秩序的重新设计中，《约言》“以礼化俗”的理想虽不脱宋儒论礼的基本思路，却是对当时的政治社会环境最直接的回应。

2. 执礼的目标

《四礼约言》共分四卷，《论冠》《论昏》《论丧》《论祭》各为一目。是书以“四礼”命名，篇目顺序大体延续《家礼》以来的传统，其中《通礼》“祠堂”部分并入祭礼，“深衣”部分悉数删除。在素材方面：《约言》中绝大部分的仪节及解释，是在参考《家礼》原文的

---

① （明）吕维祺：《明德先生文集·题功甫四书解》，《四库全书存目丛书》集部第185册，济南：齐鲁书社1997年版，第156页。

② （明）吕维祺：《四礼约言原序》，《四库全书存目丛书》经部第115册，济南：齐鲁书社1997年版，第113页。

③ （明）吕维祺：《四礼约言·论昏》，《四库全书存目丛书》经部第115册，济南：齐鲁书社1997年版，第115页。

④ （明）吕维祺：《四礼约言原序》，《四库全书存目丛书》经部第115册，济南：齐鲁书社1997年版，第113页。

⑤ （明）吕维祺：《四礼约言·论丧》，《四库全书存目丛书》经部第115册，济南：齐鲁书社1997年版，第119页。

基础上进行的直接引用或间接化用。自序明言“将必繇《家礼》诸说，而溯古礼之全”，文中多有“仪注照《家礼》”“遵《家礼》斟酌举行”“宜照《家礼》改正”等注释。作为明代礼书的权威文本和明人共同援用之资源，《家礼》的痕迹在吕书中不可避免。

虽然继承了《家礼》的框架，但在内容的编写上，《约言》做了较大的调整。全书的体例包括正文与小注两大部分：正文是对仪节的总体阐述，小注是对正文的解释或补充。但与丘濬《家礼仪节》等传统本子不同，《约言》不是对《家礼》文本的注释，其引用的原文与自己的意见之间并不是截然分开的。在摘录朱子原文的间隙，吕氏常常穿插自己的新见，随意而发、诸说并陈、礼俗混杂、形式自由，与丘濬严格分离原文、按语的体例殊异。为了体现自撰家礼的意图，即使是对《家礼》原文的摘抄，吕氏也要用自己的语言进行转述，刻意淡化《家礼》影响的痕迹。可以说，《约言》实质上是《家礼》的一个通俗本子，只不过在重读、诠释的过程中发生了改动和移变。重建理想秩序的目标是一致的，但对于秩序的设计和建构的方式，吕维祺却有了自己的创见。

谈及这种创见，《约言》直指“执礼”的目标。其《自序》云：

> 繁不如简之易镜也，泛不如切之挈要也，骤革不如相因之默喻也……约故也。……礼之当复者，岂独为礼文哉?①

吕维祺的最终目的，不是让家礼停留于解释理论或推出文本的阶段，而是真正成为切实可行、士庶通用、教导日常的一部礼仪指南。正如四库馆臣评价，“务趋简易以通俗易行”，为了达至“执礼”的目标，吕维祺采取了诸多“简易”的方式。这些方式是如何展开并运用的?下面我们在具体的仪节个案中考察。

3. 仪节的变动

(1)《论冠》。此卷节取了《家礼·冠礼》的几个片段，礼文大

① (明)吕维祺:《四礼约言原序》,《四库全书存目丛书》经部第115册，济南：齐鲁书社1997年版，第113页。

致相同。只不过在“告祖”“迎宾”之条下，小注给出了特例：

> 如贫愚不能如礼，亦须请至亲有行一人，告于祖先，命以成人之道，俾通俗而易晓者即是。若贫家更须简便，只于祖先告拜行之亦可。①

这是变通执礼的一种常用方式，即分情况、分对象进行讨论。《家礼》针对的是士人之家，而庶民少能熟悉，何况器物尊贵、仪文繁琐，一般家庭根本难以负担。人家贫富各异，节文度数理应随之简化。

变通执礼的另一种方式是进行转述。在“冠后，拜父母尊长；明日，拜宗族亲党”一条下，小注进行补充：“拜父母尊长”即《家礼》原文“父母尊长为之起”，“拜宗族亲党”即《家礼》原文“出见于先生执友也”。②《约言》用自己的语言，对《家礼》原文进行了更为通俗化的转述和翻译。

冠礼中还有一处明显的仪节改动。《家礼》原本规定：“宾揖将冠者就席，为加冠巾”，“再加帽子”，“三加幞头”；③《约言》却变成了“今拟童子戴帽，即行冠礼，贻后束网，不更三加，庶几近古……以存冠礼遗意”④。对于乡民“以网为冠”这一“起自国朝”、违背《家礼》的新习俗，《约言》予以宽容采纳：礼意必须从古，名物服制却可因时变革。

（2）《论昏》。此卷在简要概述了婚礼“六礼”后，增加了几条《家礼》没有的内容：

---

① （明）吕维祺：《四礼约言原·论冠》，《四库全书存目丛书》经部第115册，济南：齐鲁书社1997年版，第114页。

② （明）吕维祺：《四礼约言原·论冠》，《四库全书存目丛书》经部第115册，济南：齐鲁书社1997年版，第115页。

③ （宋）朱熹：《家礼·冠礼》，朱杰人等编：《朱子全书》第7册，上海：上海古籍出版社、合肥：安徽教育出版社2002年版，第891页。

④ （明）吕维祺：《四礼约言原·论冠》，《四库全书存目丛书》经部第115册，济南：齐鲁书社1997年版，第115页。

> 昏宴请客，止宜至亲五六人，至多毋过二十人，不用客者德。
>
> 女子毋拜筵。
>
> 毋服内借亲，兄弟就昏。
>
> 凡结姻，择端正同志为媒，毋用细人传言。
>
> 毋诈冒结昏。①

昏宴请客、女子拜筵、服内借亲、诈冒结昏、细人为媒……这些都是明代民间婚俗中出现的一些新情况。吕维祺把对时俗的观察纳入《约言》的正文中，加以特别提醒。其“以礼化俗”的措施，不是固守于《家礼》原有的框架，而是与时俱进地进行扩展、补充，具有明显的现实导向性、针对性和时效性。

当然，对于这些婚俗吕维祺也没有完全否定，但凡《约言》以“毋”“不”开头的禁令，小注中都留有回旋的余地。“毋过二十人”注云：“余谓俗难骤革，姑许用客以五六人多至二十人……亦非人情，故四礼唯昏不禁客。”“毋服内借亲”注云：“或问有当丧而家贫亲老，万不得已须借亲者，又或相继当丧，男女长而无倚，则奈之何？曰，此亦有不得已而为之者。”②吕维祺从不把话说死，对于执礼中可能出现的“不得已”的情况，《约言》留下了诸多权宜的空间。

(3)《论丧》。古礼未葬不祭，对于七七、百日、饭僧等民间丧葬习俗，朱子曾予以严厉的批判。《约言》却宽容地表示：

> 夫既不供佛饭僧，又不致祭，恐人子于是日，心有不安，古礼未葬不祭，恐难太拘，今拟于七七、百日，各随贫富，尽

① （明）吕维祺：《四礼约言原·论昏》，《四库全书存目丛书》经部第115册，济南：齐鲁书社1997年版，第116页。

② （明）吕维祺：《四礼约言原·论昏》，《四库全书存目丛书》经部第115册，济南：齐鲁书社1997年版，第116页。

礼致祭，虽非古礼，亦孝思所必至者。①

此卷中颇多类似的表述："赴弔"一节，弔本为对生者言，《约言》却说"今概拜死者，而生者从旁答谢，虽非古礼，然相沿不可变"②；"丧家宴宾""丧祭鼓乐"本为民间陋俗，《约言》却说"相沿已久，难以遽革"，"不能遽阻，随便无妨"，"虽非古礼，姑随俗便"，"无害于义，从俗可也"。③ 在吕维祺看来，风俗乃长期形成、积久之习难改，与其拘古而难行，倒不如缘俗以变通。

(4)《论祭》。此卷保留《家礼》较多，节文几乎全抄不改。唯一不同的是，对于祭祀中所用器物的规制，《约言》刻意降低了要求。卷首即言：

祭义曰：追养继孝，君子将以继之也。霜露既降，雨露即濡，则有凄怆怵惕之心。祭用明水，岂以备物？乃并其文与物而亡之……祭极其诚敬，如在其上，不求备物。④

所谓"不求备物"，小注中他又详加解释：

或曰，吾贫不能备物也，吾不能为席以延赞礼者也。噫，祭固所自尽也，大之牲体珍错，小之采山钓水，无不可以明孝。礼生，用子弟为之，或不用赞者，随其力之所至，情之所

① (明)吕维祺：《四礼约言原·论丧》，《四库全书存目丛书》经部第115册，济南：齐鲁书社1997年版，第117页。

② (明)吕维祺：《四礼约言原·论丧》，《四库全书存目丛书》经部第115册，济南：齐鲁书社1997年版，第118页。

③ (明)吕维祺：《四礼约言原·论丧》，《四库全书存目丛书》经部第115册，济南：齐鲁书社1997年版，第118-119页。

④ (明)吕维祺：《四礼约言原·论祭》，《四库全书存目丛书》经部第115册，济南：齐鲁书社1997年版，第120页。

安，惟在意诚而致敬为孝也。①

无论是“大之牲体珍错”，还是“小之采山钓水”，只要能抒发诚敬之心，器物之丰啬与否并不重要。在《约言》全书中，我们确实也很难找到关于名物的具体考订，吕维祺的关注点大多为行礼流程的顺畅与否，其与《家礼》“陈器具馔，务令精洁”的名物考证工夫迥异。

另外，此卷还收录了《家礼·通礼》的“祠堂”一节。祠堂规制、祭祖代数、宗子主祭等原则被《约言》继承。不过，同他一贯的做法一致，在“宗子奉祀，支子止随班助祭，不得僭祭”一条的小注中，吕维祺话锋一转：“今拟以长门奉祀，如长门贫不肖，不能主宗祧，以次门递主之。”②他充分考虑了现实中“贫不肖”这一特殊情况，而不会将话说得太满，为支子夺宗、不遵《家礼》预留了可能。

4. 学术的导向

上述仪节讨论中出现了一些颇有价值的思考，比如古今关系、情礼关系、礼俗关系等论述，我们也不妨联系吕维祺的学术思想进行考察。

“存礼”和“存心”是吕维祺学术主张的核心。在《新安两会语录引》中，吕维祺提出：“天伦人性，皆人自有之物”，“此道自在人心，皆所固有”③，故“无远近，无贤愚”④，良知本有、心体同然。在《丰芑学约》中又曰：“兵农礼乐总是心”，“一触即醒，愈触愈醒”，“学以经世为大”，“精理以适用为真”⑤，为学的根本也就是

① （明）吕维祺：《四礼约言原·论祭》，《四库全书存目丛书》经部第115册，济南：齐鲁书社1997年版，第120页。

② （明）吕维祺：《四礼约言原·论祭》，《四库全书存目丛书》经部第115册，济南：齐鲁书社1997年版，第120页。

③ （明）吕维祺：《明德先生文集·新安两会语录引》，《四库全书存目丛书》集部第185册，济南：齐鲁书社1997年版，第133页。

④ （明）吕维祺：《明德先生文集·复李缉敬》，《四库全书存目丛书》集部第185册，济南：齐鲁书社1997年版，第219页。

⑤ （明）吕维祺：《明德先生文集·丰芑学约》，《四库全书存目丛书》集部第185册，济南：齐鲁书社1997年版，第327页。

“各自得其心”①。在工夫论上，吕维祺认为：“知”是“行”之始，“行”是“知”之成，知行合一，有真知必须有真行：

> 若夫言之而未必行之，行之而未必实，或不求诸心与理之安而行者，皆无益于学者也。②
>
> 不佞碌碌半生，惟是力行二字为吾侪实地下手处。未发即未发此也，慎即慎此也，致良知、止至善无非此也。③
>
> 既名约言，自是因古礼而删除仪节务为简易之作……有大君子者，起而肩世道之责，将必繇家礼诸说而溯古礼之全。④

与泰州学派王畿等人的现成良知说不同，吕维祺并未放弃修养工夫的环节。对于礼的关注，关键在于日常生活的体认。天道既“非有异于人”⑤，“日用簿书，无非学也”⑥，存心之达至，须在人伦庶物、“兵农礼乐”中去躬身笃行。

“存礼存心”“知行合一”：吕维祺的学术观点显然受到了阳明心学的影响。既然吾性自足、礼乐本心，存礼就不是复礼，只要心中存之、古意不失，外在的形式和分寸并没有那么重要。故《约言》开篇即谓：

---

① （明）吕维祺：《明德先生文集·新安两会语录引》，《四库全书存目丛书》集部第185册，济南：齐鲁书社1997年版，第133页。

② （明）吕维祺：《明德先生文集·伊洛大社引》，《四库全书存目丛书》集部第185册，济南：齐鲁书社1997年版，第134页。

③ （明）吕维祺：《明德先生文集·三月复辛复元》，《四库全书存目丛书》集部第185册，济南：齐鲁书社1997年版，第219页。

④ （明）吕维祺：《四礼约言原序》，《四库全书存目丛书》经部第115册，济南：齐鲁书社1997年版，第113页。

⑤ （明）吕维祺：《明德先生文集·与邹南皋》，《四库全书存目丛书》集部第185册，济南：齐鲁书社1997年版，第214页。

⑥ （明）吕维祺：《明德先生文集·与李缉敬》，《四库全书存目丛书》集部第185册，济南：齐鲁书社1997年版，第216页。

甚矣，儒者之迂也，今何必古哉！使必古也，将搴木茹皮、绹发闟首而能乎哉？今不能为古，犹古之不能为今。……虽与古礼什一千百，而古意不失犹可。①

吕维祺的古今观念体现出了明代议礼领域共同的思想转向。“惟在意诚”“庶不失礼意”“有其心焉可也”“从简便以存古意”……《约言》对“礼意”而非“礼文”的反复强调，看似颇具新意，其实不过是阳明“规矩方圆”之论的延续，“存礼”就是阳明“心即礼”的另一种表述而已。

综上所述，《四礼约言》是阳明士人吕维祺改造《家礼》的一次文本实践。为了达至“执礼”的目标，其改造的方式有如下几种：一为转述，二为分层，三为增补，四为援俗，五为存心。无论是对《家礼》一板一眼地翻译，还是牵合时俗大胆灵活地变革，吕维祺所考虑的，都是如何让此书通俗易懂、礼仪方便易行。他尽可能地搜罗执礼中遇到的各种情况，尤其关注“贫愚”“贫家”这一行礼群体，客观上为儒礼的大众化、草根化创造了条件。当然，礼仪的大众化的确是一种方便法门，但对于《家礼》本身的原则性、权威性而言，也造成了一定程度上的妥协和弱化。

（三）大众化与经世性——时代之共同趋势

在上节的文本个案中，笔者着重呈现了王门士人吕维祺的家礼实践——它是如何展开的，有什么特色，与朱子学者有何不同。而本节中，笔者将把考察的范围继续扩大——《约言》体现出的某些趋势，在其他的礼仪文本中也有。晚明激增的通俗家礼书，其内容设计、仪节安排、改造《家礼》的程度不尽相同，但本身的出发点却惊人地相似。我们不妨就其文本的序言做一简单的罗列。

刘元卿（1544—1609），江右王门后期代表，居乡期间曾编写《礼律类要》。是书序云：

---

① （明）吕维祺：《四礼约言原序》，《四库全书存目丛书》经部第115册，济南：齐鲁书社1997年版，第112页。

然予乡陋，士民之家未必尽得其书。予故特取四礼之切于日用与五刑之文著而易犯者，各类其要为一秩，合名曰《礼律类要》。刻而流之人间，俾咸知大礼大法，共相趋避云耳。①

朱廷立(1492—1566)，嘉靖二年(1523)进士，受学于王守仁，曾编纂《家礼节要》一书。序云：

婚冠丧祭，礼之大端也，《家礼》备焉。予辑其要，以易夫人之从也。乃刻之惟扬，将布之诸司与学之师若士，率而行之。②

黄佐(1490—1566)，世称"双槐先生"，拜师于王守仁，曾撰《泰泉乡礼》以教其民。《四库提要》有云：

佐之学虽恪守程朱，然不以聚徒讲学名，故所论述，多切实际。……首举乡礼纲领，以立教、明伦、敬身为主。次则冠婚以下四礼，皆略为条教。第取其今世可行而又不倍戾于古者。……大抵皆简明切要，可见施行，在明人著述中犹为有用之书。③

邹守益(1491—1562)，"王门七子"之一，嘉靖四年(1525)颁布《谕俗礼要》。其自序云：

予尝受学于阳明先生，获见虔州之教，聚童子数百而习以

① (明)刘元卿：《刘聘君全集·礼律类要序》，《四库全书存目丛书》集部第154册，济南：齐鲁书社1997年版，第76页。

② (明)朱廷立：《家礼节要·序》，嘉靖通山朱氏刻本，现藏北京大学图书馆。

③ (明)黄佐：《泰泉乡礼》，《景印文渊阁四库全书》第142册，台北："商务印书馆"1986年版。

诗礼，洋洋乎雅颂威仪之隆也！比官广德，躬率诸生及童子习礼于学，虽毁齿之童，周旋规矩，雍容可观，因益以自信。复惧夫不能以家喻也，属刘友肇衮、王生仰酌四礼而刻之，名曰《谕俗礼要》，以颁于士民。①

阳明曾评价是书："大抵一宗《文公家礼》而简约之，切近人情，甚善甚善！非吾谦之诚有意于化民成俗，未肯汲汲为此也。……故特为此简易之说，欲使之易知易从焉耳。"②

以上选取的都是阳明学者的家礼文本："易行""习礼""家喻""化乡"是最常见的说法，通俗简易、觉民行道、经世致用是其撰书的共同意图。另外，除开这些，晚明的朱子学者及没有明显学术倾向的地方士人，他们的家礼文本也曾出现过类似的倾向。

吕柟(1479—1542)，明中期朱子学人，《文公家礼》坚定的倡行者。《明史》所谓"时天下言学者，不归王守仁，则归湛若水，独守程、朱不变者，惟柟与罗钦顺云"。其书《泾野先生礼问》有云：

如《家礼》之说，援古则似僭，通众则尊卑混淆……今天下闾阎庶民，多画神主于轴，其谱可考之家，虽十世祖皆祀之矣，未闻有禁也。故程氏礼本人情、通上下，可以发孝，可以殚仁，可以洞幽，可以诏明，可以酌古，可以准今，于孝子顺孙之义，其庶几乎？③

吕坤(1536—1618)，非朱非王、自成一家的晚明学者，曾作《四礼疑》《四礼翼》流传于世。四库馆臣评价"本于《书仪》《家礼》，然好用臆说"，"意在酌通古今，自成一家之学"。其书序云：

① (明)邹守益：《谕俗礼要序》，董平编校：《邹守益集》，南京：凤凰出版社2007年版，第23-24页。

② (明)王阳明：《寄邹谦之》，吴光等编校：《王阳明全集》，上海：上海古籍出版社2014年版，第225页。

③ (明)吕柟：《泾野先生礼问》，《丛书集成初编》，北京：中华书局1985年版，第5页。

四礼者何？人道之终始也。翼四礼者何？济四礼之所未备也。……凡六经之征言奥义，讲解难明，不敢采辑，惟以民间之日用常行可以家喻而户晓者，析为条目，俾皆童而习之。①

葛引生(约1561年前后在世)，嘉靖时期山东德平的地方小儒，曾撰《家礼摘要》以睦其族。是书卷首《题辞》云：

汉、唐、宋以来，议礼之家各为聚讼。至朱子乃集诸儒之论，定为《家礼》，未及成书而为人窃去，朱子没，其书乃出。其中有兼取两说，或偏主一说，而又旋不应者。矧浩瀚之言、曲折之礼，非质明、日中所可毕事……于是，采其可以见之行者，引其文而断以己意，各为目录，以便行事。其间有损益，则缘义起而趋其通者耳。②

另有林世治《家礼节略》、钱士升《家礼考证》、杜汝恕《家礼纂言》、符匡《家礼辑要》、韩承祚《四礼集说》、宋纁《四礼初稿》、朱天球《家礼易简编》等，概皆简约《家礼》、汇集诸说、参互考订，期不失礼之本义、唯务经世而易行的《家礼》衍生本子。

综上，当我们把明代的家礼文本全部罗列在一起，家礼实践的相似之处就显而易见：无论是倾心于王学者，抑或与之辩驳者，虽背景不同，主张各异，但简化、易行、通俗、致用都是考虑的第一要素。岛田虔次在研究阳明学特质时曾说过：阳明所谓的良知，并非单就个人修养立说的冷静哲学，而是具有热情淑世精神的学说。③

① (明)吕坤撰，王国轩、王秀梅整理：《吕坤全集·四礼翼序》，北京：中华书局2008年版，第1341页。

② (明)葛引生：《家礼摘要·题辞》，嘉庆九年(1804)东山葛氏遗书本，现藏清华大学图书馆。

③ [日]沟口雄三、小岛毅主编：《中国的思维世界》，南京：江苏人民出版社2006年版；何淑宜：《香火：江南士人与元明时期祭祖传统的建构》，台北：稻乡出版社2009年版，第257-258页。

但在笔者看来，非唯阳明士人，这种“淑世精神”乃其时社会之共同趋势：阳明的“一体”“良知”顺应了这种趋势；朱子学者也在此影响下进行自我调适。就礼仪实践的简易化、大众化与经世性而言，晚明的朱子学和阳明学呈现出某种程度上的合流倾向。

五、余论

在探讨了阳明学与《家礼》之争关系的基础上，我们再来考察《家礼》的民间落实情况。当研究目光继续下移，士人大众化、经世性的理想，在民间社会真正实现了吗？或者说，作为官方推崇、士人热议的《朱子家礼》，是否受到了乡民的接受与普及？社会整体氛围对于《家礼》的态度，又会对士人的争论产生怎样的影响？

(一)士人普及《家礼》之失败

事实上，无论是明代朱子学者的恢复主张，还是阳明学人“一体化”的努力，实施过程都并不顺畅，士人理想在实践中屡遭失败。

丘濬曾针对明中叶佛、道大行其道的现象，建议普及《家礼》、推行礼教，以行移风易俗之效，丘濬的设想未能付诸实践。在问及人们不行《家礼》之故时，乡民皆曰：“礼文深奥而其事未易以行也。”①无独有偶：安徽祁门汪禔欲行《家礼》，而乡人“目为怪物”②；福建金门吕益宗考订四礼，“欲以见之施行”而“未就”③；松江华亭宋诩提倡“文公先生四礼”，但“世皆疑其高古，

---

① (明)丘濬：《重编琼台稿·家礼仪节序》，《景印文渊阁四库全书》第1248册，台北：“商务印书馆”1986年版，第182页。

② (明)汪禔：《檗菴集》，《四库全书存目丛书》集部第146册，济南：齐鲁书社1997年版。

③ 骆问礼《万一楼集》载儒生吕益宗曾“考订《朱子家礼》，欲以见之施行”却未成，该文虽未说其未能实施之原因，但文中有“至于星术阴阳、浮屠羽经、虽时俗所好，必辩诘其谬”等说法，可看出民间时俗对于《家礼》传播之阻碍。(明)骆问礼：《万一楼集》，《四库禁毁书丛刊》集部第174册，北京：北京出版社1997年版，第546页。

辄揶揄而莫之讲”①；南安府士大夫欲遵《家礼》行冠礼，却因其地“矗立于群山之中”而“行者尚少”，且其所行冠礼，“不设位，不戒宾，不择赞，不具冠服”，与《家礼》殊为不同，“于礼尤简略”②。事实上，乡民对《家礼》的认同微乎其微，士人改良风俗之措施至多到达府县、乡学一级，很难深入民间；即使是极其罕见的个别地方试图遵依《家礼》、移易风俗，其广度、深度亦十分有限：要么“行者尚少”，乡野难觅；要么浅尝辄止，流于表面。

谭潜欲遵《家礼》修祠堂，而乡民甚为质疑，直斥“近于迂”，故祠堂遂废、家礼不行；③ 管志道提倡四亲之祭，而民间却溺于习俗，管大为慨叹“吴越岂无世家，而熟闲此礼者殆寡”④；刘元卿欲以《家礼》改造始祖祀，然“苦于沿旧莫能革”⑤；伍袁萃反对祭祀胡神，却不敢“违众立异”，遂致“齐民毋怪，缙绅亦然”⑥；吕维祺以礼化俗，而偶有“一人独卓然古道之从，众且非之笼之，其人亦卒中途而规于俗”⑦。可见，习俗乃积久而成，在强大的乡野舆论压力下，为避免孤立无援，礼教理想不得不让位于归俗之流。

---

① 明宋诩认为：“文公先生四礼，世皆疑其高古，辄揶揄而莫之讲，不知为人之道，有家之本，非此四者，不能纪纲其始终。吾家一遵此礼，人力或未能，财物或未称品节，是书亦不失大意，行而勿惰，自成表率矣！”（明）宋诩：《宋氏家要部·须行冠婚丧祭之礼》，《北京图书馆古籍珍本丛刊》第61册，北京：书目文献出版社1989年版，第10页。

② （明）刘节纂修：《（嘉靖）南安府志》，《天一阁藏明代地方志选刊续编（50）》，上海：上海书店出版社1990年版，第428页。

③ （明）查铎：《阐道集·谭氏祠堂记》，《四库未收书辑刊》第七辑第16册，北京：北京出版社1997年版，第543-544页。

④ （明）管志道：《从先维俗议·酌量祠堂仪式议》，《四库全书存目丛书》子部第88册，济南：齐鲁书社1995年版，第246页。

⑤ 刘元卿有言：“顾相沿已久，猝然行之，怠者惮繁，鄙者怪费。则又安得遂复古礼而骤革其苟简之陋习乎？”（明）刘元卿：《刘聘君全集·鱼石祠堂记》，《四库全书存目丛书》集部第154册，济南：齐鲁书社1997年版，第148页。

⑥ （明）伍袁萃：《林居漫录·畸集》，台北：台湾伟文图书出版有限公司1977年版。

⑦ （明）吕维祺：《四礼约言原序》，《四库全书存目丛书》经部第115册，济南：齐鲁书社1997年版，第112页。

以往研究过分看重阳明士人在下层庶民中的影响力。的确，相对其他非王学的《家礼》文本来说，更大的改编幅度、更宽容的援俗主张，以及背后“一体”“良知”的理论背景和学术社群与资源的利用，使得阳明学者的家礼措施往往具有更明显的可融通性，也相对容易践行和落实，但落实的效果绝不可过分夸大。上引刘元卿、管志道、吕维祺等阳明士人的论述，已透露出执礼失败的几种原因：

其一，不理解：《家礼》自身晦涩难懂、渺远不辨，在质朴少文、凡事尚简的庶民社会，自然是有如“天书”，不可理解、无法适应①；其二，不允许：“人家丰啬不同，意见亦异”②，《家礼》的实施需要足够的经济条件与相当的知识储备，一般人并不容易措办；其三，不接受：民间社会对于上层教化存在着固有的抗拒和抵触心理，甚至是一种“异化”“妖魔化”的倾向。刘元卿感叹：“顾相沿已久，猝然行之，怠者惮繁，鄙者怪费。则又安得遂复古礼而骤革其苟简之陋习？”③所谓“怠”“鄙”，即朴野少文却势力日增的乡民；所谓“惮”“怪”，即乡民对于礼教的不理解、不允许、不接受，这是《家礼》传播过程中一股不容小觑的阻力。

（二）明人不遵《家礼》之社会现实

上述思想、文本与实践的措施，实际上仍然属于士人及其家族层面的考察，我们并不能因此推估《家礼》已经下渗到庶民阶层。

---

① 清代学者甘汝来认为，前代虽有《家礼》，但是仪节繁篓，字句谶琐，卷帙浩繁，难以在民间推行。由于古礼制的烦琐、渺远不辨，使得一般的士人疏于《家礼》习读，以致礼教难行。清人陆陇其亦说：“(《家礼》)万世规矩准绳也，人道之纲纪备矣。但自世教，其书虽存，请求而率由之者益少，后生小子见其父兄师友未尝从事于是也，虽有举而示之者，亦且以为迂远不可行者，吾知随俗而已，安用是为哉？而秉礼之士，亦不能强以其素所不习者。”亦是其证。详见(清)甘汝来：《请酌定家礼颁行疏》，《清经世文编》卷五十四，北京：中华书局 1992 年版，第 1353 页；（清)陆陇其：《三鱼堂文集·四礼辑宜序》，《景印文渊阁四库全书》第 1325 册，台北：“商务印书馆”1986 年版，第 127-128 页。

② （明)李廷机：《李文公家礼跋》，《四库禁毁书丛刊》本。

③ （明)刘元卿：《刘聘君全集·鱼石祠堂记》，《四库全书存目丛书》集部第 154 册，济南：齐鲁书社 1997 年版，第 148 页。

要想真正了解《家礼》在民间社会的普及情况，还必须引入地方材料来观察。

(1)冠礼：冠礼作为“礼之始”，在《家礼》中作为一重要组成部分被朱子所坚持和强调。但明代的民间已很少有家庭认真举行冠礼的仪式。歙人方弘静指出：“冠者成人之始，古之人重之，今忽之久矣，与其繁也宁简。”①稍后的万历《歙志》亦载，“冠礼之不行也久矣，乡先正间一行之，乃知大家名父，尚在典刑。”②可见即使是在朱子学影响极大的徽州一带，冠礼亦多废而不讲。

(2)婚礼：婚礼被儒家赋予“上以事宗庙，而下以建后世”的意义，在《家礼》中保留有“纳彩”“纳币”“亲迎”等隆重的仪式，朱子对“婚嫁论财”“失时”“售女”“闹房”“亵虐”等恶俗予以强烈批判。③但在质朴少文的乡民社会，婚礼本身的内在道德紧张感早已松弛。《浙江通志》载遂安：“嫁尚妆资，高者，至破产不计；卑者，或勒索聘财。”④万历《歙志》亦曰：“婚礼亲迎之不行也可矣，奈何女子下车之后，整妆已完，亲族大破男妇之别，亵虐不堪。”⑤显然，

① (明)方弘静：《素园存稿 · 四礼议(上)》，《四库全书存目丛书》集部121册，济南：齐鲁书社1997年版，第304页。

② (明)张涛修，谢陛纂：(万历)《歙志 · 风土》。

③ 《家礼 · 昏礼》明确反对“婚姻论财”：“凡议婚姻，当先察其婿与妇之性行及家法何如，勿苟慕其富贵。”朱子尖锐指出：“今世俗之贫鄙者，将娶妇，先问资装之厚薄；将嫁女，先问聘财之多少。至于立契约云，某物若干，某物若干，以求售其女者，亦有既嫁而复欺绐负约者，是乃驵侩卖婢鬻奴之法，岂得谓士大夫昏姻哉？”认为“婚姻论财”会带来婚嫁失时、亲戚仇雠，甚至溺杀女婴的严重后果。详见(宋)朱熹：《家礼 · 昏礼》，《朱子全书》第7册，上海：上海古籍出版社、合肥：安徽教育出版社2002年版，第895-897页。

④ (清)嵇曾筠、李卫等修：《雍正浙江通志 · 风俗(下)》，《中国地方志集成 · 省志辑 · 浙江》，南京：凤凰出版社2010年版，第1794页。

⑤ 在徽州的婚俗中，闹房之习颇为普遍。明末凌濛初的《二刻拍案惊奇》亦提及：“徽人风俗，专要闹房炒新郎，凡亲戚朋友相识的，在住处所在，闻知娶亲，就携了酒榼前来称庆。说话之间，名为祝颂，实半带笑耍，把新郎灌得烂醉方以为乐。”详见(明)张涛修，谢陛纂：(万历)《歙志 · 风土》；(明)凌濛初：《二刻拍案惊奇》卷十五，西宁：青海人民出版社1981年版，第334页。

“嫁尚妆资”的势利之见，是商业化浪潮冲击的结果；“男妇无别”的所谓“恶俗”，亦乃大众文化、市民文化繁荣的体现。

(3)丧葬礼：《家礼》明确反对丧葬“做佛事”“行火葬”“信鬼神”“择地而葬”“停柩不葬”“惑于风水之说”等习俗①，但事实上，这些佛、道、阴阳之俗在民间极其盛行，即使是读书人家亦趋之若鹜，而他们的借口无非就是“吾犹未能违俗也”。据载，南安府“民有父母之丧，皆不以衣衾棺椁为重，惟务供佛、饭僧，或暴露尸形，而动经数日，名曰保奏；或广开坛醮，而直逾五旬，名曰过七”②；王皞观察江西安福乡邑祭祀，“家未尝立祠堂，葬未尝题神主，岁时未尝致享祀，初丧则供佛饭僧”③；永嘉县令汪循亦指出：“惮不能葬者，又遂用火化，流俗之弊，不可具殚，在在有之，永嘉为甚。”④在强大的习俗面前，朱子的丧葬主张显然形同虚设。

(4)祭礼：按照《家礼》祭祖之制，理应“祠堂之主，止列四亲”；支子不祭，祭则从宗子；神主摆放当“以右为尊”。而事实上，民间僭礼愈制、祭祀始祖者大有人在，尹襄所谓“今之故家巨

① 《家礼·丧礼》中朱子对社会流行佛教丧葬礼给予强烈批判，他引司马光《居家杂仪》云：“鬼神信报之说，由来无稽”，以为“于始死及七七日、百日、期年、再期、除丧，饭僧、设道场，或作水陆大会，写经造像，修建塔庙”等佛教丧葬礼，乃“举世滔滔信奉之，何其易惑而难晓也”，又认为火葬“出于羌胡之俗，浸染中华。行之既久，习以为常，见者恬然，曾莫之怪，岂不哀哉”，行火葬是做子孙的“悖谬”。《家礼》还对阴阳家和葬师将择地而葬说成能决定子孙的贫富贵贱、贤愚寿夭，也给予驳斥，以为极其“愚惑”。详见(宋)朱熹：《家礼·丧礼》，《朱子全书》第7册，上海：上海古籍出版社、合肥：安徽教育出版社2002年版，第914-916页。

② (明)魏校：《庄渠遗书》，《景印文渊阁四库全书》第1267册，台北：“商务印书馆”1986年版，第875页。

③ (明)王皞：《叙〈丧祭礼要〉谕诸生》，(明)范镐纂修：《(嘉靖)宁国县志》，合肥：安徽省宁国县地方志办公室编校1987年版，第189页。

④ (明)汪循：《汪仁峰先生文集·拟上兴利除害疏》，《四库全书存目丛书》集部47册，济南：齐鲁书社1997年版，第189页。

室欲合人心，率有始祖之祭”①，即是其证。福建黄氏祠堂“一堂五室，中祀致政，为黄巷再迁之祖，始祖也；左念七，右朝奉，先祖也；又左系佳信之派，大宗也；又右亦系佳住之派，小宗也；祀寓不迁，详所承也”，② 其神位顺序与《家礼》迥异。常建华先生曾对《家礼》实施颇为盛行的安徽、福建、江西三省进行过统计，甚至以为：囿于时制、人情、恩义及宗族实际等，不遵《家礼》“祠堂”者远较遵者为多。③ 由此，其他省份遵依《家礼》的情形更不难想见。

(5)奢侈问题：在“四礼”以外，明代中后期奢侈之风蔓延，僭礼逾制颇盛，这显然是对《家礼》“反奢”主张的极大突破和背弃。朱子在《家礼 · 通礼》开篇极言“禁奢从礼”的重要性，告诫家长“必谨守礼法，以御群子弟及家众：分之以职，授之以事，而责其成功，制财用之节，量入以为出，称家之有无以给上下之衣食，及吉凶之费，皆有品节，而莫不均壹，裁省冗费，禁止奢华，常须稍有赢余，以备不虞”④。但反观明朝实况：“今升平日久，侈欲日滋，少者食肉，贱者衣帛，餔饮喧街，沉湎籍道，妇饰珠玉，娼被纨谷，甚至冠婚丧祭，角靡斗奢，不循古礼。嫁女之家，资妆之具，动至千金。售产倾资，习不为异。病不能嫁者，多致育女不举。丧亲之家，张乐开筵，会客送葬。”⑤显然，在日益趋奢的时俗压力下，《家礼》改良风俗之措施简直形同一纸空文，其在民间社会的影响微乎其微。

嘉靖年间，欧大任(1516—1596)曾记载扬州一带的礼制情况：

① (明)尹襄：《巽峰集 · 戴氏重修乐伦堂记》，《四库全书存目丛书》集部第67册，济南：齐鲁书社1997年版，第208页。

② (明)林俊：《见素集》，《景印文渊阁四库全书》第1257册，台北：“商务印书馆”1986年版，第131页。

③ 常建华：《明代宗族研究》，上海：上海人民出版社2005年版，第35-180页。

④ (宋)朱熹：《家礼 · 通礼》，《朱子全书》第7册，上海：上海古籍出版社、合肥：安徽教育出版社2002年版，第880-881页。

⑤ (明)汪循：《汪仁峰先生文集 · 拟上兴利除害疏》，《四库全书存目丛书》集部47册，济南：齐鲁书社1997年版，第188-189页。

迩来习尚日殊，风俗日弊，冠礼多不举行，婚礼每不亲迎，丧礼无恻怛哀痛之实，而饭僧举殡动费百金，祭礼废祠堂宗子之仪，而道观、禅宫不惜布施。四礼之废，莫此邦为甚也！①

“冠礼”“亲迎”“居丧”“祠堂”，皆《家礼》之明文，时人废而不讲；朱子所强烈批判的佛道丧葬习俗，却被奉若圭臬，趋之若鹜。事实上，明中期以降，民间的日用生活根本不是按照礼制的规范严格执行，即使以最常见的日用之礼如冠、婚、丧、祭来说，也无不都有“俗化”的倾向，欧氏“四礼之废”的说法并不夸张。延及晚明，各种僭礼逾制、违礼偶俗之事有增无减。顾炎武曾勘察各地风俗，对民间袭自佛道丧葬的经谶、宴饮、火葬、风水、停柩不葬等俗礼甚为痛心，以为佛道礼俗混入儒礼、儒家文化无处着落，乃晚明社会的严重现象。② 在商业化日益加剧，并越来越对传统的礼制、等级造成冲击的晚明社会，《家礼》所强调的“重血缘、崇宗法、讲名分、别尊卑”等传统观念和礼制条文，俨然被时俗所违背、抛弃。

综上所述，通过对明人种种“不遵《家礼》”现象之构考和梳理，笔者以为：《家礼》在明代地方社会的普及并不顺畅，且这一过程在与时代互动中发生变异。即使是在朱子学广为流传的时期和地域，《家礼》的实际影响和真正效果也不容过高估计。而“恐致乡人非谤”“庶民未必通谙”③“世俗趋于简便”等议论，实已透露出：民间社会整体氛围对于《家礼》的排斥与不遵，是导致明代中后期议

① （明）欧大任：《欧虞部集十五种》，《四库禁毁书丛刊》集部第47册，北京：北京出版社1997年版，第228页。

② （清）顾炎武著，黄汝成集释：《日知录》卷八至十二，上海：上海古籍出版社2006年版，第460-748页。

③ 黄宗羲《明夷待访录·学校》有言：“民间吉凶，一依《朱子家礼》行事。庶民未必通谙，其丧服之制度，木主之尺寸，衣冠之式，宫室之制，在市肆工艺者，学官定而付之；离城聚落，蒙师相其礼以革习俗。”显然，《家礼》大多仅在学校中实行，其在民间社会的影响微乎其微。（明）黄宗羲著，段志强译注：《明夷待访录·学校》，北京：中华书局2011年版，第52页。

礼风潮盛行的另一重要原因。而反过来，《家礼》之争的兴起以及朱子学到阳明学的学风转型，一定程度上又损害了《家礼》在民间社会的权威性，进一步加剧了民间执礼实践之失败。

(三)对礼教下渗的思考

《朱子家礼》在明代的传播情况非常复杂。《家礼》之争的兴起，一方面，受到了阳明学风的影响，与思想领域的大众化、经世性趋势相呼应；另一方面，正是在这一思想与实践互动的过程中，我们看到了上层理想与民间实际之间的落差。故本文在论述《家礼》之争与阳明学关系之余，笔者又做进一步引申：从大小传统、精英文化与通俗文化的视角来看，《家礼》之争的问题还涉及了儒家传统的“礼教”话题，在此略作补充。

1. “上层教化”与“民间社会”间的断裂

当我们从“礼教”的角度来重新审视《家礼》的问题，明人对于《家礼》的突破，不仅是思想转型和学术变迁的结果，也是“礼”与“俗”、“大传统”与“小传统”、“上层教化”与“地方社会”之间存在断裂的证明。《家礼》在明代中后期之传播并不顺畅，以往研究所谓的“《家礼》备受推崇”“朱子学广泛普及”等论断并不准确；大、小传统间的沟通渠道远没有我们想象的那么畅通，作为官方意识形态的儒家礼教，其在庶民社会的真正影响和普及程度，令人深深怀疑；所谓的“传统中国是‘礼教中国’”，“儒家礼教自上而下地对乡村社会进行控制和渗透”，“宋以后中国大、小传统交流极其畅通”等论调均不能绝对化与普遍化，而需要在具体的历史时期、演化空间中重新反思和修正。事实上，明代官方的礼教措施大多流于形式，与其一味地强调大传统“礼下庶民”和士绅文化霸权对民众的控制，倒不如将其概括为“权力加强与限制的并置发展”①。《家礼》的确在中国近世社会产生了深远的影响，但作为一种“礼下庶民”“庸庶敦庞”的士人理想，其象征意义远大于实际意义。

① 胡成：《礼教下渗与乡村社会的接受和回应》，台北近代史研究所集刊第39期，第85-90页。

2. 重新评价士阶层在地方社会的作用

宫崎市定曾言，“推动地方文化活动的多是官运不佳或科举失败的下层文人，而非以往研究较多注重的官僚士绅”。① 在《家礼》的实践过程中，我们发现：作为“大传统”儒教承担者、诠释者的精英阶层，与普通民众之间存在隔膜和距离感；而受阳明士人影响的民间小儒，反而在践行礼教的过程中具有更强的行动力和影响力。士阶层内部其实存在着分化，对于礼教的传播起主要作用的是那些与乡民生活更接近的下层读书人，而非以往研究较多注重的上层士绅②。

明代中后期，面对时俗的巨大压力，地方士绅、下层读书人、乡学生员，抑或充当文化中介的“礼生”群体，曾对《家礼》文本进行过平民化、本土化的改编，甚至采取礼图、诗歌、非文本的方式，其目的都是为了使礼下庶人、深入民间。在这些“家礼”衍生系统的实践中，我们可以清楚地看到下层知识分子在礼教下渗、文化“接转”、地方教化、移风易俗等方面更为积极和直接的作用。所谓“大夫不行则乡人何所取法，学校不讲则闾阎无所兴起”③，作为具有一定文化自觉意识和文化选择能力的民间知识分子群体，大儒丘濬的礼教设想虽未能成功，但这些民间小儒却自下而上地模仿士大夫礼仪，从而在实际上实践了丘濬的建议④。

3. “小传统”的能动性

《家礼》在民间社会的传播，是一个极其复杂的过程：有明显

① ［日］宫崎市定：《明代苏松地方的士大夫和民众——明史素描》，《日本学者研究中国史论著选译》卷六，北京：中华书局1995年版；吕妙芬：《阳明学士人社群：历史、思想与实践》，北京：新星出版社2006年版，第35页。

② 胡成：《礼教下渗与乡村社会的接受和回应》，台北近代史研究所集刊第39期，第80-85页。

③ （明）何瑭：《柏斋集 · 六礼纂要序》，《景印文渊阁四库全书》第1266册，台北：“商务印书馆”1986年版，第540页。

④ 参见刘永华：《亦礼亦俗——晚清至民国闽西四保礼生的初步分析》，《历史人类学学刊》2004年第2期，第80-81页。

的排斥，有隐晦的冲突，更有因平民化、本土化改编而造成的移变、挪用，甚至扭曲和异化。礼教的下渗并不是一个风行草偃、全盘照收的单向演化，而是“小传统”主动接受、自觉选择、能动取舍的双向互动过程①。在这一过程中，“小传统”对于上层礼教的作用，不仅有抗拒、排斥，且积极能动地去影响、调试“大传统”，具有储存文化基因，并适时向大传统输送营养的反推动力。在《家礼》的民间普及过程中，我们观察到的主要不是礼教如何征服民间文化，而是不同礼仪传统如何相互影响、相互结合、相互作用。故伊沛霞有言：“《家礼》在中国近世社会的传播过程，也是其正统礼文不断被重新诠释的过程。”

基于此，我们重新思考美国人类学家罗伯特·芮德菲尔德的“大小传统”理论：在将此理论引入中国社会时，如何克服其作为西方经验移置中国时产生的诸多不适应？笔者以为，既要注意本土社会的独特性，即看到所谓“耕读传家”的传统，以及中国精英阶层与农村生活之间水乳交融、不可分割的联系②；但另一方面，又不能因过分强调独特性，而忽视大、小传统间固有的断裂和扭曲。我们必须对上述中外理论进行双向扬弃，以“礼教下渗”与“文化自觉”的不同视角和“复线历史”，挖掘出这一动态过程中的张力与活力，从而克服传统儒教“大叙事”下单一化、片面化、绝对化倾向，以期在本土化的历史认知基础上，对现有来自西方经验的分析框

---

① 胡成：《礼教下渗与乡村社会的接受和回应》，台北近代史研究所集刊第 39 期，第 95-97 页。

② 罗伯特·芮德菲尔德的“大小传统”理论，把都市的文本传统看成是文化发展的动力中心，而把“小传统”看成是被动的、没有体系的文化。这种过分重视精英阶层，而忽视乡民社会能动性的观点，近年来已受到诸多学者的批评。中国学者更多从本土社会的“独特性”，即几千年来中国农民阶层“耕读传家”、创造文明、并培育上层精英的传统出发，对芮德菲尔德理论进行修正和补充。参见[美]罗伯特·芮德菲尔德著，王莹译：《农民社会与文化——人类学对文明的一种诠释》，北京：中国社会科学出版社 2013 年版；王铭铭：《社会人类学与中国研究》，北京：生活·读书·新知三联书店 1997 年版，第 157 -158 页；余英时：《汉代循吏与文化传播》，《士与中国文化》，上海：上海人民出版社 2003 年版，第 117-123 页。

架，产生一定的修正和补充意义。

总而言之，明代中后期的《家礼》之争，是学风流变与礼教下渗共同作用的结果。在《家礼》的传播过程中，我们能体会到具体的时间序列和地域空间中交汇的两股潮流：一种是士大夫在礼仪讨论中不断采纳又不断扬弃《家礼》的潮流；一种是乡民社会在礼仪实践中不断接受又不断突破《家礼》的潮流。而这两股潮流的共同指向，正是思想与社会的互动中儒学被诉说、被实践的多重面貌。

参考文献

一、基本典籍

[1]（宋）朱熹：《家礼》，朱杰人等编：《朱子全书》第7册，上海：上海古籍出版社、合肥：安徽教育出版社2002年版。

[2]（宋）朱熹：《四书章句集注》，北京：中华书局2010年版。

[3]（宋）朱熹：《四书或问》，上海：上海古籍出版社、合肥：安徽教育出版社2001年版。

[4]（宋）黎靖德辑：《朱子语类》，朱杰人等编：《朱子全书》第17册，上海：上海古籍出版社、合肥：安徽教育出版社2002年版。

[5]（明）王阳明撰，吴光等编校：《王阳明全集》，上海：上海古籍出版社2014年版。

[6]（明）邹守益撰，董平编校：《邹守益集》，南京：凤凰出版社2007年版。

[7]（明）王畿撰，吴震编校整理：《王畿集》，南京：凤凰出版社2007年版。

[8]（明）吕坤撰，王国轩、王秀梅整理：《吕坤全集》，北京：中华书局2008年版。

[9]（明）黄宗羲著，段志强译注：《明夷待访录》，北京：中华书局2011年版。

[10]（明）丘濬著，林冠群、周济夫校点：《大学衍义补》，北京：

京华出版社 1999 年版。
[11] (明) 丘濬:《文公家礼仪节》,《四库全书存目丛书》经部第 114 册, 济南: 齐鲁书社 1997 年版。
[12] (明) 丘濬:《重编琼台稿》,《景印文渊阁四库全书》第 1248 册, 台北:"商务印书馆"1986 年版。
[13] (明) 黄佐:《泰泉乡礼》,《景印文渊阁四库全书》第 142 册, 台北:"商务印书馆"1986 年版。
[14] (明) 曹端:《曹月川集》,《景印文渊阁四库全书》第 1243 册, 台北:"商务印书馆"1986 年版。
[15] (明) 林俊:《见素集》,《景印文渊阁四库全书》第 1257 册, 台北:"商务印书馆"1986 年版。
[16] (明) 何瑭:《柏斋集》,《景印文渊阁四库全书》第 1266 册, 台北:"商务印书馆"1986 年版。
[17] (明) 魏校:《庄渠遗书》,《景印文渊阁四库全书》第 1267 册, 台北:"商务印书馆"1986 年版。
[18] (明) 罗洪先:《念庵文集》,《景印文渊阁四库全书》第 1275 册, 台北:"商务印书馆"1986 年版。
[19] (明) 尹台:《洞麓堂集》,《景印文渊阁四库全书》第 1277 册, 台北:"商务印书馆"1986 年版。
[20] (明) 归有光:《震川集》,《景印文渊阁四库全书》第 1289 册, 台北:"商务印书馆"1986 年版。
[21] (明) 刘宗周:《刘蕺山集》,《景印文渊阁四库全书》第 1294 册, 台北:"商务印书馆"1986 年版。
[22] (明) 杨士奇:《东里诗集》,《四库全书》第 1238 册, 上海: 上海古籍出版社 1987 年版。
[23] (明) 罗钦顺:《整菴存稿》,《四库全书》第 1261 册, 上海: 上海古籍出版社 1987 年版。
[24] (明) 谢铎:《桃溪净稿》,《四库全书存目丛书》集部第 38 册, 济南: 齐鲁书社 1997 年版。
[25] (明) 杨守址:《碧川文选》,《四库全书存目丛书》集部第 42 册, 济南: 齐鲁书社 1997 年版。

[26]（明）汪循：《汪仁峰先生文集》，《四库全书存目丛书》集部47册，济南：齐鲁书社1997年版。
[27]（明）王廷相：《王氏家藏集》，《四库全书存目丛书》集部第53册，济南：齐鲁书社1997年版。
[28]（明）倪宗正：《倪小野先生全集》，《四库全书存目丛书》集部第58册，济南：齐鲁书社1997年版。
[29]（明）尹襄：《巽峰集》，《四库全书存目丛书》集部第67册，济南：齐鲁书社1997年版。
[30]（明）陈九川：《明水陈先生文集》，《四库全书存目丛书》集部第72册，济南：齐鲁书社1997年版。
[31]（明）聂豹：《双江聂先生文集》，《四库全书存目丛书》集部第72册，济南：齐鲁书社1997年版。
[32]（明）欧阳德：《欧阳南野先生文集》，《四库全书存目丛书》集部第80册，济南：齐鲁书社1997年版。
[33]（明）万士和：《万文恭公摘集》，《四库全书存目丛书》集部第109册，济南：齐鲁书社1997年版。
[34]（明）方弘静：《素园存稿》，《四库全书存目丛书》集部121册，济南：齐鲁书社1997年版。
[35]（明）耿定向：《耿天台先生文集》，《四库全书存目丛书》集部第131册，济南：齐鲁书社1997年版。
[36]（明）汪禔：《檗菴集》，《四库全书存目丛书》集部第146册，济南：齐鲁书社1997年版。
[37]（明）王襞：《新镌东厓王先生遗集》，《四库全书存目丛书》集部第146册，济南：齐鲁书社1997年版。
[38]（明）刘元卿：《刘聘君全集》，《四库全书存目丛书》集部第154册，济南：齐鲁书社1997年版。
[39]（明）郭子章：《蠙衣生传草》，《四库全书存目丛书》集部第156册，济南：齐鲁书社1997年版。
[40]（明）吕坤：《去伪斋文集》，《四库全书存目丛书》集部第161册，济南：齐鲁书社1997年版。
[41]（明）周汝登：《东越证学录》，《四库全书存目丛书》集部第

165 册，济南：齐鲁书社 1997 年版。
[42] (明) 曾维纶：《来复堂遗集》，《四库全书存目丛书》集部第 169 册，济南：齐鲁书社 1997 年版。
[43] (明) 吕维祺：《明德先生文集》，《四库全书存目丛书》集部第 185 册，济南：齐鲁书社 1997 年版。
[44] (明) 吕维祺：《四礼约言》，《四库全书存目丛书》经部第 115 册，济南：齐鲁书社 1997 年版。
[45] (明) 王栋：《一菴先生遗集》，《四库全书存目丛书》子部第 10 册，济南：齐鲁书社 1995 年版。
[46] (明) 管志道：《从先维俗议》，《四库全书存目丛书》子部第 88 册，济南：齐鲁书社 1995 年版。
[47] (明) 欧大任：《欧虞部集十五种》，《四库禁毁书丛刊》集部第 47 册，北京：北京出版社 1997 年版。
[48] (明) 骆问礼：《万一楼集》，《四库禁毁书丛刊》集部第 174 册，北京：北京出版社 1997 年版。
[49] (明) 郭子章：《蠙衣生晋草》，《四库禁毁书丛刊》补编第 65 册，北京：北京出版社 2005 年版。
[50] (明) 查铎：《阐道集》，《四库未收书辑刊》第七辑第 16 册，北京：北京出版社 1997 年版。
[51] (明) 杨廉：《杨文恪公文集》，《续修四库全书》集部第 1333 册，上海：上海古籍出版社 2013 年版。
[52] (明) 金瑶：《金栗斋先生文集》，《续修四库全书》集部第 1342 册，上海：上海古籍出版社 2013 年版。
[53] (明) 屠隆：《栖真馆集》，《续修四库全书》集部第 1360 册，上海：上海古籍出版社 2013 年版。
[53] (明) 许相卿：《许氏贻谋四则》，《续修四库全书》子部第 938 册，上海：上海古籍出版社 2013 年版。
[54] (明) 杨起元：《证学编》，《续修四库全书》子部第 1129 册，上海：上海古籍出版社 2013 年版。
[55] (明) 俞汝为辑：《荒政要览》，《续修四库全书》史部第 846 册，上海：上海古籍出版社 2013 年版。

[56]（明）王叔杲等纂：《永嘉县志》，中国科学院图书馆选编：《稀见中国地方志汇刊》第18册，北京：中国书店出版社1992年版。
[57]（明）范镐纂修：《（嘉靖）宁国县志》，合肥：安徽省宁国县地方志办公室编校1987年版。
[58]（明）宋诩：《宋氏家要部》，《北京图书馆古籍珍本丛刊》子部第61册，北京：书目文献出版社1989年版。
[59]（明）马一龙：《玉华子游艺集》，《北京图书馆古籍珍本丛刊》集部第108册，北京：书目文献出版社2000年版。
[60]（明）刘节纂修：《（嘉靖）南安府志》，《天一阁藏明代地方志选刊续编（50）》，上海：上海书店出版社1990年版。
[61]（明）凌濛初：《二刻拍案惊奇》，西宁：青海人民出版社1981年版。
[62]（明）邓元锡：《家礼诠补》，明万历三十八年（1610）王玉其等刻本，现藏中国科学院图书馆。
[63]（明）王叔杲：《家礼要节》，隆庆五年（1571）刻本，现藏国家图书馆。
[64]（明）葛引生：《家礼摘要》，嘉庆九年（1804）东山葛氏遗书本，现藏清华大学图书馆。
[65]（明）朱廷立：《家礼节要》，嘉靖通山朱氏刻本，现藏北京大学图书馆。
[66]（明）李廷机：《李文公家礼》，《四库禁毁书丛刊》本。
[67]（明）胡翰：《胡仲子集》，《丛书集成初编》本，北京：中华书局1985年版。
[68]（明）吕柟：《泾野先生礼问》，《丛书集成初编》，北京：中华书局1985年版。
[69]（明）项乔撰，方长山、魏得良点校：《项乔集》，上海：上海社会科学出版社2006年版。
[70]（明）谢肇淛：《五杂俎》，上海：上海书店出版社2001年版。
[71]（明）袁宗道：《白苏斋类集》，上海：上海古籍出版社2007年版。

[72](明)伍袁萃：《林居漫录》，台北：台湾伟文图书出版有限公司1977年版。
[73](清)张廷玉等撰：《明史》，北京：中华书局1974年版。
[74](清)贺长龄、魏源等编：《清经世文编》，北京：中华书局1992年版。
[75](清)张履祥：《杨园先生全集》，《四库全书存目丛书》子部第165册，济南：齐鲁书社1995年版。
[76](清)黄宗羲著，沈芝盈点校：《明儒学案》，北京：中华书局1985年版。
[77](清)陈确：《陈确集》，北京：中华书局1979年版。
[78](清) 顾炎武著，黄汝成集释：《日知录》，上海：上海古籍出版社2006年版。
[79](清)陆陇其：《三鱼堂文集》，《景印文渊阁四库全书》第1325册，台北："商务印书馆"1986年版。
[80](清)嵇曾筠、李卫等修：《雍正浙江通志》，《中国地方志集成·省志辑·浙江》，南京：凤凰出版社2010年版。
[81](清)施化远等编撰：《吕明德先生年谱》，吴洪泽等编：《儒藏·史部·儒林年谱》，成都：四川大学出版社2007年版。
[82](清)阮元校刻：《礼记正义》，《十三经注疏》清嘉庆刊本，上海：上海古籍出版社1997年版。

二、今人专著

[1]吕妙芬：《阳明学士人社群：历史、思想与实践》，北京：新星出版社2006年版。
[2]何淑宜：《香火：江南士人与元明时期祭祖传统的建构》，台北：稻乡出版社2009年版。
[3]张艺曦：《阳明学的乡里实践：以明中晚期江西吉水、安福两县为例》，北京：北京师范大学出版社2013年版。
[4]陈宝良：《明代社会转型与文化变迁》，重庆：重庆大学出版社2014年版。
[5]余英时：《宋明理学与政治文化》，桂林：广西师范大学出版社

2005 年版。
[6]余英时：《士与中国文化》，上海：上海人民出版社 2013 年版。
[7]陈来：《中国近世思想史研究》，北京：商务印书馆 2003 年版。
[8]左东岭：《王学与中晚明士人心态》，北京：人民文学出版社 2000 年版。
[9]尤淑君：《名分礼秩与皇权重塑：大议礼与嘉靖政治文化》，台北：台湾政治大学历史系 2006 年。
[10]于化民：《明中晚期理学的对峙与合流》，台北：文津出版社 1993 年版。
[11]胡吉勋：《"大议礼"与明廷人事变局》，北京：社会科学文献出版社 2007 年版。
[12]常建华：《明代宗族研究》，上海：上海人民出版社 2005 年版。
[13]赵克生：《明代地方社会礼教史丛论——以私修礼教书为中心》，北京：中国社会科学出版社 2011 年版。
[14]张寿安：《十八世纪礼学考证的思想活力：礼教论争与礼秩重省》，北京：北京大学出版社 2005 年版。
[15]郑振满：《乡族与国家：多元视野中的闽台传统社会》，北京：生活·读书·新知三联书店 2009 年版。
[16]王铭铭：《社会人类学与中国研究》，北京：生活·读书·新知三联书店 1997 年版。
[17]万明主编：《晚明社会变迁问题与研究》，北京：商务印书馆 2005 年版。
[18][日]吾妻重二：《朱熹〈家礼〉实证研究》，上海：华东师范大学出版社 2012 年版。
[19][日]沟口雄三、小岛毅主编：《中国的思维世界》，南京：江苏人民出版社 2006 年版。
[20][日]沟口雄三著，索介然、龚颖译：《中国前近代思想的演变》，北京：中华书局 1997 年版。
[21][日]井上彻著，钱航译，钱圣音校：《中国的宗族与国家礼制》，上海：上海书店出版社 2008 年版。
[22][日]中岛乐章：《明代乡村纠纷与秩序》，南京：江苏人民出

版社 2012 年版。
[23] [美]罗伯特·芮德菲尔德著，王莹译：《农民社会与文化——人类学对文明的一种诠释》，北京：中国社会科学出版社 2013 年版。
[24] [加]卜正民著，张华译：《为权力祈祷：佛教与晚明士绅社会的形成》，南京：江苏人民出版社 2005 年版。
[25] Patricia B. Ebrey. Confucianism and Family Rituals in Imperial China：A Social History of Writing about Rites. Princeton：Princeton University Press，1991.
[26] Patricia B. Ebrey. Chu Hsi's Family Rituals：A Twelfth-Century Manual for the Performance of Cappings，Weddings，Funerals，and Ancestral Rite. Princeton：Princeton University Press，1991.

三、研究论文

[1] 胡成：《礼教下渗与乡村社会的接受和回应》，台北近代史研究所集刊第 39 期。
[2] 杨志刚：《论朱子家礼及其影响》，《朱子学刊》1994 年第 1 期。
[3] 杨志刚：《朱子家礼民间通用礼》，《传统文化与现代化》1994 年第 4 期。
[4] 赵克生：《修书、科图与观礼明代地方社会的家礼传播》，《中国史研究》2010 年第 1 期。
[5] 赵克生：《明代士人对家礼撰述与实践的理论探索》，《明清论丛(第十二辑)》2012 年。
[6] 王志跃：《推崇与抵制：明代不遵循〈朱子家礼〉现象之探研》，《求是学刊》2013 年 9 月。
[7] 常建华：《明代宗族祠庙祭祖礼制及其演变》，《南开学报(哲学社会科学版)》2001 年第 3 期。
[8] 常建华：《旧领域与新视野：从风俗论看明清社会史研究》，《中国社会历史评论》2001 年第 12 卷。
[9] 常建华：《宋元时期徽州祠庙祭祖的形式及其变化》，《徽学》2000 年卷，合肥：安徽大学出版社 2001 年版。
[10] 常建华：《明代福建兴化府的宗族祠庙祭祖》，《中国社会历史

评论》卷三，北京：中华书局 2001 年版。
[11]李丰楙：《朱子家礼与闽台家礼》，杨儒宾主编：《朱子学的开展——东亚篇》，台北汉学研究中心 2002 年。
[12]科大卫：《祠堂与家庙从宋末到明中叶宗族礼仪的演变》，《历史人类学学刊》2003 年第 2 期。
[13]陈瑞：《朱熹〈家礼〉与明清徽州宗族以礼治族的实践》，《史学月刊》2007 年第 3 期。
[14]刘永华：《亦礼亦俗——晚清至民国闽西四保礼生的初步分析》，《历史人类学学刊》2004 年第 2 期。
[15]王振忠：《明清以来徽州的礼生与仪式》，《传统中国研究集刊(第八辑)》2009 年。
[16]王汎森：《"儒家文化的不安定层"——对"地方的近代史"的若干思考》，《近代史研究》2015 年第 6 期。
[17]王汎森：《"心即理"说的动摇与明末清初学风之转变》，台北历史语言研究所辑刊 1994 年。
[18]欧阳琛：《王守仁与大礼议》，《新中华》1949 年第 12 卷第 7 期。
[19]邓志峰：《谁与青天扫旧尘——"大礼议"思想背景新探》，《学术月刊》1997 年第 7 期。
[20]张立文：《论"大议礼"与朱熹王阳明思想的冲突》，《南昌大学学报(人文社会科学版)》1999 年第 2 期。
[21]王宇：《合作、分歧、挽救：王阳明与议礼派的关系史》，《中山大学学报(社会科学版)》2009 年第 6 期。
[22]陈力祥：《王阳明崇礼理念与礼之践行思想探析》，《贵州大学学报(社会科学版)》2009 年第 4 期。
[23]蔡方鹿、王英杰：《王阳明经世致用思想探讨》，《孔子研究》2013 年第 6 期。
[24]周启荣：《儒家礼教思潮的兴起与清代考证学》，《南京师大学报(社会科学版)》2011 年第 5 期。
[25]傅衣凌：《从中国历史的早熟性论明清时代》，《明清社会经济变迁论》，北京：中华书局 2007 年版。
[26]郑振满：《宋以后福建的祭祖习俗与宗族组织》，《厦门大学学

报》1987 年增刊。
[27] 林丽月：《世变与秩序：明代社会风尚相关研究评述》，《明代研究通讯》2001 年第 4 期。
[28] 周波、王霄冰：《大小传统理论视野下的礼生“叫礼”习俗》，《文化遗产》2014 年第 5 期。
[29] 扈耕田：《吕维祺与明清洛阳学术转型》，《洛阳理工学院学报(社会科学版)》2011 年第 6 期。
[30] [日] 森正夫：《关于明末社会关系中的秩序变动》，《名古屋大学文学部三十周年纪念论集》1979 年。
[31] [日] 宫崎市定：《明代苏松地方的士大夫和民众——明史素描》，《日本学者研究中国史论著选译》卷六，北京：中华书局 1995 年版。

丰坊《鲁诗世学》“极骂季本”考

——兼论明世宗“大礼议”中失势士人心态

2012级国学班　王赫

摘　要：明代丰坊于《鲁诗世学》中驳斥甚至诋毁昔日好友季本。其直接原因是季本《诗说解颐》不信其伪作，而深层原因则是丰坊在明世宗“大礼议”中失势后的政治投机，使其面临“畔父”“献谄”的士林舆论。其在《诗》学思想上反对季本，是有意推崇父学、家学以应对“畔父”舆论，体现出对四明丰氏家族没落的不甘；在品行上诋毁季本，是为转移和缓解“献谄”舆论，体现出对此心结的耿耿于怀。丰坊不仅是“大礼议”后士人阶层开始逢迎皇帝以求仕进的个例，而且面对出与处、继承与违背父志的双重困境，因此成为“大礼议”中失势士人之特例。

关键词：丰坊；季本；《鲁诗世学》；大礼议

绪　论

明嘉靖年间出于鄞县人丰坊(1494—1569①)的四部《诗经》相关伪书：“石经《鲁诗》”、《子贡诗传》《申培诗说》《鲁诗世学》，自出现以来就引起学界注目。其中《鲁诗世学》为注疏体，

① 丰坊生卒年存在争议，其生年笔者取陈斐蓉、李忠伟说；其卒年笔者取李忠伟说。见陈斐蓉：《丰坊生卒年考》，《中国书画》2008年第12期，第13页；李忠伟：《丰坊生卒年新考》，《赤峰学院学报(汉文哲学社会科学版)》2015年第12期，第45-46页。

其内容丰富，既有对真、假材料的引用，又表达了丰坊的学术观点，因此学界认为《鲁诗世学》的作伪“在于要表达自己独特的对《诗经》的阐释”①，“是一种表达自我《诗》学主张的特殊方式”②。

《鲁诗世学》中黄佐(1490—1566)之论，貌为引用，实乃伪托。其中有一显著现象：“极骂季本”③。丰坊不但驳斥昔日好友季本(1485—1563)的《诗经》学观点，而且诋毁其人格。托名的黄佐对季氏直呼“白丁季本”甚至“蝍且季本”，并以“大肆邪说”“奸险小人”“可胜诛哉?”等称之，全书中对季本的驳斥、诋毁乃至谩骂多达60余处。对此现象，前人一般仅理解为丰坊表达对季本《诗说解颐》不信其伪作的愤恨。笔者在肯定这一观点的基础上细读《鲁诗世学》，并考察丰坊的身世及政治命运之后，认为对此现象还可以有更深入的认识，并可以通过丰坊的这一极端行为深入分析其士人心态。

目前，国内(大陆、台湾)对于丰坊的作伪及生平的研究，除书法史相关研究外，主要从三个角度展开：

一是对丰坊伪作的辨伪及研究。首先是对《诗经》相关伪作的研究。关于伪《诗传》《诗说》，明清学者已开始对此二书的辨伪，林庆彰列举甚详。其中影响较大之著作，有清代朱彝尊《丰氏〈鲁诗世学〉跋》《经义考》，毛奇龄《〈诗传〉〈诗说〉驳义》，姚际恒《诗经通论·诗经论旨》《古今伪书考》等。④ 此后，二书乃丰坊伪

① 王学泰：《明代诗学伪作与〈鲁诗世学〉》，《文学遗产》1999年第4期，第98页。

② 马昕：《重评〈子贡诗传〉〈申培诗说〉的造伪与辨伪》，《儒家典籍与思想研究》2012年第1期，第106页。

③ (清)姚际恒撰，顾颉刚标点：《诗经通论》，北京：中华书局1958年版，第6页。

④ 见林庆彰：《清代的群经辨伪学》，台北：文津出版社1991年版，第251-296页。

造遂成定论。近人余嘉锡提出异议，认为作伪者乃丰坊稍后的王文禄。① 林庆彰对二书作更加详细的考证后，认为《子贡诗传》原本为丰坊伪作，后王文禄据《鲁诗世学》修改《子贡诗传》形成改本，并从《鲁诗世学》中抄出《申培诗说》与之合刻。② 林说考证详实，笔者信之。当然，林氏亦指出二书实际内容仍出于丰坊。③ 但林说若能成立，则说明《鲁诗世学》在丰坊的《诗经》相关作伪中的重要性高于《申培诗说》。

而关于《鲁诗世学》，早在朱彝尊就已指出，此书虽号称为丰氏世代家学之集结，而实为丰坊一人所作，并指出丰坊所据所谓"石经《鲁诗》"亦为伪造。④ 王学泰分析了丰坊作伪为何借《鲁诗》而非齐、韩《诗》说，认为原因是《鲁诗》解《诗》"最为近之"，以解释经文为主，因此根据《鲁诗》造伪比较容易；且汉熹平石经《鲁诗》尚有残石传世，这给丰坊提供了空间，使其可编造其父丰熙曾见秘书省《石经》残石并有拓本的谎言。⑤

关于丰坊《诗经》相关作伪与黄佐的关系，清代朱彝尊已指出，《鲁诗世学》托名黄佐的《序》以及书中引用黄佐之说实为丰坊所为，丰坊"欲申'鲁说'而改易毛郑者，皆托诸文裕之言，排斥先儒，不遗余力"。⑥ 姚际恒还指出《鲁诗世学》多引黄佐之说，并号称为黄佐所编辑成书，是因为编造黄佐家藏有《诗传》《诗说》二书之谎言

---

① 见余嘉锡：《四库提要辨证》，北京：中华书局 1980 年版，第 41-47 页。

② 见林庆彰：《丰坊与姚士粦》，上海：华东师范大学出版社 2015 年版，第 94-96、115-136 页。

③ 见林庆彰：《丰坊与姚士粦》，上海：华东师范大学出版社 2015 年版，第 224 页。

④ 见(清)朱彝尊：《丰氏〈鲁诗世学〉跋》，王达津主编：《清代经部序跋选》，天津：天津古籍出版社 1991 年版，第 119-120 页。

⑤ 见王学泰：《明代诗学伪作与〈鲁诗世学〉》，《文学遗产》1999 年第 4 期。

⑥ 王达津主编：《清代经部序跋选》，天津：天津古籍出版社 1991 年版，第 120 页。

的需要，将黄佐拉入丰坊所伪造的“鲁诗”学统，从而为作伪制造旁证。①

此外，丰坊所伪造“石经《大学》”在当时影响亦很大。清代毛奇龄《〈大学〉证文》已辨其伪。② 林庆彰又详辨之，并列举明清曾信从其说的学者，以分析其影响。③ 王汎森指出，丰坊准确地把握了当时学界争论的核心问题，因此采取了与程朱、陆王均不同的思想立场，使得大量思想家引据其伪作以发挥自己思想。④ 至于其伪作其他石经及“外国本”《尚书》《古易世学》《古书世学》《春秋世学》等，影响相对不大，或存或佚，林庆彰分别做了概述。⑤

上述研究，为笔者提供了丰坊作伪活动的史实，为研究丰坊心态奠定了基础。

二是探究丰坊的《诗》学思想在经学史中的地位及影响。林庆彰专门分析了明清十二家学者信从《诗传》《诗说》，或笃信而引据，或刊刻以推广的情况。⑥ 王学泰指出，《鲁诗世学》在《诗经》学思想方面挑战了当时作为权威的朱熹《诗集传》，然而说《诗》时仍继承了宋儒平易、通俗的特点，这与明代文人士大夫的学风、文风一致。⑦ 刘毓庆将季本、丰坊称为《诗经》研究的“立异”派，认为二

① 见(清)姚际恒搜，顾颉刚标点：《诗经通论》，北京：中华书局 1958 年版，第 6 页；(清)姚际恒：《古今伪书考》，北京：中华书局 1985 年版，第 5 页。

② 见(清)毛奇龄：《〈大学〉证文》，《文渊阁四库全书》第 210 册，第 288-294 页。

③ 见林庆彰：《丰坊与姚士粦》，上海：华东师范大学出版社 2015 年版，第 52-59、213-221 页。

④ 见王汎森：《明代后期的造伪与思想争论——丰坊与〈大学〉石经》，《新史学》第 6 卷第 4 期，第 1-19 页。

⑤ 见林庆彰：《丰坊与姚士粦》，上海：华东师范大学出版社 2015 年版，第 37-47 页。

⑥ 见林庆彰：《丰坊与姚士粦》，上海：华东师范大学出版社 2015 年版，第 224-232 页。

⑦ 见王学泰：《明代诗学伪作与〈鲁诗世学〉》，《文学遗产》1999 年第 4 期，第 98-99 页。

人对诗旨、诗义的新观点体现了对僵化的《诗经》宋学派的毁弃，并指出季本与丰坊的标新立异受到了当时兴起的王学影响。① 马昕将丰坊的作伪行为放在明代中晚期经学复古运动背景下加以审视，认为丰坊伪作中汉、宋兼采的取向体现了明中叶的"汉、宋合流"趋势；并进一步对明末清初学者对《诗传》《诗说》的辨伪进行了考察，认为这种辨伪实为"晚出的较为成熟的汉学派对早出的不甚成熟甚至误入歧途的汉学派的一种超越"，并对丰坊的伪作在《诗经》学史上造成的影响进行了估量。② 上述研究对笔者分析丰坊的学术思想有参考价值。

三是对丰坊在明世宗"大礼议"前后的政治行为与政治命运的研究。现有的这方面的研究多是以群体或家族的研究将丰坊包括在内。林庆彰对丰坊的家世及生平作了梳理和考证，并整理出了丰坊生平简编。③ 胡吉勋以"大礼议"与明廷人事变局的关系为视角，对参加嘉靖三年"左顺门哭谏"的二百多名官员的政治遭遇及朝廷相关人事变化进行了考察，其中礼部官员部分，将丰坊看作这场政治风波中"极少数的前后行为变节者"的特例，指出丰坊的政治投机是嘉靖朝士人为擢升而迎合皇帝心意的风气的体现，这是"大礼议"对明中后期士风的重要影响。④ 王镇宇以四明丰氏家族作为精英家族的个案，分析了其于宋明之际兴衰变迁的过程，以说明地域文化的认同与家族文化的认同是如何被结合起来，形成一种被构建起的家族叙事。王镇宇将丰坊的落魄作为其家族没落的标志，并详细分析了丰坊的形象怎样被时人及后人描述、建

① 见刘毓庆：《从经学到文学：明代〈诗经〉学史论》，北京：商务印书馆 2001 年版，第 187-191 页；刘毓庆：《季本、丰坊与明代〈诗〉学》，《中国文学研究》2003 年第 3 期，第 47-51 页。

② 见马昕：《重评〈子贡诗传〉〈申培诗说〉的造伪与辨伪》，《儒家典籍与思想研究》2012 年第 1 期，第 112-117 页。

③ 见林庆彰：《丰坊与姚士粦》，上海：华东师范大学出版社 2015 年版，第 1-18 页。

④ 见胡吉勋：《"大礼议"与明廷人事变局》，北京：社会科学文献出版社 2007 年版，第 271-274 页。

构，而最终被主流士人所否定，从而结束了四明丰氏的精英家族历史。① 上述研究为笔者提供了丰坊生平、政治活动、舆论评价的史实基础。

最后，关于“《鲁诗世学》极骂季本”的现象，姚际恒指出：“丰氏《鲁诗世学》极骂季本。按，季明德《诗学解颐》亦颇平庸，与丰氏在伯仲间，何为骂之？想以仇故耶。”②猜测二人有仇。林庆彰谓其詈骂季本原因为季本《诗说解颐》曾云《鲁诗》不可信。③ 刘毓庆《从经学到文学：明代〈诗经〉学史论》亦认为季本对“《鲁诗》说”每有讥刺，是丰坊大为恼火的原因。④ 这些结论完全正确，然尚未有在此基础上深入研究者。

而笔者在前人研究成果的基础上，试图结合丰坊的著述（作伪）与政治遭遇，进一步分析丰坊“极骂季本”这一极端现象背后的士人心态。

纵观丰坊生平，其一生不得志，原因即为明世宗“大礼议”。丰坊父丰熙（1468—1537）在“大礼议”中的遭遇，给丰坊造成了极大痛苦；丰坊本人亦因参加哭谏而被贬，此后虽有政治投机行为，竟不获用，反而背上“畔父”“献谄”的恶名。笔者即欲以丰坊背负的“畔父”“献谄”舆论为线索，探讨《鲁诗世学》“极骂季本”这一特殊现象发生的原因，进而分析丰坊作为“大礼议”中失势后谋求复进而失败，反而为舆论所恶者的士人心态，并以丰坊为个例，对明世宗“大礼议”中失势士人的心态作出探讨。

---

① 见王镇宇：《家族与地域之间：宋明之际四明丰氏家族研究》，上海：华东师范大学2015年硕士学位论文。

② （清）姚际恒撰，顾颉刚标点：《诗经通论》，北京：中华书局1958年版，第6页。

③ 见林庆彰：《丰坊与姚士粦》，上海：华东师范大学出版社2015年版，第36页。

④ 见刘毓庆：《从经学到文学：明代〈诗经〉学史论》，北京：商务印书馆2001年版，第188-190页。

一、“丰氏《鲁诗世学》极骂季本”

前述姚际恒指出的“丰氏《鲁诗世学》极骂季本”这一现象非常引人注目。而探索这一现象的深层原因及其背后丰坊的心态，需要对丰坊的生平和政治命运作一简述。

(一)反驳、诋毁与谩骂

丰坊《鲁诗世学》三十二卷中，对季本学术观点的反驳，与对其人品的诋毁多达70余处。其中，67处托名黄佐，另有4处托名唐顺之(1507—1560)，4处是以自己(或门生)名义。其托名黄佐的原因，清人已有阐述如前，是为配合《诗传》《诗说》的作伪；且黄佐对丰坊父丰熙十分景仰，曾为之撰墓志①，因此丰坊便声称黄佐为其父《鲁诗》学的学生。托名唐顺之，则是因为唐顺之曾与黄佐共事于翰林院，丰坊据此编造二人得见秘书藏《鲁诗》石经之事，从而为“石经”的存在编造更多证据。② 其实黄佐自有《诗经》学著作《诗经通解》，观其书，以《朱传》为宗，是典型的士子科考用书，与《鲁诗世学》所引“泰泉黄氏曰”的立场和辞气判然不同③；至于5处“荆川唐氏曰”，虽无直接证据证明其为伪托，但以其观点、语气完全与丰坊(及“黄佐”)合，应亦出自丰坊。

---

① 见(明)黄佐：《翰林学士奉政大夫丰公熙墓碑》，(明)焦竑编撰：《国朝献征录》，扬州：广陵书社2013年版，第817-818页。

② 《鲁诗世学·邶·考补》：“荆川唐氏曰：……顺之读书中秘，得与泰泉黄子同观天府石经《鲁诗》，乃知邶自九篇，鄘自七篇，原与卫事不相干涉，因假录而藏之，以淑诸后人，其为万世经学之幸大矣哉!”见(明)丰坊：《鲁诗世学》，《历代诗经版本丛刊》，济南：齐鲁书社2008年版，第87页。

③ 丰坊在伪造黄佐观点时，也有时杂入其真观点，如《鄘·伯兮·考补》：“泰泉黄氏曰：郑氏以为桓王伐郑而卫人从之。夫郑在卫南，不当云‘之东’，其为鄘人从武庚伐卫无疑。”见《鲁诗世学》第97页。此处前半句乃袭自黄佐，见(明)黄佐：《诗经通解》，《广州大典》第十八辑·经部诗类第1册，广州：广州出版社2015年版，第72页。而后半句“其为鄘人从武庚伐卫无疑”的观点，则为丰坊所嫁接。

其中，对季本学术观点的反驳，往往附以肆意谩骂，如：

泰泉黄氏曰：……季本乃曰："此女悦男之辞，亦淫风也。"夫晋无淫俗，纯甫于《葛生》知其厚矣，本何为而忽有此言？岂非邪人之邪思，厕犬之吐气也哉？(《唐·绸缪·考补》)①

有时以学术观点引申出去，对季本进行诋毁，如：

泰泉黄氏曰：蜖且季本谓……"贤女在车中之时……使我一见，而仰高山、行景行之心自不敢已也耳。"卑污猥陋如此，岂经旨乎？丈夫而自誉其妻，岂君子哉？盖本乃天下第一畏内不才之鄙夫……穆氏每夜罚本跪，必彻晓，不敢举首视之，则畏之如仰高山矣；每日责五百金，奉承不暇，则趋之如景行矣。(《小疋续·车舝·考补》)②

同时，对季本以"妖孽""酷吏""白丁"等称之：

妖孽季本，酷吏白丁，其于《诗》学实无毫发见闻……伪学欺世，邪说诬民，《王制》"四诛不以听"，本其当此刑矣。(《鄘·考补》)③

前引文中"蜖且季本"之称，即在全书中出现了20余次。姚际恒以"极骂季本"概括之，毫不过分。

如前绪论所述，前人已指出丰坊"极骂季本"的直接原因是季

① (明)丰坊：《鲁诗世学》，《历代诗经版本丛刊》，济南：齐鲁书社2008年版，第162页。

② (明)丰坊：《鲁诗世学》，《历代诗经版本丛刊》，济南：齐鲁书社2008年版，第168页。

③ (明)丰坊：《鲁诗世学》，《历代诗经版本丛刊》，济南：齐鲁书社2008年版，第96页。

本解释《诗经》的著作《诗说解颐》对丰坊抛出之“《鲁诗》说”不予采信，且加以讥刺。刘毓庆列举了季本在解释具体篇目时不信“《鲁诗》说”之例①，而季本在《诗说解颐》的《总论》部分，就已经旗帜鲜明地表达了对“《鲁诗》”的怀疑：

> 世之文士泥于好古……诸诗皆求旧说以解之……至其所求之“旧说”，则又主于石经所书之《鲁诗》……夫《鲁诗》出于汉文帝时，而石经蔡邕所书，刻在汉末，寻经兵火，不存，所传多非邕旧，《通志略》固已辩之，岂可取以为先秦古书之据哉？故《鲁诗》已绝，虽有一二存者，不过附见于他书耳，未必得经旨也。②

季本此实为卓识。然而正因为直率地否定“石经《鲁诗》”之说，《诗说解颐》成为引爆丰坊“极骂季本”的导火索。丰坊在《鲁诗世学》首篇《关雎》后的一大段《考补》中，托黄佐之名编造了所谓“石经《鲁诗》”发现过程之后，即针锋相对地反驳季本的观点：

> 本讥先师曰：“世之文士泥于好古……”然则我非生而知之者，好古，敏以求之者也。……本又谓先师所据蔡邕石经，按郑樵《通志略》，石经刻于汉末，寻遭兵火，不存。抑孰知先师与佐考订，乃虞喜所摹孔壁之古文，非蔡邕之八分也？……天地间事理无穷，岂耳目可限？③

且不论魏正始石经未有虞喜所书之说，唯汉熹平石经有《鲁诗》，此乃常识，魏石经本无《鲁诗》，丰坊可谓强辩之甚。然而由

---

① 见刘毓庆：《从经学到文学：明代〈诗经〉学史论》，北京：商务印书馆2001年版，第188-189页。

② （明）季本：《诗说解颐》，《文渊阁四库全书》第79册，第24页。

③ （明）丰坊：《鲁诗世学》，《历代诗经版本丛刊》，济南：齐鲁书社2008年版，第66页。

此以下，《鲁诗世学》中“极骂季本”及其《诗说解颐》之语则一发不可收拾，甚至使笔者感觉丰坊《鲁诗世学》一书本身，就是为回应季本的《诗说解颐》而作。

而“极骂季本”其中原因，除显而易见的“石经《鲁诗》”之争外，更可作进一步的探索。从年已近古稀的丰坊①这一极端行为中，可求一窥其晚年的士人心态。

(二)丰坊的生平与政治命运

欲探索已近古稀的丰坊上述极端行为背后的心态，需要对丰坊的生平与政治命运作一简述。

丰坊父丰熙任翰林学士期间，旁支入继即位的明世宗不愿继叔父孝宗之嗣，而意欲推尊生父兴献王，称其为“皇考”，从而掀起历史学上著名的嘉靖“大礼议”。② 嘉靖三年(1524)，丰熙作为“左顺门哭谏”的八位反对皇帝的“为首者”③之一，触怒了明世宗，受廷杖之刑，并远谪福建镇海卫。虽朝臣多次论救，仍作为个别始终不得赦免者，最终卒于戍所。④ 丰坊作为礼部主事，因随父亲参加“左顺门哭谏”亦下狱，受廷杖后自请南迁，为南京礼部考功主事。相关史实前人已梳理甚详。

嘉靖六年(1527)，丰坊因“浮躁浅露”而降调⑤，左迁通州同知。嘉靖八年(1529)，即谢病归家，锁阁读书。⑥ 然而嘉靖十六

① 丰坊《鲁诗世学》序(托名黄佐作)为嘉靖壬戌(1562年)作，是年丰坊69岁。

② 关于明世宗“大礼议”相关史实及学界研究综述，可参考胡吉勋：《“大礼议”与明廷人事变局》，北京：社会科学文献出版社2007年版，第1-55页。

③ 见(清)谷应泰：《明史纪事本末》，北京：中华书局1977年版，第752页。

④ 胡吉勋：《“大礼议”与明廷人事变局》，北京：社会科学文献出版社2007年版，第113-119页。

⑤ 见《明世宗实录》，台北：历史语言研究所1962年版，第1685页。

⑥ 见林庆彰：《丰坊与姚士粦》，上海：华东师范大学出版社2015年版，第14页。

年(1537)，丰熙卒于戍所①后，丰坊“家居贫乏，思效张璁、夏言片言取通显”(《明史》本传)。“大礼议”中士人迎合皇帝心意而得重用的事迹，使丰坊于嘉靖十七年(1538)六月效仿他们开始了政治投机，上奏曰：“孝莫大于严父，严父莫大于配天。请复古礼，建明堂，加尊皇孝(考)献皇帝，庙号称宗，以配上帝。”②并献《世统》及《图说》。③

丰坊此举，对明世宗礼制改革有重要影响。此时，世宗早已在桂萼、张璁等支持自己的议礼新贵的协助下取得了“大礼议”的胜利，尊称生父兴献王为“皇考”，并为其设立了紧邻太庙的“献皇帝庙”。这意味着“继统”而不“继嗣”，表明自己乃继生父“献皇帝”之嗣，而非以旁支入继叔父孝宗之嗣即位。然而世宗生父兴献王虽有了“献皇帝”之名，却实不曾当过一天皇帝，因此其仍无称“宗”之庙号，尚在太庙系统之外，世宗推尊亲生父母的愿望仍未完全满足。丰坊上书前，嘉靖君臣就已经开始了与此相关的恢复明堂制度的讨论④，丰坊此言正合世宗之意，因此世宗“大悦”，以之为由头，最终使生父兴献王“进号睿宗，配飨玄极殿”(《明史》本传)。

世宗自然产生起用丰坊之念。然而张邦奇决绝地断送了丰坊的前途。邦奇对君臣道：“其人少有文学，行多不检，圣朝岂乏此一人？今郊庙土木大兴，疆场不靖，若复有此举，海内何堪？”⑤不仅张邦奇反对，丰坊此举颇引起士林非议(详见下文)，因此世宗作罢。嘉靖十八年(1539)六月，丰坊候久，再上《卿云雅诗》一章，

① 见(清)张廷玉等：《明史》，北京：中华书局1974年版，第5071页。

② 《明世宗实录》，台北：历史语言研究所1962年版，第4373页。

③ 见(清)胡文学辑选，(清)李邺嗣叙传，袁元龙点注：《甬上耆旧诗》，宁波：宁波出版社2010年版，第237页。按，《世统》《图说》及后述《卿云雅诗》均已佚，仅《世统本序》见于丰坊别集。

④ 见尤淑君：《名分礼秩与皇权重塑：大礼议与嘉靖政治文化》，台北：台湾政治大学历史学系2006年版，第223页。

⑤ (清)胡文学辑选，李邺嗣叙传，袁元龙点注：《甬上耆旧诗》，宁波：宁波出版社2010年版，第237页。

世宗亦诏付史馆而已，终不用丰坊。① 世宗虽然利用丰坊实现了改庙制的目的，然而并无力排众议而起用丰坊的必要。

丰坊未能实现自己的目的，而其政治投机性过于明显，其迎合皇帝心意的立场又站在了大部分士人的对立面，更是去世不久的父亲丰熙的对立面，因此丰坊背上了士林中“畔父”的骂名：“人咸恶坊畔父云”②。晚明沈德符《万历野获编》以“献谄”“献谀”，乃至“不忠不孝”“先忠后佞”称之：

> 坊之入都献谀，距其父殁时尚未小祥也，不忠不孝，勇于为恶，一至于此。……既两献谄不售，居家益狠戾，不为乡里所容。(《列朝二·献帝称宗》)③
>
> ……又上疏请宗献王入太庙，自谓当时迫于父学士熙严命不敢违，非本意也。……富贵熏心，改口逢世，又推诿其责于父师，真悖逆之尤。(《言事·一人先忠后佞》)④

黄景昉《国史唯疑》亦以“悖父”称之：

> 枉费机关，自甘沦堕，宜以叛师悖父之罪称之。(卷六)⑤

王镇宇认为以“不忠不孝”之名否定丰坊之为人即自沈德符始⑥，其说殆未惬。从张邦奇之语，可知丰坊生时已有“行多不检”之名；从《明史》本传中可知丰坊的“畔父”行为当时已为士林不

① 见《明世宗实录》，台北：历史语言研究所 1962 年版，第 4684-4685 页。

② (清)张廷玉等：《明史》，北京：中华书局 1974 年版，第 5072 页。

③ (明)沈德符：《万历野获编》，北京：中华书局 1959 年版，第 45 页。

④ (明)沈德符：《万历野获编》，北京：中华书局 1959 年版，第 508-509 页。

⑤ (明)黄景昉：《国史唯疑》，《续修四库全书》第 432 册，第 88 页。按，“叛师”指陆澄。

⑥ 王镇宇：《家族与地域之间：宋明之际四明丰氏家族研究》，华东师范大学 2015 年硕士学位论文，第 86 页。

齿，而"畔父"的体现即为"献谄"之行，此恶名非沈德符首创，而是在丰坊生时即成为其品行之污点。

嘉靖十八年(1539)，丰坊已经46岁。此后丰坊既背负恶名，再也无缘仕进，其政治生命宣告结束。此后，中晚年的丰坊以作伪眩世为精神寄托，其中即有《鲁诗世学》。下二章中，笔者即欲从"《鲁诗世学》极骂季本"之语中，分析"畔父"和"献谄"舆论对丰坊心态的影响。

二、驳季本之学："畔父"舆论的应对

丰坊对季本学术观点的反驳，主要体现在"淫诗"之争上。而学术观点论争的背后，体现的是丰坊对"畔父"舆论的应对。

(一)否定"淫诗"，坚持"三纲"

"淫诗"之争，是丰坊驳斥季本的《诗说解颐》用力最多之处。丰坊在"淫诗"问题上力驳季本，在表面上只是关于《诗经》章句解释的论争，其背后却是学术立场的体现。

孔子有"郑声淫"之语，而所谓"淫诗"之争成为后世《诗经》学的重要问题，乃于朱熹《诗集传》始。《集传》在郑樵、欧阳修等疑《小序》派观点的基础上，将《国风》中一些诗篇解作"淫诗"，而尤以《郑风》《卫风》中为多。这一观点在明代已成为权威。① 季本《诗说解颐》接受朱说，在具体解说上也多承袭朱子《集传》，如《邶风·静女》，《集传》曰："此淫奔期会之诗也。"②《解颐》曰："此淫风也。"③《卫风·木瓜》，《集传》曰："疑亦男女相赠答之辞，如《静女》之类。"④《解颐》曰："实淫风耳。"⑤

---

① 相关经学史问题可参考洪湛侯：《诗经学史》第三编"诗经宋学"，北京：中华书局2002年版。

② (宋)朱熹：《诗集传》，北京：中华书局1958年版，第26页。

③ (明)季本：《诗说解颐》，《文渊阁四库全书》第79册，第66页。

④ (宋)朱熹：《诗集传》，北京：中华书局1958年版，第41页。

⑤ (明)季本：《诗说解颐》，《文渊阁四库全书》第79册，第89页。

然而如果承认《诗经》中确实存在此类“淫奔之诗”，似乎与“美教化，移风俗”(《诗大序》)的儒家“《诗》教”宗旨相龃龉，因此自宋以来，反对此说者不乏其人。亦有一种折中的观点，承认这些诗篇的“淫诗”性质，但将其存在的原因归咎于秦火和汉儒。此说亦为季本所取：

> 宋程文简公有言：“淫诗之传，盖出于里巷狭邪诵习之口，秦火之后，圣经不全，汉儒取其里巷之传者补缀其间，以足三百篇之数，盖皆夫子之所已删，而未有能辨之者耳。”近世王文端公、先师阳明王公之说亦然，可以见《诗》之非古经矣。(《诗说解颐·总论》)①

季本接受了上述宋程大昌、明王直及其师王阳明的说法，认为“淫诗”本不在《诗三百》以内，汉初《诗经》篇次曾经混乱，汉儒在恢复全经时将“淫诗”掺入。根据这种观点，今本《诗经》的篇次则不足取信了，因此季本颇为大胆地调整了《诗经》的篇次。② 然而，季本只是提出意见，终不敢径改经文。

而丰坊的观点是《诗经》中根本不存在“淫诗”。前述《鲁诗世学·周南·关雎》后《考补》中，他在托名黄佐反驳季本对“石经”的怀疑后，马上反驳其关于“淫诗”的观点。因为季本是继承其师王阳明之说，丰坊竟编造了一个“阳明见黄佐”的故事，诈称王阳明曾亲口承认其说之非，承认“《诗》之为经无淫辞”③。

丰坊因是作伪，故毫无顾忌地对《诗经》之篇次作了大幅度调整，直接剪裁和挪移。以朱子以为“淫诗”最多的《郑风》为例：《鲁诗世学》诈称据“石经《鲁诗》”，移《郑风》2 篇入《王风》，2 篇入

---

① (明)季本：《诗说解颐》，《文渊阁四库全书》第 79 册，第 6-7 页。

② 参见蒋秋华：《季本〈诗说解颐〉诗次说评议》，《第四届诗经国际学术研讨论文集》，第 400-421 页。

③ (明)丰坊：《鲁诗世学》，《历代诗经版本丛刊》，济南：齐鲁书社 2008 年版，第 67 页。

《齐风》，1篇入《唐风》，2篇入《桧风》，使《郑风》21篇仅剩14篇。① 而被移出《郑风》的7篇，全部是《集传》所谓“淫女”“淫奔”之诗(或未明言“淫”字，但亦以为男女之诗)。丰坊虽然认为《郑》诗不淫，毕竟是承认“郑声淫”的，将这些“淫诗”移出《郑风》，显然是有意削减《郑风》篇幅。

这些“淫诗”被移出《郑风》后，丰坊或恢复其旧说，或附会新的诗旨，顺便驳朱子，骂季本。如《子衿》移入《王风》后，《世学》之《正说》云：“申公曰：王室下衰，学政废弛，弟子多倍其师，君子伤之而作是诗。”②恢复了《序》说。《考补》又借黄佐之口云：“《朱传》因末章有‘叏达’之句而臆其为‘淫奔之词’，非也。……至作《白鹿洞赋》，则又云‘广青衿之疑问’，何其枝词两舌，反覆欺人之甚耶？……况白丁季本奸险小人，党欲邪说而废诸家者乎？”③季本有时亦不从朱《传》。如《(桧风)扬之水》，朱《传》仅以为男女之事，已为丰坊所深驳④；而季本自出心裁，以为“懦弱之夫为妻所侮，故作是诗以开导其妻”⑤，更使丰坊破口大骂：“丑恶浅陋之邪说也。……本继娶杭州莫氏，得甚，在长沙时，日征百斤，不满则罚跪达旦，是以恣为酷刑，积赃十四万。……然则所谓‘懦弱之夫为妻所侮’者，此本之招状欤？”⑥

丰坊不仅不承认《诗经》中存在“淫奔之诗”，亦不承认存在“犯

① 见(明)丰坊：《鲁诗世学》，《历代诗经版本丛刊》，济南：齐鲁书社2008年版，第179页。按，两种版本的《子贡诗传》之篇次与《申培诗说》《鲁诗世学》均稍有不同，见《丰坊与姚士粦》，第66-72页，此处仅分析《鲁诗世学》。

② (明)丰坊：《鲁诗世学》，《历代诗经版本丛刊》，济南：齐鲁书社2008年版，第126页。

③ (明)丰坊：《鲁诗世学》，《历代诗经版本丛刊》，济南：齐鲁书社2008年版，第127页。

④ (明)丰坊：《鲁诗世学》，《历代诗经版本丛刊》，济南：齐鲁书社2008年版，第168页。

⑤ (明)季本：《诗说解颐》，《文渊阁四库全书》第79册，第109页。

⑥ (明)丰坊：《鲁诗世学》，《历代诗经版本丛刊》，济南：齐鲁书社2008年版，第168页。

上”之诗。纵观《鲁诗世学》，丰坊的核心论点之一即《诗经》中无“犯上”“纵情”之诗。卷首《诗传孔氏传·扶胥》之《正说》：

> 夫子正乐，既曰“十存其一”，则其所删者众矣。盖凡哀而伤、乐而淫、怨诽而犯上、纵情而不止于礼义……皆悉删绝其文，放遏其声，不使有传于世。……说者不知其义，故苌以《扶苏》诸篇皆是刺忽，是怨诽而犯上也；樵以《仲子》诸篇专为淫词，是纵情而不止乎礼义也。二者皆夫子之所放也，而二子言之，故曰二子之罪也。①

丰坊谓若夫子果以“犯上”“纵情”之诗为教，将“使闻业小童一经耳目，情窦顿开，良心遏斸，将谓君父可以怨怼，而启犯上作乱之阶；男女可以诙谐，而致败伦伤化之渐”②。故《世学》不仅于《郑风》诸篇等辨其非“纵情”之诗，亦于《狡童》《搴裳》篇据朱子之说辨其非“怼上”之诗③；于《小疋传·小弁》据胡广之说辨其非“绝父”之诗，如为怨父，则是“贼人伦，灭天理”④；甚至于《小疋传·四月》之经文，竟以《毛诗》作“先祖匪人”涉嫌“詈其先祖”，将其改为“先祖非神”⑤，到了可堪失笑的程度。

丰坊改造后的《诗经》，实质上是他心目中理想的《诗经》。其中为何不能有“纵情”“犯上”之诗？因为“纵情”“淫奔”之诗，有悖夫妇之伦常；“怼上”“绝父”之诗，有悖君臣、父子之伦常。君臣、

① （明）丰坊：《鲁诗世学》，《历代诗经版本丛刊》，济南：齐鲁书社2008年版，第29页。

② （明）丰坊：《鲁诗世学》，《历代诗经版本丛刊》，济南：齐鲁书社2008年版，第61页。

③ （明）丰坊：《鲁诗世学》，《历代诗经版本丛刊》，济南：齐鲁书社2008年版，第29-30页。

④ （明）丰坊：《鲁诗世学》，《历代诗经版本丛刊》，济南：齐鲁书社2008年版，第269页。

⑤ （明）丰坊：《鲁诗世学》，《历代诗经版本丛刊》，济南：齐鲁书社2008年版，第295页。

父子、夫妇地位明确的“三纲”之说本属于法家，但在明代早已成为儒家社会政治伦理的支柱。丰坊《鲁诗世学》中，随处可见其推崇“三纲”之说。

（二）推崇父学：“畔父”舆论的应对

王汎森指出，在学术思想上丰坊极恨伪道学，又指出其不仅凭借伪造之“石经《大学》”来攻击朱子学说，而且攻击其私生活。① 由此看来，丰坊是站在坚决反对朱子学的立场上的。然而，如前所述，丰坊《鲁诗世学》坚持“三纲”伦理，“三纲”虽不是朱子本人的发明，但其完全融入儒家伦理实有赖朱熹的推崇。② 同样的，《鲁诗世学》虽然反对朱熹“淫奔之诗”说，亦不免对朱子有尖刻之语，然而与此同时又时而维护朱子。如批判“淫诗”说时，将责任归咎于前儒毛公、郑樵而不提朱子，以示“苌、樵二子有误于晦翁”，而号称朱子“《雅》《颂》诸说往往光明正大，超乎汉唐远矣，万世所当宗而仰之，惟于《国风》或未尽善，则亦承袭毛苌、郑樵之误而未能改正而焉”。③ 如此说来，朱子似乎不是邪说之传播者，乃是邪说之受害者了。

由此看来，关于丰坊对朱子的态度不能简单地下结论。其对朱子时而针砭，时而维护，这体现了丰坊思想的复杂性，也说明在思想发展状况复杂的明中期，丰坊对朱子已经不能深信不疑，而是开始选择性地采取朱子的思想和学术观点为己所用。具体到《鲁诗世学》一书中，则丰坊反对朱子，乃反对其“淫诗”之说，于此之外，书中引“朱子曰”以及“程子曰”俯拾即是；“诚意之学”“遏人欲，明天理”“君臣父子，道之至近者也”“天理日微，人类日变”“人欲

① 见王汎森：《明代后期的造伪与思想争论——丰坊与〈大学〉石经》，《新史学》第6卷第4期，第7-9页。

② 见刘学智：《“三纲五常”的历史地位及其作用重估》，《孔子研究》2011年第2期，第19-29页；张立文：《朱熹评传》，南京：南京大学出版社1998年版，第487-501页。

③ 见（明）丰坊：《鲁诗世学》，《历代诗经版本丛刊》，济南：齐鲁书社2008年版，第28-29、31页。

之所以萌，天理之所以蔽”等典型理学话语时常出现①，如上所述，对朱子所肯定的“三纲”伦理更是完全推崇。丰坊对程朱理学的继承，对朱子的有意维护，其实是继承父学(亦即丰氏家学)——程朱理学的体现。

学者指出，明世宗“大礼议”的背后，既有皇权与阁权、朝中不同势力的斗争，更有程朱理学与陆王心学的斗争。② 最早议“大礼”的毛澄反对世宗推尊生父，即根据南宋程颐的“濮议”③，与丰坊同为议礼反对派为首者之一的杨慎更上言：“臣等与萼辈学术不同，议论亦异。臣等所执者，程颐、朱熹之说也；萼等所执者，冷褒、段犹之余也。”④而桂萼等的立场是王阳明所赞同的。⑤ 因此邓志峰、张立文均指出“大礼议”体现了程朱之学与陆王之学关于“天理”与“人情”之争。⑥ 而丰坊的父亲丰熙作为“大礼议”中保守派、反对派的代表，曾与前述鲜明坚持程朱学术的杨慎偕同上言⑦，并与宗朱子学的张邦奇同心⑧，其号“一斋”即取“居敬”义，其所宗明显为程朱理学。因此，丰坊对程朱理学的推崇，其实就是对父学、家学的推崇。

另外，丰坊《鲁诗世学》的主要部分《正说》，即托名其父丰熙

---

① 见(明)丰坊：《鲁诗世学》，《历代诗经版本丛刊》，济南：齐鲁书社2008年版，第29、61、147、174、270页。

② 相关学术前史梳理，见胡吉勋：《“大礼议”与明廷人事变局》，北京：社会科学文献出版社2007年版，第13-17页。

③ 见(清)张廷玉等：《明史》，北京：中华书局1974年版，第5055-5056页。

④ (清)张廷玉等：《明史》，北京：中华书局1974年版，第5082页。

⑤ 见胡吉勋：《“大礼议”与明廷人事变局》，北京：社会科学文献出版社2007年版，第13-17页。

⑥ 见邓志峰：《“谁与青天扫旧尘”——“大礼议”思想背景新探》，《学术月刊》1997年第7期，第97-103页；张立文：《论“大礼议”与朱熹王阳明思想的冲突》，《南昌大学学报(人社版)》1999年第2期，第65-69页。

⑦ 见(清)张廷玉等：《明史》，北京：中华书局1974年版，第5082页。

⑧ 见王镇宇：《家族与地域之间：宋明之际四明丰氏家族研究》，华东师范大学2015年硕士学位论文，第72-73页。

作(《古书世学》亦然)；所谓“石经《鲁诗》”的发现及拓本的传世，丰坊亦归之于其父丰熙。而丰坊借其名频发高论的黄佐，也被丰坊杜撰为丰熙《鲁诗》学的门人和传承者。丰坊不仅推崇其父所宗的程朱之学，更为其学术成就增添了几门经学“世学”，而使自己成为丰氏“世学”的传承者。

所以，丰坊《鲁诗世学》体现出对父丰熙的程朱理学和经学，亦即所谓丰氏“世学”的继承与尊崇。笔者认为，这是丰坊有意为之，推尊父学、家学，以应对“畔父”之舆论。

而季本为阳明弟子，乃当时阳明学著名学者，更因为其采用了丰坊所反驳的“淫诗”之说，甚至在其基础上别出心裁，加以发挥，如前述以《(桧风)扬之水》为“懦弱之夫为妻所侮”作，以《车舝》“高山景行”为男子赞其新妇之词，更是体现了与丰坊推崇的“妇人从夫”龃龉的思想，因此被丰坊抓住由头，加以“极骂”。

(三)追述祖德：对家族没落的感慨

丰坊所推崇的不仅其父丰熙而已。在堪称一书纲要的前述《鲁诗世学·周南·关雎》之《考补》中，丰坊托黄佐之口，借其与季本关于《关雎》诗义解释的矛盾而詈骂之，又以此为由头，不乏骄傲地叙述了历代祖德：

> 四明丰氏，唐世以来名儒辈出：清敏公与伊川友善，道德节行，晦翁以为巨细隐显足慰满人心；曾孙宜之清修忠谅，晦翁尤所心服，语在《遗事》后序；宜之孙(笔者按：脱“存”字)芳守太平伯，颜兵犯采石，阖门伏节；存芳幼孙复斋公历元世八十年，衰绖终身，坐立未尝北面，洪武初以孝廉征为国子司业，上书谏瓤事，左迁德化教谕，寿百有五岁乃卒；复斋子简菴公，官兵科右给事中，谏景帝不当易储，系锦衣卫狱七年，英宗复辟，超擢河南右辖，引疾乞休；简菴子奉直公引毅温良，动必以礼，早归西园，日以著述为事。盖自清敏至先师一斋先生十有四世，专门诸学，藏经史百家六万余种，先师父子好学尤笃，昼夜披阅，每忘食寝。佐于辛已登

科，受业于一斋先师……①

此处借黄佐之口对祖德的追述，主要突出学术和品行两个相关的方面。无论是与程子、朱子的友善，藏书之多、好学之笃，还是舍生取义、为国尽节、直言进谏的光辉事迹，都描绘了一幅横跨宋元明的丰氏祖德图。学者指出，丰氏家族史中存在值得推敲的部分，如此完美的传承关系和某些具体事迹，可能是以想象构建起来的。②

而至丰坊，家族的命运起了变化。如前所述，丰坊因为政治投机为世所不齿，早被冠以“行多不检”之名，其“畔父”“献谄”以及作伪之恶名在其生前身后不断为士流所强化；回乡后又不能协于邦人，以至于丰坊每出行时，竟因古怪落魄之貌引来乡人争相围观，以为笑料③。四明丰氏的“望族”历史，自此完全终结。因此笔者认为，晚年的丰坊借反驳季本的《诗经》学观点之机，引出这段光辉的家族叙事，正是作为这段光辉历史的终结者对其的追忆。

从前述父亲的遭遇给丰坊造成的痛苦来看，其“背叛”父亲的政治立场，恐怕也属不得已，毕竟功名之心，“家贫”之忧，为常人所难免；而丰坊对父亲的感情则实属深厚，其对光辉的家族叙事、对家学渊源的认同亦非同一般。因此“人咸恶坊畔父”的舆论，丰坊必定难以接受。综上笔者认为，由学术观点而“极骂季本”，是丰坊抓住学术矛盾的由头，有意表达对父学、家学的推崇以应对“畔父”之恶名，这体现出对名门望族历史的追述和怀念。

---

① （明）丰坊：《鲁诗世学》，《历代诗经版本丛刊》，济南：齐鲁书社2008年版，第66页。

② 见王镇宇：《家族与地域之间：宋明之际四明丰氏家族研究》，华东师范大学2015年硕士学位论文，第39-65页。

③ 见（明）徐时进：《刻丰南禺先生遗稿序》，《万卷楼遗集》，《北京图书馆古籍珍本丛刊》本，北京：书目文献出版社1988年版，第1页。

三、诋季本之行：“献谄”舆论的转移

要分析丰坊对季本品行的诋毁，应先对季本的生平作一简述。丰坊对他认定的季本品行之污点的讥刺，体现了缓和与转移自己背负的“献谄”舆论的意向。

（一）季本的生平与政治命运

丰坊“极骂季本”之处，并不只是针对《诗说解颐》的学术观点，更包括对其品行的诋毁。丰坊托名黄佐在嘉靖壬戌（1562）伪造《鲁诗世学序》，是年丰坊已 69 岁，季本已 78 岁，两人的人生都已至垂暮。因此笔者在分析这一现象之前，先对季本的生平与政治命运作一简介。

季本为会稽人，于明武宗正德十二年（1517）登进士第，授福建建宁推官，嘉靖三年（1524）诣吏部试，授监察御史，入朝为官。而不踰月，即因两次上疏论救给事中邓继曾、御史马明衡、朱淛而得罪，贬为揭阳主簿。① 而季本及其所论救的马、朱得罪之原因，实与紧随其后的“大礼议”中谏臣之得罪理归一揆：

> 兴国太后诞节，敕命妇朝贺，燕赉倍常。及后诞日，敕免贺。修撰舒芬疏谏，夺俸。御史朱淛、马明衡、陈逅、季本，员外郎林惟聪等先后言，皆得罪。竟罢朝贺。（《明史·孝宗孝康皇后传》）②

明世宗重视自己生母兴国太后的诞辰，而忽略其婶母，即武宗

---

① 见（明）徐渭：《师长沙公行状》，《徐渭集》，北京：中华书局 1983 年版，第 643-645 页；（清）张廷玉等：《明史》（《孝宗孝康张皇后传》《刘济传》《邓继曾传》《朱淛传》），北京：中华书局 1974 年版，第 3528、5090、5462-5464 页。

② （清）张廷玉等：《明史》，北京：中华书局 1974 年版，第 3528 页。

之母昭圣张太后的诞辰，这与其“大礼议”中推尊本生父母的做法一致。而谏争诸臣之立场，与此后“大礼议”中反对派亦同，即《明史·朱浻传》所言：“时帝亟欲尊所生，而群臣必欲帝母昭圣。”可以想象，马、朱、陈及季本即使不谏此事，在紧随其后的“大礼议”中也会站在反对皇帝推尊亲生父母的一方。事实上，后来朝臣论救“大礼议”中下狱及被贬群臣时，往往也包括马、朱、陈及季本等人在内。①

季本虽被贬，然此后政绩颇佳，屡经拔擢，于嘉靖十七年(1538)任长沙知府。季本上任后，对地方豪强采取不宽容的态度，对奸猾之徒严惩不贷，终于为豪民所诬构于上，仅在长沙两年便因考去职。时季本已 56 岁，遂谢天子以归家，以著述、游览为事。②嘉靖四十二年(1563)卒，举为乡贤。③ 纵观季本一生，虽然仕途亦颇坎坷，但相较丰坊为顺。尤其是季本少年即从师王阳明，晚年广泛交游，成为提出“龙惕说”的浙中王学名儒④，实现了丰坊亦极为渴望却只能通过作伪来追求的著述事业。

季本曾为丰坊好友。丰坊有《旅况寄季彭山、唐荆川》《吴园忆季彭山、唐荆川》⑤二诗，可见其与季、唐二人有故交；而从其其他诗文中，可知其与王畿等季本所友之人亦有交往⑥。丰坊“极骂季本”要托名黄佐(或唐顺之)，一个重要原因可能就是丰坊仍不愿彻底翻脸，以本人名义与季本彻底决裂；与此同理，《鲁诗世学》

① 见《明世宗实录》，台北：历史语言研究所 1962 年版，第 1005-1006、1417-1419、2275-2276 页。

② (明)徐渭：《徐渭集》，北京：中华书局 1983 年版，第 647 页。

③ 见(明)徐渭：《先师彭山先生小传》，《徐渭集》，北京：中华书局 1983 年版，第 629 页；《季彭山先生举乡贤呈》，《徐渭集》，北京：中华书局 1983 年版，第 669-670 页。

④ (清)黄宗羲：《明儒学案》，北京：中华书局 2008 年版，第 271-273 页。

⑤ 见(明)丰坊：《万卷楼遗集》，《北京图书馆古籍珍本丛刊》，北京：书目文献出版社 1988 年版，第 93、95 页。

⑥ 见《二月六日……陪王龙溪、徐龙川……观梅》《寿山庵同真空纳凉遇王龙溪》，载《万卷楼遗集》，第 63、89 页。

虽然托名黄佐对季本《诗说解颐》大肆攻击，却又大量引用“季彭山曰”，即季本《诗说解颐》之语，从而表示丰坊对季本之学依然推崇，而对季本态度刻薄的则是黄佐。这显示出丰坊的虚伪。

丰坊之掩饰终属徒劳，诋毁季本之语出自其口已昭然若揭。除在学术观点上驳斥季本外，丰坊竟在人格品行上对其进行诋毁，而其中，“吮痈舐痔”与“伪序”二事乃为其一再提起，显然欲以其为季本一生中的污点。下文详述。

（二）《庙制考议》的“吮痈舐痔”：“献谄”舆论的转移

丰坊抓住季本品行的“污点”之一，便是“吮痈舐痔”：

> 呜呼！吮痈舐痔之夫，与依市贱娼等耳，宜其纵邪思，骋邪说，不知羞耻，略无忌惮，何所不至？（《邻·遵大路·考补》）①

“吮痈舐痔”语出《庄子·列御寇》，其含义无需多言。丰氏此语必有所指，其所指即季本《庙制考议》：

> 本上《庙议》，岂非徒为吮痈舐痔之计，而何尝有考于礼乎？（《王·唐棣·考补》）②

丰坊所谓“《庙议》”为简称或误记，季本书全名为《庙制考议》，为两浙运副郭希颜（？—1560）于嘉靖二十八年（1549）与己著《庙议》一同呈上：

> 甲子，两浙运副郭希颜复以往年所论著《庙议》二册及

① （明）丰坊：《鲁诗世学》，《历代诗经版本丛刊》，济南：齐鲁书社2008年版，第169页。

② （明）丰坊：《鲁诗世学》，《历代诗经版本丛刊》，济南：齐鲁书社2008年版，第131页。

《周礼庙祧》一篇，知府季本、郎中王畿所为《庙制考议》进览。①

而郭希颜此次上书之目的，与其嘉靖二十三年(1544)的献策相同。此前，如上所述，世宗已为生父兴献王加“睿宗”庙号，然而睿宗所在的“献皇帝庙”仍在太庙之外，未正式入祔太庙。嘉靖二十二年(1543)，世宗欲重建毁于火灾的太庙，即欲将睿宗庙合并于太庙系统之中。然而礼部的方案欲令睿宗与孝宗同居一庙，世宗自然不满，因此欲恢复列祖列宗同居一堂的“同堂异室制”，从而消除睿宗与其他祖宗地位的差异。而礼部依然反对，仍主张睿宗与兄孝宗合居一庙。② 在这种情况下，右赞善郭希颜于嘉靖二十三年(1544)提出了与礼部不同的方案：郭希颜主张根据周制，只立五庙，除太祖居于太庙、成祖居于世室外，世宗应只为其高、曾、祖、考立四亲庙，以体现“四亲相承，不敢忘所由生也，所以明未有无父之国也”。而先前本为正统的孝—武二宗，因为“不在四亲”，则应另为之立庙，将其排除在正统五庙之外。③ 若依希颜之论，则实为旁支入继的世宗与其生父，即从没当过皇帝的“睿宗”俨然成为太庙正统，本为正统的孝宗与武宗在太庙系统中竟成了旁支。此言过于大胆，御史当然坚决反对，且世宗已决定采用“同堂异室制”，因此最终未用其言。

而季本《庙制考议》之序作于嘉靖二十五年(1546)，其成书时间距离郭希颜上书不远，其观点亦与郭希颜高度一致。《考议》开头，季本即指出：“庙祀有三大义：亲亲也、尊尊也、贤贤也。”其“亲亲”置于“尊尊”之前，与郭希颜议礼本于人情之旨合。又郭希

① 《明世宗实录》，第6354页。按，据《四库全书存目丛书》本，《庙制考议》仅序为王畿作，其内容为季本一人所作。

② 以上史实分析详见尤淑君：《名分礼秩与皇权重塑：大礼议与嘉靖政治文化》，台北：台湾政治大学历史系2006年版，第243-252页。

③ 见《明世宗实录》，台北：历史语言研究所1962年版，第5523-5524页。

颜上书时，礼部已经指出其四亲庙之说本韦玄成①，而季本则对韦玄成四亲庙之说详加证实。而后，季本指出：

> 正统相传，父子为世，复何议哉？但有以弟而继兄者，有以兄而继弟者……所生私亲，固以高、曾、祖、考为四庙矣；其于正统之君，苟未亲尽，亦当列于世次，不以四庙为限。……又如汉宣帝时，景帝、武帝、戾太子、史皇孙宜为四亲庙，而昭帝以叔祖为正统之枝，庙亦宜□，至其后世，武帝之服未穷，则昭帝之亲未尽，是亦四亲之属也。知此，则世之为庙议者可以不劳余辩矣。夫汉之诸庙略于私亲，礼皆未合。②

如本所言，若明世宗，则显然属于“以从弟而继兄”者，应如郭希颜说只为“私亲”立庙；而其叔父孝宗与从兄武宗，则应与汉昭帝相类，居于“正统之枝”，被排除出太庙的五庙系统。因此季本又指出，东汉光武帝为宣、元、成、哀、平五帝立四代亲庙，非礼之正者，其惟应为私亲立四庙为正。《四库全书总目》已经指出，这是季本迎合皇帝之说的体现。③ 因在庙制问题上季本的观点与郭希颜高度一致，因此嘉靖二十八年(1549)，郭希颜以《庙制考议》与自为《庙议》一同再次献上世宗。

郭希颜和季本的观点，无论是“亲亲”先于“尊尊”，还是世宗应以生父睿宗而非孝宗—武宗为正统(即“继统”而不是“继嗣”)，这些观点都曾经为“大礼议”中保守派所极力反对，而完全符合世

① 见《明世宗实录》，台北：历史语言研究所 1962 年版，第 5524-5525 页。

② (明)季本：《庙制考议》，《四库全书存目丛书》经部第 105 册，第 7 页。

③ 《四库提要》指出，季本《庙制考议》上述论点为“明世宗《明伦大典》之说，时势所牵”。见(清)永瑢等：《四库全书总目》，北京：中华书局，1965 年版，第 200-201 页。按，《明伦大典》即根据席书编撰之《大礼集议》重修而成，见《四库全书总目》第 715 页。《明伦大典》之立场基本为世宗意愿之体现。

宗推尊生父之心意。

由此看来，季本《庙制考议》确实存在有意迎合皇帝意愿之嫌，而其支持世宗推尊生父之心意的立场，与其嘉靖三年(1524)反对世宗之立场正相反。正因此，当时已去职闲居的季本不免受到非议。徐渭(1521—1593)是季本的学生，其为季本所作《代季先生祠堂碑》即反驳了当时有人“谓先生当长沙时，以严以涅，为人所弹诋罢，罢而独居禅林，著礼书，将有所迎而希也”①的非议。而丰坊《鲁诗世学》即多次称季本为“酷吏”，并诋其在长沙有贪墨之事②，此即“严”“涅”之行；再加以一再讥刺季本“上《庙议》”为“吮痈舐痔”之行，丰坊对季本的诋毁与徐渭的描述可谓相当一致。如果大胆猜测，徐渭于碑文中所反驳的可能就是丰坊。

应该承认，季本给丰坊留下口实的《庙制考议》，本身确实有逢迎君主之嫌疑，很容易引起如同丰坊所背负的“献谄”“献谀”之舆论。丰坊抓住季本此行大加揭露和讽刺，并据此诋毁季本之人格，笔者认为，此举实为丰坊对自己所背负“献谄”之名的转移和缓解，这体现了“献谄”之恶名成为丰坊晚年的沉重心结，与“畔父”之名一样使其耿耿于怀。

(三)“伏军门势力”与“借重尊官”：与“献谄”相类

季本为丰坊所紧抓不放的另一重要品行污点，则为“借重尊官”，“自作伪序”，自称“孔子之后一人”之事：

> (季本)乃假胡梅林出名，自作伪序，而以“辟邪说，正人心”“孔氏之后一人”自诧，恶直丑正，惑世诬民，无天之罪，可胜诛哉？(《豳·鸱鸮·考补》)③

① (明)徐渭：《徐渭集》，北京：中华书局1983年版，第616页。

② (明)丰坊：《鲁诗世学》，《历代诗经版本丛刊》，济南：齐鲁书社2008年版，第168页。

③ (明)丰坊：《鲁诗世学》，《历代诗经版本丛刊》，济南：齐鲁书社2008年版，第199页。

> 此其猥亵秽恶……寔由奸徒徐渭二十年娼馆习见淫乱之行，与之俱化，本伏其书记军门，假名作序，遂徇渭说而录之。(《齐·丰·考补》)①

此所谓"序"，即季本之徒徐渭代其幕主胡宗宪(1512—1565)为季本《诗说解颐》所作之序。此序推崇心学特色的"用吾心之所通以求书之所未通"的读书法，并称季本"深有得于孔氏之遗者，先生一人而已"，称《解颐》为"讵邪说，正人心，上发先儒所未明，下有裨于后学者"。② 如此看来，此序确实不免于溢美之嫌。而丰氏则据此对季本大为讥刺，每每以所谓"孔子之后一人"之语讽之。③ 然而应当说明，此序乃徐渭代胡宗宪作，并非季本所"自作""诈为"，丰坊之说应为诬陷。

丰坊对此事屡加讥讽之原因，在于此事(应为丰坊所歪曲、捏造)所体现的"借重尊官""伏军门势力"④的行事方式。嘉靖三十三年(1554)，抗倭名将胡宗宪任浙江巡按监察御史，后历任浙江巡抚、南直隶四省总督。⑤ 其对当地士人广开纳贤之路，季本之徒徐渭即于嘉靖三十六年(1557)入胡宗宪幕为书记。⑥ 季本与丰坊均与胡宗宪有交往，而季本因是徐渭之师，应与其关系更近，从胡宗宪令徐渭为其书作序即可见。目前可见，季本有《贺总制胡司马五十寿词》，其内容均不外歌功颂德，亦"献谀"之辞。⑦ 丰坊所描述

① (明)丰坊：《鲁诗世学》，《历代诗经版本丛刊》，济南：齐鲁书社 2008 年版，第 140 页。

② 见(明)徐渭：《徐渭集》，北京：中华书局 1983 年版，第 522 页。

③ (明)丰坊：《鲁诗世学》，《历代诗经版本丛刊》，济南：齐鲁书社 2008 年版，第 212、238、315 页。

④ (明)丰坊：《鲁诗世学》，《历代诗经版本丛刊》，济南：齐鲁书社 2008 年版，第 238、143 页。

⑤ 见卞利：《胡宗宪传》，合肥：安徽大学出版社 2013 年版，第 264-268 页。

⑥ 见卞利：《胡宗宪传》，合肥：安徽大学出版社 2013 年版，第 122 页。

⑦ 见(明)季本：《季彭山先生文集》，《北京图书馆古籍珍本丛刊》，第 106 册，第 874-875 页。

的季本“借重尊官”“伏军门势力”而推广其学说的行为(当然这些描述可能并不符合事实)，属于借政治势力张己之学说，为己扬名，这种行为亦与“献谄”行为之性质相类似。至于丰坊谓季本“潜出杭州、苏、常、滁、江西、福建诸处，唯以属托公事为务，胡梅林、李山桥、赵剑泉、张达泉、伍渔山厌之如蛇蝎”①，与其说是事实，不如说是恶意的诋毁。其实如胡宗宪之地位，丰坊亦非无攀附之意，其亦作有歌颂胡宗宪抗倭事迹的《鼓吹曲》八首②，其辞亦难免“献谀”之嫌。笔者认为，丰坊描述(或捏造)季本上述行状，亦为对自身背负“献谄”舆论的转移和缓和。

“献谄”“献谀”之行，历来为士所不齿。然功名之心亦为士人所共有，何况丰坊素怀竞进之志，并无归隐之心。胡吉勋指出，丰坊的“献谄”体现出嘉靖朝政治伦理的变化，士人开始揣摩皇帝心意以求进用。③ 而如前所述，丰坊的“献谄”不但没有达到原本的目的，反而为士林所不齿，这对其心境的影响可想而知。综上，笔者认为其对季本品行的诋毁，包括上《庙制考议》的“吮痈舐痔”“假名作序”的“借重尊官”，都是通过对季本涉嫌“献谄”之行的非议来转移与缓和自己的“献谄”恶名，体现出这一恶名确为丰坊耿耿于怀之心结。

四、“大礼议”中失势士人的特例：双重困境

“大礼议”后，士人中存在逢迎皇帝以求进用的风气。丰坊既是这些士人中之一例，而又有使其成为特例之处。

---

① (明)丰坊：《鲁诗世学》，《历代诗经版本丛刊》，济南：齐鲁书社2008年版，第168页。

② 见(明)丰坊：《万卷楼遗集》，《北京图书馆古籍珍本丛刊》，北京：书目文献出版社1988年版，第48页。

③ 见胡吉勋：《“大礼议”与明廷人事变局》，北京：社会科学文献出版社2007年版，第274页。

(一)逢迎之风："大礼议"后士人心态变化之共性

明世宗"大礼议"对嘉靖朝士人群体之心态的影响，学者有论及者。罗宗强以谏臣为视角，指出在"大礼议"的一众谏臣中，"持不同观点、甚至持同一观点之士人群体，各人心态亦各异"，并指出这一事件引起了嘉靖朝士人心态的复杂变化。① 如前所述，季本虽不在"左顺门哭谏"群臣之列，然而其进谏之立场与"大礼议"反对派群臣一致，朝臣论救时亦视作与议礼诸谪臣同一群体。若将季本与丰坊作一比较，则可知二人由谏臣到谪臣后的命运大不相同。

在政治成就上，季本贬揭阳主簿，这与丰坊南迁南京礼部境遇相似，然而丰坊因为思父而精神痛苦，无心政事，南京吏部"浮躁浅露"之评语，即见其于所职守无甚建树。最终丰坊被降调，不久即辞归，早早地结束了仕途。而季本在揭阳治理有方，"务以道化民，举乡约，行之不数月，俗大兴起，有自旁县来观其成者"②，其政绩与丰坊大不相同。之后历经多次拔擢，其中虽亦有坎坷，而终擢长沙知府，仕途较丰坊为顺甚多。

在学术上，季本在揭阳时即与少时从师的王阳明再次会面，并于南宁任阳明所建敷文书院之主教，为士所宗。其致仕后，与王门学者王畿、聂豹、邹守益等交往密切，成为浙中王学名宿。③ 而丰坊欲于学术史留名完全凭借作伪，其伪作虽造成了很大影响，但亦引起很大争议，在当世已不能完全取信于人。

晚年的季本在乡中颇有名望，去世后举为乡贤；而丰坊"弗协于邦人"，面对四明丰氏之望族历史终结于己身的现状而无可奈何，晚年竟背井离乡，落魄而终。更遑论其政治投机为士林所恶，

---

① 见罗宗强：《明代后期士人心态研究》，天津：南开大学出版社 2006 年版，第 5 页。

② (明)徐渭：《徐渭集》，北京：中华书局 1983 年版，第 645 页。

③ 见(明)徐渭：《徐渭集》，北京：中华书局 1983 年版，第 515-516、645、648 页；(清)黄宗羲：《明儒学案》，北京：中华书局 2008 年版，第 271-273 页。

“负俗多累，蒙谤下流”①，因此丰氏晚年之心境必定与季本不同，其怪诞之性格的形成，命运坎坷为重要因素。

然而，无论是被贬后复蒙拔擢，继续仕途的季本，还是早早结束了政治生涯的丰坊，他们有一共性：都作出了“变节”之行，其立场由“大礼议”前的反对皇帝转变为逢迎皇帝。无论是丰坊的《世统》《卿云雅诗》，还是季本的《庙制考议》，都是非常典型的有意迎合皇帝意愿的体现。嘉靖“大礼议”是促使明后期士人政治伦理变化的重要转折点，由此可见一斑。前述季本、丰坊，包括郭希颜等的行为告诉我们，“大礼议”后，不只是朝廷之臣，即使是已经被排挤出朝廷的地方官员，亦开始孜孜以揣摩并逢迎皇帝之意愿，向皇帝表忠心。

而这种逢迎皇帝的政治投机一旦达不到目的，即为清流所不齿，对投机者来说，不仅断送了政治前程，更葬送了士林声誉。在这种情况下，投机者的心境可能发生变化，甚至做出极端行为。丰坊遍伪群经、“极骂季本”的行为已属极端，而前述曾上《庙议》的郭希颜则更甚：其上言议礼不成后，在“以危言激论博功名”的道路上一发不可收拾，为促使皇帝立裕王为太子，竟在京师以匿名帖诬陷严嵩欲谋害裕王，结果触怒世宗，被斩首。② 此行之狂妄怪诞，比之丰坊实有过之而无不及。而季本的《庙制考议》的政治投机性，虽对其名誉的负面影响远轻于丰坊，亦使其不免于非议。

胡吉勋对“大礼议”中参加“左顺门哭谏”之士人群体做了详细考察，分析了其进谏后之经历、命运，指出明世宗在“大礼议”中强化了专制皇权不可挑战的政治伦理，在对朝臣之位进行大清洗后，廷臣逢迎皇帝心意，向皇帝表达忠心之风气大为增长。③ 而从

---

① （清）钱谦益：《列朝诗集小传》，上海：上海古籍出版社 1983 年版，第 408 页。

② 见《明世宗实录》，台北：历史语言研究所 1962 年版，第 8032-8037 页；（明）沈德符：《万历野获编》，北京：中华书局 1959 年版，第 512-513 页；董康：《曲海总目提要》，北京：人民文学出版社 1959 年版，第 241 页。

③ 见胡吉勋：《“大礼议”与明廷人事变局》，北京：社会科学文献出版社 2007 年版，第 550-553 页。

丰坊、季本以及郭希颜等人的行为中，确实可以发现，"左顺门哭谏"中"国家养士百五十年，仗节死义，正在今日"(《明史·何孟春传》杨慎语)的士人心态在"大礼议"中占上风的强大皇权下，遇到了一股逆流。

(二)双重困境：丰坊作为特例

在"大礼议"前后，改变立场以逢迎皇帝的非仅有丰坊、季本，与丰坊行事相类而为士林非议者，还有陆澄(生卒年未详)、吴廷举(1462—1528)①等。然而，相对陆澄等人，丰坊在作出政治投机时，所面对的压力不仅来自于改变立场可能带来的"献谄""献谀"之名，更来自于这种投机可能带来的"畔父""悖父"之名。

丰坊之父丰熙不但是"大礼议"中"左顺门哭谏"的参加者，而且是为首者之一，更是借此事得以刚正不阿之名为士林称道者。②这是丰坊与其他士人不同的独特之处：父之清名在前，自己作为为人子者便有了楷模和行为范式。自己若改变立场，则引起的舆论便不会止于事情本身，而是会将自己之"变节"与父亲之高节进行对比，如沈德符《万历野获编》；另一方面，士林每当怀念己父之高节时，亦会通过对比表达对自己的鄙夷，如林之盛《皇明应谥名臣备考录》③。自己的"献谄""献谀"与"畔父""悖父"之名，成为了一体两面。

丰坊言己于"大礼议"时之所以采取反对皇帝的立场，实因为

---

① 见(清)张廷玉等：《明史》，北京：中华书局 1974 年版，第 5222、5310 页；(明)丰坊：《万卷楼遗集》，《北京图书馆古籍珍本丛刊》，北京：书目文献出版社 1988 年版，第 508-509、511 页；(明)徐学谟：《世庙识余录》，《四库全书存目丛书》史部第 49 册，第 223 页；(明)林之盛：《皇明应谥名臣备考录》，《原国立北平图书馆甲库善本丛书》第 242 册，北京：国家图书馆出版社 2013 年版，第 443 页。

② 见胡吉勋：《"大礼议"与明廷人事变局》，北京：社会科学文献出版社 2007 年版，第 150-151 页。

③ 见(明)林之盛：《皇明应谥名臣备考录》，《原国立北平图书馆甲库善本丛书》第 242 册，北京：国家图书馆出版社 2013 年版，第 443 页。

“当时迫于父学士熙严命不敢违，非本意也”，为沈德符所讥。然此言并非没有属实的可能。素怀功名之心的丰坊，如果不是父亲为反对派之魁首，是否会在议礼风波的一开始便选择附和迎合皇帝的张璁、桂萼一派，此亦未可知。

这一猜测并非空穴来风，有一事为证：陆铨(生卒年未详)为丰坊同乡，又与其同年考中进士。丰坊南调后，陆铨调入礼部，为仪制郎中；陆铨在“大礼议”中亦属于反对派，与丰熙、丰坊父子一同参加过“左顺门哭谏”，“廷杖几绝而卒”。① 然而在嘉靖九年(1530)世宗改定郊礼的改革中，不知是出于单纯支持稽古，还是有意逢迎皇帝，陆铨站在了支持皇帝的一方：

> 上方稽古礼文，更新制作，创四郊亲籍亲蚕，诸议内降。旁午，先生讨论陈奏，须臾凡数四，宗伯大臣尽依以为办。上特颁白金采币旌其才。(《甬上耆旧诗·布政陆石溪先生铨叙传》)②

世宗“创四郊亲籍亲蚕”之“稽古”行为，似乎与“大礼议”没有直接关系，然而尤淑君指出，世宗改制郊祀之礼，采取亲蚕、天地分祀等改革措施，并非单纯为复古而复古，而是有其政治目的。因为郊祀改革和庙制改革相辅相成，世宗的郊祀改革是为宗庙改革做准备，为其生父兴献王称宗并进入太庙系统铺平道路。③ 陆铨此举受到世宗赞赏，而后不久即被张璁排挤出朝廷。④ 而丰坊当年为其所作之序，则表达了对陆铨此举的赞赏：

---

① 见(清)胡文学辑选，李邺嗣叙传，袁元龙点注：《甬上耆旧诗》，宁波：宁波出版社2010年版，第294页。

② 见(清)胡文学辑选，李邺嗣叙传，袁元龙点注：《甬上耆旧诗》，宁波：宁波出版社2010年版，第294页。

③ 见尤淑君：《名分礼秩与皇权重塑：大礼议与嘉靖政治文化》，台北：台湾政治大学历史学系2006年版，第202页。

④ 见(清)胡文学辑选，李邺嗣叙传，袁元龙点注：《甬上耆旧诗》，宁波：宁波出版社2010年版，第294页。

> 皇帝复古礼，陆子奉承德意，咸猝办，要皆稽古酌时，建诸天地，征诸人情，可可否否，罔违于道。(《万卷楼遗集·赠石溪陆年丈序》)①

可见丰坊对“奉承德意”之行为的肯定，早在南迁几年之后就已初露端倪了。

而嘉靖十七年(1538)上书、十八年(1539)上诗的“变节”之行也绝不是偶然的，而是其素怀进取之心使然。丰坊致仕后，似乎欲终老于丘园，其实并非再无希求进仕之志。归乡路上，丰坊写下这样的诗句：

> 浩然驱马蹄，育德向丘园。古书三万卷，可以正乾坤。蟪蛄岂知年？木槿荣朝昏。飞鸣有鸿鹄，千载齐威言。(《万卷楼遗集·自金陵归次白土镇述怀》)②

观其前四句，似乎归家后唯欲以闭门读书为事；后四句用齐威王“一鸣惊人”的典故，却透露出不同的志愿，表明丰坊实际上仍欲为鸿鹄之辈，而非蟪蛄、木槿之流。其《申志赋》表意亦极明确：

> 彼荒林之闲寂兮，岂君子之攸好？嗟周道之崎岖兮，乃讬迹而高蹈。贤者见机而作兮，不待火烈而沃以水。余非果于忘世兮，思前修之遗矩；美夔龙之遭时兮，悲孔孟之栖旅。……③

又《咏怀四十五首》之四十二：

---

① (明)丰坊：《万卷楼遗集》，《北京图书馆古籍珍本丛刊》，北京：书目文献出版社1988年版，第10-11页。

② (明)丰坊：《万卷楼遗集》，《北京图书馆古籍珍本丛刊》，北京：书目文献出版社1988年版，第63页。

③ (明)丰坊：《万卷楼遗集》，《北京图书馆古籍珍本丛刊》，北京：书目文献出版社1988年版，第44-45页。

> 青春不可见，朱光亦已中。……私居独浩叹，常若疾内攻。逝将叫阊阖，天关邈难通。……谁哉起尧禹，一弥怀山凶？①

可见其并未忘怀进仕之心，而实为“若疾内攻”般热衷！

在嘉靖十七年(1538)上书之前，“非果于忘世”的丰坊，就曾经为再次出仕求助于同里长辈张邦奇(1484—1544)。邦奇嘉靖时为吏部左侍郎，为世宗所善。丰坊曾数次请托以期复用，但均被拒绝。② 嘉靖十七年(1538)上书与十八年(1539)上诗，不过是丰坊企求入仕的尝试之影响最大者。

由此可见，若丰坊有自主选择政治立场的自由，那么早在“大礼议”中是否会选择支持皇帝，或者至少不选择激烈反对皇帝以求仕途顺利，实未可知。

然而，父亲刚直的立场，使丰坊只有一种选择：追随。这不仅是当时父子伦理的要求，而且因为丰坊若不追随其父立场，当时便会有“畔父”“献谄”之恶名随之而至，不待父卒之后了。从这个角度看，丰坊不无可悲之处：父亲为士林作出的楷模，将会一直影响自己的命运，自己面对的将是“十目所视，十手所指，其严乎”。

所以，父亡后，丰坊面对的不仅是士人普遍面对的出与处、进与退的困境，更是追随父志与违背父志的困境。如此双重困境使丰坊这一“大礼议”中失势士人之个例，在某种程度上成为特例。

(三)作伪以求“不朽”：士人的最后寄托

晚年的丰坊对自己完全失败的政治投机行为，亦不能无悔意。这悔意见《六言四首》之四：“信步不知歧路，生平意气横秋。忽猜

---

① (明)丰坊：《万卷楼遗集》，《北京图书馆古籍珍本丛刊》，北京：书目文献出版社1988年版，第57-58页。

② 见(清)胡文学辑选，李邺嗣叙传，袁元龙点注：《甬上耆旧诗》，宁波：宁波出版社2010年版，第237页。

杯中虵影，始悔明珠暗投。"①又在《杂诗六首》之五中拟女子之言以表达："但用钱刀多，进止未先剖。……与其中道离，曷若深闺守？天命安敢知，人事竟何有？……《柏舟》与《硕人》，载歌泪盈手。"②丰坊的"变节"，与《邶风·柏舟》中"之死矢靡他"之志可谓背道而驰，这便是丰坊的人生污点。

其实，晚年的丰坊虽然已经彻底与仕途无缘，亦未尝不可有其他选择。明代中期以来，士人阶层的世俗化倾向为学界多所注目：这包括士商合流，士人直接经商，书画商品化，以及相关义利观、俭奢观等思想的变化；也包括儒家思想尤其是心学面向社会大众的转向，甚至在民间走向宗教化。③ 这些变化，使不能实现入仕理想的士人在人生道路上有了与传统不同的选择，如民间知名度极高的，以文征明、唐寅、祝允明等为代表的江南书画家才子群体，他们虽未完全摆脱以入仕为正途的观念，但能在世俗生活中以技艺谋生、扬名，实现有别于仕途经济的人生价值。④ 其中，文征明(1470—1559)与丰坊有过交游。文征明成名后曾被荐至朝廷，却于当年辞归，原因之一就是"大礼议"中的激烈政争使他感到不安。⑤ 丰坊迁往南京，即与文征明辞官南下同年。二人在京城相识，丰坊辞官后以书画会友，与文氏两代交情颇深。⑥ 而丰坊的政

① (明)丰坊：《万卷楼遗集》，《北京图书馆古籍珍本丛刊》，北京：书目文献出版社1988年版，第105页。

② (明)丰坊：《万卷楼遗集》，《北京图书馆古籍珍本丛刊》，北京：书目文献出版社1988年版，第52-53页。

③ 见余英时：《士与中国文化》，上海：上海人民出版社2003年版，第527-565页；罗宗强：《明代后期士人心态研究》，天津：南开大学出版社2006年版，第148-204页；王汎森：《晚明清初思想十论》，上海：复旦大学出版社2004年版，第1-28、51-88页。

④ 详见罗宗强：《明代后期士人心态研究》，天津：南开大学出版社2006年版，第163-204页。

⑤ 见罗宗强：《明代后期士人心态研究》，天津：南开大学出版社2006年版，第169-172页。

⑥ 见陈斐蓉：《丰坊交游考述(下)》，《中国书画》2012年第7期，第55页。

治生涯宣告结束后，也与这位艺友类似，选择了仕途之外的人生寄托。而丰坊之“狂”，又与唐寅(1470—1524)追求功名失败后的放荡不羁①有相似之处。丰坊同样擅长书画，前述《丰南禺别传》中轶事显示他亦出卖书画。

但是，丰坊毕竟与文征明、唐寅之辈选择了不同的价值取向和人生态度。入仕之路断绝后，他并非以书画作为人生寄托，而是以为“唯有文章不朽”(《寒夜不寐》)，而其所谓不朽之文章是指传统经学著述。欲以经学而非书画(亦非心学)不朽，这与丰坊深厚的家学积淀有关，体现的是丰坊思想中传统的一面；而欲使著述不朽的手段竟然是大肆作伪，这体现的是丰坊荒诞不经的一面，这种心态和行为，又与真能皓首穷经之汉唐儒者迥然不同。

然而，其精心之造伪成果，却被昔日好友季本无情否定，这不由得使丰坊抓住由头加以“极骂”。而如前所述，对季本之学术、人品的否定和詈骂，虽是由作伪之争而起，但透露出丰坊更深层的心态，成为丰坊借以吐露自己承受的“畔父”“献谄”舆论压抑，追忆曾经辉煌的世家历史的由头。这在《鲁诗世学》“极骂季本”之语中，都有迹可寻。

结　　论

“大礼议”一事，对明代政治史产生了重要影响。嘉靖皇帝即位后，因其欲推尊生父兴献王而不愿继叔父孝宗之嗣，引起了一系列旷日持久的与礼制密切相关的政治风波。在这场风波的背后，学界看到的是皇权与相权、程朱理学与陆王心学，或是朝中各种不同势力的角力，而这些角力最明显的体现就是朝臣的“站队”——站在保守一方或是改制一方的立场上。

作为士人，在需要站队时选择自己的立场，背后是对各种因素的考量和对各种诉求的表达。而丰坊有同在朝廷的父亲作为楷模和

① 见罗宗强：《明代后期士人心态研究》，天津：南开大学出版社2006年版，第186-189页。

准则，因此父亲在世时，其政治立场成为丰坊立场的决定性因素，丰坊只能追随其父；而父卒后，丰坊所面对的便不只是出与处、进与退的士人之困境，更有继承父志与违背父志的另一重困境。

父卒后，丰坊虽自求致仕，然其终非甘心老于林泉之辈。在丰坊数量不多的诗文中，虽然有大量的山水诗、游仙诗，营造的是"愿逢杨夫子，与尔皆旋归"，①"望尘非我事，高枕度流光"②的清高境界；然而丰坊真正的心境总不免时有流露，其乃"有才不试空长叹"③的落寞、"欲问挥戈术"④的热衷。丰坊真正的精神偶像，是传说中的豪侠刘生⑤，挥戈令太阳退避三舍的鲁阳公⑥，义却秦军的鲁仲连⑦。

功名之心终不能忘怀，更有家道中落之忧，这使丰坊作出了"变节"的选择。丰坊此举，既是"大礼议"后专制皇权强化的背景下，士人阶层开始逢迎皇帝以求仕进的个例，又是其中的特例——因为此举不仅是迎合皇帝心意的政治投机，更与作为士人楷模的亡父之遗志背道而驰，訾议因之而起。世宗虽然采纳丰坊之言，然而并无为起用丰坊而力排众议的必要。故丰坊不仅未遂心愿，反而因

---

① 《咏怀四十五首》之九，载(明)丰坊：《万卷楼遗集》，《北京图书馆古籍珍本丛刊》，北京：书目文献出版社 1988 年版，第 54 页。

② 《十六夜晚归见白楼二首》之一，载(明)丰坊：《万卷楼遗集》，《北京图书馆古籍珍本丛刊》，北京：书目文献出版社 1988 年版，第 86 页。

③ 《画鱼歌为王汝陈题》，载(明)丰坊：《万卷楼遗集》，《北京图书馆古籍珍本丛刊》，北京：书目文献出版社 1988 年版，第 73 页。

④ 《极闷二首》之一，载(明)丰坊：《万卷楼遗集》，《北京图书馆古籍珍本丛刊》，北京：书目文献出版社 1988 年版，第 86 页。

⑤ 见《刘生》，载(明)丰坊：《万卷楼遗集》，《北京图书馆古籍珍本丛刊》，北京：书目文献出版社 1988 年版，第 52 页。按，《刘生》为任侠题材乐府诗，见《乐府诗集·横吹曲辞四》，后世多有仿作。

⑥ 见《咏怀四十五首》之二，载(明)丰坊：《万卷楼遗集》，《北京图书馆古籍珍本丛刊》，北京：书目文献出版社 1988 年版，第 54 页。按，鲁阳公事见《淮南子·览冥训》。

⑦ 见《蓬莱歌送友游登州》，载(明)丰坊：《万卷楼遗集》，《北京图书馆古籍珍本丛刊》，北京：书目文献出版社 1988 年版，第 73 页。

“畔父”“献谄”之恶名而为士林不齿。

政治投机失败，反而背上污名的丰坊，未过五旬其政治生命即彻底宣告结束。作为落魄士人的丰坊，选择了经学作为晚年寄托，其欲以不朽之手段却是作伪干名。而其昔日好友季本的公开质疑，不由得引起丰坊“极骂”。而詈语一起，便体现出“畔父”“献谄”对丰坊心态之影响：驳季本之学，乃有意推崇父学与丰氏“世学”，以应对“畔父”“悖父”之舆论；诋季本之行，乃有意抓住季本品行之把柄，以转移与缓和“献谄”之舆论。其中透露出的，是丰坊对延续数百载的望族历史叙事即将终结于己身心有不甘，对自己承受的士林非议与恶名耿耿于怀的心态。而这一切，都能以《鲁诗世学》“极骂季本”之语为线索得以一窥。

参考文献

一、基本典籍

[1](宋)朱熹：《诗集传》，北京：中华书局1958年版，第26页。
[2](明)黄佐：《诗经通解》，《广州大典》第十八辑·经部诗类第1册，广州：广州出版社2015年版。
[3](明)季本：《庙制考议》，《四库全书存目丛书》经部第105册。
[4](明)季本：《诗说解颐》，《文渊阁四库全书》第79册。
[5](明)季本：《季彭山先生文集》，《北京图书馆古籍珍本丛刊》第106册，北京：书目文献出版社1998年版。
[6](明)丰坊：《鲁诗世学》，《历代诗经版本丛刊》，济南：齐鲁书社2008年版。
[7](明)丰坊：《万卷楼遗集》，《北京图书馆古籍珍本丛刊》第109册，北京：书目文献出版社1988年版。
[8](明)徐渭：《徐渭集》，北京：中华书局1983年版。
[9](明)王世贞著，罗仲鼎校注：《艺苑卮言校注》，济南：齐鲁书社1992年版。
[10](明)沈德符：《万历野获编》，北京：中华书局1959年版。

[11](明)徐学谟:《世庙识余录》,《四库全书存目丛书》史部第49册。
[12]《明世宗实录》,台北:历史语言研究所1962年版。
[13](明)黄景昉:《国史唯疑》,《续修四库全书》第432册。
[14](明)焦竑编撰:《国朝献征录》,扬州:广陵书社2013年版。
[15](明)林之盛:《皇明应谥名臣备考录》,《原国立北平图书馆甲库善本丛书》第242册,北京:国家图书馆出版社2013年版。
[16](清)钱谦益:《列朝诗集小传》,上海:上海古籍出版社1983年版。
[17](清)张廷玉等:《明史》,北京:中华书局1974年版。
[18](清)谷应泰:《明史纪事本末》,北京:中华书局1977年版。
[19](清)毛奇龄:《〈大学〉证文》,《文渊阁四库全书》第210册。
[20](清)胡文学辑选,(清)李邺嗣叙传,袁元龙点注:《甬上耆旧诗》,宁波:宁波出版社2010年版。
[21](清)永瑢等:《四库全书总目》,北京:中华书局1965年版。
[22](清)姚际恒撰,顾颉刚标点:《诗经通论》,北京:中华书局1958年版。
[23](清)姚际恒:《古今伪书考》,北京:中华书局1985年版。
[24](清)黄宗羲:《明儒学案》,北京:中华书局2008年版。

二、今人专著

[1]董康:《曲海总目提要》,北京:人民文学出版社1959年版。
[2]余嘉锡:《四库提要辩证》,北京:中华书局1980年版。
[3]林庆彰:《清代的群经辨伪学》,台北:文津出版社1991年版。
[4]林庆彰:《丰坊与姚士粦》,上海:华东师范大学出版社2015年版。
[5]王达津主编:《清代经部序跋选》,天津:天津古籍出版社1991年版。
[6]张立文:《朱熹评传》,南京:南京大学出版社1998年版。
[7]刘毓庆:《从经学到文学:明代〈诗经〉学史论》,北京:商务

印书馆2001年版。
[8]洪湛侯：《诗经学史》，北京：中华书局2002年版。
[9]余英时：《士与中国文化》，上海：上海人民出版社2003年版。
[10]王汎森：《晚明清初思想十论》，上海：复旦大学出版社2004年版。
[11]沈善洪主编，吴光执行主编：《黄宗羲全集(增订版)》，杭州：浙江古籍出版社2005年版。
[12]罗宗强：《明代后期士人心态研究》，天津：南开大学出版社2006年版。
[13]尤淑君：《名分礼秩与皇权重塑：大礼议与嘉靖政治文化》，台北：政治大学历史学系2006年版。
[14]胡吉勋：《"大礼议"与明廷人事变局》，北京：社会科学文献出版社2007年版。
[15]卞利：《胡宗宪传》，合肥：安徽大学出版社2013年版。

三、研究论文

[1]王汎森：《明代后期的造伪与思想争论——丰坊与〈大学〉石经》，《新史学》第6卷第4期。
[2]邓志峰：《"谁与青天扫旧尘"——"大礼议"思想背景新探》，《学术月刊》1997年第7期。
[3]张立文：《论"大礼议"与朱熹王阳明思想的冲突》，《南昌大学学报(人社版)》1999年第2期。
[4]王学泰：《明代诗学伪作与〈鲁诗世学〉》，《文学遗产》1999年第4期。
[5]刘毓庆：《季本、丰坊与明代〈诗〉学》，《中国文学研究》2003年第3期。
[6]陈斐蓉：《丰坊生卒年考》，《中国书画》2008年第12期。
[7]马昕：《重评〈子贡诗传〉〈申培诗说〉的造伪与辨伪》，《儒家典籍与思想研究》2012年第1期。
[8]陈斐蓉：《丰坊交游考述(上)》，《中国书画》2012年第6期。
[9]陈斐蓉：《丰坊交游考述(下)》，《中国书画》2012年第7期。

[10]李忠伟：《丰坊生卒年新考》，《赤峰学院学报(汉文哲学社会科学版)》2015 年第 12 期。
[11]蒋秋华：《季本〈诗说解颐〉诗次说评议》，《第四届诗经国际学术研讨论文集》。
[12]王镇宇：《家族与地域之间：宋明之际四明丰氏家族研究》，华东师范大学 2015 年硕士学位论文。

宋人对杜诗的理解与接受初探

2012 级　王茹钰

摘　要：两宋时期，是杜诗学史上第一个研杜的高潮期，注杜、论杜以及学杜之风蔚然盛行，杜甫也由生前声名不显，鲜有知音，而一举登上诗坛典范宝座，圣鼎独尊，垂范后世。究其原因，则与杜诗文献的整理与流传，“诗史”概念的发展，唐宋文化之转型以及诗学的自身演进等因素密切相关。宋人对杜甫及其诗作的接受与理解，是与审美判断和道德判断齐头并进的。在审美判断方面，宋人尤其是以黄庭坚为代表的江西诗派，通过对杜诗的语言风格和艺术手法进行阐释、变异与学习，最终形成有别于唐音的宋调，而在这个过程中，有关杜诗的“集大成”说、“诗圣”说也得以确立并推广。在道德判断方面，经王安石、苏轼等人的发掘，杜诗中的忧君爱国精神得以显扬，并在靖康之难直至南宋灭亡期间，成为宋人士风挺立的支撑与力量源泉。

关键词：杜甫；杜诗；宋代；接受

绪　　论

“华夏民族之文化，历数千年之演进，造极于赵宋之世。”①在文化高度发展的宋代，杜甫这位“流落饥寒，终身不用”的诗人受到了生前难以想象的推崇。随着杜甫及杜诗的重新发现，注杜、论

① 王国维：《宋代之金石学》，《王国维遗书》第5册，上海：上海书店出版社1983年版，第70页。

杜、学杜一时之间风靡文坛，杜诗阐释领域出现了前所未有的繁荣。

宋人注杜，自北宋中后期的寥寥几家至北宋末年已经初具规模，及至南宋嘉定九年(1216)黄鹤注杜诗，已经发展至号称千家。经过近三百年学者的开创与耕耘，宋人注杜不仅在数量上有所成就，更创立了分体类、分类类、编年类、集注以及评点等多种形式，基本上确定了杜甫的生平经历、诗歌编年，并开创了诗史互证的解释模式。

然而注本并非是了解宋代杜诗接受情况的唯一资料，正如莫砺锋所言："当我们想从整体上研究宋人对杜诗的注释时，就不能把目光局限于注本。那些保存在宋人文集、诗话、笔记中的释杜、评杜之语，往往是有感而发，有间方书，所以更为简洁，更为精警。"①诗话作为中国古代诗歌理论批评的特有形式，自宋代欧阳修《六一诗话》开始成熟并蔚然兴起，自然无可避免地对杜甫及其诗歌投入了特别的关注。从今天留存的文献来看，杜甫和杜诗在各家的别集、总集、诗话、笔记中占据了十分重要的篇幅。简洁、精警的诗话不仅保存了大量评杜、解杜的内容，也真实地记录反映了杜甫及杜诗在经宋人阐释后"由凡入圣"的过程，开拓了"集大成说""诗史说""诗圣说"等重要理论。

诗话大量出现于北宋后期至南宋初期，即苏、黄诗风盛行之后，这段时间正是江西诗派形成、盛衰的时期。时间的重合并非历史的偶然，张少康认为："因为黄庭坚和江西诗派注重诗人的学问和讲究具体的诗法，提倡向前人学习，特别是向杜甫、韩愈等著名的唐代诗人学习，强调字字有来历，对格律和文字推敲得很细、很具体，甚至可以说很琐碎。而且黄庭坚周围有很多学生，他们互相之间对诗歌创作和研究有过许多研究讨论，这些都为诗话写作提供了丰富的内容，在客观上大大促进了诗话的迅速发展。"②也正因

---

① 莫砺锋：《古典诗学的文化关照》，北京：中华书局 2005 年版，第 227 页。

② 张少康、刘三富：《中国文学理论批评发展史》，北京：北京大学出版社 1995 年版，第 53 页。

此，我们或许可以认为，诗话为我们研究宋人学杜与宋调构建之间的关系提供了丰富的材料。

本文将对杜诗在宋代理解与接受的情况进行梳理，并探求杜甫在宋代从知音难觅到被推上诗坛典范宝座的原因。尤其要以宋代杜诗阐释特别是论杜的诗话为主要材料，厘清杜诗在宋代的理解与接受同宋调的形成、构建之间的关系，并通过对杜诗学中“集大成”“诗史”“诗圣”“一饭未尝忘君”等重要理论进行理解，分析宋人在接受杜诗的同时对杜诗所进行的改造。

从宋代杜诗学的发展、杜甫及杜诗在古典诗学中的接受与演变情况的角度而言，许总在《杜诗学发微》①中的三篇文章《宋诗宗杜新论》《论宋学对杜诗的曲解和误解》《要当掣鲸鱼，岂但看翡翠：江西诗派杜诗学探微》，分别对宋代学杜之风盛行的原因、情况及其对宋调发展的影响，理学思想对杜诗的曲解和误解，江西诗派宗杜、学杜等进行了研究。胡可先在《杜诗学引论》②中对宋代的理学、江南遗民以及江湖诗派同杜诗学之间的关系进行了讨论。陕西师范大学魏景波的《文献流传、文化转型与文学嬗变：宋代杜诗学的三大成因》③一文，总结了杜甫在宋代地位确立的三大原因：文献上对杜甫诗集的整理，文化上对杜甫人格的尊崇，文学思潮上对杜甫诗法的追慕。其《百年歌苦与千秋盛名：诗人杜甫的被理解与被误解》④则探究了杜甫由文士到史官、到忠臣、再到圣贤的形象变化同宋代思想文化之间的关系。前人学者在面对这个话题时，虽然能够准确地把握杜甫形象发生变化的过程，并大致找出这种变化产生的原因，但是对诗话这种文本材料的研究仍不够深入，而且对杜甫形象变化的原因探究仍不够细致全面。

在宋代诗话论杜方面，学者大多从单部的诗话著作出发，如李

① 许总：《杜诗学发微》，南京：南京出版社 1989 年版。

② 胡可先：《杜甫诗学引论》，合肥：安徽大学出版社 2003 年版。

③ 魏景波：《文献流传、文化转型与文学嬗变：宋代杜诗学的三大成因》，《陕西师范大学学报(哲学社会科学版)》2011 年第 4 期。

④ 魏景波：《百年歌苦与千秋盛名：诗人杜甫的被理解与被误解》，《西北大学学报(哲学社会科学版)》2014 年第 6 期。

凯于1997年发表于《杜甫研究学刊》的《江西诗风盛行下的杜甫观：〈韵语阳秋〉论杜述评》①一文中，以葛立方《韵语阳秋》中有关杜甫的材料为出发点。再如兴膳宏于2001年发表于《杜甫研究学刊》的《略论〈岁寒堂诗话〉对杜甫与白居易诗歌的比较评论》②一文，则以张戒《岁寒堂诗话》中有关杜甫及白居易的材料为本，得出作者具有喜杜贬白的倾向的结论。从宏观角度研究宋代诗话论杜这一话题的文章数量较少。许总《杜诗学发微》③中提及了诗话中论杜资料的价值，并对宋代专门论杜的蔡梦弼《草堂诗话》及方深道《诸家老杜诗评》进行了评价与介绍。莫砺锋在《论宋代杜诗注释的特点和成就》④一文中讨论了宋代诗话和笔记中的释杜、评杜之语对于注杜具有一定的意义。2006年暨南大学余思亮的硕士学位论文《宋代诗话中的杜甫批评》⑤，对宋人崇杜、诗史与杜甫的忠臣形象、宋代诗话论杜的语言风格与语言结构进行了讨论，但在分析的过程中未免有堆砌材料之嫌，缺少对文本材料的深入分析。

在宋人注杜研究方面，学术界成果颇丰。如周采泉《杜集书录》⑥、张忠纲主编的《杜集叙录》⑦等，都对宋代的杜诗版本流传做了较为系统的研究和总结。莫砺锋的《杜诗伪苏注研究》⑧则深入讨论了伪苏注的问题。此外，还有针对宋代某一特定注本的研究成果，如刘文刚的《郭知达〈杜工部诗集注〉考论》⑨，2005年西北

① 李凯：《江西诗风盛行下的杜甫观：〈韵语阳秋〉论杜述评》，《杜甫研究学刊》1997年第1期。

② ［日］兴膳宏：《略论〈岁寒堂诗话〉对杜甫与白居易诗歌的比较评论》，《杜甫研究学刊》2001年第1期。

③ 许总：《杜诗学发微》，南京：南京出版社1989年版。

④ 莫砺锋：《论宋代杜诗注释的特点和成就》，《古典诗学的文化关照》，北京：中华书局2005年版。

⑤ 余思亮：《宋代诗话中的杜甫批评》，广州：暨南大学2006年版。

⑥ 周采泉：《杜集书录》，上海：上海古籍出版社1986年版。

⑦ 张忠纲、赵睿才、綦维、孙微：《杜集叙录》，济南：齐鲁书社2008年版。

⑧ 莫砺锋：《杜诗伪苏注研究》，《文学遗产》1999年第1期。

⑨ 刘文刚：《郭知达〈杜工部诗集注〉考论》，《社会科学研究》2004年第1期。

师范大学武国权的硕士学位论文《赵次公〈杜诗先后解〉研究》①，2008年西北师范大学罗效智的硕士学位论文《〈九家集注杜诗〉研究》②等。但是这些研究毕竟是着眼于对宋代杜诗注本的考察，对赵宋一代注杜之家蜂起同杜诗地位上升之间的关系缺少整体把握。

就本选题涉及的杜甫及杜诗在宋代的接受与演变情况而言，前人学者们在研究过程中对诗话有所忽视。而就宋代诗话对杜诗阐释学以及杜诗接受史所发挥的作用等几个基本问题而言，有关研究或集中于诗话对杜诗艺术、思想的批评，或从微观入手，对单一诗话作品进行讨论，甚少从宏观上将诗话发展史同宋代诗风转型以及杜诗接受相联系。因此，本选题在一定程度上有相当大的发挥空间，也有许多亟待解决的问题。

一

纵观杜诗传承史，中晚唐至五代，杜甫不仅身前不显，而在身后亦不受时人重视，其诗也被多数人所冷落。及至北宋景佑、庆历时，这种情况发生了根本改变，“三十年间学诗者，非子美不能道，虽然武夫女子，皆知尊异之，李太白而下殆莫与抗”③，杜甫在宋代受到极高的重视，成为了宋人诗法的最高诗学典范。为了适应时代各阶层对杜诗理解的要求，各类注杜、论杜之作迅速出现，并占领了宋代诗歌阐释的半壁江山。

杜诗的经典化首先带来了杜诗整理校勘的高潮，在学者们的努力下，存世的杜诗得以基本收罗完备，并整理出了几种眉目较为清晰的杜诗版本，如王著《手写杜诗》、郑文宝《少陵集》、孙仅《孙仅编杜甫集》、苏舜钦《老杜别集》，以及王洙编订、王琪校订刊刻的

① 武国权：《赵次公〈杜诗先后解〉研究》，西北师范大学2005年硕士学位论文。

② 罗效智：《〈九家集注杜诗〉研究》，西北师范大学2008年硕士学位论文。

③ (宋)胡仔纂集，廖德明校点：《苕溪鱼隐丛话前集》卷二十二，北京：人民文学出版社1981年版，第145页。

宋代第一个杜集定本《宋本杜工部集》等。在编辑、校勘之后，进一步对杜集进行注释成为首要问题。据蔡梦弼《杜工部草堂诗笺跋》称："自唐迄今，余五百年，为诗学之宗师，家传而诵之。……惜乎世本舛讹，训释纰缪，有识恨焉。梦弼因博求唐宋诸本杜诗十门，聚而阅之，重复参校，仍用嘉兴鲁氏编次其年月之先后以为定本。"①杜诗流传之广，已经到了家家传而诵之的地步，但是杜诗之训释却多有舛讹纰缪，为有识者恨，可见，对杜诗进行重新阐释已经成为时代之潮流。

据周采泉考察，在北宋治平(1064—1067)之前，杜集大致皆白文而无注②。自王琪刊刻王洙本之后，陆续有人为之作注，如王得臣、孙洙、刘克等，但这些北宋注家之书皆不传。现散存于宋人集注中最早注杜的宋人，大多认为是王洙，即"洙注"，虽然"洙注"是伪注，但仍出自北宋人之手③，自郭知达《九家集注》之后，诸注家无不援引。

自此以后，王得臣、师尹、鲍慎由、杜田、卞大亨等人相继开始注杜。洪业云："大约政和(1111—1117)嘉泰(1201—1204)之间，为时不及百载，校订注论杜诗者，已实繁有徒。"④可见，宋人注杜，自北宋中后期的寥寥几家至北宋末年，已经初具规模。这时，杜甫已经在王安石、苏轼、黄庭坚以及江西诗派的极度推尊之下，成为了无可争议的诗家宗祖。及至南宋嘉定九年(1216)黄鹤注杜诗，已经发展至号称千家。宋人注杜至今而仍有书目可按者，据周采泉《杜集书录》所载，全集校刊笺注类有二十八种，伪注杜

① (宋)蔡梦弼：《杜工部草堂诗笺跋》，周采泉：《杜集书录》，第78页。

② 周采泉：《杜集书录》，上海：上海古籍出版社1986年版，第23页。

③ 关于"洙注"的作者，历代杜诗学者或疑为邓忠臣，但是并未能形成一个统一的意见。今人学者梅新林、邓小军通过对新材料的挖掘，主张邓忠臣注杜当成书于元祐二年(1087)左右，在此后二十年中，被坊贾作伪，去邓氏之名，而题王洙，之志政和初年已流行于世。梅新林：《杜诗伪王注新考》，《杜甫研究学刊》1995年第2期；邓小军：《邓忠臣〈注杜诗〉考：邓注的学术价值及其被改名王洙的原因》，《杜甫研究学刊》2002年第1期。

④ 洪业：《杜诗引得》序，上海：上海古籍出版社1983年影印本，第9页。

诗者有十一种，其中水平较高者有：郭知达《九家集注杜诗》36 卷，蔡梦弼《杜工部草堂诗笺》50 卷，黄希、黄鹤父子《黄氏补千家集注》36 卷，赵次公《新定杜工部古诗近体诗先后并解》(残本)以及刘辰翁《集千家注批点杜工部诗》20 卷等。

宋代的杜诗注本，以底本的编排方式而言已有分体类、分类类以及编年类三种，后又出现了集合众注的集注以及杜诗评点。自宋以后，历代注本皆不出以上几种之范围，即使是在杜诗注释蓬勃发展的清朝初年，都不外在宋人所开创的格局之内，可以说，宋人于注杜格局之开创，对后世产生了不可磨灭的影响。而且，宋人注杜虽然尚在开疆辟土的阶段，但其注杜模式在整个杜诗阐释史上却有定鼎之功。宋代的注释研究，基本上确定了杜甫的生平经历、诗歌编年，并以杜诗中的词语出处以及典故为阐释的重心，而且开创了诗史互证的解释模式，尽管这一模式在钱谦益的《钱注杜诗》才达到顶峰，但是宋人的开凿之功实则不可磨灭。

南宋注杜蓬勃发展的时期，正是江西诗派一统江湖的时期，杜诗作为诗坛最高典范的地位已经无可动摇，杜甫已经成为时代诗人顶礼膜拜的对象。千家注杜正是见证、凝定了尊杜的历史成果。如果说宋人尊杜是为了树立最高的诗学典范以号令天下，那么对杜诗的重新阐释正是实现这一目标的基本途径。

注杜与论杜是宋代杜诗阐释的双璧。如果说千家注杜的现象并非孤立存在，而是宋人尊杜的必然延伸，那么诗话论杜则是宋人将杜甫推上诗坛典范宝座的有力武器。

宋代是中国诗话形成与兴盛的时期。① 在《宋诗话辑佚》中：

① 关于诗话的起源，古今学者众说纷纭：清代学者何文焕在《历代诗话·序》中，以先秦《虞书》之赓歌、《诗大序》之六义、孔孟的诗论和《春秋》赋答证明言诗话之体可溯源至三代。清代学者章学诚则认为，诗话之源，本于钟嵘《诗品》，并将诗话按性质分为“论诗而及事”和“论诗而及辞”两类。罗根泽在讨论《本事诗》时，认为本事诗出于笔记小说，是诗话的前身。而在郭绍虞看来，“溯其渊源所自，可以远推到钟嵘的《诗品》，甚至推到《诗三百》或孔、孟论诗的之言片语，但是严格地讲，又只能以欧阳修的《六一诗话》为最早的著作。”

> 诗话之称，当始于欧阳修；诗话之体，也创自欧阳修。欧阳氏自题其《诗话》云：“居士退居汝阴而集以资闲也。”他说“以资闲谈”，便可知其撰述宗旨，本不严肃。……所以诗话之体原同随笔一样，论事则泛述闻见，论辞则杂举隽语，不过没有说部之荒诞，与笔记之冗杂而已。所以仅仅论诗及辞者，诗格诗法之属是也；仅仅论诗及事者，诗序本事诗之属是也。诗话中间，则论诗可能及辞，也可能及事；而且更可以辞中及事，事中及辞。这是宋人诗话与唐人论诗之著之分别。因此，宋人诗话又往往走上考据或注释一条路。①

郭绍虞概括了“诗话”一词的缘起、性质、创作方式、特征，以及唐宋论诗之区别。事实上，从一般意义而言，把宋代以前出现的诗评、诗格、诗句图、本事诗等著作统称为“诗话”也并无不可；但是从严格意义而言，“诗话”的上限应自欧阳修始，其以前的诗学著作，应视为诗话之渊源。

纵观宋代诗话发展史，可以将其大致分为三个阶段：北宋中叶的创始期、南北宋之际的过渡转化期和南宋中末的成熟期②，而北宋后期至南宋初期，正值苏、黄诗风盛行。据郭绍虞《宋代诗话》所考，宋代的诗话著作“现尚流传者”有四十二种，“部分流传，或本无其书而由他人纂辑成之者”有四十六种，“有其名而无其书，或知其目而佚其文，又或有佚文而未及辑者”有五十一种，再加上其中附及的数种，共约一百四十余种。这一百四十余种不包括“诗格诗例诗句图以及象征诗评之属”和“仅供初学应举之著”，如果加上这些著作和一些介于诗话、笔记之间的著作，大约有一百七十余种。其中，除了成书于苏黄之前的诗话，如欧阳修《六一诗话》、司马光《温公续诗话》、刘攽《中山诗话》等，其余绝大部分皆出现

① 郭绍虞：《宋诗话辑佚》，北京：中华书局 1980 年版，第 2 页。
② 王运熙、顾易生主编，顾易生、蒋凡、刘明今著：《宋金元文学批评史》第三编第二章，上海：上海古籍出版社 1996 年版。

于黄庭坚以后以及江西诗派活跃的时期。这两种现象的重合实际上并非偶然。

可以说，黄庭坚及江西诗派的诗学主张为诗话的出现及兴盛奠定了基础。在唐诗取得高度成就之后，宋诗要有所发展，必须在总结前人创作经验的基础上另辟蹊径，这就使得许多诗人加强了对诗法技巧的探讨，而对诗歌技法的标榜，正是江西诗派的特征之一，黄庭坚及其门人对诗歌创作的探讨亦成为诗话的主要记载对象。同时，即使是非江西诗派或者非黄氏门人所创作的诗话，也无一不与江西诗派诗学理论息息相关，因此，可以说宋代诗话的兴盛还与宋代诗歌的创作，以及不同诗歌流派之间、不同诗学见解之间的争论等因素密不可分。

可见，江西诗派已经成为宋代诗话讨论的重心与焦点，而杜甫作为江西诗派所师法之宗祖，其在宋人诗话中亦必定成为无人不谈的对象。正如林继中所言："宋人诗话可谓无书不谈杜甫，也几乎无书不见江西诗派的影子。"①

北宋后期，一批有影响的诗话著作陆续出现。江西诗派"三宗"之一陈师道的《后山诗话》，其整部诗话共有 84 条，其中提及杜甫或杜诗者共 18 条，引杜诗作品 11 条。再如师从黄庭坚并在诗话中主要宣传江西诗派诗学观点的范温，其《潜溪诗眼》(残本)现存 29 条诗话，其中提及杜甫或杜诗者 16 条，而引杜诗多达 46 条。其他江西诗派成员以及黄氏门人亦热衷于在诗话中谈论杜诗，如王直方《王直方诗话》(残本)现存诗话 306 条，其中 35 条论及杜诗，引杜诗者亦有 31 条；潘淳《潘子真诗话》(残本)现存诗话 37 条，7 条论及杜诗，援引杜诗者 12 条；洪刍《洪驹父诗话》中共有诗话 22 条，论及杜诗者 5 条，引杜诗者亦 5 条。诗话中论杜者不唯有江西诗派，亦有表达对江西诗派、苏黄诗风不满，主张为诗含蓄有味、自然工巧者。如魏泰《临汉隐居诗话》71 条诗话中共有 8 条论杜者，蔡居厚《蔡宽夫诗话》87 条诗话中有 19 条论及杜甫及杜诗，叶梦得

① 林继中：《杜诗与宋人诗歌价值观续论》，《杜甫研究学刊》1991 年第 3 期。

《石林诗话》中 88 条诗话援引 24 条杜诗。

南宋前期，诗话中对杜诗的评论及援引情况相较上个阶段而言，有了进一步的发展。在属于江西诗派一路的诗话中，张表臣《珊瑚钩诗话》中，72 条诗话共征引杜诗多达 45 条；曾季狸《艇斋诗话》共 308 条，论杜者达 42 条；葛立方《韵语阳秋》的 421 条诗话中，论杜者达 88 条，而援引杜诗高达 139 条；而吴沆的《环溪诗话》，虽仅有 29 条诗话，却征引了 69 条杜诗。与江西诗派路数不同，乃至对立的诗话代表则有黄彻《䂬溪诗话》、张戒《岁寒堂诗话》、姜夔《白石道人诗说》，尤其是后两者，具有极高的理论价值，堪称南宋前期诗话的双璧。黄彻的《䂬溪诗话》中，共存 212 条诗话，其中论杜者 67 条，援引杜诗达 89 条之多，张戒的《岁寒堂诗话》则更甚，68 条诗话中，共有 47 条论及杜诗与杜甫，并引用了 42 条杜诗材料。

南宋中末期，人们对江西诗派之弊病的认识更加深刻，“四灵”、江湖诗人改学晚唐又暴露出新的弊端，于是总结、吸取唐宋以来诗歌创作经验，探讨诗歌创作规律，力救江西诗风之弊的严羽《沧浪诗话》、刘克庄《后村诗话》、范晞文《对床夜语》等作品应运而生，这些作品对杜诗或杜甫亦有论及。如严羽《沧浪诗话》共 113 条，论杜者共 22 条；刘克庄《后村诗话》的 611 条诗话之中，论杜者占了总数的六分之一，且亦有 111 条杜诗之引用；范晞文《对床夜语》共 137 条诗话，其中引用了 86 条杜诗。

北宋后期以来，除了自撰者以外，还出现了许多以辑集为主的诗话汇编：具有摘抄性质的李颀《古今诗话》等；具有综合性质，并将材料分门别类地编排在一起的阮阅《诗话总龟》、胡仔《苕溪鱼隐丛话》、魏庆之《诗人玉屑》等；具有专辑性质，专门集结、研究一家或一类诗而汇集古今诸家诗话的方深道《集诸家老杜诗评》、蔡梦弼《杜工部草堂诗话》等。其中，倡导“师宗杜甫”并极力鼓吹江西诗论的《苕溪鱼隐丛话》，全书共一百卷，其中前集九卷、后集四卷，总计超过全书十分之一的篇幅专论杜甫，在所有论及的诗人中首屈一指，名列第二位的韩愈所占不过四卷，其前集的卷九中更是称杜诗“前无古人，后无来者”。方深道《集诸家老杜诗评》则是第一部专门收集讨论杜诗的诗话，乃汇集前人阐杜之言论而成，时江西诗派风靡盛行，天下宗杜成风，可以说方深道辑《诗评》，正是顺应了时代的要求。

从这些数据中足见杜甫及其诗在整个宋诗话中所占比重之大，受重视程度之高，几乎压倒了以往任何时期的任何一位文学家。也可以说，诗话这一宋代新兴的诗歌批评形式乃杜甫经典化过程的见证者与强大助力。

杜甫及其诗在宋代的接受与理解，除了体现在注杜和诗话论杜方面外，还可见于宋人学杜的过程之中，而这个过程恰好与宋调的形成与凝定以及变异有关，笔者将在下个部分进行详细的讨论与分析。

二

仇兆鳌《杜诗褒贬》云："秦少游推为孔子大成，郑尚明推为周公制作，黄鲁直则推为诗中之诗，罗景纶则推为诗中之经，杨诚斋则推为诗中之圣，王元美则推为诗中之神。"①如前文所述，从北宋开始升温的对杜甫的狂热，顽强地盘踞在赵宋一代及以后的批评话语、文化想象之中，以至于杜甫成为一个与孔子、周公"比肩"，甚至称"神"、称"圣"的，超越时间、超越比较和评判的抽象存在。

然而必须承认的是，虽然宋代以来人们对杜甫极尽推尊之辞，在十一世纪中期以前他的影响却颇为有限。杜甫生前曾与许多当时的诗坛高贤有过密切的交游唱和，如在入长安之前，他曾同高适、李白交游于梁宋；天宝十一年(752)，杜甫曾在长安同高适、岑参、储光羲、薛据等人登慈恩寺塔赋诗；乾元元年(758)他与王维、岑参一同酬和贾至《早朝大明宫》之诗。可以说，杜甫所交游唱和之人皆是盛唐的诗坛精英，然而检索现存文献，同时代中似乎只有一些名不见经传的诗人对杜甫有褒美之辞，如郭受《杜员外兄

① (清)仇兆鳌注：《杜诗凡例》，《杜诗详注》，北京：中华书局 1979 年版，第 4 页。

垂示诗因作此寄上》："新诗海内流传困，旧德朝中属望劳。郡邑地卑饶雾雨，江湖天阔足风涛。松醪酒熟傍看醉，莲叶舟轻自学操。春兴不知凡几首，衡阳纸价顿能高。"①任华《杂言寄杜拾遗》："杜拾遗，名甫第二才甚奇。任生与君别来已多时，何曾一日不相思。杜拾遗，知不知？昨日有人诵得数篇黄绢词，吾怪异奇特借问，果然称是杜二之所为。势掘虎豹，气腾蛟螭。沧海无风似鼓荡，华岳平地欲奔驰。"②正如宇文所安所言："同时代对杜甫的颂扬性评价不可全信，这些主要不是对天才的承认，而是出于社交礼仪的陈套。杜甫确实拥有一小批赞美者，但并未见到对其伟大成就的普遍承认。甚至连樊晃集序的赞词也异乎寻常地拘谨。"③

从一些统计数据中也能证实这个观点。唐代选诗之风蔚然盛行，唐人所集结的诗歌总集多达上百种，其中本朝诗的选本多达五十种以上，据傅璇琮《唐人选唐诗新编》，现存的唐诗选本有：《翰林学士集》一卷、《珠英集》五卷、《丹阳集》一卷、《河岳英灵集》二卷、《国秀集》三卷、《箧中集》一卷、《玉台后集》一卷、《御览诗》一卷、《中兴间气集》二卷、《极玄集》一卷、《又玄集》三卷、《才调集》十卷、《搜玉小集》一卷。然而在这十三种唐诗集子中，仅有韦庄的《又玄集》收录了杜甫的七首诗④，其他选本均对其诗不着一字。而且，在九世纪和十世纪的晚唐五代通俗诗格著作中，杜诗也极少被引用，在现存的二十八种唐五代诗格著作中，杜甫的诗只被引用过三次。⑤

---

① （唐）郭受：《杜员外兄垂示诗因作此寄上》，《古典文学研究资料汇编：杜甫卷》第1册，北京：中华书局1964年版，第5页。

② （唐）任华：《杂言寄杜拾遗》，《古典文学研究资料汇编：杜甫卷》第1册，北京：中华书局1964年版，第5页。

③ ［美］宇文所安：《盛唐诗》，北京：生活·读书·新知三联书店2014年版，第249页。

④ 傅璇琮编撰：《唐人选唐诗新编》，西安：陕西人民教育出版社1996年版，第583-585页。

⑤ 张伯伟：《全唐五代诗格校考》，西安：陕西人民教育出版社1996年版，第280、391、474页。

前文所述，正如杜甫在《南征》中对自己在政治上穷困潦倒和文学上知音难觅的摹写：“老病难征日，君恩北望心。百年歌自苦，未见有知音。”①杜甫生前声名不显，去世后诗歌无人整理刊刻，随即零落散乱。今人所见最早关于杜集的记载在杜甫逝世(770)后的两三年间：

> 文集六十卷，行于江汉之南。常蓄东游之志，竟不就。属时方用武，斯文将坠，故不为东人之所知。江左词人所传诵者，皆君之戏体剧论耳，曾不知君有大雅之作，当今一人而已。②

樊晃所言的“大雅”之作正是指杜诗中讽喻时事、悲慨人生的作品。但是樊晃所欣赏的“大雅”杜诗在大历年间并没有被广泛地接受，而且杜甫至德、大历年间诗作风格既不合于“盛唐气象”，也不群于“大历诗风”，地位十分尴尬。樊晃之后，杜甫又拥有了为数不少的“知音”。如韩愈《调张籍》：“李杜文章在，光焰万丈长。”③白居易《与元九书》曰：

> 李(白)之作之才矣奇矣，索其风雅比兴，十无一焉。杜诗最多，可传者千余篇，至于贯穿今古，覼缕格律，尽工尽善。④

元稹《乐府古题序》曰：

① (清)钱谦益笺注：《南征》，《钱注杜诗》，上海：上海古籍出版社1979年版，第444页。

② (唐)樊晃：《杜工部小集序》，《钱注杜诗》，上海：上海古籍出版社1979年版，第709页。

③ (唐)韩愈：《调张籍》，《古典文学研究资料汇编：杜甫卷》第1册，北京：中华书局1964年版，第8页。

④ (唐)白居易著，朱金城笺注：《与元九书》，《白居易集笺校》，上海：上海古籍出版社1988年版，第2719页。

况自风雅至于乐流，莫非讽兴当时之事，以贻后代之人。沿袭古题，唱和重复，于文或有短长，于义咸为赘剩。尚不如寓意古题，刺美见事，犹有诗人引古以讽之意焉。近代惟诗人杜甫《悲陈陶》《哀江头》《兵车》《丽人》等，凡所歌行，率皆即事名篇，无复依傍。①

《唐检校工部员外郎杜君坟墓系铭》：

至于子美，盖所谓上薄风骚，下该沈宋、古傍苏李、气夺曹刘、掩颜谢之孤高、杂徐庾之流丽，盖得古今之体势，而兼人人之所独专矣。使仲尼考锻其旨要，尚不知贵，其多乎哉！苟以为能所不能，无可不可，则诗人依赖，唯有如子美者。②

而晚唐诸家诗人，如李商隐、罗隐、皮日休、陆龟蒙等诗人，莫不崇杜学杜。可以说，中晚唐至五代诗坛已经接受了杜甫作为伟大诗人的地位，此时的杜甫已经同李白、韩愈等同称并肩，影响力初露端倪。但是此时诗坛针对杜甫的评价还停留在笼统地称述其地位思想的阶段，缺少对杜诗内容、艺术风格的具体论析，更没有出现将杜甫推为宗主的迹象。于是，重新发现和推重杜诗的重任落在了宋人肩上。

方回在《送罗寿可诗序》中云：

宋刬五代旧习，诗有白体、昆体、晚唐体。白体如李文正、徐常侍昆仲、王元之、王汉谋；昆体则有杨刘《西昆体》传世，二宋、张乖崖、钱僖公、丁崖州皆是；晚唐体则九僧最逼真，寇莱公、鲁三交、林和靖、魏仲先父子、潘逍遥、赵清

① （唐）元稹著，冀勤注：《乐府古题序》，《元稹集》，北京：中华书局1982年版，第254-255页。

② （唐）元稹著，冀勤注：《唐检校工部员外郎杜君坟墓系铭》，《元稹集》，北京：中华书局1982年版，第322页。

献之父凡数十家，深涵茂育气极势盛。①

这段话基本概括了宋初诗坛的情况。太祖、太宗朝(960—970)以白居易为宗的白体最为早出；自太宗后期至真宗时，以贾岛为尚的晚唐派出现；真宗景德年间(1004—1007)以李商隐为宗的西昆体开始兴起，至仁宗朝数十年不衰。西昆体虽然晚出，却最为声势浩大。欧阳修云：

自杨、刘唱和，《西昆集》行，后进学者争效之，风雅一变，谓之昆体，由是唐贤诸集几废而不行。②

杜集便是废而不行的唐集之一。刘攽《中山诗话》曾记载西昆派首领杨亿对杜甫的评价：

杨大年不喜杜工部诗，谓为村夫子。乡人有强大年者，读杜句曰："江汉思归客。"杨亦属对。乡人徐举"乾坤一腐儒"，杨默然若少屈。③

何谓"村夫子"？朱弁《曲洧旧闻》云："世传《珞琭三命赋》，不知何人所作。……今赋其气质弱，辞语浅，去古人远甚，殆近世村夫子所为也。"④据此推测，所谓"村夫子"大概有两层含义：一是气质弱，大概是指见识短，内容肤浅；二是诗歌语言粗俗，难登大雅之堂。西昆派"效李义山之为，丰富藻丽，不作枯瘠语"⑤，

① (元)方回：《送罗寿可诗序》，《桐江续集》，《文渊阁四库全书》。

② (宋)欧阳修：《六一诗话》，《历代诗话》，北京：中华书局1981年版，第263页。

③ (宋)刘攽：《中山诗话》，《历代诗话》，北京：中华书局1981年版，第288页。

④ (宋)朱弁：《曲洧旧闻》，北京：中华书局2002年版，第53页。

⑤ (宋)葛立方：《韵语阳秋》，《历代诗话》，北京：中华书局1981年版，第499页。

而杜甫身逢安史之乱，书写着国家倾覆、百姓血泪以及自身的颠沛流离，时有“朱门酒肉臭，路有冻死骨”等语不惊人死不休之句。如此一来，西昆派视杜诗为浅俗的“村夫子语”便不难理解了。

宋初是杜甫极度受人冷落的时期，但是杜甫在这一时期的蛰伏，反而酝酿着一场诗学变革的巨大风暴。事实上，宋初三体均与杜诗有割舍不断的血缘关系。白体中，白居易是“得杜体之正”者①，另一代表人物王禹偁则不再满足于唱和诗风，流露出了向杜甫师法的倾向，被张忠纲称为“两宋尊杜第一人”。《蔡宽夫诗话》记载：

> 元之本学白乐天诗，在商州尝赋《春日杂兴》云：“两株桃杏映篱斜，装点商州副使家。何事春风容不得，和莺吹折数枝花。”其子嘉祐云：“老杜尝有‘恰似春风相欺得，夜来吹折数枝花’之句，语颇相近。”因请易之。王元之忻然曰：“吾诗精诣，遂能暗合子美邪?”更为诗曰：“本与乐天为后进，敢期杜甫是前身。”卒不复易。②

晚唐体诗人宗贾岛，而贾岛也是学杜的支流。《蔡宽夫诗话》云：“唐末五代，流俗以诗自名者，多好妄立格法。……大抵皆宗贾岛格，而于李、杜不少假借。”③西昆体诗人为诗皆宗尚李商隐，而据《蔡宽夫诗话》所载：“王荆公晚年亦喜义山诗，以为唐人知学老杜而得其藩篱，惟义山一人而已。”④宋初三体诗人所推尊之宗祖

---

① “昔人谓大历后，以诗名家者靡不杜出，韩之南山，白之讽喻，其最著矣。就二公论之，大抵韩得杜之变，白得杜之正。盖各得其一体而造乎其极者。”见汪立名《白香山诗集序》，《白居易集笺校》，第 3978 页。

② （宋）胡仔纂集，廖德明校点：《苕溪鱼隐丛话前集》卷十，北京：人民文学出版社 1981 年版，第 90 页。

③ （宋）胡仔纂集，廖德明校点：《苕溪鱼隐丛话前集》卷四十，北京：人民文学出版社 1981 年版，第 375-376 页。

④ （宋）魏庆之著，王仲闻校点：《诗人玉屑》，上海：上海古籍出版社 2007 年版，第 362 页。

皆学杜之支流，然而他们无一得入老杜之门庭，究其原因，正如莫砺锋所言："他们学习白居易、贾岛、李商隐而不学杜甫也是由于水平不够，只是他们没有意识到这一点而已。"①但是他们对老杜支流之推崇，为杜甫本人的浮显埋下了伏笔。

"国初文章，承唐末五代至弊，卑弱不振。至天圣间，穆修、郑条之徒唱之，欧阳文忠、尹师鲁和之，格力始回，天下乃知有韩柳。"②天圣年间(1023—1032)北宋的尊韩运动，使笼罩在唐风之中长达半个多世纪的诗坛风貌为之一变，直接推动了宋调的形成。而宋调的形成与建构，正与杜甫被推上诗坛典范的宝座有直接的关系。

"至杜甫兹篇，则结合时事，加入议论，撤去旧来藩篱，通诗与散文而一之，波澜壮阔，前所未见，亦当时诸家所不及，为后来古文运动家以'笔'代'文'者开其先声。后来诗人如元和中韩退之，如宋代庆历以来'宋诗'作者之欧、王诸家以致'江西诗派'，到近世'同光体'，其特征大要以散文入诗，其风气无不导源于杜，亦可云字《北征》一篇开端。"③欧阳修、梅尧臣虽然并为提倡"学杜"，但其所尊的韩愈亦是杜甫之后继者，"尊韩"的实质仍是尊杜，可以说，欧、梅的创作模式仍未跳出杜甫之格局，正如钱锺书所言："唐之少陵、昌黎、香山、东野，实唐人之开宋调者。"④

> 予考古之诗，尤爱杜甫氏作者。其辞所从出，一莫知穷极，而病未能学业。世所传已多，计尚有遗落，思得其完而观之。然每一篇出，自然人知，非人知所能为而为止者，惟其甫也，辄能辨之。予之令鄞客有授予古之诗，世所不传者二百余

---

① 莫砺锋：《杜诗评传》，南京：南京大学出版社 1993 年版，第 380 页。

② (宋)沈晦：《四明新本柳文后续》，《柳宗元集》附录，北京：中华书局 1979 年版，第 1445 页。

③ 胡小石：《杜甫〈北征〉小笺》，《杜甫研究论文集》，北京：中华书局 1963 年版，第 205 页。

④ 钱锺书：《谈艺录》，北京：中华书局 1996 年版，第 2 页。

篇。观之，予知非人知所能为而为之实甫者，其文与意之著也。然甫之诗，其完见于今者，自予得志，世之学者，至乎甫而后为诗，不能至，要之不知诗尔。呜呼！诗其难，惟有甫焉！①

王安石于皇祐四年(1052)所作的《杜工部诗后集序》，已然意识到杜诗的巨大价值，然而在很多方面的评论都是点到为止，并未深入展开。在《杜甫画像》中，他则进一步申明：

吾观少陵诗，为与元气侔。力能排天斡地，壮颜毅色不可求。浩荡八极中，生物岂不稠？丑妍巨细千万殊，竟莫见以何凋锼。惜哉命之穷，颠倒不见收。青衫老更斥，饿走半九州。瘦妻僵前子仆后，攘攘盗贼森戈矛。吟哦当此时，不废朝廷忧。常愿天子圣，大臣各伊周。宁令吾庐独破受冻死，不忍四海寒飕飕。伤屯悼屈止一身，嗟时之人死所羞。所以见公画，再拜涕泗流。唯公死从之游。②

这则语料首先盛赞杜诗的艺术成就，对其气象雄伟的风格和千变万化、无所不包的艺术手法极尽溢美之词。王安石对杜甫“凋锼”之功向往无比，宋人诗话中常载其称赞杜甫用字之语，如《陈辅之诗话》：“荆公尝言：‘世间好言语，已被老杜道尽；世间俗言语，已被乐天道尽。’”③又如《草堂诗话》：“临川王介甫曰：老杜云‘无人觉来往’，下得‘觉’字大好；‘暝色赴春愁’下得‘赴’字大好，若下‘见’字、‘起’字，即小儿言语。足见吟诗要一字、两字

---

① (宋)王安石：《杜工部诗后集序》，《王文公集》，上海：上海人民出版社1974年版，第429页。

② (宋)王安石：《杜甫画像》，《王文公集》，上海：上海人民出版社1974年版，第560页。

③ (宋)胡仔纂集，廖德明校点：《苕溪鱼隐丛话前集》卷十四，北京：人民文学出版社1981年版，第90页。

功夫也。”①王安石的诗歌创作，也深受杜诗影响，讲究语言锤炼，属对工巧，喜好点化前人成句，考究字句来历，具有浓厚的书卷气，这些特点构成了王安石诗歌不涉铅华、瘦硬劲健的特色，具有与唐代诗歌迥然不同的风貌。② 而后，这则语料笔锋一转，进入对杜甫人格的赞扬，在“青衫老更斥，饿走半九州”的颠沛流离之中，在“瘦妻僵前子仆后，攘攘盗贼森戈矛”的乱世之际，杜甫仍然不废朝廷忧，关怀天下苍生之衣食冷暖，国家民族之兴衰存亡。王安石对杜甫的人格价值以及杜诗伦理价值、艺术价值的挖掘，可谓宋人“圣化”杜甫之发端。可以说，王安石的《杜甫画像》实有拨转时代流俗，将杜甫推上北宋诗歌圣坛之功。

作为文坛宗主，苏轼对杜甫的阐释与推崇也对杜甫及其诗地位的急剧上升起到了甚为重要的作用。苏轼对杜诗阐释有两个极为重要的观点，一是老杜似司马迁，一是“一饭不忘君”之论。

> 仆尝问：荔枝何所似？或曰：“荔枝似龙眼。”坐客皆笑其陋，荔枝实无所似也。仆云：“荔枝似江瑶柱。”应者皆怃然，仆亦不辨。昨日见毕仲游，问杜甫似何人？仲游曰：“似司马迁。”仆喜而不答，盖与曩言会也。③

杨万里在《江西宗派诗序》中认为苏轼言杜诗似太史公书，是“以味不以形”也，所谓“味”，即风格特征。《史记》在唐宋古文运动中已成为一时文章之标准，而韩愈对《史记》风格“雄深雅健”的评价已经成为唐宋之共识。因此，苏轼言老杜似司马迁实则是言杜诗之“健”似《史记》，杜诗尽管风格多样，但毫无疑问仍是以雄浑壮丽的阳刚之美为主的。杜诗中多见重大的历史事件，如《哀江

① (宋)蔡梦弼：《杜工部草堂诗话》，《杜甫诗话校注五种》，北京：书目文献出版社1994年版，第11页。

② 杨经华：《宋代杜诗阐释学研究》，北京：中国社会科学出版社2011年版，第66页。

③ (宋)苏轼：《东坡志林》，《苏轼文集》，北京：中华书局1986年版，第2363页。

头》《哀王孙》《洗兵马》、“三吏”“三别”等诗篇，反映了时代之动荡；杜甫也格外欣赏雄伟壮丽的物象和意象，如“竹批双耳峻，风入四蹄轻。所向无空阔，真堪托死生”①的骏马，“峡坼云霾龙虎卧，江清日抱鼋鼍游”②的白帝城等，这些都与杜甫开阔的胸襟、远大的理想以及高尚的人格相契合。宋初诗坛中唐音弥漫，诗风柔靡而缺乏昂扬之气象，故梅尧臣、欧阳修、苏轼等人主张以“气格”挽救颓废之诗风，尚“健”成为诗学发展的主流，“健”这种重视气度与风骨的审美风格也成为宋调的基本内涵之一。因此，苏轼之所以会以“才力富健”标榜杜诗，除了杜诗本身已具备“健”的特质之外，更在于他要借杜诗构建自己心中的诗学范式，可以说苏轼的杜诗阐释并不在于还杜甫及杜诗之本来面目，而是以宋人的审美要求来关照杜诗。

> 太史公论《诗》：以为《国风》好色而不淫，《小雅》怨诽而不乱。以予观之，是特识变《风》、变雅耳，乌睹诗之正乎？昔先王之泽衰，然后变《风》发乎情，虽衰而未竭，是以犹止于礼义，以为贤于无所止者而已。若夫发于情，止于忠孝者，其诗岂可同日而语哉？古今诗人众矣，而杜子美为首；岂非以其流落恶寒，终身不用，而一饭未尝忘君也欤！③

苏轼在《王定国诗集叙》中提出了著名的杜甫“一饭未尝忘君”之论，以“忠孝”称杜甫，甚至将杜诗凌驾于“变风”“变雅”之上。其弟苏辙更是在此基础上提出了具有宋人特色的抑李扬杜论：

---

① （清）钱谦益笺注：《房兵曹胡马》，《钱注杜诗》，上海：上海古籍出版社1979年版，第235页。

② （清）钱谦益笺注：《白帝城最高楼》，《钱注杜诗》，上海：上海古籍出版社1979年版，第498页。

③ （宋）苏轼：《王定国诗集叙》，《苏轼文集》，北京：中华书局1986年版，第318页。

李白诗类其为人，俊发豪放，好事喜名，不知义理之所在也。语用兵，则先登陷阵不以为难，语游侠，则白昼杀人不以为非，此岂其诚能也哉？白始以诗酒奉事明皇，遇谗而曲，所至不改其旧。永王将窃据江淮，白起而从之不疑，遂以放死。今观其诗皆在。杜甫有好义之心，白所不及也。①

此事乃针对李白为永王幕府而失节于唐玄宗而发，相比之下，杜甫官途不顺却并未变节，心中铭记明皇知遇之恩，有好义之心，故白不及甫。由二苏肇始，诗的伦理教化已经成为衡量诗歌优劣的标尺，宋人诗话论诗，无不以“忠义”为标准，可以说，杜甫“一饭不忘君”之论已经成为宋人之共识：

山谷尝谓余言：老杜虽在流落颠沛，未尝一日不在本朝，故善陈时事，句律精深，超古作者，忠义之气，感发而然。②

世俗夸太白赐床调羹为荣，力士脱靴为勇。愚观唐宗渠渠于白，岂真乐道下贤者哉！其意急得艳词媟语以悦妇人耳。白之论撰，亦不过为玉楼、金殿、鸳鸯、翡翠等语，社稷苍生何赖。就使滑稽傲世，然东方生不忘纳谏，况黄屋既为之屈乎？说者以谋谟潜密，历考全集，爱国忧民之心如子美语，一何鲜也！力工闺闼腐庸，惟恐不当人主意，挟主势驱之，何所不可，脱靴乃其职也。自退之为蚍蜉撼大木之喻，遂使后学吞声。余窃谓：如论其文章豪逸，真一代伟人；如论其心术事业，可施廊庙，李杜齐名，其忝窃也。③

《游山寺》云：“虽有古殿存，世尊亦蒙埃。山僧衣褴褛，告诉栋梁摧。”本即所赋事，自然及于乘舆蒙尘，股肱非材之

① （宋）苏辙：《诗病五事》，《栾城第三集》，四部丛刊初编本。

② （宋）潘淳：《潘子真诗话》，《宋诗话辑佚》，北京：中华书局1980年版，第301页。

③ （宋）黄彻：《䂬溪诗话》，《历代诗话续编》，北京：中华书局1983年版，第372页。

意。岂非忠义所感，一饭不忘君耶？①

老杜《送殿中杨监赴蜀见相公》云："豪俊贵勋业，邦家频出师。相公镇梁益，军事无孑遗。"以是知边鄙之臣贪功生事，结祸招衅，皆有以致之。一得忠臣处之，生灵受赐矣。②

陈师道《后山诗话》曾载："苏子瞻云：'子美之诗，退之之文，鲁公之书，皆集大成者也'"，"子瞻谓杜诗、韩文、颜书、左史，皆集大成者也"③。苏轼多次称杜诗"集大成"，是"集大成"说的首倡者。"苏门四学士"之一的秦观在《韩愈论》中进一步对杜诗的"集大成"作出了分析：

杜子美之于诗，实积众流之长，适当其时而已。昔苏武、李陵之诗长于高妙；曹植、刘公干之诗长于豪逸；陶潜、阮籍之诗长于藻丽；于是子美者，穷高妙之格，极豪逸之气，包冲澹之趣，兼峻洁之姿，备藻丽之态，而诸家之作所不及焉。然不集诸家之长，子美亦不能独至于斯也，岂非适当其时故耶？《孟子》曰："伯夷，圣之清者也。伊尹，圣之任者也。柳下惠，圣之和者也。孔子，圣之时者也。孔子之所谓集大成。"呜呼！子美亦集诗之大成者欤？④

秦观继承苏轼之论，先通过将杜诗同诸家诗歌相对比，从艺术性上对杜诗集诸家之长作出评论。然后引用《孟子》中对孔子"圣之时者"和"集大成"的评价，认为"适当其时"的杜甫亦是"集大成

① (宋)黄彻：《碧溪诗话》，《历代诗话续编》，北京：中华书局1983年版，第375页。

② (宋)黄彻：《碧溪诗话》，《历代诗话续编》，北京：中华书局1983年版，第378页。

③ (宋)陈师道：《后山诗话》，《历代诗话》，北京：中华书局1981年版，第304、309页。

④ (宋)秦观撰，徐培均笺注：《韩愈论》《淮海集笺注》，上海：上海古籍出版社1994年版，第751-752页。

者”。杜甫正如孔子一样，也是出现在社会转折的关键时刻，其自身的人格价值与诗歌中的艺术价值统一成了一个整体，成为后人学习与膜拜的典范，影响了他身后一个时代的诗坛发展以及士人风范。因此，所谓的“集大成”，其内涵不仅仅局限于集前代之大成，更在于为后世的发展提供了更多的可能性。此后，宋诗话中屡有称老杜“集大成”者，如方深道：“老杜诗，盖备有众体。”①胡仔《苕溪鱼隐丛话》则梳理了杜诗“集大成”说之源流，将其上推至元稹。张表臣《珊瑚钩诗话》则多举杜诗之句，证明杜诗语言风格多变，兼有含蓄、奋迅、清旷、华艳、穷愁、侈丽、发扬蹈厉、雄深雅健之风，涵盖许国爱君、伤时忧民、隐恶扬善、忧深思远、神仙佛乘等内容，诗风完备之极。②

“庆历(1041—1048)、嘉祐(1056—1063)以来，天下以杜甫为师，始黜唐人之学，而恐怕以黄庭坚最早。”③虽然王安石和苏轼对杜甫的推崇以及对杜诗的重新阐释和学习，使杜甫的地位急剧上升，但是真正找到学杜门径、熔铸宋诗面目，并将杜甫推尊到宋诗宗祖的，是黄庭坚及其江西诗派。

“唐人不学杜诗，惟唐彦谦与今亚夫庶，谢师厚景初学之。鲁直，黄之子，谢之婿也。”④从陈师道的记载中，我们可以发现，黄庭坚的父亲黄庶和岳父谢师厚都是专门学杜的诗人，因此，在家庭的影响下，黄庭坚“对杜诗情有独钟，杜甫成为他诗学的主要灵感来源和理论源泉，就一点也不奇怪了”⑤。在黄庭坚看来，杜诗是

---

① (宋)方深道：《诸家老杜诗评》，《杜甫诗话六种校注》，济南：齐鲁书社1980年版，第47页。

② (宋)张表臣：《珊瑚钩诗话》，《历代诗话》，北京：中华书局1981年版，第454页。

③ 钱锺书：《宋诗选注》，北京：人民文学出版社1982年版，第110页。

④ (宋)陈师道：《后山诗话》，《历代诗话》，北京：中华书局1981年版，第307页。

⑤ 王宇根：《万卷：黄庭坚和北宋晚期诗学中的阅读与写作》，北京：生活·读书·新知三联书店2015年版，第80页。

有规矩可学的，它不仅提供了一个精致编制起来的美的客体，同时还提供了通向诗歌和文学的完美路径和阶梯。黄庭坚对杜甫及杜诗的推崇，首先表现在他好以杜诗作为衡量他人诗学成就的最高标准。如《王直方诗话》中："山谷对余言：谢师厚七言，绝类老杜，但人少知之耳。如'倒着衣裳迎户外，尽呼儿女拜灯前'，编之杜集，无愧也。"①而黄庭坚对杜诗的阐释，最著名的便是他的"无一字无来处"：

自作语最难。老杜作诗，退之作文，无一字无来处，盖后人读书少，故谓韩杜自作此语耳。②

作诗句要须有详略，用事精确，更无虚字也，如老杜诗字字有出处，熟读三五十遍，寻其用意出，则所得多矣。③

杜诗对前人的广泛吸收和借鉴是不容否定的事实：

《诗眼》云："古人学问，必有师友渊源。……自杜审言已自工诗，当时沈佺期、宋之问等，同在儒馆，为交游，故老杜律诗布置法度，全学沈佺期，更推广集大成耳。沈云：'雪白山青万里，几时重谒圣明君。'杜云：'云白山青万余里，愁看直北是长安。'沈云：'人如天上坐，鱼似镜中悬。'杜云：'春水船如天上坐，老年花似雾中看。'是皆不免蹈袭前辈，然前后杰句，亦未已优劣。山谷云：'传入天上做，人似镜中行。''舡如天上坐，鱼似镜中悬。'沈云卿诗也。云卿得意于此，故屡用指。老杜'春水船如天上坐'，祖述佺期之语也，继之以'老年花似雾中看'，盖触类而长之。"《后山诗话》云："黄鲁

① （宋）王直方：《王直方诗话》，《宋诗话辑佚》，北京：中华书局1980年版，第16页。

② （宋）黄庭坚：《答洪驹父书》，《豫章黄先生文集》，四部丛刊初编本。

③ （宋）黄庭坚：《作诗论文》，《山谷别集》，《文渊阁四库全书》。

直：'杜之诗出审言，句法出庾信，但过之耳。'"苕溪鱼隐曰："老杜亦自言：'吾祖诗冠古。'则其诗法乃家学所传云。"①

老杜诗咏"粔籹"，出《楚辞·招魂》"粔籹蜜饵，有餦餭些"。②

老杜《还成都草堂诗》云"城郭喜我来""大官喜我来"等语，本古乐府《木兰诗》"爷娘问我归""阿姨闻我归"之语，老杜全用此体。③

但是杜诗是否真正"字字有出处"其实并不重要，重要的是黄庭坚借此提出了"点铁成金""脱胎换骨"的创作方法。所谓"点铁成金"，"古人能为文章，真能陶冶万物，虽取古人陈言入翰墨，如灵丹一粒，点铁成金也"④，乃指点化俗语和前人语言，从中贯注新的意义；所谓"夺胎换骨"，"诗意无穷而人才有限；以有限之才追无穷之思，虽渊明、少陵不得工也。不易其意而造其语，谓之换骨法；规摹其意形容之，谓之夺胎法"⑤，意思是"在效仿前人诗意的基础上寻求新的语言表现手法，借鉴前人的构思而出之以自己的艺术技巧"⑥。事实上，无论是"点铁成金"还是"夺胎换骨"，都是黄庭坚学杜之所得。宋诗话对这两种创作手法十分重视，并均有论及：

鲁直谓陈后山学诗如学道，此岂寻常雕章绘句者之可拟

① (宋)胡仔纂集，廖德明校点：《苕溪鱼隐丛话前集》卷六，北京：人民文学出版社 1981 年版，第 33 页。

② (宋)葛立方：《韵语阳秋》，《历代诗话》，北京：中华书局 1981 年版，第 502 页。

③ (宋)曾季狸：《艇斋诗话》，《历代诗话续编》，北京：中华书局 1983 年版，第 313 页。

④ (宋)黄庭坚：《答洪驹父书》，《豫章黄先生文集》，四部丛刊初编本。

⑤ (宋)黄庭坚：《答洪驹父书》，《豫章黄先生文集》，四部丛刊初编本。

⑥ 周裕锴：《宋代诗学通论》，成都：巴蜀书社 1997 年版，第 191 页。

哉。客有为余言后山诗，其要在于点化杜甫语尔。杜云“昨夜月同行”，后山则云“勤勤有月与同归”。杜云“林昏罢幽磬”，后山则云“林昏出幽磬”。杜云“古人去已远”，后山则云“斯人日已远”。杜云“中原鼓角悲”，后山则云“风连鼓角悲”。杜云“暗飞萤自照”，后山则云“费萤元失照”。杜云“孤城隐雾深”，后山则曰“韩城著雾深”。杜云“寒花只暂香”，后山则云“寒花只自香”。如此类甚多，岂非点化老杜之语而成者？余谓不然。后山诗格律高古，真所谓“露露盆盎中，见此古罍洗”者。用语相同，乃是读少陵诗熟，不觉在其笔下，又何足以病公。①

《艺苑雌黄》云：“前辈论诗，有夺胎换骨之说，信有之也。杜陵《谒玄元庙》，其一联云：‘五省联龙衮，千官列雁行。’盖纪吴道子庙中所画者，徽宗尝制《哲庙挽诗》，用此意作一联云：‘北极联龙衮，西风折雁行。’亦以雁行对龙衮，然语意中的，其亲切过于本诗，不谓之夺胎可乎？不然，徒用前人之语，殊不足贵。且如沈佺期云：‘小池残暑退，高树早凉归。’非不佳也，然正用柳恽‘太液微波起，长杨高树秋’之句耳。苏子美云：‘峡束沧渊深贮月，岩排红树巧装秋。’非不佳也，然正用杜陵‘峡束沧江起，岩排石树圆’之句耳，语虽工而无别意。”②

正是在此理论的支撑之下，江西诗派及受到其影响的诗人们才开始广泛地模拟杜诗。自陈师道以降，江西诗派诸诗人正式以杜甫为师祖，全力模仿与效法，使宗杜由泛泛而言的号召变成了具体而微的文学创作实践。但需要注意的是，无论是“点铁成金”还是“夺胎换骨”，最终目的还是在于以故为新，建立新的诗学风尚，并非

① (宋)葛立方：《韵语阳秋》，《历代诗话》，北京：中华书局 1981 年版，第 495 页。

② (宋)胡仔纂集，廖德明校点：《苕溪鱼隐丛话前集》卷十九，北京：人民文学出版社 1981 年版，第 133 页。

是没有目的的因袭套用。① 正如吕本中《童蒙诗训》所言：

> 老杜诗云："诗清立意新"，最是作诗用力初，盖不可循习陈言，只规摹旧作也。鲁直云："随人作诗终后人。"有云"文章切忌随人后"，此自鲁直见处也。近世人学老杜多矣，左规右矩，不能稍出新意，终成屋下架屋，无所取长。独鲁直下语，未尝似前人而卒与之合，此为善学。如陈无己力尽规模，已少变化。②

黄庭坚对杜诗另一个著名的阐释在于提出杜甫晚年夔州诗"句律精深"、风格平淡。但显然，夔州诗是杜甫晚年的回忆与反省，理想的破灭、对时局的忧虑以及对未来朦胧的希望交织在一起，使诗歌中充满了深沉与难以排解的悲凉。黄庭坚不可能没有意识到，虽然杜甫也有过一些风格恬淡的作品，但是这些并非是杜诗的主旋律，那么他为什么称杜诗"风格平淡"呢？王水照对此有所解释："宋代社会、政治、伦理制度的转型以及汉唐故地的未能全部恢复，外族侵凌威胁的从不稍懈，造成民族心理结构的变化。比起盛唐诗人的壮怀宏图、勃勃生气，宋代诗人无疑走向内心的反省、思致的沉静。大喜大悲的歌哭无端，可能被视作孩子气的发作，时代度过了丽日中天的青春期，'屏除丝竹入中年'了。平淡也就成为普遍追求的一种审美时尚。即使是如豪隽超逸的苏舜钦，论诗亦主张浮华剥尽，始黜'古淡'之境：'会将趋古淡，先可去浮嚣。'"③既然平淡已经成为宋人追求的最高审美境界，那么黄庭坚以平淡阐释杜诗便不难理解了。因此，对杜诗风格的重新解读，正是黄庭坚对杜诗诗风之修正，以至于后来南宋诗坛出现了这样的情形："近

① 杨凌峰：《宋诗话论杜对宋人注杜的影响》，西南大学 2013 年硕士论文。

② （宋）吕本中：《童蒙诗训》，《宋诗话辑佚》，北京：中华书局 1980 年版，第 596 页。

③ 王水照：《北宋洛阳文人集团与宋诗新貌的孕育》，《王水照自选集》，上海：上海教育出版社 2000 年版，第 193 页。

时学诗者，率宗江西，然殊不知江西本亦学少陵者也。……豫章之学博矣，而得法于少陵，故其诗近之。今少陵之诗，后生少年不复过目。”①可以说，宋人眼中的杜甫早已是黄庭坚化的杜甫了。

自黄庭坚的尊杜之后，北宋尊杜、学杜思潮在价值取向上，已经由社会功利性、伦理性向超功利性、审美性转变；在诗歌内容上，由揭露现实、表现外界转向抒写人生、表现自我；在杜诗阐释方面，也由考察思想内容转向膜拜艺术形式，由发掘盛唐精神转入对宋调特色的建构。可以说，杜诗的典范地位已经无可动摇。

“元祐后诗人迭起，一种则波澜富而句律疏，一种则锻炼精而性情远，要之不出苏、黄二体而已。”②苏黄诗风在元祐后笼罩了整个诗坛，宋调也进入了一个相对凝定的时期，主要是指江西诗派的承传。江西诗派有“一祖三宗”之说，一祖是指杜甫，而三宗则是黄庭坚、陈师道、陈与义。陈师道学杜，专以俚语俗词入诗，且诗材有限，学杜多泥于字句之间，借用杜句或仿其结构，但颇得老杜平淡朴拙之风。陈与义则深得杜诗沉郁之底蕴，且擅长以绝句写时事。至于江西诗派末流泛滥，其内部发生了变异，吕本中、曾几提出了活法说，“所谓活法者，规矩具备，而能出于规矩之外；变化不测，而亦不背于规矩也”。吕、曾二人皆曾师杜，但二人更倾向于学习杜诗之“清新”，因此，虽然与江西诗派一脉相承，却又有新的发展，实为宋调由凝定转向变异之开端。其后，脱胎于江西诗派的“中兴诗人”范成大、杨万里、陆游一改江西诗学“资书以为诗”，沉溺于字句之间的弊病，将诗作由瘦硬生涩转向圆熟工巧，内容也更加面向生活。然而中兴诗人并未抛弃其始祖杜甫，反而对杜诗爱国忠君的主题有了更加深刻的认识，使之成为创新诗风之源泉。自中兴诗人之后，四灵诗派兴起，他们虽然号称复就晚唐之

---

① （宋）胡仔纂集，廖德明校点：《苕溪鱼隐丛话前集》卷四十九，北京：人民文学出版社 1981 年版，第 332 页。

② （宋）陈师道：《后山诗话》，《历代诗话》，北京：中华书局 1981 年版，第 144 页。

风，实则讲究技巧，在文字上做足工夫，不过是在宋调基础上掺入唐音的一次变异，而江湖诗派持续并强化了这一趋势。

可以说，杜甫及其诗经历了一个漫长的过程直至南宋而登峰造极。曾噩在《九家集注杜诗序》称："以诗名家，惟唐为盛，著录传后，固非一种。独少陵巨编，至今数百年，乡校家塾，龆总之童，琅琅成诵，殆与《孝经》《论语》《孟子》并行。"①可见，在有宋一代，杜诗已经同儒家经典并行于世，成为"代圣贤立言"和"为人伦作则"的经典，杜甫和杜诗的地位已经不言而明。在南宋圣化杜甫的思潮之中，张戒的言论也十分具有代表性：

> 至于杜子美，则又不然，气吞曹剑，固无与为敌，如放归鄜州而云"维时遭艰虞，朝野少暇日。顾惭恩私被，诏许归蓬荜"。新婚戍边，而云"勿为新婚念，努力事戎行。罗襦不复施，对君洗红妆"。《壮游》云"两宫各警跸，万里遥相望"。洗兵马云："鹤驾通宵凤辇备，鸡鸣问寝龙楼晓"。凡此皆微而婉、正而有礼，孔子所谓可以兴、可以观，可以群、可以怨，迩之事父，远之事君者。如"刺规多谏诤，端拱自光辉。俭约前王礼，风流后代希"，"公若登台辅，临危莫爱身"。乃圣贤法言，非特诗人而已。②
>
> 孔子曰：诗三百，一言以蔽之，曰"思无邪"。世儒解释终不了。余尝观古今诗人，然后知斯言良有以也。《诗序》有云：诗者，志之所知也。在心为志，发言为诗。情动于中而形于言，其正少，其邪多。孔子删诗，取其思无邪者而已。自建安七子、六朝、有唐及近世诸人，思无邪者，惟陶渊明、杜子美耳，余皆不免落邪思也。六朝颜、鲍、徐、庾，唐李义山、国朝黄鲁直，乃邪思之尤者。鲁直专学子美。然子美诗，读之

① （宋）郭知达：《九家集注杜诗》，上海：上海古籍出版社1985年版，第1页。

② （宋）张戒：《岁寒堂诗话》，《历代诗话续编》，北京：中华书局1983年版，第453页。

使人凛然兴起，肃然起敬，《诗序》所谓“经夫妇、成孝敬、厚人伦、美教化、移风俗”者也，其可与鲁直诗同年而语耶！①

杜子美、李太白才气虽不相上下；而子美独得圣人删诗之本旨，与三百五篇无异，此则太白所无也。元微之论李杜，以为：太白壮浪纵恣，摆去拘束，摹写物像，诚亦差肩于子美；至若铺陈终始，排比声韵，李尚未能历其藩翰，况堂奥乎。鄙哉！微之之论也。铺陈排比，何足以为李杜之优劣。子曰：不学诗，无以言。又曰：诗可以兴、可以观、可以群、可以怨，迩之事父，远之事君。《序》曰：先王以是经夫妇，成孝敬，厚人伦，美教化，移风俗。又曰：上以风化下，下以风刺上主文而谲谏，言之者无罪，闻之者足以戒。子美诗是已。②

张戒以杜甫得圣人删诗之本旨，故其诗可以兴观群怨，亦可经夫妇，成孝敬，厚人伦，美教化，移风俗，与《诗经》无异。在张戒看来，杜诗已经不只是诗人之语，更是圣贤法言了，这种论杜之法在有宋一代极具典型性。

南宋“中兴四大诗人”之一的杨万里，则明确在其《江西宗派诗序》中，称杜甫为“诗于圣者”，虽然“诗圣”的桂冠迟至明代才正式“加冕”，但是杜甫在南宋时，已然是无冕之圣。

三

由唐至宋，杜诗的艺术价值与伦理价值得到了宋人的重新阐释。而杜甫也由生前的不显其名，逐渐被推上诗坛典范的宝座，最后甚至被称为“诗于圣者”，其原因大抵有四：一是杜诗文献的整理与流传，二是“诗史”概念的发展，三是唐宋文化转型的影响，

① （宋）张戒：《岁寒堂诗话》，《历代诗话续编》，北京：中华书局1983年版，第455页。

② （宋）张戒：《岁寒堂诗话》，《历代诗话续编》，北京：中华书局1983年版，第454页。

四则是诗学的自身演进。

宋代杜诗经典化的过程与杜诗文献的整理与流传密不可分。

现存杜诗约一千四百五十首，然而远非杜甫所创作的诗歌总数。据杜甫作于天宝九年额《进雕赋表》：“自七岁所缀诗笔，向四十载矣，约有千余篇。”①但是据邝建行统计，在天宝十四年安史之乱之前的杜诗，尚存的仅一百三十四首。② 现存杜诗绝大部分是安史之乱后期诗歌，因此，杜甫诗歌的总数(前期遗失诗歌与现存诗歌之和)应不少于两千三百余首。③

由于唐代尚处于写本时代，加之诗人没有整理自己文集之自觉，杜甫去世后诗歌无人整理刊刻，随即零落散乱。今人所见最早关于杜集的记载乃杜甫逝世(770)后两三年间：

> 文集六十卷，行于江汉之南。常蓄东游之志，竟不就。属时方用武，斯文将坠，故不为东人之所知。江左词人所传诵者，皆君之戏体剧论耳，曾不知君有大雅之作，当今一人而已。今采其遗文凡二百九十篇，各以事类，分为六卷，且行于江左。④

二百九十篇诗文，尚且不及杜诗“总数”的十分之一。直至中唐，韩愈《调张籍》一诗言李杜：“平生千万篇，金薤垂琳琅。仙宫敕六丁，雷电下取将。流落人间者，太山一毫芒。”⑤或可见杜诗散

① (清)仇兆鳌注：《进雕赋表》，《杜诗详注》，北京：中华书局 1979年版，第 2172 页。

② 邝建行：《论杜甫前期诗歌》，《杜甫新议集》，台北：万卷楼出版社 2004 年版，第 233 页。

③ 据刘开扬推测，杜诗总数应在三千首左右，莫砺锋测算亦在三千首到三百首之间。

④ (唐)樊晃：《杜工部小集序》，《钱注杜诗》，上海：上海古籍出版社 1979 年版，第 709 页。

⑤ (唐)韩愈：《调张籍》，《古典文学研究资料汇编：杜甫卷》第 1 册，北京：中华书局 1964 年版，第 8 页。

佚之况。至于晚唐，高彦休《唐阙史》载京兆韦氏子得残本杜诗一事，可见杜诗流传之艰难。

据《杜集叙录》①，宋代杜集的整理，上起宋初王著《手写杜诗》，下迄宋末吴谓《注杜诗》，前后延续300余年，纵贯两宋，据可考文献共有各类杜集版本多达124种。

宋初，杜甫仍声名不显，备受冷落。刘攽《中山诗话》载：

> 杨大年(亿)不喜杜工部诗，谓为村夫子。乡人有强大年者，读杜句曰："江汉思归客。"杨亦属对。乡人徐举"乾坤一腐儒"，杨默然若少屈。②

西昆体领袖杨亿甚至不知杜甫的名作《江汉》，可见杨亿亦未得见杜诗之全集。景祐三年(1036)，苏舜钦曾编《老杜别集》，收录杜诗380余首：

> 杜甫本传云："有集六十卷。"今所存者才二十卷，又未经学者编辑，古律错乱，前后不伦。盖不为近世所尚，坠逸过半，吁可痛闵也！天圣末，昌黎韩总官华下，于民间传得号《杜工部别集》者，凡五百篇。予参以旧集，削其同者，余三百篇。景佑初侨居长安，于王纬主簿处又获一集，三本相从，复择得八十余首，皆豪迈哀顿，非昔之攻诗者所能依倚，以知亦出于斯人之胸中。③

可见，这仍非一个定本，而是一个经过初步编辑选择的新本。至仁宗朝，欧阳修《六一诗话》载陈公以偶得杜集旧本同他人论诗

① 参见张忠纲、赵睿才、綦维、孙微：《杜集叙录》，上海：上海古籍出版社1986年版。

② (宋)刘攽：《中山诗话》，《历代诗话》，北京：中华书局1981年版，第288页。

③ (宋)苏舜钦：《题杜子美别集后》，《苏学士集》，四库全书本。

一事，可见当时学者自编摭之杜集旧本多有脱误，对杜诗流传亦甚为阻碍。

这些现象直至王洙出现，终于得以改变。仁宗天宝二年（1039），王洙参与编写《崇文总目》期间，利用“秘府旧藏”和“通人家所有”的各种杜集，细加甄别，去其重复，汇编成一部杜甫全集。① 其《杜工部集记》云：

> 甫集初六十卷，今秘府旧藏，通人家所有称大小者，皆亡逸之余，人自编摭，非当时第次矣。搜裒中外书凡九十九卷：古本二卷，蜀本二十二卷，《集略十五卷》，樊晃序《小集》六卷，孙光宪序二十卷，郑文宝序《少陵集》二十卷，别题小集二卷，孙仅一卷，杂编三卷。除其重复，定取千四百有五篇，凡故事三百九十九，近体千有六。起太平时，终湖南所作。视居行之次，与岁时为先后，分十八卷。又别录赋笔杂著二十九篇为二卷，合二十卷。兹未可谓尽，他日有得，尚副益诸。②

王洙所整理的杜诗约一千四百零五首，与现存杜诗数量相近，而且此本还将杜诗分为古、近体，又进行了初步编年，在当时可谓最完备之本。但由于宋代公私目录均未著录此版本，学者一般认为此版本未经付梓。王洙去世后两年的嘉祐四年（1059），姑苏郡守王琪据王洙本，并以古今注本校理，镂版刻行，并撰《后记》云：

> 近世学者，争言杜诗，爱之深者，至剽略句语，迨所用险字而模画质，沛然自以为绝洪流而穷深源矣。有人人购其亡逸，多或百余篇，少数十句，藏弆矜大，复自以为有得。翰林

① 魏景波：《文献、文化转型与文学嬗变：宋代杜诗学三大成因》，《陕西师范大学学报（哲学社会科学版）》2011 年第 4 期。

② 张忠纲、赵睿才、綦维、孙微：《杜集叙录》，济南：齐鲁书社 2008 年版，第 3 页。

王君原叔尤嗜其诗，家素蓄先唐旧集，及采秘府名公之室，天下士人所有得者，悉编次之，事具出于记，于是杜诗无遗矣。①

刻本的出现为十一世纪中后期展开对杜诗的研究与讨论以及最终的经典化提供了必要的文本基础，起到了不可或缺的作用。正如王宇根在《万卷：黄庭坚和北宋中晚期诗学中的阅读与写作》中所提到的："使十一世纪的这些搜集和编辑工作真正区别于前此其他类似的努力，让其成为杜甫研究中一个永恒遗产的，却不仅仅是这些搜集和编辑工作本身，而是真正令十一世纪的此类努力独出于此前努力的这样一个事实：这些集体性和累积性努力的结果，即一个完整的杜甫诗集被付梓刻印。这一事实在我们目前关于这一现象的讨论中经常被忽略，它在十一世纪漫长的杜甫经典化的思想和文学过程中似乎只是一个微不足道的细节。然而如果没有雕刻的印版所提供的相对恒久的延续力，如果这些学术努力的成果没有一个统一的形式将其永久地固定下来，那些辛苦集结起来的杜甫的诗歌作品，也许会走上我们在中世纪手抄文化中屡见的老路而再度散失。毫不夸张地说，1095 年杜甫诗集的刻印永久地改变了其诗歌的命运与版本流传和文本阐释的风景线。"②王洙编订、王琪等人整理刊行的《杜工部集》是第一部收罗完备的定本，开官刻本风气之先，是有宋一代及后世杜集之祖本，杜诗的整理编辑至此基本完成，也正是因为这个定本的出现，杜集流传得以扩大。嘉祐之后，宋人迎来尊杜学杜之高潮，很大程度上也是得益于这个定本。

自杜诗的经典地位被确立，杜甫成为了宋人所推举的人伦典范和诗学楷模，杜诗笺注和年谱之学勃然兴起，南宋时期甚至出现了"千家注杜"的局面，宋人对杜集的整理、校勘、辑佚、笺注可谓

① 王琪：《杜工部集后叙》，《杜工部集》，济南：齐鲁书社 2008 年版，第 3 页。

② 王宇根：《万卷：黄庭坚和北宋晚期诗学中的阅读与写作》，北京：生活·读书·新知三联书店 2015 年版，第 208 页。

盛况空前。这种局面出现的原因除了诗坛尊杜之风盛行，诗话创作蓬勃发展之外，还同宋代文学作品商品化关系密切。宋代雕版兴盛，书坊林立，书商应运而生。书商雕版印买名家诗文，以盈利为目的，读者的需要、书籍的畅销是坊间书商的主要着眼点，杜诗最早的一批注本带有浓重的商业色彩。为了促销盈利，书商甚至假托名人作伪注，如各种集注本之中的“王洙注”“苏注”等皆属此类，这类伪注虽然欺世盗名，却形成了极大的市场效应，对杜诗之流传也起到了推波助澜的作用。也正因此，杜集得以大量刊印，在客观上促进了杜诗的流传和宋代杜诗学的繁荣。

宋人对杜甫的重新发现，同“诗史”这个概念的发展也有着千丝万缕的关系。“诗史”一词最早见于晚唐孟棨所撰的《本事诗·高逸第三》。在叙述李白本事及李杜交游后，孟棨言：

> 杜所赠二十韵，备叙其事。读其文，尽得故迹。杜逢禄山之难，流离陇蜀，毕陈于诗，推见至隐，殆无遗事，故当时号为“诗史”。①

从中或可推断，孟棨所谓“诗史”须得满足两个条件：首先须是杜甫遭逢安史之乱，流离于陇蜀时期的诗歌；其次，杜甫在创作这些诗歌时，将这段时间的经历，事无巨细地记录下来。显然，《寄李十二白二十韵》便是孟棨眼中“诗史”的范例。但值得注意的是，在现存的唐代文献中，除了《本事诗》外，并没有任何资料提及“诗史”一词。②

赵宋一代，最早提出“诗史”概念的是宋祁。《新唐书·杜甫

---

① （唐）孟棨：《本事诗》，《历代诗话续编》，北京：中华书局1983年版，第14-15页。

② 日本学者浅见洋二在《距离与想象：中国诗学的唐宋转型》中《“诗史”说新考：以白居易〈和答诗·和阳城驿〉为中心》一章中对杜甫之后、孟棨之前的文学做了详细考察，论证了白居易已经有将诗歌作为历史记载的想法，因此，没有“诗史”这个名词出现，并不意味承认诗歌不具有记载历史的功能。

传》云："甫有善陈时事，律切精深，至千言而不少衰，世号诗史。"①自此，宋人多以"诗史"评价杜诗。我们可以发现，宋祁的"诗史"包含两个概念：一是须善陈时事，二是须得是切合声律的律诗②。相比之下，宋祁的"诗史"并没有像孟棨一样强调记载时事须要达到"推见至隐，殆无遗事"的程度，同时也取消了"流离陇蜀"这个时间上的限制，从而使"诗史"从记录杜甫的个人经历转变成了"善陈时事"的社会实录。这也是宋代"诗史"概念的重要内涵之一。如孔仲武：

> 昔唐文宗尝读杜甫诗，至"江头宫殿锁千门，细柳新蒲为谁绿"，于是曲江四面为行宫、台殿以壮之，其笃信子美诗至于如此。③

唐文宗未必是因为完全相信杜诗的记载，但孔仲武如此强调"笃信子美诗"，似乎也能体现出他自身对杜诗"善陈时事"持肯定态度。再如《后村诗话》中：

> 《新安吏》《潼关吏》《石壕吏》《垂老别》《无家别》诸篇，其述男女怨旷、室家离别、父子夫妇不相保之意，与《东山》《采薇》《出车》《杕杜》数诗想为表里。唐自中叶，以徭役调发无常，至于亡国。肃、代而后，非复贞观、开元之唐矣。新、旧唐书不载者，略见杜诗。④

---

① （宋）欧阳修、宋祁撰：《新唐书·文艺传》，北京：中华书局1995年版，第5738页。

② 但是宋祁并没有清楚地交代律诗同记载时事间到底有何关系，历代学者似乎也不太关注，现代学者在涉及这个问题时也没有给出明确的解释。

③ （宋）孔仲武：《孔仲武诗话》，《宋诗话全编》，南京：凤凰出版社1998年版，第906页。

④ （宋）刘克庄著，王秀梅点校：《后村诗话》，北京：中华书局1983年版，第24页。

正因为杜诗“善陈时事”，“新、旧唐书不载者，略见杜诗”，故其诗可以为史，可以补唐史之阙。《后村诗话》所载非一家之言，蔡绦曾在《西清诗话》中言：

> 《唐书·烈女传》：王珪微时，母卢氏尝云：“子必贵，但未见汝与游者。”珪一日引房玄龄、杜如晦过之。母曰：“汝贵无疑。”所载止此而已。质之少陵诗，事未究也。《送重表侄王砅》云：“我之曾老姑，尔之高祖母。”则珪母杜氏，非卢氏也。又云：“尔祖未显时，归为尚书妇。隋朝大业末，房杜俱交友。长者来在门，荒年自糊口。家贫无供给，客位但箕帚。……”其上下详谛如此。且一妇人识真主与侧微间，事尤伟甚。史缺而谬误，独少陵载之，号诗史，信矣夫！①

蔡绦以《送重表侄王砅》一诗修正《唐书》，很多人由此继续深入讨论：

> 杜少陵子美诗，多纪当时事，皆有据依，古号“诗史”，顷见蔡绦《西清诗话》云：“唐史载王珪母卢氏，尝谓其子：‘汝必贵，但未见汝与交游者。’珪一日引房玄龄杜如晦过之，母曰：‘汝贵无疑。’”及质之少陵《送重表侄王砅》诗曰：“我之曾老姑，尔之高祖母。”则珪母杜氏，非卢氏也。又曰：“尔祖未显时……”其诗详谛如此，而史之谬误尤甚，今以余考之云。②
>
> 余尝谓知人虽尧帝犹以为难，而杜子美之曾老姑乃能知唐太宗于侧微之时，识房杜辈于贫贱之日。……唐史载王珪微时，母李氏尝云：“子必贵，但未见与汝游者。”珪一日引房杜

① (宋)蔡绦:《西清诗话》,《稀见本宋人诗话四种》，南京：江苏古籍出版社2002年版，第173页。

② (宋)陈岩肖:《庚溪诗话》,《历代诗话续编》，北京：中华书局1983年版，第167页。

过之，母曰："汝贵无疑。"余尝观子美《赠王砯使南海》诗，然后知史所书皆误也。①

事实上，在宋人眼中，杜诗不唯能纪时事，甚至"于郡邑所出，土地所生，物之有无贵贱，亦见于吟咏"②，以至于有人以杜诗考订唐时酒价。释文莹在《玉壶清话》言：

真宗尝曲宴群臣于太清楼，君臣欢浃，谈笑无闲。忽问：廛沽尤佳者何处？中贵人奏有南仁和者，亟令进之，遍赐宴席。上亦颇爱，问其价，中贵人以实对。上遽问近臣曰："唐酒价几何？"无能对者，唯丁晋公奏曰："唐酒每升三十。"上曰："安知？"丁曰："臣尝读杜甫诗曰：'蚤来就饮一斗酒，恰有三百青铜钱。'是知一升三十文。"上大喜曰："甫之诗自可为一时之史。"③

而且，可以说"安史之乱"前后的重大社会历史事件几乎都见于杜诗之中。杜甫于动乱前夕所作的前后《出塞》《同诸公登慈恩寺塔》《自京赴奉先县咏怀五百字》等作品，对大乱将至有所预言；而在乱后，他所作的《哀王孙》《悲陈陶》《悲青板》等诗篇则描绘了战乱之中的众生之相。因此，杜诗不仅记录了当时杜甫个人的生活经历，而且对国家的盛衰转折也有所刻画，在艺术地概括当时生活的同时，又对史传有所深化、补充和修正，堪称"诗史"。

杜诗不仅有补史之功，还有史家之笔法，这是宋代"诗史"的第二重内涵。黄庭坚《次韵伯氏寄赠盖郎中喜学老杜之诗》云："千

---

① （宋）葛立方：《韵语阳秋》，《历代诗话》，北京：中华书局1981年版，第627页。

② （宋）陈岩肖：《庚溪诗话》，《历代诗话续编》，北京：中华书局1983年版，第391页。

③ （宋）释文萤撰，郑世刚、杨立扬点校：《湘山野录续录玉壶清话》，北京：中华书局1984年版，第3页。

古是非存史笔，百年忠义寄江花。”①“史笔”这一概念被黄庭坚首次运用到杜诗批评之中。黄彻云：“子美世号诗史，观《北征》诗云‘皇帝二载秋，闰八月初吉’，《送李校书》云‘干元元年春，万姓始安宅’，又《戏赠友二首》‘元年建巳月，郎有焦校书’，‘元年建巳月，官有王司直’，史笔森严，未易及也。”②黄彻认为，杜诗号称诗史，是因为其记载年月，“史笔森严”，这是宋人首次将杜诗与“诗史”“史笔”相联系。姚宽在此基础上提出：“或谓诗史者，有年月地里本末之类，故名诗史。”③因此，“史笔”的第一层含义是指杜诗写诗遵从时序，有史书般的叙述方式，即有明确的时间、地点。

前人谓“史笔”，往往指《春秋》笔法，这是“史笔”的第二层含义。《左传》成公十四年：“《春秋》之称，微而显，志而晦，婉而成章，尽而不污，惩恶而劝善，非圣人，谁能修之？”④此乃《春秋》笔法之五例，宋人诗话多以《春秋》笔法评杜诗。所谓“微而显”者，言辞不多而意义显豁：

> 《诗》云：“牂羊坟首，三星在罶。”言不可久。古人为诗，贵于意在言外，诗人思而得之，故言之者无罪，闻之者足以戒也。近世诗人，惟杜子美最得诗人之体，如“国破山河在，城春草木深。感时花溅泪，恨别鸟惊心”。山河在，明无余物矣；草木深，明无人矣；花鸟，平时可娱之物，见之而泣，闻之而悲，则时可知矣。他皆类此，不可遍举。⑤

① (宋)黄庭坚：《山谷外集》，《四库全书》第1113册，第529页。

② (宋)黄彻：《碧溪诗话》，《历代诗话续编》，北京：中华书局1983年版，第348-349页。

③ (宋)姚宽：《西溪丛语》，四库全书本。

④ 杨伯峻编著：《春秋左传注》，北京：中华书局1981年版，第870页。

⑤ (宋)司马光：《司马温公诗话》，《历代诗话》，北京：中华书局1981年版，第277页。

司马光言《春望》诗写“山河”“草木”“花鸟”，未多着笔墨而其义自明，即“微而显”。又有许顗《彦周诗话》：

> 东坡作《妙善师写御容》诗，美则美矣，然不若《丹青引》云：“将军下笔开生面。”又云：“褒公鄂公毛发动，英姿飒爽来酣战。”后说画玉花骢马，而曰“至尊含笑催赐镜，圉人太仆倡惆怅”。此语微而显，《春秋》法也。①

许顗分析《丹青引赠曹将军霸》一诗，以曹霸身边人观其所画玉花骢马之反映，衬托其画技之高超。所谓“志而晦”者，即隐晦而深远地记录：

> 凡诗人作语，要令事在语中而人不知。余读太史公《天官书》：“天意、枪、棓、矛、盾动摇，角大，兵起。”杜少陵诗云：“五更鼓角声悲壮，三峡星河影动摇。”盖暗用迁语，而语中乃有用兵之意。诗至于此，可以为工也。②

所引《阁夜》诗之句，写战事却不明言，事在语中，含蓄而隐晦。所谓“婉而成章”者，婉转而顺理成章：

> 至于杜子美，则又不然，气吞曹刽，固无与为敌，如放归鄜州而云“维时遭艰虞，朝野少暇日。顾惭恩私被，诏许归蓬荜”。新婚戍边，而云“勿为新婚念，努力事戎行。罗襦不复施，对君洗红妆”。《壮游》云“两宫各警跸，万里遥相望”。洗兵马云：“鹤驾通宵凤辇备，鸡鸣问寝龙楼晓”。凡此皆微而婉、正而有礼，孔子所谓可以兴、可以观，可以群、可以怨，

① （宋）许顗：《彦周诗话》，《历代诗话》，北京：中华书局1981年版，第381页。

② （宋）周紫芝：《竹坡诗话》，《历代诗话》，北京：中华书局1981年版，第364页。

迩之事父，远之事君者。①

张戒以为《新婚别》《壮游》《洗兵马》皆“微而婉，正而有礼”之句。所谓“尽而不污”者，据事直书，不加修饰也。刘克庄《后村诗话》有云：

> 子美与房琯善，其去谏省也，坐救琯。后为哀挽，方之谢安。投赠哥舒翰诗，盛有称许。然《陈涛斜》《潼关》二诗，直笔不少恕，或疑与素论相反。余谓翰未败，非子美所能逆知，琯虽败，犹为名相。至叙陈涛、潼关之败，直笔不恕，所以为诗史也。何相反之有！②

意思是说杜诗之所以为“诗史”，以其秉笔直书，不加掩饰。所谓“惩恶而劝善”者，在客观叙述中寓诸褒贬，隐恶扬善也：

> 诸史列传，首尾一律。惟左氏传《春秋》则不然，千万变状，有一人而称目至数次异者，族氏、名字、爵邑、号谥，皆密布其中而寓诸褒贬，此史家祖也。观少陵诗，疑隐寓此旨。若云“杜陵有布衣”，“杜曲幸有桑麻田”，“杜子将北征”，“臣甫愤所初”，“甫也南北人”，“有客字子美”，盖子见其里居名字也。“不作河西尉”，“白头拾遗徒步归”，“备员窃补衮”，“凡才污省郎”，补官迁陟，历历可考。至叙他人亦然，如云“粲粲元道州”，又云“结也实国桢”，凡例森然，诚《春秋》之法也。③

---

① (宋)张戒：《岁寒堂诗话》，《历代诗话续编》，北京：中华书局 1983 年版，第 452 页。

② (宋)刘克庄著，王秀梅点校：《后村诗话》，北京：中华书局 1983 年版，第 59 页。

③ (宋)黄彻：《䂬溪诗话》，《历代诗话续编》，北京：中华书局 1983 年版，第 347 页。

此言杜诗如《春秋》，于族氏、姓名、爵邑、号谥中寓诸褒贬。

老杜《北征》诗云："忆昨狼狈初，事与古先别。不闻夏殷衰，中自诛褒妲。"其意谓明皇英断，自诛妃子，与夏商之诛褒妲不同。老杜此语，出于爱君，而曲文其过，非至公之论也。白乐天诗云："六军不发无奈何，辗转蛾眉马前死。"非逼迫而何哉？然明皇能割一己之爱，使六军之情帖然，亦可谓知情重矣，故前辈有诗云："毕竟圣明天子事，景阳宫井是何人？"①

唐人咏马嵬之事者多矣。世所称者，刘禹锡曰："官军诛佞幸，天子舍妖姬。群吏伏门屏，贵人牵帝衣。低回转美目，风日为无辉。"白居易曰："六军不发无奈何，宛转蛾眉马前死。"此乃歌咏禄山能使官军皆叛，逼迫明皇，明皇不得已而诛杨妃也。噫！岂特不晓文章体裁，而造语惷拙，抑已失臣下事君之礼矣。老杜则不然，其北征诗曰："忆昨狼狈初，事与古先别。一本云：'惟昔艰难初，事与前世别。'不闻夏商衰，中自诛褒妲。"乃见明皇鉴夏商之败，畏天悔过，赐妃子死，官军何预焉？②

隐恶扬善，最重要的内涵就是为尊者讳，这两则材料是对比刘禹锡、白居易与杜甫的马嵬坡诗，前二者虽直书其事，却失臣下事君之礼，由此足见杜诗之"微而婉""惩恶劝善"。由此可见，杜诗所反映的历史并不全是"照章实录"，而是通过自己的主观感受反映现实，也就是说，杜甫在对现实的观察之中渗透个人的好恶、亲身经历与感受，经过提炼、剪裁、想象和夸张变形之后，创作出来自历史现实却又超出历史现实的诗篇。

① (宋)葛立方：《韵语阳秋》，《历代诗话》，北京：中华书局 1981 年版，第 654 页。

② (宋)魏泰：《临汉隐居诗话》，《历代诗话》，北京：中华书局 1981 年版，第 324 页。

“诗史”的第三重含义指杜诗中流露的忧君爱国之“忧患”精神。“忠君爱国”本是对杜甫的道德判断，属于后世“诗圣”的范畴，但是“诗圣”这一称谓在宋代并未出现，宋人在阐释杜诗时，将其置于了“诗史”的范畴之中。正如前文所言，王安石在其《杜甫画像》中对杜甫人格进行了赞扬，开宋人“圣化”杜甫之先河，认为其深处乱世，仍然不废朝廷之忧，关怀天下苍生之衣食冷暖，国家民族之兴衰存亡。苏轼则在此基础上进一步提出了“一饭未尝忘君”之论，以“忠孝”称杜甫，成为宋人之共识。

> 士人程文，穷日力作一论，既不限声律，尚罕得反复折难，使其理叛然者。观《赴奉先怀五百言》，乃声律中老杜心迹论一篇也。自“杜陵有布衣，老大意转拙。许身一何愚，自比稷与契”，其心术祈向，自是稷、契等人。“穷年忧黎元，叹息肠内热”，与饥渴由己者何异，然常为不知者所病，故曰“取笑同学翁”。世不我知而所守不变，故曰“浩歌弥激烈”。又云：“非无江海志，潇洒送日月。当今廊庙具，建厦岂云缺。葵藿倾太阳，物性固莫夺。”言非不知隐遁为高也，亦非以国无其人也，特废义乱伦，有所不忍。“以兹悟生理，独耻事干谒”，言志大术疏，未始阿附以借势也，为下士所笑，而浩歌自若，皇皇慕君，而雅志楼遁，既不合时，而又不少低屈，皆设疑互答，屡致意焉。非巨刀有余，孰能之乎？中间铺叙，间关酸辛，宜不胜其戚戚，而“默思失业徒，因念远戍卒”，所谓忧在天下，而不为一己失得也。禹、稷、颜子不害为通道，少陵之迹江湖而心稷、契，其为过哉。孟子曰：“穷则独善其身，达则兼善天下。”其穷也未尝无志于国与民，其达也未尝不抗其易退之节，早谋先定，出处一致矣。是诗先后周复，正合乎此。昔人目《元和贺两》诗为谏书，余特目此诗为心迹论也。①

① (宋)黄彻：《碧溪诗话》，《历代诗话续编》，北京：中华书局1983年版，第401页。

在黄彻看来，《自京赴奉先咏怀五百字》乃杜甫心迹之作。“自比稷与契”是杜甫平生之大志，可惜其官途多崎，且又逢战乱，但即便是在这种情况下，他仍然忧在天下，欲继承稷、契之志，穷也未尝无志于国与民，而不为一己之得失。葵、藿皆是向阳的职务，杜甫以葵、藿的本性比喻其对明皇之忠诚，其爱国忠君之心可见一斑。随着安史之乱的持续，杜甫先身陷贼营，继而逃亡凤翔，转至秦州，后又入蜀中，漂泊于夔府，流离于荆湘，流离奔波的生活使他更能够感受到国破家亡的痛苦，也使其诗中的忧患色彩愈加浓重，宋人谓其“中原未得平安报，醉里眉攒万国愁”①，“数间茅屋苦饶舌，说杀少陵忧国心”②。事实上，北宋诗人们所标榜的杜诗之“忧国忠君”精神，在“靖康之难”后才得以真正地在创作和实践中得以贯穿。陈与义、吕本中、曾几等江西诗派的后学纷纷面对现实生活，创作了大量感时抚事、慷慨激越的诗作。杜诗之精神，自陆游至辛弃疾，又由辛弃疾至宋末的文天祥、谢翱、舒岳祥等人的发扬与创作，贯穿了整个南宋诗坛。正如黄漳《书陆放翁先生诗卷后》所云：“盖放翁为南渡诗人，遭时之艰，其爱国忠君之心，愤郁不平之气，回复宇宙之年，往往发之于声诗。昔人称老杜为诗之史，老杜遭天宝之乱，居蜀数载，反其所作，无非发泄忠义而已。翁亦居蜀数载，然后归杭。其出处大致，存心积虑，旷世相符。”③其中浓缩了整个南宋一代诗人推尊老杜的背景与心境。

经过宋人的重新阐释，“诗史”的内涵与外延得以逐步扩大，甚至已经成为了杜诗的代名词。而杜诗的史学价值和伦理价值也被不断地挖掘出来，杜诗的“诗史”精神——“以诗存史”和“忠君爱

① （宋）黄庭坚：《老杜浣花溪图引》，《古典文学研究资料汇编：杜甫卷》第1册，北京：中华书局1964年版，第122页。

② （宋）郑思肖：《杜子美茅屋为秋风所破图歌》，《古典文学研究资料汇编：杜甫卷》第3册，北京：中华书局1964年版，第987页。

③ （宋）黄漳：《书陆放翁先生诗卷后》，《古典文学研究资料汇编：杜甫卷》第2册，北京：中华书局1964年版，第611页。

国”成为南北宋之交至南宋王朝灭亡期间诗歌创作的主导思想。从这个意义而言，“诗史”概念的发展对宋代杜诗的接受也起到了相当大的促进作用。

杜甫得以被宋人所接受、重视、推崇乃至圣化，与唐宋文化转型相关。日本京都学派的主要奠基人之一内藤湖南提出了著名的宋代近世说，构想了以唐宋转型论为核心的完整的宋史观。他认为，所谓的“近世”，不是单纯地指年数上与当代相近，而是必须要具有形成近世的内容。在此基础上，他提出所谓近世的内容，涵盖了政治、经济、文化三大领域，即贵族政治的衰微与君主独裁政治的代兴、君主地位的变化、君主权力的确立、人民地位的变化、官吏任用法的变化、朋党性质的变化、经济上的变化、文化性质的变化。而这个转型的起点，是以唐天宝十四年(755)爆发的“安史之乱”为界标的，基本完成于宋代社会。

这里我们主要对文化性质的变化做出讨论。唐宋两代的文化表现出迥然不同的特质，正如学者傅乐成所言：“大体说来，唐代文化以接受外来文化为主，其文化精神及动态是复杂而进取的。……到宋各派思想主流如佛、道、儒诸家，已趋整合，渐成一统之局，遂有民族本位文化的理学的产生，其文化精神及动态亦转趋单纯与收敛。南宋时，道统的思想既立，民族本位文化益形强固，其排拒外来文化的成见也日益加深。”①“复杂进取”和“单纯收敛”虽然不能完全地对唐宋文化进行概括与区别，却也足以让我们观察到唐宋两代在文化方面的差异。概括言之，自唐中叶开始的文化新变浪潮主要有两大表现：

一是儒学之复兴。中唐时，啖助、赵匡、韩愈、李翱、柳宗元、刘禹锡等有识之士为重振纲纪、中兴王朝，发起了儒学复兴运动。韩愈等人主张儒家道统及仁义道德学说，大力推重孟子正心诚意、谈心尽性之说，力图以之沟通儒学与佛老，达到个人心性修养与外在兼济安民之统一，为宋代新儒学奠定了基础。啖助、赵匡等

① 傅乐成：《汉唐史论集》，台北：联经出版事业公司1977年版，第14页。

人则突破汉学解经之家法，舍集传而求经，力图从整体和义理角度分析《春秋》中君臣、华夷之“大义”。

二是俗文化之兴盛。据谢和耐所言，中唐到宋代呈现出这样一种发展状态：“一个尚武、好战、坚固和组织严明的社会，已经为另一个活泼、享乐和腐化的社会所取代了。”①文学世俗化的倾向也大大加强，传统文体之外，传奇、变文、长短句等纷纷出现，文学创作的内容方面也出现了对日常生活、哀婉的个体感受等的描写。

这种中唐发展起来的新型文化被学界称为“宋型文化”，及至其发展到宋代，已经进入了一个定型和成熟的时期。

赵宋王朝建立之前，唐末五代王朝急剧更替，伦理纲常，特别是君臣之纲遭到了严重的破坏。因此，重振社会道德规范成为宋代士大夫的强烈愿望。赵宋王朝对忠孝节义之士进行了褒奖，并对儒家学术进行大力提倡，力图以儒学为核心来融合儒、释、道三家思想，因此形成了坚持儒学伦理本位、道德中心的基本原则，并吸收佛道思维内容和思辨方法的宋代新儒学。宋代新儒学极大地激发了宋代士人的理性精神，而这种融通了三教的理性精神，在更深的层次上表现出知性内省的致思趋向。因此，自庆历新政到王安石变法，当宋代士大夫们试图将宋王朝从困顿和贫弱中挽救出来却遭遇失败时，有经世救世之抱负的儒者们转向了对于自身内在的建构，讲求“治心养气”“格物致知”，其目的在于确立完美的人格范型，并通过这种内在的修持来化解“有为”而不得的矛盾状态。也正因此，他们选择了与自身经历无比相似的，想要“致君尧舜上，再使风俗淳”而不得，一生颠沛流离却“一饭未尝忘君”的杜甫。

另外，宋代开国之初，统治者推行“重文抑武”的政策，但是宋真宗时，“重文”之内涵背离了唐时重视诗赋的传统。其“重文”，重点在于对“勤学求理”的强调，认为“策问宜用经史”。随着门阀士族之消亡，科举制度日益完善，成为大批文人进入仕途，登上政

① ［美］谢和耐著，刘东译：《蒙元入侵前夜的中国日常生活》，南京：江苏人民出版社1995年版，第2页。

治舞台的必经之路。因此，科举也是促进“重文”由重视诗赋向重视学理转化之中介。由此，当时文人将主要的精力转向了经史子集，也正因此，宋代的文人士大夫相较唐人而言更加具有冷静的反思能力和渊博的知识背景。如此，也无怪乎宋人会对“集大成”的杜诗产生浓厚的兴趣。

科举制度所选取的官员，带有强烈的进取心，而且在道德上自觉和自律，具有强烈的政治使命感和忧患意识。而且，由于宋王朝始终处于尖锐的阶级矛盾和民族矛盾之中，又频频受到外族政权的欺侮，忧患意识便始终存在于宋代士大夫心中。国家之衰落乃杜甫忧患之核心，而就当时的文化而言，君主就是国家的象征，因而在杜甫身上，忠君和爱国思想是并存的。可以说，杜甫忠君爱国、忧国忧民的思想，在这个特定的时代背景之中，分外容易拨动宋人心弦。因此，当北宋中叶以王安石、苏轼为首的士大夫开始发掘杜甫身上的忠君爱国思想之后，这种观点迅速成为宋代杜诗阐释的主流。尤其是在经历了靖康之难至宋末，身处乱世的士人们对杜诗中的国家倾覆、百姓血泪以及杜甫自身的颠沛流离感同身受。只有经历过“兵戈迭起，民物凋耗，伤心满目”①，才真正体会到“其凄怆愤惋，虽欲止之而不可”②，才能真正地与杜甫产生心灵共鸣。正是在这种情形之下，杜甫在书写时代巨变和自身坎坷际遇时所体现出的精神气节，也成为了兵火纵横的两宋之际，文人精神世界的重要支撑与力量源泉。

当然我们必须承认，宋人在解读杜甫及杜诗时，对杜甫形象中性格狂放的一面，以及杜诗中流出的对现实的揭露、对朝廷的讽刺进行了有意识的遮蔽和过滤。可以说，杜甫虽然从“百年歌自苦，未见有知音”一步步被尊为“圣贤”，但其形象却已非本来面目了，而是一个被塑造之后的、宋人阐释镜片之中的映像。

---

① (明)刘基：《项伯高诗序》，《刘基集》，杭州：浙江古籍出版社1999年版，第84页。

② (明)刘基：《项伯高诗序》，《刘基集》，杭州：浙江古籍出版社1999年版，第84页。

此外，杜甫在宋代诗坛的独尊地位，也是诗学自身演进的结果。在唐宋诗风转型中，杜甫正处于关捩之处。关于唐宋诗风转型以及宋人变杜、学杜最终形成有别于唐音的宋调，前文已经有过具体分析，笔者在此不作赘述。

结　语

纵观杜诗学史，中晚唐至五代期间，杜甫不仅生前声名不显，去世后诗歌亦无人整理刊刻，鲜有知音，及至宋初，竟被讥作“村夫子”，可见其不为世人所重至于如此地步。而至于北宋景祐、庆历年间，杜甫竟在一夜之间顿然越过了李白、白居易、李商隐，一举登上了诗坛典范宝座，圣鼎独尊，垂范后世。可以说，这种变化的产生同杜诗文献的整理与流传，“诗史”概念的发展，唐宋文化转型的影响，诗学的自身演进等因素是密不可分的。

宋人对杜甫及其诗作的接受与理解，一开始就是审美判断和道德判断齐头并进。在宋人看来，杜甫的诗既是技法的完美体现，也是自然自发性以及道德和社会责任等价值的完美化身。自王禹偁开学杜之先声，至庆历诗风一变，欧、梅始露宋调面目，虽未提学杜，却已在杜诗的格局之中。庆历至元祐，是宋调形成的时期，王安石、苏轼、黄庭坚这三个关键的人物分别从伦理价值和审美价值两个方向对杜诗进行阐释，并引领一时尊杜、学杜之风气。后江西诗派盛行海内，宋调凝定并发扬光大，杜甫也被尊为宋调之祖。至于江西末流泛滥，中兴诗人、四灵、江湖诗派复就晚唐之风，对宋调进行了变异，而仍以杜诗的成就为其追寻的最终目标，以至于诗坛兴起了圣化杜甫之思潮，将杜诗称为“圣贤法言”。而此时，北宋中叶以王安石、苏轼为首的士大夫在杜甫身上发掘出的忠君爱国思想，亦成为士人们在乱世之中重要的支撑与力量源泉。

因此，我们也必须意识到，宋人在接受、理解杜甫的过程中，也在一步步地对杜甫进行改造。他们对杜诗的阐释、对杜诗价值的选取，无论是出于树立标杆，为自己的诗歌理论体系寻求典范支撑，还是出于改造世风、挺立士风，为时代树立一面鲜明的旗帜，都深深地打上了时代的烙印。宋人对杜诗的阐释或许有不可忽视的“误读”成分，但是这种“误读”却使杜甫步入神坛，成为一代诗圣，成为超越时间、超越比较和评判的抽象存在。

参 考 文 献

一、基本典籍

[1]（宋）胡仔纂集，廖德明校点：《苕溪鱼隐丛话》，北京：人民文学出版社 1981 年版。
[2]（宋）刘克庄撰，王秀梅点校：《后村诗话》，北京：中华书局 1983 年版。
[3]（宋）魏庆之著，王仲闻校点：《诗人玉屑》，上海：上海古籍出版社 2007 年版。
[4]（宋）释文莹撰，郑世刚、杨立扬点校：《湘山野录续录玉壶清话》，北京：中华书局 1984 年版。
[5]（清）孙涛：《全宋诗话》，上海图书馆未刊古籍稿本第 56、57 册，上海：复旦大学出版社 2008 年版。
[6]（清）何文焕：《历代诗话》，北京：中华书局 1981 年版。
[7]丁福保：《历代诗话续编》，北京：中华书局 1983 年版。
[8]郭绍虞：《宋诗话考》，北京：中华书局 1979 年版。
[9]郭绍虞：《宋诗话辑佚》，北京：中华书局 1980 年版。
[10]吴文治：《宋诗话全编》，南京：凤凰出版社 1998 年版。
[11]张忠纲：《杜甫诗话校注五种》，北京：书目文献出版社 1994 年版。
[12]张忠纲：《杜甫诗话六种校注》，济南：齐鲁书社 1980 年版。
[13]张伯伟编：《稀见本宋人诗话四种》，南京：江苏古籍出版社 2002 年版。
[14]华文轩主编：《古典文学研究资料汇编：杜甫卷》，北京：中华书局 1964 年版。
[15]冀勤：《金元明人论杜甫》，北京：商务印书馆 2014 年版。

[16]傅璇琮主编：《黄庭坚和江西诗派资料汇编》，北京：中华书局2004年版。

[17]傅璇琮编撰：《唐人选唐诗新编》，西安：陕西人民教育出版社1996年版。

[18]（宋）蔡梦弼：《覆宋麻沙本杜工部草堂诗笺》，光绪十年甲申古逸丛书本。

[19]（宋）郭知达：《九家集注杜诗》，上海：上海古籍出版社1985年版。

[20]（宋）黄希、黄鹤：《黄氏补千家集注杜工部诗史》，《景印文渊阁四库全书》。

[21]（宋）阙名：《集千家注杜工部诗集》，《景印文渊阁四库全书》。

[22]（宋）赵次公注，林继中辑校：《杜诗赵次公先后解辑校》，上海：上海古籍出版社2012年版。

[23]（清）钱谦益：《钱注杜诗》，上海：上海古籍出版社1979年版。

[24]（清）仇兆鳌：《杜诗详注》，北京：中华书局1979年版。

[25]（唐）白居易著，朱金城笺注：《白居易集笺校》，上海：上海古籍出版社1988年版。

[26]（唐）元稹著，冀勤注：《元稹集》，北京：中华书局1982年版。

[27]（宋）王安石：《王文公集》，上海：上海人民出版社1974年版。

[28]（宋）苏轼：《苏轼文集》，北京：中华书局1986年版。

[29]（宋）秦观撰，徐培均笺注：《淮海集笺注》，上海：上海古籍出版社1994年版。

[30]（元）方回：《桐江续集》，《文渊阁四库全书》。

二、今人专著

[1][美]包弼德著，刘宁译：《斯文：唐宋思想的转型》，南京：江苏人民出版社2001年版。

[2]蔡镇楚：《中国诗话史》，长沙：湖南文艺出版社1988年版。

[3]陈贻焮：《杜甫评传》，上海：上海古籍出版社1988年版。

[4]程千帆：《两宋文学史》，上海：上海古籍出版社 1991 年版。
[5]程千帆：《古诗考索》，上海：上海古籍出版社 1984 年版。
[6]程千帆：《被开拓的诗世界》，上海：上海古籍出版社 1990 年版。
[7]傅乐成：《汉唐史论集》，台北：联经出版事业公司 1977 年版。
[8]郝润华：《杜诗学与杜诗文献》，成都：巴蜀书社 2010 年版。
[9]洪业：《杜诗引得》，上海：上海古籍出版社 1983 年影印本。
[10]胡可先：《杜甫诗学引论》，合肥：安徽大学出版社 2003 年版。
[11]刘德重、张寅鹏：《诗话概说》，北京：中华书局 1990 年版。
[12]莫砺锋：《古典诗学的文化观照》，北京：中华书局 2005 年版。
[13]莫砺锋：《江西诗派研究》，济南：齐鲁书社 1986 年版。
[14]莫砺锋：《杜甫评传》，南京：南京大学出版社 1993 年版。
[15][日]内山精也著，朱刚等译：《传媒与真相：苏轼及其周围士大夫的文学》，上海：上海古籍出版社 2005 年版。
[16][日]浅见洋二著，朱刚等译：《距离与想象：中国诗学的唐宋转型》，上海：上海古籍出版社 2005 年版。
[17]钱锺书：《谈艺录》，北京：中华书局 1996 年版。
[18]钱锺书：《宋诗选注》，北京：人民文学出版社 1982 年版。
[19]尚学锋、过常宝、郭英德：《中国古典文学接受史》，济南：山东教育出版社 1999 年版。
[20]沈松勤：《北宋文人与党争：中国士大夫研究群体之一》，北京：人民文学出版社 1998 年版。
[21]王水照：《王水照自选集》，上海：上海教育出版社 2000 年版。
[22]王宇根：《万卷：黄庭坚和北宋晚期诗学中的阅读与写作》，北京：生活·读书·新知三联书店 2015 年版。
[23]王运熙、顾易生主编，顾易生、蒋凡、刘明今著：《宋金元文学批评史》，上海：上海古籍出版社 1996 年版。
[24]萧涤非：《杜甫研究》，济南：齐鲁书社 1980 年版。
[25][美]谢和耐著，刘东译：《蒙元入侵前夜的中国日常生活》，

南京：江苏人民出版社 1995 年版。
[26]许总：《杜诗学发微》，南京：南京出版社 1989 年版。
[27]杨经华：《宋代杜诗阐释学研究》，北京：中国社会科学出版社 2011 年版。
[28]叶嘉莹：《杜甫〈秋兴八首〉集说》，北京：北京大学出版社 2008 年版。
[29][美]宇文所安：《盛唐诗》，北京：生活·读书·新知三联书店 2014 年版。
[30]张伯伟：《全唐五代诗格校考》，西安：陕西人民教育出版社 1996 年版。
[31]张晖：《中国"诗史"传统》，北京：生活·读书·新知三联书店 2012 年版。
[32]张少康：《中国文学理论批评史》，北京：北京大学出版社 1995 年版。
[33]张毅：《宋代文学思想史》：北京：中华书局 2004 年版。
[34]张忠纲、赵睿才、綦维、孙微：《杜集叙录》，济南：齐鲁书社 2008 年版。
[35]周采泉：《杜集书录》，上海：上海古籍出版社 1986 年版。
[36]周裕锴：《宋代诗学通论》，成都：《巴蜀书社》1997 年版。

三、研究论文

[1]林继中：《杜诗与宋代诗歌价值观续论》，《杜甫研究学刊》1991 年第 3 期。
[2]刘德重：《宋代诗话与江西诗派》，《上海大学学报》1996 年第 6 期。
[3]莫砺锋：《论宋代杜诗注释的特点和成就》，《中华文史论丛》2006 年第 1 期。
[4]钱仲联：《宋代诗话鸟瞰》，《古代文学理论研究丛刊》1981 年第 3 期。
[5]魏景波：《文献流传、文化转型与文学嬗变：宋代杜诗学的三大成因》，《陕西师范大学学报(哲学社会科学版)》2011 年第 4 期。

公孙龙“指物论”新解

2013 级　杜嫱

摘　要：公孙龙的逻辑思想作为中国古代逻辑的重要一环，对于研究中国古代逻辑思想意义匪浅。而其著述《公孙龙子》中《指物论》一篇的核心命题“物莫非指，而指非指”，又被看做是其所有命题中最难以理解者，引起了学界关于“指”“物”概念和其间逻辑关系的广泛讨论。纵观学界对于此命题的研究状况，仍然存在一些逻辑上的不足和理解上的牵强之处。本文在仔细考察辨析这些研究的基础之上，对《指物论》一篇进行详细的梳理，并结合先秦语境下“指”“物”的使用状况，对“指”“物”的具体含义进行考证，力图对《指物论》作出一个较为详细全面的解说。

关键词：公孙龙；指物论；名家

名辩思潮在我国先秦诸子百家争鸣时代曾盛极一时，然而因其论说往往难以理解，“苛察缴绕，使人不得反其意，专决于名，而失人情”，被认为是脱离了主流的实用主义哲学传统，被冠以“琦辞怪说”之名，因而在清季以前鲜有提及。现存的有关这场名辩思潮的资料大多只是散见于先秦诸子著述中的一些只言片语和独立论题。《公孙龙子》一书相对于其他辩者的著述要幸运很多，虽然经历了近两千年的冷落，但至少保存了一个相对完整的面貌，对于人们研究名家思想来说，显然是一个不可忽视的重镇。

清末以来，在西方文化的冲击压力之下，随着人们对中西文化反思的日益深入，科学和逻辑日益为人们认识并认可。与西方哲学具有相通之处，但在此前一直处于非主流地位的许多思想日益得到复兴，《公孙龙子》研究则是这一复兴潮流中的重要部分，吸引了众多具有一定水平的学者。俞樾、孙诒让、章炳麟、梁启超、章士钊、杜国庠、周山、沈有鼎等人对其均有所疏解，辛从益、陈澧、王琯、钱基博、谭戒甫、伍非百、陈柱、金受申、庞朴、杨俊光诸人则著有专书，对其详加考辨。自此以后，对《公孙龙子》的研究出现了前所未有的新景象。考察这些研究成果，其中最富争议的当属《指物论》一篇，被历来的研究者认为是最为难解的一篇。其文本佶屈聱牙，其中“指”“物”“物指”“非指”等概念内涵及逻辑关系常常晦涩难明，比起《公孙龙子》的其他篇章，具有一定的难度。虽然说《公孙龙子》的研究在清末以后取得了蔚然可观的成果，然而《指物论》一篇的注解，要么常常和西方哲学进行生拉硬扯的比附，要么忽略了文本本身的一些逻辑关系而前后矛盾。总的来说，对《指物论》概念和思想的理解还存在很多有待解决的问题。本文试参稽各家说法，结合《公孙龙子》其余四篇来把握公孙龙子思想倾向，从而辨析《指物论》一篇的命题逻辑。

一、公孙龙“指物论”研究现状

前文已经提及，公孙龙学说在先秦虽为一重要宗派，但后世叙说此说者并不多见，其注疏也多已佚失。清代以降，随着人们对公孙龙学说印象的改观，加之清代汉学家在训诂校勘上所获得的巨大成就，越来越多的学者逐渐开始对其详事研究，最终使得这一千九百余字的古籍大体可读。《指物论》开篇即表明主要观点：“物莫非指，而指非指。”其间逻辑关系则成为全文阐述的重点。纵观历代诸家研究，其解说大致可分为“名实分离说”“物德说”“概念说”“属性共相说”和“意识说”等，下面本文将试图对这些说法作具体的诠释。

（一）名实分离说

此说以宋人谢希深所著《公孙龙子》中以“是非”释“指”开其先河，其思想源于《庄子·齐物论》中“彼亦一是非，此亦一是非，果且有彼是乎哉”，其后的傅山和《四库全书总目》皆引用了该观点。

海外学者成中英和理查德·斯万亦引《庄子·齐物论》中"是非"之说，认为"'物'既指那个潜存的场，也指从中产生的具体有形之物"①。"指"对应的解释为"指称行为"和"指称对象"。周山在《子学思潮》中提出：所谓"指"与"物指"的关系实际上就是老子所谓"名可名，非常名"中"常名"和"可名"之间的关系，"指"指的是"未附之于物的名"，"物指"则是"附之于物的名"②。吕思勉认为"指字当做一方向解"③。公孙龙之指物要旨在于"破常人实物自实物，空间自空间之谬想耳"④，亦与上述说法相似。总的来说，以上诸家以老庄"名实分离"之说诠释指物论中"指非指"命题，虽然不失意趣，然而研究理据却全然以老庄思想为基准。尽管从《庄子》诸篇多次引公孙龙子之文来看，将二者联系起来或许不失为一个研究思路，但老庄思想和公孙龙子之说在多大程度上具有相似性，则应细加辨析。

以"名实分离"解释"指非指"命题的突出代表还有俞樾。⑤ 其释"指"曰："指，谓指目之也。见牛而指目之曰牛，见马而指目曰马，此所谓物莫非指也。然牛马者，人为之名耳，吾安知牛之非马、马之非牛欤？故指非指也。"俞樾将"指"理解为事物的"名"，认为我们在命名的过程中，事物之"名"并不是固定的，因而"指"不是"所指"。这种说法实际上就是将事物的名、实相分离，赞同

---

① [美]成玄英、理查德·斯万著，胡星铭译：《公孙龙〈指物论〉中的逻辑和本体论》，《浙江大学学报》2009年第39卷第3期，第113-124页。

② 周山：《子学思潮》，上海：上海社会科学出版社2006年版，第434页。

③ 吕思勉：《经子解题》，北京：中国书籍出版社2006年版，第192页。

④ 吕思勉：《经子解题》，北京：中国书籍出版社2006年版，第192页。

⑤ 刘体胜在《公孙龙〈指物论〉悬解》中将谢希深等人和俞樾等人分为"援引老庄"和"指谓说"两派，笔者认为，此二派之说实是同一意趣，即以"名实分离"来解释"指非指"。故而在刘体胜的基础上，将两个学派并为一派。

其说法者甚多，如王琯、金受申、伍非白、陈柱、谭戒甫等①。然而持此说者将“指”释为“名”，这就模糊了“指”与“名”之间的关系，而据《指物论》的原文：“天下无指者，生于物之各有名，不为指也。”“指”与“名”应当是区别开来的。因而此说在论述上或许稍显不足，“指”“名”之别还有待进一步厘清。

（二）物德说或属性说

此说主要代表人物为胡适、虞愚、钱穆等。胡适在《先秦名学史》释《庄子》中所记载名家二十一事之一——“指不至，至不绝”，认为：“这个字用在《公孙龙子》的《指物篇》中。……‘指’这个字，在这里意即‘标志’或‘标记’……把‘指’理解为‘标志’或‘事物的属性’”，“‘物莫非指‘意即事物事物就是其属性所指明的那种样子。……‘而指非指’，即指本身不是实体，而是事物的记号。‘天下无指，可谓指乎？’”②这实际上就是将“指”解释为事物本身所具有的让我们得以认识的属性，这种解释，无不透出西方经验主义哲学的色彩。虞愚和钱穆则皆以英国经济学家约翰·穆勒所谓“指，物之表德”来解释“指”。虞愚认为，“物莫非指”是说“吾人所经验所存想指物，皆是物德”。③ 钱穆云：“公孙龙谓惟有表象，更无质体，故曰‘物莫非指’，既无质体，则表象无所指。”④其后谭戒甫则在综合胡适和俞樾的基础上提出：“物莫非指，言吾人五官所感觉之物，皆属形色性等等之物德。直而言之，世人所谓物之实

① 参见：王琯：《公孙龙子悬解》，北京：中华书局出版社 1992 年版；金受申：《公孙龙子释》，上海：商务印书馆 1931 年版；伍非白：《中国古名家言》，北京：中国社会科学出版社 1983 年版；陈柱：《公孙龙子集解》，上海：商务印书馆 1937 年版；谭戒甫：《公孙龙子形名发微》，武汉：武汉大学出版社 2006 年版。

② 胡适：《先秦名学史》，上海：上海学林出版社 1983 年版，第 109 页。

③ 虞愚：《中国名学》，上海：上海书店出版社 1992 年版，第 111 页。

④ 钱穆：《钱宾四先生全集》卷六，台北：联经出版事业公司 1998 年版，第 101 页。

体，全然无有；所谓物者不过指之表现，故曰物莫非指。是以物之与指，虽立二名，而吾人所感觉之指，其所呈者又皆吾人之所谓物。则物即指，指亦即物也。指既为物，物名得专，则物非指。物既非指，则指亦非指，故曰'而指非指'。"①

（三）概念说

又可以叫做共相说。此说以冯友兰为代表，认为公孙龙所讨论的"物"即"空间时间中之位置者，即现在哲学所谓具体的个体也"②。而"指"则是"名之所指"，包含具体之名和抽象之名两层含义：抽象之名即是共相；具体之名，则是"指个体而包涵共相"③。"指所指之个体，即其外延（denotaion）；其所涵之共相，即其内涵（connotation）也。"④提出："公孙龙所谓'指'，即概念也。公孙龙未为共相专立名词，即以'指'名之，犹柏拉图所说之概念（idea），即指共相也。"冯友兰的说法为郭湛波所赞同。此外，持共相说或概念说的还有郭沫若、侯外庐、任继愈、劳斯光⑤等人。然而此说仍然无法将"指"和"名"严格地区分开来。"抽象之名"和"具体之名"究其根本仍然属于公孙龙"名"的概念。"共相"就是概念（名）的内涵，虽然"概念"和"内涵"在定义上不同，二者却无法从根本上区分开来。

---

① 谭戒甫：《公孙龙子形名发微》，武汉：武汉大学出版社2006年版，第18-19页。

② 冯友兰：《中国哲学史》，上海：华东师范大学出版社2000年版，第157页。

③ 参见冯友兰：《中国哲学史》，上海：华东师范大学出版社2000年版，第157页。冯友兰认为"指所指之个体，及其外延（denotation）；其所涵之共相，即其内涵（connotation）也。"

④ 冯友兰：《中国哲学史》，上海：华东师范大学出版社2000年版，第157页。

⑤ 参见郭沫若：《十批判书》，北京：人民出版社1954年版；侯外庐：《中国思想通史》，北京：生活·读书·新知三联书店1951年版；任继愈：《中国哲学史》第1册，北京：人民出版社1954年版；劳斯光：《新编中国哲学史》卷一，桂林：广西师范大学出版社2005年版。

（四）属性共相说

此说仍以“共相”释“指”，认为“共相”是“属性共相”而不是“具体之物的共相”，以杜国庠和沈有鼎为代表。杜国庠认为：“在他（公孙龙）看来，可分解为颜色、形状、硬度等等‘物指’（即物的属性），又离而为种种自藏的‘指’。倘若按照他的方法分析下去，结局可以把‘物’分解为种种的‘物’得到互相独立的种种‘指’，而物体便失其存在了。……‘指’既是物的属性的抽象概念，故‘物’有多少的属性，便有多少的‘指’，公孙龙的哲学方法，是从分析感觉开始的，因而属性反映为‘物指’有多少，他（公孙龙）的所谓‘指’者，便有多少。”①他将抽象概念“坚（硬度）”“白（色）”“石（形）”解释为“指”，而“指”又必须通过具体的事物对象表现出来，如具体的“石”的硬度、颜色、形这三个概念就是“物指”，又以《坚白论》中“坚白离”这一命题来解释“指非指”。沈有鼎认为：“所谓‘指’就是像‘坚’那样的东西，所谓‘物’就是‘石’（个别的石）那样的东西。我们认为‘指’有记号、象征的意思，再推广为事物的任何属性。属性既然是一般，那么我们可以进而指出，《指物论》所讨论的正是个别和一般的辩证关系。”②谭戒甫：“物莫非指，言吾人五官所感觉之物，皆属形色性等等之物德。直而言之，世人所谓物之实体，全然无有；所谓物者不过指之表现，故曰物莫非指。是以物之与指，虽立二名，而吾人所感觉之指，其所呈者又皆吾人之所谓物。则物即指，指亦即物也。指既为物，物名得专，则物非指。物既非指，则指亦非指，故曰‘而指非指’。”③翟锦程《先秦名学研究》：“指是物所固有的可感觉的形态和要素，如形色、数目、大小等，这些形态和要素相互分离，彼此

① 杜国庠：《先秦诸子的若干研究》，北京：生活·读书·新知三联书店1955年版，第23-24页。

② 沈有鼎：《沈有鼎文集》，北京：人民出版社1992年版。

③ 谭戒甫：《公孙龙子形名发微》，武汉：武汉大学出版社2006年版，第18-19页。

不相兼，但却都藏于物。”①亦是此类说法。持此说者还有栾星、胡曲园、陈进坤、黄克剑等②，这里不再详细讨论。

总的来说，此派学者多引《公孙龙子》中《坚白论》“坚”“白”“离”等概念，此举使得两篇中各概念之间的内涵和命题旨向有所重复。正如刘体胜在《公孙龙〈指物论〉篇悬解》中认为：“从所谓‘共相’或‘属性’的角度来说，在《公孙龙子》中与此二者最为接近的当是‘离’这个概念而不是‘指’。……假设‘指’为共相或属性，那么同为公孙龙的《指》和《坚》在此问题上就会相互对立：前者说‘天下之所无’，而后者则明确地把坚、白这样的共相或属性说成是‘天下故独而正’的实在。而公孙龙的‘鸡三足’‘牛羊足五’这一论题亦足可说明，公孙龙实际上并没有像现在某些现代学者那样对所谓的概念和具体事物进行区分，恰恰相反，作为概念的‘鸡足’‘牛羊足’和具体实存的鸡足、牛羊足，在公孙龙那里就是合二为一的。”③

（五）意识说

持此说者为庞朴、辛从益和徐复观，他们将“指”解释为物在人意识中所形成的映像。“指非指”是说人们对事物所形成的映像不是意识的对象（实体）。庞朴在《公孙龙子研究》中提出，《指物论》“回答的是物质和意识的关系问题。所谓‘物’，就是物质或存在；所谓‘指’就是意识和思维”④。辛从益也说“指”通“旨”取“主”之义，提出：“物者，形也；指者，形之主也。”⑤徐复观同样

---

① 翟锦程：《先秦名学研究》，天津：天津古籍出版社 2005 年版，第 156 页。

② 参见胡曲园、陈进坤：《公孙龙子论疏》，上海：复旦大学出版社 1987 年版；黄克剑：《名家琦辞疏解——惠施公孙龙研究》，北京：中华书局 2010 年版。

③ 刘体胜：《公孙龙〈指物论〉篇悬解》，《学术研究》2011 年第 7 期，第 43-50 页。

④ 庞朴：《公孙龙子研究》，北京：中华书局 1979 年版，第 20 页。

⑤ 辛从益：《公孙龙子》，北京：中华书局 1991 年版，第 86 页。

认为：“指系认识能力及由认识能力指向于物时所得映像。”“天下若无由指而见之物，则根本不能认识有某物。既不能认识有某物，即无法得知某物之名而加以称谓。”①将“指”解释为意识，而不是加以抽象后所形成的概念或名，这似乎避免了前面几种说法所遇到的“指”“名”不分的问题。然而《指物论》中公孙龙有：“不可谓指者，非指也？”一说，这句话作为一个反问句，又可以理解为“不可谓指者，是指也”。但若按照庞朴等人的说法，那么“不可谓指者”就是一个根本不存在的意识中的东西，既然如此，连意识中都不存在的东西，它又如何成为意识呢？换言之，“不可谓指者，非指也？”一句则前后矛盾了。

（六）其他说法

章太炎以佛学中的“境”“识”概念来解释“指”，朱前鸿的《以符号分析公孙龙子的〈指物论〉》②和曾祥云的《〈公孙龙子·指物论〉疏解》③则是力图从西方符号学的角度来对《指物论》进行阐释。诸如此说，与《指物论》的原旨则大相径庭，囿于篇幅，兹不具述。

二、《指物论》疏解

前文已经提及，历来对《指物论》的研究，重点主要在对“指”和“物”概念意义的界定上。因为《指物论》一篇并没有对这两个概念作过明确的界说，因而在考察这两个概念的时候应该对公孙龙所在时代背景下共同认可的语境进行考证。其次，在考察了这些概念的含义之后，也应当结合《公孙龙子》文本的相关论说来进一步地分析和疏解，使得文意畅达，与公孙龙子整体的思想体系相吻合，

---

① 徐复观：《中国思想史论集续编》，上海：上海书店出版社2004年版，第322-323页。

② 朱前鸿：《以符号分析公孙龙子的〈指物论〉》，《学术研究》1997第2期，第40-44页。

③ 曾祥云：《〈公孙龙子·指物论〉疏解》，《湖南大学学报（社会科学版）》1999年第113卷第1期，第56-60页。

这也是本文研究的主要方法所在。本文将主要采用《道藏》本《公孙龙子》的文本，现引原文如下：

1. [主]物莫非指，而指非指。

2. [客]天下无指，物无可以谓物。非指者天下，而物可谓指乎？

指也者，天下之所无也；物也者，天下之所有也。以天下之所有，为天下之所无，未可。

3. [主]天下无指，而物不可谓指也。不可谓指者，非指也？非指者，物莫非指也。天下无指而物不可谓指者，非有非指也。非有非指者，物莫非指也。物莫非指者，而指非指也。

4. [客]天下无指者，生于物之各有名，不为指也。不为指而谓之指，是无不为指。以有不为指之无不为指，未可。

5. [主]且指者，天下之所兼。天下无指者，物不可谓无指也。不可谓无指者，非有非指也；非有非指者，物莫非指。指非非指也，指与物非指也。

6. 使天下无物指，谁径谓非指？天下无物，谁径谓指？天下有指无物指，谁径谓非指、径谓无物非指？

7. 且夫指固自为非指，奚待于物而乃与为指？①

《指物论》开篇即表明主方十分诡奇的命题："物莫非指，而指非指。"下文则通过设问与答难的层递推绎，围绕此论点展开深刻详细的解说和辨析。笔者认为，第2、3段所论述的是"物莫非指"命题，而4、5、6、7段论述的则是"指非指"命题。此二命题在逻辑上是对比关系：前者论述的是"物"与"非指"之间的关系，后文则是"指"与"非指"的关系，其对比对象是"指"和"物"。但公孙龙

① 《公孙龙子》中《白马论》《坚白论》《通变论》《指物论》四篇皆采用设问、应答体例，原文本无"主曰""客曰"字眼。现依其现依其脉络、语势并参酌诸注本校释，在答、问交接处补"主曰""客曰"，并分段加上序号，以供参阅和叙述方便需要。

所论述的重点并不在此，而是试图通过强调此对比关系来进行对于“非指”概念的辨析，下面将结合文本详细展开说明。

(一)“物莫非指”

第2段是客方顺承主方“物莫非指”逻辑而提出的诘难。他认为，主方所谓“物莫非指”即是说“天下如果没有了‘指’，物将无法被称作某物”(“天下无指，物无可以谓物”)。紧接着，客方提出一个疑问：(但是)“天下之物皆是‘非指’，那么物还能被称作‘指’吗?”(“非指者天下，而物可谓指乎?”)其理由是：“‘指’是不存在于天下的，而‘物’是存在于天下的。用不存在于天下的‘指’来称谓存在于天下的‘物’，这是不可以的。”(“指也者，天下之所无也；物也者，天下之所有也。以天下之所有，为天下之所无，未可。”)①

通过这段话可以得到一个结论：客方认为“物”与“指”是对立的。其理由是：“指”当是不实存之物，“物”是实存之物。另外，这段文字里出现了“非指”的概念，“非指”是实存之物，而根据上下文来看，在客方的语境里，“非指”与“物”当是同义。

主方则以归谬法回应客方诘难：“(按照你的说法)‘指’不实存于天下，‘物’就不可以用‘指’来称谓。不可以称作为‘指’的那个东西，不也是一种‘指’吗?”(“天下无指，而物可谓指也。不可谓指者，非指也?”)(主方)并无意否认实存于天下之“物”和不实存于天下之“指”终究不同这一判断，而是径直以陷对方于自相扞格的反问来反驳：前一句顺承客方观点，而后一句则推出了矛盾的结论——“不可谓指者”，“者”字前面“不可谓指”四个字皆当做形容词来理解，整句话就是在强调我们用“不可谓指”去形容的“者”中所蕴含的那个形容行为。实际上主方的思路将客方所辩笼罩在这样一种思路下：只要你说“物”不可谓“指”，或者这“物”那“物”如何如何与“指”没有关系，你就是在“指”着“物”形容“物”是一个什么样的“物”，我们的所有形容行为都必须先承认“指”的存在。换句

① 此处“天下”当取包含万物在内的“世界”义。

话说，不“指”物就无从说“物”。谭戒甫认为：“此接上句，不可谓指者，以其物无指可谓而为非指也。然其物非指，则非指亦即为物之指。”①亦是此意。因而，主方得出结论：“(客方所说的)‘非指’，恰好可以说明‘物莫非指’啊。”(“非指者，物莫非指也。”)

由此我们可以得出“指”的概念应该在这样一个范围之内——它一定存在于人们形容事物的行为中，换言之，它一定与人的认知行为相关。然而到这一句，仍然不能得出“指”的具体含义。

论主继续说：“(所谓)天下不存在‘指’，那么‘物’就不可以被称作‘指’(这一命题)，还是在说没有‘物’不是被‘指’的(‘天下无指而物不可谓指者，非有非指也’)。没有‘物’不是被‘指’的，正是物总是被‘指’的(“非有非指者，物莫非指也”)。”

这一段话还是在对上文继续进行阐释，主方通过归谬回答了客方的诘难，最终回到了“物莫非指”的命题。而这次回应其实是有必要的，它引出的是人在认知“物”，面对其生存世界时必然伴随的问题：人们认识事物时，不可能不凭借“指”这行为。是人的“指”行为将人和“物”联系在一起。因此，很多学者都将“指”理解为“命名”行为和“名”，如前文已经提到的“名实分离说”以及“概念说”。此二说乍看合理，然而与后面的文本仍然有矛盾之处，笔者将会在后面的论述中详加探讨。总而言之，在人认识事物的过程中，在人和“物”相联系的过程中，并不仅仅存在“命名”活动，因而到这一句我们仍然不足以得出“指”为“指目”或者“概念”的含义。

最后主方重申了其论点：“‘物’没有不是在‘指’的行为中存在的，但是‘指’又不是‘指’。”(“物莫非指者，而指非指也。”)因为前文并没有对“指非指”进行任何详细的阐释，因而这一句“指非指”当是主方再一次提及其论点以作强调用。

总之，从第 2 段到第 3 段主要是主客双方围绕“物莫非指”展开辩论，论述的是“物”与“指”之间的关系：在人的认知行为中，

---

① 谭戒甫：《公孙龙子形名发微》，武汉：武汉大学出版社 2006 年版，第 18-19 页。

对于世界万物的把握是通过“指”来操作的，没有“指”，则认知的触角无从伸向世界的森然万象。但这个“指”是否是“名”或者“概念”，又或者是其他的什么含义，则还需要联系下文更多的信息来进行考证。

(二)“而指非指”

第3段客方接着提出驳难：“所谓‘天下无指’，是说在人们可以认知的世界里，存在的物都是各自有其‘名’的，而这‘名’并不是‘指’(天下无指者，生于物之各有名，不为指也)。而若是把本来不可以被‘指’的事物也当做可以被‘指’的事物，那么就没有什么是不能被‘指’的了(不为指而谓之指，是无不为指)。而从不能被‘指’的事物变成可以被‘指’的事物，这段逻辑，是不能成立的(以有不为指之无不为指，未可)。”

在这一段对话里，客方将“指”和“名”区别开来，说明“指”和“名”并不是一个意义相同的概念。因而前文所提及的“概念”“指目”等说法在推到这一段时，就难以成立了。根据“物各有名”一句的意义来看，这里的“名”当是指的具体的事物之名，此“名”比较接近“概念”“共相”的意思。所以，俞樾、冯友兰等人所说的“指”的含义实际上在《指物论》一篇里所对应的概念是“名”而非“指”。俞樾的“指目”与“物之各有名”之“名”并无区别。而冯友兰所谓：“‘名，实谓也。’名所以谓实，实亦为客体，名则代表共相。然名亦只为共相之代表，非即共相。天下虽有名，而仍无共相。故曰：‘天下无指者，生之于物各有名，不为指也。’”①以“名”共相之代表，而“指”为共相，这就好比将“概念”和“概念之内涵”区别开来，认为他们是不同的东西，诚然在定义上二者有所区分，在人们认识事物的过程中起的是相同的作用，二者在本质上并无区别，无法割离各自而存在。因而，这种区分的意义对于我们认识共相或者概念来说，恐怕稍显牵强。

---

① 冯友兰：《中国哲学史》，上海：华东师范大学出版社2000年版，第160页。

客方在这一段的驳难中认为，主方所说“物莫非指”是将“名”和“指”的概念混淆了，而天下之中所存在的“物”都是“名”而不是“指”。主方在后文里并没有对客方的驳难进行反驳，实际上，客方的言论也并没有影响到主方观点“物莫非指”的逻辑根基。“物”诚然各自有其名，但“物”却不能自申其名，“物之各有名”是人们命名行为的结果，而命名行为则决不能离开人的认知行为，离不开人的认知行为就意味着离不开“指”这一概念。也就是说，既然“物之各有名”，那么其实最终导向的还是“物莫非指”。客方“物莫非指”的逻辑从头到尾都是一个，即：“指”是人与“物”之间的唯一链接，没有“指”人就无从说“物”，也无从讨论任何概念或是名称。

因而在后面的论里，主方反复都在阐述这个观点，而不再纠结于“物之各有名”这一无谓之谈上。

“‘指’是天下万物所共有的东西”（“且指者，天下之所兼”）。“所谓‘天下不实存指’的论点，也不过是说明了‘天下万物是不能不被‘指’称谓的”（“天下无指者，物不可谓无指也”）。“既然天下万物是不能不被指谓的，这就是说没有不是指的事物”（“不可谓无指者，非有非指也”）。“没有不是‘指’的事物，这就是说物没有不是‘指’的”（“非有非指者，物莫非指”）。

到了这一段，我们又可以得知“指”的另一个特质，即：“指者，天下之所兼”。它是一个抽象的、天下万物通行或者都具有的事物。但是不管是“指”区别于“名”，还是“指者，天下之所兼”，都只是为理解“指非指”而进行的铺垫，对“指”概念意义的揭示，还需通过第二个命题“指非指”来进一步进行。

在对第二个命题进行解释的时候，主方直接承续上文而谈，因而也就没有了客方对主方的诘难，由主方直接表达其“指非指”的命题。在这一段文本里，为了方便我们理解“指非指”的意义，我们将“非指”和“物指”当成两个概念。但是笔者要先说明的是：“物指”和“非指”并非是《指物论》一篇中特有的概念，而是笔者为叙述方便需要而特意提出。此亦并非笔者首创，而是从前人学者之举。

客方阐述完“物莫非指”便直接进入到对“指非指”的阐述，在第5段结尾说道：“‘指’，不是‘非指’，‘指’一旦出现与具体事物相结合就不再是是‘指了’（“指，非非指也；指与物非指也”）。”“与”字当做“结合”“一起”解。《说文》云：“黨與也，从舁从与。”段注曰：“黨当作攩。攩、朋群也。與当作与。与、赐予也。从舁与。会意。共举而与之也。”①应是此意，因为“指”指的是人们在认识事物的时候所进行的一系列活动，因而所谓“‘指’与‘物’”当是在说当“指”一旦出现在对具体事物的认知活动中，“指”就不再是“指”。客方在第5段的结尾引入了“指非指”命题，而他也在后文继续展开：

“如若天下没有‘物指’，谁能直接来说‘非指’呢？如若天下没有‘物’，谁能直接来说‘指’呢？如果天下有‘指’却没有‘物指’，谁能直接来说‘非指’；谁能直接来说‘没有什么物不是指呢’？”（“使天下无物指，谁径谓非指？天下无物，谁径谓指？天下有指无物指，谁径谓非指？谁径谓无物非指？”）

笔者在翻译第6段文本的时候，将原文中“物指”“非指”“指”“物”概念直接引用，这是为了能够方便看出这四者之间的对应关系，为方便理解，现绘制表格如下：

表1　**“物指”“非指”“指”“物”的对应关系**

文本	对应关系
使天下无“物指”，谁径谓“非指”？	①“非指”等于或属于“物指”
天下无“物”，谁径谓“指”？	②“指”属于或等于“物”
天下有“指”无“物指”，谁径谓“非指”？谁径谓“无物非指”？	③“指”不等于或不属于“非指” ④“指”不等于或不属于“无物非指” ⑤“无物非指”等于或属于“物指”

① 许慎撰，段玉裁注：《说文解字注》，上海：上海古籍出版社1988年版，第319页。

综合以上五个结论(结论②实际上还是在重申“物莫非指”),再结合最后一段话:“‘指’这个概念本身就不是我们所理解的那个‘指’,根本不需要我们将它与‘物’这个概念结合再得出一个‘指’的概念。”(“且夫指固自为非指,奚待于物而乃与为指?”)笔者认为,“指非指”这一命题的理解关键在“非”字上,而公孙龙子最为盛名的一个命题“白马非马”对我们理解“非”字的理解则颇为重要。其命题看似吊诡,却不失其理。现引《白马论》一段原文如下:

> 马者,无去取于色,故黄、黑马皆所应①;白马者,有去取于色,黄、黑马皆以所色去②,故唯白马独可以应耳。无去(取)者非有去(取)也,故曰:“白马非马。”

这是说,“马”这一概念,没有颜色上的选择,那么黄马、黑马都可以被当做马;“白马”这一概念,如果有了颜色上的选择,那么黄、黑马则因其所具有颜色而被排除,因此,唯独白色的马才可以被称作白马。没有选择颜色的马和选择了颜色的马是不同的,所以说“白马不是马”。黄克剑在《名家琦辞疏解——惠施公孙龙研究》中提出:“人们通常认为‘白马非马’的说法带有‘诡辩’的性质,那是因为习惯化了的思维往往把‘非’理解为不是或‘不属于’,而这里的‘非’原是‘不等于’或‘不同于’的意思。如果把‘白马非马’按公孙龙的本意理解为‘白马不等于马’或‘白马与马不等同’,这个命题就只是说了一个极平实的道理,用语方式的陌生化融进了遣词造句者的匠心,由陌生的一维所引出的思路使人们有可能发现以前一直熟视无睹的认知的死角。”③笔者认为,此说颇贴切《白马

---

① 《道藏》本原文为:“故黄、黑皆所以应。”黄克剑在《名家琦辞疏解——惠施公孙龙研究》中根据胡适《先秦名学史》校改,在“黄、黑”后补一“马”字,现取其说法。

② 《道藏》本原文为:“黄、黑马皆所以色去。”黄克剑据胡适《先秦名学史》将“以”调至“所”之前,今从此校改。

③ 黄克剑:《名家琦辞疏解——惠施公孙龙研究》,北京:中华书局2010年版,第120页。

论》之意。公孙龙所说的，其实就是：一个概念，因为内涵的增多，相应的外延就缩小。前者和后者，则不再是同一个概念。而“指非指”的“非”实际上也当作此解。正如“马”加上“白”这一限定就不再是“马”一样，“指”增加了“指物”这一限定则不再是“指”。

如此，“指”的概念实际上包含了两层含义：一、指，即“非非指”。即不等于“非指”的指，它是“指”概念所对应的整体范围的那个“指”。二、物指，即“非指”。“物指”属于“指”，它被包括在整个“指(非非指)”的范围内，它是与物结合的那个“指”，是“指”物的那个“指”。换言之，所谓“物指”仍然属于“指”，但是它限定了“指”的范围，比“指”所对应的整体范围要小。而“物莫非指”中的“指”虽然用这两种“指”的含义都说得通，但是应该更多也是强调第二种“指”，即“物指”，因为此“指”才是直接与物联系，并作用于物的。正如前文已经提到的，对于人类所认知的世界来说，“物”不是不能脱离人的认识活动而存在的，没有“指”就没有“物”，没有“物”那么“指”的存在就毫无意义。因此，“物指”是“与物之指”亦是“所指之物”，从这一点上来说，以胡适等人为代表的“物德说”可以理解。

需要注意的是，“指非指”命题和“白马非马”命题并不同，因为，“指”的概念和“白马”的概念并不同。“白马”的概念在人的意识中相对明确，没有什么歧义。而“指”一方面包含了本身的全部含义，另一方面又往往被当做“物指”而用。这是因为，在人们使用指的过程中，通常没有意识到“物莫非指”，没有意识到我们所能认识的世界其实只是我们意识的世界，是感性和理性的产物，是人类文化的体现。我们所以为的那个“指”，其实只是“物指”，但是我们却没有意识到这一点，自顾地创造了一个“指”的概念，此概念为抽象，看似处在我们认知事物的过程中，但实际上又不是。

那么，回到一开始就悬而未解的问题上：“指”究竟指什么？下文将展开对“指”意义的考辨。

三、“指”“物”概念之辨析

(一)“指”

前文已经提到，“指”字向无定诂，是历家分歧之所在。笔者在第二、三部分已经详细考察了“指”所具有的特质以及历来诸家说法在训“指”上的不足，即：一、“指”不是“名”，前辈学者大多忽视了这一点；二、“指”存在于人的认知活动中；三、“指”本身是一个抽象概念，且包含两层意思(即指非指)。下面我们来考察先秦语境下“指”的常用说法。

《说文》：“指，手指也。”①这说明“指”的本义是“手指”。《孟子·告子上》：“今有无名之指，屈而不信，非疾痛害事也，如有能信之者，则不远秦楚之路，为指之不若人也。指不若人，则知恶之；心不若人，则不知恶，此之谓不知类也。”②则亦是此意。《诗经·鄘风·蝃蝀》则谓：“蝃蝀在东，莫之敢指。”③《管子·白心》：“故口为声也，耳为听也，目有视也，手有指也，足有履也。”此处指是动词，“用手指”之意。《广雅》云：“谓，指也。”因而，“指”又因“以手指”之意而有“指物而谓之”之意。④《管子·白心》：“口无虚习也，手无虚指也，物至而命之耳。”⑤则是此意，而根据这层意思，又引申出其名词性意义。《墨经》云：“有指于二而不可

① (汉)许慎撰，(宋)徐铉校订：《说文解字》，北京：中华书局2013年版，第251页。

② (宋)朱熹：《四书章句集注》，北京：中华书局1983年版，第340页。

③ (唐)孔颖达疏：《毛诗正义》第1册，北京：中华书局1957年版，第197页。

④ (清)王念孙撰，钟宇讯点校：《广雅疏证》，北京：中华书局2004年版，第155页。

⑤ 耿振东译注：《管子译注》，上海：生活·读书·新知三联书店2014年版，第203页。

逃，说在以二参。"①在墨家看来，人们关于某物的指谓虽然可能是相互不同的("有指于二而不可逃")，但是他们可以通过对不同的指谓进行比较、参验，来检验正确与否("说在以二参")。笔者认为，不管是"指"的"用手指"意义，还是"指物而谓之"的意义，和《指物论》"物莫非指"的"指"的意味是相符合的。实际上，古文"指"大多可以理解为多种词性而不必强加区分。"指"这个词，除本义"手指"之外，本身是一个相当抽象的词。不管是"以手指物""指而谓之"还是"事物名称"，都不过是"指"在人的认知活动所起到作用而已，并不能准确对应"指"的意涵。

《世说新语·文学四》有这样一段对话：

> 客问乐令"旨(指)不至"者，乐亦不复剖析文句，直以麈尾柄确几曰："至不?"客曰："至。"乐因又举麈尾曰："若至者，那得去?"于是客乃悟服。乐辞约而旨达，皆此类。②

"客"与乐广所谈论的"指不至"其实就是《庄子·天下》所记载的名家"二十一事"其中之一："指不至，至不绝"。乐广解释此命题相当有趣，虽简明扼要，却道出了此命题的真谛。"指"本身不必非要给出一个确切的定义，更无需谈论其词性。根据先秦语境来看，"指"的意向中当是包含了以人为主体的含义(这样一来，胡适等人所谓的"物德"说，则因其主体为"物"而将"指"解释为"物"所具有的能够让人类认识的属性，稍微显得难以成立。而另一方面，"物德"概念本身是从西方经验主义哲学思想中拿来的概念，训诂上恐怕也略有不足)。"指"与人类的认知行为当是密不可分的。但是正是因为它是作为人类认识的产物，即不得不囿于人类知识文化的维度之内，其在多大程度上能够契于我们所认为的那个"物"是值得怀疑的。因而乐广说："若至者，那得去?"而公孙龙子所谓

① 方勇译注：《墨子》，北京：中华书局2011年版，第337页。

② (南朝·宋)刘义庆撰，(南朝·梁)刘孝标注：《世说新语》，上海：上海古籍出版社2013年版，第81页。

“物莫非指”其实也说明了所谓“物”不过是人所认识之物，超出了人类认识范围的物是不存在的。另外，我们知道，古人用词常常不分词性，一个概念通用于各种语句结构中，根据对话情景的不同有不同的意义指向，却不会造成沟通上的混淆混乱。因此，若以现代汉语言的语境来对古人的概念强加以词性和意义上的区别，虽便于理解，却也容易出现训诂上的不足，这正是我们在研究公孙龙这样一位名家辩者时所应该避免的。

总之，“指”的本义是“手指”。但是在人们的使用过程中逐渐抽象，而被使用到人类对于事物的认识活动中，其意义则是说明人们意识作用于“物”的时候，其意识之所向，即是“指”，而意识最终形成的那个产物也被包括到了“指”的使用范围中。我们无需给“指”规定一个具体的词性，这是因为“指”本身具有抽象性，在先秦语境下“指”的使用范围也非常复杂多样。

对“指”的进一步认识我们还需通过“指非指”来理解。“指非指”说的是我们在“指”到“物”的过程中，其内涵发生的变化。比如我们“指”一个苹果，我们会说：“这是一个苹果。”其“指”行为体现在代词“这”上，而二者以系动词“是”联系起来，“是”代表的意义在此使用情境中应为“等于”义。可以说，在此情境下，“这”就等于“一个苹果”，但就“这”本身的概念来说，“这”本身却不必为“一个苹果”，因为，“这”相对于“一个苹果(具体的苹果)”更抽象，是一个“天下之所兼”的抽象概念。但“这”在与物的过程中确确实实也就成为了“一个苹果”，也就是前文所提到的“物指”，“这”在具体的指物过程中成为了非“这”的概念，而“这非这”其实就是“指非指”。

综之，相比于各家字书对“指”的解释以及前辈学者所训“指”之义，笔者认为，“指”是一个极其抽象的概念，而不必为“手指”“以手指”“指物而谓之”“所指物之名”等具体的意义或者给定一个特定的词性。“指”就是“指”，它联系着人之认知和认知对象，没有指，“认知”“认知对象”皆无从谈起，因而“物莫非指”“指”是“天下之所兼”，但“指”要发挥作用最终又必须落到具体的事物上去，由此其抽象性又会被消减。被消减了抽象性的“指”是“指”，又不是那个更为抽象的“指”；正如“这”还是“这”，却不再是那个抽象的“这”。

（二）“物”

《说文》：“物，万物也”①，其实并不准确。《诗·小雅·无羊》：“三十维物，而牲则具。”毛传：“异毛色者三十也。”②“物”从牛从物，其本义实际上是“杂色牛”，而后又被引申为牲畜的种类和品级。《周礼·地官·牧人》有：“牧人掌牧六牲，而阜蕃其物，以共祭祀之牲牷。”孙诒让正义云：“物犹言种类也……凡牲畜，区别毛色，各为种类，通谓之物。”③于是又引申指形色。《周礼·春官·保章氏》：“以五云之物，辨吉凶水旱降丰荒之祲象。”郑玄注：“物，色也。视日旁云气之色……知水旱所下之国。”④《字源》云：“凡事物各有形色，因之引申指万物。……秦汉简帛中均引用为‘万物’义。”⑤则“万物”之义，似乎是当时之通说，也是历来研究《指物论》的学者基本一致的观点。《庄子·达生》有：“凡有貌、象、形、色者，皆物也。”⑥因此又有人将其归结为“物”之名义下的那些“不可感知的”或“抽象的”事物。《国语·楚语下》：“九黎乱德，民神杂糅，不可方物。”韦昭注曰：“物，名也。”⑦《齐

---

① （汉）许慎撰，（宋）徐铉校订：《说文解字》，北京：中华书局2013年版，第24页。

② （唐）孔颖达疏：《毛诗正义》卷六，北京：中华书局1957年版，第945页。

③ （清）孙诒让撰：《周礼正义》第3册，北京：中华书局1987年版，第914-915页。

④ （清）孙诒让撰：《周礼正义》第8册，北京：中华书局1987年版，第2124页。

⑤ 约斋撰，李学勤编：《字源》，天津：天津古籍出版社2012年版，第73页。

⑥ （清）郭庆藩撰：《庄子集释》，北京：中华书局2012年版，第632页。

⑦ （东吴）韦昭：《国语注》，上海：上海古籍出版社2008年版，第264页。

物论》云："道，形之而成；物，谓之而然。"①庄子那里，"物"又具有了"物名"之义。"物"也有作动词的用法。《左传·昭公二十九年》："《周易》有之：'在乾之姤曰潜龙勿用，其同人曰见龙在田，大曰飞龙在天，其夬曰康龙有悔，其坤曰见群龙无首吉，坤之剥曰龙战于野。若不朝夕见，谁能物之？"②此句中的"物"即作"称名"讲。

实际上，在《公孙龙子·名实论》一篇中有这样的表述："天地与其所产焉，物也。"这似乎是说"物"即天地万物之意。又云："物以物其所物而不过，实也……"这一段文字，历来也被认为是《公孙龙子》中难解者。这是因为，大多学者都将"物"作"万物"讲，这样往往会造成文意不通，令人费解。笔者认为，通过这两段文字可以看出，"物"和"指"一样，本身不具有特定的词性。公孙龙在使用"物"这一概念的时候也并没有特定的用法。而结合前文所考辨先秦"物"的使用范围来看，"物"和"指"在公孙龙《指物论》一篇中都是十分抽象的概念，"指"是人的认知活动，而"物"当是人认知的对象。但根据《指物论》中"物也者，天下之所有"一句来看，此处"物"不当作《庄子·达生》中所说抽象概念，这也是符合先秦时代下的语境的。但正如前文在考辨"物"字之义时，由孙诒让正义《字源》以至《庄子》时我们所能得出的结论：人以形色来认识其对象，而形色又引申为"物"。"物"就是"物"，指的是"人认知活动的所有"，和"指"一样是一个极其抽象的改变，不必拘泥于具体的词性或含义。"物莫非指，而指非指"这个命题走到这一步，则砉然而解。"物"虽然指的是具体有形之物，但具体有形之物却无不是人所认识之物，只是在使用"指""物"概念的时候我们假定了"天下万物"的实在性。既然这样，那么"指"的对象就是"物"的范围，换言之，"指"莫非"物"也未必不可。然而人的认知活动"指"总是未尽的，它不仅指向过去、现在还有未来；而"物"却是已经完成

① （清）郭庆藩撰：《庄子集释》，北京：中华书局2012年版，第75页。

② （晋）杜预注，（唐）孔颖达疏：《春秋左传正义附校勘记》，上海：上海古籍出版社1990年版，第924页。

了“指”的“物”，这是因为“物”和“指”作为抽象概念，人们赋予其的意涵本身就不同。因而公孙龙在“物莫非指”之后还要强调“而指非指”的意义之所在：“指”一旦落入已经完成的行为中，就和“指”概念本身所具有的意义不再相同。前文第三部分开头所提到的对比关系正是此意。

四、结语

《指物论》一篇是《公孙龙子》关于认识、语言的一个重要内容。它揭露了在人类认识范围内所可能认识的对象“物”究其根本不过是人类文化的产物，在我们认知范围的一切事物，就是我们所能“指”之物，脱离了我们所能“指”范围的事物，我们就无从认知，所谓森然万象也不过是我们的认识世界。公孙龙子正是敏锐地发现了这一点，提出了“物莫非指”这一命题。然而，“物莫非指”并不是《指物篇》中公孙龙子最为深刻的见解。在人的认知过程“指”之中，我们的“指”一旦落入“具体有形”之“物”，“指”概念就会发生变化——因为我们的“指”是针对我们认知整个“物”世界而言，但是，“整个世界”只不过是一个我们抽象出来的概念，而不存在于我们具体的认识过程中。“整个世界”对于我们“指”的目的——认知来说并没有意义，其本身根本也无从认知。我们的“指”最终也必须落到具体的“物”之上，这样抽象的“指”就变成了“物指”。但是抽象概念“指”并不发生变化，它仍然是我们针对“整个世界”而言的。这样，我们具体认知中所使用的“物指”，和我们针对整个世界所用的“指”就产生了差别，其概念内涵和范围也就不再相等，因而，公孙龙进一步提出：“而指非指”。总的来说，其“指非指”对“指”的辨析，不仅仅显示出我们在使用语言上尤其是抽象概念上的漏洞，也是我们在使用语言上的创造性和衍生性。

人的生命实践一刻也离不开语言，语言与人的整个世界同在。但语言从不是单向度受动于人的生命实践，人的生命实践也绝不是单向度受动于语言。我们相信，公孙龙子《指物论》一篇所带给我们的思想体悟，对当今的时代研究和相关探讨仍具有巨大的意义。

参考文献

一、基本典籍

[1]陈柱：《公孙龙子集解》，上海：商务印书馆1937年版。
[2](汉)扬雄撰，韩敬注：《法言注》，北京：中华书局1992年版。
[3](宋)王应麟：《汉志考·汉艺文志考证》，北京：中华书局2011年版。
[4](晋)陈寿撰，(南朝·宋)裴松之注：《三国志》第5册，上海：上海世纪出版社2012年版。
[5](南朝·宋)刘义庆著，(南朝·梁)刘孝标注：《世说新语》，上海：上海古籍出版社2013年版。
[6](宋)朱熹：《四书章句集注》，北京：中华书局1983年版。
[7](唐)孔颖达疏：《毛诗正义》，北京：中华书局1957年版。
[8](清)王念孙、钟宇讯点校：《广雅疏证》，北京：中华书局2004年版。
[9]耿振东译注：《管子译注》，上海：生活·读书·新知三联书店2014年版。
[10]方勇译注：《墨子》，北京：中华书局2011年版。
[11](清)孙诒让撰：《周礼正义》，北京：中华书局1987年版。
[12](晋)杜预注，(唐)孔颖达疏：《春秋左传正义附校勘记》，上海：上海古籍出版社1990年版。
[13](清)郭庆藩撰：《庄子集释》，北京：中华书局2012年版。
[14](东吴)韦昭：《国语注》，上海：上海古籍出版社2008年版。
[15](晋)杜预注，(唐)孔颖达疏：《春秋左传正义附校勘记》，上海：上海古籍出版社1990年版。
[16](汉)许慎撰，(宋)徐铉校订：《说文解字》，北京：中华书局2013年版。
[17](汉)许慎撰，(清)段玉裁注：《说文解字注》，上海：上海古籍出版社1988年版。

二、今人专著

[1]吕思勉：《经子解题》，北京：中国书籍出版社2006年版。
[2]周山：《子学思潮》，上海：上海社会科学出版社2006年版。
[3]王琯：《公孙龙子悬解》，北京：中华书局出版社1992年版。
[4]金受申：《公孙龙子释》，上海：商务印书馆1931年版
[5]伍非白：《中国古名家言》，北京：中国社会科学出版社1983年版。
[6]谭戒甫：《公孙龙子形名发微》，武汉：武汉大学出版社2006年版。
[7]胡适：《先秦名学史》，上海：上海学林出版社1983年版。
[8]虞愚：《中国名学》，上海：上海书店出版社1992年版。
[9]钱穆：《钱宾四先生全集》，台北：联经出版事业公司1998年版。
[10]翟锦程：《先秦名学研究》，天津：天津古籍出版社2005年版。
[11]沈有鼎：《沈有鼎文集》，北京：人民出版社1992年版。
[12]胡曲园、陈进坤：《公孙龙子论疏》，上海：复旦大学出版社1987年版。
[13]冯友兰：《中国哲学史》，上海：华东师范大学出版社2000年版。
[14]郭沫若：《十批判书》，北京：人民出版社1954年版。
[15]侯外庐：《中国思想通史》，北京：生活·读书·新知三联书店1951年版。
[16]任继愈：《中国哲学史》，北京：人民出版社1954年版。
[17]劳斯光：《新编中国哲学史》，桂林：广西师范大学出版社2005年版。
[18]黄克剑：《名家琦辞疏解——惠施公孙龙研究》，北京：中华书局2010年版。
[19]杜国庠：《先秦诸子的若干研究》，北京：生活·读书·新知三联书店1955年版。

[20]庞朴：《公孙龙子研究》，北京：中华书局 1979 年版。
[21]辛从益：《公孙龙子》，北京：中华书局 1991 年版。
[22]徐复观：《公孙龙子讲疏》，台北：台湾学生书局 1984 年版。
[23]约斋撰、李学勤编：《字源》，天津：天津古籍出版社 2012 年版。

三、研究论文

[1][美]成中英、理查德·斯万著，胡星铭译：《公孙龙〈指物论〉中的逻辑和本体论》，《浙江大学学报》2009 年第 39 卷第 3 期。
[2]刘体胜：《公孙龙〈指物论〉篇悬解》，《学术研究》2011 年第 7 期。
[3]曾祥云：《〈公孙龙子·指物论〉疏解》，《湖南大学学报(社会科学版)》1999 年第 113 卷第 1 期。

《四本论》与魏晋才性论的发展

2013 级　付子轩

摘　要：《才性四本论》为魏晋时期玄学的重要论题之一，钟会将傅嘏、李丰、王广三家所论才性关系与自身所撰共集为《四本论》，总结了魏晋初期关于才性论的主流观点。《四本论》一方面吸取之前人物评鉴、性情学说的经验，一方面也融合玄学思辨，并与当时的政治时策息息相关，可谓魏晋政治、思想的一次集中碰撞。四论中才性之同、异、合、离的见解分别对应着不同的才性概念与政治主张，同时也是当时人性观念转变的一个缩影。

关键词：《四本论》；钟会；选举考课；才性；魏晋玄学

一、引言

在中国哲学史中，关于人性的讨论从先秦至近现代始终占据着一席之地，相比于宋明理学兴起后的辉煌，魏晋在对人性的讨论上更多地扮演着转型与承上启下的角色。才性论在魏晋玄学与清谈中贯穿始终，一方面联系着形而上学的思辨，一方面又与时政现实、生命体悟息息相关。汉代王充在《论衡·本性篇》中曾归纳前人的性情之说，举周人世硕、孟子、告子、荀子、陆贾、董仲舒、刘子政、扬雄等多家说法，以辩人性善恶①。汉末清议、月旦，评论人物、简拔人才益成风气，至有《人物志》这样的专著出现。同时，

① （汉）王充注，张宗祥校注，郑绍昌标点：《论衡校注》，上海：上海古籍出版社 2013 年版，第 65-69 页。

汉末“新学”兴起，儒家学说再次转型，百家思想也有复兴之态，玄学逐步登上历史舞台。在这样的时代背景下，催生了以《四本论》为代表的，对才性问题进一步讨论，乃至上升到玄理的思想潮流。

《四本论》又称《才性四本论》，按《世说新语·文学》一则载：“钟会撰《四本论》始毕，深欲使嵇公一见。置怀中，既定，畏其难，怀不敢出，于户外遥掷，便回急走。”①刘孝标注：“《魏志》曰：‘会论才性同异，传于世。’四本者，言才性同，才性异，才性合，才性离也。尚书傅嘏论同，中书令李丰论异，侍郎钟会论合，屯骑校尉王广论离。文多不载。”②《四本论》作为一篇具体的文献，虽假钟会之手而成，但其中思想来源多端，概括同、异、离、合四个讨论才性问题的角度，故而可视为魏晋早期才性论的代表性作品。《四本论》在魏晋清谈也一贯占据着重要地位，如殷浩善谈《四本》，《世说》载：“殷中军虽思虑通长，然于才性偏精。忽言及《四本》，便若汤池铁城，无可攻之势。”③亦以此胜支道林，被简文帝称为“峭、函之固”，而“精核玄论”的殷仲堪亦叹：“使我解四本，谈不翅尔。”④王僧虔在《诫子书》中谈到魏晋清谈的主要材料：“且论注百氏，荆州《八帙》，又《才性四本》《声无哀乐》，皆言家口实，如客至之有设也……《八帙》所载，凡有几家；《四本》之称，以何为长。”⑤“言家口实”即指“清谈所根据的文献”，余英时已有辨析，⑥《四本论》在清谈中始终被视为重要的文献基础，其地位

① （南朝·宋）刘义庆原著，（南朝·齐）刘孝标原注，朱奇志校注：《世说新语校注》，长沙：岳麓书社2007年版，第95页。

② （南朝·宋）刘义庆原著，（南朝·齐）刘孝标原注，朱奇志校注：《世说新语校注》，长沙：岳麓书社2007年版，第95页。

③ （南朝·宋）刘义庆原著，（南朝·齐）刘孝标原注，朱奇志校注：《世说新语校注》，长沙：岳麓书社2007年版，第109页。

④ （南朝·宋）刘义庆原著，（南朝·齐）刘孝标原注，朱奇志校注：《世说新语校注》，长沙：岳麓书社2007年版，第122页。

⑤ （南朝·梁）萧子显撰：《南齐书》，北京：中华书局1972年版，第598-599页。

⑥ 余英时：《王僧虔〈诫子书〉与南朝清谈考辨》，台北：中国文哲研究集刊1993年版，第180页。

不容忽视。

然而遗憾的是，昔日钟会所撰的《四本论》文本今已失传，其具体讨论如何难以复知，关于其具体立论的方向，学界更有多种猜测。早期以陈寅恪、唐长孺为代表的开创性学者，主张以政治立场来解释《四本论》的立意，并简单将才性问题视为才智与德性的关系。而后的学者相继提出多种解释，如田文棠等认为四论的角度可分为二，即“同异”之论为“德、才”模式，而“离合”之论为“体用”模式，进一步将玄学发展中体用关系的推进纳入了考虑。① 又如王晓毅同样反对之前仅仅将之附会于政治的说法，并详细区分了才性的定义，乃至将“性”的定义细致地区分为“本质、道德品行、性格、气质”四种②。然而无论区分是详细还是粗略，前人的研究都在具体解释上较为模糊，即立论如何成立又如何为之辩护上，都尚有缺憾。

姚维《才性之辨》一书用较长篇幅对《四本论》的话题进行了梳理，填补了以往魏晋玄学的研究中对四本论讨论较少，缺乏专著且重视不足的空白，更多地强调了《四本论》的哲学高度和价值，但其在具体分析时则过多地比附其他哲学命题，强化了《四本论》的思辨性，至如以“同、异、离、合”取自先秦名家、墨家的“合同异”等说，而以钟会“才性合”为玄学、道家所讲“合于自然本性”的理想、以“四本”为本末之辨③，则笔者以为颇多臆测，难以论定。

故而本文意在对《四本论》及其前后才性论观念发展重作梳理，虽未必尽免于前人窠臼，更难能原其本真，但亦聊备一家之说。

---

① 参见田文棠，刘学智：《魏晋“四本才性”之论述略》，《陕西师大学报(哲学社会科学版)》1989 年第 3 期，第 20-25 页。

② 王晓毅：《魏晋才性论新探》，《东岳论丛》1986 年第 3 期，第 58-61 页。

③ 参见姚维：《才性之辨——人格主题与魏晋玄学》，北京：人民出版社 2007 年版，第 106-135 页。

二、《四本论》的形成背景

1. 政治背景

提到魏晋早期的人物评议，就不得不联系汉末以来评议人物的社会、政治氛围，人物评议这一话题在向清谈靠拢以前，其主场都在于朝野及民间对人才选拔的讨论，如傅嘏有《难刘劭考课法论》，杜恕亦以为考课之制不宜而上疏，其议论人物才性与时政是密不可分的。唐长孺在《魏晋才性论之政治意义》中指出："才性论所研究的问题为才与性的含义以及操行与才能的关系。所以能成为当日论题重心者是因为与实际的选举制度有关，特别是与曹操的'唯才是举'政策有关，所以魏、晋的才性论不是空谈而是从实际政治出发又归宿于实际政治的问题。"①

汉代后期，察举制已然显露弊端，对人物名声之过分重视，乃至矫伪丛生，如汤用彤语："历时既久，流弊遂生。辗转提携，相互揄扬。厉行者不必知名，诈伪者得播令誉。"②汉末评鉴人物盛行的同时，名实不符的问题也日益凸显，《抱朴子》载汉末民谣："举秀才，不知书，察孝行，父别居。寒素清白浊如泥，高第良将怯如鸡。"③一方面政治的腐败给了奸臣阉党"抑清德而扬谄媚，退履道而进多财"④的可乘之机，另一方面由于过于看重德性而带来的巧伪矫饰、结党交友的风气，也促成了晋文经、黄子艾之辈的窃据高名。针对这样的社会弊病，汉末至魏晋形成了形名之学的风气，一时有识之士皆议综核名实，形名学所重的务实考课，与此前传统汉

① 唐长孺：《魏晋南北朝史论丛》，《魏晋才性论之政治意义》，北京：商务印书馆2010年版，第295-296页。

② 汤用彤：《魏晋玄学论稿及其他》，《读〈人物志〉》，北京：北京大学出版社2010年版，第10页。

③ 《审举篇》，见(晋)葛洪著，庞月光注译：《抱朴子外篇全译》，贵阳：贵州人民出版社1990年版，第323页。

④ 《审举篇》，见(晋)葛洪著，庞月光注译：《抱朴子外篇全译》，贵阳：贵州人民出版社1990年版，第323页。

代观念中所重的德行令名形成强烈对比，也给士人观念带来了强有力的冲击。故而如何评鉴选拔人物，如何看待性行与才干的问题争议凸显，此为才性论形成之一大背景。

针对当时的风气，曹魏之初，曹操数次下令求贤，特声明重功能优先于德行，明言“治平尚德行，有事赏功能”①，“唯才是举”②，定出“有行之士未必能进取，进取之士未必能有行”③的论调，甚至于“负污辱之名、见笑之行”“不仁不孝”④尽皆可视才能而举用。三次“唯才是举令”分别颁布于建安十五年(210)、十九年(214)、二十二年(217)发布，足以见曹操举贤选才之迫切，亦足以见原有“选德”为主的思想之深厚。到了曹丕时，采纳陈群建议，设九品中正制。主流观点认为，九品中正制是曹魏激进的“选才”向原有“选德”的一种中和与妥协，“在德与才都应作为选用人的依据被认可之后，九品中正制的出台，正是将两个依据的并列地位给予了明确的、制度性的规定……占据了纵向的、长时段的、文化渊源权重位置上的‘德’，在横向的、短时间的、政治需要刺激下走上历史舞台的‘才’的冲击下，接纳了后者，德才并立的依据明确出台”⑤。九品中正制在创立推行初期并没有太大的反对阻力，其后造成的“上品无寒门，下品无士族”弊端也还没有显露，但九

① 语出《论吏士行能令》，《魏书·武帝纪》，见(晋)陈寿撰，(南朝·宋)裴松之注，卢弼集解，钱剑夫整理：《三国志集解》，上海：上海古籍出版社2009年版，第2-225页。

② 语出《求贤令》，《魏书·武帝纪》，见(晋)陈寿撰，(南朝·宋)裴松之注，卢弼集解，钱剑夫整理：《三国志集解》，上海：上海古籍出版社2009年版，第2-225页。

③ 语出《敕有司取士毋废偏短令》，《魏书·武帝纪》，见(晋)陈寿撰，(南朝·宋)裴松之注，卢弼集解，钱剑夫整理：《三国志集解》，上海：上海古籍出版社2009年版，第2-225页。

④ 语出《举贤勿拘品行令》，《魏书·武帝纪》，见(晋)陈寿撰，(南朝·宋)裴松之注，卢弼集解，钱剑夫整理：《三国志集解》，上海：上海古籍出版社2009年版，第2-225页。

⑤ 郝虹：《德与才的较量：从“唯才是举令”到九品中正制》，《孔子研究》2015年第1期，第107-108页。

品中正制在选用人才及考核上仍有不足，且在魏晋禅代以前仍处变型期，王晓毅论其："魏末晋初是九品中正制的重大变化时期……九品中正制正是在这时，由曹魏前期加强中央选举权的制度演变为世家大族控制仕途的工具。"①魏明帝曹睿时，先是严办了浮华案，又欲推行考课法，《魏书》记载："前此诸葛诞、邓飏等驰名誉，有四聪八达之诮，帝疾之。时举中书郎，诏曰：'得其人与否，在卢生耳。选举莫取有名，名如画地作饼，不可啖也。'毓对曰：'名不足以致异人，而可以得常士。常士畏教慕善，然后有名，非所当疾也。愚臣既不足以识异人，又主者正以循名案常为职，但当有以验其后。故古者敷奏以言，明试以功。今考绩之法废，而以毁誉相进退，故真伪浑杂，虚实相蒙。'帝纳其言，即诏作考课法。"②考课法由刘劭制定，然遭到朝臣的反对，如傅嘏、杜恕都有针对《都官考课》的上疏抗辩，而后也随着曹睿离世而夭折。

尽管曹魏统治时间短暂，其选才任贤的政策也在魏晋禅让后日渐背离了初衷，但也一时造成了巨大的社会影响，人称"魏武好法术，而天下贵形名；魏文慕通达，而天下贱守节"③，对原有的儒家道德体系形成了强有力的冲击。这一时期对人物品评与选拔的讨论，一方面是仁人志士对前朝教训的反思和补救，一方面也受到世家大族对特权高位利益争衡的影响。最终这些讨论催生了一系列有关评议人物的著述，《四本论》亦在这个大背景下应运而生，将人物评议推向了与玄学相结合的另一个高峰。

2.《论衡》对汉代才性、性情学说的梳理

《论衡》一书虽出于汉代，却实盛行于魏晋，《论衡后序》中梳理其传播始末："既作之后，中土未有传者。蔡邕入吴会，始得

① 王晓毅：《魏晋九品中正制的历史真相》，《文史哲》2006年第6期，第68页。

② 《卢毓传》，见（晋）陈寿撰，（南朝·宋）裴松之注，卢弼集解，钱剑夫整理：《三国志集解》，上海：上海古籍出版社2009年版，第1789-1799页。

③ 《傅玄传》，见（唐）房玄龄等：《晋书》，北京：中华书局2002年版，第1317页。

之，常秘玩以为谈助。故时人嫌伯喈得异书。或搜求其帐中隐处，果得《论衡》，抱数卷持去。邕丁宁之曰：'惟我与尔共之，勿广也。'其后王朗来守会稽，又得其书，及还许下，时人称其才进。或曰：'不见异人，当得异书。'问之，果以《论衡》之益。繇是遂见传焉。"①可知《论衡》因其有较强思辨性而为魏晋人所看重且广为传播，具备一定影响力。

《论衡·本性篇》归纳了汉代及之前较有代表性的性情学说，聊可一观：周人世硕以及密子贱、漆雕开、公孙尼子等皆认为性有善有恶，且强调"在所养焉"；孟子论人性皆善；告子论人性无分善恶；荀子认为人生皆得恶性，善者为伪；陆贾以人之礼义为性，受命则顺道；董仲舒谓性阳情阴，阳则善阴则恶；刘子政则谓性阴而情阳，性不发而情发；扬雄谓人性善恶混，至于王充本人则认为人性有善有恶。② 其中所提及前人学说，可以大致分为三：首先，如孟子、陆贾等以性为善，虽然层次不同，但均着眼于义理之性，非气质之性，此论直至宋儒方得详论，王充本人亦不理解。其次，如董仲舒、刘子政等则以附会阴阳论性，然王充之论董、刘二说亦有误解，实则观董仲舒之语，性未为全善，圣人之性与斗筲之性皆不足论，故而强调以中民之性论，并未与王充所言有太大不同，刘向之说与董氏也实无二义，牟宗三论之甚详，兹不复论③。最后，王充提及世硕等，其原意难考，姑且视作与王充一致，与王充观点同论。

王充认为人之性乃是禀元气于天，"用气为性，性成命定"④，且人性"定有善有恶"，性之善恶又可以因后天教导而化，"善渐于

---

① 杨文昌题序，见《论衡诸序》，(汉)王充著，张宗祥校注，郑绍昌标点：《论衡校注》，上海：上海古籍出版社 2013 年版，第 1 页。

② (汉)王充著，张宗祥校注，郑绍昌标点：《论衡校注》，上海：上海古籍出版社 2013 年版，第 65-69 页。

③ 参见牟宗三：《王充之性命论》，《才性与玄理》，长春：吉林出版集团有限责任公司 2010 年版，第 10-22 页。

④ (汉)王充著，张宗祥校注，郑绍昌标点：《论衡校注》，上海：上海古籍出版社 2013 年版，第 30 页。

恶，恶化于善，成为性行”，“夫人之性犹蓬纱也，在所渐染，而善恶变矣”①。牟宗三在《才性与玄理》中将言“性”分为两路：“顺气而言”和“逆气而言”。王充的思想便属于顺气而言，以性为“材质之性”②。丁四新亦论之：“王充依此禀气的理论，可以必然地认为有人天生禀得至善之性，有人天生禀得至恶之性。这不仅在人性善恶的理论根据上与扬雄不同，而且在具体的三品人性理解上也差别巨大。”③而王充的“材质之性”论，虽与宋儒义理之性相悖，但在汉魏相当长的时期却实占据主流，由此“性”导出的才性学说及人物品评，则顺势可以发展出如下观念：一、人材质高卑禀之先天，不待学而后定，故而品评人物时多有“三岁看老”的趋势，观先天气质而不必问学业功绩。二、才性与身体同禀先天，故而观人骨相形貌等可以有迹可循，“贵贱贫富，命也。操行清浊，性也。非徒命有骨法，性亦有骨法”④。是以品评人物往往兼论相貌，且不断挖掘观相识人之法，且由此而渐趋抽象，如蒋济观眸子等。三、人性之气质可以变化，“其善者，固自善矣。其恶者，故可教告率勉，使之为善”⑤。材质是否真能变化，时人尚颇有争议，王充所论可以变化之性，性行也，若仅关乎材质，如地力器物，固无不可变化之理，以为禀性难移，则多着意其变化之难，少有自理论上言其不可者。

---

① （汉）王充著，张宗祥校注，郑绍昌标点：《论衡校注》，上海：上海古籍出版社2013年版，第35-36页。

② 牟宗三：《才性与玄理》，长春：吉林出版集团有限责任公司2010年版，第3页。

③ 丁四新：《世硕与王充的人性论思想研究——兼论〈孟子·告子上〉公都子所述告子及两“或曰”的人性论问题》，《文史哲》2006年第5期，第50页。

④ （汉）王充著，张宗祥校注，郑绍昌标点：《论衡校注》，上海：上海古籍出版社2013年版，第59页。

⑤ （汉）王充著，张宗祥校注，郑绍昌标点：《论衡校注》，上海：上海古籍出版社2013年版，第35页。

3.《人物志》与其他魏晋间人物品评、选拔学说

《人物志》之前，品评人物而自成学说的作品便已数见不鲜，即使抛开已失传的著作，王充的《论衡》、王符的《潜夫论》均有论及品评人物、选拔人才的篇章，《论衡》有《程材》《超奇》等数篇，《潜夫论》有《考绩》《思贤》等篇，徐干《中论》有《智行》《审大臣》等篇。但唯有《人物志》是一本专门论述人物的著作，也代表了当时形名学之盛行，而作者刘劭更是在景初中奉命作《都官考课》，后虽不行，也可看出人物评选考核与刘劭所处理的实际事务密切相关。

关于《人物志》的地位，汤用彤在《读〈人物志〉》开篇即作了梳理："刘劭《人物志》三卷十二篇，隋唐志均列入名家。凉刘昞为之注。唐刘知几《史通·自序篇》及《李卫公集·穷愁篇》均有称述。此外罕有论及者。宋阮逸序惜其由魏至宋，历数百载，鲜有知者。"①而自汤用彤之后，《人物志》在魏晋玄学的研究中已有不可忽视的地位。

魏晋时期政治思想呈现出另一派百家争鸣的气象，从原有的儒教，到曹魏所重的法家术家，乃至后兴的道家，一时皆活跃于舞台，且往往一人兼有数家思想，体现出极高的融合趋势。顺应此时代，"刘劭政治思想的特点，是企图统一儒、法、术、道各派，建立新的政治体系。我们说，这一特点，正是汉晋之际政治思想运动的历史趋势。"②"三材为源，习者为流。流渐失源，其业各异。"③刘劭将人物分为三材十二流业，"性既不同，染习又异，枝流条别，各有志业。"④虽然仍以"中和""中庸"为最上，并强调"训六

① 汤用彤：《魏晋玄学论稿及其他》，北京：北京大学出版社 2010 年版，第 5 页。

② 王晓毅：《从〈人物志〉看魏晋玄学的形成》，《学术月刊》1986 年，第 53 页。

③ 《流业》，见（魏）刘劭著，（北魏）刘昞注：《人物志》，郑州：中州古籍出版社 2007 年版，第 63-76 页。

④ 《流业》，见（魏）刘劭著，（北魏）刘昞注：《人物志》，郑州：中州古籍出版社 2007 年版，第 63-76 页。

蔽，以戒偏材之失”①，但其条别已显示出对偏材异能者的重视。刘劭讲人物之性，犹继承汉代五行之说，材质之性，“凡有血气者，莫不含元一以为质……禀阴阳以立性……体五行而著形……五性者，成形之具。五物为母，故气色从之而具。五物之实，各有所济。五性不同，各有所禀，禀性多者则偏性生也。”②但另一方面，对圣人中和之质的描述则可以窥见道家思想及早期玄学的影子，如“夫中庸之德，其质无名。泛然不系一貌，人无得而称焉”③。与“贵无论”之思想又何其相似。在推崇君主之无为上，刘劭已然指出：“圣人兴德，孰不劳聪明于求人，获安逸于任使者哉。”④又言：“主德者，聪明平淡，总达众材而不以事自任者也。”⑤可以看出，刘劭一方面表现出了由儒法向玄学转变的倾向，另一方面仍远不及王弼等玄学之深远，其论述停留于选贤任能与人物德才，而没有再进一步辨析德才的本质，也从未冲击和否定已有的传统观念。

在性情论上，不同于《论衡》中集中论述普遍的人性，《人物志》的论述更为切实和具体，但也可稍窥见其人性论的思想，如论“夫学，所以成材也。恕，所以推情也。偏材之性不可转移矣。虽教之以学，材成而随之以失。虽训之以恕，推情各从其心。信者逆信，诈者逆诈，故学不入道，恕不周物，此偏材之益失也。”⑥相比于王充，刘劭对于“秉性”区分更为详细，且对后天学习所能“率

① 《序》，见（魏）刘劭著，（北魏）刘昞注：《人物志》，郑州：中州古籍出版社 2007 年版，第 19-30 页。

② 《九征》，见（魏）刘劭著，（北魏）刘昞注：《人物志》，郑州：中州古籍出版社 2007 年版，第 31-49 页。

③ 《体别》，见（魏）刘劭著，（北魏）刘昞注：《人物志》，郑州：中州古籍出版社 2007 年版，第 50-62 页。

④ 《序》，见（魏）刘劭著，（北魏）刘昞注：《人物志》，郑州：中州古籍出版社 2007 年版，第 19-30 页。

⑤ 《流业》，见（魏）刘劭著，（北魏）刘昞注：《人物志》，郑州：中州古籍出版社 2007 年版，第 63-76 页。

⑥ 《体别》，见（魏）刘劭著，（北魏）刘昞注：《人物志》，郑州：中州古籍出版社 2007 年版，第 50-62 页。

性”的改变持悲观态度。刘劭虽称“盖人物之本，出乎情性。性质禀之自然，情变由于染习。是以观人察物，当寻其性质也。情性之理，甚微而玄，非圣人之察，其孰能究之哉？”①对性情之理给予了重视，但《人物志》本身对于性情与才能的思考却远没有达到形而上的层面，是以刘劭本人亦不以清谈玄远闻名。从同时期其他政治性的人物评论也可看出，其虽然与玄学的萌芽紧密相关，但仍与《四本论》更接近玄学的气质大不相同。

这一时期的诸多思想可以归纳出以下几个特点：首先，不仅仅是以儒家的“高低优劣”来评判人才，而更多地加入多元化评价，重视具体的、定向的才能，虽然仍以德才并举的思想为主流，但人物品题中对“才”的重视大大提高，如《智行》篇直言：“或问曰：士或明哲穷理，或志行纯笃，二者不可兼，圣人将何取？对曰：其明哲乎？夫明哲之为用也。乃能殷民阜利。使万物无不尽其极者也。圣人之可及，非徒空行也，智也。”②干脆将才能明智的地位放到了德性之上，即使在二者不可兼时，仍选择了智而非行，无异于曹魏“唯才是举”的政策，可见当时人才评价更加注重实用性。

其次，关注到了现实问题与理想之间的矛盾，将个人的际遇发展纳入考量，而非固守德才，表现对传统人物评价方式的动摇。王充《论衡》中有《逢遇》《幸偶》《命禄》《累害》等篇，都申明幸运际遇与才能德行无关，修德勤学未必能必保富贵，乃至《潜夫论》中《贤难》则直谓：“将言乎循善则见妒，行贤则见嫉，而必遇患难者也。”③道出了有才有德反而受嫉受难的事实，结合当时日渐兴起的道家思想，个体意识更加鲜明，推崇舍生取义的道德固然仍在话语的主流中，但明哲保身的思想也逐渐被接纳，甚至影响到部分人物评论。汉末范滂曾有“吾欲使汝为恶，则恶不可为；使汝为善，则

① 《九征》，见（魏）刘劭著，（北魏）刘昞注：《人物志》，郑州：中州古籍出版社2007年版，第31-49页。

② 《智行》，见（汉）徐干撰，孙启治解诂：《中论解诂》，北京：中华书局2014年版，第144-165页。

③ 《贤难》，见（汉）王符著，张觉校注：《潜夫论校注》，长沙：岳麓书社2008年版，第49-65页。

我不为恶"①感叹，为了在黑暗与动荡的政治中寻求安身立命，韬光养晦、玄默退让俨然成为越发受到重视的"美德"，甚至后来演变到以"恬静寡欲，含垢匿瑕"为赞誉，以"发言玄远，口不臧否人物"为"至慎"②，这也可以看出人物评论倾向的一些改变。

最后，品评人物越来越与玄学思想紧密结合，这一思潮中既因清议而持续深入推动了魏晋玄学的初期形成，也因玄学应运而生，吸取道家名家等思想，达到新的理论高度后反哺人物评议与才性学说。《人物志》品人物为十二：清节家、法家、术家、国体、器能、臧否、伎俩、智意、文章、儒学、口辩、雄杰，此以职官任事言。而又言："夫理有四部，明有四家……若夫天地气化，盈虚损益，道之理也；法制正事，事之理也；礼教宜适，义之理也；人情枢机，情之理也……是故质性平淡，思心玄微，能通自然，道理之家也；质性警彻，权略机捷，能理烦速，事理之家也；质性和平，能论礼教，辨其得失，义礼之家也；质性机解，推情原意，能适其变，情理之家也。"③此谓"自成一家"者，其"言论"内容便带有玄学色彩，且无疑包含道家、法家、儒家、形名家多方的思想。可以说，关乎人物才性的形名学与探讨形而上问题的"正始之音"密切相关而不可分割，《四本论》也在此基础上进一步将形名学的讨论上升到玄学的高度，并作为才性论而保留在玄学题目中，其讨论贯穿了魏晋玄学的始终。

三、《四本论》作者的相关记载

《四本论》原文已失传，关于其内容最详细的记载不过是《世说新语》刘注中的一句："《魏志》曰：'会论才性同异，传于世。'四

① 出自《后汉书·党锢列传》，(晋)范晔著：《后汉书》，北京：中华书局1965年版，第2207页。

② 《阮籍传》，见(唐)房玄龄等：《晋书》，北京：中华书局2002年版，第1359-1362页。

③ 《材理》，见(魏)刘劭著，(北魏)刘昞注：《人物志》，郑州：中州古籍出版社2007年版，第77-97页。

本者，言才性同，才性异，才性合，才性离也。尚书傅嘏论同，中书令李丰论异，侍郎钟会论合，屯骑校尉王广论离。文多不载。”①为探讨其内容，首先结合此四人的其他言论及记载略作分析。

1. 傅嘏

傅嘏其人，有“善言虚胜”之誉，《傅嘏传》注引《傅子》：“嘏既达治好正，而有清理识要，好论才性，原本精微，尠能及之。司隶校尉钟会年甚少，嘏以明智交会。”②裴楷目之曰：“汪洋靡所不有。”③傅嘏在景初年间曾对刘劭制定考课法提出异议，正始时又因非议何晏、邓飏、夏侯玄等人而被排挤，至嘉平年间方升任尚书，论才性同异且被钟会收入《四本论》当在此时。在政治立场上，傅嘏与钟会皆效劳于司马氏，从交游的角度来说，傅嘏与何曾、钟会等也都相友善，如以党派论，属司马氏无疑。

就人物品题来说，傅嘏不似刘劭，并未在政治职官中担任选拔人物的职务，但却以识人之名而著称于世。先是刘劭作考课法(应为《都官考课法》)时，傅嘏尚为陈群掾，认为刘劭考课法“未尽人才”，作《难刘劭考课法论》一文。其大意即认为当时政治不同于上古，官职事务并不明确，“经邦治戎，权法并用，百官群司，军国通任，随时之宜，以应政机”④，因此考课难以实行，借用上古考课之义而行于今则不可，“制宜经远，或不切近，法应时务，不足垂后”⑤。傅嘏虽没有直接否定考课法，但否定了考课法在当时的

---

① (南朝·宋)刘义庆原著，(南朝·齐)刘孝标原注，朱奇志校注：《世说新语校注》，长沙：岳麓书社 2007 年版，第 95 页。

② 《傅嘏传》，见(晋)陈寿撰，(南朝·宋)裴松之注，卢弼集解，钱剑夫整理：《三国志集解》，上海：上海古籍出版社 2009 年版，第 1729-1745 页。

③ (南朝·宋)刘义庆原著，(南朝·齐)刘孝标原注，朱奇志校注：《世说新语校注》，长沙：岳麓书社 2007 年版，第 215 页。

④ 《傅嘏传》，见(晋)陈寿撰，(南朝·宋)裴松之注，卢弼集解，钱剑夫整理：《三国志集解》，上海：上海古籍出版社 2009 年版，第 1729-1745 页。

⑤ 《傅嘏传》，见(晋)陈寿撰，(南朝·宋)裴松之注，卢弼集解，钱剑夫整理：《三国志集解》，上海：上海古籍出版社 2009 年版，第 1729-1745 页。》

可行性，并就此引申，认为“夫建官均职，清理民物，所以立本也；循名考实，纠励成规，所以治末也”①，即应该先应对当时任官随意、职务不明的混乱现状，另推行教化，改革选拔方式，由此才能“尽人才”。从另一个角度说，倘职务明确、选任得人，傅嘏并不排斥考课，本传裴松之注记载：“为河南尹……嘏各举其良而对用之，官曹分职，而后以次考核之。其治以德教为本，然持法有恒，简而不可犯，见理识情，狱讼不加榎楚而得其实。”②可见其儒法并用，兼行考课。

同时，杜恕也非议考课法：“虽历六代而考绩之法不著，关七圣而课试之文不垂，臣诚以为其法可粗依，其详难备举故也……今奏考功者，陈周、汉之法为，缀京房之本旨，可谓明考课之要矣。于以崇揖让之风，兴济济之治，臣以为未尽善也……今之学者，师商、韩而上法术，竞以儒家为迂阔，不周世用，此最风俗之流弊，创业者之所致慎也。”③其理由与傅嘏大致相近。杜恕亦有关乎才性的论述，本传记载：“(阮武)谓恕曰：‘相观才性可以由公道而持之不厉，器能可以处大官而求之不顺，才学可以述古今而志之不一，此所谓有其才而无其用。今向闲暇，可试潜思，成一家言。’在章武，遂著《本论》八篇。又著《兴性论》一篇，盖兴于为己也。”④杜恕曾提到“人之能否，实有本性”⑤，杜恕所论才性或亦与

① 《傅嘏传》，见(晋)陈寿撰，(南朝·宋)裴松之注，卢弼集解，钱剑夫整理：《三国志集解》，上海：上海古籍出版社2009年版，第1729-1745页。

② 《傅嘏传》，见(晋)陈寿撰，(南朝·宋)裴松之注，卢弼集解，钱剑夫整理：《三国志集解》，上海：上海古籍出版社2009年版，第1729-1745页。

③ 《杜畿传》附杜恕传，见(晋)陈寿撰，(南朝·宋)裴松之注，卢弼集解，钱剑夫整理：《三国志集解》，上海：上海古籍出版社2009年版，第1414-1446页。

④ 《杜畿传》附杜恕传，见(晋)陈寿撰，(南朝·宋)裴松之注，卢弼集解，钱剑夫整理：《三国志集解》，上海：上海古籍出版社2009年版，第1414-1446页。

⑤ 《杜畿传》附杜恕传，见(晋)陈寿撰，(南朝·宋)裴松之注，卢弼集解，钱剑夫整理：《三国志集解》，上海：上海古籍出版社2009年版，第1414-1446页。

傅嘏相似。

傅嘏对于才性的论述内容缺乏直接记载，但品评人物的思想却流传数则。傅嘏评何晏等人："夏侯泰初志大心劳，能合虚誉，诚可谓利口覆邦之人。何晏、邓飏有为而躁，博而寡要，外好利而内无关籥，贵同恶异，多言而妒前。多言多衅，妒前无亲。以吾观之，此三贤者，皆败德之人尔，远之犹恐罹祸，况可亲之邪？"①又谏于曹爽："何平叔外静而内铦巧好利，不念务本。吾恐必先惑子兄弟，仁人将远，而朝政废矣。"②此记载后人有疑不可信，但傅嘏与何晏等人矛盾亦非空穴来风。傅嘏又评李丰："丰饰伪而多疑，矜小失而昧于权利，若处庸庸者可也，自任机事，遭明者必死。"③此例皆强调出名者表现出的外在才行存在"伪"的现象，所以名不副实，而更招祸患。后又诫钟会："子志大其量，而勋业难为也，可不慎哉！"④当时两人俱为司马氏之股肱，犹能直言切谏，也体现了其认为才能当与所成就之功业相一致。

而对于才能与功名的关系，《荀彧传》裴松之注又引《晋阳秋》："（荀粲）常谓嘏、玄曰：'子等在世涂间，功名必胜我，但识劣我耳！'嘏难曰：'能盛功名者，识也。天下孰有本不足而末有余者邪？'粲曰：'功名者，志局之所奖也。然则志局自一物耳，固非识之所独济也。我以能使子等为贵，然未必齐子等所为也。'"⑤由此可见，傅嘏认为才识为功名之本，是将人物的才能识量作为获取功名成就事业的根本。联系其人物评论的思想，可以看出傅嘏所反

① 刘义庆原著，刘孝标原注，朱奇志校注：《世说新语校注》，长沙：岳麓书社2007年版，第198页。

② 《傅嘏传》，见（晋）陈寿撰，（南朝·宋）裴松之注，卢弼集解，钱剑夫整理：《三国志集解》，上海：上海古籍出版社2009年版，第1729-1745页。

③ 《傅嘏传》，见（晋）陈寿撰，（南朝·宋）裴松之注，卢弼集解，钱剑夫整理：《三国志集解》，上海：上海古籍出版社2009年版，第1729-1745页。

④ 《傅嘏传》，见（晋）陈寿撰，（南朝·宋）裴松之注，卢弼集解，钱剑夫整理：《三国志集解》，上海：上海古籍出版社2009年版，第1729-1745页。

⑤ 《荀彧传》，见（晋）陈寿撰，（南朝·宋）裴松之注，卢弼集解，钱剑夫整理：《三国志集解》，上海：上海古籍出版社2009年版，第1375-1389页。

对、贬低的主要是才能不足而虚饰功名的现象。

2. 李丰

“李丰……始为白衣时，年十七八，在邺下名为清白，识别人物，海内翕然，莫不注意。后随军在许昌，声称日隆。其父不愿其然，遂令闭门，敕使断客。初，明帝在东宫，丰在文学中。及即尊位，得吴降人，问：‘江东闻中国名士为谁？’降人云：‘闻有李安国者。’是时丰为黄门郎，明帝问左右安国所在，左右以丰对。帝曰：‘丰名乃被于吴越邪？’……以名过其实，能用少也。”①可见李丰当时名望之盛，但如傅嘏所讥，其才能或不足以称其名。《魏略》记载中的李丰，好求名而未见实才，在曹氏与司马氏争衡中又犹疑不定，所谓“曹爽之势热如汤，太傅父子冷如浆，李丰兄弟如游光”②。而后“丰为中书二岁，帝比每独召与语，不知所说。景王知其议己，请丰，丰不以实告，乃杀之”③。但以《三国志》记载，则是“中书令李丰虽宿为大将军司马景王所亲待，然私心在玄，遂结皇后父光禄大夫张缉，谋欲以玄辅政……大将军微闻其谋，请丰相见，丰不知而往，即杀之”④。史家多以后者为准。

可以说，如果认为四本论之思想与其作者的政治倾向有关，如陈寅恪所言：“至若前朝之清谈，即为当时清谈者本人生活最有关

---

① 《夏侯尚传》附夏侯玄传裴松之注引《魏略》，见（晋）陈寿撰，（南朝·宋）裴松之注，卢弼集解，钱剑夫整理：《三国志集解》，上海：上海古籍出版社2009年版，第969-997页。

② 《夏侯尚传》附夏侯玄传裴松之注引《魏略》，见（晋）陈寿撰，（南朝·宋）裴松之注，卢弼集解，钱剑夫整理：《三国志集解》，上海：上海古籍出版社2009年版，第969-997页。

③ 《夏侯尚传》附夏侯玄传裴松之注引《魏略》，见（晋）陈寿撰，（南朝·宋）裴松之注，卢弼集解，钱剑夫整理：《三国志集解》，上海：上海古籍出版社2009年版，第969-997页。

④ 《夏侯尚传》附夏侯玄传，见（晋）陈寿撰，（南朝·宋）裴松之注，卢弼集解，钱剑夫整理：《三国志集解》，上海：上海古籍出版社2009年版，第969-997页。

之问题，纯为实际性质，即当日政治党系之表现。”①那么无疑傅嘏“才性同”与李丰“才性异”的对立即可以视为司马氏与曹氏的对立。但对于李丰的政治倾向，史家评论实大有分歧，有些认为李丰志大才疏、举棋不定，有些则以之为魏之纯臣，包括陈寅恪以政治立场来解释才性观念之对立，亦未必便全然属实，当时的政治势力更未必便决然分为曹魏与司马两派。李丰虽因其子尚魏公主而倾向于曹氏，但若一论才性便宣告立场，恐怕李丰也不会不知其事已泄，而王广亦不会劝其父三思。

李丰言才性的言论记载甚少，更不似傅嘏、钟会乃至王广都因善谈才性而有明确记载，其名望仅称“识别人物”，没有提到进一步的理论。有关的记载仅见于《卢毓传》：“毓于人及选举，先举性行而后言才。黄门李丰尝以问毓。毓曰：‘才所以为善也，故大才成大善，小才成小善。今称之有才，而不能为善，是才不中器也。’丰等服其言。”②若论李丰个人行迹，据“恕少与冯翊李丰俱为父任，总角相善。及各成人，丰砥砺名行以要世誉，而恕诞节直意，与丰殊趣”③可见，李丰正是符合卢毓所言“常士畏教慕善”的典型例子。故而考李丰“才性异”常以卢毓做辅证。

按前文已引述卢毓对答明帝，认为选举可选有名者，其选任又“先举性行，而后言才”，皆可见其对“名”或名所代表的“性行之善”的重视，与傅嘏恰好相反，或可代表“才性异”的立论。赵翔据傅嘏与卢毓的差异而认为，“才性同的命题认为才能的本质为先天禀性，因此观察人物应超略后天才有的不具稳定性的相状，而探寻具有稳定性、必然性的先天性质”④。如按此说，则“才性同”之才

---

① 陈寅恪：《书〈世说新语〉文学类“钟会撰四本论始毕”条后》，《中山大学学报》1956 年第 3 期，第 70 页。

② 《卢毓传》，见（晋）陈寿撰，（南朝·宋）裴松之注，卢弼集解，钱剑夫整理：《三国志集解》，上海：上海古籍出版社 2009 年版，第 1789-1799 页。

③ 《杜畿传》附杜恕传注引《杜氏新书》，见（晋）陈寿撰，（南朝·宋）裴松之注，卢弼集解，钱剑夫整理：《三国志集解》，上海：上海古籍出版社 2009 年版，第 1414-1446 页。

④ 赵翔：《才性四本论与魏晋玄学》，《河北师范大学学报（哲学社会科学版）》2013 年第 2 期，第 43-49 页。

乃由性之生发，性为才之本，且性禀先天不可更改，“才性异”之才则为在性的基础上后天学习而得，性则仍为先天禀性，如此才性才有“异”可言，据此认为“才性异的命题肯定本性有种种不足和缺陷，还不能称为才，而后天力学的作用即在于完善本性，突破其限制，使人物成才。因此，与才性同重自然轻人为不同，才性异重人为而轻自然”①。但此处却留有一个疑点，即卢毓话语中的“性”是否包含后天因素改造。因为如果卢毓一方面“重人为而轻自然”，一方面又先性行而后言才，无疑是将性行与“人为”对等起来，而才能无疑是后天可以改造学习的，那么同样得益于后天的才与性，其“异”又当如何解释呢？如果因之将“人为”与“自然”对立而等同于将“才”与“性”对立得出“异”，那么这里的性显然不可能是卢毓所看重的“性行”。若进一步讲“性”与“行”分开，即将“才性异”中的性作为本性，而将卢毓口中称的“善”作为“行”，那么卢毓的思想在这里就无法与“性”挂钩，而只表述出“才”与“行”的关系，后二者更无异可言。故而笔者认为仅仅看卢毓的言论，不足以证明才性异的立意。

3. 王广

《世说新语》刘注引《魏氏春秋》：“王广字公渊，王凌子也。有风量才学，名重当时。与傅嘏等论才性同异，行于世。”王广后因其父王凌欲废帝而立楚王，事败被诛而并死。“凌与愚阴谋，以帝暗弱，制于强臣，闻楚王彪有智勇，欲共立之，迎都许昌……凌又遣舍人劳精诣洛阳，语其子广，广曰：‘凡举大事，应本人情。曹爽以骄奢失民，何平叔虚华不治，丁、毕、桓、邓虽并有宿望，皆专竞于世。加变易朝典，政令数改，所存虽高而事不下接，民习于旧，众莫之从，故虽势倾四海，声震天下，同日斩戮，名士减半，而百姓安之，莫之或哀，失民故也。今司马懿情虽难量，事未有逆，而擢用贤能，广树胜己，修先朝之政令，副众心之所求。爽之所以为恶者，彼莫不必改，夙夜匪懈，以恤民为先，父子兄弟，并

① 赵翔：《才性四本论与魏晋玄学》，《河北师范大学学报（哲学社会科学版）》2013年第2期，第43-49页。

握兵要，未易亡也。’凌不从。”①此一段王广所言，裴松之疑为习凿齿杜撰，然而即使没有长篇论述，王凌谋废立之时王广曾劝阻之则当有其事。陈寅恪认为：“据此，王、李乃司马氏之政敌，其持论与孟德求才三令之主旨符合，宜其忠于曹氏，而死于司马氏之手也。”②以政见之不同论才性异、才性离属曹魏，而才性同、才性合属司马氏，但这种说法缺乏更充分的证据。

然除此政见上的推测外，王广所留资料甚少，故而推测才性离之意者，往往据《世说新语》记载钟会作《四本论》毕，恐嵇康难己一则，推测嵇康或主张才性离的观点。如嵇康的《明胆论》将“明”与“胆”决然分割开，认为既然“二气不同”，不能相生，二者虽共同影响决定最终的行为，但并非由明生胆。赵翔据此推测才性离亦当将“才”与“性”割裂开，认为二者各自独立，并不相互转化。③据“才性离”之字面理解而作此推测实无不可，但若据嵇康之《明胆论》一文而认为嵇康支持“才性离”的观点则似有不妥。如韩国良认为嵇康的《明胆论》中，“明”不仅是才智见识，更包含道德性，而“胆”也有勇决之义，带有明智的属性，由此而附会嵇康此论即才性论的一种，并以嵇康的立场倾向于曹魏而与司马氏对立④，证据并不充分。《明胆论》中，“明”为智慧、见识无疑，即便可以成就道德，本身亦不具备道德性，在“才性”之中，比起“德”更接近于“才”，而“胆”虽也可以成就道德，但以嵇康的语义，其分离“明”与“胆”，便表明“无明”时“胆”仅是无所可决，而并非无“胆”，那么“胆”便理应完全脱离道德属性，亦只能算是“才”的一种。如

① 《王凌传》注引《汉晋春秋》，见(晋)陈寿撰，(南朝·宋)裴松之注，卢弼集解，钱剑夫整理：《三国志集解》，上海：上海古籍出版社2009年版，第2013-2024页。

② 陈寅恪：《书世说新语文学类钟会撰四本论始毕条后》，《中山大学学报》1956年，第70-73页。

③ 参见赵翔：《才性四本论与魏晋玄学》，《河北师范大学学报(哲学社会科学版)》2013年第2期，第43-49页。

④ 参见韩国良：《嵇康〈明胆论〉与才性四本》，《史学月刊》2013年第8期，第116-119页。

“性”与“才”离，“性”便完全不具备生化出“才”的关联性，那么“性”便不能指代“才”之“本”，而只能是独立于才、并非“本性”而是“德行”的性。抑或用“自然之性”来理解嵇康的性，而以“才”为后天矫作，但如孙登言嵇康才高识浅，此处“才”岂有贬低之意？竹林玄学中有以“行”为“伪饰造作”的思想，并反对“名教”崇尚“自然”，但“才”却很难附会以贬义，因而嵇康之《明胆论》很难用才性论解释，纵嵇康持论与王广同，文献亦不足征。

4. 钟会

钟会作为《四本论》最终集成者，应该说是对四本论影响最大的，且其人留下的相关史料也最为丰富。钟会自叙其家学：“年四岁授孝经，七岁诵论语，八岁诵诗，十岁诵尚书，十一诵易，十二诵春秋左氏传、国语，十三诵周礼、礼记，十四诵成侯易记，十五使入太学问四方奇文异训。”①从这一段也足可窥见当时士族子弟所学内容。除却明确列出的儒家经典外，钟会另提及其母：“雅好书籍，涉历书，特好易、老子，每读易孔子说鸣鹤在阴、劳谦君子、籍用白茅、不出户庭之义，每使会反覆读之，曰：‘易三百余爻，仲尼特说此者，以谦恭慎密，枢机之发，行己至要，荣身所由故也，顺斯术已往，足为君子矣。’”②说明钟会也有一定的玄学功底，可推想其纵然不长于此，亦有耳濡目染。史书载：“会尝论易无互体、才性同异。及会死后，于会家得书二十篇，名曰道论，而实形名家也，其文似会。初，会弱冠与山阳王弼并知名。”③《隋志》《经典释文·叙录》乃至《唐志》等都提到钟会注有《老子》两卷，今《文选》注中辑佚尚有钟会《老子注》数则，《荀融传》亦载：“（荀

① 《钟会传》注引钟会为其母传语，见（晋）陈寿撰，（南朝·宋）裴松之注，卢弼集解，钱剑夫整理：《三国志集解》，上海：上海古籍出版社 2009 年版，第 2083-2115 页。

② 《钟会传》注引钟会为其母传语，见（晋）陈寿撰，（南朝·宋）裴松之注，卢弼集解，钱剑夫整理：《三国志集解》，上海：上海古籍出版社 2009 年版，第 2083-2115 页。

③ 《钟会传》，见（晋）陈寿撰，（南朝·宋）裴松之注，卢弼集解，钱剑夫整理：《三国志集解》，上海：上海古籍出版社 2009 年版，第 2083-2115 页。

融)与王弼、钟会俱知名……与弼、会论《易》《老》义，传于世。”①则钟会实亦精于玄学，于《易》《老》无不谙熟，后人归之形名家，是当时形名与黄老相去无多，不仅前人有言：“佛老之于申韩，犹鼙鼓之相应也，应之以申韩，而与治道弥相近矣……其教佛老者，其法必申韩……其上申韩者，其下必佛老。”②且汤用彤亦称：“平叔具有法家精神，选人各得其才(傅咸语)，则亦善名家之术。”③

张溥曾认为钟会之玄学造诣乃不下王弼，论称：“钟士季弱冠与王辅嗣并知名，其论《易》无互体、才性异同，厥旨不殊。然山阳《易注》，光列学宫，而颍川玄辨，寂尔不显。岂才地经营，方期功业，无暇立言？或者身族糜覆，策书烟销，微言妙义，莫得而闻也？《志》云《道论》二十篇，系士季文笔，今不获见，其他亡佚可以类推。”④而钟会也似乎确实认同王弼：“弼与钟会善，会议论以校练为家，然每服弼之高致。”⑤但若只看钟会与王弼相通之处，而以王弼之论逆推钟会之想则不可，就性情之说来讲，史载：“何晏以为圣人无喜怒哀乐，其论甚精；钟会等述之。而弼与不同，以为圣人茂于人者神明也，同于人者五情也，神明茂故能体冲和以通无，五情同故不能无哀乐以应物，然则圣人之情，应物而无累于物者也。今以其无累，便谓不复应物，失之多矣。”⑥可见钟

① 《荀彧传》注引《荀氏家传》，见(晋)陈寿撰，(南朝·宋)裴松之注，卢弼集解，钱剑夫整理：《三国志集解》，上海：上海古籍出版社2009年版，第1375-1389页。

② (明)王夫之著，舒士彦点校：《读通鉴论》，北京：中华书局1975年版，第476-506页。

③ 《读〈人物志〉》，见汤用彤：《魏晋玄学论稿》，北京：北京大学出版社2010年版，第5-19页。

④ (明)张溥《魏钟会集题词》，见张溥著，殷孟伦注：《汉魏六朝百三家集题辞注》，北京：中华书局2007年版，第126-129页。

⑤ 《钟会传》注引何邵《王弼传》。见(晋)陈寿撰，(南朝·宋)裴松之注，卢弼集解，钱剑夫整理：《三国志集解》，上海：上海古籍出版社2009年版，第2083-2115页。

⑥ 《钟会传》注引何邵《王弼传》。见(晋)陈寿撰，(南朝·宋)裴松之注，卢弼集解，钱剑夫整理：《三国志集解》，上海：上海古籍出版社2009年版，第2083-2115页。

会与王弼并不尽同，王弼自有所发明，不能代表钟会何晏等人的思想高度。

王弼论及才性的学说较少，也比较支离，“圣人有情”一说虽精，但只关乎“情”而不涉及“性”与“才”，毋宁说圣人“神明茂”在于“才性”，而情自是“应物”而生者，此中并不能看出才性论的观点，而钟会所认同的何晏之“圣人无情说”又不得而详。考王弼论及“性”者，有《论语释疑》中王弼注“子曰：‘性相近也，习相远也。’”曰：“若以情近性，故曰性其情。情近性者何妨，是有欲。若逐欲迁，故云远也。若欲而不迁，故曰近。但近性者正，而能即性非正。虽即性非正，而使之正。譬如近火者热，而即火非热。虽即火非热，而能使之热。能使之热者，何气也，热也。能使之正者仪也，静也。又知其有浓薄者。孔子曰：‘性相近也。’若全同也，相近之辞不生；若全异也，相近之辞亦不得立。今云‘近’者，有同有异，取其共是，无善无恶则同也，有浓有薄则异也。虽异未向远，故曰近也。”①这里可以看出，王弼所言的“性”是“无善无恶”的，但却有“浓薄”之分，周建总结王弼的“性”的概念，指出其四个特性：“其一，以自然为性，就其内容而言，‘耳、目、口、心’等感官的自然需求，顺应人的自然本能，应当予以肯定；反之，违背人性的自然需求，‘不顺性命’，‘盲、聋、爽、狂’等欲望的产生，便会伤及人的自然本性。其二，从人性之共性、一般性、普遍性而言，性本自然，无善无恶。其三，就人性之个性、特殊性、偶然性而言，人作为个体而存在，因之所禀生而各有差异。其四，就动静关系而言，性为静，是本于人的内在的东西。”②王弼对“性”的阐释如果向上追溯，大抵也是禀之天性的一种，但不同于前人更多地着眼于本性与后天的才能、命运、行为表现的关系，王弼更多地论述了“性”本身是“自然”的。虽然在王弼的言语体系中，“自然

① 《论语释疑》，转引自杨世文：《魏晋学案》，北京：人民出版社 2013 年版，第 554 页。

② 周建：《王弼性情思想研究》，西南交通大学 2011 年硕士学位论文，第 30 页。

之性”是“无善无恶”的，因为禀之自然，“自然”本身就是道家最高的境界，符合“无”的特点，但这种“无善无恶”在王弼的理论中本就带有积极的意义，具有终极的价值。故而“性”在王弼的言论中与才情等后天、外在表现的关系，即如“本”之于“末”，而其提倡的价值便是“反本”的。

而钟会如何论述才性关系则缺乏文献，但钟会既然论才性合，我们首先要搞清楚何为“合”与“离”，钟会讲：“胶之与漆，合而不离，烟之与水，离而不合。”①仅仅是一个比喻，只能看出“合”即虽为二物、性质不同，但融合一处、不可分割，而“离”则同样为二物，但互不相容，极易分开。钟会此语正解释“合”“离”，那么类比到才性上，或许指才与性相互影响、联系紧密、无法分割，即为才性合，而若才与性可决然分开看待，互相没有影响则可视为离。

5. 小结

从对《四本论》作者的史料梳理上，我们可以看出以下几点：

在政治立场上，傅嘏、钟会为司马氏的股肱之臣，钟会著《四本论》之前虽尚不明确，但从傅嘏明确地反对曹爽阵营，或可猜想二人已然倾向于司马氏。而王广、李丰皆最终死于司马氏之手，其政治立场不如傅嘏、钟会明确，但也姑且可以归为倾向于曹魏。在个人品行与观念上，傅嘏重视实才、反对伪饰名声，不支持以名声选拔人才再后行考课的方式；李丰则砥砺名节、以邀世誉，更赞同卢毓因名择才的观念。王广钟会二人记载较少，但王广以“风量才学”名重于时，钟会亦以才学及贵公子称名，但德行上有违名士作风，也并没有体现出看重名节的倾向。从学问讲习上，傅嘏、钟会多少都有余流于玄学清谈，思想言论的影响记载也较丰富，而李丰、王广则缺乏此类记载。

① 王天海、王韧撰：《意林校释》，北京：中华书局2014年版，第592页。

四、《四本论》内容考辨

《四本论》原意及其论述已很难从记载的材料中汇集而出，如今想要考辨四本论之四本各自的含义，就不能不在已有材料的基础上进行大胆的猜测，而这些猜测的合理性则建立在以下两点的基础上：首先，从思想史上看，《四本论》本身的文献虽已散佚，但《四本论》之前与之后的人性论思想都尚有迹可寻，《四本论》既成就于四人之手，又盛行流传于东晋及以后，那么其思想溯之于前当属常见，尤其是其概念与定义更应该是众所周知的常用概念，考之与后则如有特异之处亦不可能全无影响，由此，后人有理由联系其前后思想发展而大胆诠释。其次，从历史背景来看，《四本论》之形成正在于汉末以来乱世带来的对于人物评论、选拔、考察的热议，形名学与道家、法家思想在社会主流中兴起，《四本论》正承接《人物志》等一系列人物评论思考，转而向蕴含抽象原理的玄学升华，其形成年代与面对的问题决定了《四本论》的讨论必会吸收形名儒法道等当时盛行的思想，针对当时选才选德、选任方式等问题提出见解，因此通过作者的政治观念、行事准则来猜测，虽不中不远矣。

王僧虔《诫子书》曾提到："六十四卦，未知何名；《庄子》众篇，何者内外；《八帙》所载，凡有几家；《四本》之称，以何为长。"①六十四卦之名与《庄子》内外篇可谓常识，既同为类比，今《八帙》《四本》虽已不可得而见，但对于当时人当是皆耳熟能详，且可以看出，《四本论》虽为四说之总集，当时评价中则有高下之分，且颇成定论。王僧虔心目中究竟何者为长，今不可得知，唯《晋书》有记阮裕事，提到："裕虽不博学，论难甚精。尝问谢万云：'未见《四本论》，君试为言之。'万叙说既毕，裕以傅嘏为长，于是构辞数百言，精义入微，闻者皆嗟味之。"②可知阮裕在谢万讲

---

① （南朝·梁）萧子显撰：《南齐书》，北京：中华书局1972年版，第598-599页。

② 《阮籍传》，见（唐）房玄龄等：《晋书》，北京：中华书局2002年版，第1359-1362页。

述后认可傅嘏的说法，且给出的理由得到了认可，但是否阮裕的想法即代表公论，也未可知。

今天对《四本》的点评略可一窥的只有顾欢这样一段话："会稽孔珪尝登岭寻欢，共谈《四本》。(顾)欢曰：'兰石危而密，宣国安而疏，士季似而非，公深谬而是。总而言之，其失则同；曲而辩之，其途则异。何者？同昧其本而竞谈其末，犹未识辰纬而意断南北。群迷暗争，失得无准，情长则申，意短则屈。所以《四本》并通，莫能相塞。夫中理唯一，岂容有二？《四本》无正，失中故也。'于是著《三名论》以正之。尚书刘澄、临川王常侍朱广之，并立论难，与之往复；而广之才理尤精诣也。"①这段评论信息较为丰富，首先，从分的角度来说，顾欢评价傅嘏"危而密"，而李丰"安而疏"，就这一对来说，"危而密"的评价当高于"安而疏"，因为《四本》既然谓"论"，论密则以为这可攻可防，禁得起辩护，疏则漏洞较多，至于"危"与"安"更像是符不符合世人直觉的一种评价，危即较为极端，让人乍闻而生疑，安则较为寻常，不细想不觉得不对。同样的，钟会"似而非"，王广"非而似"，在顾欢看来则王广胜过钟会，钟会立论虽符合直觉，但细思则不然，王广立论乍听奇诡，而久玩反觉有理。其次，从总的角度来说，顾欢认为《四本论》四方皆有缺陷，只是谈及表面("末")而没有深入到内在事实("本")。顾欢所反驳《四本论》而作《三名论》，今亦不传，故而顾欢究竟以何释"本"不可得知，而其反对四本论的另一个理由则堪玩味：顾欢认为，理只能有一个，不可能相反的命题并行不悖，由此认为《四本论》四个命题都失于偏颇。顾欢无疑曾亲读《四本论》，而这种批评是否可以说明四本论两两相对的命题，在《四本论》原本的书写中，并不显得那样水火不容，而是各有差异，但"莫能相塞"呢？抑或顾欢所批评的仅仅针对《四本论》四论皆能为人认同，没有哪一家做到了彻底驳倒其他，故而"莫能相塞"，说明其"长"者亦不足以为至论？史载顾欢："欢口不辩，善于著笔。著《三名

① 《顾欢传》，见(唐)李延寿撰：《南史》，北京：中华书局 1975 年版，第 1875 页。

论》，甚工，钟会《四本》之流也。又注王弼《易》二《系》，学者传之。”①顾欢作为道教人物，研究以道家为主，尤精《老子》，其《三名论》有“甚工”的评价，但后续影响却不大，大概也是当时清谈之风气已异于魏晋时期，《四本论》等谈资的热度也渐渐下降，也没有证据表明顾欢将《四本论》的论述更推进了一步，或许只是给出了调和之论吧。

由于缺乏直观文献，具体地理解《四本论》，我们只有试图回答以下几个问题，并由此对四论各自观点稍作猜测：第一，性是狭义地指“本性”，还是广义地指包括后天作为品行根据的“德性”。第二，性是指包括才能在内的人的一切外在表现的内在根据，还是仅仅是德行所对应的内在根据。第三，性是否直接地表露，能否根据外在表现判断和辨别。

1. 性是仅指“先天”还是包含“后天”

“性”是仅言先天还是包括后天这个问题，根据前面的文献梳理，我们可以看出，《四本论》形成以前的文化语境中，性既可以狭义地指先天“本性”，也可以广义地指包含后天改变后最终形成的“性”。例如王充《论衡》中认为性可以变化，那么这个“性”就是指广义的性，而其他认为“生之谓性”，又或《本性》篇中所梳理的观点，虽只言性，但多狭义地指先天的秉性，在语境中亦成立。而由此引申出，如果性本身并不仅指先天之性，那么性是否可以改变？这个问题中，王充论其可，刘劭论其难。即使抛开秦汉等较远的论述，最迟到王弼时，其论“性”已然不再是王充的“材质之性”而是倾向于“义理之性”，遥与宋明理学呼应。性为义理之性则必然禀之先天，更谈不上也无需谈善恶以及改变，而强调人能“反本复性”“性其情”，集成《四本论》的钟会与王弼同时，则关于性的种种说法都可能出现在《四本论》中。有理由认为，《四本论》中四论的“性”未必一致，如傅嘏反对“伪饰”，亦反对考课法，似乎不承认卢毓所言“畏教慕善”可以改善本性，则其思想可能更倾向于先

① 《顾欢传》，见（唐）李延寿撰：《南史》，北京：中华书局1975年版，第1875页。

天的“性”；而李丰认可卢毓将“性”与“善行”近乎等同地联系起来，这样则必然可勉而至，那么“性”的后天成分便不可忽略。若王广言才性离，其“性”仅强调内在于人，不受“才”的影响，至于“性”是否可以后天培养抑或只是先天的自然之性，则不可得知，但如果认为嵇康持此论，则嵇康心目中的“性”更接近于自然之性，而反对违背本性，遑论更改？至于钟会所论，既然合才性，那么二者必有相互影响、交叉融合之处，则不可能只是先天禀赋，故而大抵亦总先天与后天而言，如果此猜想成立，则钟会虽预玄谈，终究与王弼等不同。

2. 性是德与才的总体根据还是仅仅是道德的根据

性对应的外在表现仅仅是德还是包含德与才这个问题，王晓毅论当时的性：“正始前后的理论界对‘才’的看法出入不大，而对‘性’的认识则至少存在四种观点：一、指人的本质，二、指人的道德伦理方面的属性，三、指人的自然气质，四、指人的性格。”①简单来说，当时的日常语言中，“性”是一个比较宽泛的概念，可以说某人“性纯孝”，也可以说某人“性好货殖”，等等，几乎任何特点或性质都可以用“性”来指称，这样的“性”就并非一个统一的哲学范畴，甚至也不具备“内在”“本质”等特点。但当“性”被引入思想讨论，“性”的定义就从宽泛的日常用语中迅速地狭义化，必先要形成一个“性”的概念，而后才能谈论“性”，这也促使才性论的思考者不得不去清理、明确此前纷扰杂乱的“性”的概念。这个“定义”的过程中，“性”的概念也被分化开来，形成了截然不同的解释，这种解释的不同直接导致了讨论性的命题结论的互异。

一个最为常见和符合当时人直觉的解释，就是把“性”与“德行”联系起来，德行因性善恶而生，性由德行善恶而表现，所谓“汉末魏晋之时，性行很少简称为‘性’，而多称为‘行’。才智与操行的关系也就成为才与行的关系”②。细辨之，并非当时人将“性”

① 王晓毅：《魏晋才性论新探》，《东岳论丛》1986年第3期，第58-61页。

② 赵翔：《才性四本论与魏晋玄学》，《河北师范大学学报（哲学社会科学版）》2013年第2期，第43-49页。

等同于“行”，而是将“性”与“行”互为表里联系起来，举“性”便可以代指行，举“行”便可以代指性。可以说，“性”与“行”在一部分人看来是紧密联系的，这正是因为他们将“性”定义为“德行之性”，推想其理由，不外乎认为德行由本性决定，善恶忠孝等德行不同于随时可学可改的知识能力。即便在今天，也可以说人的性格一旦形成很难更改，这种困难正是刘劭等人都意识到的。上古传说中圣人垂裳而化，百姓可比屋而封的“神话”在魏晋之时看来已如痴人说梦，求贤才、依明主、择贤而任、择木而栖才是当务之急。在一系列的识鉴人物的论述中，“性”逐渐成为可以观骨相、观眸子，乃至于占卜生辰异象而可知的禀赋，这种禀赋里，尤数道德性情最难更改，故而德行也被视为“秉性”。同样的，才智、聪敏，这样“天赋”式的能力也不同于后天学习得来的知识和技巧，同样是后天难以改变的，正因此，另一部分人即转而认为才智更是“本性”，而德行尚可以后天勉励乃至伪饰，这便是杜恕所谓“人之能否，实有本性”,① 又如荀悦所说“才之实也，行可为才不可也”②。

我们甚至不妨大胆地猜想，傅嘏所论“才性同”，正是以先天天赋为才，而以“性”为广义的“本质、秉性”，外在的“能否”实则就是“本性”所包含的，故而“同”。按照袁准认为：“曲直者，木之性也。曲者中钩，直者中绳，轮桷之材也。贤不肖者，人之性也。贤者为师，不肖者为资，师资之材也。然则性言其质，才名其用，明矣。”③如此则才与性只是功用与本质的差别，自然可谓“同”。而以“才”为知识性、后天习得的能力，以“德行”为先天不可更改的禀赋，故而仅视“行”与“性”“同”，而“才”独立于“性”之外，则可言“才性异”。而如果直接以“性”为“德性禀赋”，“才”为“先天

① 《杜畿传》附杜恕传，见(晋)陈寿撰，(南朝·宋)裴松之注，卢弼集解，钱剑夫整理：《三国志集解》，上海：上海古籍出版社 2009 年版，第 1414-1446 页。

② (汉)荀悦撰，(明)黄省曾注，孙启治校补：《申鉴注校补》，北京：中华书局 2012 年版，第 182-220 页。

③ (晋)袁准《才性论》，见(清)严可均辑：《全晋文》，北京：商务印书馆 1999 年版，第 1769 页。

能力”，即才与性实际上是平等的地位，都是内在本质的一种，又或者“才”是包含禀赋与后天习得能力的总称，而“性”是包含先天道德属性与后天德行的总称，这才谈得上“合”与“离”。因为以钟会本意，离合都是指平等地位、同一层次的两物相关与否，“才性合”即“才”与“性”紧密关联，互相影响甚至也许会互相转化，而“才性离”则是“才”与“性”截然不同、互无关联，只能共同作用于人，并不会相互影响。由此我们不妨推测，钟会必以才、性分别为“才”与“德”的先天后天之总称，如此二者才能相互影响，而王广仅强调了二者无关，分之为“能力”和“德行”，无论先天后天，都互相独立，截然二物。

3. “性”能否根据外在表现判断和辨别

这个问题之所以关键，正因为才性论与人才评鉴和选拔密切相关，那么无论“性”对应“才”还是“德”，其如何能够体现出来、识别出来的问题都必须受到重视，并且其解释也与其对才性的理解息息相关。也正因如此，欧阳建《言尽意论》提道：“世之论者，以为言不尽意，由来尚矣。至乎通才达识，咸以为然。若夫蒋公之论眸子，钟、傅之言才性，莫不引此为谈证。”①可见钟会、傅嘏在谈论才性问题时也引用言不尽意论。“言不尽意”即表面的言语或“名”不能彻底完全地反映本质和实际，在才性论中，即体现为外在是否足以完全地反映人物的本质，这里涉及两个分歧，一是“德行”和“才能”分别属于外在还是内在，二是人物的外在是狭义地指“名声”，还是广义地指外貌行为等一系列可以观察到的表现。

如果认为人物的外在只是名声，那么外在往往是不足以表现本质的，如傅嘏认为李丰等人“伪饰”，即其名声与实际相违背，名不副实。而反过来说，李丰等人将外在表现均视为外在，则善行、才名共同构成与内在本质相对应的“表现”，那么能否通过外在完全地认识到内在，就只是一个抽象的“可知论”或“不可知论”的差异。认为可以反映，则无疑是将内在本质等同于“能被人通过外在

① （晋）欧阳健《言尽意论》，见（清）严可均辑：《全晋文》，北京：商务印书馆 1999 年版，第 2084 页。

所认识到的本质”，视二者无差别，如《论语》言：“视其所以，观其所由，察其所安，人焉廋哉?”①这也是识鉴人才的基本根据。若人完全“不可貌相”，那么识鉴品评也就无从谈起了，故而汉末以来传统的清议或选任都默认可以依据外在而辨别“性”。如果外在表现可以轻易地反映内在本质，那么循名责实顺理成章，如果外在表现与内在本质仍隔着一层“矫情伪饰”，但终究是可以被认识到的，那么仔细地考察、品鉴、慧眼识人的能力则更为关键，持此论者反对简单的吏部选任和粗暴的考课，而寄望于中正能够详细地考察定品。

赵翔根据“曹魏之时，政治选举中九品中正制与吏部选举并行。从原则上讲，吏部选举因名取士，重一时之名；中正为乡里清议的代表，重一贯之实……‘循名案常’即道出吏部选举的特点。‘名’因‘常士畏教慕善’而有，即为后天性的，因此也就有虚假的可能”②，将中正与吏部两种选拔方式对立起来，分别按以才性同、才性异的立场。这种说法实则是不严谨的，因为对于识鉴人物、选贤任能的方式主张的差异，并不完全取决于才性之同异的立场，才、性的同异，与名、实的同异也不可混淆，至于傅嘏既以才性为同，又以名实为异，亦带有偶然性。同样的，钟会或许也持“言不尽意”的观点，但形之于“言”的，不仅仅是名声，更包括了外貌德行等外在表现，如葛洪《抱朴子》提道：“区别臧否，瞻形得神。存乎其人，不可力为。”③因为人物识鉴之难，只能心领神会，不能具体地区别表述，只能由有识之士来做，不能著于律法考课等而让常人去“按图索骥”，其政治主张与傅嘏反对吏选、考课相同，而理由根据则未必一致，即一为名实考察之意，一为玄学式的本末言意之辨。当然，也可能傅嘏所持论也同于后者，但从其斥“名不副

① 《论语·为政》，见(宋)朱熹撰：《四书章句集注》，北京：中华书局1983年版，第56页。

② 赵翔：《才性四本论与魏晋玄学》，《河北师范大学学报(哲学社会科学版)》，2013年第2期，第43-49页。

③ 《清鉴篇》，见(晋)葛洪著，庞月光注译：《抱朴子外篇全译》，贵阳：贵州人民出版社1990年版，第423-438页。

实”的记载尚看不出这种倾向，而钟会则与何晏王弼等形而上玄学家交往更密，据其精于道家名家之说，而未以识人之明著称，或可推想其更接近后者。至于王广，其文献难征而且与所持之论并主张关系不大，此姑存而不论。

4. 小结

由以上猜测，我们不妨将四论的内容简单地列出表格：

表 2　**四论内容概括**

	傅嘏	李丰	钟会	王广
“才”	表现出的功用	知识能力等	知识能力等	先天能力禀赋
“性”	内在性质禀赋	内在道德属性	道德行为等	先天道德禀赋
“外在”	名声与伪饰	总体表现	总体表现	*
“内在”	人物才性之实际	实质	实质	*
“先天”	才与德的禀赋	才与德的基础	才与德的基础	才与德的禀赋
“后天”	技巧伪饰	可提高、改变	可提高、改变	*
政治立场	反对考课法 支持司马氏	反对司马氏 支持夏侯玄	支持司马氏	反对司马氏

解释一下：“才性同”认为“才”是“性”的外在功能，“性”是“才”的内在根据，二者的内容是相同的，都既包含道德也包含能力，二者并重。傅嘏评论夏侯玄、何晏等人时，一方面认为其才能不足，如“博而寡要”等，一方面也认为其道德修养不足，如“贵同恶异”等，并不区分道德与才能，将二者都视作才干志局，所谓“能否”也，并出于“本性”。

“才性异”则认为“才”即展现出来外在的“才华”，笼统地包括知识能力技巧等后天可学而至者，而“性”即“性行”“德性”，仅与道德相关，李丰是否区分“性”与“行”不可得知。赵翔针对二者区别提出：“以质用关系看待才性，则才能根源于本性，具有先天性；以文质关系看待才性，则才能根源于学习，具有后天性。前者以性为人物恒定的本质，不可改造，重质轻文；后者以性为人才发展的起点和可变的先天基础，必须被改造，重文轻质。”①即认为李丰将才性关系作为文质关系，但这样表述尚有异议，即“才”和“性”并非一者为文一者为质，而是“才”和“性”都是建立在“质”的基础上并可以“文”饰的。这里尚有一个疑问，即李丰的“性”究竟只包括内在的、本质的“性”，还是包含“行”在内的“性行”之统称。笔者认为，泛泛而谈的“性”虽然可以与“行”通用，但“性”本身即蕴含着内在、本质的意思，虽然李丰的“性”与“德行”乃互为表里，可称为“同”，但“性”仍旧仅指内在本质，而不包括外在行为。反过来讲，李丰所认为的人的内在本质也只有道德之性，而才华能力的禀赋则未被纳入考量。

对比“才性同”和“才性异”，首先，前者是将才能与道德平等看重，而后者是重视道德大于才能。仅论“才能”与“道德”之轻重关系，当魏晋之时，有认为才能更重要的，如徐干等；有认为德行更重要的，如卢毓等；有认为同等重要、不分彼此的，如傅嘏等。其次，前者看重先天禀赋，后者看重最终表现。看重先天者，其理由在于后天既可伪饰，又可更改，没有定准故而不足以为凭据；看重后天者，其理由在于“性相近，习相远”，德性才识多在于后天习得，且强调教化之作用、勤勉之有得，足以劝进后辈；至若无论先天后天，而以行为、名望、功业等为标准者，其理由在于法度明确，考核简便，易于实行，虽不能辨识异才而可以得常士。总的来说，“才性同”与“才性异”都没有把“才”和“性”放到同一个层次上，而是分属不同层次的概念。而“才性离”与“才性合”中“才”和“性”都是同一层面的概念，由此有“离”“合”的说法。

“才性合”认为“才”既包括聪明敏捷等天赋，也包括学识技能等后天习得的才华，而“性”也既包括先天禀赋的天性，也包括通过社会教化而得的德性。或者说，在“才性合”的命题中，既没有

① 赵翔：《才性四本论与魏晋玄学》，《河北师范大学学报(哲学社会科学版)》2013年第2期，第43-49页。

理由排除先天禀赋的差异，也不能否定后天影响，因为“才”可以影响“性”，譬如多学多识，而能行孝悌仁义，如《论语》称：“贤贤易色，事父母能竭其力；事君能致其身，与朋友交言而有信，虽曰未学，吾必谓之学矣。”①而“性”也可以影响“才”，譬如夏侯玄在《时事议》中说：“夫孝行著于家门，岂不忠恪于在官乎。仁恕称于九族，岂不达于为政乎。义断行于乡党，岂不堪于事任乎。”②即在古代社会中，为政所需要的才能，实际上与个人的德行密切相关，如果德行足称，即使没有什么超常的能力，为官也不至于太差，何况还有表率作用，也正因此，连下求贤令的曹操也认同“治平尚德行”。

而“才性离”则以“才”为才能的天赋，以“性”为道德的禀赋，虽然也没有证据表明“才性离”中的“才”“性”不包括后天习得，但其与“后天习得”的关系并不似“才性合”那样紧密。以“才”“性”为截然不同的两种东西，且互相没有影响也没有必然联系，可以有两种解释，一种是才就是才的禀赋，性就是德的禀赋。比如聪明、敏捷是“才”，善良、忠厚是“性”，一个人既可以木讷而善良，也可以愚笨而狡诈，既可以聪明而凶恶，也可以聪明而善良，则可知才性为二物，毫无联系，绝不能因为一人忠孝便认为他耳聪目明，也不能因为一个人愚笨而认为他无恶不作。另一种解释是和“才性合”一样，“才”既包括先天也包括后天，“性”也同理。比如文采斐然既需要先天聪慧也需要后天学习，而彬彬有礼也既需要先天善根也需要后天教养，但不妨有人才高八斗但贪利忘义，也不妨有人急公好义但目不识丁。王广究竟持何论不可得而知，但相对来说，前者更容易辩护，毕竟先天的两种属性互不影响是理所当然，而后天的“才”和“性”如何论证其完全互不影响，能够应对“才性合”的反

① 《论语·学而》，见(宋)朱熹撰：《四书章句集注》，北京：中华书局1983年版，第49-50页。

② 《夏侯尚传》附夏侯玄传裴松之注引《魏略》，见(晋)陈寿撰，(南朝·宋)裴松之注，卢弼集解，钱剑夫整理：《三国志集解》，上海：上海古籍出版社2009年版，第969-997页。

驳，则较有难度。

反过来看顾欢对四论的评价，傅嘏“危而密”，李丰“安而疏”，可以理解为李丰所认为的“才”和“性”更符合直觉，即将“才”简单地当做后天习得的知识能力，而“性”则是人的道德修养的根本，这也符合一般人心目中“德”与“才”的关系，但是如此定义“才”不免难以回应才华所需要的天赋该如何解释。而钟会“似而非”，王广“非而似”，则理解为才华与德性紧密相关是当时一般人的直觉，其缺陷在于“才”和“性”的定义过于广泛，而将“才”和“性”狭义地定位为先天的禀赋，这个定义其实也并不符合直觉，但将“才”“性”视为毫无关系，可以彻底分开的说法则更为“惊世骇俗”，反而细思后才能察觉其合理。

梳理完四论的内容，还有一些相关的问题，即学界普遍认可的陈寅恪所言才性四论的主张与其作者的政治立场直接相关。那么，曹魏与司马氏是否在才性立场上判然有别，又是否明确地分别代表着新兴势力与传统士大夫的利益？

首先，陈寅恪针对当时的政治派别分为阉宦与士大夫两派，提出：“士大夫宗经义，而阉宦则尚文辞。士大夫贵仁孝，而阉宦则重智术……魏为东汉内廷阉宦阶级之代表，晋则外廷士大夫阶级之代表。”①在这样截然两派的划分之下，进而认为曹魏所代表的阉宦阶级必要打破东汉士大夫传统理念，故而重视才能犹过于德行，而士大夫阶级原本固守儒教，因而更重视德行。在陈寅恪看来，《才性四本论》中的“才性”即“仁孝道德所谓性也。治国用兵之术所谓才也”②。在这样简单的区分下，才性合同即强调才能不能脱离道德，从而反对曹魏重才轻德，支持司马氏；而才性离异则认为才可以独立于道德，那么选拔有才之士便不必再苛求道德水平，此正是曹操求贤令之意。

---

① 陈寅恪：《书〈世说新语〉文学类“钟会撰四本论始毕”条后》，《中山大学学报》1956年第3期，第70页。

② 陈寅恪：《书〈世说新语〉文学类“钟会撰四本论始毕”条后》，《中山大学学报》1956年第3期，第70页。

但诚如前文所梳理，卢毓面折明帝、李丰砥砺名节，乃至王广之家世亦上溯王允，此皆东汉士大夫之余续，未可因其反对司马氏便归为阉宦，而支持司马氏者，如傅嘏、钟会，乃至何曾、贾充，未必无才，也未必有德。统观魏晋禅代之际，曹魏代汉之先例不远，臣民忠于一主之观念难立，或联吴，或联蜀，或自立，反复之臣常有，支持曹魏抑或支持司马氏，恐怕与其道德观念无甚关系，更多的只是利益之争。当然亦有忠心于曹氏者，淮南三叛莫不以此为名义，若论忠孝，似乎捍卫旧统者更占据道德优势，而也有积极为司马氏筹谋者，贾充钟会皆可谓其心腹，然钟会据蜀欲叛，岂是因道义而择主之人？退一步讲，若认为曹魏以重才轻德为政治核心，而司马氏则打着道德的旗号承接汉统，四论之作者不过是借题为之辩护，且问钟会又何必集《四本论》？何不干脆只论合同之说，使之流传于世，足以鼓动人心，又何至于四本并行，不能相塞呢？《汉晋学术编年》系钟会撰《四本论》毕一事于嘉平五年，五年前，正始十年已有高平陵事变，嘉平三年至甘露三年，不到十年的时间里，反对司马氏的淮南三叛势力皆被消灭，随后发生甘露之变，司马氏已一手掌握大权，不再受曹魏势力威胁，这一段历史即晋明帝所叹“若如公言，祚安得长”①之事，《四本论》何足为之辩护？故而笔者认为，言《四本论》之创作与政治紧密相关则可，其讨论话题之来源与应用，皆与选官任贤、识人辨世有关，但若说其立意都出自政治立场需要，则有不妥。

其次，《四本论》之“本”当如何理解？这个问题影响其实不大，但是会造成一个歧义，即四本论之“本”是否等同于“本末之本”，从而强调了四本论受到玄学以来“本末论”的影响。这一观点姚维在《才性之辨》中提出过，即认为由此“可推知才性之辨与玄学有直接关系”②。这个结论无可反驳，但若以《四本论》之“本”比于本末

① （南朝·宋）刘义庆原著，（南朝·齐）刘孝标原注，朱奇志校注：《世说新语校注》，长沙：岳麓书社2007年版，第508页。

② 姚维：《才性之辨——人格主题与魏晋玄学》，北京：人民出版社2007年版，第99页。

学说的思辨高度，则有不妥，笔者推测，“四本论”之“本”无异于当时常用语中的“根本”“基础”之意，未必具备形而上的高度。刘劭《人物志》有“盖人物之本，出乎性情”①，刘劭直言此语而无论证，可知以性情为人物之本大抵是当时所共识，且以常用语之义便足以解释，无需与玄学附会。《四本论》中的才性问题，亦与玄学中的本末问题大相径庭，若以后者来比附前者，未免会给理解造成更多障碍。

五、结语

魏晋玄学正式登上历史舞台，当以正始玄学为代表，此思潮之形成，则有两端，一为经学吸纳道家、名家、法家等思想而形成的“新学”，一为政治思想面对时事而逐渐生发的形名之学。汤用彤总结为：“(一)研究《周易》《太玄》等而发展出的一种‘天道观’；(二)是当代偏于人事政治方面的思想，如现存刘劭《人物志》一类那时所谓‘形名’派的理论，并融合三国时流行的各家之学。”②而《四本论》则是在玄学形成过程中，将形名之学与抽象思辨相联系的代表作品。针对这一时期的形名学发展，汤一介指出：“所谓‘名理之学’，在汉魏之际开始时大体上是讨论‘名分之理’，人君臣民各有其职守，如何使之名实相符，又如何使名实符而天下治，此为政治理论问题。后来渐渐进而讨论鉴识人伦的标准问题，于是讨论趋向于‘辩名析理’，而向着抽象原理或概念内涵之‘应然’方面发展。”③另一方面，抽象的天道也与人物性情学说建立了联系，“在王弼的《周易·乾卦·文言》注中说：‘不为乾元，何能通物之始？不性其情，何能久行其正？’可见‘性’是合‘理’的，用‘性’来

---

① 《九征》，见(汉)刘劭著，(北魏)刘昞注：《人物志》，郑州：中州古籍出版社 2007 年版，第 31-49 页。

② 汤用彤：《魏晋玄学论稿及其他》，北京：北京大学出版社 2010 年版，第 89 页。

③ 《辩名析理》，见汤一介：《郭象与魏晋玄学》，北京：北京大学出版社 2000 年版，第 213-220 页。

规范‘情’，就是‘从情从理’。这样一来‘人性’问题就和‘天理’问题联系起来了。”①

而《四本论》的价值也正在于其既代表了玄学之前阶段人物才性讨论的成就，也在之后魏晋玄学中占据一席之地，虽然其文本已散佚，但通过零散记载而推想，足以窥当时人物才性论思辨之一斑，也可以填补性情学说发展转折的重要阶段。

总结来说，通过梳理《四本论》之前人物才性学说的主要观点，分析魏晋之际的政治背景，以及具体剖析四论作者的相关记载，结合前人说法，笔者认为，《四本论》既不可以仅仅被视为政治立场的催生物，也不能仅根据字面理解而简单地作纯思辨看待，而应结合具体记载分析。《四本论》作为对才性问题讨论的集合，应该看到其中不同作者认识水平、概念定义、思考角度的差异，而不将其简单化地一概而论。一方面，这种差异导致了其立意相悖，形成争论与对抗的格局，另一方面，这种概念的不同本身就是对才性的认识与思考，折射出当时才性观念的多样性，而非止于对才性二者关系的辨析。

进一步分析《四本论》，一方面可以看出《四本论》中包含的“旧”的思想，即继承魏晋之前及曹魏早期人才学说、人性观念、道德观念的因素；另一方面也可以看到其中“新”的因素，即更加抽象思辨，与玄学的思考方法进一步结合，对于人物的才能、本性进行了更细致的剖析和分辨，为魏晋以后的人性学说发展做出铺垫。“新”与“旧”的交织混杂，正是当时观念转型期的折射，也是《四本论》的四论间矛盾与对抗的根源。

在解读《四本论》思想的过程中，不得不思考如下问题：“才”是一种外在表现、功用，还是一种人物的本质、属性？“性”仅指人物的道德属性，还是包含其他能力属性？“才”“性”是否包含后天习得、可改变的部分？政治才能与人物的道德水平关系为何？如何通过人物的外在表现辨别其“才”与“性”？选任官职时应当以什

① 《辩名析理》，见汤一介：《郭象与魏晋玄学》，北京：北京大学出版社2000年版，第213-220页。

么为标准？

从“同”的角度来说，是否将“才”的本质纳入“性”的概念之中，体现了魏晋时期对于人“性”的讨论不再囿于秦汉时的“善恶”之分，而融入了更多的考量因素；同时也反映了本末对应关系成为一种新的思路，将人的外在行为及才用更加严格地与其内在本质相对应，推动了对于“本质”的认识发展。而从“异”的角度来说，则更多地继承前人的德才观，并且包含了汉儒更为重视德行的观念，即使汉末魏晋重才的呼声高涨，但德性仍旧是世人心目中重要的考量标准。从“离”的角度来说，进一步厘清界定“才”“性”内涵，体现了魏晋时期批判传统、剖析概念的思潮，且更多地将才智与性行区分看待，讨论其在二者不可兼得时如何抉择。如《智行》篇之重“明哲”，而《申鉴》重“行”，都是从直观上表达个人观点，“才性离”则从理论上明确地将其区分开。从“合”的角度来说，则更符合传统的一般直觉，从“才性”二者既有区别又联系紧密、相互影响的方面着眼，更像是钟会总结以上诸家而给出的调和之论。

故而笔者认为，在对《才性四本论》的分析中，要更注重其差异和复杂性，不过度诠释附会，亦不能把问题平面化，使《四本论》能够更好地反映当时思想争鸣、新旧交织的复杂状况，复原人性论在魏晋时期发展的真实面貌。

参考文献

一、基本典籍

[1]（汉）王充注，张宗祥校注，郑绍昌标点：《论衡校注》，上海：上海古籍出版社2013年版。
[2]（汉）王符著，张觉校注：《潜夫论校注》，长沙：岳麓书社2008年版。
[3]（汉）徐干撰，孙启治解诂：《中论解诂》，北京：中华书局2014年版。
[4]（汉）刘劭著，（北魏）刘昞注：《人物志》，郑州：中州古籍出

版社 2007 年版。
[5] (汉)荀悦撰，(明)黄省曾注，孙启治校补：《申鉴注校补》，北京：中华书局 2012 年版。
[6] (魏)嵇康撰，戴明扬校注：《嵇康集校注》，北京：中华书局 2015 年版。
[7] (晋)陈寿撰，(南朝·宋)裴松之注，卢弼集解，钱剑夫整理：《三国志集解》，上海：上海古籍出版社 2009 年版。
[8] (晋)葛洪著，庞月光注译：《抱朴子外篇全译》，《审举篇》，贵阳：贵州人民出版社 1990 年版。
[9] (晋)范晔著：《后汉书》，北京：中华书局 1965 年版。
[10] (南朝·宋)刘义庆原著，(南朝·齐)刘孝标原注，朱奇志校注：《世说新语校注》，长沙：岳麓书社 2007 年版。
[11] (南朝·梁)萧子显撰：《南齐书》，北京：中华书局 1972 年版。
[12] (唐)房玄龄等：《晋书》，北京：中华书局 2002 年版。
[13] (宋)朱熹撰：《四书章句集注》，北京：中华书局 1983 年版。
[14] (明)张溥著，殷孟伦注：《汉魏六朝百三家集题辞注》，北京：中华书局 2007 年版。
[15] (明)王夫之著，舒士彦点校：《读通鉴论》，北京：中华书局 1975 年版。
[16] (清)严可均辑：《全晋文》，北京：商务印书馆 1999 年版。
[17] 杨世文：《魏晋学案》，北京：人民出版社 2013 年版。
[18] 徐国荣编著：《魏晋玄学会要》，南京：江苏人民出版社 2014 年版。

二、今人专著

[1] 唐长孺：《魏晋南北朝史论丛》，北京：商务印书馆 2010 年版。
[2] 汤用彤：《魏晋玄学论稿及其他》，北京：北京大学出版社 2010 年版。
[3] 牟宗三：《才性与玄理》，长春：吉林出版集团有限责任公司 2010 年版。

[4]汤一介：《郭象与魏晋玄学》，北京：北京大学出版社 2000 年版。
[5]姚维：《才性之辨——人格主题与魏晋玄学》，北京：人民出版社 2007 年版。
[6]汤一介、胡仲平编：《魏晋玄学研究》，武汉：湖北教育出版社 2008 年版。

三、研究论文

[1]陈寅恪：《书〈世说新语〉文学类“钟会撰四本论始毕”条后》，《中山大学学报》1956 年第 3 期。
[2]王晓毅：《从〈人物志〉看魏晋玄学的形成》，《学术月刊》1986 年版。
[3]王晓毅：《魏晋才性论新探》，《东岳论丛》1986 年第 3 期。
[4]田文棠、刘学智：《魏晋“四本才性”之论述略》，《陕西师大学报(哲学社会科学版)》1989 年第 3 期。
[5]余英时：《王僧虔〈诫子书〉与南朝清谈考辨》，台北中国文哲研究集刊 1993 年。
[6]王晓毅：《魏晋九品中正制的历史真相》，《文史哲》2006 年第 6 期。
[7]丁四新：《世硕与王充的人性论思想研究——兼论〈孟子·告子上〉公都子所述告子及两“或曰”的人性论问题》，《文史哲》2006 年第 5 期。
[8]周建：《王弼性情思想研究》，西南交通大学 2009 年硕士学位论文。
[9]赵翔：《才性四本论与魏晋玄学》，《河北师范大学学报(哲学社会科学版)》2013 年第 2 期。
[10]韩国良：《嵇康〈明胆论〉与才性四本》，《史学月刊》2013 年第 8 期。
[11]郝虹：《德与才的较量：从“唯才是举令”到九品中正制》，《孔子研究》2015 年第 1 期。

汉代纬书中的五星合聚

2013级　蔡纪风

摘　要：先秦传统对五星的认识多与五行相配，五星各主一方。西汉初刘邦建国时发生了五星聚井的天象，五星合聚成为一重要祥瑞，并在谶纬中被重视和发挥，从而改变了这一星象的占法。五星合聚的意义向祥瑞和吉祥的方向大大迈进了。纬书中有大量上古时代五星合聚的记录，这些记录都是造作和虚构的，不可以将其当做实际发生的天象来研究。

关键词：五星合聚；星占；汉代；纬书

一、引言

五星合聚是中国古代天文学的重要话题，亦对中国古代政治产生过明显的影响。这种天文现象在西汉初年真实发生并且被观测记录，在西汉中叶开始有学者赋予这种天象以政治含义。到了两汉际谶纬之学大兴，五星合聚作为一个可信的天象被加以改作，一方面，这一天象被加入上古史，上古各代之更迭之时，此现象均发生过；另一方面，此现象由于在刘邦立国之际发生，两汉际学者对其意义的理解发生了明显的转向，具有了吉祥的意义。由于五星合聚这一现象本身不易界定，亦不易观测，加上记录五星合聚意义的谶纬、气象杂占等文献多已散佚，到了宋代以后，五星合聚完全代表了“吉”的含义。

由于五星合聚的记录的产生多是春秋以前，有可能作为天文断代的材料，因此关注者多为天文学家和科技史家，海外学者如倪德卫(David S. Nivison)、彭瓞均(Kevin D. Pang)、班大为(David W. Pankenier)、夏含夷(Edward L. Shaughnessy)和中国学者江晓原、黄一农、张培瑜①等也持续关注此问题，国家“九五”科技攻关重点项目夏商周断代工程将五星合聚天象当做上古史断代的手段。而众多天文学家对这一问题的关注多集中在五星合聚作为天文学现象的具体的数据和信息的分析上，而对记载这一现象的文献缺少分析。少数学者关注到此现象的星占学意义，如黄一农先生在《社会天文学十论》中提出五星合聚是中国古代最吉的天象，吴蕴豪先生在《五星合聚是何运兆》一文中逐条分析了五星合聚的寓意，然而这些学者都没有注意到这一天象的寓意发生了转变，而最具说服力的文献就是汉代纬书中的五星合聚。本文力图展示西汉立国时发生的五星合聚天象及其对汉帝国的意义，并着重分析了对五星合聚天象记载最为集中的谶纬文献，勾勒出纬书所描绘的五星合聚的意义主要是经学和星占学，同时说明其吉祥的意义是从经学意义中演化出的。对于记载五星合聚及其发生日期的文献，不可将其当做原始天文记录。

何为五星？五星，又叫五纬，即岁星、荧惑、太白、辰星和镇星，分别对应木星、火星、金星、水星和土星。古人对五星的认识很早，而以岁星(木星)为最早，甲骨卜辞中已有岁星之记载，且开始以岁星的位置来进行占卜，预测吉凶。② 其运行轨道亦较早得

① 除了本文所引的文献外，关于作为天文计算数据的五星合聚的争论还可以在上引学者的这些作品中找到：[美]倪德卫：《〈竹书纪年〉解谜》，上海：上海古籍出版社2015年版；[美]夏含夷：《重写中国古代文献》，上海：上海古籍出版社2012年版。

② (清)罗振玉：《殷墟书契考释三种》，第9条：戊午卜，行贞，王宾岁，亡尤，在十三月。其中，“岁”作[illegible]，北京：中华书局2001年版，第254页。近世学者多以此“岁”为岁星。说详陈遵妫：《中国天文学史》中册，上海：上海人民出版社2006年版，第577页。章鸿钊：《殷人祀岁星考》亦主此说，并举王襄、郭沫若、董作宾之成果为证，其说尤详，见章鸿钊：《中国古历析疑》，北京：科学普及出版社1958年版，第113-118页。甲骨图版参见《中华五千年文物集刊·天文篇》上册，台北：中华五千年文物集刊编辑委员会1986年版，第71页。

到精密之计算。《淮南子·天文训》言：

> （岁星）十二岁而行二十八宿。日行十二分度之一，岁行三十度十六分度之七，十二岁而周。①

先民依此创制十二次之法，木星一年一次，并以此来记岁。这种记岁方法在秦汉典籍中频见。据陈遵妫先生考订，《汉书·天文志》记木星运行周期为11.92年，《后汉书》则是11.87年，与正确数值极为接近。② 土星二十八年走完一个周天，在古人的观测中，它每年镇压一个星宿，因此将其命名为镇星或填星。③ 金星，即太白，早上出现在东方被称为启明，晚上出现在西方被称为长庚。其光色银白，较容易发现。水星距离太阳较近，可以依附着太阳，走完十二辰，因此被叫做辰星。火星，即荧惑，由于其顺逆行情况纷乱，在先秦传世文献中极少见，是最晚出现在中国观测记录里的行星，古书之“火星”或“火”，多指恒星。④《淮南子·天文训》未言及其运行，而《史记·天官书》言之极略，⑤ 到了《汉书》，其出现

① 刘文典：《淮南鸿烈集解》，新编诸子集成本，北京：中华书局1997年版，第89页。

② 陈遵妫：《中国天文学史》中册，上海：上海人民出版社2006年版，第578页。

③ 《淮南子·天文训》：镇星以甲寅元始建斗，岁镇行一宿。见刘文典：《淮南鸿烈集解》，新编诸子集成本，北京：中华书局1997年版，第90页。

④ 先秦之“火”为天蝎座α星，见陈遵妫：《中国天文学史》中册，上海：上海人民出版社2006年版，第578页。冯时先生虽并火星、大火二称，其考察先秦时代火星观测，亦当是指恒星。见冯时：《中国天文考古学》，北京：中国社会科学出版社2007年版，第177页。

⑤ 《淮南子·天文训》：荧惑常以十月入太微，受制而出，行列宿，司无道之国，为乱为贼，为疾为丧，为饥为兵，出入无常，辩变其色，时见时匿。见《淮南鸿烈集解》，第90页，《史记·天官书》：法，出东行十六舍而止；逆行二舍；六旬，复东行，自所止数十舍，十月而入西方；伏行五月，出东方。[日]泷川资言考证：《史记会注考证》第5册，北京：新世界出版社2009年版，第1833页。

情况才比较清楚。

何为五星合聚？五星合聚又叫五星聚、五星连珠、五星会聚等①，是指五大行星以某种程度在星空中相遇和聚合，其聚合的程度，无论是古代学者还是当代学者都给出了不同的答案。清钦天监以为五星经度相距45度为界定标准，判断五星是否会聚。江晓原先生的标准宽泛，认为五星只需在太阳同一侧的黄道广度60度范围内②，黄一农先生则认为五星当以汉代井宿的黄道广度30度为界定标准③。加州理工学院的彭瓞均认为，古人(尤其在先秦以前)不易观测五星是否聚于某宿，故他主张不必同时以肉眼测见，只要次第离开聚合的星宿时被观测即可。这显然不对，古人分周天为十二次，一次30°，若要聚于某宿，则会聚范围不可以大于30°。笔者以为以黄先生说为优，然若不溺于其具体数字，五星确有会聚之可能当为事实。近世学者借助现代科技手段，可以判断出上下4 000年五星相会聚之情况，见下表图A。

① 值得注意的是，在中国古代，“五星”有时指五大行星，有时指五大行星中的任意一颗。因此类似于“五星合”“五星聚舍”等说法，不是指五大行星会合，而是指五星中两颗或两颗以上的星出现的状况，如《史记·天官书》：若五星入轸中，兵大起。这是说五星若有任意一颗星移动入轸宿，则会出现大的军事行动，在这里的“五星”和本文所论述的五星概念是不完全相同的，参见徐振韬主编：《中国古代天文学词典》，“五星会聚”条、“五星入”条，北京：科学普及出版社2009年版，第264、266页。

② 黄道广度指相邻两宿距星的黄经差。距星为测量星宿赤经黄经位置的标志星。见江晓原、钮卫星：《回天：武王伐纣与天文历史年代学》，附录中江晓原先生给出按其标准所算得之公元前2883年至公元2932年之所有五星合聚现象，见附录三《古今“五星聚”一览表》，上海：上海人民出版社2000年版，第262-286页。

③ 黄一农：《社会天文学十讲》，上海：复旦大学出版社2004年版，第51页。

发生日期	相互距离	发生日期	相互距离	发生日期	相互距离
5/2,1973BC	<21°	1/20,898BC	<28°	6/7,529AD	<26°
2/27,1953BC	<4°	6/3,822BC	<27°	8/9,591AD	<30°
12/19,1813BC	<17°	1/11,661BC	<17°	6/26,710AD	<6°
7/12,1734BC	<20°	11/20,543BC	<30°	12/18,808AD	<24°
3/8,1535BC	<22°	5/24,442BC	<17°	6/15,947AD	<21°
7/5,1497BC	<27°	3/30,422BC	<28°	4/14,1088AD	<20°
11/21,1375BC	<29°	9/29,402BC	<30°	2/14,1108AD	<17°
1/13,1256BC	<30°	5/30,205BC	<21°	6/17,1146AD	<30°
11/3,1198BC	<11°	3/25,185BC	<7°	8/20,1423AD	<28°
7/13,1178BC	<29°	11/28,47BC	<10°	6/20,1564AD	<19°
5/28,1059BC	<7°	4/6,234AD	<27°	5/1,1584AD	<17°
3/16,1039BC	<19°	7/29,272AD	<16°	11/12,1921AD	<28°
9/13,1019BC	<26°	6/7,292AD	<24°		
11/13,961BC	<22°	10/5,332AD	<9°		

图 A①

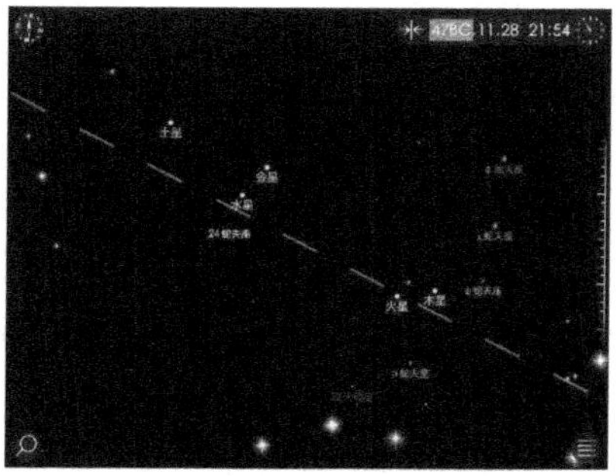

图 B②

二、西汉初的五星合聚天象

在中国历史上发生过许多次五星合聚的天象，在笔者看来，最重要也是影响力最大的一次是在西汉建国前后发生的，这次的“五星合聚”天象真实性强，影响力大，在不知不觉中改变了文前对于此天象的认识，也塑造了后世对此天象的看法。

《汉书·高帝纪上》：

> 元年冬十月，五星聚于东井。沛公至霸上。秦王子婴素车白马，系颈以组，封皇帝玺符节，降枳道旁。③

---

① 图 A 为黄一农先生借助西方天文学研究成果测算的公元前 2000 年至公元 2000 年间肉眼可见的“五星会聚”天象，且仅记载五星间相互距离不超过 30 度的情形。

② 图 B 为模拟于公元前 47 年 11 月 28 日可见的五星汇合天象。其观测纬度为今西安市(34°16′N，108°54′E)。五星相互距离在 27°以内。来源为美国维托科技开发平台(Vito Technology ©)的产品 Star Walk II，其可在限制观测时间和纬度的情况下得到较为准确的天空星相位置图。

③ (汉)班固撰，(清)王先谦补注：《汉书·高帝纪》，《汉书补注》，上海：上海古籍出版社 2009 年版，第 35 页。

中国古代对这次五星会聚的讨论众说纷纭。《汉书》记录的各方面信息都是完整的，其可信度应该相当高，这一记载也是中国古代提到五星合聚的代表性事件。

《汉书》记载五星聚井的发生时间为汉高祖元年十月，天文学家、科技史家都认为这是指公元前 207 年 11 月 14 日至 12 月 13 日。① 值得注意的是，在各种学者所研究计算的朔闰表和历史编年中，公元前 207 年对应秦二世三年。而学界一般认为汉袭秦历②，以十月为岁首，因此公元纪年之 11 月 14 日至 12 月 13 日，已属于汉元年，而非秦二世三年。

然而北魏年间，司徒崔浩和著作郎高允率先发现这个记载是失实的③，宋代刘攽、清代周寿昌均认为这次“五星聚井”是三个月

① 参考黄一农：《秦汉之际(前 220—前 202 年)朔闰考》，《文物》2001 年第 5 期，第 59-64 页。文中表三为秦始皇统一中国至汉高祖称帝期间之朔闰，结论亦为黄先生给出。又参张培瑜：《三千五百年历日天象》，郑州：河南教育出版社 1990 年版。张培瑜先生在《五星聚合与历史记载》一文亦明确“汉元年十月”为此数。见《人文杂志》1991 年第 5 期，第 103 页。

② 秦汉之际的历法是一个非常复杂的问题，古代学者多认为汉初历法继承秦代使用颛顼历，清末以来学者开始认为汉初历法与殷历多类似，银雀山汉简、张家山汉简和里耶秦简出土后，学者不再企图将秦汉历法简单地确定为殷历或是颛顼历，而认为其汉初历法有一个逐渐变化的过程，但汉初之历法计算恐怕仍出秦制。详见李忠林：《秦至汉初(前 246 至前 104) 历法研究——以出土历简为中心》，《中国史研究》2012 年第 2 期，第 62-63 页。

③ 《魏书·高允传》：时浩集诸术士，考校汉元以来，日月薄蚀、五星行度，并识前史之失，别为魏历，以示允。允曰：“天文历数不可空论。夫善言远者必先验于近。且汉元年冬十月，五星聚于东井，此乃历术之浅。今讥汉史，而不觉此谬，恐后人讥今犹今之讥古。”浩曰：“所谬云何？”允曰：“案《星传》，金水二星常附日而行。冬十月，日在尾箕，昏没于申南，而东井方出于寅北。二星何因背日而行？是史官欲神其事，不复推之于理。”浩曰：“欲为变者何所不可，君独不疑三星之聚，而怪二星之来？”允曰：“此不可以空言争，宜更审之。”时坐者咸怪，唯东宫少傅游雅曰：“高君长于历数，当不虚也。”后岁余，浩谓允曰：“先所论者，本不注心，及更考究，果如君语，以前三月聚于东井，非十月也。”可见高允知金火二星附日而行，而日之位置在尾箕二宿，在十二辰之申南方，不能出现在井宿之寅北。因此这个现象并没有发生。见(北齐)魏收：《魏书》，北京：中华书局 1982 年版，第 1068 页。

前的事，即七月而不是十月。① 著名天文史家中国科学院张培瑜先生经过测算，认为三个月前，也就是秦二世三年七月②仍然没有发生五星会聚的现象，因为当时只有土星在井宿，其余四星距离相当远。但他又同时算得，五星会聚之事在汉初确实发生过，但发生的时间在汉高祖二年3月25日至26日③，这个时间点距离汉高祖建国的首月（汉高祖元年十月）已经过去了一年半。

这是观察的疏忽和史官的误记吗？笔者认为不是，对于此事，《史记》也有记录：

> 汉之兴，五星聚于东井。④
>
> 汉王之入关，五星聚东井。东井者，秦分也。先至必霸。楚虽彊，后必属汉。⑤

《史记》的两条材料均未说明具体年月，比《汉书》记载模糊很

① 刘攽和周寿昌都认为《汉书》记载错误的原因在于历法方面，《史记·秦始皇本纪》："始皇推终始五德之传，以为周得火德，秦代周德，从所不胜。方今水德之始，改年始，朝贺皆自十月朔。"此可见此秦十月为建亥之月，但也有学者认为秦汉之际曾以建亥之月为正，以此算法，则十月为建未之月，相当于夏正（以建寅之月为正）之七月，日行至翼宿附近，距井宿不远（约在30度到60度之间），因此可能。见［日］泷川资言考证：《史记会注考证》，北京：新世界出版社2009年版，第1889页。

② 公元前207年8月17日至9月15日，日期见上引《秦汉之际（前220—前202年）朔闰考》。

③ 为公元前205年5月15日至16日。五星相距21度，日没时，五星十分接近，明朗醒目，便于观测，前后数十年，仅此一见。详见张培瑜《五星聚合与历史记载》，第104页。这一具体日期的数值存在争议和误差，如在2015年张培瑜先生出版的新书中将这一日期调整为公元前205年5月29日，黄一农先生计算为5月30日，相差只有几天，应当为可信，见张培瑜：《先秦秦汉历法与殷周年代》，北京：科学出版社2015年版，第354页。

④ （汉）司马迁：《史记·天官书》，北京：中华书局1963年版，第1888页。

⑤ （汉）司马迁：《史记·张耳陈余列传》，北京：中华书局1963年版，第4003页。

多。清代学者崔适在《史记探源》中认为《史记·天官书》是后代学者依照《汉书·天文志》所补，非司马迁之原笔，一个重要原因即《汉书》所记五星合聚天象比《史记》详细①。司马迁虽明确五星聚与汉立国有关系，但是没有将二事说成同时，更没有有意将五星聚的时间写作汉改元的第一个月，可见在司马迁眼里，二者是有先后关系的。笔者以为《汉书》的记载改变了以往对于五星聚这一天象的解说，也影响了后世对于五星聚的认识，然而《汉书》的说法和用意并非空穴来风，这种诠释也有自己的传承和流变。

三、五星合聚与五行传统

上文已述，今天所说的金、木、水、火、土五星本各有各的名字，而且可以肯定，这些自身的名字远比今天所称的名字来得早。之所以产生今天的名字是五行学说的影响，《尚书·洪范》详细地介绍了五行学说②，《国语》《左传》亦可见，到了战国时代，此说益盛，从传世文献和出土简帛，可看到先秦时代对五星及其含义的认识。长沙马王堆出土的汉墓帛书《五星占》著成年代在汉初③，其中也有关于五星配五行的思想：

> 东方木，其帝大浩(昊)，其丞句巟(芒)，其神上为岁星。岁处一国，是司岁。

① (清)崔适：《史记探源》，北京：中华书局1986年版，第101页。

② 《洪范》的主体思想和内容是商末，并经过了春秋战国的修订，最终着成年代当在战国初叶至中叶，说详刘起釪：《〈洪范〉著成时代考》，《中国社会科学》1980年第3期。屈万里：《尚书集释》，《屈万里全集》第2册，台北：联经出版事业公司1983年版，第116页。

③ 抄写年代在汉文帝前元十二年即公元前168年之前，但记录时间不超过文帝三年。见湖南省博物馆、中国科学院考古研究所：《长沙马王堆二、三号汉墓发掘简报》，《文物》1974年第7期，第39-48转63页。《马王堆天文书的时代》，见刘乐贤：《马王堆天文书考释》，广州：中山大学出版社2004年版，第21页。

南方火，其帝炎帝，其丞祝庸(融)，其神上为荧惑。【进退】无恒，不可为【极】，所见之□□兵革出二乡反复一舍□□□年。

中央土，其帝黄帝，其丞后土，其神上为填星。宾填州星。

北方水，其帝端(颛)玉(顼)，其丞玄冥，其神上为晨(辰)星。主正四时。

西方金，其帝少浩(昊)，其丞蓐收，其神上为大白。是司日行。①

马王堆出土的《五星占》是目前见到最古，也是极为重要的天文学文献，从上引材料中，我们不仅可以看到五星已经和五行完整对接，对每一星也都与方位和帝王相比附。除此之外，《五星占》对于五星的记载对我们了解当时人对五星合聚这一天象的认识亦有重大帮助。《五星占》中，对于火星最不清楚，自言其“无恒”，还无法确切了解火星运行的规律，而对于金星的周期最为准确，木星次之，土星又次之。而对于五星的会合、运行规律，《五星占》用“快”“慢”“逆”“留”来形容，利用的计算节点叫做“晨出”“晨入”。由这些可以大致知道，记录人已经能够较为准确地算得金星、木星和土星的回合周期，对于五星的认识不是等量齐观的，有些清楚有些模糊，《五星占》重视的五星出现的时刻是“晨出”“晨入”，并没有留下更早的关于五星的天文资料，亦仅根据五星的天文学意义，加以比附，与五行思想相配。除《五星占》以外，唐《开元占经》引《甘石星经》说云：

岁星所在，五星皆从而聚于一舍，其下之国，可以义致天下。

荧惑所在，五星皆从而聚于一舍，其下之国，可以礼致

① 刘乐贤：《马王堆天文书考释》，广州：中山大学出版社 2004 年版，第 29-57 页。

天下。

填星所在，五星皆从而聚于一舍，其下之国，可以重德致天下。

太白所在，五星皆从而聚于一舍，其下之国，可以兵致天下。

辰星所在，五星皆从而聚于一舍，其下之国，可以法致天下。①

《开元占经》中所引的《甘石星经》很明显不是战国时代的原本，钱宝琮先生认为是梁时的作品，但并不能排除其理论和资料来源更古。笔者赞同陈遵妫先生的看法，即认为将转引的《甘石星经》看做公元前四世纪的作品，但其数据和内容，则经过了后汉时代的一次修改②。这一说法与帛书《五星占》十分类似，亦可以说明其来源受五行思想影响，认为不同之星具有一定之意涵与方位，并非凡五星聚情况皆同，而是在政治上，五星所聚该天区对应分野之国将可能获得天命，“致理天下”。这一点比帛书《五星占》更进一步，它强调的是国家命运的轮回和转移。

以上说法大致能够包含战国秦汉之际对于五星的认识，作为官方的天文学家，掌握了大量天文文献的司马迁，其自身对五星的解说，几乎与上述说法无异。《史记·天官书》载：

五星皆从而聚于一舍，其下之国可以义致天下。③

① （唐）瞿昙悉达：《开元占经》子部七·术数类二，台北：“商务印书馆”1983年版，第3页，《文渊阁四库全书》，第807-324页。

② 详见汪晓原、钮卫星：《中国天文学史》中册，上海：上海人民出版社2005年版，第429页。

③ （汉）司马迁：《史记·天官书》第5册，北京：中华书局1963年版，第42页。相关异文还有：五星皆从而聚于一舍，其下国可以礼致天下。五星皆从而聚于一舍，其下之国，可重致天下。五星皆从太白而聚乎一舍，其下之国可以兵从天下。五星皆从辰星而聚于一舍，其所舍之国可以法致天下。

> 天有五星，地有五行。天则有列宿，地则有州域。①
>
> 五星合，是为易行，有德，受庆，改立大人，掩有四方，子孙蕃昌；无德，受殃若亡。五星皆大，其事亦大；皆小，事亦小。②

上引三条，第一条可以看做本文所形容的五星合聚的天象，第三条并不可以这样看待，见上引注7。司马迁对于此问题的看法，大致可以理解为以下几个方面：一、五星会聚其所对应天区，预示着将发生政权更替，以应上天。二、五星与五行有关。三、五星会聚也可能是凶事，关键在人的德行。司马迁的这些说法，尤其是政治层面的更替是帛书《五星占》所没有的，也是《开元占经》引文所不够明确的，至少司马迁口中的“易行”，在之前的文献中没有看到。

由以上文献对待五星合聚的态度来看，五星合聚并未成为一则对待汉代历史具有超越性影响的事，至少不会如《汉书》所说：

> 凡五星所聚宿，其国王天下。③
>
> 五星聚于东井，以历推之，从岁星也。此高皇帝受命之符也。④
>
> 汉之入秦，五星聚于东井，得天下之象也。⑤
>
> 始受命则白蛇分，西入关则五星聚。⑥

---

① （汉）司马迁：《史记·天官书》第5册，北京：中华书局1963年版，第1881页。

② （汉）司马迁：《史记·天官书》第5册，北京：中华书局1963年版，第1845页。

③ （汉）班固撰，（清）王先谦补注：《汉书·天文志》，《汉书补注》，上海：上海古籍出版社2009年版，第1830页。

④ （汉）班固撰，（清）王先谦补注：《汉书·天文志》，《汉书补注》，上海：上海古籍出版社2009年版，第1870页。

⑤ （汉）班固撰，（清）王先谦补注：《汉书·楚元王传》，《汉书补注》，上海：上海古籍出版社2009年版，第3297页。

⑥ （汉）班固撰，（清）王先谦补注：《汉书·叙传下》，《汉书补注》，上海：上海古籍出版社2009年版，第6283页。

《史记》《汉书》的这一区别，既体现了《史记》《汉书》在史学编纂上的公私之分，恐怕也体现了从《史记》编纂结束到《汉书》开始编纂的这一段时间，汉初五星合聚的天象有一个逐渐被放大和夸张的过程。

四、意义的转向：谶纬中的五星合聚

1. 天文学与上古史研究对五星合聚的关注

近代以来，随着天文学技术的进步和对古代天文学史的研究，以海外学者为代表的当代学者开始探索利用天文现象进行年代学的研究。从这一研究中，我们可以进一步反思对五星合聚天象的理解在西汉发生了怎样的变化。在中外学者的研究和争论中，以及在受这次争论影响的夏商周断代工程中，都可以看到大量的天文文献，笔者无意也无力逐个检讨这些文献的得失，只对涉及五星合聚的部分进行探讨，目的是一方面了解五星合聚这一天象在上古的意义，另一方面是为了推究在西汉时期其影响是如何变化的。

《夏商周断代工程1996—2000年阶段成果报告(简本)》第六节《夏代年代学研究》之三《夏代天象的天文推算》：

> 夏代有五星聚、仲康日食两条天象记录可通过天文推算考察夏年。1，“禹时”五星聚。《太平御览》卷七引《孝经钩命决》：禹时五星累累如贯珠，炳炳若连璧。有学者计算出在公元前1953年2月26日有一次很好的五星聚会。经过对夏代立国前后的五星聚合重新推算，也证实了这次五星聚会是迄今五千年中最难得的一次。……这种奇异壮观的天象，很可能在古人记忆中流传下来，因此可以作为估定夏代年代的参考。①

---

① 《夏商周断代工程1996—2000年阶段成果报告(简本)》，北京：世界图书出版公司2000年版，第80页。

张培瑜先生也言之凿凿：

> 中国古代文献中，至少有五处记载着，在武王伐商前后，有五星会聚的天象出现。文字各不相同，很可能都有其独立的来源。其中四次记载“五星聚于房”、一次注记“五星若连珠”。伐纣前后五星聚记载有：帝辛三十二年五星聚于房(今本竹书纪年)、殷纣之时五星聚于房(春秋纬元命苞)、甲子日月若悬璧，五星若连珠，昧爽武王朝至于商郊牧野，从天以讨纣(新论)。①

其实，记载上古史中五星聚的文献确实不算少，除了“禹时星累累如贯珠”“殷纣之时五星聚于房”之外，还有“颛顼时，五星聚于营室”“齐桓将霸，五星聚箕”②等。笔者不急于判断这些说法，而是发现这些说法都或多或少和谶纬思想有联系。

2. 纬书中的五星合聚

夏商周断代工程报告(简本)中提及的“禹时累累如贯珠”引自《太平御览》转引的《孝经钩命决》，是《孝经纬》之一篇；张培瑜先生引“殷纣之时五星聚于房”引自《春秋元命苞》，亦是《春秋纬》之一篇。其余上古史材料亦与谶纬文献有关。除上引条目外，谶纬文献中史无前例地对五星合聚天象予以高度重视，据笔者统计，现存谶纬文献中一共有 32 条关于此天象的记载，其中仅有 4 条没有对这一天象判断为吉，则此纬书的编写者对这一天象判断吉的比例，就现存文献来看高达 87.5%(见附录)。这一现象说明，五星合聚

---

① 说详张培瑜：《先秦秦汉历法和殷周年代》，北京：科学出版社，第 351 页，在夏商周断代工程中丛书中亦有对五星合聚的专门研究，引用资料已见张先生引，不再重引，其中另有一条引自刘向《洪范传》之一条，下文会展开论述，说见徐振韬、蒋窈窕著：《五星聚合与夏商周年代研究》，北京：世界图书出版公司 2006 年版，第 60 页。

② 《宋书·天文志》：今按遗文所存，五星聚者有三：周汉以王齐以霸。周将伐纣五星聚房；齐桓将霸五星聚箕；汉高入秦五星聚东井。见(梁)沈约：《宋书》卷二十五，北京：中华书局 1974 年版，第 735-736 页。

的天象在两汉际得到了充分的重视，其影响力也得到了极大的提高，而汉初的五星合聚现象无疑起到了作用。

所谓"颛顼时，五星聚于营室"的说法见于《尚书纬·考灵曜》：

> 元纪己巳允起，旃蒙摄提格之岁，毕娵之月，正月己巳朔旦立春，日月五星，皆起营室至度。①

这则材料并未提及颛顼，因为这一条本质上是一则历法材料，中国古代计算历法注重历元，一定要以甲子日并且恰好是朔旦日且是冬至作为起算点进行演算，这种做法历代承袭直到元代郭守敬才废止。从各历起算的元到某时的年数叫做"积年"，古代历学家一直强求更长的积年，因此常加上日月五星的行度，常要求日月合璧、五星连珠。实际上，这种做法是不可能实现的，那么这些和颛顼有何关系呢？笔者认为，上引《考灵曜》之材料有所来源，《新唐书·历志》引刘向《洪范传》：

> 历记始于颛顼上元太始阏蒙摄提格之岁，毕陬之月，朔日己巳立春，七曜具在营室五度。②

刘向《洪范传》已佚，《汉书·艺文志》载刘向《五行传记》十一卷，即此书，《楚元王传》并载之。《隋书·经籍志》言："济南伏生之传，惟刘向歆父子所著《五行传》是本其法，而又多乖戾。"③这

① 见[日]中村璋八、安居香山辑：《纬书集成·尚书纬·考灵曜》上册，石家庄：河北人民出版社1994年版，第365页。本文引用的所有谶纬文献均以此书为准，这部大书是对明清以来谶纬辑佚书的重要总结，被李学勤先生认为是谶纬辑佚的集大成之作，它搜罗完备，表明出典，明确校勘，添加索引，为研究者提供了极大的便利。所有引文中引自其他辑佚文献的谶纬条目，均标为出自《纬书集成》。

② （宋）欧阳修等：《新唐书》，北京：中华书局1975年版，第602-603页。

③ （唐）魏征等：《隋书》，北京：中华书局1973年版，第915页。

条记载略而言之即颛顼之时，五星聚于营室。后世如《晋书·历志》与清钦天监都提到颛顼时五星聚于营室。但是实际来看，这显然不能说明颛顼时确实发生了五星合聚。笔者认为，这是西汉人将这一天文现象附会在上古帝王，试图证明帝王受命必有符验。也是西汉今文经学大盛之后的社会思潮和政治手段。由刘向《洪范传》所引出的，谶纬文献中大量出现记录天地开辟场景的画面，在当时人眼中，在这一历法的最佳起算点，同时也是人类历史最重要的时刻，一定会发生五星合聚的天象：

> 天地开辟，七曜满舒光，元历纪名，月首甲子冬至，日月五纬，具起牵牛初，日月若悬璧，五星若连珠。①

除了历法的因素，纬书中也把这一天象单纯地当做一个吉利的信号：

> 至德之萌，五星若连珠，日月如合璧。②
>
> 至治之世，五星连珠。③

前文已叙，这一天象在汉以前所具有预示着五德更替的含义，

① ［日］中村璋八、安居香山辑：《纬书集成·尚书纬·考灵曜》上册，石家庄：河北人民出版社1994年版，第343-344页，相关异文见附录。

② ［日］中村璋八、安居香山辑：《纬书集成·易纬·坤灵图》上册，石家庄：河北人民出版社1994年版，第308页，同样内容亦见《坤灵图补遗》上册，第311页。此条内容有颇多异文，《文选》刘孝标注广绝交论注引，合作联。《初学记》卷一，《艺文类聚》卷二，《太平御览》卷三引，如合璧作若运璧，《太平御览》卷七引连珠作贯珠。《古微书》连作贯，合作联。《清河郡本》连作贯。此外，类似条目下，还有郑玄注两条。辑佚自《开元占经》条作：王者至德之萌，日月若连璧，五星若贯珠。郑玄注：至德之萌，谓将兴起之时。连璧，谓无朔望之异也。《开元占经》另一条作：王者有至德之萌，则五星若连珠。郑玄注：谓聚一舍，以德得天下之象也。

③ ［日］中村璋八、安居香山辑：《纬书集成·春秋纬·演孔图》中册，石家庄：河北人民出版社1994年版，第584页。

即应上天出明主，且其具体的吉凶概念要依据其自身是否有德行来判断，若其有德行，则百事顺利，是一个吉兆，若其无德行，则是一个凶兆。纬书的编写者打破了这一传统，重新树立了这一天象的含义，即此天象如果出现，则是一个完美的吉兆，表示当下处在盛世，君上有至德。正因为如此，纬书把这个天文现象附会于上古帝王：

> 孟春五纬聚房，凤凰衔书，曰：殷帝无道，虐乱天下，世命已移，不得复久，灵祇远离，百神歙去，五星聚房，昭理四海。昭理四海，言四海皆有依周之□也。①
>
> 殷纣之时，五星聚于房。房者，苍神之精，周据而兴。注曰：周起于房，而五星聚之，得天下之祥。②
>
> 文王之时，五星聚以房。③
>
> 禹时，星累累若贯珠，炳焕如连璧。④

这些说法类似于《汉书》载刘邦入关之言，只不过是附会而成的，纬书的编写者希望通过这种方式展现出汉帝的合法性和王权的神秘性，且与五德终始说接榫。这样，历代圣君之改立和践阼均可以和五星合聚的天象发生关系，这也是为什么《汉书》在展示这件事时，一定要将此事提前一年半，安排在汉代立国第一年的第一个月中，因为只有这样，汉王朝的合法性才可以充分凸显，谶纬中所记载的五星合聚的天象的力量才可以充分发挥作用。五星合聚和汉帝立国这两件事是相互影响，相互抬高彼此的地位的，由汉王入关

① [日]中村璋八、安居香山辑：《纬书集成·尚书中候·合符后》上册，石家庄：河北人民出版社1994年版，第443页。

② [日]中村璋八、安居香山辑：《纬书集成·春秋纬·元命包》中册，石家庄：河北人民出版社1994年版，第593页。

③ [日]中村璋八、安居香山辑：《纬书集成·春秋纬·元命包》中册，石家庄：河北人民出版社1994年版，第594页。

④ [日]中村璋八、安居香山辑：《纬书集成·孝经纬·钩命决》中册，石家庄：河北人民出版社1994年版，第1006页。

五星聚井，包括司马迁在内的学者开始充分认识这个天象并重视它，并在今文经学发展到极盛的情况将这一情况作为一旷世盛典进行书写，这又进一步影响了汉代历史的书写者。

班固对汉代历史的书写受谶纬思想的影响应该是无疑问的，问题在于，如何证明谶纬思想受到了汉初五星合聚天文现象的影响呢？如何证明这一天文现象在汉代有一个逐渐发展逐渐夸张的过程？

《孝经纬·援神契》中有一个故事：

> 鲁哀公十四年，孔子夜梦三槐之间，丰沛之邦，有赤烟气起。乃呼颜渊、子夏往视之，驱车到楚西北范氏街，见刍儿捕麟，伤其前左足，薪而覆之。孔子曰：儿来，汝姓为谁？儿曰：吾姓为赤诵，名子乔，字受纪，孔子曰：汝岂有所见耶？儿曰：见一兽，巨如羔羊，头上有角，其末有肉。孔子曰：天下已有主矣，为赤刘，陈项为辅。五星入井，从岁星。儿发薪下麟示孔子，孔子趋而往。麟蒙其耳，吐三卷，图广三寸，长八寸，每卷二十四字，其言赤刘当起，曰周亡赤气起，火耀兴，玄丘制命，帝卯金。①

这一故事借孔子之口论证汉代统治的合法性和必然性，其中就提到了在汉初发生的五星聚井天象，并且已经和获麟等量齐观了。由于历代的禁绝和学术思想的变换，谶纬文献已经大量亡佚，到元明之际，除《易纬》外，几乎全部亡佚，在纬书中很少出现如此连续的大段文字，并且出现不止一次，可见这则材料的重要性。由此可以充分证明，纬书的编纂者对这一天象是非常清楚的，也充分了解它对于汉帝国的含义。这种说法与上文所引之上古帝王立国时出现的五星合聚，在论述笔调上如出一辙，只不过这一次五星合聚太

① ［日］中村璋八、安居香山辑：《纬书集成·孝经纬·援神契》中册，石家庄：河北人民出版社 1994 年版，第 992 页。此条《孝经右契》中也有，文字略同，较长不再具引，见［日］中村璋八、安居香山辑：《纬书集成》中册，石家庄：河北人民出版社 1994 年版，第 1000-1001 页。

重要，必须借孔子之口说出，更加凸显其在汉人心中的地位。

除了纬书中记载的五星合聚之外，还有一些证据可以从侧面反映西汉时五星聚的天象逐步得到了重视。《汉书·赵充国辛庆忌传》：

> 上乃拜侍中乐成侯许延寿为强弩将军，即拜酒泉太守武贤为破羌将军，赐玺书嘉纳其册。以书敕让充国曰：……今五星出东方，中国大利，蛮夷大败。太白出高，用兵深入敢战者吉，弗敢战者凶。将军急装，因天时，诛不义，万下必全，勿复有疑。①

这次“五星出东方”的天象是否真实呢？答案是肯定的②，汉宣帝以五星出东方为依据，认为其意味着对中土大利，使赵充国急行前进。所幸赵充国没有听信，以“将在外，军令有所不受”为由拒绝了宣帝的号令。然而宣帝的这一说法与上述任何一种五星合聚现象的界定相比都更宽泛，可见宣帝时，对五星运行的政治化倾向已很明确，即其相并而行、相聚而生为吉祥利中国之事。

此外，1995 年在新疆尼雅出土的东汉末至魏晋的双人合葬墓中出土了一件护膊，上绣“五星出东方利中国”，下半段有“讨南羌”，可能与此事有关。这件护臂使用高级织物，是西汉至魏晋最高纺织工艺的代表，必为皇室所颁赐，是一件高规格的护符。在拉弓射箭的护臂上绣五星图案，用于作战，恐有借助五星合聚之力祈福之意，亦可旁证五星合聚之吉利已成共识。③

---

① (汉)班固撰，(清)王先谦补注：《汉书·赵充国辛庆忌传》，上海：上海古籍出版社 2009 年版，4668 页。

② 中国科学院国家天文台的吴蕴豪先生经过计算证实了这一点，他说：在公元前 61 年 11 月中下旬，入夜后至黎明，土星、火星、木星、金星、水星依次从东方升起。从长安观测，日出时水星地平高度超过 15°，金星近 30°，完全符合“五星出东方”的描述。参见吴蕴豪：《五星合聚是何运兆》，《中国社会科学报》2012 年第 A05 版。

③ 见国家文物局 2002 年《禁止出国(境)展览文物目录》，http://www.wenbao.net/html/whyichan/64th/1wuxingchudongfang.htm，说详于志勇：《“五星出东方利中国”释读》，《新疆日报》2012 年 3 月 22 日第 9 版。

3. 后代五星合聚天象举隅

虽然五星聚在西汉以前的一体两面的占星学意义并没有消失，但是多数情况下，这一天象在后代被认为是最吉利的天象，纬书虽然已经亡佚，但是其中创造的对于上古帝王的书写和上古帝王出现时五星会合聚的现象则深深烙在古代社会士人的记忆中。所以每当出现五星合聚时，重臣必对皇帝予以祝贺，并提到文武周孔和汉祚的历史故事，试举几例。

《宋书·天文志》引鱼豢言：五星聚冀方，而魏有天下。又言：

> 今案遗文所存，五星聚者有三：周汉以王齐以霸，周将伐殷，五星聚房。齐桓将霸，五星聚箕。汉高入秦，五星聚东井。齐则永终侯伯，卒无更纪之事。是则五星聚有不易行者矣。①

《宋书》撰者根据当时的文献遗存考察五星聚的天象和实际发生的情况，发现现实并不完全符合先秦对五星聚的星占学解释，认为五星聚并不代表司马迁所说的“易行”，齐桓定霸、汉高入秦，都是大吉之象。这是第一次从学理上对先秦的五星聚传统进行推翻，而其建立的依据毫无疑问受到了谶纬思想的影响。

值得注意的是，《宋书》第一次记载了“齐桓将霸，五星聚箕”的情况，这则材料笔者认为难以言定。张培瑜先生经过计算，认为齐桓公时确实出现了五星聚箕，黄一农先生认为所聚之地不在箕宿，值得商榷，然正史确然言之为“遗文所存”，或有根据，或无来源，恐已不得而知。但笔者认为，此条说法不见于汉以前典籍，其为真实记录的可能性微乎其微，这条记载恐为失落的纬书所记，当时虽已禁绝图谶②，中宫恐还得见，因此称之为遗文。这样解

---

① （梁）沈约：《宋书》卷二十五，北京：中华书局1974年版，第736页。

② 自东汉晚期以来，纬学伴随着古文经学的兴起不断遭到焚毁和禁绝。晋泰始三年，“禁星气谶纬之学”。前秦苻坚“禁老庄图谶之学”。北魏孝文帝太和九年下诏：“图谶之学，兴起于三季，既非经国之典，徒为妖邪所凭。自今图谶秘纬及名为《孔子闭房记》者，一皆焚之，留者以大辟论。”刘宋大明年间、萧梁天监年间也都下令禁绝图谶。到了隋炀帝，采取了更为果断的措施对谶纬进行了毁灭式的打击。

释，符合谶纬思想和现存谶纬文献所展示的面貌(《春秋纬》非常重视齐桓霸业)，同时也符合思想史上两汉际学者对上古帝王的创作。

此外对这种天象以大吉处理的例子还有很多。如北宋司天监：

> 景德四年，司天判史序奏："《甘氏星经》云：'五星近太阳而辄见者，如君臣齐明，下侵上之道也。若伏而不见，即臣让于明君，此百千载未有也，但恐今夜五星皆伏。'"①

明代黄宗羲进一步将五星合聚的意义由明主推向圣贤，将其对应于学术上的重要事件，认为每一次五星合聚，都有重要的圣贤诞生：

> 五星聚奎，濂、洛、闽出焉；五星聚室，阳明子之说昌；五星聚张，子刘子之道通。岂非天哉！岂非天哉！②

黄宗羲的这种说法毫无疑问是为了抬高其师刘宗周，他选择以这种方式来表达他的看法，即说明在他心中，五星合聚的天象已经彻彻底底地成为吉祥的代名词，先秦一体两面的传统似乎已经被忘记，在黄宗羲心中，五星合聚已经完全吉祥化了。

清代也出现了数量众多的五星合聚天象，据黄一农先生统计，清代天文官在两百年间(1662—1861)六次上奏了这个祥瑞③。雍正三年五星连珠，钦天监上奏："本年二月初二日庚午，日月合璧，以同明五星连珠而共贯宿，躔营室之次……五星连络可见，亘古罕

① 后果伏而不见，此即将近似天象附会为五星合聚。见(宋)释文莹：《湘山野录》卷上，《全宋笔记》第一编第6册，郑州：大象出版社2003年版，第13页。

② (清)黄宗羲：《明儒学案》下册卷六十二，北京：中华书局2008年版，第1510-1511页。

③ 黄一农：《社会天文学十讲》，上海：复旦大学出版社2004年版，第69页。

有，为此绘图呈览，请敕下史臣，永垂典册。”雍正皇帝也特别重视这次天象，把这次天象出现的原因归因于其父康熙，对这一天象在政治上也有所反映①。

天文学家和科技史学家力图证明，这些说法意味着当时确实发生了五星合聚的天象并进行断代，在笔者看来是需要极其谨慎的。因为通过对五星合聚寓意在汉代发展变化的分析，尤其是对谶纬文献的大量引用，可以发现五星合聚的现象在汉初发生后逐渐得到了重视，在纬书中一方面由于历法计算而出现在天地开辟之时，又出现在上古帝王得位之时，还被占星学家认为是至德之萌，几乎都是肯定的说法。纬书虽然亡佚，但是纬书中所记录的天象和寓意则继续被正史保存，一定意义上可以看做被官方所接受，这就使得历代都基本接受了尧时、克殷时有五星合聚发生这一说法。这就使得五星合聚的意义发生了转变，虽然五星合聚对政权有一体两面的观点，在后代，尤其是唐代有所反动，但是总体来看，五星合聚已经成为了吉祥的代名词。

五、文献的吊诡：天文的还是经学的？

传统上，中国古代天文学被认为是服务于古代农业生产，为判断时令提供帮助而存在的。这一观点固然有其合理性，但是似乎忽略了古代天文学真正核心和根本的意义。江晓原先生曾系统分析古代天文学和农业的关系，发现古代历法和天文记录的绝大部分内容与农业无关，认为古代天文学是为星占而服务的。他说：

> 仅就中国古代天文学而言，多年以来人们一直认为有两条不同的路线在平行发展着，一条是“迷信的”星占术，一条是“科学的”天文学(或即历法)。……(然而)评价古代的一项记录或成就，不能将其孤立起来，更不能将其强行纳入今天的知

① 见《清实录》第7册卷二十八，《清世宗宪皇帝实录》，北京：中华书局1985年版，第427页。

识框架中去，而是应该将其置于正确的历史背景之下。按照中国古代星占术理论，奇异天象都是对人间时世的预兆或警告，所以星占学家门必须日日夜夜警惕地注视天空，随时加以记录，并由此看出战争胜负、年岁丰歉、王朝兴衰、帝王是否“有德”等等。①

这篇论文是对中国古代天文学认识相当准确的一篇名文，其结论即中国古代天文学无论取得多么重大的成就都不能孕育出古希腊式的科学精神，这是因为无论是古代天文学还是历学，都和星占学紧紧地结合在一起，都是为星占学服务的。因此作为中国古代天文学的研究者，也必须理解天文现象对于星占的意义才可能理解这一现象所具有的价值和影响。因此在讨论五星合聚现象乃至任何一个天文现象时，都必须梳理这一天象在思想史上的发展过程，才可以进一步推论这一天象以及对这一天象的记载是否可信。天文学家和科技史家手握天文计算这一重要武器，秉持着科学主义的态度面对中国古代天文文献时，往往不能分清价值世界的天文现象和现实世界的天文现象。这时，他们便会盲目自大，当他们读到《春秋纬·元命包》记载“殷纣之时，五星聚于房”，而天文计算工具又告诉他们公元前1019年9月五星会聚角度只有25.4°时，他们就会选择相信，他们忘记了目前所见最早二十八宿的名称也早不过公元前五世纪②，且到战国末年，二十八宿的名称才逐渐整齐，到了《史记》《淮南子》的年代才大致是现在的样貌③。文献所记“聚房”之

① 江晓原：《中国古代的历法与星占术——兼论如何认识中国古代天文学》，《大自然探索》1988年第3期。

② 1978年，湖北随州出土公元前五世纪的古墓葬，其中有一件漆箱盖，有二十八宿之名，它称呼今天的营室为西营，称呼东壁为东营，营室之名在当时未定型，因此上引颛顼时五星合聚营室是靠不住的，参见王健民：《〈周礼〉二十八星辨》，《中国天文学史文集》第三集，北京：科学出版社1984年版，第117-123页。

③ 值得注意的是，《左传》昭公十七年引《夏书》曰：辰不集于房。这一房字并不指今天的房宿，房宿之名最早见于《尔雅》，亦可证明纬书所言“殷纣时五星聚房”必不出于当时的观测记录。二十八宿的产生和演变见陈遵妫先生所制表，见陈遵妫：《中国天文学史》中册，上海：人民出版社2006年版，第321页。

“房”必不是原始记录，他们也忘记了司马迁对于先秦天象的态度在《天官书》有充分的体现：

> 幽厉以往，尚矣。所见天变，皆国殊窟穴，家占物怪，以合时应，其文图籍禨祥不法。①

这句话明确表明，周幽王、厉王以前的天文资料实在太过久远而诡异，他自己对这些或吉或凶的天文记录是不相信的。当时人都有所保留，今人如何能言之凿凿，以为自己掌握了科学就下定论呢？

有鉴于此，笔者通过本文试图以五星合聚这一天象为例，勾勒其在思想史上的发展流变的过程，聚焦在西汉时期，着眼点放在前人多所忽视的谶纬文献中。笔者发现，在先秦时期，对五星合聚的书写有其自己的传统，五星与五行相配，这一传统虽然在中国延绵不绝，并未完全消失，但却被西汉初年发生的五星合聚深深地改变了。这一奇特的天文现象，在汉代立国后一年半的时间里发生，对汉人的思想和意识世界冲击造成了冲击，他们认为这一天象就是刘邦得天下的最佳征兆。再加上今文经学的大盛，历法演算的进步，在纬书中可以看到作为历法计算起点的五星合聚，作为天地开辟时壮阔景象的五星合聚，作为“至德之萌”征兆的五星合聚和作为上古帝王得天下的先验的五星合聚。当纬书亡佚后，这些思想依然有巨大的影响力，且由于它摆脱了纬书的束缚，得以堂而皇之地登入庙堂之高、朝廷之上，这种占星学说因此得以代代延续。

总之，中国古代天文学文献的旨趣和意义首先是经学和星占学的，其次才是天文学的。

---

① ［日］泷川资言考证：《史记会注考证》第5册，北京：新世界出版社2009年版，第1881页。

参 考 文 献

一、基本典籍

[1][日]泷川资言考证：《史记会注考证》，北京：新世界出版社 2009 年版。

[2](汉)班固撰，(清)王先谦补注：《汉书补注》，上海：上海古籍出版社 2009 年版。

[3](汉)荀悦：《前汉纪》，北京：中华书局 2005 年版。

[4](梁)沈约：《宋书》卷二十五，北京：中华书局 1974 年版。

[5](北齐)魏收：《魏书》，北京：中华书局 1982 年版。

[6](唐)房玄龄等：《晋书》，北京：中华书局 1974 年版。

[7](唐)魏征等：《隋书》，北京：中华书局 1973 年版。

[8](唐)瞿昙悉达：《开元占经》子部七・术数类二，《文渊阁四库全书》，台北："商务印书馆"1983 年版。

[9](宋)欧阳修等：《新唐书》，北京：中华书局 1975 年版。

[10](宋)高似孙：《纬略》，台北：广文书局 1970 年版。

[11](清)苏舆：《春秋繁露义证》，《新编诸子集成》，北京：中华书局 2012 年版。

[12](清)乔松年：《纬攟》，山右丛书初编，《丛书集成续编》1989 年版。

[13](清)黄宗羲：《明儒学案》，北京：中华书局 2008 年版。

[14](清)张廷玉等：《清朝文献通考》卷二六七，洪浩培影印《十通》，台北：新兴书局 1965 年版。

[15]《清实录》，北京：中华书局 1985 年版。

[16][日]中村璋八、安居香山：《纬书集成》，石家庄：河北人民出版社 1994 年版。

[17]黄晖撰：《论衡校释》(附刘盼遂集解)，新编诸子集成，北京：中华书局 2011 年版。

[18]刘文典撰：《淮南鸿烈集解》，新编诸子集成，北京：中华书

局 2013 年版。

二、今人专著

[1]屈万里：《尚书集释》，《屈万里全集》第 2 册，台北：联经出版事业公司 1983 年版。
[2]周予同：《周予同经学史论著选集(增订本)》，上海：上海人民出版社 1996 年版。
[3]吕思勉：《吕思勉读史札记》，上海：上海古籍出版社 1982 年版。
[4]钱穆：《秦汉史》，上海：上海书店出版社 2004 年版。
[5]钟肇鹏：《谶纬论略》，沈阳：辽宁教育出版社 1991 年版。
[6]蒙文通：《经史抉原》，成都：巴蜀书社 1995 年版。
[7]夏商周断代工程专家组：《夏商周断代工程 1996—2000 年阶段成果报告(简本)》，北京：世界图书出版公司 2000 年版。
[8]陈苏镇：《〈春秋〉与汉道——两汉政治与政治文化研究》，北京：中华书局 2011 年版。
[9]薄树人：《薄树人文集》，合肥：中国科学技术大学出版社 2003 年版。
[10]徐兴无：《谶纬文献与汉代文化构建》，北京：中华书局 2003 年版。
[11]刘乐贤：《马王堆天文书考释》，广州：中山大学出版社 2004 年版。
[12]李中华：《谶纬与神秘文化》，北京：中央编译出版社 2008 年版。
[13]陈槃：《古谶纬研讨及其书录解题》，上海：上海古籍出版社 2010 年版。
[14]黄复山：《汉代〈尚书〉谶纬学述》，台北：花木兰文化出版社 2007 年版。
[15]黄复山：《东汉谶纬学新探》，台北：花木兰文化出版社 2007 年版。
[16]陈遵妫：《中国天文学史》，上海：上海人民出版社 2006

年版。
[17]陈美东:《中国古代天文学思想》，北京：中国科学技术出版社 2013 年版。
[18]徐振韬主编:《中国古代天文学词典》，北京：中国科学技术出版社 2013 年版。
[19]中国天文学史文集编辑组:《中国天文学史文集》第三集，北京：科学出版社 1984 年版。
[20]冯时:《中国天文考古学》，北京：社会科学文献出版社 2001 年版。
[21]江晓原:《天学真原》，沈阳：辽宁教育出版社 1997 年版。
[22]丁緜孙:《中国古代天文历法基础知识》，天津：天津古籍出版社 1989 年版。
[23]江晓原、钮卫星:《中国天学史》，上海：上海人民出版社 2005 年版。
[24]江晓原、钮卫星:《回天：武王伐纣与天文历史年代学》，上海：上海人民出版社 2000 年版。
[25]黄一农:《社会天文学十讲》，上海：复旦大学出版社 2004 年版。
[26][美]班大为著，徐凤先译:《中国上古史实揭秘——天文考古学研究》，上海：上海古籍出版社 2008 年版。
[27][日]安居香山:《緯書と中國の神秘思想》，东京：平河出版社 1988 年版。

三、研究论文

[1]湖南省博物馆、中国科学院考古研究所:《长沙马王堆二、三号汉墓发掘简报》，《文物》1974 年第 7 期。
[2]刘起釪:《〈洪范〉著成时代考》，《中国社会科学》1980 年第 3 期。
[3]江晓原:《中国古代的历法与星占术——兼论如何认识中国古代天文学》，《大自然探索》1988 年第 3 期。
[4]张培瑜:《五星聚合与历史记载》，《人文杂志》1991 年第 5 期。

[5]黄一农：《秦汉之际(前220—前202)朔闰考》，《文物》2001年第5期。
[6]张富祥：《关于夏代积年与"五星聚"》，《管子学刊》2005年第3期。
[7]任蜜林：《百年来中国谶纬学的研究与反思》，《云梦学刊》2006年第2期。
[8]李忠林：《秦至汉初(前246至前104)历法研究——以出土历简为中心》，《中国史研究》2012年第2期。
[9]吴蕴豪：《五星合聚是何运兆》，《中国社会科学报》2012年第A05版。
[10]仇鹿鸣：《五星合聚与安史之乱起兵的政治宣传——新发现燕〈严复墓志〉考释》，《复旦大学学报(社会科学版)》2011年第2期。

附录谶纬文献中的五星聚

1. 至德之萌，五星若连珠，日月如合璧。①

2. 天地开辟，元历纪名，月首甲子冬至，日月五纬，具起牵牛初，日月若悬璧，五星若编珠。

3. 天地开辟，七曜满舒光，元历纪名，月首甲子冬至，日月五纬，俱起牵牛初，日月若悬璧，五星若连珠。

4. 日月首甲子冬至，日月五星，俱起牵牛初，日月合璧，五星若联珠，青龙甲寅，摄提格。

5. 天地开辟，曜满舒光，元历纪名，月首甲子冬至，日月五星，具起牵牛初，日月若悬璧，五星若编珠。

6. 日月如合璧，五星若编珠。

7. 五星若偏珠，旋玑中星。星调，则风雨时。②

① ［日］中村璋八、安居香山辑：《纬书集成·易纬·坤灵图》上册，石家庄：河北人民出版社1994年版，第308页。

② 以上6条见［日］中村璋八、安居香山辑：《纬书集成·尚书纬·考灵曜》上册，石家庄：河北人民出版社1994年版，第343-344页。

8. 元纪己巳允起，旃蒙摄提格之岁，毕娵之月，正月己巳朔旦立春，日月五星，皆起营室至度。郑玄曰：岁在寅，曰摄提也。①

9. 天地开辟，甲子冬至，日月若悬璧，五星若编珠。贯，联络也。②

10. 孟春五纬聚房，凤凰衔书，曰：殷帝无道，虐乱天下，世命已移，不得复久，灵只远离，百神歙去，五星聚房，昭理四海。昭理四海，言四海皆有依周之□也。③

11. 五纬合，王纪更。④

12. 五纬聚房，为义者受福，行恶者亡。⑤

13. 至治之世，五星连珠。君怀骄行，民多讳言，将见奇闻，紫微云蔽。⑥

14. 殷纣之时，五星聚于房。房者，苍神之精，周据而兴。注曰：周起于房，而五星聚之，得天下之祥。⑦

15. 文王之时，五星聚以房。⑧

16. 岁星帅五精聚于东方七宿，仓帝以仁良温让起，皆以所舍

---

① ［日］中村璋八、安居香山辑：《纬书集成·尚书纬·考灵曜》上册，石家庄：河北人民出版社1994年版，第365页。

② ［日］中村璋八、安居香山辑：《纬书集成·尚书中候》上册，石家庄：河北人民出版社1994年版，第399页。

③ ［日］中村璋八、安居香山辑：《纬书集成·尚书中候·合符后》上册，石家庄：河北人民出版社1994年版，第443页。

④ ［日］中村璋八、安居香山辑：《纬书集成·诗纬·含神雾》上册，石家庄：河北人民出版社1994年版，第456页。

⑤ ［日］中村璋八、安居香山辑：《纬书集成·诗纬》上册，石家庄：河北人民出版社1994年版，第486页。

⑥ ［日］中村璋八、安居香山辑：《纬书集成·春秋纬·演孔图》中册，石家庄：河北人民出版社1994年版，第584页。

⑦ ［日］中村璋八、安居香山辑：《纬书集成·春秋纬·元命包》中册，石家庄：河北人民出版社1994年版，第593页。

⑧ ［日］中村璋八、安居香山辑：《纬书集成·春秋纬·元命包》中册，石家庄：河北人民出版社1994年版，第594页。

占国。

17. 荧惑帅五星聚于南方七宿，赤帝以宽明多智略起。

18. 填星帅五精聚于中央，黄帝以重厚贤圣起。

19. 太白帅五精聚于西方七宿，白帝以勇武诚信多节义起。

20. 辰精帅五精聚于北方七宿，黑帝以清平净洁通明起。①

21. 五星入东井，从岁星聚，杀白而发黄，神奉绝用，兵卒乱，以义得天下。②

22. 五星聚于一宿，天下兵起。③

23. 赤有过，其已失命，绝于天，则五星聚摄提，反冲，乱不禁。④

24. 五星聚，天子穷。

25. 五精入牛，从岁星聚，用兵，边乱，以义得天下。

26. 五精从辰星，聚于北方七宿，黑帝起，以宿占国。⑤

27. 鲁哀公十四年，孔子夜梦三槐之间，丰沛之邦，有赤烟气起。乃呼颜渊、子夏往视之，驱车到楚西北范氏街，见刍儿捕麟，伤其前左足，薪而覆之。孔子曰：儿来，汝姓为谁？儿曰：吾姓为赤诵，名子乔，字受纪，孔子曰：汝岂有所见耶？儿曰：见一兽，巨如羔羊，头上有角，其末有肉。孔子曰：天下已有主矣，为赤刘，陈项为辅。五星入井，从岁星。儿发薪下麟示孔子，孔子趋而往。麟蒙其耳，吐三卷，图广三寸，长八寸，每卷二十四字，其言

---

① ［日］中村璋八、安居香山辑：《纬书集成·春秋纬·运斗枢》中册，石家庄：河北人民出版社 1994 年版，第 727 页。这一条在《集成》中分为六条，从《开元占经》中辑出，为叙述方便，此处合为一条。以上五条均出自此。

② ［日］中村璋八、安居香山辑：《纬书集成·春秋纬·感精符》中册，石家庄：河北人民出版社 1994 年版，第 753 页。

③ ［日］中村璋八、安居香山辑：《纬书集成·春秋纬·考异邮》中册，石家庄：河北人民出版社 1994 年版，第 797 页。

④ 其中四库全书本赤作帝，其已失命作既已命，冲作衡。无论在校勘上如何改字或解释，这一条对五星聚的基本态度的否定的。

⑤ 以上四条见［日］中村璋八、安居香山辑：《纬书集成·春秋纬》中册，石家庄：河北人民出版社 1994 年版，第 922 页。

赤刘当起，曰周亡赤气起，火耀兴，玄丘制命，帝卯金。①

28. 禹时，五星累累若贯珠，炳焕如连璧。②

29. 五星聚毕，经岁皆失度逆行，不出五年，天子崩，万民失进退，大旱，饥并起。③

30. 岁星率五纬聚房，青帝起。④

31. 太白帅五纬聚参，白帝起。⑤

32. 辰星帅五纬聚营室，黑帝起。⑥

① ［日］中村璋八、安居香山辑：《纬书集成·孝经纬·援神契》中册，石家庄：河北人民出版社 1994 年版，第 992 页。又见［日］中村璋八、安居香山辑：《纬书集成》中册，石家庄：河北人民出版社 1994 年版，第 1000-1001 页。

② ［日］中村璋八、安居香山辑：《纬书集成·孝经纬·钩命诀》中册，石家庄：河北人民出版社 1994 年版，第 1006 页。

③ ［日］中村璋八、安居香山辑：《纬书集成·河图·灵武帝篇》下册，石家庄：河北人民出版社 1994 年版，第 1192 页。

④ ［日］中村璋八、安居香山辑：《纬书集成·河图》下册，石家庄：河北人民出版社 1994 年版，第 1230 页。

⑤ ［日］中村璋八、安居香山辑：《纬书集成·河图》下册，石家庄：河北人民出版社 1994 年版，第 1235 页。

⑥ ［日］中村璋八、安居香山辑：《纬书集成·河图》下册，石家庄：河北人民出版社 1994 年版，第 1237 页。

香泛流酥——魏晋至隋唐时期乳制品考述

2013级　孙博弘

摘　要：饮食作为日常生活中最重要的组成部分之一，极大地反映了当时社会的各种状况。魏晋至隋唐时期，受民族大交流大融合的影响，乳、酪、酥、醍醐和乳腐等乳制品层出不穷。它们的传播和消费大体呈现了自上而下，由北及南，从统治阶层至平民百姓的趋势。这种趋势和魏晋至隋唐时期胡汉交融的特点是一致的。换言之，从乳制品的发展史我们可以轻易看出魏晋至隋唐时期胡汉交融的文化大氛围。

关键词：乳制品；魏晋；隋唐；胡汉交融；饮食文化

一、引言

1. 研究缘起及意义

中国是著名的美食之邦。圣人有云："食色性也。"《礼记·礼运》中也说："饮食男女，人之大欲存焉。"①周代的礼乐文化正和饮食密不可分。中国人自古好吃、会吃，并由此引申出一整套颇具特色，具有鲜明的民族特点的饮食文化来。从古至今，即便是在"君子远庖厨"传统的影响下，仍然有无数文人墨客层出不穷地撰写各种饮食相关的著作。仅就魏晋时期而言就有何曾著的《食疏》、

① 杨天宇译注：《礼记译注》，上海：上海古籍出版社2004年版，第275页。

崔浩著的《食经》和虞悰著的《食珍录》等，不一而足。可以说，饮食对于中国人而言，不仅仅是维持生命生活的必需部分，同时也是构成中国人物质和精神世界的重要组成。

饮食及其文化是研究社会史、物质文化不可或缺的一个视角及线索，尤其是对于"民族融合"这样的一个议题来说，从这样贴近生活现实的角度更能够真切地反映当时的状况和风貌。

魏晋至隋唐的约七百年间是中国历史上非常著名的大分裂大融合时期，也是中国传统文化形成的重要时期。尤其是少数民族进入中原，给中原的政治经济和文化都带来了巨大的冲击和影响。从饮食文化上来说，彻底摆脱了茹毛饮血，开始追求食不厌精脍不厌细的中原饮食系统，与仍然带有一定的原始色彩，却有着大量新奇有趣的食材和烹饪技法的少数民族饮食系统发生了激烈的碰撞。二者相互交融，相互影响，不仅使民众的餐桌极大地丰富起来，更使汉族和少数民族的文化得到了相互理解和发展。

2. 研究发展及现状

虽然从古至今关于饮食的相关著作层出不穷，但是专门的饮食文化、饮食系统的相关研究却是从近年才逐渐兴起。这股研究饮食文化的热潮的兴起，一方面是由于学界意识到了这个研究领域的空白，另一方面也是出于迎合经济水平提升后的民众对饮食文化的追求的考虑，故而在改革开放后的一段时间里，相关专著如同雨后春笋般不断涌现出来。

这一时期的主要著作有：林乃燊《中国古代饮食文化》(商务印书馆，2007 年)；姚伟钧《中国饮食文化探源》(广西人民出版社，1989 年)；王学泰《华夏饮食文化》(商务印书馆，2013 年)；王子辉《中国饮食文化史研究》(陕西人民出版社，1997 年)；黎虎《汉唐饮食文化史》(北京师范大学出版社，1988 年)；赵荣光《中国饮食文化史》(上海人民出版社，2006 年)；王仁湘《饮食与中国文化》(人民出版社，1993 年)；王利华《中古华北饮食文化的变迁》(中国社会科学出版社，2000 年)；王玲《魏晋北朝时期内迁胡族的农业化与胡汉饮食交流》(《中国农史》2003 年 4 月)；姚伟钧《汉唐饮食制度考论》(《中国文化研究》1999 年第 1 期)等。

这些都是比较系统地介绍中国饮食文化的著作，但是囿于篇幅的限制，这些著作往往都较为笼统。大多将介绍的重点聚焦在粮食作物和蔬菜肉食上，经常忽略了乳制品这一极具研究性的议题。兼之食用乳制品的习惯虽然自古有之，但是乳制品却一直不是中国人餐桌上的主角，因此在这些著作中涉及乳制品的篇幅较少也就不足为奇了。

除此以外，这些著作也较少关注饮食背后所包含的历史文化意涵，尤其是对于少数民族和汉族的文化交流问题，更是着墨甚少。这些著作大多专注于饮食问题，较少把它与社会史等角度相结合，使得内容本身显得有些单薄。因此本文从乳制品入手，研究魏晋至隋唐时期饮食文化的胡汉交融倾向可以说是比较少见的，具有一定的研究价值和意义。

二、魏晋至隋唐乳制品的起源和制作

虽然在很多现代人的印象里中国人似乎一直都对乳制品兴趣寥寥，但是事实上中国自古就有食用乳制品的传统。《皇帝内经·素问》①中就有“北方者，天地所闭藏之域。其地高陵居，风寒冰冽。其民乐野处而乳食”的记载。说明最晚在秦汉之际北方人民就已经发现了畜乳的食用价值，并且也已经养成食用畜乳的习惯。到了汉代，《史记·匈奴传》②记载：“人食其肉，饮其汁，衣其皮。”又曰：“得汉食物，皆去之，以示不如湩酪之更美也。”《汉书·西域传》③中也有“以肉为食兮以酪为浆”的说法。可见在汉代，少数民族喜食乳制品已经成为社会的一种常识。

乳制品品种繁多，口味醇香，更兼之有营养丰富的特点。汉代初期对食用乳制品的记载还主要以饮用鲜乳为主，但是张骞出使西域之后汉族人民对少数民族的认识加强，西域的部分饮食也一并传

① 姚春鹏译注：《黄帝内经》，北京：中华书局2010年版，第66页。
② （汉）司马迁：《史记》，北京：中华书局1963年版，第2900页。
③ （汉）班固：《汉书》，北京：中华书局1962年版，第3903页。

入中原，其中就包括各种乳类的加工品。

《大般涅槃经·圣行品》①中说“譬如从牛出乳，从乳出酪，从酪出生酥，从生酥出熟酥，从熟酥出醍醐。醍醐最上”，这其中的乳、酪、酥和醍醐再加上乳腐就是古代最常见的几种乳制品了。下面做以简单的介绍。

1. 乳

乳指动物的乳汁。汉族人饮用畜乳的记载较晚，最早的对于饮用畜乳的记载出现在秦汉时期，是用来描述西北少数民族的饮食习惯，可见当时饮用畜乳对于汉族人民来说还属于比较少见的习惯。但是到了魏晋时期，随着民族融合程度的不断加深，这种饮食习惯不断普及到汉族民众当中。到了隋唐时期，畜乳已经成为汉族人民非常熟悉和喜爱的一种食材。敦煌壁画中就曾经出现过二女挤乳煮乳图这样的日常生活图景。

可见，尽管中原人民在品种繁多的乳制品面前并不十分青睐未经加工的鲜乳，但是最晚在魏晋时期，他们已经熟练掌握了加热鲜乳来饮用，以避免受到各种细菌以及乳糖不耐症的困扰的诀窍。并且，加热鲜乳还可以去除部分鲜乳独有的腥味，使其更易入口，提升了美味程度。而到了隋唐时期，鲜乳更是作为一种常见食材被获取和烹调。

2. 酪

许慎在《说文解字》中这样解释“酪”字：“酪，乳浆也。从西，各声。”②《释名》也说：“酪，泽也，乳汁所作，使人肥泽也。”③酪最初是指乳汁、乳浆，后来也作为各种乳制品的代称。但是酪最基本的一种含义是指一种由鲜乳发酵而成的乳制品，味道可酸可甜，呈半固态半流质的状态。

---

① 宗文点校：《涅槃经·圣行品》，北京：宗教文化出版社2011年版，第229页。

② （清）郑珍：《说文新附考》，上海：商务印书馆1936年版，第282页。

③ （汉）刘熙：《释名》，北京：中华书局1985年版，第62页。

不少研究都认为"酪"作为乳制品最早在《礼记》中就有出现过。《礼记·礼运篇》①中说"以亨，以炙，以为醴酪"；《礼记·杂记篇》还提到"功衰，食菜果，饮水浆，无盐酪，不能食食。盐酪可也"②。但是这种认识是错误的，"酪"不仅仅指上文提到的发酵乳制品，在乳制品并没有广泛传播到中原之前，"酪"主要指果品或谷物熬制或发酵而成的糊状食品，后来也泛指一切带有一定黏稠度的流质体。

事实上，"醴酪"和"盐酪"中的"酪"都是指这种黏稠的流质体，和乳制品没有一点关系，更谈不上是乳制品的最早记述了。"醴酪"一词在古代典籍中并不鲜见。除了上文所提到的，《礼记》中还有"以事天地山川社稷先古，以为醴酪齐盛，于是乎取之，敬之至也"的说法，显然此处"醴酪"是作为祭祀品一种出现的。孔颖达也明确注释说："祭祀诸神需醴酪粢盛之属。""粢"是指祭祀时使用的谷物或是由谷物捣碎形成的米饼，"粢盛"就是指盛在祭器内以供祭祀的谷物。《国语·周语上》有言："夫民之大事在农，上帝之粢盛于是乎出。"③可见"粢"确是一种农产品，是谷物的代称。由此观之，孔颖达疏"醴酪粢盛之属"充分说明"醴酪"和"粢盛"属于同类事物，即"醴酪"也应属于农产品，应该是谷物或谷物的加工品一类，而不太可能是当时还不存在成熟的制作技术，也不为中原人的口味所接受的乳制品。

南北朝记录以楚地为中心的岁时节令风物故事的《荆楚岁时记》有云："去冬节一百五日，即有疾风甚雨，谓之寒食。禁火三日，造饧大麦粥。"④与之年代相距不远的晋陆翙所著的《邺中记》

① 杨天宇译注：《礼记译注》，上海：上海古籍出版社2004年版，第268页。

② 杨天宇译注：《礼记译注》，上海：上海古籍出版社2004年版，第268页。

③ 上海师范大学古籍整理研究所点校：《国语》，上海：上海古籍出版社1988年版，第15页。

④ （南朝·梁）宗懔撰，宋金龙校注：《荆楚岁时记》，太原：山西人民出版社1987年版，第33页。

中说："寒食三日作醴酪。"①两相对照，说明"醴酪"应是一种加入了糖稀的麦粥，绝不是一种乳制品。唐代韩鄂著的《岁华纪丽·寒食》中提到的"醴酪，大粳米或大麦为之，即今之麦粥，醴即今之饧是也"②，更是证明了这一观点。

"盐酪"的相关记载较之"醴酪"要少，因此有不少研究望文生义，认为"盐酪"即是指盐和奶酪，并将《礼记·杂记篇》中提到的"功衰，食菜果，饮水浆，无盐酪，不能食食。盐酪可也"③当做我国人民在周代已经有了食用乳制品习惯的确证。但是事实上，《礼记正义》中明确注"酪"为"酪音洛……酢，七故反"，即"酪"作醋解。如果把酪当做奶酪的话，将一直都不是中国人餐桌上的主角的乳酪和必需的调味品——盐并称，难道不是一种不符合常理的现象吗？因此，此处的"盐酪"也与乳制品无关是毫无疑问的了。

除了"盐酪"和"醴酪"之外，还有一种"酪"会被研究者误解，归入乳制品的行列，那就是果品草木煮成的酪。《汉书·食货志》载："北边及青徐地人相食……莽遣三公将军开东方诸仓振贷穷乏，又分遣大夫谒者教民煮木为酪不可食，重为烦扰。"④联系上下文就能发现，此处的"酪"绝不是我们熟知的乳制品，而是一种用草木树皮熬煮而成的帮助度过饥荒的糊状食品。除了这种以外，果品做成的果酪也非常常见。唐代崔橹有诗云："杏酪渐香邻舍粥，榆烟将变旧炉灰。"（《春日即事》）⑤和凝的《宫词百首》中也有"含笑试弹红蕊调，君王宣赐酪樱桃"⑥之句，可见果酪确实是古代非

① 王云五主编：《丛书集成初编·邺中记》，上海：商务印书馆1937年版，第879页。

② 王云五主编：《丛书集成初编·岁华纪丽》，上海：商务印书馆1937年版，第1024页。

③ 杨天宇译注：《礼记译注》，上海：上海古籍出版社2004年版，第546页。

④ （汉）班固：《汉书》，北京：中华书局2000年版，第1145页。

⑤ （清）彭定求等编纂：《全唐诗》，北京：中华书局1979年版，第6566页。

⑥ （清）彭定求等编纂：《全唐诗》，北京：中华书局1979年版，第8394页。

常常见的一种甜点。

那么“酪”作为一种乳制品，最早是从哪里开始的呢？笔者认为“酪”作为乳制品的起源最早可以追溯到秦汉之交，在汉代，“酪”的制作技术开始走向成熟，食用“酪”的饮食习惯也开始逐渐形成。

《汉书》载：“武帝太初元年更名家马为挏马。”①应劭曰：“主乳马，取其汁挏制之，味酢可饮，因以名官也。”②可见汉代虽无“酪”之名，但是“酪”这种乳制品已经出现并为人广泛接受了。

扬雄在《长杨赋》中有“驱橐驼，烧熐蠡”这样一句。对于“熐蠡”的含义，李善注的《文选》本中收录张晏释其为：“熐蠡，干酪母。烧之，坏其养生之具也。”③虽然“熐蠡”的具体释义仍有争议，但是此注本身充分说明了在西汉时期少数民族人民就已经掌握了发酵鲜乳制作“酪”的技术，而“酪”更是成为拥有“养生之具”地位的重要食材。

到了魏晋时期，受民族融合大趋势的影响，“酪”更加广为人知。在《齐民要术》中就用了很大的篇幅专门来阐述制酪之法。

> 捋讫，于铛釜中缓火煎之……常以杓扬乳，勿令溢出；时复彻底纵横直勾，慎勿圆搅，圆搅喜断。亦勿口吹，吹则解。四五沸便止。泻著盆中，勿便扬之。……屈木为棬，以张生绢袋子，滤熟乳，著瓦瓶子中卧之。……其卧酪待冷暖之节……热卧则酪醋，伤冷则难成。滤乳讫，以先成甜酪为酵——大率熟乳一升，用酪半匙——著杓中，以匙痛搅令散，泻著熟乳中，仍以杓搅使均调。以毡、絮之属，茹瓶令暖。良久，以单布盖之。明旦酪成。④

① （汉）班固：《汉书》，北京：中华书局2000年版，第729页。

② （汉）班固：《汉书》，北京：中华书局2000年版，第730页。

③ （南朝·梁）萧统编，李善注：《文选》，北京：中华书局1977年版，第137页。

④ （北魏）贾思勰著，石声汉校释：《齐民要术今释》，北京：中华书局2009年版，第558页。

作干酪法：日中炙酪，酪上皮成，掠取。更炙之，又掠。肥尽无皮，乃止。得一斗许，于铛中炒少许时，即出于盘上，日曝。浥浥时作团，大如梨许。又曝使干。得经数年不坏，以供远行。……作漉酪法：八月中作。取好淳酪，生布袋盛，悬之，当有水出滴滴然下。水尽，著铛中暂炒，即出于盘上，日曝。浥浥时作团，大如梨许。亦数年不坏。……作马酪酵法：用驴乳汁二三升，如马乳，不限多少。澄酪成，取下淀，团，曝干。后岁作酪，用此为酵也。①

从上文我们可以看出，“酪”主要分为鲜酪、干酪和漉酪。干酪和漉酪是鲜酪的二次加工品。鲜酪不经煸炒干燥时口感最好，但是也最不易保存携带。干酪和漉酪都需要经过干燥或煸炒，相比之下，漉酪口感更佳，但是干酪保存时间更长。因此干燥和煸炒成为后世处理乳制品不可或缺的一项工序。

3. 酥

“酥”即是指奶油，是鲜乳静置之后表面上脂肪含量较高的一层。“酥”字在《说文解字》和《释名》中都没有记载，说明在汉代，起码在汉族人民中间“酥”还没有广为人知，所以在各种典籍中自然也没有关于“酥”的记载和描述。

杨修“一合酥”的典故向来妇孺皆知，因此不少研究者认为在三国时期汉族人民就已经有了食用“酥”的习惯。但是事实上，经过考证我们发现，“一合酥”的典故虽然是从《三国演义》中流传出来，但是这个典故最早并不载于《三国演义》的蓝本《三国志》，而是出自《世说新语·捷悟篇》，原文如下：

人饷魏武一杯酪。魏武啖少许，盖头上题“合”字，以示众。众莫之解。次至杨修，修便啖，曰：“公教人啖一口也，

① (北魏)贾思勰著，石声汉校释：《齐民要术今释》，北京：中华书局2009年版，第558页。

复何疑?"①

《三国志》成书时间不明，但是必定在晋惠帝元康七年，公元297年陈寿去世之前。而《世说新语》成书时间约在南朝宋，即公元420年至公元479年间。《三国志》不载此事，《世说新语》亦是"酪"非"酥"。不仅如此，《史记》《汉书》《三国志》等汉代史书典籍中通篇不见"酥"字，可见"酥"作为一种乳制品它的出现较晚，起码在魏晋初年"酥"这种乳制品应该还没有在中原广泛地流传开来。

雷敩所著的《雷公炮炙论》曾多次提到"酥"，并介绍了"酥"在中药炮制方面的作用。

凡使，先须削去粗皮，用酥、蜜和作一处，炙之尽为度。②

夫或丸散，便去粗皮，用酥炙过。每修一斤，用酥四两炙了，细锉用。③

凡采得后，只使箭头。用，拭上赤毛，用酥缓炒过用之。每修事一两，用酥一分，炒酥尽为度。④

每一两，以酥一分炙之，酥尽为度。⑤

用铜刀削上粗皮，用酥反复炙，酥尽为度。然出捶之，去子捣筛。⑥

① (南朝·宋)刘义庆原著，(南朝·梁)刘孝标原注，朱志奇校注:《世说新语校注》，长沙：岳麓书社2007年版，第314页。

② (南朝·宋)雷敩著，尚志钧辑校:《雷公炮炙论》，合肥：安徽科学技术出版社1981年版，第77页。

③ (南朝·宋)雷敩著，尚志钧辑校:《雷公炮炙论》，合肥：安徽科学技术出版社1981年版，第83页。

④ (南朝·宋)雷敩著，尚志钧辑校:《雷公炮炙论》，合肥：安徽科学技术出版社1981年版，第86页。

⑤ (南朝·宋)雷敩著，尚志钧辑校:《雷公炮炙论》，合肥：安徽科学技术出版社1981年版，第125页。

⑥ (南朝·宋)雷敩著，尚志钧辑校:《雷公炮炙论》，合肥：安徽科学技术出版社1981年版，第83页。

此书据说成书于南朝宋，但是原书早已亡佚，现存只有辑校本。不过不能从成书时间帮助我们推断出“酥”产生的准确年代，但是从此书中对“酥”了解的详细程度和使用“酥”的频率来看，我们可以推测在北魏末期，“酥”应该已经成为了一种比较常见的食品。能简单地用以炮制中药，说明价格应该比较低廉，也比较容易获得。所以此时“酥”的制作工艺应该也是比较成熟的。

而对于“酥”最明确详细的记载来自于《齐民要术》。《齐民要术》中详细记述了制酥之法。

> 捋讫，于铛釜中缓火煎之……常以杓扬乳，勿令溢出；时复彻底纵横直勾，慎勿圆搅，圆搅喜断。亦勿口吹，吹则解。四五沸便止。泻著盆中，勿便扬之。待小冷，掠取乳皮，著别器中，以为酥。①
>
> 抨酥法：以夹榆木碗为杷子—作杷子法：割却碗半上，剜四厢各作一圆孔，大小径寸许，正底施长柄，如酒杷形——抨酥，酥酪甜醋皆得所，数日陈酪极大醋者，亦无嫌。
>
> 酪多用大瓮，酪少用小瓮，置瓮于日中。旦起，泻酪著瓮中炙，直至日西南角，起手抨之，令杷子常至瓮底。一食顷，作热汤，水解，令得下手，泻著瓮中。汤多少，令常半酪。乃抨之。良久，酥出，复下冷水。冷水多少，亦与汤等。更急抨之。于此时，杷子不须复达瓮底，酥已浮出故也。酥既遍覆酪上，更下冷水，多少如前。酥凝，抨止。
>
> 大盆盛冷水著瓮边，以手接酥，沈手盆水中，酥自浮出。更掠如初，酥尽乃止。抨酥酪浆，中和飧粥。盆中浮酥，得冷悉凝，以手接取，搦去水，作团，著铜器中，或不津瓦器亦得。十日许，得多少，并内铛中，燃牛羊矢缓火煎，如香泽法。当日内乳涌出，如雨打水声，水乳既尽，声止沸定，

① （北魏）贾思勰著，石声汉校释：《齐民要术今释》，北京：中华书局2009年版，第558页。

酥便成矣。①

可见“酥”的制作工艺还是比较复杂的，故而出现时间较晚也是可以理解的。

4. 醍醐

佛经有云，乳成酪，酪成酥，酥成醍醐。可见“醍醐”是“酥”的二次产品，是奶油经过凝练而成的高脂肪，类似于现在的黄油一类的乳制品，故而“醍醐”的产生本不应早于“酥”。但是不少研究者都认为在汉代“醍醐”就已经被人们广为接受了，究其原因是受到了《说文解字》的误导。

《说文解字》成书于汉代，是当时收录最全也最为科学的工具书。但是此书原书曾经失落，我们现在看到的本子大多是基于北宋徐铉校订完成的本子，被称之为“大徐本”。而徐铉在校订之时加入了一些未收和漏收之字，共402个，“醍”“醐”二字正是在这些新附字之中。郑珍《说文新附考》释“醍”和“醐”：

醍，清酒也。从酉，是声，他礼切。按：《礼运》：“玄酒在室，醴盏在户，粢醍在堂，澄酒在下”。注云：周礼五齐，一曰泛齐、二曰醴齐、三曰盎齐、四曰缇齐、五曰沈齐。字虽异，“盏”与“盎”、“澄”与“沈”盖同物也不言，“醍”与“醍”亦是异字同物。知《礼运》原与《周礼》同作“缇”。②

醐，醍醐，酪之精华者也。从酉，胡声，户吴切。按：此名非古所有其字。初止借作饪餬，《众经音义》卷八、卷十四引《通俗文》酪酥为饪餬是也。③

---

① （北魏）贾思勰著，石声汉校释：《齐民要术今释》，北京：中华书局2009年版，第559页。

② （清）郑珍：《说文新附考·二》，上海：商务印书馆1936年版，第284页。

③ （清）郑珍：《说文新附考·二》，上海：商务印书馆1936年版，第282页。

从上面两段文字我们可以看出，在《说文解字》的编纂时期，“醍醐”二字还不存于世。《通俗文》中的饫饷亦是泛指酥酪等乳制品，而非真正专指“醍醐”。“醍醐”二字的产生正是为了适应人们的需要，用以专门指代“醍醐”这种食品。所以“醍醐”作为一种乳制品传入中原并广为人知应该是在“醍醐”二字产生之前，而被发明应该要早许多，但是要在“酥”的产生之后。经过上文的论证可知，“酥”广为流传大概在公元450年至公元500年前后，也就是说，“醍醐”被广为接受的时间应该与之大体相近，但是较此稍晚。

《齐民要术》中不载“醍醐”的制作及使用方法，但是较它稍早的《本草经集注》却有提到“醍醐”，并且明确表示了“醍醐”的制作方法：

> 佛经称乳成酪，酪成酥，酥成醍醐。醍醐色黄白，作饼甚甘肥，亦时至江南。①

但是我们看到，《本草经集注》的这段文字并不出自作者本人，而是引自佛经。事实上早期的关于“醍醐”的记载基本都来自于各种佛经。“雪山有草名肥腻，牛若食者，纯得醍醐”(《涅槃经卷八·如来牲品》)②；“不易施设与蠹罗绵一相异相。如熟酥上所有醍醐”(《解深密经·第五卷》)③等。

故此，不少研究者认为，“醍醐”不同于“酪”和“乳”，是由北方少数民族传入中原，“醍醐”和“酥”应该是由印度进入四川，再由四川传入中原。这种观点有一定道理，尤其能够解释中原地区对“醍醐”记载的稀缺。而且“醍醐”的发音本取自梵文，更为这种观点增加了一则例证。

---

① (南朝·梁)陶弘景：《本草经集注》，北京：人民卫生出版社1994年版，第396页。

② 宗文点校：《涅槃经》，北京：宗教文化出版社2011年版，第126页。

③ 弘学讲析：《解深密经讲析》，成都：巴蜀书社2012年版，第192页。

然而这种观点也有其缺陷。首先，缺乏文献典籍对“醍醐来自身毒(天竺、印度等)”的确切记载，甚至于没有任何一本典籍将“醍醐”与印度联系起来。与之相反，“醍醐”作为一种乳制品，一直被当做西北等地的少数民族特产做以介绍和宣传。《魏书·西域传》载：“剪发齐眉，以醍醐涂之，昱昱然光泽，日三澡漱，然后饮食。”①这样的记载屡见不鲜，“醍醐”不仅仅是一种美食，也是当时的汉族人民对西北少数民族的一种固有的鲜明印象。

其次，“醍醐”二字不能完全等同于乳制品的“醍醐”本身。我们只能说，“醍醐”二字被创造出来专指一种乳制品，这个现象说明这种乳制品在社会上广泛地被认识、食用，因此需要创造出专门的字词来指代它。但是在此之前，这种食品一定是已经产生，并且在一定范围内扩散了。我们今天由于文献的缺失和考古发现的空白，只能大体确定这种食品广为流行的时间，它真正产生的具体时间是不可考的，但也不能因此将二者等同起来。“醍醐”二字在佛经中的高频率出现很有可能是因为这两字本来就是梵文的对译，具体所指是不是印度的某种乳制品还无法确定，但是在“醍醐”这个词被创造和引入之后，人们将其借用于指代“醍醐”这种乳制品。这样，馲馂等旧名慢慢被舍弃淘汰，“醍醐”指代这种乳制品的用法就逐渐被固定下来。

综上所述，我们可知“醍醐”大概在北魏末期成为大家耳熟能详的一种美食，并且这种美食在大家的印象里是和西北少数民族分不开的。那么这样一种来自“蛮夷之地”的食品为何受到如此大的推崇，以至于被用来比喻最美好、最精华的事物的呢？这个原因正是出在“醍醐”的制作方法上。

《一切经音义》中说：“醍醐，酥之精粹也。乳中精者名酥，酥中精者名醍醐。”②(《一切经音义·大宝积经第五卷》)“(醍醐)即苏(酥)中精醇者，不论冬夏常清不凝，能入人肌肉。”(《一切经音

① (北齐)魏收：《魏书》，北京：中华书局1974年版，第2268页。

② (唐)慧琳：《一切经音义》，南京：江苏古籍出版社1988年版，第158页。

义·大宝积经第四十一卷》)①“(醍醐)苏(酥)中清液也。”(《一切经音义·涅槃经第二卷》)②“醍醐者，酥中之膏至清者名曰醍醐，能治众病。”(《一切经音义·大乘理趣六波罗蜜多经卷第一卷》)③“胡韵诠云，酥之至精醇者以细滑故常不凝，如清油香，名曰醍醐。”(《一切经音义·根本说一切有部毘奈耶律第十三卷》)④。

从上文可以看出，“醍醐”自“酥”中出，是“酥”经过静置提炼产生的精华的清液部分。但是具体要如何做呢?《唐本草》载：“醍醐出酥中，乃酥之精液也。好酥一石有三四升醍醐。熟抨炼，贮器中。待凝，穿中至底，便津出取之。”⑤

由此可见，“醍醐”要在已经制出好“酥”的前提下，再对“酥”进行加工和提炼，技法比较复杂，产出量也比较少，其珍贵和稀少也就不言而喻了。

5. 乳腐

尽管对于“酪”“酥”“醍醐”等具体为何物在学界是有一定争论的，但是这种争论都不及对“乳腐”正体的争论来得激烈。准确地说，对于“乳腐”究竟为何物到现在还没有一个定论。比较流行的说法有王仁湘先生的豆腐说，陈高华先生的干酪说，王利华先生的酸酪(酸奶)说和和刘朴兵先生的乳饼说四种。

有研究者认为“乳腐”即豆腐，这是一种典型的望文生义。乳腐向来一直与各种乳制品并称。唐代孟诜所著的《食疗本草》中将“酥”“酪”“醍醐”和“乳腐”并列，一同介绍；《唐国史补》也载：

---

① (唐)慧琳：《一切经音义》，南京：江苏古籍出版社1988年版，第183页。

② (唐)慧琳：《一切经音义》，南京：江苏古籍出版社1988年版，第388页。

③ (唐)慧琳：《一切经音义》，南京：江苏古籍出版社1988年版，第665页。

④ (唐)慧琳：《一切经音义》，南京：江苏古籍出版社1988年版，第1006页。

⑤ (唐)苏敬等：《唐本草》，合肥：安徽科学技术出版社1981年版，第455页。

“穆氏兄弟四人：赞、质、员、赏。时人谓赞俗而有格，为酪；质美而多入，为酥；员为醍醐，言粹而少用；赏为乳腐，言最凡固也。”①足以见得“乳腐”确是一种乳制品，绝不可能是豆腐。除此以外，这种观点的反对者还提出，“乳腐”最早在隋代就有记录，在唐代就已经成为了一种常见的食品，甚至可以用来作为一种譬喻。虽然豆腐传说为淮南王所制，但是历史上的确切记载却要到五代时才有发现，因此说“乳腐”就是豆腐显然是不正确的。除此以外，《唐国史补》中将穆赏比为乳腐，“言最凡固也”，说明“乳腐”这种食品本身应该是卖相平平，口感比较坚硬的，然而豆腐显然不符合这个标准。据此，我们基本可以排除“乳腐”即为豆腐说了。

根据“凡固”这个形容，有研究者认为“乳腐”应该就是干酪。这种观点的缺陷在于，首先，正如上文中所提到的那样，在《齐民要术》中就已经详细介绍过了干酪的制法，说明在北魏末年干酪就已经非常普遍了，“乳腐”的出现显然要较此晚得多。并且，我们能从《齐民要术》等书中看出，干酪要经过反复的煸炒和暴晒，可以“经数年不坏”，食用的时候要“细削”或者整团投掷于汤中②。显然应该是几乎没有水分，口感极为坚硬的。而《食疗本草》中说：“(乳腐)细切如豆，面拌，醋浆水煮二十余沸，治赤白痢。”③可见“乳腐”虽然也同样比较结实，但是应该远没有达到干酪的坚硬程度，如果说“乳腐”和“干酪”为同一物显然过于牵强。

《唐国史补》和《食疗本草》这两则材料同样可以反驳酸酪(酸奶)说。我们知道，中国古代的酸酪基本和今天的酸奶相同，是鲜乳经过发酵而成的糊状乳制品。然而无论是《唐国史补》还是《食疗本草》都表明，“乳腐”应该是一种呈固态，口感较为坚硬的食物；并且，就文献资料来看，尚未有记载说明“乳腐”的口感偏酸。因

① (唐)李肇：《唐国史补》，上海：上海古籍出版社 1979 年版，第 33 页。

② (北魏)贾思勰著，石声汉校释：《齐民要术今释》，北京：中华书局 2009 年版，第 558 页。

③ (唐)孟诜：《食疗本草译注》，上海：上海古籍出版社 1993 年版，第 62 页。

此，认为“乳腐”即是酸酪或酸奶显然缺乏站得住脚的根据。

那么乳腐究竟是什么呢？笔者认为“乳腐”即是乳饼的这种说法是比较恰当的。现代的乳饼主要是云南大理白族的特色食品，白色块状，形如豆腐，故又名“奶豆腐”，这种命名本身就与“乳腐”异曲同工。云南乳饼味道鲜美，咸甜两宜，而且制作方法也非常简单。制作时，在鲜乳中加入一种当地的酸味野果的果汁，使鲜乳凝结成块。之后进行过滤，压实和脱水，最终制成成品。整个过程基本和制作豆腐是类似的，这样制作出来的成品和古籍中记载的“乳腐”非常相似。

而“乳腐”的记载方法虽然在魏晋至隋唐时期还未见于各种典籍，但是元代的民间类书《居家必用事类全集》中记录了它的制作方法，明代的《本草纲目》中也有类似的记载：“乳腐，乳饼。诸乳皆可造，今惟以牛乳者为胜尔……造乳饼法：以牛乳一斗，绢滤入釜，煎三五沸，水解之。用醋点入，如豆腐法，渐渐结成，漉出以帛裹之，用石压成，入盐，瓮底收之。”①这段文字虽然摘自明代的文献，但是其中乳腐的制作方法是从古法而来，比较可信。由此我们可以发现，“乳腐”的制作方法几乎与云南乳饼如出一辙，因此“乳腐”应该就是现在的乳饼这件事应该是毫无疑问了。

三、魏晋至隋唐乳制品的食用和发展

1. 乳

在魏晋至隋唐时期，用于直接饮用的畜乳基本以羊乳为主，同时马乳也占据了一部分市场，甚至饮用驴乳也不鲜见，与现代牛乳大行其道的状况正好相反。形成这种现象最主要的原因就是牛在古代的特殊地位。众所周知，很多国家的传统文化里都有对牛的崇拜以及恤牛的传统，中国也不例外。尤其是中国作为一个农耕为主的国家，耕牛在人民的日常生活中更是占据了举足轻重的地位。事实

① （明）李时珍：《本草纲目校注本·下》，北京：华夏出版社2008年版，第1831页。

上，尽管在民间食用牛肉的现象始终难以彻底禁绝，但是早在唐代，政府就已经明令禁止杀牛。这种对耕牛的保护减少了人们饮用牛乳的机会。并且，耕牛不同于纯种的奶牛能够在牛乳的产量和质量上都有保证，在纯种奶牛较为稀少的中原地区，利用耕牛来产奶是比较不可靠的。另外，羊的养殖较之牛的养殖要更加轻松，羊乳相对而言也更加容易获得。

事实上在我国古代，直接饮用这种食用方法在乳制品的食用中并不占主流。这其中很重要的一个原因是古代科技水平较低，卫生水平较差，无论是饮用鲜乳还是将畜乳煮沸饮用都极易引起各种疾病。并且，通过现代科技我们了解到，亚洲人大多有不同程度的乳糖不耐受，直接饮用畜乳显然具有很多隐患。先民正是注意到这一点，所以才利用他们的智慧开发了畜乳的各种用途。

《齐民要术》就记载了畜乳除了饮用还可以用来和面，制作面食。“细环饼、截饼：（环饼一名‘寒具’，截饼一名‘蝎子’）皆须以蜜调水溲面；若无蜜，煮枣取汁；牛羊脂膏亦得；用牛羊乳亦好，令饼美脆。截饼纯用乳溲者，入口即碎，脆如凌雪。”①而在《清异录》中记载的烧尾食单里，除了像“恬乳花面英”这样的加入乳汁的面食以外，还有很多类似于“乳酿鱼”和“仙人脔”这样的，用乳汁来酿制炖煮而成的菜肴②。

除了将乳作为配料和调味品加入菜肴之外，古人还逐渐意识到了畜乳的药用价值。孙思邈在《千金方》中详细介绍了不同畜乳的不同功能和价值：“马乳汁，味辛温无毒，止渴。牛乳汁，叶甘微寒，无毒，补虚羸，止渴；入生姜葱白，止小儿吐乳，补劳。羊乳汁，味甘微温，无毒。补寒冷虚乏，少血色，令人热中。驴乳，味酸寒，一云大寒，无毒，主大热、黄疸，止渴。”③《魏书·列传阉

① （北魏）贾思勰著，石声汉校释：《齐民要术今释》，北京：中华书局2009年版，第921页。

② 上海古籍出版社编修：《宋元笔记小说大观·清异录》，上海：上海古籍出版社2007年版，第124页。

③ （唐）孙思邈：《千金方》，北京：中国中医药出版社1998年版，第433页。

官第八十二·王琚》记载说高平人王琚“常饮牛乳，色如处子。太和二十年冬卒，时年九十”①，说明当时的人已经有意识地将王琚的年轻和长寿与他长期饮用牛乳的饮食习惯联系起来，畜乳具有食疗滋补效用的这种观念已经深入人心，成为了一种社会常识。

2. 酪

“酪”的食用方法最初是《齐民要术》中提到的那样，可生食，也可以用来煮粥煮汤，同时还可以作为面饼等面食的蘸料，“若著酪中及胡麻饮中者，真类玉色，稹稹著牙，与好面不殊”②。除此以外，还可以将酪作为配料加入其他菜肴中增加美味，《清异录》中载唐敬宗时宫中所制的“清风饭”即是如此：“法用水晶饭、龙睛粉、龙脑末、牛酪浆，调事毕入金提缸，垂下冰池，待其冷透供进，惟大暑方作。”③与此异曲同工的是将“酪”浇在樱桃等时令水果上，做成消暑解渴的甜品，这也是唐代最流行的吃法。杜牧在《和裴杰秀才新樱桃》赞之曰：“忍用烹酥酪，从将玩玉盘。流年如可驻，何必九华丹。”④唐宫中还有一种银馅饼，“皆乳酪膏腴所制也”⑤，即应该是将乳酪作为馅料填充至饼中，以增加美味。

“酪”还有很高的药用价值。《千金方》载：“马牛羊酪，味甘酸微寒，无毒，补肺藏，利大肠。黄帝云：食甜酪竟食大醋者，变作血瘕及尿血，华佗云，马牛羊酪，蚰入耳者，灌之即出。”⑥《太平

① （北齐）魏收：《魏书》，北京：中华书局1974年版，第2015页。

② （北魏）贾思勰著，石声汉校释：《齐民要术今释》，北京：中华书局2009年版，第921页。

③ 上海古籍出版社编修：《宋元笔记小说大观·清异录》，上海：上海古籍出版社2007年版，第127页。

④ （清）彭定求等编纂：《全唐诗》，北京：中华书局1979年版，第5991页。

⑤ （唐）王定保：《唐摭言校注》，上海：上海社会科学院出版社2002年版，第294页。

⑥ （唐）孙思邈：《千金方》，北京：中国中医药出版社1998年版，第433页。

御览》载："《汉武内传》曰：西王母曰：'次药有太玄之酪'。"①可见"酪"的药用价值已经得到了广泛的认可。

3. 酥

尽管"酥"的制作工艺非常复杂，但是由于它独有的美味，"酥"很快就广泛地传播开来。"酥"由于脂肪含量极高，比较甜腻，故而直接食用的情况较少，大部分是作为配料和调味品来使用。

《齐民要术》载，干鱼酢"酥涂火炙特精，之尤美也"②；酥托饭，"托二斗，水一石。熬白米三升，令黄黑，合托，三沸。绢漉取法，澄清，以酥一升投中。无酥，与油二升，酥托好。一升，次'檀托'，一名'托中价'"③；《清异录》载韦巨源烧尾宴中用到"酥"的美食就有"巨胜奴(酥蜜寒具)""贵妃红(加味红酥)""金铃炙(酥揽印脂取真)""玉露团(雕酥)"等④；宋时《唐语林》也载唐代中期，有种叫做"古楼子"的面饼"起羊肉一斤，层布于巨胡饼，隔中以椒、豉，润以酥，入炉迫之，候肉半熟而食之"⑤。

值得一提的是，"酥"的食用不仅从味觉上愉悦了人们，还可以从视觉上带给人以美的享受。这就是在隋唐时期发展出的滴酥，也称雕酥技法。这种技法类似于现在的奶油裱花，即将"酥"滴淋在器皿上，形成山川草木各种风景。《金瓶梅》中的"滴酥鲍螺"正是使用了这种技法。唐代王泠然有《苏合山赋》描述了当时人们吃"酥"的盛况和滴酥技巧的精妙绝伦，现代甚至有人称这种"酥山"为最早的冰淇淋。

---

① (宋)李昉等撰：《太平御览》，北京：中华书局1960年版，第3812页。

② (北魏)贾思勰著，石声汉校释：《齐民要术今释》，北京：中华书局2009年版，第815页。

③ (北魏)贾思勰著，石声汉校释：《齐民要术今释》，北京：中华书局2009年版，第949页。

④ 上海古籍出版社编修：《宋元笔记小说大观·清异录》，上海：上海古籍出版社2007年版，第124页。

⑤ (宋)王谠：《唐语林校注》，北京：中华书局1987年版，第556页。

> 虽珍膳芳鲜，而苏山奇绝。……味兼金房之蜜，势尽美人之情，素手淋沥而象起，元冬涸沍而体成。足同夫露结霜凝，不异乎水积冰生，盘根趾于一器，拟崖萼于四明。厥状相类，高深殊致：或峻或危，其势参差，隐映陆离，疑雪岫之坐窥；乍辉乍焕，其色璀璨，灼烁皓旰，与玉台兮相乱。纵天台揭起而陵霞，太华削成而浸汉，虽万仞之奇特，非四座之荣观。岂若兹山，俎豆之间，装彩树而形绮，杂红花而色斑，吮其味则峰峦入口，玩其象则琼瑶在颜。随玉箸而必进，非固非吝；触皓齿而便消，是津是润。①

“酥”除了美味异常，作为乳制品自然还有营养丰富滋补健美的药用价值。《千金方》载：“沙牛及白羊酥，味甘微寒，无毒，去胸中客气，利大小肠，治口疮。耗牛酥，味甘平，无毒，去诸风湿痹，除热，利大便，去宿食。”②《太平御览》亦载：“《傅咸集·杨济与咸书》曰：酥治疮上急。”③

4. 醍醐

由于制作工艺的不易和产量的稀少，“醍醐”一直都是相当高档、比较昂贵的一种食品。虽然也有类似于《酉阳杂俎》中记载的“醍醐饼”④“醍醐餦餭”⑤等作为配料的食用方法，但是在古代，“醍醐”的药用价值远大于它的食用价值。

《一切经音义》认为醍醐“能治众病”，“所有诸药，悉入其中”；《千金方》中也认为它“添髓，补中，填骨，久服增年”⑥；

---

① (清)董诰等编纂：《全唐文》卷二九四，北京：中华书局1983年版，第1078页。

② (唐)孙思邈：《千金方》，北京：中国中医药出版社1998年版，第433页。

③ (宋)李昉等撰：《太平御览》，北京：中华书局1960年版，第3812页。

④ (唐)段成式：《酉阳杂俎》，北京：中华书局1981年版，第69页。

⑤ (唐)段成式：《酉阳杂俎》，北京：中华书局1981年版，第70页。

⑥ (唐)孙思邈：《千金方》，北京：中国中医药出版社1998年版，第433页。

《唐本草》载："(醍醐)主治风邪痹气，通润骨髓，可为摩药，性冷利，功优于酥。"①

虽然"醍醐"的作用被极大地夸大了，但其作为高档食品和滋养圣品的定位在其后一千多年却始终没有改变，它始终作为一种极品的美味受到老饕们的追捧。这种高定位也解释了"醍醐"扩散较慢的缘由。

5. 乳腐

古籍对于"乳腐"的食用方法介绍较少，多专注于"乳腐"的药用价值。但是《本草纲目》载："(将已经成块的乳腐)取出，捻成薄皮，竹签卷扯数次，棚定晒干，以油炸熟食。"②除此以外，"乳腐"还可以蒸熟蘸着盐或糖来食用，亦可煮熟配粥，是一种食用方法较多的乳制品。

四、魏晋至隋唐乳制品的传播和消费

魏晋至隋唐时期，受民族大融合的趋势的影响，这一时期的饮食文化具有明显的少数民族的特征，大量食用乳制品就是一个最显著的例证。而这一时期乳制品在社会上的传播和消费，主要的趋势是由北及南，从上至下，基本上是由统治阶级辐散到知识分子中间，并最终普及到一般百姓。

魏晋南北朝时期，伴随着少数民族入主中原，"食肉饮酪"的饮食习惯也逐渐开始被汉族人民所接受。尤其是社会的上层，少数民族的统治者们尽管享受到了汉族珍馐的美味，但是对于乳制品仍然有一种来自内心深处的情结。这种来自统治阶层的喜爱和推广，很快就将食用乳制品的习惯传播到了知识分子士大夫阶层，并由此逐渐向下传播。这种传播同时也是以少数民族政权为核心，逐渐由

① (唐)苏敬等：《唐本草》，合肥：安徽科学技术出版社 1981 年版，第 455 页。

② (明)李时珍：《本草纲目校注本·下》，北京：华夏出版社 2008 年版，第 1831 页。

既有食用乳制品习惯又有制作乳制品技术的北方向缺少食用传统和原料技术的南方扩展。

《洛阳伽蓝记》载：

> (王)肃初入国，不食羊肉及酪浆等物，常饭鲫鱼羹，渴饮茗汁。京师士子，道肃一饮一斗，号为“漏卮”。经数年已后，肃与高祖殿会，食羊肉酪粥甚多。高祖怪之，谓肃曰：“卿中国之味也，羊肉何如鱼羹？茗饮何如酪浆？”肃对曰：“羊是陆产之最，鱼者乃水族之长。所好不同，并各称珍。以味言之，甚是优劣。羊比齐鲁大邦，鱼比邾莒小国，唯茗不中，与酪作奴。”高祖大笑。①

王肃所言固然有对鲜卑统治者奉承的成分，但是不可否认的是，王肃原本喜爱吃鱼和饮茶，口味显然非常南方化的。然而在北方生活的数年使他已经彻底习惯了乳制品，甚至不惜贬低自己曾经喜爱的茗茶。而原本的北方人对乳制品的喜爱就更不用说了。《世说新语》中有这样一则故事：

> 张天锡为凉州刺史，称制四隅。既为苻坚所禽，用为侍中。后于寿阳俱败，至都，为孝武所器。每入言论，无不竟日。颇有嫉己者，于坐问张：“北方何物可贵？”张曰：“桑椹甘香，鸱鸮革响，淳酪养性，人无嫉心。”②

张天锡能够在被俘的情况下仍然非常自豪地说起家乡的乳酪，固然有乡情的影响，但是其对家乡的“酪”的喜爱也是毋庸赘言的。

---

① (北魏)杨衒之：《洛阳伽蓝记校释》，北京：中华书局1963年版，第125页。

② (南朝·宋)刘义庆原著，(南朝·齐)刘孝标原注，朱志奇校注：《世说新语校注》，长沙：岳麓书社2007年版，第73页。

《世说新语》同卷亦载："陆机诣王武子，武子前置数斛羊酪，指以示陆曰：'卿江东何以敌此？'陆云：'有千里莼羹，但未下盐豉耳。'"①王武子言谈中的自豪和喜爱可见一斑。

少数民族的统治阶层们不仅仅自己喜爱食用乳制品，以本族的各种乳制品为豪，更是经常将各种乳制品作为赏赐、嘉奖大臣的珍味，甚至是与他国外交往来的礼品。在魏晋中后期，这种风气逐渐扩散到了整个社会。

上文引过的曹操将酪分食给下属自不必说，《太平御览·卷八五八》载：

> 晋太康起居注曰：诏云，尚书令荀勖，既久羸毁，可赐乳酪，太官随日给之。②
>
> 魏文帝集载：钟繇书曰：属赐甘酪及樱桃。③
>
> 慕容晃《与顾和书》曰：今致醍醐十斤。④
>
> 《唐书》曰：武德二年，凉州刺史安修仁献百年酥，云饵之可延寿。⑤
>
> 又曰：丞相孔光奏：省乐官七十二人，给太官桐马酒。（李奇曰：以马乳为酒也，撞桐乃成）。⑥

---

① （南朝·宋）刘义庆原著，（南朝·齐）刘孝标原注，朱志奇校注：《世说新语校注》，长沙：岳麓书社2007年版，第43页。

② （宋）李昉等撰：《太平御览》，北京：中华书局1960年版，第3812页。

③ （宋）李昉等撰：《太平御览》，北京：中华书局1960年版，第3812页。

④ （宋）李昉等撰：《太平御览》，北京：中华书局1960年版，第3812页。

⑤ （宋）李昉等撰：《太平御览》，北京：中华书局1960年版，第3812页。

⑥ （宋）李昉等撰：《太平御览》，北京：中华书局1960年版，第3812页。

南朝梁沈约曾写过《谢司徒北苏(酥)启》(《艺文类聚·卷七十二》)①，也是为了酬答司徒送给他北方的高级乳制品"酥"的热情。

以上的例子充分说明了在魏晋南北朝初期，乳制品主要是为北方地区的社会上层人民和少数民族人民所喜爱，这种喜爱伴随着权力和势力的扩张，首先影响到了在北方求仕的汉族知识分子们。汉族知识分子们一方面为了迎合统治阶层的喜好，另一方面也是顺应社会的风气，逐渐接受并习惯了各种乳制品。并且，在各种因素的影响下，乳制品不再仅仅是一种普通的食品，更是一种食疗圣物、送礼佳品。这种风气上的改变使得汉族普通百姓对乳制品的接受度变高了，不再单纯地将其视为"蛮夷之物"加以排斥。乳制品逐渐走进了千家万户，成为普通百姓餐桌上的一道风景。但是这也为后来乳制品的作用被夸大，以至于一度被当做药品，食用量锐减埋下了极大的隐患。

当然，这种传播也不可避免地受到了一定阻碍。这种阻碍主要来自于两个方面，一是来自于文化心理上的抵触。中原地区自古就有"夷夏之防"的文化理论，对于外族，始终抱有一份警惕和警备。这份警惕和警备很容易发展成为对外族及其一切文化、物产和风俗习惯等的排斥和鄙薄，这种排斥和鄙薄当然也出现在了乳制品的传播过程之中。上文引过的陆玑对王武子之事，虽然陆玑只是在挑衅之下维护自己的尊严，但是也未尝不是饱含了一种强烈的民族自豪感。他的这个回答在千百年之后仍然受到很多汉族文人的赞扬和追捧，原因也正在于此。

二则是由于不习惯和不适应带来的口味差异。这种差异是非常难以调和的。并且，现代有研究表明，95%以上的中国人受到乳糖不耐症的困扰。尤其是古时候的中原人民，由于没有食用乳制品的习惯，接触乳制品较少，所以对乳糖的耐受性格外低下。这种食用乳制品后造成胃肠不适的例子，在古代典籍中屡见不鲜。

① (宋)欧阳询主编：《艺文类聚》，上海：上海古籍出版社1982年版，第1244页。

《世说新语》载：

陆太尉诣王丞相，王公食以酪。陆还遂病。明日，与王笺云：“昨食酪小过，通夜委顿。民虽吴人，几为伧鬼。”①

《太平御览》载：

《笑林》曰：吴人至京师，为设食者有酪酥，未知是何物也，强而食之。归吐，遂至困，顾谓其子曰：“与伧人同死，亦无所恨，汝故宜慎之。”②

《唐摭言》载：

韦澳、孙宏，大中时同在翰林。盛暑，上在太液池中宣二学士；既赴召，中贵人，颇以絺绤为讶，初殊未悟；及就坐，但觉寒气逼人，熟视有龙皮在侧；寻宣赐银饼，馅食之甚美；既而醉以醇酎。二公因兹苦河鱼者数夕。上窃知笑曰：“卿不禁事，朕日进十数，未当有损。”银饼馅，皆乳酪膏腴所制也。③

尽管对乳糖的耐受度可以依靠不断食用乳制品来得到提高，但是在还没有相关科学知识的古代，一次“河鱼之疾”足以打消本就对“外族之食”抱有排斥的汉族人民的热情。因此，乳制品在传播的过程中遭受冷遇就不足为奇了。

最后一个原因是在魏晋至隋唐时期，虽然乳制品的制作技术等

① （南朝·宋）刘义庆原著，（南朝·齐）刘孝标原注，朱志奇校注：《世说新语校注》，长沙：岳麓书社2007年版，第434页。

② （宋）李昉等撰：《太平御览》，北京：中华书局1960年版，第3812页。

③ （唐）王定保：《唐摭言校注》，上海：上海社会科学院出版社2002年版，第294页。

整体上呈现出向南传播的趋势，但是鲜乳产地和制造乳制品的技术主要还是集中在北方。在运输不便的古代，这对乳制品的扩散和传播有非常不利的影响。不仅容易受到各种阻碍，而且经过了长途运输的乳制品很难保持自身的鲜美和醇厚，美味程度极大地下降。并且，南方高温高湿的自然环境也不适于乳制品的保存和储藏。

仅以《新唐书·地理志》中记载的各地贡品为例。庆州（今甘肃附近）、廓州宁塞郡（今青海尖扎县北）、夏州（今陕西省附近）等地均出产作为贡品的酥酪①，是乳制品的重要产地，相比之下南方的乳制品产地就比较匮乏了。除此以外，五代末年的笔记小说《清异录》也描述了一则有趣的故事：

> 张弥守镇江，一日会客，作加酥油光酒及酥夹生。副戎许鼐，苍梧人，不谙北馔，甚嗜之。他时再聚，忽问前日盛馔有入口寒而消者，尚可得否，弥绐之曰："此名龙髓膏，金牛国所贡，闻用寒消粉煎成，宁可复得。"众客无不绝倒②。

这则故事说明直到唐代，乳制品仍然作为"北馔"没有得到南方人大范围的认识和了解。

尽管如此，乳制品在唐代的普及度及地位较之前代还是略有提升的。这种提升和唐代统治者本身具有少数民族血统，思想心态兼容并包开放博采，政治上争取营造一种胡汉和谐交融的氛围是分不开的。

唐代的风气开放，胡风盛行，胡乐、胡舞、胡服等在社会上都受到极大的欢迎，成为了当时的一种风潮。尤其是上流社会，贵族们争相追赶这股潮流，《新唐书·舆服志》云："贵人御馔尽

---

① （宋）欧阳修等编纂：《新唐书》，北京：中华书局1975年版，第959页。

② 上海古籍出版社编修：《宋元笔记小说大观·清异录》，上海：上海古籍出版社2007年版，第128页。

供胡食。"①乳制品自然也乘着这股东风，身价水涨船高。《旧唐书》就记载了李隆基对自己的兄长李宪十分敬重信任，"每年至宪生日，必幸其宅，移时宴乐。居常无日不赐酒酪及异馔等，尚食总监及四方有所进献，食之稍甘，即皆分以赐之"②。

这种对乳制品的重视和喜爱使得乳制品一度深入到普通民众的生活中，成为一种家喻户晓的美味。然而为什么唐代后期关于乳制品的记载，尤其是关于普通民众食用乳制品的记载却开始逐渐减少，以至于最后逐渐形成了我们"中国古代没有食用乳制品的习惯"的固有印象呢？

其实原因除了上文提到的三条以外，最重要的一条就是上层社会和知识分子们的过分推崇使得乳制品对于普通民众来说显得越来越"高不可攀"。随着乳制品的不断普及，色泽雪白莹润的乳制品不仅从味觉上，也从视觉上俘获了情致高雅的汉族知识分子。文人雅士们以乳制品来譬喻他们心目中美好的人事物，形成一种独特的文化意象。他们还为各种乳制品赋诗撰文来赞颂这种美味，这些知识分子们甚至发展出了很多富有雅趣的食用乳制品的方法，上文提到的"滴酥"即是一例。这无疑提高了食用乳制品的"门槛"，使得普通民众对乳制品往往望而却步。

除此以外，一味地过分夸大乳制品的药用价值也使得民众们逐渐不再将乳制品看做是一种普通的食品，而是将其当做食疗食品甚至是药品来看待。人们只有在生病体虚或是其他需要滋补进养的时候才将目光放到乳制品身上。《太平广记·李娃传》叙述李娃照顾虚弱的郑生时有这样一段描写："乃与生沐浴，易其衣服，为汤粥通其肠，次以酥乳润其脏。"③这虽然是个虚构的故事，但是已经能看出当时的人对乳制品的一种态度。这种态度固然是正面的、积极

① （五代）刘昫等编纂：《旧唐书》，北京：中华书局1975年版，第1958页。

② （五代）刘昫等编纂：《旧唐书》，北京：中华书局1975年版，第3012页。

③ （宋）李昉等编纂：《太平广记》，北京：中华书局1961年版，第3990页。

的，但是显然非常并不利于乳制品作为食品的传播和推广。

综上所述，魏晋至隋唐时期的乳制品在统治阶层和知识分子的大力推广之下逐渐被普通民众所接受，由北向南逐渐扩散开来。但是最终囿于各种条件所限，在隋唐后期，乳制品走向了高端化、药品化的道路，使其难以真正为中原人民所接受，成为一种普遍的平民美食。

五、从魏晋至隋唐乳制品看社会胡汉交融的倾向

就像上文所提到的那样，魏晋至隋唐时期乳制品获得了如此大的发展是和当时的时代背景分不开的。

魏晋时期，北方少数民族接连入侵中原，建立了许多少数民族政权。甚至直到北魏政权的建立，统一了的北方大地仍然笼罩在被外族统治的阴影之下。有史学家将这段时期称为“神州陆沉”，认为是汉民族几近亡族灭种的一场巨大灾难。

这一时期伴随着少数民族的入侵，他们的思想文化也同样强势地突破进入了汉民族文化圈。北方少数民族尽管在文化上比较落后，处于劣势，但是他们在政治军事上的优势可以弥补这一点。在少数民族统治下的北方人民潜移默化地受到了少数民族文化的熏染，并自然而然地接受了他们。最后再以同样的模式逐渐传播到受少数民族影响较小的南方，这也就是常说的“胡化”。同时汉族由于拥有更先进的文化和理论，使得入主中原的少数民族统治者们最终都自愿地选择了向汉族学习的道路，实现了“汉化”。这种“胡化”和“汉化”相辅相成，构成了胡汉交融的历史大趋向。

和乳制品一样，胡汉交融也是一个由上至下，由统治阶级向庶民阶层扩散的过程。从魏晋到隋唐的数百年间，中国的最高统治者始终不乏少数民族的血统。他们在掌握了最高统治权后，对待少数民族的态度自然会有所不同。

前秦苻坚曾经大力推行“中国以学养性”的传统①；慕容廆也

① （唐）房玄龄等编纂：《晋书》，北京：中华书局1974年版，第2899页。

曾经流露出“慕诸夏之风之矣”的意向①；李唐皇帝带有鲜卑血统的观点在学界被广为接受，唐太宗李世民更是说过“自古皆贵中华，贱夷、狄，朕独爱之如一”这样展示民族平等的言论②；李世民的长子李承乾喜好突厥语言衣食，甚至表示愿意有一天能够在草原策马奔驰打猎，解发为突厥③。统治者们的大力推行使得胡文化能够更轻易地为人所接受。

到了唐代，即便是固守“夷夏之防”的知识分子们也逐渐接受了他们心目中粗野蛮横的胡人和胡文化。前文提到的将乳制品入诗，甚至是以乳制品作为各种譬喻自不必说，许多文人、知识分子等还在自己的著作中表达出对胡人及胡文化的友好和喜爱。诗仙李白就曾经在他的《大猎赋》中说“王者以四海为家，万姓为子”，又在《幽州胡马客歌》中歌颂了一个保卫唐王朝的胡人④。岑参在他的《奉陪封大夫宴》里描述了胡汉武官一同宴饮的欢乐景象：“幕下人无事，军中政已成。座参殊俗语，乐杂异方声。”⑤李益的《登夏州城观送行人赋得六州胡儿歌》更是表达了对流落异乡的胡人的理解和同情：“胡儿起作和蕃歌，齐唱呜呜尽垂手。心知旧国西州远，西向胡天望乡久。回头忽作异方声，一声回尽征人首。蕃音虏曲一难分，似说边情向塞云。”⑥这都是胡汉交融的体现。

从空间上看，胡汉交融也一样是个由南及北的过程。这是因为少数民族人民的大量涌入整体上是由南及北的。从“五胡乱华”开

① (唐)房玄龄等编纂：《晋书》，北京：中华书局1974年版，第2803页。

② (宋)司马光等编纂：《资治通鉴》，北京：中华书局1956年版，第6247页。

③ (宋)司马光等编纂：《资治通鉴》，北京：中华书局1956年版，第6190页。

④ (清)彭定求等编纂：《全唐诗》，北京：中华书局1979年版，第1697页。

⑤ (清)彭定求等编纂：《全唐诗》，北京：中华书局1979年版，第2083页。

⑥ (清)彭定求等编纂：《全唐诗》，北京：中华书局1979年版，第3211页。

始，大量少数民族人民逐渐向内地迁徙。他们中有主动归附的，也有难民和战俘，甚至还有一些作为使节的贵族和官员。每一次的战乱和天灾，都使得更多的少数民族人民向气候温暖社会稳定的南方迁徙。《旧唐书》载："中国人自塞外来归及突厥前后内附，开四夷为州县者，男女一百二十余万口。"①并且在唐代还有大量的少数民族被任命担任一些重要官职，唐太宗时期少数民族官员"五品以上百余人，殆与朝士相伴，因而入居长安者近万家"②。

这些迁徙到中原的少数民族大多被安置在西北边疆一带，但是随着商业贸易等的流动，这些人民的分布范围逐渐向南扩散，由此形成了胡汉交融的由南及北的特征。这是因为在不断的战乱纷扰中，普通民众要比上层的贵族统治者更加直接地与异族人民发生接触和碰撞。少数民族所喜爱的乳制品向南逐渐传入中原的同时，中原人民也对乳制品进行了各种变革和创新，制作出了银馅饼、清风饭等更符合中原人民口味的"新式乳制品"，其原因就在于此。

但是我们也不得不承认，想要真正地融合胡汉只能依靠掌握了知识和话语权的上流社会。只有运用政治的力量，才能使本来心存隔阂的两个民族能够真正相互了解、认可，吸收对方民族文化中优秀的部分为己所用。

饮食是民生之本，从饮食中可以了解到一个社会最基本最直观的状况。以乳制品作为一个切入点，能够透视魏晋至隋唐时期文化乃至整个社会上的胡汉交融的大氛围。由此我们不难发现，饮食史仍然是值得我们更多地去发掘和研究的领域。

参考文献

一、基本典籍

[1]（汉）司马迁：《史记》，北京：中华书局1963年版。

① （五代）刘昫等编纂：《旧唐书》，北京：中华书局1975年版，第37页。

② （宋）司马光等编纂：《资治通鉴》，北京：中华书局1956年版，第6078页。

[2](汉)班固:《汉书》,北京:中华书局2000年版。
[3](汉)刘熙:《释名》,北京:中华书局1985年版。
[4](北齐)魏收:《魏书》,北京:中华书局1974年版。
[5](北魏)贾思勰著,石声汉校释:《齐民要术今释》,北京:中华书局2009年版。
[6](北魏)杨衒之:《洛阳伽蓝记校释》,北京:中华书局1963年版。
[7](南朝·宋)雷敩著,尚志钧辑校:《雷公炮炙论》,合肥:安徽科学技术出版社1981年版。
[8](南朝·宋)刘义庆原著,(南朝·齐)刘孝标原注,朱志奇校注:《世说新语校注》,长沙:岳麓书社2007年版。
[9](南朝·梁)宗懔撰,宋金龙校注:《荆楚岁时记》,太原:山西人民出版社1987年版。
[10](唐)孙思邈:《千金方》,北京:中国中医药出版社1998年版。
[11](唐)苏敬等:《唐本草》,合肥:安徽科学技术出版社1981年版。
[12](唐)李肇,《唐国史补》,上海:上海古籍出版社1979年版。
[13](唐)房玄龄等编纂:《晋书》,北京:中华书局1974年版。
[14](唐)慧琳:《一切经音义》,南京:江苏古籍出版社1988年版。
[15](唐)孟诜:《食疗本草译注》,上海:上海古籍出版社1993年版。
[16](唐)王定保:《唐摭言校注》,上海:上海社会科学院出版社2002年版。
[17](唐)段成式:《酉阳杂俎》,北京:中华书局1981年版。
[18](五代)刘昫等编纂:《旧唐书》,北京:中华书局1975年版。
[19](宋)欧阳修等编纂:《新唐书》,北京:中华书局1975年版。
[20](宋)欧阳询主编:《艺文类聚》,上海:上海古籍出版社1982年版。
[21](宋)王谠:《唐语林校注》,北京:中华书局1987年版。

[22](宋)李昉等撰:《太平御览》,北京:中华书局 1960 年版。
[23](宋)司马光等主编:《资治通鉴》,北京:中华书局 1956 年版。
[24](明)李时珍:《本草纲目校注本》,北京:华夏出版社 2008 年版。
[25](清)彭定求等编纂:《全唐诗》,北京:中华书局 1979 年版。
[26](清)郑珍:《说文新附考》,上海:商务印书馆 1936 年版。
[27](清)董诰等编纂:《全唐文》,北京:中华书局 1983 年版。

二、今人专著

[1]杨天宇译注:《礼记译注》,上海:上海古籍出版社 2004 年版。
[2]上海师范大学古籍整理研究所点校:《国语》,上海:上海古籍出版社 1988 年版。
[3]姚春鹏译注:《黄帝内经》,北京:中华书局 2010 年版。
[4]上海古籍出版社编修:《宋元笔记小说大观·清异录》,上海:上海古籍出版社 2007 年版。
[5]王云五主编:《丛书集成初编》,上海:商务印书馆 1937 年版。

三、研究论文

[1]罗绍文:《八珍之一——醍醐考》,《西域研究》1994 年第 2 期。
[2]刘朴兵:《乳腐考》,《中国历史文物》2005 年第 5 期。
[3]闫艳:《说"醍醐"》,《汉语史研究集刊》2006 年第 00 期。
[4]黄秋凤:《魏晋六朝饮食文化与文学》,上海师范大学 2013 年硕士学位论文。
[5]李杰:《魏晋南北朝时期的饮食文化》,山东大学 2008 年硕士学位论文。
[6]王利华:《中古时期的乳产品生产与消费》,《中国农史》2000 年第 4 期。
[7]杨芳,潘荣华:《中国古代乳文化的发轫、传播与变异》,《华南农业大学学报》2012 年第 2 期。
[8]刘双:《中国古代乳制品考述》,《饮食文化研究》2007 年第 3 期。

清代嘉道间的学风嬗变再探

——以鳌峰书院为中心

2013级　段亚彤

摘　要：经学家陈寿祺是在道光年间开辟福建新学风的关键人物。本文以他所在的福州鳌峰书院为例，大致可以看出从康熙至道光期间福建学风的变迁。在理学传统深厚的福建，随着科举和汉学之风日盛，学风在嘉道间出现了由宋学向汉学的转变，直接原因是陈寿祺在鳌峰书院的讲学和改革。进一步考察鳌峰书院的历程，可知这种转变与他所处的时代、地域和学术机缘密切相关。整体上看鳌峰书院在嘉道间的学风嬗变，士林风气论是实学与俗学交织互动而归根于敦实学的过程，儒学形态论是由宋学至汉学的转变过程，且“汉宋之争”在这一时期逐渐由学术风气之争过渡到学术理路之争。

关键词：嘉道年间　鳌峰书院　清代学风　陈寿祺　汉宋之争

导　论

(一)问题缘起

提起清代学术，最易联想到乾嘉考据学，而站在学术史角度，从整体上看清一代学术变迁，有三个关键点值得注意：一是清初的理学复兴，以朱学反王学；二是清中叶的汉学昌明，以经史考据为特征；三是清后期经世思潮的兴起，以学问的经世致用为要务。若具体来看学术变迁，则每种学风的形成、流变、衰落，以及造成这些变化的复杂因素都是我们应该考察的问题。乾嘉考据学可以说是清代学术的顶峰，在此前后的学术流变当为研究的重点，本文择其后，将对嘉道之际的学风状况进行探究，以理解清代中后期学术的走向。

要呈现一时代的学风并不简单，因为学术发展还受到地域等因素的影响。近人梁启超的《近代学风之地理的分布》详细介绍了清代学术“分地发展”的情况①。近人钱基博在《近百年湖南学风》导言中开宗明义，指出“(湖南)风气自创，能别于中原人物以独立。……湛深古学而能自辟蹊径，不为古学所囿。……开一代之风气，盖地理使之然也”②，阐明了地域因素对学风的关键作用。学者杨念群的《儒学地域化的近代形态》提出“儒学地域化”的解释体系，把近代儒学话语分为湖湘、岭南、江浙三大区域，并以书院为视角，透视儒学区域话语的功能化体现③，该研究关注儒学发展的地域因素，特别是将书院作为考察学术发展的切入点，给笔者研究视角上的启发。

作为教书育人的场所，清代书院在一定程度上起到了学术传播与交流的媒介作用。清代中叶以后理学衰落，此时的书院大多已成为科考举业之地，不再具备学术活力，然而，少数书院却以传习汉学继续着生机，开创这一风气的便是阮元。他创办的诂经精舍和学海堂轻视科举，崇尚经史词章，学者章柳泉称赞这类书院“一变近六百年理学占据书院讲坛的局面，在中国书院史上，是值得大书特书的”④，这一点在后来学者主编的书院史中亦有体现⑤。此后，

① 梁启超：《近代学风之地理的分布》，收入汪学群编《清代学问的门径》，北京：中华书局2009年版，第94-128页。

② 钱基博：《近百年湖南学风》，上海：上海古籍出版社2012年版，第1页。

③ 杨念群：《儒学地域化的近代形态》，北京：生活·读书·新知三联书店2011年版。

④ 章柳泉：《中国书院史话》，台北：学海出版社1985年版，第37页。

⑤ 例如：李国钧的《中国书院史》(湖南教育出版社1998年版)指出诂经精舍与学海堂的创建是清代书院发展的转折点和里程碑；邓洪波的《中国书院史》(湖南大学出版社2000年版)有一节专讲“书院与乾嘉汉学”，即以诂经精舍和学海堂为例。

学者刘玉才也看到了书院在学术史研究中的价值，他指出，“（清代）书院本身仍是所在地区汇聚士人的中心，主持者多是知名度较高的学者，在没有讨论会和公共刊物等学术平台的时代，无疑仍会起到交流传播学术成果的作用，且对于学派、学风的形成有促进之功。”①这种认识也是颇具先导性与启发性的。

综上可知，要理解清代学术发展的状况，除了从整体上把握学术史分期，还应进行分阶段的专门研究。学术史的构成要素除了学人和传世的学术著作外，与之相关的学术活动亦不可忽视，这涉及特定时代与地域下的社会背景，需要从微观层面来具体考察，而书院则为学术活动提供了物理场所，并对学术发展产生影响。因此，笔者以清代书院为切入视角，对嘉道年间福建的学风状况进行探究。本文拟以福州鳌峰书院为例②，主要基于以下几点考虑：

第一，深厚的理学传统。鳌峰书院位于福建省福州市，作为朱子的出生地，福建地区素来享有“海滨邹鲁”的美誉，受朱学的影响亦深。该书院由康熙时的理学名臣张伯行一手创办并着力经营，一开始便形成了以程朱理学为宗的学术生态。此外，乾嘉考据学的学术力量主要分布于江南地区，以吴、皖二派为主，而福建地处东南，远离这一学术中心。所以，具有深厚理学传统的鳌峰书院，在乾嘉之际的汉学风气究竟如何，是需要我们具体分辨的。

---

① 刘玉才：《清代书院与学术变迁研究》前言，北京：北京大学出版社 2008 年版，第 2-3 页。

② 据学者统计，“书院史上以鳌峰书院为名的书院大大小小有十六所之多。从时间上看，上起唐，下至清。地域分布上也较广，其中福建省有四所鳌峰书院，广东省、浙江省、江西省、四川省、云南省各自拥有两所，湖南省有一所，详见业宪允：《清代福州四大书院研究》，华东师范大学 2005 年硕士学位论文，第 9-10 页。本文中的鳌峰书院指康熙四十六年（1707）由福建巡抚张伯行创办于鳌峰坊九仙山麓的那座书院。

第二，多样的学术构成。担任书院主讲的山长①，作为学术界和教育界的纽带，其学识和志趣会对书院学风产生关键性的影响。纵观鳌峰书院从康熙至道光的历程，山长担任者当中既有理学名儒，又有汉学巨擘，也不乏经世人才，如此一来，虽然官方推重理学，但在有为山长的提倡和引导下，多种学术力量交错发展，形成了鳌峰书院兼容并包的学术氛围。所以，在这样的学术环境中更容易催生不同的学术风潮。

第三，与政治联系复杂。清代中期书院的官学化程度进一步加强，从创办伊始就颇受官府注目的鳌峰书院更不例外；作为清政府官方意识形态的理学，也通过科举的途径深植于书院的发展历程中；鳌峰书院的山长大多是科场竞争的优胜者，治学之外还拥有从政的经验；此外，福建地处东南沿海，政治和社会形势比较复杂，士人心理更趋于开放和务实。在书院官学化趋势强化的背景下，对政治环境的把握是探究其学风状况的必要思路。所以，与单纯以科考或传习汉学为宗的书院相比，鳌峰书院与政治的复杂渊源更值得深究。

第四，省会书院的地位。为适应书院普及的形势，雍正时始建省会书院，通过集中各省的优势资源来培育人才，引领其余书院的发展。鳌峰书院作为福建的省会书院之首，历史悠久，积累深厚，聚集一省硕儒高才，无论是办学规模还是办学成效，都无愧于闽省最高学府的地位，其学术风气势必会影响福建整体学风的走向，在福建地区也具有不可替代的影响力。所以，对该书院的学风进行考察无疑具有代表性。

第五，影响深远的掌教。在嘉道之际对鳌峰书院的学术产生重大影响的有两位掌教：其一是郑光策，他倡导“明体达用之学”，

① 对于书院主持者，有多种称谓。《鳌峰书院志·掌教》中记载：“书院掌教，宋元间称主讲，亦称山长，盖修礼乐教化之处而掌其事焉矣。有聘延乡先生者，则大夫、士、殳师、少师之例也。有聘延邻省者，则必有合焉之例也。……盖以罗源教论主院三年，归里又来院，无所为掌教，教则主院掌之尔。……盖中丞亲造士院，无所为掌教，教则中丞掌之尔。”可见掌教的含义是主持教学之人，并无明文规定如何确定这一人选，从鳌峰书院来看，掌教可以专门延聘，也可由地方官员代理。

并强调学问要经世致用，学生中有注重实干的梁章钜、林则徐等优秀人才；其二是后继者陈寿祺，他早年受业于理学大儒孟超然，登科后又从阮元精研汉学，由此奠定一生的治学方向，可见其受乾嘉朴学影响很深，并在担任鳌峰主讲期间推动了汉学在闽的普及。特别是陈寿祺，《清儒学案》评价说“自左海始兼精研汉学，治经重家法、辨古今文。……世以比元和惠氏、高邮王氏，洵无愧焉”①，梁启超称赞其“赡博而精审，卓然一大师”②，可见其影响之深。嘉道之际这两位掌教的活动，某种程度上构成了大环境学风嬗变的一个因子，具有在微观层面发掘的关键意义。

基于以上几层原因，本文将鳌峰书院作为一个典型案例，从书院的角度具体分析嘉道之际的学风嬗变。要研究这一问题，涉及鳌峰书院与学风相关的一系列事项，比如书院的藏书、课程、规约、师生、学术活动等。目前笔者能够获得的一手史料，除嘉庆丙寅年(1806)游光绎编纂的《鳌峰书院志》和道光戊戌年(1838)来锡蕃、章炜编纂的《鳌峰书院志纪略》外③，还有知名山长的传记、年谱、文集以及地方志等材料，笔者将借助这些史料梳理出一些与学术状况有关的事项，进而呈现出学风嬗变的具体内容。

(二)研究回顾

1. 清学史与书院研究回顾

近代以来，清学史研究者多能注意到嘉庆至道光年间的学风转变，这一问题是伴随着清代学术的分期研究而来的。近人王国维评价清代学术时有“国初之学大，乾嘉之学精，而道咸以来之学

---

① 徐世昌等编纂，沈芝盈、梁运华点校：《清儒学案》，北京：中华书局2008年版，第5069页。

② 梁启超：《近代学风之地理的分布》，收入汪学群编《清代学问的门径》，北京：中华书局2009年版，第125页。

③ (清)游光绎编：《鳌峰书院志》，道光十年(1830)正谊堂增补本，(清)来锡蕃编：《鳌峰书院纪略》，道光十八年(1838)刊本。皆收入赵所生、薛正兴编《中国历代书院志》第10册，南京：江苏教育出版社1995年版，第279-510页。

新”之论①，嘉道之际正是这种由“精”到“新”的转变时期；钱穆则以西学东渐为界，将清代学术分为顺治至乾嘉和道咸至清亡两期②，嘉道之际亦是前后段的过渡时期。对于学风之变，论者或从学术自身的发展来探究学术思想的变化③，或从政治社会的变化来理解转变的背景④。与此同时还有从地域角度切入的学派研究⑤，此类研究将地域与时代变迁结合起来，注重学派间的互动及演变过程。简言之，近代以来的学者立足于清代学人、学派和学术著作，注意到盛极一时的乾嘉考据学之后的“汉宋之争”“理学复兴”“今文经学”“经世致用”“汉宋调和”“中学西学”等相关议题，并启发了当代学者的研究⑥。

① 王国维：《沈乙庵先生七十寿序》，《观堂集林(外二种)》，石家庄：河北教育出版社 2003 年版，第 574 页。

② 钱穆：《前期清儒思想之新天地》，汪学群编：《清代学问的门径》，第 200 页。

③ 学者丘为君概括出 20 世纪以来对清代思想史研究具有深远影响的三个研究典范：梁启超和胡适的“理学反动说”、钱穆的“每转益进说”、余英时的“内在理路说”。见丘为君：《戴振学的形成》，北京：新星出版社 2006 年版，第 213 页。

④ 侯外庐运用马克思主义的观点，注意结合社会史与学术史的研究，在《中国思想通史》第五卷中剖析了明末清初到鸦片战争期间思想史发展变化的社会基础。杨向奎的《中国古代社会与古代思想研究》属于社会史和学术史的互动专题研究。张舜徽从文字狱和科举的角度解释乾嘉朴学的兴盛，嘉道间这二者的控制减弱也就为学风变化创造了条件。

⑤ 章太炎《清儒》一文将乾嘉学术分为吴皖两派，之后又有浙东之学、桐城学派、常州今文之学。刘师培《近儒学术统系论》考察了不同地域之学的同异、分合与互动，揭示了宋学与汉学之间的消长与交叉，以见清学系统之复杂，又《南北考证学不同论》以南北分派，认为南北学派并非孤立存在，而是相互交通，共同发展。梁启超则在《近代学风之地理的分布》中详细介绍了清代学术“分地发展”的情况，文章虽然采取“案而不断”的态度，但强调人对环境的改造作用，侧重从人与环境的关系中把握不同学派的成因。

⑥ 例如：张循的《论十九世纪清代的汉宋之争》结合学术和政治这两种考察角度，认为清代中后期的汉宋之争是由“学”与“术”的互动而产生的。陆益军的《道光时代的汉学研究》详细考察了道光前后的汉学状况，涉及理学对汉学的批判和汉学的“变古”，本质上还是着眼于“汉宋之争”和今文学的兴起。

分时期和分地域的研究呈现了学术纵向与横向的发展状况，然而这些都只代表了学术发展的一个方面。我们还应看到，学术思潮萌芽于学术界，经学者著述、讲学等途径传播至教育界，普及广大学人，乃至在社会上扎根已深、波及已广，反映学术思潮的现象和事件层出不穷时，该思潮便随之形成，并影响着学术发展的进程。所以学术思潮的发生和普及是个动态的过程，一种学术思潮从萌生、流衍以至于普及受到多种因素的影响，应该具有更加立体、多维的面向。

近年来，随着对中国古代书院史料的系统整理和研究①，我们认识到：书院是中国古代历时千余年、承担着多种功能、区别于官学而独立存在的文教场所。在不同时期，书院因社会、政治、学术等因素的不同而具有相异的建置形态，最直接的表现就是其官学成分的增减，故而从书院的官私属性延伸出的一系列讨论是目前书院研究的重要方向，包括书院的类型，书院与官学、科举的关系，以及书院取代官学的过程等议题②。但是，这些切入角度仍然是立足于教育史的研究，作为与学术发展密切相关的书院，却鲜少引起学术史研究学者的专门讨论，近人钱穆在论及清代教育制度时曾指出，“(清代)书院之主要贡献，乃在藏书与刻书”③，对其中的学术活动却着墨不多。学者刘玉才将这种忽视归因为书院在官学化趋势中沦为科举的附庸，从而难以进入学术史的研究视野④。其实作

---

① 近代已有书院研究，改革开放以来，特别是20世纪90年代对书院史料整理，如陈谷嘉、邓洪波的《中国书院史资料》(全三册)，以及赵所生、薛正兴的《中国历代书院志》等，推动了书院研究的进一步开展。

② 代表性的著作有李兵的《书院与科举关系研究》，该书从科举的视角对书院进行考察具有开创性，作者认为书院产生的最初动机是科举应试，清代统治者加强了对书院的控制，即使是以讲学为目的的理学和汉学书院都受到科举的影响。作者看到了书院的官学化倾向，从科举切入来考察书院发展值得肯定，但是由这种后来的倾向来解释书院的起源似乎过于武断，科考只是书院在长期发展中形成的功能之一，作为教育场所，我们不能忽视书院当中的学术活动。

③ 钱穆：《国史新论》，北京：九州出版社2011年版，第248页。

④ 刘玉才：《清代书院与学术变迁研究》前言，北京：北京大学出版社2008年版，第2页。

为兴自民间的书院①，区别于官学的最大特征便是名师讲学、承传学术，而清代以来讲会制度在书院逐渐废止②，取而代之的是清一色的理学教学，缺乏思想交流活动，这是造成学界对其中学术状况缺乏关注的重要原因。

综上可知，如果仅从时代和地域的角度探讨学术，并不能反映出一时代学风的全貌，我们还需结合与学术发展相关的具体事项，因时、因地对学术风气展开立体化的研究。与此同时，书院在教育功能之外，还承担了学术发展的物理场所这样一个学术媒介的角色，作为区别于传统官学的教育形式，书院并不只限于教育职能，同时也是学术文化原创、传衍的基地。因此，笔者试图对这两方面的研究做一结合，在学术与教育的交叉层面来考察学风。

2. 鳌峰书院研究回顾

前文已述笔者选择鳌峰书院作为研究对象的几个原因，研究内容主要涉及书院与学术相关的具体事项，包括亲身参与学术和教育活动的掌教、诸生，书院的日常管理等，这些都是影响院中学术风气的主要因素。由于此前学界多站在教育史的角度研究书院，涉及鳌峰书院的研究一般出自师范类院校的学人，如华东师范大学的硕士学位论文《清代福州四大书院研究》，作者对清代以鳌峰书院为首的福州四大书院进行对比研究，凸显了鳌峰书院在整个福建的地

① “书院”这一名称的记载始于唐玄宗时期建于朝省的丽正、集贤书院，但在这之前，民间已有书院存在。见邓洪波：《中国书院史》，上海：东方出版中心 2006 年版，第 1-26 页。对于书院的兴起，章柳泉认为是官学废弛或衰落的产物，并由此得出书院是私学的论断。见章柳泉：《中国书院史话》，台北：学海出版社 1985 年版，第 2-6 页。

② 讲会制度始于南宋，是当时理学大师传播自己学术思想的重要方式。明代中叶以后，王学兴起，为传播自己的学术思想，即以讲会为主要方式。清初，在“崇儒重道”政策的推动下，书院讲会之风又炽，各地讲会的大致情况是：依据自愿结合的原则，各书院成立讲会，设立职位管理会务，分月会和大会两种，程序是先祭祀，然后由主持人任讲四书五经一章，再按序互相辩驳问答，为办好讲会，不少书院主持人制定会约、学程、院规等注意事项。但康熙中期之后，讲会制度渐行废止，书院的教学内容被理学取代。参考白新良：《明清书院研究》，北京：故宫出版社 2012 年版，第 144-158 页。

位和影响；又如福建师范大学的硕士学位论文《孟超然研究》，虽然不是以鳌峰书院为研究主体，但孟超然作为书院颇有影响的掌教，作者也对他在鳌峰书院的活动进行了展开，对笔者了解乾嘉之际的书院学风具有参考价值。

整体上看，学界对鳌峰书院的专门研究呈现出比较明显的地域色彩，以鳌峰书院为题的文章多出自福建省学者，而外省学者则多从福建学风或重要人物切入展开研究，其中有涉及鳌峰书院的内容。

王易的《清代福州鳌峰书院研究》是福建师范大学的硕士学位论文，文章对鳌峰书院进行了系统研究，包括书院的概况、教学、管理和影响，特别是对书院近两百年的历史进行了分期，让笔者对鳌峰书院的沿革有一大致印象。文中涉及书院与福建学风嬗变的内容，作者结合书院情况，对学风变化进行了概括，比如"从独尊理学到兼容汉学精华的转变""汉宋并重学风的形成""经世致用学风的形成"①。但是作者对这方面的展现比较简短粗略，而且重叙述轻分析，主要观点也是借鉴学界之前的一些成果。

福建社会科学院的学者许维勤对鳌峰书院的学风进行了专门研究，他的两篇文章《鳌峰书院的学术传统及其对林则徐的滋养》《鳌峰书院与清代理学的复兴》着眼于鳌峰书院所在地域的闽学传统。作者认为，"书院学术曾经历重宋学、重汉学、倡实学的变化，但始终贯彻注重人格养成、学行并重的主线"②，从书院的教育功能来看，这种认识是可取的，因为培养真才实学之人是书院的办学宗旨，这与理学的实践理性是相合的。但是作者未将教育与学术进行区分，虽然看到嘉道年间学术形态的变动，却将其纳入继承闽学传统的视域，简言之，作者比较重视书院学术发展的继承性，对学术创新与变革的一面关注不够。

---

① 王易：《清代福州鳌峰书院研究》，福建师范大学2010年硕士学位论文，第49-54页。

② 许维勤：《鳌峰书院与清代理学的复兴》，《闽江学院学报》2012年第6期，第15页。

相比之下，学者陈忠纯和史革新则注意到鳌峰书院的学术变化，并深入到具体的人物来分析学风的变迁。厦门大学陈忠纯的《鳌峰书院与近代前夜的闽省学风》一文初步探究了嘉道间福建鳌峰书院的学风转变及其影响，作者指出，“陈寿祺等人通过改革作为福建书院教育中心的鳌峰书院，促使福建的学风发生了变化，在福建兴起崇经世致用的新学风。同时，陈寿祺所倡导的学风也体现了注重经世致用、汉宋学并重等嘉道以后的汉学新风气”，而作者对嘉道之间的学术变化概括为“从务俗学到崇实学”，“从独尊朱学到汉宋并重”①，整体上也是重叙述而轻分析，对变化背后的复杂动因关注太少。北京师范大学史革新的《陈寿祺与清嘉道年间闽省学风的演变》则以陈寿祺为研究对象，作者指出“他在主持鳌峰书院期间，以有用之学造士，造就出林则徐、张际亮、林昌彝等一批杰出人才，使福建学术从过去的程朱理学一枝独秀，转变为嘉道年间诸学并举的局面，使古今文经学、经世之学在闽省开展起来”②，在文中作者详细呈现了陈寿祺的学术成就、治学态度及对福建学风的影响，特别是作者以关键人物为研究对象来呈现学风转变的思路值得借鉴，但该文的研究主体是陈寿祺，虽然提到鳌峰书院，但着墨不多。总而言之，两位学者都注意到鳌峰书院在嘉道间学风的变化，却在具体行文中着重转变的本身及影响，对为何而变的问题缺乏必要的关注。

综上所述，笔者将在前人开拓的鳌峰书院研究之基础上，重点考察其中与学术有关的事项，特别是关键人物的学术和教育活动。进一步地，笔者将对学风嬗变背后的动因进行探究，从继承传统和变革创新这两个角度来揭示嘉道间复杂的学风状况。

---

① 陈忠纯：《鳌峰书院与近代前夜的闽省学风》，《湖南大学学报》2006年第1期，第121-126页。

② 史革新：《陈寿祺与清嘉道年间闽省学风的演变》，《福建论坛》2002年第6期，第82页。

一、嘉道前鳌峰书院的学风状况

欲考察鳌峰书院在嘉道间的学风嬗变，首先要了解在此之前院中的学术风气。嘉庆十一年(1806)编修的《鳌峰书院志》中有一段关于建院以来风尚的记录：

> 仪封张清恪公创兴鳌峰书院，礼列郡高才生，修宋已降儒先书，益以诸葛忠武、陆宣公、司马文正文、文山杨忠愍诸公集，不为科第人计也。然考文勤太傅《答院中诸生书》，时文以清真雅醇为主，语则亦课文艺教求科第矣，然其所为教根本居敬穷理，以行其孝弟、忠信、仁义，所谓艺者，书之也。当其时，濂、洛、关、闽之学大盛，其大者发挥乎性命，张皇乎事业，次亦循规矩法度，盖士习为极醇，未几而一之乎文艺矣。而院中科第大盛，未几而汉学兴矣，《说文》考证尚矣，渐而诸子及诸杂驳难稽之书，群相诵习矣。而院中科第瘠益盛，学者虽不必不敦行，要之清恪公所修书，罕有过而问焉者矣。①

从这段材料中可以得到四条信息：一是鳌峰书院的创办初衷是“不为科第人计”，初期以程朱理学为宗，士风醇正；二是在蔡文勤担任山长时，书院风气已被科考所浸染，教授内容倾向于时文，但仍以居敬穷理的理学教育为根基；三是程朱理学在推行不久后，即由学术沦为文艺，变成了科举取士的工具；四是院中科举大盛后不久，又兴起以考据为主的汉学风气。从院志的记载，可见自建院直至嘉庆年间，书院中有理学、科举、汉学这三股力量左右着学术风气，而总体上的学风走向是背离建院初衷的，以至于“清恪公所修书，罕有过而问焉者”。材料中没有涉及这些转变发生的具体时

① (清)游光绎编：《鳌峰书院志·科目》，《中国历代书院志》第10册，南京：江苏教育出版社1995年版，第312页。

段，笔者欲将其视为一条线索，将嘉道之前分为康雍和乾嘉两个阶段，具体分析此间院中的学风变化。

(一)康雍：敦实的理学风气

在鳌峰书院初创时期①，以理学为根底奠定了书院的整体学风，学者许维勤将其概括为“宏器识、端品行、务笃实、尚力行、广博采、求实用”的学术传统②。结合其他史料，我们从张伯行、蔡璧、蔡世远在鳌峰书院崇道兴学的事迹中，大致可以看出书院在这一时期的学风状况。

张伯行(1651—1727)，即材料中的“张清恪公”，鳌峰书院的创办者。他是清初诸理学名臣中兴办书院热情最高、成效最大的封疆大吏。为官期间，于所到之处创设书院，弘扬程朱正学，抚闽时“甫下车，即开鳌峰书院，礼四方俊，又订儒先居敬穷理力行之书，刻名臣节义经济之集凡五十余种”。如此在福建大兴文教，培育人才，效果亦随之彰显，“上者醇茂敏达，出为名公卿，次亦化其乡人。……士习人心于是大醇”，是“以学化人”的典范③。张伯行创建书院尊奉程朱理学，既有执行朝廷旨意敷治教化的目的，又是实现个人学术取向的体现。有感于“圣人之学不传”，而世俗之人教育子弟只强调“科举之业”和“词章之尚”④的风气，他“力正学，于义利、利害二关，灼然毅然也”⑤，而恰逢康熙帝“崇儒重

---

① 即康雍时期。自张伯行于康熙四十六年(1707)建立鳌峰书院始，经蔡璧、蔡世远掌教书院，直至蔡世远于雍正十二年(1734)去世，这三人在书院的时间几乎贯穿了康熙后期至雍正一朝。

② 许维勤：《鳌峰书院与清代福建理学的复兴》，《闽江学院学报》2012年第6期，第18页。

③ (清)钱仪吉纂，靳斯校点：《碑传集·张清恪公传》，北京：中华书局1993年版，第535页。

④ (清)张伯行编：《学规类编·原序》，《续修四库全书》，上海：上海古籍出版社2013年版，第609页。

⑤ (清)钱仪吉纂，靳斯校点：《碑传集·张清恪公传》，北京：中华书局1993年版，第535页。

道”，“亲制训饬士子文”①，这种意在求“真儒”与“纯臣”的政治行为与张伯行提倡圣贤之学的志向一拍即合，于是便有了包括兴办书院在内这一系列“佐圣天子鹄天下程朱之化”的活动②。

蔡璧（1647—?）是鳌峰书院的首任山长。他“以选贡授罗源教谕，罗源士皆奋兴”③，可见在当时的声望之高，张伯行创办鳌峰书院时听闻他的贤才，便聘请他为书院主讲。在教学上，他主张“以器识为先”，“论学以躬行为本，不以空谈性命为高；读书要归于根柢深厚，返求诸身而自得之”④。而他也身体力行自己的学术主张，在道德上有很高的修养，“家素贫，书院月饩无几，清恪公屡欲有所赠，恐伤其廉，辄止，欲荐诸朝，以老病辞”⑤。从学问行事上看，蔡璧可谓是典型的闽学传人，张伯行经过慎重思考才选定他为鳌峰书院开拓者。

蔡世远（1681—1734），即材料中的文勤太傅，蔡璧之子，是鳌峰书院第二任山长。他早年受业于张伯行，力崇正学，又曾在京随理学大臣李光地编纂《性理精义》，深受理学传统的熏陶。他以振兴书院为己任，认为书院教育“以学术之明，伦理之修，下关风俗，上稗朝廷，近者效行一方一时，远者功及于天下后世”⑥，即使是离开讲席，也在给友人的信中提到“兴教劝学”的方法和意义：“风声以树之，诚意以孚之，条约以正之，使博古通今、长善救失，必有一二为世不可少之人出焉。”在培育人才方面他继承了程

① （清）张伯行编：《学规类编·原序》，《续修四库全书》，上海：上海古籍出版社2013年版，第609页。

② （清）钱仪吉纂，靳斯校点：《碑传集·张清恪公传》，北京：中华书局1993年版，第535页。

③ （清）游光绎编：《鳌峰书院志·祠祀》，《中国历代书院志》第10册，南京：江苏教育出版社1995年版，第296页。

④ （清）蔡世远：《二希堂文集·先考武湖府君行状》，《清代诗文集汇编》第250册，上海：上海古籍出版社2010年版，第178页。

⑤ （清）游光绎编：《鳌峰书院志·祠祀》，《中国历代书院志》第10册，南京：江苏教育出版社1995年版，第296页。

⑥ （清）蔡世远：《二希堂文集·与满大中丞论书院事宜书》，《清代诗文集汇编》第250册，上海：上海古籍出版社2010年版，第135页。

朱理学的传统，“其教鳌峰诸士也，以立志为始，以孝弟为基，以读书体察克己躬行为要”①，“凡所讲论，悉本白鹿洞规，自身心以至治平之道，以程朱为训，而必本于诚”②。并在一篇《答鳌峰书院诸生》中重申书院办学初衷：“不按所望者，非徒得巍科膺显秩而已也。凡我同人，亦望其希贤圣，伤廉隅，循循不息，以正道南之绪而已。”③蔡世远任山长期间，曾多次延请理学名臣李光地来书院讲学，为诸生传道解惑，所讲内容被辑为《鳌峰讲义》，当中记录了他针对诸生“未发之中”“为人为己之学”“性反之别”等理学问题的回答。时任福建巡抚的赵国麟也是“月三至院，阐宋五子书，寒暑不辍”，虽然此举有很明显的选士意图，旨在“选能文候补，令阅生徒文卷而亲评其甲乙”④，但对于理学复兴具有不可忽视的积极意义。

张伯行抚闽两年后调抚江苏，临行前写信给蔡璧，将书院托付给他打理，而事实证明，二人在学术上的共同取向催生出了鳌峰书院初期的理学氛围。之后蔡璧之子蔡世远也传承了以理学为宗的办学基调，院志中说他给诸生讲授时文当是应时之举，他本人与专务科举的士人也绝非一途，李光地在举荐他为鳌峰书院的山长时，曾称赞他“有嘐嘐慕古之志，与俗下秀才一片名利心者不同”⑤，虽然在蔡世远主讲期间院中已染科举之风，但他仍能恪守办学初衷，尊崇正学。

综上，此三人身处康雍年间，皆为当世著名的程朱理学推崇

---

① 皆见于(清)游光绎编：《鳌峰书院志·祠祀》，《中国历代书院志》第10册，南京：江苏教育出版社1995年版，第296-297页。

② (清)钱仪吉纂，靳斯校点：《碑传集·蔡文勤公祠碑》，北京：中华书局1993年版，第535页。

③ (清)游光绎编：《鳌峰书院志·绪论》，《中国历代书院志》第10册，南京：江苏教育出版社1995年版，第379页。

④ (清)游光绎编：《鳌峰书院志·掌教》，《中国历代书院志》第10册，南京：江苏教育出版社1995年版，第310页。

⑤ (清)游光绎编：《鳌峰书院志·答陈眉川中丞》，《中国历代书院志》第10册，南京：江苏教育出版社1995年版，第367页。

者，张伯行建立书院的基本制度，确立“不为科第人计”的办学原则，在蔡氏父子主讲期间，理学成为书院教学的思想基调，使得鳌峰书院在初创时期便形成了敦实的理学风气，在当时良师难求、“闽中先正风流已久坠歇，学植浅薄”的氛围下①，鳌峰书院建立之初便有蔡氏父子开创风气，实为难得，与专务科举的书院形成鲜明的对比。

除了从开创者和掌教的个人事迹看初创期的理学风气外，还可从书院本身的一些事项来揭示其敦实的理学传统。

学规是反映书院学风的一个重要坐标②。张伯行在创立鳌峰书院时就为士子纂《学规类编》二十七卷，当中收录了宋代著名书院的学规，如《朱子白鹿洞教条》《丽泽堂学约》等，其余内容中，除第六卷讲读经史、第十八卷讲诸子、第十九卷讲史学、字学、科举之学、文学之外，更多的是讲程朱理学，包括存养、持敬、致知等一系列系统的论述和以这些修身之法为主题的箴言、铭文，旨在教导学人明体达用，全书可谓“凡所以教人主敬穷理、力行以复其性者，广大悉备”③。觉罗满保抚闽时制定的《学约》也是敦促士子传习圣贤之学④。蔡世远在任时也给诸生制定《鳌峰学约》一卷，辨明义利之分⑤，他在给地方官的信中提到为选拔士人应制定条约，“或策之以诗古文，或课之时艺，或所修何书，或所讲何业，总其

① （清）游光绎编：《鳌峰书院志·答陈眉川中丞》，《中国历代书院志》第10册，南京：江苏教育出版社1995年版，第367页。

② 据学者总结，学规的名目繁多，最早见于宋代，内容大致有三端，一为确立办学宗旨和书院教育方针，二是规定立品修身的程序，三是指示读书治学的门径。见邓洪波：《中国书院学规》前言，长沙：湖南大学出版社2000年版，第3页。另：《鳌峰书院志·院规一》内容为学规，《院规二》为章程，涉及书院的行政管理。

③ （清）游光绎编：《鳌峰书院志·院规一》，《中国历代书院志》第10册，南京：江苏教育出版社1995年版，第299页。

④ （清）游光绎编：《鳌峰书院志·院规一》，《中国历代书院志》第10册，南京：江苏教育出版社1995年版，第302-304页。

⑤ （清）游光绎编：《鳌峰书院志·叙鳌峰学约》，《中国历代书院志》第10册，南京：江苏教育出版社1995年版，第380页。

大纲而品定之"①。综合来看，康雍时施行的这些学规特征十分明显，一是推崇程朱理学，通过规定学习内容来传承理学，二是让学子正确看待科举，应究心于圣贤之道而非成为专务举业之徒，也就是辨明义利。

此外，院内的正谊堂设周、二程、张、朱五子祠以示尊崇，"濂、洛、关、闽实昌道学，故祠五子"②；就连书院的命名，院志编纂者在经过一番考证后，仍将"鳌峰"之名解释为继承朱子之学的用意③。由此种种，书院以传承理学为使命，不以科举为唯一目标的办学宗旨可见一斑。初创时期的这种学风对年轻学子影响很大，著名理学家雷鋐曾回顾："余幼承祖父训，然志在科名，未知返身切己之要。丁酉年二十一矣，就学鳌峰书院，得见梁村师学约，爽然自失。继得汤潜庵、陆稼书二先生文集，读之日有警觉；手抄《性理精义》中总论为学之方，立志、存养、省察、致知、力行数册，知用力途径。"④可见书院以理学为根本的教学内容和教学成效。

（二）乾嘉：科举之风与汉学日兴

上文主要介绍创办者张伯行和山长蔡氏父子在鳌峰书院的事迹，呈现了书院在初创期敦实的理学风气。而蔡氏父子后的继任者郑金章也较好地贯彻了这一办学路线，他在雍乾之际担任鳌峰

① （清）游光绎编：《鳌峰书院志·与满大中丞论书院事宜书》，《中国历代书院志》第10册，南京：江苏教育出版社1995年版，第374页。

② （清）游光绎编：《鳌峰书院志·祠祀》，《中国历代书院志》第10册，南京：江苏教育出版社1995年版，第291页。

③ 根据《鳌峰书院志》，关于"鳌峰"之名的来源是存有异论的，当时人的说法是因为"鳌顶有台，宋状元陈诚之读书于此，俗称'状元峰'"，但也有人说鳌峰书院就是勉斋书院，"勉斋"指朱熹学生黄干，是继承朱学之人。院志编纂者认为，若以前一种说法为准，则院名来自科举，"是以求科举教学者也"，不符合传承圣人之学的标准，应当以勉斋先生曾居于此来解释书院之名的缘由，这样有助于在此求学之人发奋继承圣人之道。由此，书院以传承理学为使命，不以科举为核心目标的办学宗旨可见一斑。

④ （清）游光绎编：《鳌峰书院志·闻见偶录（三则）》，《中国历代书院志》第10册，南京：江苏教育出版社1995年版，第381页。

山长六年①，“教人务弃浮华，崇实学”，这里的“实学”应当仍指程朱之学，而非考据学②。他的继任者靖道谟的教学原则也是“先敦行而后修词”，在鳌峰六年期间“闽士言师范者归焉”③。

结合乾隆一朝的背景，笔者发现，在乾隆初期，书院掌教仍能继续这种敦行实学的办学原则应当是康雍时期留下的理学余绪。前文提到，在康熙帝的提倡下，清初理学得到了短暂的复兴，鳌峰书院也是在这种情势下创建的，但降至乾隆一朝，“此则流风余韵浸以稍歇，间有诵法朱子者，或迂闻而无当，或浮慕而失真，其或跖行孔语，身败名裂……而闽学微矣”④。可见在清代中叶，理学衰微是不争的事实。这与乾隆皇帝对理学态度的转变有密不可分的关系，虽然他仍将程朱理学奉为官方哲学加以维护，但其对理学的信服度却是与日俱减，在朝廷举行的经筵讲会上曾屡次指摘朱子对经义的解释⑤，有学者将这种转向归纳为乾隆帝学术旨趣的“由宋入汉”⑥。显然，

---

① 约在雍正十三年(1735)至乾隆二年(1737)之间。据《鳌峰书院志》记载，蔡世远于雍正十二年(1734)去世，郑金章应当是在这之后担任书院掌教六年，而他的继任者靖道谟于乾隆八年(1743)至闽，主讲鳌峰，据此大致推算郑金章的到任时间。

② 这样说的理由是，郑金章为闽县人，康熙丙戌(1706)进士，求学期间受到闽地理学传统的影响，且为官二十年深受百姓爱戴，也当是践行理学的表现。

③ (清)游光绎编：《鳌峰书院志·掌教》，《中国历代书院志》第10册，南京：江苏教育出版社1995年版，第311页。

④ (清)陈庚焕：《惕园初稿·闽学源流说》，《惕园全集》，清道光元年(1821)刻本。

⑤ 参考陈祖武、朱彤窗：《乾嘉学术编年》，石家庄：河北人民出版社2005年版。

⑥ 夏长朴《乾隆皇帝与汉宋之学》一文指出了乾隆皇帝学术趣味的转向，并且提出了三个原因：“乾隆皇帝本人思想的自然发展，使得他逐步趋向汉学领域；理学巨擘程颐‘君臣共治天下’的言论以及李心传《道命录》极度尊程的作法激怒了乾隆皇帝，使得他对理学家极为不满，进而疏远理学；南宋以后，理学家讲学、结党的流弊，影响到社会风气，政治安定。此一史实，使得乾隆皇帝逐渐不喜理学，转而趋近汉学。”，见彭林编：《清代经学与文化》，北京：北京大学出版社2005年版，第156-192页。

清初被当做意识形态来推广普及的程朱理学，在失去了最高统治者的支持后，很容易失去发展的活力而沦为统治工具。几乎与此同时，书院中的学风也有两种明显的转向，一是科举风气在院中大盛，二是汉学风气渐兴，下文将通过一些具体的记载来呈现和分析这两种转向。

前一种现象比较容易把握，通过书院考中进士和举人的数量对比，我们可以直观地呈现出乾嘉时期书院的科举风气。根据院志的记载，每年鳌峰书院招收的生徒数目是一定的，在 350 名左右，而自康熙至嘉庆，每朝科举的中试人数却有很大的差异，据粗略统计①，康雍朝总共有 87 名举人，23 名进士，乾嘉朝这两者的数量分别达到了 767 和 130。从时间跨度上看，康雍和乾嘉的延续时间相差不大；从政府的重视程度看，鳌峰书院在这几朝都受到皇帝的恩赏，如康熙五十五年(1716)御书"三山养秀"匾额并赐经书，雍正十一年钦奉省会书院并赐帑金千两，乾隆三年(1738)赐帑金千两并赐匾"澜清学海"；但从科举的成绩上看，乾嘉的中试人数确实远超康雍时期。

其实，鳌峰书院的这种转变在当时并不算特例，原因是书院的官学化趋势进一步加强，使得书院接纳了一部分原本应在官学参加科考的考生，成为士子举业的主要场所，故而从书院角度看就是科举之风的兴盛。进一步分析，这一转变的起点要追溯到乾隆元年(1736)整饬书院教育的一道上谕，当中将书院定性为"古侯国之学"，以求"导进人才"，从而"广学校所不及"②，即要在官学这一国家养士的正途之外，以书院为另一途径培养人才。当时有一学者程廷祚描写道，"方今用与取之法，不可谓不详矣，而所谓教者，惟各省之书院"③，反映出书院已成为国家养士之所，取官学而代

① (清)游光绎编：《鳌峰书院志·科目》，《中国历代书院志》第 10 册，南京：江苏教育出版社 1995 年版，第 312-329 页。

② 详见《清高宗实录》卷二十，北京：中华书局 1985 年版。

③ 见程廷祚《与陈东皋论书院书》。他曾两次在国家特召选士时放弃出仕，一次是乾隆元年的博学鸿词科，一次是乾隆十六年的经明行修之士。事见(清)赵尔巽：《清史稿》，北京：中华书局 1977 年版，第 3132-3133 页。

之。所以，即便是崇尚正学、“不为科第人计”的鳌峰书院，也难以避免因国家取士政策转变而带来的科举大盛之风，这正是院志中“未几而一之乎文艺”现象背后的政治动因。

对于汉学日兴的现象，院志中记载说萌芽于掌教张甄陶(1713—1780)。他深研经学，从掌教云南五华书院时开始，将康熙年间编写的《通志堂经解》删繁就简，存其精要，历时十年，集成一百六十卷的《正学堂经解》并刊行①。在此之后他便“以经术绳诸生”，由于他的严格要求和持久督促，“诸生习疏，纵骤难就约束……久而后驯焉”，可见书院风气逐渐发生扭转。虽然张甄陶丁酉年(1777)才掌教鳌峰，三年后即去世，但在他主讲期间，研习注疏的汉学风气逐渐扎根，再加上朱筠、朱珪兄弟在乾隆四十四年(1779)、四十五年(1780)相继视学福建，提倡汉学风尚，使得“庚子(1780)之后，士竞讲注疏之学”②。

而在此之前，福州地区已有研习经史的士人群体。乾隆二十五年(1760)，朱珪出任福建粮储观察兼摄福州府试，曾设立读书堂，提倡经史之学。当时有一文士林茂春，史载他“质进鲁而好读书，尤专精三礼、左氏传，及马班二史”，因不满福州文会的科举制艺之风，便“独约朋辈，立程限，考经史”③，适逢福州府试，包括林在内的数位考生为朱珪所赏，于是朱珪便“命联为文会且名以读书”，之后“又各招其亲知及时髦有声于庠者，社日以大”，直至郑光策之弟加入，社员定为二十八人，不复增加。据郑光策回忆，社员“就中性情所近，或好宋儒言性命之学，或好求经世之务，或耽考订训话及金石文字……不名一格焉”④。可以说，“读书社的出

① 《通志堂经解》是清代最早问世的阐释儒家经义的丛书，乾隆帝认为它“荟萃诸家，典赡赅博，实足以表彰六经”，可见张甄陶编书是弘扬经学的做法。

② (清)游光绎编：《鳌峰书院志·祠祀》，《中国历代书院志》第10册，南京：江苏教育出版社1995年版，第298页。

③ (清)陈寿祺纂：《道光重纂福建通志·国朝文苑》，《中国地方志集成·省志辑·福建》第8册，第484页。

④ (清)郑光策：《西霞文钞·林樾亭乔荫六十寿序》，《清代诗文集汇编》，上海：上海古籍出版社2010年版，第682页。

现是嘉道以前闽省学术界分化的前兆”①，朱珪倡联读书社，教人读书作文之法，将研读经史融入士人日常的学习和社交活动中，给当时福州以科举为务的沉闷学风带来新鲜的学术空气，为庚子之后的“士竞讲注疏之学”埋下种子。清末福建学者谢章铤评价道，“国初吾闽不矜淹洽经书，时文以外多置不理。自朱石君珪督学，以通博倡庠序……列郡靡然从风，而俗习一变”②，可见朱珪对闽地学风转变的作用。

综上可知，从乾隆中后期开始，在福建官员的提倡下，经史考据之风已在福州地区逐渐蔓延，加之张甄陶掌教时的大力推广，汉学的风气已在鳌峰书院扎根。

另外，结合乾嘉时期诸位掌教的科举经历与当时的科举制度，可以发现当时大环境学风的转变波及书院的蛛丝马迹。乾隆元年(1736)进行了一次博学鸿词科的选召，与此前康熙己未年(1679)的词科相比，内容上加入经学、史学的策问，可见对经史的重视。题目对士子的经史积累要求很高，士子必须十分熟悉经史典籍，具备真才实学才能在科场竞争中获胜，而且此次选拔极为严格，举荐的261人中仅有15人被授官，录取比例还不及康熙己未(1679)词科的四分之一。然而，鳌峰书院的掌教中就有四位被举荐参加词科，分别是靖道谟、洪世泽、沈廷芳、张甄陶，其中洪世泽、沈廷芳被录取授官，能在词科中被举荐已属难得，更何况还要进行严格的诗赋、策论考试，可见他们的经史积累之深厚，已经不是崇尚程朱理学、兼习经史者可以比肩。而在此之后的很多考试也承袭了丙辰词科注重经史的倾向，且比重不断加大③。前文提到乾隆帝学术旨趣的“由宋入汉”，那么他欲通过科举来引导士人改变治学方向的意图就十分明显了。纵观鳌峰书院，共有十二位掌教是乾隆时期

① 陈忠纯：《鳌峰书院与近代前夜的闽省学风》，《湖南大学学报》2006年第1期，第122页。

② (清)谢章铤：《赌棋山庄全集·围炉琐忆之一》，台北：文海出版社1975年版，第2426-2427页。

③ 参见白新良：《明清书院研究》，北京：教育出版社2012年版，第193页。

的进士，作为在经史氛围浓厚的科场中获胜的佼佼者，诸位掌教无论是治学还是教学，其经史方面的积累对书院的学风具有潜移默化的影响和渗透，这也从一个侧面反映出乾嘉时期鳌峰书院的汉学风气。

上文叙及张甄陶任掌教时，书院中汉学风气逐渐兴起，而在他之后的山长孟超然则是一位“德性温粹，内行纯备”的理学大儒。从乾隆五十二年(1787)到五十九年(1794)，他在院中掌教八年，给书院带来一次理学发展的小高潮。当时，福建巡抚徐嗣曾重视教育，“鼓舞多士”，院中人满为患，“三四人共一室”，每次课文，诸生都像临敌般震恐，大概是林枝春掌教时遗留的严格院风所致。而孟超然担任山长期间，“日共弟子谈经校艺，斗室中岿然巨人”，废除部分繁琐院规，“但语言奖励”，于是“士乐攻苦，共惜分阴”，书院人才辈出，当时人评价说：“青圃造士严而先生以宽得之，为尤神也。”①在学术主张上，孟超然感于当世汉学之风兴盛，儒者多沉迷于名物训诂考证，于真正的圣人之学无所关注，便极力推崇宋学。他曾说“《朱子全集》其精深博大，不可以涉猎竟也”②，还针对当时的士人风气提出异议，“近日与里中诸君往来谈燕颇欢，然议论之次与仆异者有二端，其一多不喜宋儒……至于宋儒又何可轻议……夫宋儒之训诂岂必千虑一失，然而王制也；即今之为新说者岂必千虑无一失，然而非王制也。先王所是着为令，士安得倡异说于王制之外乎？此言可谓深切矣”③，此言从一个侧面反映出当时书院的学风走向。

结合乾隆朝的学术环境，作为学术的程朱理学在浓厚的考据学风气下被边缘化，主流学者多以治汉学为根本，鳌峰书院也不例外地受到这股风气的感染，这在前文业已论及。而孟超然在这样的氛

① (清)游光绎编：《鳌峰书院志·祠祀》，《中国历代书院志》第10册，南京：江苏教育出版社1995年版，第298页。

② (清)孟超然：《晚闻录·序》，《亦园亭全集》，福州陈寿祺、冯缙校刊本，清嘉庆二十年(1815)刻本。

③ (清)孟超然：《瓜棚避暑录》卷下，《亦园亭全集》，福州陈寿祺、冯缙校刊本，清嘉庆二十年(1815)刻本。

围中仍然坚守理学阵地，在朱子之乡提倡宋学，并以极高的道德修养和声望，在鳌峰书院传道授业，他的存在，既使闽学正统得以存续，又使书院以培育明体达用之才的育人宗旨得以贯彻。另外，孟超然掌教期间正是乾嘉汉学的兴盛时段，他在书院提倡理学，对之前院中自张甄陶以来形成的汉学萌芽是一个不小的冲击，所以在整个乾隆时代，鳌峰书院虽有汉学风气，但始终未有成熟的汉学群体。

二、嘉道间鳌峰书院的学风转变

第一部分以院志中对建院以来学风变迁的记载为线索，结合掌教的活动等材料，大致梳理了康雍和乾嘉年间院中的学风状况。可以看到，书院具有深厚的理学传统，而随着时代推移，科举与汉学之风日盛，但书院中始终没有出现真正意义上的乾嘉学派。在掌教孟超然卸任后不久，时代便过渡到嘉庆朝，如导论中所述，在嘉道之际对鳌峰书院的学术产生重大影响的是郑光策和陈寿祺这两位掌教，郑光策倡导“明体达用之学”，强调学问要经世致用，学生中有注重实干的梁章钜、林则徐等优秀人才；后继者陈寿祺，担任鳌峰主讲期间推动了汉学在闽的普及，《清儒学案》评价说“自左海始兼精研汉学，治经重家法、辨古今文。……世以比元和惠氏、高邮王氏，洵无愧焉”①，梁启超称赞其“赡博而精审，卓然一大师”②。嘉道之际的这两位掌教的活动，某种程度上构成了大环境学风嬗变的一个因子，具有在微观层面发掘的深刻意义。下文着重介绍他们的学术主张和在鳌峰书院时的主要事迹。

(一)郑光策：读经史以期实用

郑光策(1759—1804)是福建闽县人，少孤而家贫，力学刻苦，

① 徐世昌等编纂，沈芝盈、梁运华点校：《清儒学案》，北京：中华书局2008年版，第5069页。

② 梁启超：《近代学风之地理的分布》，汪学群编：《清代学问的门径》，北京：中华书局2009年版，第125页。

早年加入由朱珪倡联的“读书社”，被赞为“姿禀岸异，髫龄老成，博综群书，规模宏远”，登乾隆己亥(1779)乡荐第二，成为朱珪的入室弟子，乾隆四十五年(1780)中进士而未授官，归乡后“仍下帷攻苦如下士”，可见他并非将科举视为读书的唯一目的。他个性耿直，不畏权势，在乾隆四十九年(1784)参加南巡召试时，因不愿与其他趋炎附势者同流而得罪了监试官和珅，结果和珅“束闽卷不阅”，当时江浙士人皆私下嘲笑，他却不以为意①。回乡之后，他先后主讲泉州福清书院和龙岩书院，更加致力于读书，与当时的主流风气不同，他喜读“经世有用之书”，除《资治通鉴》《文献通考》外，对唐宋名臣陆贽、李纲、真德秀，以及明清间著名学者顾炎武等人著作，皆熟读精思，达到了“靡不贯串，如数家珍”的程度②。郑光策不光读经世之书，也是经世之才，乾隆五十二年(1787)，陕甘总督福康安奉命前往台湾镇压林爽文起义，途经泉州，召光策入其幕府，光策条陈十二议，均被采用。翌年正月，巡抚徐嗣曾前往台湾处理善后事宜，光策又陈八议，提出改革台湾吏治，由此可见其实际的治世才干，他的三篇文章《台湾设官庄议》《上福节相论台事书》《台湾城工可缓议》后来被收入《清经世文编》。

郑光策于嘉庆二年(1797)主讲鳌峰，当时他的身体状况并不好，然而，他对大多文人埋头在故纸堆中考据典籍、不问世事的风气更为不满，所以即使是在“中年病足”的情况下也“濒危而复起”，并且“绝意仕途，以授徒养母为事”。在担任掌教期间，他“勤于训迪，严惮有法”，当时有人评价他“不减蔡文勤风矩也”，这是很高的赞誉，可见其在鳌峰书院的风度与声望。继孟超然之后，郑光策发扬了鳌峰书院培养明体达用之士的办学路线，决心改变士人“所用者非所习，所习者非所用”的不良风气。他的学生梁章钜曾略述其教育主张：

余以子壻为受业弟子，熟闻先生诲人宗旨以立志为主。谓

① (清)梁章钜：《归田琐记》，北京：中华书局1981年版，第74页。
② (清)梁章钜：《归田琐记》，北京：中华书局1981年版，第74页。

志定而后，教有所施。又不欲人急于著述，谓古圣贤之学，大抵先求诸身。既修诸身，即推以济于世，随其大小浅深，要必由己以及人。至万不得已，始独善其身，思有所存于后。故孔、孟著书，皆属晚年道不行后事。呜呼！先生之持论如此，故虽穷年矻矻，迄无成书，仅存诗古文十余帙，亦未编定，自题为《西霞丛稿》而已。①

可见他志在延续“古圣贤之学”的传统，秉承重事功而轻著述的态度，从修身至济世，推己及人，不专为著述而学。

在具体的教学上，郑光策注重经史之学，意在使学者学以致用。《福建通志》记载：

(郑光策)以制艺、古文迭相考课，欲学者力经史之学，以期实用。数年，士习振起。②

“制艺”是服务于科举应试的八股文训练，与此相对的是“古文”的训练，可见郑光策在教学上兼顾科举与经史之学，在保证举业质量的同时敦促士子学习经史，而目的在于“实用”，这与当时流行的乾嘉考据学旨趣有异。同样是治经史，郑光策强调对经史知识的灵活运用，侧重于经史文义，而当时流行的经史之学则专注名物训诂的考订，侧重于经史文本。而他这样做的效果也很明显，在短短的三年任期内，士人风气发生转变，“振起”二字颇具意味，说明在郑光策的改革下，在院士人不仅在经史学习的侧重点上有所迁移，精神面貌也焕然一新。

通过梳理郑光策的生平经历与教育实践，可以发现经世致用一直是他的思想主线。从上文可知，郑光策有参政欲望而无缘参政，他两次参与国家选士考试，第一次考中进士却未能授官，第二次因

① (清)梁章钜：《归田琐记》，北京：中华书局1981年版，第75页。

② (清)陈寿祺：《道光重纂福建通志·国朝儒林》，《中国地方志集成·省志辑·福建》第8册，南京：凤凰出版社2011年版，第473页。

得罪权贵而无缘仕途；此外，他在台湾问题上积极献策，凸显出他的经世才能，却始终是以参谋的身份，并没有因此直接进入仕途，加之中年患脚病，行动不便，又有老母需要侍奉，于是“绝意仕途”而专心授徒。在鳌峰书院担任掌教期间，郑光策以古圣贤之学的标准要求士人，一是倡导立志，志向远大才不会为时风所牵，二是提倡推己及人，主张儒者应当报效国家，经世济民，著述是万不得已的选择。作为书院掌教和学者，倡导这样经世为学的路线，在当时以科举为务、汉学考据盛行的氛围下当属异端，但却由此开启了鳌峰书院学习经史以致用的风气。

郑光策之后是游光绎担任山长，在此期间有两件事需要注意：一是嘉庆六年(1861)对书院进行重修，“拓其规模，饰其栋宇”，新建藏书楼、重建正谊堂，并增建四斋舍，分别以“敦复”“笃行”“崇德”“致用”命名，意在“循名责实，俾士子知所趋向”①，可见书院重建者期待士子延续宋学之精神；二是对院志进行整理合集，也就是我们现在看到的《鳌峰书院志》②。前面说到，郑光策担任山长期间首开院中的经世学风，然而他任期很短，只有三年，一时间难以扭转整体的士风，在书院重修之后，考证、制艺之风仍在盛行，这一现象在《重修鳌峰书院记》中有所反映：

> 夫文以载道，学期达用，言不顾行非士也，章句之学非学也。……读是书必穷其理，可以见诸躬行，施于实政，非徒以饾饤为博、以苗扎为古，以标榜为声誉……是举也，非惟兴文教而重科名，并以正人心而厚风俗，不负四民之首。③

---

① (清)游光绎编：《鳌峰书院志·室宇》，《中国历代书院志》第10册，南京：江苏教育出版社1995年版，第286页。

② 因整理合集于嘉庆丙寅年(1806)，所以《鳌峰书院志》对于书院的记载截止于嘉庆朝，道光戊戌年(1838)整理的《鳌峰书院志纪略》则增加道光一朝事迹。因此，被明确记载于史的掌教也截止于道光时期，详见文后附录1。

③ (清)游光绎编：《鳌峰书院志·室宇》，《中国历代书院志》第10册，南京：江苏教育出版社1995年版，第287页。

可见在嘉庆年间，书院中的章句之学、考订之风并没有消退，抚闽官员这一段重修院记可谓是针对不良士风的谆谆教诲。作为举业场所的书院，如果缺乏有为山长的管理和教导，士子很容易随科举的指挥棒而迁移，而士习又会影响到民风，所以地方官员一般都会从端正士习着手来移风易俗，通过聘请有学问的名师来管理书院、振兴士风，游光绎的继任者陈寿祺，便是在这样的背景下接任鳌峰书院的掌教。

(二)陈寿祺：赡博精审，传汉至闽

嘉道之际的汉学家陈寿祺是在福建开辟汉学风气的关键人物，下文具体呈现了他的生平与学术成长，进而对他在鳌峰书院的教育实践和教育思想展开论述。在此基础上，针对学风何以至陈寿祺才发生较大转变的现象，笔者将从正反两方面进行分析，通过对比他与之前掌教的差异，揭示嘉道之间学术变化的复杂过程。

1. 生平与学术成长

陈寿祺(1771—1834)字恭甫，号左海，福建闽县人，嘉庆四年(1799)成进士，被授官后不久便告归，因为他“性至孝，不忍言仕”①，其间曾应阮元之请在杭州敷文书院讲学，又在诂经精舍帮助阮元纂修《经郛》。后来因家中贫苦，受父母之命于嘉庆九年(1804)出仕做官，当过广东、河南的乡试副考官和会试同考官，“得士称盛”②，但他始终因不能养亲而闷闷不乐。在担任记名御史期间父亲去世，丁忧之后他便专注于讲学和著述，先主讲泉州清源书院十年，在母亲过世后于道光二年(1822)主讲福州鳌峰书院，他的主要著作皆在此间刊行，如《五经异义疏证》(1813年)、《左海经辨》(1823年)、《尚书大传定本》(1830年)，在道光八年(1829)担任《重纂福建通志》总纂。总观陈寿祺的学术成长，有两个重要的转折点：一是十七岁时从业孟超然，习宋儒之学；二是二

---

① (清)赵尔巽：《清史稿》，北京：中华书局1977年版，第3246页。

② 徐世昌等编纂，沈芝盈、梁运华点校：《清儒学案》，北京：中华书局2008年版，第5069页。

十九岁会试出朱珪、阮元之门，逐渐转向汉儒之学。

根据陈寿祺之子陈乔枞和《清史稿》的记载，陈寿祺五岁始读书，八九岁时即能诵五经，十二岁写的文章往往能震惊老者，十五岁时应童子试每次都得冠军，这基本上是一个神童的成长经历。十八岁时，他因在台湾叛乱平定后写了一篇“沉博绝丽”的百韵诗并序，被时人称为“才子”，可见在成年以前，陈寿祺是以文才知名的。

然而，这并非他的志向所在，他自叹“不能以高行邃学担荷世宙，如宋广平、范希文”，但也能做到“自守淡静，力绝征逐，非同志，一人弗妄交”①，于是在十七岁时跟从当时已掌教鳌峰的理学大师孟超然，学习宋儒之学，可见他没有为名所害，能够反身自省，为己而学，继承了宋儒圣贤之学的传统。

在跟随孟超然十年后，他又与谢震等人交游，兼习通经复古之学，与此相关的是一个名为“殖榭”的学术群体。《左海文集》中记载：

> 往寿祺与同人倡为通经复古之学，以时群集课业，命曰“殖榭”。②
>
> (谢震)尝约闽县林芳春、林一桂、瓯宁万世美等十人，倡为通经复古之业，号会所曰“殖榭”，芳春齿最长为祭酒，震为职志。③

“复古”是一个具有双重意义的词，一方面反映出时俗的趋向，以“通经”来复古，说明时俗之士不以研习经书为务；另一方面体现出提倡者的学术旨趣，“殖榭”与前文提到的乾嘉时期“读书社”

① (清)陈寿祺：《左海文集・与萨葱如书》，清刻左海全集本，《清代诗文集汇编》第499册，第248页。

② (清)陈寿祺：《左海文集・赠林丈敬庐序》，清刻左海全集本，《清代诗文集汇编》第499册，第276页。

③ (清)陈寿祺：《左海文集・谢震传》，清刻左海全集本，《清代诗文集汇编》第499册，第370页。

类似，也是一个由不慕时俗者组成的小圈子，人数不多但集合了一群有个性有志向的嗜古之人。《清儒学案》中记载：

> (谢震)笃学嗜古，精熟《三礼》，于史传百家旁逮篆隶金石，靡不通晓。治经断断持汉学，好排击宋儒凿空逃虚之说，左海视为畏友。①

陈寿祺视“断断持汉学”的谢震为“畏友”，可见二人在殖榭时便已结为同道。虽然陈之前跟随理学大师孟超然习宋儒之学，但他并未以此自居，宋学于他的意义更多在于修身明道，在谢震这样的“畏友”影响下，他对于宋儒的凿空逃虚之说也不会认同。

以上是陈寿祺成年早期的求学状况，即以宋儒之学笃志，兼习通经复古之学。而真正促成他学术转向的人物是阮元。《清史稿》中记载：

> 寿祺会试出朱珪、阮元门，乃专为汉儒之学，又及见钱大昕、段玉裁、王念孙、程瑶田诸人，故学益精博。解经得两汉大义，每举一义，辄有折衷。②

在嘉庆四年(1799)的会试中，陈寿祺中第二十名进士，和他同年的还有王引之、郝懿行等人，“是科以得人之盛著称”③，在会试中为阮元所赏。后来应阮元之请，于嘉庆八年(1803)赴诂经精舍修纂《经郛》，此行奠定了他学术生涯的基调。他在《西湖讲舍校经图记》中自述道：

---

① 徐世昌等编纂，沈芝盈、梁运华点校：《清儒学案》，北京：中华书局2008年版，第5159-5160页。

② (清)赵尔巽：《清史稿》，北京：中华书局1977年版，第3246页。

③ 陈祖武、朱彤窗：《乾嘉学术编年》，石家庄：河北人民出版社2005年版，第558页。

(阮)师选校官及高才生十有六人，采唐以前说经文字，亲授义例，纂为《经郛》数百卷，属稿具，寿祺与编校焉，辄稽合同异，以竢吾师之审定。日馈六艺中，弗暇遊，亦弗暇吟咏也。时座主文侍郎师为学使者，寿祺亦恒以闲请业，绵力薄材，闻见黪浅，幸乃亲经师人师陶化染学，复因与邦之贤俊往来论辩，非古不述，盖所以长神知者多矣，不游越余何以得此哉？①

而他撰写的《经郛条例》，提出“探原本”等十原则②，可见其宗汉学的思想已基本成型。此行之后，他入都诣阙，在京八年，曾问学于钱大昕、段玉裁、王念孙、程瑶田诸先生，学问日益精博，解经知重家法，得两汉大义。由于“两汉经师莫先于伏生，莫备于许氏、郑氏”，寿祺便“阐明遗书，著《尚书大传笺》三卷、《序录》一卷、《订误》一卷，附《汉书五行志》，缀以他书所引刘氏《五行传论》三卷”，并作序曰：

伏生以明经为秦博士，得见《诗》《书》古文……伏生《大传》，条撰大义，因经属恉，其文辞尔雅深厚，最近《大小戴记》七十子之徒所说，非汉诸儒传训之所能及也。康成百世儒宗，独注《大传》，其释《三礼》每援引之。……且夫伏生之学，尤善于《礼》……往往《六经》所不备，诸子百家所不详。今其书散逸，十无四五，尤可宝重……是以录《汉书五行志》附于后，以备一家之学云。③

对伏生《尚书大专》进行辑佚等整理工作，可见他治经师两汉、

① (清)陈寿祺：《左海文集》，清刻左海全集本，《清代诗文集汇编》第499册，第342页。

② (清)陈寿祺：《左海文集》，清刻左海全集本，《清代诗文集汇编》第499册，第161-166页。

③ 徐世昌等编纂，沈芝盈、梁运华点校：《清儒学案》，北京：中华书局2008年版，第5070-5072页。

重家法。

综上可知，陈寿祺在成年之前，虽能诵五经，但专长在写文章，成年早期于宋儒之学中寻找安身立命之道，兼习通经复古之学，而立之后益重经术，专研汉学，可见他的学术背景是多元的。他在成长过程中，先于闽地求宋学，以孝为本，不慕名利，后与乾嘉学者往来，得以精研汉学，这种开放的学术品格使他广泛接触了当时流行的多种学术，为他之后的教育实践奠定了基础。

2. 教育思想与实践

陈寿祺的教育思想主要有三方面，一是崇经宗汉，二是通经致用，三是辨明义利，这是他本人成长和学术经历的浓缩，也是结合闽地学术传统作出的选择，更是改变浮华士习的必要之途。陈寿祺在历任广东(1804)、河南(1807)乡试副考官时，曾强调经术的重要性：

> 古者语于郊者，必取贤敛才焉，或以德进，或以事举，或以言扬。今试士之经义诗策问，未尝不以言而蕲勉乎德与事也。①
>
> 圣人之道，散见诸经。……夫舍经术无以为儒林，舍儒林无以为道学。②

如果说当时他提倡经术主要出于其学术经历，那么在中年之后，通过在书院讲学这种深入基层的教育工作，便能够最真切地感受到士林之风气。他曾在其师孟超然遗著的跋中痛陈当时学风之弊：

> 窃慨乡国百年以来，学者始溺于科举之业而难与道古，近

① (清)陈寿祺：《左海文集·广东乡试录后序》，清刻左海全集本，《清代诗文集汇编》第499册，第96页。

② (清)陈寿祺：《左海文集·河南乡试录后序》，清刻左海全集本，《清代诗文集汇编》第499册，第97页。

> 则俊颖之才知好古矣。然本之不立，学与行乃离而二，其究也学其所学弊与不学均甚，则以廉孝为奸媒，以朋徒为利饵，以诗礼为发冢，以文笔为毒矢，口谈义利，心营悖鄙，形人行鬼，不知羞耻。①

此跋作于嘉庆二十年(1815)，“百年以来”当指康熙晚期以来，“古”当指经学，陈寿祺认为，“道古”的目的在于立本与知行合一，因此抨击乾嘉以来的学子虽然表面研习经学，却仍然不知经之大义，为利所趋，学行分离。他又引述段玉裁与阮元抨击世风之言：

> 段君曰：“今日大病，在弃洛、闽、关中之学，谓之庸腐，而立身苟简、气节败、政事芜，天下皆君子而无真君子。故专言汉学，不治宋学，乃真人心世道之忧，而况所谓汉学者，如同画饼乎?”
>
> 抚部曰：“近之言汉学者，知宋人虚妄之病，而于圣贤修身立行之大节略而不谈，以遂其不矜细行，乃害于其心其事。”②

段玉裁和阮元皆是当时的汉学家，但他们知晓经学大义，并未因汉宋门户之见而否定宋学的价值，反倒对当时弃宋学而不知修身立行的汉学者提出批评。桐城派传人梅曾亮(1786—1856)也对当时的学风之弊做了一番分析：

> 当康熙时，公卿多崇尚理学者。进取之士，摹时好以成俗，儒先语录之书遍天下矣，而士或空疏弇陋，立词不根，视经传如异物。有志之士慨然思变之，义理、考证之学，遂判然

① (清)陈寿祺：《左海文集·孟氏八录跋》，清刻左海全集本，《清代诗文集汇编》第499册，第321页。

② (清)陈寿祺：《左海文集·孟氏八录跋》，清刻左海全集本，《清代诗文集汇编》第499册，第321页。

> 不可复合。今天下考证之风，如昔之言义理者矣。其设心注意专以为吾学，而不因时尚者，固亦有之，而不可数数觏。然则当昔时而能言考证者，真考证也；当今之世而能言义理者，真义理也，可谓雄俊特出，不惑于流俗之君子。①

梅氏的分析可谓一针见血，无论是义理之学还是考据之学，刚开始兴起时都有其价值所在，而一旦发展壮大成为时俗，便易沦为士人争利的工具，真正能笃志修身、专心向学的人便显得极为可贵。总而言之，学者们批评的是趋于流俗之徒，即埋首考据、专务举业的人，认为正是这些人败坏了当世的学风。

作为福建的省会书院，鳌峰书院士子云集，也是科考之风最盛之地，据院志统计，乾嘉年间是鳌峰书院举业率最高的时段，平均每科考中举人三四十名，嘉庆三年(1798)戊午科多达五十人②，这在当时的书院中都是屈指可数的。虽然科举之盛并不能直接说明士风之衰，但在一定程度上为追名逐利者提供了生长的土壤，不利于端正士习。

陈寿祺正是在这样的环境下担任鳌峰书院的掌教，并试图以此为阵地来实践其教育思想，矫正士风。道光二年(1822)，陈寿祺一接任鳌峰山长便开始推行改革，整肃书院学风。《拟定鳌峰书院事宜》中记载了他此番改革的内容③，主要有三方面：

一、招生环节严格规范，确保入院士子的质量。在士子录取上"定甄别之法"和"肄业之额"。他继承创办者张伯行的做法，"先采访学行而后考察文艺"，选择孝悌廉洁、通经好古、秀异有才者进行考核。他认为国家遴才"贵精而不贵多"，诸生交游也"宜纯而不宜杂"，因为"多而杂则浮滥混淆，势难周防，且浇薄顽鄙之徒幸

① (清)梅曾亮：《柏枧山房全集·春秋溯志序》，《清代诗文集汇编》第552册，第515-516页。

② (清)游光绎编：《鳌峰书院志·科目》，《中国历代书院志》第10册，南京：江苏教育出版社1995年版，第312-329页。

③ 详见(清)陈寿祺：《左海文集》，清刻左海全集本，《清代诗文集汇编》第499册，第442-444页。后文简称《事宜》。

厕其中，转足为有志者累”。因此在考核上“定考试之地”和“申投考之禁”，避免抄袭之弊和心存侥幸者入院。

二、在学生品德行为上细致要求，意在矫正士风。他继承了书院创办时尊崇的宋学传统，通过“崇廉耻遵礼法”“崇体貌”“正衣冠”“核勤惰”“戒游戏”“惩放肆”这些具体的措施来规范士子言行，提高他们的德行修养。

三、在课业方面提倡经史实学，以搜获异才。他要求士子“兼课经史”，规定“书院每月三课，官课居其一，师课居其二，请以十六日，一课时艺排律外，兼课经解史论，及古文词”。

随后在道光五年（1825），他又定立《鳌峰崇正讲堂八则》①，内容上对《事宜》第二、三方面进一步细化，道德上要求士子“正心术”“慎交游”，行为上对士子“肃威仪”“严出入”，管理方面“严课规”，学习上要求士子“广学问”“择经籍”，并针对士习进行规范，通过“稽习业”矫正科举带来的浮躁士风。制定这些规约，对振兴院风颇有成效，《清儒学案》记载，“规约整肃，士初多畏束缚，久之靡不悦服”②，可见陈寿祺的改革措施之严格，以及端正士习、振兴士风之成效。

进一步看，陈寿祺的这些改革大多继承了传统，比如：对士子道德行为的规范与张伯行所撰《学规类编》、觉罗满保《学约》在内容上大同小异，无非是正心诚意、立志笃行之类；而“稽习业”也是历任有为山长都注意到的，张甄陶就曾针对时文与经书的优劣进行比较，认为士子弃经书而趋时文的症结在于“欲速化而不暇为”③；陈寿祺也重新强调张伯行时设立的分程簿册，以元代程端礼的《读书分年日程》为基础，敦促士子专心为学，坚持积累。

继承之外，还有创新，改革措施中最值得注意的是“广学问”

① 详见（清）陈寿祺：《左海文集》，清刻左海全集本，《清代诗文集汇编》第499册，第444-448页。

② 徐世昌等编纂，沈芝盈、梁运华点校：《清儒学案》，北京：中华书局2008年版，第5069页。

③ 详见（清）陈寿祺：《左海文集》，清刻左海全集本，《清代诗文集汇编》第499册，第445页。

和“择经籍”两项，二者也是最能体现陈寿祺“崇经宗汉”“通经致用”和“辨明义利”教育思想的部分。

“广学问”的内容是：

> 至圣诱人，首先博文；儒者穷经，将以致用。宋胡安定设教苏湖，立经义治事二斋，故湖学人才最盛。近世学者，研经考史，已难其人，进而正谊之功、济时之学益弃若土苴，莫能讲明。不知国家立法取士，小试兼经解、诗赋，乡会试兼经义、论策，诚欲收罗硕学鸿才，不徒专恃讲章、时艺、经解、策问，尤使学者平日探索典训，辨核是非，讨论古今，通知时务，处可立言以传世，出可敷政而佐时也。本山长自忝尘此席，每月加课经解、史论、策问、诗赋等，亦仰体国家取士之方，施之程课，固非苛求备责，强人以所不能。大比之年，四书艺外，经解、策问尤皆诸生所当究心。每月发题加课，有志向上者，各宜讲求条答，毋得视为具文，畏为难事。①

从“致用”“济时之学”“通知事务”这些字眼中，我们很容易联系到之前的掌教郑光策，陈寿祺的“广学问”可以说是进一步发扬了郑光策开辟的经世之学。每月加课经解、史论、策论、诗赋等，一方面为适应国家取士的现实，希望学生能够在科场中获胜，更重要的是让学生意识到穷经以致用的儒者精神，所以在《四书》之外，突出强调相对来说更为实用的经解和策问，这样的“加课”就不是为科举成绩而给学生施压的强制之举，而是具有了砥砺士子的意义。简言之，此举将经世致用的思想纳入日常课业的轨道，为系统培养经世人才奠定了制度基础。

陈寿祺深知国家取士之用意，在于求真才实学之人。“硕学宏才”是基础条件，而“通知时务”才是最终目的。前者易通过考试来鉴别精粗，后者涉及实践而不易考察，这也正是他提倡经世

① 详见(清)陈寿祺：《左海文集》，清刻左海全集本，《清代诗文集汇编》第499册，第445页。

之学的原因。他希望培养士子的经世才干，以便那些通过科考进入仕途之人能真正为国效力，即便不能进入仕途，也能“立言以传世”，俾后来者之用，这是对“儒者穷经，将以致用”理想的落实。

为将此经世致用的思想明确传达开来，在主讲鳌峰期间，他曾作《义利辨》《科举论》《知耻说》来明示诸生①，强调士子要学古立身，从廉耻礼让这些修养层面着手，这样在道德上才具备气节和法度，而文艺科举只是末端。这三篇讲稿集中反映了陈寿祺“辨明义利”的教育思想，他站在儒家的立场对科举的意义进行阐释，引导士子树立正确的科举观和荣辱观。虽然当中的内容大要仍是对宋儒圣贤之学的继承，然而在当时的世风下，旗帜鲜明地将为己之学的精髓发挥出来，有助于从思想意识的层面劝导诸生辨明义利。

总而言之，从“广学问”到三篇讲稿，陈寿祺期望将科举取士和儒者理想做一结合，先从与士子切身利益相关的科举切入，明示国家取士之用意，再阐释圣贤为己之学以砥砺士子。在他的发挥下，参加科举不再是一种趋时俗谋私利的行为，而是实现儒者济世理想的必由之途。

再来看“择经籍”，其内容基本上是一书单②。陈寿祺认为，“四部浩如烟海，学者不独不能遍观，亦且不能多购。然材质稍胜者，皆可日积月累，以底充富。当先择取精要，用力研寻，既省泛滥之病，亦收精熟之功”，可见对于四部典籍，他提倡初入门者应当有选择性地精读，所以为诸生开列了一份包括经、小学、史、子、考订、经济、集在内的详细书单。

从排列顺序上看，这份书单体现了注重经史和“通经致用”的思想，即先打下坚实的经史基础，再读经济之书，所谓“通知古今

① 详见(清)陈寿祺:《示鳌峰书院诸生》,《左海文集》卷三，清刻左海全集本,《清代诗文集汇编》第499册。

② (清)陈寿祺:《左海文集》，清刻左海全集本,《清代诗文集汇编》第499册，第446-447页。因篇幅太长，此处不具体引述，详见附录。

可施实用”。具体而言，他认为“读经必观传注”，但是只读朱子章句是不够的，还要吸收汉、唐注疏，重视《十三经注疏》的阅读，并对这些注疏作出点评，明确用力方向。特别地，他将大量本朝学者的经学成果采纳其中，其中多属清代汉学家的著作，如阎若璩、惠栋、段玉裁、王念孙等。由汉至清的这些经学著作皆“说经之渊薮”，是治经者必当读的；之后列音韵、训诂类的书籍，认为这些是“小学之阶梯”，体现了汉学家治经由训诂切入的思路；史学方面，系统列举了由主干到分支的史部典籍；子书和考订之书之后是经济之书，这部分是关于治理国家的实用书籍，所谓“问政之津梁”，且所占比例较大，体现了经世致用的思想；最后列举集部书籍。

对于这份书单，陈寿祺认为，“学焉而各因其性之所近，聪颖者事半而功倍，迟钝者亦积小以成高。博学而孱守之，则一狐之腋，胜于千羊之皮。简练以为揣摩，则精骑三千，可敌游兵十万”。寥寥数语点出踏实读书的益处，对书院学子的勉励和期待之心也寓于其中。

这份书单在当时的福建影响甚广，可以说是陈寿祺开辟当地汉学风气的有力体现。在书院提倡汉学的，陈寿祺并非第一人，前文已述在张甄陶掌教时的汉学萌芽，然而院中研读经史的笃实风气只持续了一时，未成气候，大多士子仍是沉溺于考据的趋时之徒。而陈寿祺在书院开列宗汉学的书单，为想要通经复古之士指明了治学门径，此举可谓是将正宗的乾嘉汉学传至闽地。学者陈忠纯对此做过分析：

> 乾嘉汉学专业化程度较高，若没有较好的藏书条件、较高水平的学者指引，出色的汉学学者是很难造就的。相对于江浙地区，福建在经济文化领域较为落后，汉学发展有很多不利条件。但鳌峰书院作为闽省的中心书院，藏书、师资丰富、管理严格，为培养汉学考据学学者提供了非常有利的客观条件。特别是在陈寿祺等人任教期间，鳌峰书院增加了不少经史考据方面的书籍，管理也得到整治，且山长本人致力于此，对诸生循

循善诱，考据学得以长足发展。①

可见嘉道年间鳌峰书院本身学术特征的转变，对闽省学风变迁有着很重要的促进作用，可以说是福建汉学风气的发源地。无怪乎后人有这样的评价：

> (陈寿祺)专为许郑之学以疏证经传，于闽中实开其端。②
>
> 闽中诸儒，承李文贞、蔡文勤之后，多宗宋儒，服膺程朱。自左海始兼精研汉学，治经重家法、辨古今文。……世以比元和惠氏、高邮王氏，洵无愧焉。③
>
> 康熙间则安溪李晋卿(光地)善伺人主意，以程朱道统自任。……雍正间则漳浦蔡闻之(世远)，亦以程朱学闻于时。……嘉道间有侯官陈左海(寿祺)治经，赡博而精审，卓然一大师，并时江浙诸贤，未或能先。④

从“疏证经传”“治经重家法、辨今古文”这些字眼中，可知陈寿祺学问的渊源是乾嘉汉学。综合三则材料，可知他的确是在理学传统深厚的福建地区开辟汉学风气的关键人物。但结合前文的叙述，在乾嘉时代，院中便已有汉学风气，而郑光策也倡导经史之学，那为何直到陈寿祺，整体学风才发生扭转呢？而且清代汉学最兴盛的时代是乾隆一朝，嘉道之后有衰落之势，学者们进而以“理学复兴”“汉宋兼采”“经世致用”之类的观点来概括学术状况，为何福建省在道光年间反而出现了汉学风气盛行的局面呢？对这两个问

① 陈忠纯：《鳌峰书院与近代前夜的闽省学风》，《湖南大学学报》2006年第1期，第125页。

② (清)陈寿祺：《道光重纂福建通志·国朝儒林》，收入《中国地方志集成·省志辑·福建》第8册，南京：凤凰出版社2011年版，第474页。

③ 徐世昌等编纂，沈芝盈、梁运华点校：《清儒学案》，北京：中华书局2008年版，第5069页。

④ 梁启超：《近代学风之地理的分布》，汪学群编：《清代学问的门径》，北京：中华书局2009年版，第125页。

题，笔者尝试结合前文内容来做一分析。

3. 应时而生的掌教

对于陈寿祺之前的汉学风气，笔者以张甄陶和郑光策任掌教的这两个时段为对象，来具体考察。

前文曾指出，从乾隆中后期开始，在福建官员的提倡下，经史考据之风已在福州地区逐渐蔓延，加之张甄陶掌教时的大力推广，汉学的风气已在鳌峰书院扎根。此处需要注意两点，一是汉学之风兴起的背景和动因，二是张甄陶身处的具体年代。当时恰逢《四库全书》开馆，求天下遗书，朱筠、朱珪兄弟视学福建，传达的是高层统治者的旨意，倡导对经史著作的整理有利于完成纂修四库这件举国大事，所以擅长研读注疏的人正是能够为国所用之才，这样的用人倾向自然会反映在科举取士上。在名利的驱使下，必会有一部分人受到这股浪潮的牵引而去研习经史，可见这股注重经史的学风，其背后的政治因素是大于学术因素的，这是其一。当时的掌教张甄陶生于康熙晚期，参加过乾隆元年的博学鸿词科，乾隆十年(1746)成进士，他学术成长的时段集中在雍正朝和乾隆朝早期。这一阶段，乾隆帝已从科举取士的政策向经史之学倾斜，但是以经史考据为特征的乾嘉汉学还未向福建普及，而张甄陶只是“以经术绳诸生”，大概是希望通过提倡注疏的研读来培养学子脚踏实地的治学习惯，对于经书的考据，以及为何治经须宗汉儒这类乾嘉汉学家关注的问题，他并没有也不会有专门的论述。对于经学，他能提倡的也只有研读汉唐注疏，即便是在他去世后兴起的“士兢讲注疏之学”，也不是传统意义上的清代汉学。诚如学者许维勤所言，“张甄陶在鳌峰书院所提倡汉学，并未以排击理学为能事。……以闽学去统领汉学，以汉学之实证和严谨来补闽学末流之空疏，究其实质，依然是‘明体达用’的学术路线”①，可见张甄陶并非以汉学为治学的根基，这是其二。另外，张甄陶之后是理学大儒孟超然任掌教，汉学和宋学在治学路径上完全不同，孟超然在院中提倡宋儒

① 许维勤：《鳌峰书院的学术传统及其对林则徐的滋养》，《清史研究》2007年第3期，第59页。

之学，对当时未成气候的汉学萌芽来说，也是一个不小的冲击。

前文提到，郑光策在鳌峰书院倡导读经史以致实用的学风，与当时流行的经史考据学取向有异，这也从另一角度反映了他和陈寿祺在学术上的分歧。学者陈忠纯从道光《福建通志》体例纠纷一事，揭示了嘉道间学风转变过程中的学派冲突，他指出：

> 郑光策与陈寿祺先后在闽省倡导经世之风，但取向各异，郑光策学宗朱学，他虽不反对习考据之学，但不主张把精力都耗在经学著述上，而应优先考虑现世上有所作为，立一番事功。……至于经学著述，乃是在事功无望的情况下的无奈之举，而陈寿祺则取通经致用的途径，把崇尚经学看成是扭转士风人心的捷径。①

可见郑光策秉承的读经史以期实用的路线，继承的依然是理学明体达用的传统，而这与后来陈寿祺所倡导的以经史考据为特征，注重经学著述的治学取向是不同的，换言之，郑光策虽然提倡经史之学，但与张甄陶类似，都是以经史实学弥补宋学的空虚之弊，本质上并未撼动宋学在闽的正统地位。

综上可知，在陈寿祺担任掌教之前，书院中并没有很典型的具备乾嘉汉学特征的学术群体，也就无法真正开辟出汉学的风气。无论是提倡注疏之学的张甄陶，还是强调通经致用的郑光策，他们都是在强大的科举时俗中探索学术路线的先行者，虽然郑光策的经世致用之学在当时影响重大，但对于汉学的传播并无直接的助益。而之所以在陈寿祺这里发生了由宋学至汉学的转变，有几个因素值得注意：一是陈寿祺身处的年代，二是他所在的地区，三是他的学术机缘。

陈寿祺生于乾隆中后期，当时乾嘉学派的汉学家群体逐渐形成，此时福建思想界的主流仍是程朱理学，但是作为学术的理学缺

① 陈忠纯：《学风转变与地方志的编撰——道光〈福建通志〉体例纠纷新探》，《福建论坛》2007 年第 2 期，第 77 页。

乏活力，理学之外的学术界渐趋活跃，具备了一些新鲜的学术空气，例如前文提到的张甄陶，他提倡研读经史，在院中培育出汉学萌芽，虽然未成规模，但在一定程度上影响了乾嘉之际的福建学风。在这样的环境中成长，陈寿祺先以文才知名，后转向程朱理学，在成年早期，他的学术倾向并不明显，却已产生了通经复古的治学思想，并以“殖社”为阵地进行了初步的汉学实践。在嘉庆四年(1799)陈寿祺考中进士，在这之后的一系列事件改变了他的治学倾向。概而言之，一是结识阮元，在杭州敷文书院讲学，在诂经精舍参与编写《经郛》等经历是他学术倾向转变的前奏；二是入京与汉学家的交往，他由此得以进入当时的主流学术圈，在汉学方面的造诣日益精深，这是他学术倾向转变的过程。中年之后他回闽讲学，一方面矫正士风，一方面传播汉学，特别是道光初期在鳌峰书院的改革，他将书院的理学传统、国家的科举取士与自身的学术倾向做一结合，在业已衰落的宋学中开辟出汉学的新路向，加上鳌峰书院在全省的地位和影响力，这股新鲜的汉学风气随之在福建传播开来。由此可见，陈寿祺身处的时代使他在而立之前接触到新的学术空气，但他所处的福建因强大的闽学传统且远离学术主流的中心地区，使其无法很快地“预流”，然而，他考中进士后的一系列学术机缘又为其转向汉学提供了现实条件。这些因素的集聚，顺理成章地促成了他晚年在鳌峰书院的讲学和改革，进而推动了汉学在闽的传播和普及。总之，这些之前鳌峰山长都不具备的条件在陈寿祺这里发生结合，外在表现便是由他开辟福建新学风，史家的评论也就不难理解了。

三、学风嬗变与汉宋之争

梳理上文，在导论部分，笔者由清学史中对嘉道间学风的讨论切入，结合近年来书院研究的状况，确定了以书院的具体事项来探讨学风变迁的整体思路，然后从五个方面阐述了将福建省鳌峰书院作为分析典例的原因。第一部分，笔者以史料记载的现象为线索，从嘉道之前的学风状况开始探究，结合当时的人物活动、政治背景和书院办学等情况，大体上呈现了康雍间敦实的理学风气，以及乾嘉间科举与汉学日兴的学风。第二部分，笔者梳理了嘉道年间在书院担任掌教的郑光策和陈寿祺的学术经历和在院活动，二人对鳌峰书院的学风都产生了深远影响。特别是陈寿祺，无论是治学还是育才，他对福建士风的矫正和新学风的营造都功不可没。所以在此基础上，笔者重点分析了为何陈寿祺成为嘉道间开辟汉学新风气的关键人物，与之前的书院掌教相比，他所处的时代、地域和学术机缘是重点关注的因素。

在具体的探究中，笔者选择以鳌峰书院的重要人物为考察对象。近人梁启超在《近代学风之地理的分布》中曾言："夫环境之迁嬗岂其于数年十数年间而剧变遽尔？所以然者，则范蔚宗所谓'仁人君子心力之为'，人类之所以秀于万物，能以心力改造环境，而非偶然悉听环境所宰制。而'一夫善射百夫决拾'，心力伟大者一二人先登焉。"①可见有为人物对于学风变迁的关键作用。所以笔者继承了传统学案以人为主线的方法，结合院志的记载探究人物的在院活动，通过知名山长的学术倾向与在院活动，呈现院中风气的变迁，意在贯彻导论部分将学术史与书院研究做一结合的理论思路。

回归本文的题旨，笔者对"学风"一词尚未有明确的界定，因为"风"在汉语中本身就是个内涵丰富的意象，本文中涉及的"学风"具有两方面的内涵。导论中曾提到梁启超、钱基博的著作，皆以"学风"为题，观其内容可推知：在近代学者的话语中，"学风"主要指以学人为中心来展开呈现的学术思潮，且这种思潮因时、因地而表现为不同的学术形态，这是狭义上的理解。本文继承此种内涵，并结合书院这一教育场所，呈现了在广大士人、学子的合力中形成的士林风气，所以"学风"又具有了学人心态和精神面貌的含义，与现在一般意义上的"学风"是一致的，这属于广义上的理解。

至于"学风嬗变"，综合前文可从两方面来认识。

① 梁启超：《近代学风之地理的分布》，汪学群编：《清代学问的门径》，北京：中华书局2009年版，第97页。

以儒学形态论，从建院至道光年间，在书院中流行过宋学、汉学和经世之学。宋学自建院时被尊崇为正学，处于一个相对稳固的位置，而汉学和经世之学是乾嘉之际才逐渐发展起来的。对于汉学，虽然嘉道之前即有萌芽，却没有发展出成熟的汉学学派，至道光初期，由于陈寿祺的传播和推动，汉学逐渐发展兴盛，一改福建之前以朱学为学术正统的局面，这在前文已详细分析过。对于经世之学，“明体达用”一直是书院的教育理念，这也是对宋儒躬行践履精神的继承和发扬，而在建院初期以理学为宗的学术正统下，经世之学始终处于蛰伏期，有思想传统而无学术实践，直至嘉庆时期，郑光策以向官府谏言的实际行动首倡此风，而后陈寿祺的改革继续贯彻了其经世致用的思想，在此学风的浸染下，书院才得以培养出诸如林则徐这样的经世之才①。

以士林风气论，鳌峰书院可以说一直在时俗与实学之间挣扎摇摆。首先应注意到，与诂经精舍和学海堂这类抵制科举的汉学书院不同，鳌峰书院的日常教学和管理中仍有很大一部分是关于科举的内容。然而，能否处理好科举与教学的关系，在很大程度上取决于书院主持者对国家政策的理解和把握，以及他们个人能力与理想的配合。一般来讲，书院若由具有突出学术特长与人格魅力的学者主持，学子多向上精进，学风较为端正；反之，如果山长疏于教导和管理，书院则易出现士风浮躁的情况。但是，纵观书院自康熙至道光年间的发展，总体上仍是以敦实学为根本，这一方面是由于其省会书院的地位，福建的硕儒高才在此集聚，他们虽大多取得科举功名，但不一定只为名利而学；另一方面涉及福建地区自身的理学传统，与此相关的一个议题是清代中后期的“汉宋之争”，下文便从理学在闽的地位切入，对该问题作一分析。

学者张循认为，理学在清代的角色类似于今天的“意识形态”，是最高统治者的驭民之术，乾嘉以降的“汉宋之争”也是作为意识

① 对于经世之学，笔者在前文论述不多，具体可参考学者黄保万的《郑光策与清代福州经世致用之学》和许维勤的《鳌峰书院的学术传统及其对林则徐的滋养》这两篇文章。

形态的理学和作为学术的汉学之互动的过程①。笔者则认为，清代理学在福建的地位具有意识形态和学术正统的二重属性，正因如此，嘉道之际的鳌峰书院才会出现学风在不同学术形态交织中变迁的复杂过程。

自南宋以后，理学的科举化程度日益加深，大多士人仅将其作为出仕的敲门砖，由此造成士风的败坏。清代自康熙时尊崇理学，一方面是拉拢汉族士人、巩固统治的需要，另一方面也带来了理学的小规模复兴，这种复兴在具有“海滨邹鲁”之誉的福建就彰显为张伯行的一系列正俗和办学的活动，唐鉴在《国朝学案小识》中将张伯行纳入“传道学案”中实非夸大之词。建院初期的康雍年间，在张伯行和蔡氏父子的努力下，鳌峰书院形成了敦实的理学传统，士风醇正，虽然康熙的“崇儒重道”之举意在巩固统治，但理学在书院中并未完全沦为一种意识形态。

降至乾嘉，因国家政策的改变，鳌峰书院成为福建士子举业的一大场所，科举之风兴盛，此时矛盾的双方成为时俗与复古这两股力量，换言之，便是意识形态控制与学术自身发展的角力，因为当时国家的取士政策已向汉学倾斜，作为学术正统的理学和因科举带来的考据之风势必会发生冲突，可事实并不完全如此。例如，提倡经史之学的张甄陶和尊崇程朱理学的孟超然，他们表面上看虽然分属不同的学术阵营，但实际上都是以一己之力对抗科举时俗的复古之士，二者在敦实学的精神上是相通的。由此可见，“宋学”的意义在于敦正统之实学，而以考据为特征的“汉学”则被视为务科举之时俗，“实学”与“俗学”这两种学术风气的对立，是院中“汉宋之争”的第一层含义。

嘉道之际，士风更趋于浮躁，就连段玉裁、阮元这样的汉学家都为宋学之不传感到叹惋，表面上看这是“理学复兴”和“汉宋兼采”之风的兴起，但实际上是学者们对士林风气的痛陈，整个学术界呼吁的正是梅曾亮所赞赏的那些“真义理”和“真考据”之人，而

① 参考张循：《论十九世纪清代的汉宋之争》，复旦大学 2007 年博士学位论文。

非“流俗之君子”。在此种状况下接任鳌峰书院山长的陈寿祺，通过一系列的改革力矫士风，重申书院理学传统中和修身、治学相关的精神。与此同时他在院中进行汉学的推广，力图通过开辟新的学术路线来重振士风，之后院中出现汉学风气的兴盛，这一学风的扭转在学术层面撼动了宋学的正统地位，但究其教育精神，仍是宋学的传统。由此可见，作为学术的“宋学”在无法匡正士风的情况下，提倡“汉学”的治学方法有利于创造新的学术活力，作为旧学的“宋学”和作为新学的“汉学”背后是两种学术理路的对立，这是院中“汉宋之争”的第二层含义。

总而言之，鳌峰书院从乾隆时期就有“汉宋之争”的现象，起初是汉学的考据之风侵入作为学术正统的宋学，宋学呈现衰落之势。乾隆后期至嘉庆年间，随着科举俗学日盛而真正的乾嘉汉学还未传至闽地，便有以尊崇宋学来矫正士风的倡导，外在表现为“汉宋兼采”，要注意，此处兼采的是汉学研习经史的治学路径和宋学明体达用的治学精神。道光年间，陈寿祺将汉学传播至闽，福建由此形成了以他为中心，甚至可以与江浙汉学家比肩的学术群体，由此，汉学就不单单是考据之风气，而是作为一独立的学术形态，将宋学为己之学的传统融入其治学精神，并在治学方法层面取宋学而代之，这一由宋至汉的过程才是作为两种学术形态的“汉宋之争”。

综上所述，鳌峰书院地处理学传统深厚的福建，宋学在这里不仅仅作为一种国家意识形态而存在，其对福建士人所发挥的精神作用也并非国家政策转变就可以朝夕扭转，虽然在乾嘉时因科举而受到考据之风的影响，但其明体达用的治学精神在书院是一贯相承的。而汉学在福建起初是一种因科举而兴的考据风气，经当地官员及书院掌教的提倡，至道光陈寿祺的引导，逐渐发展成为一种独立的学术形态，一方面在治学方法上取代曾作为闽学正统的宋学，另一方面为福建开辟出新学风，其影响足以与江浙一带的汉学比肩。此外，经世之学也在嘉道年间不断发展，先是郑光策鼎力倡导、开辟风气，后有陈寿祺大力改革、推波助澜，在鳌峰书院培育出经世致用的学风，进而为福建培养出诸多济世人才。概言之，嘉道年间的鳌峰书院呈现出复杂的学风状况，整体的趋势是程朱理学逐渐由学术正统转化为一种治学精神的象征，而经史之学逐渐由考据的风气成长为承乾嘉汉学而起的闽地汉学，在此期间，在经世致用思想的影响下，经世之学也有所发展。

余　论

笔者对于科举之风与汉学风气有些初步的思考，且作为余论的部分稍作陈述。

关于书院中的科举之风，笔者认为需要厘清科举之立意和科举带来的影响。表面上看，科举取士的兴盛会带来士人心态的浮躁，不利于学术的发展和醇正学风的营造，这固然是科举带来的不良影响。然而，考察清代立国以来的科举政策，无论是崇尚程朱的康熙年间，还是注重经史的乾隆时代，统治者的一贯路线是敦实学，“实”便是有用。站在统治者的立场，也许这种有用更趋向于一种治术，有一种观点认为，康熙崇尚理学是树立官方意识形态的需要，而乾隆强调经史考据则意在钳制读书人的思想，这是一种站在政治角度的诠释。若立足于学术本身，“实”的意义更多地在于矫正学风，康熙时尊崇理学是为了矫正明末王学的空疏之弊，而乾隆时经史考据兴起则是对宋学中空洞议论泛滥的纠偏。近人梁启超曾对清代的学术做过概括，认为“清学之出发点，在对于宋明理学一大反动”①，我们不能简单地说这种“反动”是统治者的治术需要，还是学术本身发展的需要，因为学术形态最终是落实在学人身上的，无论是汉学还是宋学，都需要有真才实学者来传承和发扬，这样的人才正是国家取士的用意所在，外在的科举政策也是服务于这一用意。

所以，认清科举的立意所在，明确读书是为了传承学术或者经世致用而非谋一己之私利，是改变士人风气的关键，陈寿祺也正因

① 梁启超：《清代学术概论》，朱维铮编注：《梁启超论清学史二种》，上海：复旦大学出版社1985年版，第6页。按其“以复古为解放”的思路，康熙时尊程朱是由王学复古至宋学，考据学的出现正是由宋学复古至汉学的结果。

此，将辨明义利作为教导士子的要务。结合前文，鳌峰书院从建院起便定下不为科举所牵引的宗旨，历任掌教大多是有从政经历的学者，他们虽然拿到科举功名，但并非汲汲于功名，如郑光策、陈寿祺，他们是进士出身，但终究无意于仕途，他们从未居高位，却十分关注现实政治，作为掌教，他们给士子和后学的榜样作用是不可忽视的，这种淡泊名利、求真务实的精神与张伯行提倡“明体达用之学”的建院初衷是一脉相承的。虽然院中学风随时代变化而具有不同的学术形态，但对于汉宋之学的门户之见却不甚明显，有学者将这归于闽学的“实践理性精神”①，正因如此，汉学和宋学这两种不同的治学取向才能在院中同时存在，汉宋之学相互取长补短，促进了鳌峰书院的长期兴盛。

关于书院汉学风气的开辟，奠基者是张甄陶和郑光策，他们分别将研读注疏的方法与经世致用的思想注入以朱学为正统的鳌峰书院，营造了新的学术氛围。之后陈寿祺扮演了推手的角色，将乾嘉汉学的治学理论与方法带入书院，使院中治经史者有了系统的指导。对于这一转变过程，笔者尝试从知识传播的角度来认识。首先，如果将清代精英文化圈进行区分，可以划出学术圈与教育圈的双重层次，学术圈以学术研究为主，教育圈以育才造士为主，二者以讲学为纽带构成上下游的关系，通过知识的传播和交流，共同促成学术思潮的发生和流衍。由前文可知，在院掌教兼具学者和教育者的两重身份，他们在进行学术研究的同时，也开展讲学、管理书院等教育活动，毋庸置疑，掌教的学术倾向会直接影响其教育理念，进而对书院的学风带来影响。

进一步地，我们可从两方面来具体认识这一过程：一是知识传播需要时间，特别是在信息工具不发达的时代，学术圈和教育圈的

① 从创办初期到嘉庆年间的100年左右，鳌峰书院经历了其发展的黄金时期。在这期间，该书院至少有三次发展的高潮。这三次高潮与全国学术风气变幻息息相关，但并未随全国学风的转换而摇摆，而是以闽学的实践理性精神为内在品格，积极吸收各个时代的学术精华，完成自己特有的学术积累。见许维勤：《鳌峰书院的学术传统及其对林则徐的滋养》，《清史研究》2007年第3期，第58页。

上下游之间存在"时差"是必须被关注到的；二是知识传播受环境影响，一种思潮从学术界成形，再传播至教育界，这样一个由少数学者波及广大士人群体的动态过程，背后牵扯到社会、政治方面的很多因素，代表一种学术思潮的知识是否能传播开来，它的命运如何都是不确定的。为何乾嘉汉学在嘉道间传至闽地，特别是为何在陈寿祺归闽后出现学风由宋至汉的扭转，前文已从正反两方面进行了分析，一方面论证陈寿祺之前，由于院中深厚的理学传统，书院中自发形成汉学群体的可能性较小，而诸位掌教也不具备将乾嘉汉学传播至福建的现实条件；另一方面论证陈寿祺所具备的诸多要素，主要是他所处的时代以及求学经历、学术机缘，促使他成为开辟福建汉学风气的有力推手。

附　　录

1. 鳌峰书院历任掌教一览(截至道光)

序号	掌教	籍贯	功名	任期
1	蔡璧	漳浦	选贡	康雍
2	蔡世远	漳浦	康熙己丑进士	
3	郑金章	闽县	康熙丙戌进士	雍乾
4	靖道谟	汉阳	乾隆丙辰博学鸿词(被举荐)	乾隆
5	傅王露	会稽	康熙乙未第三人及第	
6	林昂	福清	康熙壬辰进士	
7	鲁曾煜	会稽	康熙辛丑进士	
8	范咸	仁和	雍正癸卯进士	
9	洪世泽	南安	乾隆丙辰博学鸿词	
10	游绍安	福清	雍正癸卯进士	
11	林枝春	闽县	乾隆丁巳廷试第二人	
12	孙拱极	连江	乾隆己未进士	

续表

序号	掌教	籍贯	功名	任期
13	沈廷芳	仁和	乾隆丙辰博学鸿词	乾隆
14	严源焘	嘉善	雍正甲辰进士	
15	杨演时	大埔	雍正乙丑进士	
16	朱仕琇	建宁	乾隆戊辰进士	
17	张甄陶	福清	乾隆丙辰博学鸿词(被举荐) 乾隆乙丑进士	
18	于雯峻	金坛	乾隆辛未进士	
19	范栻	杭州	乾隆丙戌进士	
20	孟超然	闽县	乾隆庚辰进士	
21	陈化龙	长乐	乾隆壬辰进士	乾嘉
22	郑光策	闽县	乾隆庚子进士	嘉道
23	游光绎	霞浦	乾隆己酉进士	
24	陈寿祺	侯官	嘉庆己未进士	
25	林春浦	闽县	嘉庆壬戌进士	

2. 择经籍①

四部浩如烟海，学者不独不能遍观，亦且不能多购。然材质稍胜者，皆可日积月累以底充富，当先择取精要，用力研寻，既省泛滥之病，亦收精熟之功。

如读经必观传注，朱子《论孟集注》《学庸章句》外，《御纂四经传说》《钦定三礼义疏》固学者所当服习。《十三经注疏》颁在学官，本以待高才嗜古者从事于斯，其中《毛诗》《礼记》二经正义当先玩阅，次及《周礼》《仪礼》《左氏传注疏》，其余酌择观之可也。《孟子》伪疏浅陋勿观，此外则唐李鼎祚《周易集解》、宋严华谷《诗

① 摘自(清)陈寿祺：《左海文集》，清刻左海全集本，《清代诗文集汇编》第499册，第446-447页。

缉》、卫正叔《礼记集说》、王与之《周礼订义》、元敖君善《仪礼集说》、国朝盛龙里《仪礼集编》、惠半农《礼说》、惠定宇《九经古义》、陈见桃《毛诗稽古篇》、胡朏明《禹贡锥指》、顾复初《春秋大事表》、阎百诗《古文尚书疏证》、段懋堂《古文尚书撰异》、孙渊如《古文尚书注》、阎百诗《四书释地》、江慎修《乡党图考》、邵二云《尔雅正义》，此皆经说之渊薮也。

许叔重《说文解字》、陆元朗《经典释文》《广韵》《集韵》《群经音辨》《韵会小补》、顾氏《音学五书》、段氏《说文注》、曲阜孔氏《诗声类》、高邮王氏《广雅疏证》，此皆小学之阶梯也。

史则《史记》《两汉书》《三国志》必当熟看，庶得唐人三史立科之意，其余历代各史视材质功力有余及之可也。此外《国语》《国策》《资治通鉴》《纪事本末》《御批通鉴辑览》《通鉴纲目三编》、邵二云《续资治通鉴》、谷应泰《明史纪事本末》，均学者必读之书。《史通》可明体例，《路史》《绎史》可资博闻，是亦其次，此皆史学之川渠也。

子则周、秦、汉、魏、晋诸家，宋五子书及元明儒家著述，均各有所得，在学者明辨而审取之。

考订之书，则陈氏《礼书》、江氏《礼书纲目》、秦氏《五礼通考》《通志略》《山堂考索》《玉海》《荆川稗篇图书编》《太平御览》，所以网罗放失，体大物宏。

经济之书，则《通典》《文献通考》《续文献通考》《大学衍义补》《思辨录》《读史方舆纪要》《郡国利病书》《农政全书》《行水金鉴》《武经纂要》《虎钤经荆》《川武编筹》《海图编》《纪効新书》《历代名臣奏议》《明臣奏议》《大清会典》《皇朝三通》《御纂律吕正义后编》《御制数理精蕴》《御定仪象考成》，所以通知古今可施实用，此皆问政之津梁也。

集则《昭明文选》《汉魏百三名家》《乐府诗集》《文苑英华》《古诗纪》《全唐文》《全唐诗》《唐宋十家古文》《历代赋汇》，唐李、杜、韩、白、高、岑、王、孟、韦、柳，宋苏、陆，金元遗山，元虞道园，明刘诚意、高青邱、何、李、王、李、高苏门、陈卧子各家专集，选家则《全唐诗录》《古诗选》《宋诗钞》《元诗选》《明诗综》，

《十二代诗选》，此皆文林之苑囿也。

以上各种，学焉而各因其性之所近，聪颖者事半而功倍，迟钝者亦积小以成高，博学而孱守之，则一狐之腋胜于千羊之皮，简练以为揣摩，则精骑三千可敌游兵十万。至如疑质问难，触类引申，神明领悟，存乎其人。然开卷有益，不至与扪烛扣盘者同讥矣，若一切腐烂讲章，如《四书大全》《体注》《阐注》等，下劣选本，如《古文析义》《古唐诗合解》等，纤诡诗文，如陈眉公、钟伯敬等，鄙陋兔园册，如《潜确》《类书》等，并当屏绝，勿污耳目。

参 考 文 献

一、基本典籍

[1]（清）游光绎编：《鳌峰书院志》，道光十年（1830）正谊堂增补本；（清）来锡蕃编：《鳌峰书院纪略》，道光十八年（1838）刊本。皆收入赵所生、薛正兴编《中国历代书院志》第 10 册，南京：江苏教育出版社 1995 年版。

[2]《清实录》，北京：中华书局 1985 年版。

[3]（清）赵尔巽撰：《清史稿》，北京：中华书局 1977 年版。

[4]（清）陈寿祺纂：《道光重纂福建通志》，收入《中国地方志集成·省志辑·福建》第 8 册，南京：凤凰出版社 2011 年版。

[5]（清）徐世昌等编纂，沈芝盈、梁运华点校：《清儒学案》，北京：中华书局 2008 年版。

[6]（清）钱仪吉纂，靳斯校点《碑传集》，北京：中华书局 1993 年版。

[7]（清）张伯行编：《学规类编》，正谊堂全书本，收入《续修四库全书》，上海：上海古籍出版社 2013 年版。

[8]（清）蔡世远：《二希堂文集》，清雍正十年（1732）刻本；（清）陈寿祺撰：《左海文集》，清刻本；（清）梅曾亮：《柏枧山房全集》，清咸丰刻本，皆收入《清代诗文集汇编》，上海：上海古籍出版社 2010 年版。

[9](清)梁章钜:《归田琐记》,北京:中华书局1981年版。
[10](清)谢章铤:《赌棋山庄全集》,台北:文海出版社1974年版。
[11](清)江藩:《汉学师承记(外二种)》,北京:生活·读书·新知三联书店1998年版。
[12](清)唐鉴:《国朝学案小识》,济南:山东友谊书社1990年版。
[13](清)陈庚焕:《惕园初稿》,清道光元年(1821)刻本。
[14](清)孟超然:《亦园亭全集》,福州陈寿祺、冯缙校刊本第24册,清嘉庆二十年(1815)本。

二、今人专著

[1]邓洪波:《中国书院史》,上海:东方出版中心2006年版。
[2]邓洪波:《中国书院学规》,长沙:湖南大学出版社2000年版。
[3]李国钧:《中国书院史》,长沙:湖南教育出版社1998年版。
[4]章柳泉:《中国书院史话》,台北:学海出版社1985年版。
[5]王炳照等:《简明中国教育史》,北京:北京师范大学出版社2008年版。
[6]白新良:《明清书院研究》,北京:故宫出版社2012年版。
[7]刘玉才:《清代书院与学术变迁研究》,北京:北京大学出版社2008年版。
[8]王国维:《观堂集林》(外二种),石家庄:河北教育出版社2003年版。
[9]章炳麟著,徐复注:《訄书详注》,上海:上海古籍出版社2000年版。
[10]梁启超:《清代学术概论》《中国近三百年学术史》,朱维铮校注:《梁启超论清学史二种》,上海:复旦大学出版社1985年版。
[11]钱穆:《中国近三百年学术史》《国史新论》,北京:九州出版社2011年版。
[12]钱基博:《近百年湖南学风》,上海:上海古籍出版社2012

年版。
[13]侯外庐：《中国思想通史》第 5 册，北京：人民出版社 1956 年版。
[14]杨向奎：《中国古代社会与古代思想研究》下册，上海：上海人民出版社 1965 年版。
[15]张君和编：《张舜徽学术论著选》，武汉：华中师范大学 1997 年版。
[16]陈祖武、朱彤窗：《乾嘉学术编年》《乾嘉学术研究》，石家庄：河北人民出版社 2005 年版。
[17]陈祖武：《清代学术源流》，北京：北京师范大学出版社 2012 年版。
[18]汪学群编：《清代学问的门径》，北京：中华书局 2009 年版。
[19]龚书铎：《清代学术史论》，北京：故宫出版社 2014 年版。
[20]杨念群：《儒学地域化的近代形态》，北京：生活 · 读书 · 新知三联书店 2011 年版。
[21]丘为君：《戴振学的形成》，北京：新星出版社 2006 年版。
[22]王继平主编：《晚晴湖南学术思想史稿》，长沙：湖南人民出版社 2004 年版。
[23]武少民：《百年清学研究九论》，长春：吉林人民出版社 2008 年版。
[24]李兵：《书院与科举关系研究》，武汉：华中师范大学出版社 2005 年版。

三、研究论文

[1]罗振玉：《本朝学术源流概略》，章炳麟：《清儒》《清代学术之系统》，梁启超：《近代学风之地理的分布》，刘师培：《近儒学术统系论》《近代汉学变迁论》，钱穆：《前期清儒思想之新天地》，均收入汪学群编《清代学问的门径》，北京：中华书局 2009 年版。
[2]夏长朴：《乾隆皇帝与汉宋之学》，收入彭林编《清代经学与文化》，北京：北京大学出版社 2005 年版。

[3] 史革新：《陈寿祺与清嘉道年间闽省学风的演变》，《福建论坛》2002 年第 6 期，第 82-88 页。
[4] 陈忠纯：《鳌峰书院与近代前夜的闽省学风》，《湖南大学学报》2006 年第 1 期，第 121-126 页。
[5] 陈忠纯：《学风转变与地方志的编撰——道光〈福建通志〉体例纠纷新探》，《福建论坛》2007 年第 2 期，第 74-79 页。
[6] 许维勤：《鳌峰书院的学术传统及其对林则徐的滋养》，《清史研究》2007 年第 3 期，第 55-63 页。
[7] 许维勤：《鳌峰书院与清代理学的复兴》，《闽江学院学报》2012 年第 6 期，第 15-20 页。
[8] 黄保万：《郑光策与清代福州经世致用之学》，《闽都文化研究》2006 年第 1 期，第 98-110 页。
[9] 林东进：《陈寿祺学术年表》，《闽江学院学报》2009 年第 1 期，第 32-37 页。
[10] 王易：《清代福州鳌峰书院研究》，福建师范大学 2010 年硕士学位论文。
[11] 业宪允：《清代福州四大书院研究》，华东师范大学 2005 年硕士学位论文。
[12] 陈丽：《孟超然研究》，福建师范大学 2010 年硕士学位论文。
[13] 陆益军：《道光时代汉学研究》，华东师范大学 2015 年博士学位论文。
[14] 张循：《论十九世纪清代的汉宋之争》，复旦大学 2007 年博士学位论文。

“明式衣冠汉式裳”

——清初满、汉民族服饰政策考实

2013级　张爽

摘　要：早在入关之前，清朝便确立起民族色彩鲜明的服饰政策，入关之后进一步深化并施行。其政策按对象可分为两方面：针对满族本身，清统治者要求坚持满族旧制，拒绝改易汉俗、明制；针对汉族，则以满代汉，施行“剃发易服令”，要求汉族剃发编辫、改易满装，禁绝汉族传统服饰。虽然清朝于服饰一事政策鲜明，坚持满制，拒绝汉化乃至以满代汉，但实际上满族入关之后面临来自汉族的巨大压力，政策的施行最终并不彻底；其次，当时的满族并无足够能力建立起自己的服饰体制，因而其政策导向与实际需求之间形成巨大矛盾。最终导致清初的服饰政策与其执行相背离，服饰的发展状况与政策导向并不一致，清代服饰及礼制实际上大量承袭汉服、明制，汉族传统服饰也仍旧得到部分保存。

关键词：清初；服饰政策；满、汉民族

引　言

作为一个少数民族政权入主中原，并令人惊异地统治了近三百年，有清一代，最引人瞩目的便是其一反历史常态的服饰政策，其中最显著的地方莫过于鲜艳的民族色彩。早在皇太极时期便完全确定了针对满族本身的坚持满族服饰旧制，拒绝改易汉俗的服饰政策，入关后进一步发展出“以满代汉”，对汉族全面施行“剃发易服令”，要求汉族人民剃发编辫、改换满装，以禁绝汉族传统服饰。

然而满族作为东北边缘地区的少数民族政权，虽然其一早就表明要坚持满族旧制、拒绝汉俗，并颁布一系列服饰政策来表明其坚决的态度，但是其政治、经济、文化水平等各个方面的发展程度实际上都不足以建立属于自己的服饰礼制，因此在其服饰政策导向和实际需求之间形成了巨大的张力。本文便立足于对清初服饰的考察，一方面，探源清初的服饰政策的产生、形成与实施，观察其在施行过程中面对来自传统和现世压力如何调整；另一方面，从服饰本身出发考察清初服饰政策的落实情况，一是考析清代服饰的发展是否符合清初的服饰政策，二是观察汉族服饰在"剃发易服令"等以满代汉政策施行之后的遗留情况。

研究综述

对于清初满、汉民族服饰政策的考实，是指对清初服饰政策的梳理及其实施状况的研究。主要分为两方面：其一，对清初服饰政策的施行时间进行梳理，对个别代表性政策真实性进行考证；其二，对其实际实施状况进行考察。

(一)服饰政策梳理及考证

研究清代服饰，首先面对的便是清初具有鲜明民族色彩的服饰政策，因此凡是涉及清代服饰的书文，基本上都需要对其政策进行梳理。因而对于服饰政策的梳理前人已做了很大一番工作，这里只选取基本代表性著作略作说明。其大致可分为两种：

一种是将清代服饰作为服饰通史的一部分进行论述，将中华服饰史之变迁容于一书。代表作有黄能馥、陈娟娟《中国服饰史》，周锡保《中国古代服饰史》，陈志华、朱华《中国服饰史》，孙世圃《中国服饰史教程》等。此类书多纵贯中华服饰发展史，因而对清初时事、政策，多作概略性梳理，即只大致指出当时发展状况，多粗按入关前、后对清代服饰发展状况进行说明。作为通史的部分，对于清初服饰政策的梳理大多是直线型的，即必然更多地注重梳理其政策的施行脉络，只选取代表性政策、材料进行论述，虽然便于整体上把握清初服饰状况，但失之不详。阎步克《服周之冕——〈周礼〉六冕礼制的兴衰变异》也略有论及，但此书以“六冕体制”为线索，至于清朝以为六冕不存，损毁殆尽，故论述十分简略。

另一种是对清代服饰作为断代专门的研究，只选取清代服饰的一个侧面、一个群体或一个民族进行研究。代表作有王云英《清代满族服饰》、徐海燕《满族服饰》、宗凤英《清代宫廷服饰》及李理《清代官制与服饰》等。这一类由于主体更鲜明，因此对于政策的梳理更加详实，材料更加充分，可以说对于服饰政策的梳理已十分详实。王云英《清代满族服饰》成书较早，是清朝服饰奠基性著作，因此论述疏略，选举材料也多以《清实录》为主，较为单一。宗凤英《清代宫廷服饰》对于政策梳理源出也十分周到，但缺乏政策脉络的整理。且诸书凡引《清实录》处大多注释不详，溯其源又多与今《清实录》①不合。概《清实录》原有《稿本》，至乾隆又重订，故体例、言语不一处甚多。

总的来说，对于清初服饰政策的梳理材料已尽，难出新意，在未发现新材料的情况下前人梳理已难以超越，故本文梳理多综因前人论述。但对于服饰政策的考证，却见之不多。

今人论著所引政策多直接取信清代所谓官书正史或民间传说而不加质疑。官书正史如《清实录》一再删改，乾隆本与初稿本多有不一致处，但大体不二，尚可取信。民间传说虽然在社会上广泛流传，但仍然需要小心取证，加一番考察，不可人云亦云。如民间流传的金之俊“十从十不从”政策，今人论著皆曰有金之俊“十从十不从”说，以为是满族的妥协政策，但来源不定，说法不一。就笔者所翻检的今人著作而言，绝大多数都直言此政策由金之俊提出，比如黄能馥、陈娟娟《中国服饰史》，陈志华《中国服饰史》和萧一山《清代史》等②。周锡保《中国古代服饰史》也认为“为了缓和这种反

① 《清实录》，北京：中华书局 1985 年影印版。

② 其余如宗凤英《清代宫廷服饰》、孙彦贞《清代女性服饰文化研究》、朱和平《中国服饰史稿》、蔡子谔《中国服饰美学》、兰宇《中国传统服饰美学思想概览》、冯泽民《服装发展史教程》等都认为“十从十不从”是由金之俊提出，但都没有列出资料来源。

抗的斗争，清王朝接纳了明遗臣金之俊的'十不从'的建议"，但其后称"虽没有见之于正式命令和明文规定，但在有清一代的服饰中确实是有这样情形的"，孙世圃《中国服饰史教程》所述为"余之后"，称"接纳了明遗臣余之后的'十不从'"，虽称作明遗臣，但遍查《清史列传》，并无此人，疑为繁体"余之後"，辗转而与"金之俊"误也。另有"野史秘闻"谓为"陈名夏"所提，盖与陈名夏建议复汉衣冠一事相牵连混淆，也不足为信。① 部分书籍在涉及"十从十不从"时索性不提是由谁提出的，直接称道当时民间有所谓的"十从十不从"或者"男从女不从"政策。例如《中国历史概论》、华梅《服装艺术教育》。认为是在民间形成了这样一条不成文的规矩，至于提者，则直接略过不提。总的来说，学界认为清初有"十从十不从"政策，且通常认为是由金之俊提出的，但往往不注出处，说法不一，令人难以轻信。

纵观所列诸书，可以说对于清初服饰政策梳理有余而考证不足。其政策梳理直接取于《清实录》《清史稿》《满文老档》等，此类书多经一再改订，实际上并不可完全相信，对于部分政策应当予以考证，对于所谓民间传说，更应予以重视详证，不可人云亦云，失之空阔。

(二)服饰政策的施行与落实

清朝的服饰政策激化了满、汉间的民族矛盾，"剃发易服令"更是直接引起了众多地区汉族人民的反抗，使清初的服饰政策的施行与明清、满汉间的斗争融为一体并贯穿始终，甚至影响更为深远。因此对于服饰政策具体施行、落实的考察也必不可少，只有这样才能明了当时服饰的具体状况。

清初政策落实直接涉及明清之际、满汉之间的斗争，因此材料颇丰。

---

① 徐君慧：《庄妃传：康熙祖母秘录》，南昌：江西人民出版社 1998 年版，第 201 页。另明遗臣陈名夏议复汉族衣冠事，被揭发，见戮。此事详见下文。

《清实录》等便记载有当时政策施行的一些情况，但其记载更侧重于清统治者对政策严厉实施的强调，对于具体的实施情况记载不详。

清代小说有关于此者颇多，为了解当时之情况提供了丰富的资料。其中著名者有谈迁《北游录》、蒋良琪《东华录》、史惇《恸余杂记》、徐珂《清稗类钞》、计六奇《明季南略》、王家桢《研堂见闻杂记》、叶梦珠《阅世编》等。其焦点主要在于汉民族对于“剃发易服令”的反抗，因而记载推行中所激起的反抗十分充实。但多囿于民族情结和传统文化的悲恸与同情，止于对当时汉民族反抗事迹、人物的记载，旨在弘扬当时英勇抗争的人物、事迹，也表明当时清初服饰政策施行不易，但对于服饰政策的具体实施情况如何却记载不多。

清时外来人物的游记也可以为我们观察当时的政策实施提供一些材料，如卫匡国《鞑靼战纪》便记述了当时卫匡国对于服饰政策施行的看法，为我们提供了一个外来视角。

对于当时服饰施行的斗争，今人也颇多论述。如赵园《明清之际士大夫研究》、冯尔康《清初的剃发与易衣冠——兼论民族关系史研究内容》、孔定芳《清廷剃发易服与明遗民的抗争》、吴志铿《清代前期剃发易服令的施行》等及前所述各通史。但此类文章仍大多着眼于汉民族的反抗，与服饰相比其更关心当时反抗的人物事迹与反抗的原因。唯吴志铿《清代前期剃发易服令的施行》一文切合实际，紧紧围绕“剃发易服令”考察其执行，但其侧重点在于讨论当时清政府施行此令的动机和施行过程中的行政质量与效率。虽然指出其结果未能尽如清统治者所想并分析其原因，但对于具体状况的探讨则不够深入。

总的来说，对于清初服饰政策的施行主要着眼于清朝统治者的严厉与汉民族的反抗，其中心主要在于反抗的人物、事迹，而不在于政策施行导致服饰的改变。

因此想要了解清初后的服饰状况，必须进一步考证清初政策的落实状况，但就笔者所见，论及清初服饰政策落实状况的文章著作甚少。只有在叙述清初服饰政策实施时会稍有提及，但通常只是感慨其后汉族服饰不存、废除明朝服制，是对政策实施的合理想象，并未切合当时实际或者根据其后服饰状况做切实的研究。如宗凤英《清代宫廷服饰》便在论述清初严苛的服饰政策之后感慨汉民族服饰不存，但并没有对实际存不存做具体的研究。

对其政策落实做专门研究者，有吴志铿《清代前期剃发易服令的施行》，此文论述了当时“剃发易服令”作为满洲本位法令的落实情况，指出其不尽如统治者意想，但是其更多地从人员执行能力不足、法令执行偏差方面进行分析，对其后的服饰状况关注不多。对其后服饰状况关注者有葛兆光《大明衣冠今何在》，此文以清代访华的朝鲜使者所著纪闻为材料，总结当时朝鲜使者所见中华服饰面貌，归纳清初服饰政策之后的汉民间服饰遗留状况。此文对于研究清代汉族民间服饰遗留具有重要意义，但其主要依托《燕行录》，材料比较局限。对于清代民间汉族服饰的遗留情况，也散见于对清代服饰的研究。沈从文《中国古代服饰研究》对当时画作、名物的研究也可以反映当时的服饰遗留情况。对于上层服饰如帝王服饰在清代的遗留情况则缺乏对比性研究，研究清代帝王服饰颇有建树者很多，如房宏俊、严勇、万钧《对清代八团彩云金龙纹吉服的再认识》，此文通过对吉服纹饰细致的比较研究，认为清服纹饰多取自明制；王云英《皇太极的常服袍》是对故宫博物院所谓皇太极旧朝袍研究，对清代朝服与常服做了一个划分；宋晓燕《清代宫廷服饰研究》比较全面地对清代皇帝、皇子、皇室宗亲等服饰做细致的归总，但只专注于对清代所载服饰本身的研究；王业宏《清代前期龙袍研究(1616—1766)》对清代早期龙袍的形成发展做了十分细致的考察，对其形制、纹饰来源进行归纳梳理，也认为其多受明代服制影响，对于研究清代帝王服饰具有重要意义。

总的来说，对于清初服饰政策的梳理，在未发现新材料的情况下，前人论述已足够细致完备，但所依托的清代官书正史如《清实录》等，材料记载本身或有所缺失，这有待对材料进一步发掘。对清初重要服饰政策的研究考证，学界似有所缺失，概服饰研究者只重视服饰本身的研究，对于政策则不够重视。对于清初政策执行的研究，目前多集中在“剃发易服令”引起的满汉之争，聚焦于斗争中所涌现的英勇人物和事迹，因而多囿于民族情结或者充满阶级压迫意味，对于服饰政策本身在服饰层面的执行落实则关注不多，因而对于政策的落实不得不直接关注其后服饰本身的状况。对于清代服饰本身的研究，依托于故宫所藏十万件清代服饰和清代对服饰详细的记载，对于服饰本身的研究十分完备。但对明代、汉族服饰的对比研究则比较少，这种对比研究的缺失对研究服饰政策的落实带来一定困难，但仍可以从清代服饰的研究中寻求一些共通材料作为政策落实的例证。

本文的研究趣味，既不在于对服饰政策和施行落实进行进一步的梳理，也不在于对清代服饰本身形制、纹饰的研究，而旨在尝试将服饰的研究与政策的施行结合起来，切实地从服饰名物着眼来观察清初服饰政策的施行与落实，希冀对清初及以后的服饰状况能有进一步的认识。

一、满、汉服饰之争——清初服饰政策的产生与施行

清初的满、汉服饰之争可以按其政策对象大致分为两部分：其一，针对满族本身，清统治者要求坚持满族旧制，拒绝改易汉俗、明制；其二，针对汉族，以满代汉，施行"剃发易服令"，剃发编辫、改易满装，禁绝汉族传统服饰。这两部分事实上一脉相承，都是满族统治者坚持本民族"骑射、国语"等旧俗传统的表现，只是针对满族表现为坚持传统、拒绝汉化，在汉族则逐渐演变为以"剃发易服令"为代表的以满代汉政策。

本章主要研究满族在定鼎中原的过程中保持满装、拒绝汉服的政策，观察其在实施执行过程中激起的满、汉之争，以及如何处理政策要求与实际要求之间不一致形成的尴尬境地。

(一)坚持满制、拒绝汉俗——满族传统服饰的坚持政策

17世纪中叶，满族统治者趁李自成攻入北京之际，在山海关总兵吴三桂的帮助下一举攻占了北京城，为了巩固政权，不久即迁

都北京，后又占领全国。清统治者为了巩固新政权，采取大批启用汉官、优待明朝宗室、开科取士、以武功保天下等一系列措施，其中以武功保天下为最重要的措施①。从这些措施可以看出，在各个方面都可以说是清承明制，只有服制清统治者坚决不从。“代明之清，除武力别有根柢外，所必与立异者，不过章服小节，其余国计民生、官方吏治，不过能师其万历以前之规。”②

清初时期，满族统治者便认识到，与庞大的明帝国相比，其优势所在，唯有武力。“骑射国语，乃满洲之根本，旗人之要务”。与满族传统的紧窄合体、左衽窄袖、四面开衩的袍服相比，汉族的宽衣大袖、高冠博带显然不利于马上征战。前文所叙皇太极便深明此理，因此在以武功保天下的政策下，吸取前朝大金改易汉服的教训，坚持满族的服饰、骑射传统，拒不改易汉服。

早在崇德元年(1636)十一月，太宗文皇帝即皇太极就十分鲜明地表示要坚持满族传统服饰：

> 先时儒臣巴克什达海、库尔缠屡劝朕改满洲衣冠，效汉人服饰制度。朕不从，辄以为朕不纳谏。朕试设为比喻，如我等于此聚集，宽衣大袖，左佩矢，右挟弓，忽遇硕翁科罗巴图鲁劳萨挺身突入，我等能御之乎？若废骑射，宽衣大袖，待他人割肉而后食，与尚左手之人何以异也！朕发此言，实为子孙万世之计也。在朕身岂有变更之理？恐日后子孙忘旧制，废骑射，以效汉俗，故常切此虑耳。③

开国之初就有儒臣进谏改从汉人服饰制度，但皇太极不从，坚定地维持满洲传统服饰。并不惜现身说法，组织大臣学习《大金世

---

① 宗凤英：《清代宫廷服饰》，北京：紫禁城出版社2004年版，第5页。

② 孟森：《明清史讲义》，北京：商务印书馆2011年版，第19页。

③ 《清太宗实录》卷三十二，《清实录》第2册，北京：中华书局1985年影印版，第404页。

宗本纪》，表明汉人服饰确实不利战斗，因此强调不可轻易服饰、以效汉俗，且警戒后世子孙不可妄改旧制，这还只是对于本民族的服饰要求。同年皇太极还明确规定：“凡汉人官民男女穿戴，俱照满洲式样。男人不许穿大袍、大袖、戴绒帽，务要束腰；女人不许梳头，缠脚。僧、道照旧衣帽，其道士妇女，亦不许梳头、缠脚。”①皇太极明确要求汉人穿戴依照满洲式样，算是以满代汉的开端。

这便基本确立了清朝的服饰政策走向，即坚决坚持以满洲的传统服饰为主体，拒绝改从汉族服饰，以时刻保持强盛的武力，保证国家政权稳固。此时已出现对汉民族改从满族的初步要求，即要求汉族官民穿戴满洲服装，改换满装，要求妇女也不能缠脚梳头，这可以说是入关后“剃发易服令”的前身。

在崇德二年(1637)，皇太极又谕戒诸王、贝勒说：

> 昔金熙宗及金主亮废其祖宗时冠服，改服汉人衣冠。迨至世宗，始复旧制。我国家以骑射为业，今若轻循汉人之俗，不亲弓矢，则武备何由而习乎？射猎者，演武之法；服制者，立国之经。嗣后凡出师、田猎，许服便服，其余悉令遵照国初定制，仍服朝衣。并欲使后世子孙勿轻变弃祖制。②

皇太极认为元朝之所以几世即亡，轻改祖宗冠服、效汉人服饰是一个很重要的因素，因此把服饰提高到有关国家兴亡的战略高度，认为“服制者，立国之经”，且把“遵照国初定制”立为国家制度，谕戒“后世子孙勿轻变弃祖制”。这样就完全确立了清初的服饰政策，即遵照国初定制，坚持满族传统服饰，不可改易汉族服饰，并且完全堵死了清朝后世皇帝更从汉族服制的后路。

---

① 《清太宗实录稿本》，辽宁大学历史系1978年版，第7页。

② (清)赵尔巽：《清史稿》卷一零三·志七十八·舆服二，北京：中华书局1976年版，第3033页。

一方面皇太极严令要坚持满族服饰，不许更从汉族服制，但是另一方面，这种更改服饰的做法与《礼记·大传》所谓"考文章，改正朔，易服色，殊徽号，异器械，别衣服"不谋而合。①

至崇德三年(1638)七月，皇太极下谕礼部：

> 若有效他国衣帽，及令妇人束发裹足者，俱加重罪。②

崇德三年(1638)，皇太极令下礼部，开始实际惩治"效他国衣帽"者，这表明在当时已经有八旗子弟及满族人开始受汉族影响，改从汉服。对于从边外入主中原的满族人来说，渊源广博的汉族文化具有极大的吸引力，繁复精致、华美异常的服饰文化对于满族人，尤其是满族妇女来说，更是难以抗拒，因此众多满族人学习汉俗、改易汉服，这本是理所当然的。但在拒不从汉的皇太极看来，改从汉族服饰几同于颠覆满族，虽然这是由于满族之人抵制不住诱惑，但是汉族服饰也有不可推卸的责任，为了彻底断绝这种诱惑，必须使汉人改易满服，这也多少为后来的"剃发易服"埋下了祸患。

(二)暂从明式——满族服饰坚持政策的实施窘境

虽然满族统治者决然表示要坚持满族服饰传统，拒绝改易汉服，但是作为少数民族的满族入主中原，却不像前朝一样改易汉服，反而坚持原本的满族服饰，这与旧有的传统和当时的实际社会需要都不一致，因此导致了许多问题。

从历史传统上看，无论数千年以来中原地区的王朝如何更易，

---

① 葛兆光：《大明衣冠今何在》一文中提及：满族入关前后，依照历史惯例建立新的年号，进入汉族地区，又强迫民众剃头编发，虽然看上去是用满族习惯强迫汉族，实际上，恰恰无意中沿袭了"改正朔、易服色"的汉族传统。葛兆光：《大明衣冠今何在》，《史学月刊》2005年第10期，第43页。但此处说"无意中沿袭"似乎并不恰当，而应是虽然满族统治者想用改服饰的做法来打断汉族的服饰礼制传统，但是这种做法本身却与汉族传统有共通之处。

② 《清太宗实录》卷四十二，北京：中华书局1985年影印版，第554页。

以汉民族为统治者的王朝必然都遵循儒家六冕礼制①，其余所服也多符合儒家道德礼制规范和审美口味，即以上衣下裳、宽衣大袖为主要特点的中华汉族衣冠服饰。纵然是辽、金、元等少数民族入主中原，亦无有不改从汉制者。在儒家文化圈内，统治者改服汉制已然形成了历史传统。及至满族，清统治者剧然一变、拒不改服，因此受到了部分坚持传统礼制的儒臣反对和进谏，导致君臣意见相左，前文所记巴克什达海、库尔缠便是其例。直至后来竟有不许进奏之旨，“若有复为此事渎进章奏，欲将朕已定地方人民仍从明制不随本朝制度者，杀无赦”②，可见当时君臣意见相冲十分严重，清统治者遭受了来自朝臣的巨大压力，以至于不得不下禁令严禁朝臣再议。

从当时的实际情况来看，虽然统治者决心坚持满族服饰，拒不汉化，但是对于刚刚入主中原的满族来说，并没有条件来施行这一政策。世族初定鼎时，尚沿明制。③ 据《研堂见闻杂记》记载：“我朝初入……衣冠一承汉制，凡中朝之臣，皆束发顶进贤冠，为长袖大服，分为满汉二班。”④不是清统治者开放地接受汉族官员服饰，而是迫于形势不得不如此。这主要有两点原因，其一，是为了笼络汉族官员，助其统治；其二，身穿满族官服的官员难以得到任职地区百姓的认同。《东华录》卷五记载了这样一件事情：

> 顺治元年七月……山东巡按朱朗鑅言：“中外臣工皆以衣冠礼乐，章敷文教。顷闻东省新补监司三人，俱关东旧臣，若不加冠服，恐人心警骇，误以文德兴教之官，疑为统兵征战之

---

① “六冕”详见《周礼》，另可参阅步克：《服周之冕——〈周礼〉六冕礼制的兴衰变异》，北京：中华书局2009年版。

② 据《清世祖实录》顺治二年(1645)六月记载：“若有复为此事渎进章奏，欲将朕已定地方人民仍从明制不随本朝制度者，杀无赦。”《清世祖实录》，《清实录》第2册，北京：中华书局1985年影印版，第151页。

③ (清)徐珂：《清稗类钞》，北京：中华书局1984年版。第6145页。

④ (清)不着撰人：《研堂见闻杂记》，孔昭明：《台湾文献史料丛刊》第5辑，台北：台湾大通书局1987年版，第23页。

将。乞谕三臣，各制本品纱帽圆领。”①

由于满族服饰紧身窄袖，为马上作战服装，与中华传统的文官服饰迥异。杨汝士诗云“山僧见我衣裳窄，知道新从战地来”②，可见窄衣在汉族传统里更多是作战服装，若官员服满服，则短衣窄袖更像是武官，难以得到统治区域的百姓认可和接受。“国初，牧令之坐堂及下乡也，亦袭明代衣冠之旧。盖不如是，则人民不能知其为官，抗不服从耳。”③所以朱朗镤乞求“各制本品纱帽圆领”，即按照明朝旧制制作官服。这与清朝历来坚持的坚持满装、拒绝汉化的政策传统完全背道而驰，按理说必然会引起清统治者的震怒，但睿亲王谕曰：

兵务方殷，未遑衣冠礼乐。近简各官，姑依明式，速制本品官服，以便莅事。寻常出入，仍遵国家旧制。

睿亲王即多尔衮，作为当时满族的实际统治者，多尔衮不仅没有处置要求改从汉制的朱朗镤，反而真的听其建议，“姑依明式，速制本品官服”，违背皇太极时制定的拒绝汉服、明制的服饰政策，改从明朝汉族官员服制。究其原因，不过是“兵务方殷，未遑衣冠礼乐”，仍忙于稳固江山、平定战乱的清初统治者尚无力更改服制。此次改易明朝汉族官员服饰，也并非历史的偶然。沈从文便说过：因社会习惯相承，经常有从政治角度出发把前一王朝官吏作为新王朝仆从差役事。④ 最主要的原因，还是迫于中华传统和前一

---

① （清）蒋良琪：《东华录》卷五，梁钦挥编《全州历史文化丛书》，南宁：广西人民出版社2003年版，第54页。《清世祖实录》卷六，北京：中华书局1985年影印版，第68页亦有记载。

② 阮葵生《茶余客话》记有此事，并言“明制，文臣衣至踝，武臣去地五寸”，可见武臣衣裳更为窄小，因此会有将满族文官当为武将之事。（清）阮葵生：《茶余客话》，北京：中华书局1959年版，第558页。

③ （清）徐珂：《清稗类钞》，北京：中华书局1984年版，第6145页。

④ 沈从文：《中国古代服饰研究》，上海：上海书店出版社2005年版，第1页。

王朝的强大历史惯性，不得不短暂地放弃拒斥汉服、坚持满装的政策，转而短暂地改易汉服官员服制，以便莅事。

(三)以满代汉，改易满服——汉族服饰的改易政策

在清兵入关以前，凡被攻占原属明朝统治的地区，都按满族习俗，令当地官民前额剃发、后脑留发梳辫垂于后背。明朝降将孔有德、耿中明、祖大寿、洪承畴等，投降后都剃发换装。① 在满族连年征战的过程中，每下一城便要求按照满族的习俗剃发换装。后来剃发易服成了投降示诚的标志，"清兵攻取抚顺，明游击李永芳即剃发编辫投降"②。这样做是为了贯彻满洲的服饰传统政策，同时也可以确保胜利果实，破坏汉族习俗，防止降兵事后倒戈相向、反清复明。在入关之后，这种做法进一步发展形成了以"剃发易服令"为代表的以满代汉、改易满装的服饰政策。

入关之初的顺治元年(1644)五月，清廷便试着像入关前一样下达了"剃发之令"。《清世祖实录》卷五记载：

> 凡投诚官吏军民，皆着剃发，衣冠悉遵本朝制度。③

但此令因遭到全国范围内的激烈反抗，不久便放弃了。

及至顺治二年(1645)，平定江南，全国之势况趋于稳定，多尔衮认为剃发易服时机已然成熟。此时出现了一位关键的汉族官员，其坚定了清统治者剃发易服的决心，直接导致了"剃发易服令"的施行，此人即是"故明"山东进士孙之獬。"乙酉(1645)六月，淄川孙之獬、李若琳各上章请辫发如国俗，之獬言臣妻女并编发，遂拜兵部右侍郎。"④又据《大清见闻录》记载，在清朝未下剃

① 黄能馥、陈娟娟：《中国服饰史》，上海：上海人民出版社2004年版，第522页。

② 黄能馥、陈娟娟：《中国服饰史》，上海：上海人民出版社2004年版，第522页。

③ 《清世祖实录》，北京：中华书局1985年影印版，第57页。

④ (清)谈迁：《北游录》，北京：中华书局1960年版，第354页。

发改服令之前，孙之獬便率先剃去长发，改换满族大臣服装，导致在朝堂上既不被满族大臣接受，也不再被汉族大臣接受，弄得十分狼狈。① 其一怒之下上书说：

> 陛下平定中国，万事鼎新，而衣冠束发之制，独存汉旧，此乃陛下从中国，非中国从陛下也。②

此折一上，深合清统治者心意，以为改革服装的时机已到，遂借此机会全面推行以满代汉的服饰政策，于是再一次下达“剃发易服”令。顺治二年(1645)六月初五，给在江南前线的总指挥豫亲王多铎下达指令，要求在江南推行剃发令：“各处文武军民，尽令剃发，倘有不从，以军法从事。”十五日指示礼部，通告全国军民剃发易服：

> 向来剃发之制，不即令画一，姑听自便者，欲俟天下大定，始行此制耳。今中外一家，君犹父也，民犹子也，父子一体，岂可违异？若不画一，终属二心，不几为异国之人乎？此事无俟朕言，想天下臣民亦必自知也。自今布告之后，京城内外限旬日，直隶各省地方，自部文到日，亦限旬日，尽令剃发。遵依者，为我国之民；迟疑者，同逆命之寇，必置重罪。若规避惜发，巧辞争辩，绝不轻贷。该地方文武和官皆当严行查验，若有复为此事渎进章奏，欲将朕已定地方人民仍存明制，不随本朝制度者，杀无赦。其衣帽装束许从容更，悉从本朝制度，不得违异。③

---

① 宗凤英：《清代宫廷服饰》，北京：紫禁城出版社2004年版，第10页。

② 天台野叟：《大清见闻录·史料遗闻》，郑州：中州古籍出版社2003年版，第294页。《东华录》卷五亦有此事：“孙之獬于众人未剃发之先，即行剃发，男妇皆效满装。”(清)蒋良琪：《东华录》卷五，梁钦挥编《全州历史文化丛书》，南宁：广西人民出版社2003年版，第61页。

③ 《清世祖实录》，北京：中华书局1985年影印版，第151页。

虽然清政府颁布了措辞颇为严厉的“剃发易服令”，但是显然，无论是剃发还是易服，对于汉文化圈的官员、儒士、百姓都是难以接受的。在古人看来，剃发或髡发既是一种精神上的侮辱，也是一种身体上的刑戮。① 披发、编发、断发、祝发、髡发，均非华夏民族习俗，所以在孔子看来“被发左衽”即意味着民族文化的沦丧。②《孝经·开宗明义章》谓：

身体发肤，受之父母，不敢损伤，孝之始也。

清朝剃发之令明显与汉族珍惜头发，把头发提升到“孝”“礼”高度的观念相违背。且“剃发”一事，也直接涉及“冠”的问题。华夏族重“衣冠”，二者中“冠”又重于“衣”。③

在身之物，莫大于冠……造冠无禁，裁衣有忌，是于尊者略，卑者详也。④

《礼记·冠义》载：

故冠而后服备，服备而后容体正、颜色齐、辞令顺。故曰：冠者，礼之始也。⑤

---

① 孔定芳：《清廷剃发易服与明遗民的抗争》，《历史学研究》2013年第5期，第185页。

② 孔定芳：《清廷剃发易服与明遗民的抗争》，《历史学研究》2013年第5期，第186页。

③ 阎步克：《服周之冕——〈周礼〉六冕礼制的兴衰变异》，北京：中华书局2009年版，第33页。

④ （东汉）王充：《论衡》，上海：上海人民出版社1974年版，第367页。

⑤ （汉）郑玄注，（唐）孔颖达正义：《礼记》，《十三经注疏》，北京：中华书局1980年版，第1679页。

可见冠服之谓以冠驭服，冠在冠服中的地位更重于服，是“礼之始也”。“剃发”之令，毁坏其发，使无发可冠，也等于毁坏冠法，冠丧失了其实际意义与存在价值。而冠作为首服，不仅本身是冠服制度的一部分，更具有“以冠统服”的代表意义，是中华服饰礼制之首要，毁坏了冠就等于毁掉了传统中华冠服的根本。“剃发”一事，不仅直接有害于“孝之始也”，也有害于“冠”——“礼之始也”。因而不仅“易服”是对华夏衣冠的变更，“剃发”也是对中华传统衣冠文化的毁坏。对于“剃发易服令”，虽然记载偶有偏重，以往学界也总是分开来讨论，但事实上此二者殊途同归，应都视为对传统衣冠服饰文化的毁坏与变更，当并为一体而讨论，且二者往往同出一令，同被反对，本不必分。“剃发、易服虽为不同之满洲本位法令，唯其性质相近，均属满人征服汉人之外在服饰象征，其欲行亦共退同进，故一般均连称并用。”①

清廷以“剃发易服令”为主确立了以满代汉、改易满服的服饰政策，希望以此彻底打压汉族服饰，使天下人民剃发编辫、变换满装，以维护清朝统治，这是毫无疑问的，但同时也流传有所谓“十从十不从”的妥协之说。此说被认为是当时清廷面对汉族的巨大压力采取的服饰妥协政策，使部分汉族人民可以保留传统服饰，这与当时清廷严厉打压汉族服饰的政策背景格格不入，也与当时毁易汉服的政策截然不同，因此显得十分奇特也极其重要。

（四）“十从十不从”考辨

在剃发易服之令刚施行的时候，便流传有所谓的“十从十不从”之说。通常被认为是明臣金之俊在降清之前向当时掌握清朝实际权力的多尔衮提出的条件，其内容包括：

> 男从女不从，生从死不从，阳从阴不从，官从隶不从，老从少不从，儒从而释道不从，娼从而优伶不从，仕宦从而婚姻

① 吴志铿：《清代前期剃发易服令的施行》，《台湾师范大学历史学报》第 23 期，第 170 页。

不从，国号从而官号不从，役税从而语言文字不从。

所谓“从”，便是指从满族之制，在服制上即表现为剃发易服，不从便是可依汉族旧俗、明朝旧制，在服制上表现为不用剃发编辫、改换满装。除了后两条涉及官制、役税，前八条皆是有关服饰之事，因此可以说这是一个在剃发易服背景下的缓和或妥协政策，是满汉民族矛盾尖锐情况下的一个折中。在当时大刀阔斧血雨腥风地推行剃发易服改换满装情况下，此令显得如此格格不入又格外重要。然而至于政策本身，却显得有些迷雾重重。虽然野史记载“十从十不从”为金之俊所提①，是清代统治者在剃发易服之令实施过程中对汉族的妥协政策，但清代《清实录》《清史稿》等正史、官史对此皆毫无记载，不提一字。反而据《清世祖实录》记载：

> 若有复为此事渎进章奏，欲将朕已定地方人民仍从明制不随本朝制度者，杀无赦。其衣帽装束许从容更易，悉从本朝制度，不得违异。②

清统治者明确表示不许复议剃发易服，直接表明再进章奏“杀无赦”，金之俊作为明遗臣是否敢提出“十从十不从”值得怀疑。其次，虽然衣帽许从容更易，但“悉遵本朝制度”表明无有例外，而“十从十不从”明显就是例外，因此条例本身也值得怀疑。所以关于金之俊提出“十从十不从”此说法的真实性，实有待考证。

关于“十从十不从”最早比较细致的记载，或是清末天嘏所著《满清外史》：

> 然闻其投降时，先遣人谓多尔衮曰：“我有十事，当与尔要。尔能悉从，则我降，不则有死而已。”多尔衮令召至，叩

① 野史中记载金之俊“十从十不从”条例最清晰者为清末天嘏著《满清外史》。详见下文。

② 《清世祖实录》卷十七，北京：中华书局1985年影印版，第151页。

其故。之俊曰："兹事于满洲则无损，于汉人则甚愿。尔如许之，将以不从者而饵其从，某度江南不难下矣。"多尔衮复愿闻其详。之俊乃提"十不从"之纲曰："男从女不从，生从死不从，阳从阴不从，官从隶不从，老从少不从，儒从而释道不从，娼从而优伶不从，仕官从而婚姻不从，国号从而官号不从，役税从而语言文字不从。"多尔衮皆允之，于是之俊降，旋得参机密。

在这里的金之俊显然成了一个深谋远虑地为汉族争取利益的明臣，以"江南不南下"为诱饵引多尔衮上钩，甚至出现了宁死不屈与多尔衮斗智斗勇的情节。虽然读来活灵活现，几如真事，但此乃清末民初所著书，名为外史，所记诸事，难以信服。翻检《贰臣列传·金之俊传》：

流贼李自成陷京师，之俊不能死，被考索。本朝顺治元年，大兵定京师，之俊降，仍原官。①

当时金之俊被李自成军所获，被考索②，至顺治元年(1644)即投降清廷，并无与多尔衮商议之事。所载金之俊疏谏是"下蠲租之诏于几甸"和"率众归诚者，宜赦罪勿论"诸事，至于"十从十不

① 《清史列传》卷七十九，北京：中华书局1987年版，第6529页。

② 考索事可参(清)计六奇：《明季北略》卷二十二，北京：中华书局1984年版，第608页。[美]魏斐德著《洪业——清朝开国史》，第299-300页也记载当时考索之事，"首领们取得了被叫做'无赖'的下等阶层的支持，来打击乡绅"，"把官僚、生员和富民囚禁起来，考掠赎银多大48万盎司"，"这种行为变得特别地残酷无情"，可见当时考索应当十分凶狠，金之俊自顾尚不暇，不可能遣人与多尔衮谈判事。第302页记金之俊和曹溶向多尔衮担保事，见《清史列传》的《贰臣传·金之俊传》和《贰臣传·曹溶传》，所载不过是拉拢明朝遗官和平定流贼山寇等事，并无一字提及"十从十不从"。《清史列传》，北京：中华书局1987年版。[美]魏斐德著，陈苏镇、薄小莹译：《洪业——清朝开国史》，北京：新星出版社2013年版，第299-300页。

从”，《金之俊传》没有提及一字。《金文通公集》对于“十从十不从”之事也没有记载，钱谦益等人所著之序对此也没有丝毫提及，按此事对于保有明代衣冠如此重要，若实有其事，这些明遗民所作之序不可能不赞扬歌颂一番。

也有认为“十从十不从”是由陈名夏提出的①。《贰臣传·陈名夏传》记载：

> 本朝顺治二年七月，名夏抵大名投诚，以保定巡抚王文奎疏荐，复原官。②

顺治二年(1645)六月正是江南平定，剃发易服之令如火如荼地斗争之时，江南已定，更无有此妥协之必要，且当时有令，不许更议服饰之事，因此“十从十不从”也基本不可能由陈名夏提出。但陈名夏最后确是由于议更服饰之事而死，也可以反映当时服饰法令的严酷。③

总的来说，虽然通常认为“十从十不从”是由金之俊提出的，但是无论是《清史稿》《清实录》，还是其他正史、法令都没有记载，金之俊文集等对此事也毫无提及。虽见于《满清外史》，但此书颇多谬误之处，难以令人信服。又考及当时对汉族服饰严苛的打压情况，金之俊提出“十从十不从”的可能性也比较小。因此关于提者，

① 徐君慧：《庄妃传：康熙祖母秘录》，南昌：江西人民出版社 1998 年版，第 201 页。孙世圃《中国服饰史教程》所述为“余之后”，称“接纳了明遗臣余之后的‘十不从’”，称作明遗臣，并制此重要政策，不管怎样也应是一个著名臣子，但遍查《清史列传》，并无此人，疑为“余之后”，与“金之俊”之误也。孙世圃：《中国服饰史教程》，北京：中国纺织出版社 1999 年版，第 175 页。

② 《清史列传》卷七十九，北京：中华书局 1987 年版，第 6613 页。

③ 《清史列传》载：十一年，大学士宁完我列款劾奏名夏曰：不意其蛊惑绅士，包藏祸心以倡乱。尝谓臣曰：“要天下太平，只依我两事。”臣问何事，名夏推帽，摩其首云：“留发、复衣冠，天下即太平”。臣思为治之要，惟在法度严明，则民心悦服。名夏必欲宽衣博带，其情叵测。《清史列传》卷七十九，北京：中华书局 1987 年版，第 6614 页。

难以得出一个确切无疑的结论，但恐再也不能直言是金之俊所提。

既然提者存疑，那么至于“十从十不从”本身，便有必要更为细致地探讨一番：

> 男从女不从：男子须按满清条例剃发编辫、改换满装，而女子照旧俗可不变。
>
> 生从死不从：在世时须从时例，死后入殓可衣汉服，安葬吊唁等也可依汉族旧俗。
>
> 阳从阴不从：盖是指阴宅不从，坟上祭礼及出殡制度等可依汉族旧俗。①
>
> 官从隶不从：仕宦须按满清条例依品制服，而隶卒则可以随旧俗。
>
> 老从少不从：长者老者须按满清条例，而儿童衣冠古服无禁。
>
> 儒从而释道不从：儒生须按满清条例，而僧人道士仍依旧制。
>
> 娼从而优伶不从：从娼者须按满清条例，而优伶戏子则可依汉明服装。
>
> 仕宦从而婚姻不从：出仕则依清廷服制，而婚姻时则可依照汉族旧习。
>
> 国号从而官号不从：更“明”为“清”，而明朝官号不变。
>
> 役税从而语言文字不从：役税依照清廷法令，而汉族语言文字不变。

不难看出，诸条例之间颇多不严密处。比如“男从女不从”与“官从隶不从”，在男从的前提下“官从隶不从”如何处理？“官从隶不从”也与清初“暂从明制”相抵触。且顺治九年(1652)四月在定官民服饰时说：

① 此条例解释尚不明确，参梁燕主编：《齐如山文集》，石家庄：河北教育出版社2010年版，第87页。

> 惟袈裟、道服不在禁限。官民下奴仆、优人、皂隶不许戴貂帽，不许穿各项绫缎及狼皮衣。①

可见对于奴仆等服饰是有明确限制的，应不会放任不从。又如老、少的界限，儒、释、道，优伶和娼如何划分？为何娼须从而优伶不从，娼为女性本有不从之说在此为何又从？身份的划分与界定是如此不清晰，“从”与“不从”似乎在界定不清的身份与时段之间变来变去，使得“十从十不从”看起来是如此的不严密，实在不似正规法令。退一步说，若真有此法令，其身份界定、划分如此不清，在实施时必然会遇到极大的麻烦，甚至于无法推行，这必然是当时极力打压汉族服饰的统治者所不允许的。

且在《清世祖实录》中还记载了这样一件事情：

> 获有未经剃发优人王玉、梁七子二人，供称身系戏子，欲扮女妆，以故未经剃发……前曾颁旨，不剃发者斩，何尝有许优人留发之令？严禁已久，此辈尚违制蓄发，殊为可恶。今刊示严谕，内外一切人等，如有托称优人，未经剃发者，着遵法速剃。颁示十日后，如有不剃发之人，在内送刑部审明正法。②

这明显与“娼从而优伶不从”条例相违背，若真有“十从十不从”条例，何以顺治帝会说“何尝有许优人留发之令”？可见“优伶不从”条例不属实，因此建构完整的“十从十不从”条例实令人难以信服。

但《满清外史》确实明明白白十分细致地罗列出“十从十不从”

① 《清世祖实录》卷六十四，北京：中华书局 1985 年影印版，第 504 页。

② 《清世祖实录》卷七十八，北京：中华书局 1985 年影印版，第 619 页。

条例，如此完整细致的"十从十不从"条例究竟是如何产生完善并得到人们的认可而广为流传的，有必要仔细地探讨一番。

徐珂在《清稗类钞·服饰类》提及：

> 国初，人民相传，有生降死不降，老降少不降，男降女不降，妓降优不降之说。故生必时服，死虽古服不禁；成童以上皆时服，而幼孩古服亦无禁；男子从时服，女子犹袭明服。盖自顺治以至宣统，皆然也。犹不解妓降优不降之说，及国初秀才、举人之犹服明服耳。①

此处提及的"生降死不降，老降少不降，男降女不降，妓降优不降"与"十从十不从"前几条高度吻合，应当就是另一种说法。其称国初便有此说，表明这确实可能是清兵入关初便流传的一种说法，但于"妓降优不降"仍费解，且"国初秀才、举人之犹服明服"的实际情况与"十从十不从"之"儒从"条例并不一致。可以看出，"十从十不从"中部分条例是与当时社会实际情况符合的，若其是完全的虚构之言，应当不会被广为流传，但是其事实性存在也是有相当的限制的，所谓的"从"与"不从"，应当不能绝对。

举"男从女不从"这一条例试作说明。当时流传甚广的亦有"男顺女不顺""男降女不降"和"我辈独女人不顺"等谚，表示虽然男子迫于形势，须剃发易服，而女子却不必，其服饰一直延续下来。1712年，出使北京的朝鲜使者崔德中注意到：

> 女人或着褶衣，穿黑唐衣，头饰花珠，且垂面黑纱，乘驴子而行者，间有之。女子则犹带明制矣。②

---

① （清）徐珂：《清稗类钞》，北京：中华书局1984年版，第6146页。

② ［朝］崔德中：《燕行录》，林基中编《燕行录选集》下册卷二，首尔：成均馆大学校大东文化研究院1962年版，第379页。转引自葛兆光：《大明衣冠今何在》，《史学月刊》2005年第10期。

乾隆年间，朝鲜官员俞彦述出使北京，也注意到当时的男女衣服异制：

> 男子则言语衣服，满汉元无分别，女子则尚服中华旧制，故当初彼中有‘男顺女不顺’之语。①

可见当时汉族女子服饰确实保留了下来，没有毁易。但这并不能证明“男从女不从”作为条例的真实性。叶梦珠在《阅世编》中说：

> 男子僭于外，法可以禁止。妇女僭于内，禁有所不及。②

当时女子多待在深闺大院之中，若禁改女子服饰，是很难做彻底的。“故移风易俗者，于此尤难”。且汉族女子服饰繁华靓丽远胜满族，很早便为满族贵族妇女所喜爱效仿，顺治时期宫廷贵妇穿着已经在很大程度上汉化。既然如此，女子易服之事便更无从谈起了，因此后来对于女子易服之令便不再提。

女子服饰便由于各种原因事实上保存了下来，并未被“剃发易服”之令所改变。因此虽然不知是否真有“十从十不从”之法令，但“男从女不从”这一条例无论如何考察，都可以说是符合当时社会情况的。反过来说，虽然当时的实际情况符合“男从女不从”这一说法，但并不能说是因为清政府施行“男从女不从”这一政策而使汉族女子服饰得到保存。

总的来说，从文献记载上看，目前没有发现任何有关“十从十不从”的官方正史记载，唯有的记载只是清末民初的野史小说，其

---

① ［朝］俞彦述：《燕京杂识》，林基中编：《燕行录全集》卷三十九，首尔：东国大学校韩国文学研究所 1992 年版，第 283 页。转引自葛兆光：《大明衣冠今何在》，《史学月刊》2005 年第 10 期。

② （清）叶梦珠：《阅世编》卷八，上海：上海古籍出版社 1981 年版，第 178 页。

所记提者为金之俊，考金之俊生平及著作知无此方面记载，应为虚说。就“十从十不从”本身来说，其诸条例之间颇有牴牾与不严密处，不似官方正规法令。但从事实上来观察，“十从十不从”部分条例几乎可以完全从实际情况中得到印证。无论是女子服饰还是僧、道服饰都得到了保存，即使顺治时期严令优伶戏子改制，但是观察后来的戏子，无不是汉服旧制，终归“不从”。但是此“不从”应是习俗传统对皇权政策的对抗，而不是由于“十不从”的法令而得到遗留。

作为清初著名服饰缓和政策的“十从十不从”应是虚构的，不是清初实有政策条例，也不是金之俊或陈名夏在投降之初向多尔衮提出的条件，而是汉族人民根据当时的一些谚语以及对实际情况的认识逐渐建构起来的。通过与现实情况的反复印证，人们逐渐加深了对那些谚语的认同，并因为其真实而广为流传，最终在《满清外史》那里完成了最终的建构。我们不能把“十从十不从”视作当时清朝对汉族服饰采取的妥协政策，更不能将此当做汉族传统服饰留存下来的原因，使习俗与传统得到保留的并不是这些虚构的条例，而应归功于汉族人民对华夏传统的厚重情感和对民族习俗的强大执著。

(五)“剃发易服令”的一再实施

入关之初的顺治元年(1644)五月，清廷便试着像入关前一样下达了“剃发之令”。此令一下，全国各地群情激慨，强烈反对，甚至一些地区直接揭竿而起。大臣们也公开提出：“请遵中夏礼仪”。随后清世祖迫于形势，赶紧下达谕旨：“自兹以后，天下臣民照旧束发”，对不愿剃发易服之人，采取不强迫的方法，平息当时的民族矛盾。为了尽快建立对汉人的统治，满族统治者并没有像入关以前一样，每占一地便要求剃发改装，而是“自兹以后，天下臣民照旧束发，悉听其便，欲俟天下大定，始行此制”。

及至顺治二年(1645)，平定江南之后全国之势况趋于稳定，多尔衮认为剃发易服时机已然成熟，于是再一次下达“剃发易服”令，全面实行剃发改装。顺治二年(1645)六月初五，给在江南前线的总指挥豫亲王多铎下达指令，要求在江南推行剃发令："各处文武军民，尽令剃发，倘有不从，以军法从事"。十五日指示礼部，通告全国军民剃发易服。

此次"剃发易服令"，对于剃发一事极为严格狠厉，虽然令上表示"其衣帽装束许从容更"，与"剃发"相比，似乎"易服"一事要温和一些。但这或许这只是囿于当时的实际状况，毕竟衣冠一事，不是人人都可拒改，并不是清统治者不想马上更改汉族衣冠，只是改换衣冠一事，较之剃头要麻烦许多，因此"许从容更"。但是清朝统治者的容忍度似乎极为有限，仅隔了二十多天，就以"见京城内外军民衣冠遵满式者甚少，仍着旧时巾帽者甚多"①为理由，正式下达易衣冠的法令，民人不遵行者，官员执行不力者，均要治罪。"剃发""衣服"同出一令，虽记载偶有偏重，但实际上是一并执行的。顺治二年(1645)，清朝江宁巡抚土国宝宣布：

> 剃发、改装是新朝第一严令，通行天下，法在必行者，不论绅士军民人等，留头不留发，留发不留头，南山可移，此令不可动。②

可见当时不管是"剃发"还是"易服"，都执行得非常严格。"间有乡愚不知法律，偶入城市，仍服其衣，蹩躄行道中，无不褫衣陵逼。赤身露归，即为厚幸。"

在武力的高度威慑下，天下百姓大多不得不剃发易服，以示归顺。于是江苏男子，无不箭衣小袖，深衣紧袜，非若明崇祯末之宽衣大袖，衣宽四尺，袖宽二尺，袜皆大统，鞋必浅而已。③

另一方面，"剃发易服"之令下达以后，各地人情汹汹，抗争群起。《发史》序载："腕可折，头可断，肉可脔，身可碎，白刃可

① 《清世祖实录》卷十九，北京：中华书局1985年影印版，第168页。

② 冯尔康：《清初的剃发与易衣冠——兼论民族关系史研究内容》，《史学集刊》1985年第2期，第34页。

③ (清)徐珂：《清稗类钞》，北京：中华书局1984年版，第6145页。

蹈，鼎镬可赴，而此星星之发，必不可剃！其意岂在一发哉？盖不忍中国之衣冠，沦于夷狄耳。”可见当时的剃发易服之令已不仅仅是一个更衣剃发的政策，已经上升到捍卫整个汉族传统，保卫儒家衣冠文化不被夷狄所废的斗争层面了。当时尚在中国的意大利传教士卫匡国说：

中国人为保护他们的头发和服装所表现出的悲愤和战斗勇气，甚于保护国家和皇帝，他们往往宁愿掉脑袋也不愿遵从鞑靼风俗。①

以抗清闻名的江阴民众表示：

虽经易代，尚不改易衣冠、文物之旧，岂意剃发一令，大拂人心，是以城乡老幼，誓死不从，坚持不二。②

于是清政府不得不恃杀立威，强制推行，从而引发“嘉定三屠”“江阴三屠”等流血事件。士人也是坚持汉族服饰、反对剃发易服的一股重要力量，山西保德人陈奇瑜“张黄盖，衣蟒玉，头顶进贤冠，发鬖鬖满顶，扬扬乘轿，竟诣州馆，与州守贺熊飞相谒”，被杀害。③ 另有安徽建德胡世昌“网巾大袖，口称大事已就，劝知县速为迎顺”，又被查出家藏“前朝帽、朝冠各壹顶、纱带壹围、圆领七件”，亦被“枭示正法”。其余遗臣儒老，遁入空门归隐山林以保留冠服旧俗之事，此不详述。更有权臣如陈名夏，亦因冠服一事遭逢大难。《清史列传》载：

---

① ［意］卫匡国著，戴寅译：《鞑靼战纪》，杜文凯编：《清代西人见闻录》，北京：中国人民大学出版社 1985 年版，第 31 页。

② （清）计六奇：《明季南略》卷九，北京：中华书局 1984 年版，第 197 页。

③ （清）不着撰人：《研堂见闻杂记》，孔昭明：《台湾文献史料丛刊》第 5 辑，台北：台湾大通书局 1987 年版，第 18 页。

> 十一年，大学士宁完我列款劾奏名夏曰：不意其蛊惑绅士，包藏祸心以倡乱。尝谓臣曰："要天下太平，只依我两事。"臣问何事，名夏推帽，摩其首云："留发、复衣冠，天下即太平。"臣思为治之要，惟在法度严明，则民心悦服。名夏必欲宽衣博带，其情叵测。①

陈名夏虽为明遗臣，但降清后官至太保，更兼尚书，权倾一时，前曾屡犯重罪，均被赦免，至此言"复衣冠"之事被戮，足见当时汉族服饰毁易政策的严厉。

然而依靠残酷的武力镇压政策并不能解决问题，由于历史传统的强大惯性，汉族人民囿于历史不可能马上抛弃祖服，接受满族服装，且易服之令并不像剃头那样直接涉及生死，所以易服的执行被有意无意地放缓了。顺治二年(1645)，满族"克定江南"，但"郡县长吏，犹循前朝之旧，仍服纱帽圆领，升堂视事，士子公服、便服，皆如旧式，惟营兵则变服满装"②。至三年丙戌春暮，大学士洪承畴刊示严禁之后，才凛凛奉法，至六、七年间，始颁命服之制，于是"命服始有定式，莫敢僭越"，但此时仍"旧服尚存，新不及制"，因此整体上服装依然很乱，且"不逾年而弛其禁"③。直到康熙九至十年间"复申明服饰之禁"，天下才"一时翕然敬畏，恪守凛遵"。④

---

① 《清史列传》卷七十九，《贰臣传乙》，北京：中华书局1987年版，第6614页。

② (清)叶梦珠：《阅世编》卷八，上海：上海古籍出版社1981年版，第175页。

③ (清)叶梦珠：《阅世编》卷八，上海：上海古籍出版社1981年版，第176页。

④ 据《研堂见闻杂记》记载：当时禁止民间穿戴汉装，也十分严厉，例如禁止戴明朝士儒的方巾，所以就没有敢戴平顶帽的，有人在私居佩戴方巾，如被人看见，惨祸就会马上降临。转引自黄能馥、陈娟娟：《中国服饰史》，上海：上海人民出版社2004年版，第523页。

服饰的改换由于不像剃发那样涉及政治立场①，也不像剃发一样"留发不留头"，因此显得较为散漫，经历了一个较为漫长的过程，直至康熙十年(1672)左右才天下皆服满装。至此，"四海之内，皆是胡服，百年陆沉，中华文物荡然无余，先王法服，今尽为戏子军玩笑之具，随意改易，皇明古制日远而日亡，将不得复见"②。"到了乾隆年间，满族王朝建立已百年，遗民那些象征了汉族传统的衣冠袍发和他们矢志反清的前朝心情，随着时光流逝已烟消云散。"③及至乾隆，基本已没有前朝遗民存在了，因此可以说矢志反清的前朝心情确已烟消云散了，但是象征汉族传统的衣冠袍发，是否可以称作"烟消云散"，仍旧不可轻言。

清朝既有坚定的摒弃汉制、改易满服的政策指向，又有强大的武力作为保障来施行这一政策，在几个世纪的逐渐演变中，以六冕礼制为代表的汉族服制似已荡然无存。但是以中华服饰文化影响之大、地域之博、历史之久、传统之强，是否真的会被一个外来民族完全地改变，是十分值得怀疑的，在皇权难抵之处，必有旧俗遗留。

二、满、汉全袭——从服饰出发看清初服饰政策的落实

历来对清初满、汉服饰政策的研究大多止步于对政策法令的梳理，对以"剃发易服令"为主的满、汉之争的考察，对于清初服饰

① 据《清实录》载："有虽称归顺而不剃发者，是有狐疑观望之意，宜核地方远近，定为限期，届期至京，酌量加恩，如过限不至，显属抗拒，定行问罪，发兵征剿。"《清世祖实录》卷五，北京：中华书局1985年影印版，第57页。

② 李岬：《燕行纪事》，《燕行录选集》下册，首尔：成均馆大学校大东文化研究院1962年版，第644页。转引自葛兆光：《大明衣冠今何在》，《史学月刊》2005年第10期。

③ 葛兆光：《大明衣冠今何在》，《史学月刊》2005年第10期，第43页。

政策的执行情况，对于满、汉之争期间及之后服饰状况的探讨则关注甚少。仅有的也类似于对“剃发易服令”结果之合理推测与想象，即认为在清初严苛的“剃发易服令”施行之后，传统汉族的服饰及礼制都遭受了毁灭性的破坏，荡然无存于世了。“与其他满洲本位法令相较，尽管剃发易服令在施行之初遭遇了严重的抗拒，但其施行却最为成功彻底。”①因而“明朝的衣冠之制，荡涤无存”②。阎步克亦在其书《服周之冕》中写到：“清朝顺治九年(1652年)，以《服色肩舆条例》终结了汉式冠冕。血腥的‘剃发易服’之余，华夏冠服就只能在戏台上和朝鲜一隅看到了。”③言间充斥着清代汉式衣冠不存、六冕之制不再的悲痛意味，以为存者，只是少数的戏服和朝鲜遗存的服饰了。

而据考察不难发现，故宫博物院所存诸多清朝各帝服饰，其间不乏以十二章为饰者，例如雍正“明黄色缎绣云龙银鼠皮龙袍”④，乾隆“蓝色缎绣彩云金龙夹朝袍”⑤等。在清初严厉的拒斥汉俗政策之后，最能代表中华传统服饰的十二章反而在清帝服饰上留存了下来。这表明清初的服饰政策并没有完全彻底地执行，清统治者也并不都像清初的“剃发易服令”所表现的那样对汉族传统服饰深恶痛绝、斥若敝屣。历任清统治者所表现出来的言行并不一致，因此清代一贯声称坚持不二的坚持满装、弃斥汉服的政策落实值得怀疑，对这种怀疑的考察不能只专注于文字政令表面，而必须深入到名物实际中去。

---

① 吴志铿：《清代前期剃发易服令的施行》，《台湾师范大学历史学报》第23期，第193页。

② 宗凤英：《清代宫廷服饰》，北京：紫禁城出版社2004年版，第11页。

③ 阎步克：《服周之冕——〈周礼〉六冕礼制的兴衰变异》，北京：中华书局2009年版，第461页。

④ 严勇、房文俊：《天朝衣冠：故宫博物院藏清代宫廷服饰精品展》，北京：紫禁城出版社2008年版，第52页。

⑤ 严勇、房文俊：《天朝衣冠：故宫博物院藏清代宫廷服饰精品展》，北京：紫禁城出版社2008年版，第25页。

本章便立足于对清朝服饰本身的具体考察，选取一朝服饰中最具政策代表性的皇帝冠服和官员补服，以期观察针对满族的坚持满俗、拒绝汉化服饰政策的演变和落实。其次对以“剃发易服令”为代表的满、汉服饰之争后的汉族服饰遗留做一个考察，以观察针对汉族严厉的以满代汉、改易满服政策实施之后的社会实际服饰情况。

(一)皇帝冠服——以朝服为着眼点

清代统治者及清代服饰政策的最直接反映应为皇帝自身的冠服，因此对清代服饰政策的观察首先便着眼于清代皇帝冠服①上。

清代皇帝之服可分为礼服、吉服、常服、行服、戎服、便服六大类，具体有衮服、朝服、龙袍、常服褂、常服袍、行褂、行裳、雨衣、雨裳、端罩等诸多式样。但其中唯有礼服之朝服、吉服之龙袍绣有十二章。

据《清史稿》记载：

> 朝服，色用明黄，惟祀天用蓝，朝日用红，夕月用月白。披领及袖皆石青，缘用片金，冬加海龙缘。绣文两肩，前、后正龙各一，腰帷行龙五，衽正龙一，襞积前、后团龙各九，裳正龙二、行龙四，披领行龙二，袖端正龙各一。列十二章，日、月、星、辰、山、龙、华、虫、黼黻在衣，宗彝、藻火，粉米在裳，间以五色云。② 下幅八宝平水。十一月朔至上元，

---

① 本章虽称“冠服”，但由于清代以“帽”易“冠”，其顶戴制度与华夏汉族“冠”可以说毫无关系，因此对于“冠服”的考察主要集中在“服”上。

② 关于“十二章”，详见阎步克《服周之冕——〈周礼〉六冕礼制的兴衰变异》，但至于清代“十二章”，并未作细致书写。又徐珂《清稗类钞》服饰类载：“列十二章，日月、星辰、山龙、华虫、黼黻在衣，宗彝、藻火、粉米在裳。”与《清史稿》所载一致，只有标点不同。皆误，据实物观察应为“日、月、星辰、山、龙、华虫，黼、黻在衣，宗彝、藻、火、粉米在裳”。阎步克：《服周之冕——〈周礼〉六冕礼制的兴衰变异》，北京：中华书局2009年版；(清)徐珂：《清稗类钞》，北京：中华书局1984年版。

> 披领及裳俱表以紫貂，袖端薰貂绣文两肩，前、后正龙各一，襞积行龙六。列十二章，俱在衣，间以五色云。
>
> 龙袍，色用明黄。领、袖俱石青，片金缘。绣文金龙九。列十二章，间以五色云。领前后正龙各一，左、右及交襟处行龙各一。下幅八宝立水，襟左右开，棉、袷、纱、裘，各惟其时。

虽然朝服和龙袍都饰有十二章，但以朝服所载更为细致，更具有代表性，因此对于皇帝冠服的考察便主要集中在朝服上。

“清代朝服的最早出现，是后金初期，努尔哈赤定为‘众家贝勒’穿用的一种官服。至于它的实际用途，当时规定并不明确。”① 朝服早在努尔哈赤时期便已出现，当时主要是“众家贝勒”穿的一种官服，至皇太极时进一步发展。《满文老档》载天聪六年(1632)皇太极之制：

> 自我以下八旗诸贝勒，凡在屯街行走，冬夏俱服朝衣②，不许服袍，出野外行走，方许服袍，……缎与蟒缎，视其所得服之。勿服黄缎及缝有五爪龙等服。③

朝服最开始并不为各贝勒所喜爱穿着，这是因为满族作为游牧民族，其最习惯穿的服饰是袍，而不是朝衣。在满族的衣着中，最有代表性的当推众所周知的旗袍。这种衣服是当时男女老少皆宜，春夏秋冬一年四季都离不开的，它可以做成单夹皮棉。当然，那时

① 王云英：《清代满族服饰》，沈阳：辽宁民族出版社1985年版，第119页。

② 朝衣、朝服、朝袍称呼不同，实为一物，均为上衣下裳之制。清朝袍服上衣下裳者唯此一处，其余皆为上下一体之袍服。王业宏称：《满文老档》中有很多“朝衣”的记录，写为“朝服”的情况非常少，“朝衣”与“朝服”所指相同。详见王业宏、赵丰：《清入关前朝服考》，《东华大学学报(哲学社会科学版)》2009年第4期，第253页。

③ (清)《满文老档》，北京：中华书局1990年版，第1350页。

并不叫“旗袍”。① 袍服之制上下一体、大襟右任，而朝衣之制，如《清史稿》所记为上衣下裳，清代服饰分为衣裳者似乎唯有朝衣，这与满洲服饰传统式样格格不入，满洲诸贝勒并不适应，因此皇太极才特意下令要求穿着。因而其服式来源也颇值得注意。

1. 朝服服式

首先来探究一下清代朝服的式样来源。满族服饰以上下一体、大襟右任、四面开衩的袍服为主是确凿无疑的，那么朝服独特的上衣下裳之式是如何形成的呢？

根据《满洲实录》中的插图可以看出，努尔哈赤所穿的有披领的团龙纹的朝服领口为典型的折线，纹样为前后各一团或前后两肩共四团的样式，马蹄袖、披肩领、领口造型等特征都与后世的朝服相同，所以可以推断朝服上部的形制特征在天聪时期已经形成。②《建州纪程图记》载努尔哈赤之穿着：

> 身穿五彩龙文天益，上长至膝，下长至足，皆裁剪貂皮，以为缘饰。③

“上长至膝，下长至足”应该就是上衣下裳之式。④ 可见朝服上衣下裳之制在努尔哈赤时期便已形成⑤，其式样究竟源于何

① 王云英：《清代满族服饰》，沈阳：辽宁民族出版社1985年版，第17页。

② 王业宏：《清代前期龙袍研究（1616—1766）》，东华大学2010年博士论文，第61页。

③ （清）《建州闻见录校释》，沈阳：辽宁大学历史系1978年版，第24页。

④ 王业宏：《清代前期龙袍研究（1616—1766）》，东华大学2010年博士论文，第61页。第61-62页有关于努尔哈赤所穿为朝服之详细论证，可参看。

⑤ 至于北京故宫博物院所藏“太宗文皇帝御用旧朝袍”，此朝袍为常见上下一体的袍服式样，而不是上衣下裳。据王云英、王业宏等考证是由于命名不当，实际上就是普通袍服而不是“朝袍”。王云英：《皇太极的常服袍》，《故宫博物院院刊》1983年第3期，第94页；王业宏、赵丰：《清入关前朝服考》，《东华大学学报（哲学社会科学版）》2009年第4期，第255-256页。

处呢？

上衣下裳不是满洲服饰的原有制式，其上衣下裳分列十二章的做法很容易使人联想到传统的六冕礼制，那么上衣下裳的衣服制式会不会也受到传统汉族服饰的影响呢？一说认为朝衣受元代服饰影响，“清代朝衣在款式上可以追溯到蒙古时期甚至更早，这种上下分体且裳有褶的形式与元代的辫线袄(袍)有一定关系”①。但是其实际上受明代服式的直接影响可能更大。早在入关之前，满族人就特别钟爱明朝的蟒缎和“蟒衣”(一种明朝制作的专门的赐服)，总是想方设法得到并修改穿用。② 清朝统治者在入关之前作为明朝的建州卫，长时间接受明朝赏赐，易于获得蟒衣，必然会受到明代蟒衣的巨大影响。男朝服上下分裁的款式上可以追溯到蒙元时期甚至更早，而直接的影响与明朝的关系更大。③ 满洲朝服上衣下裳的制式可能直接受到明代服饰的影响，而明代及整个汉族传统服饰都垂仿于《尚书大传》所载“黄帝始制冠冕、垂衣裳”④，因而不管其采用上衣下裳的动机如何，满族朝服之式样都可以说是“黄帝”之余韵了。

2. 朝服服色

《清史稿》所载另一使人感兴趣的便是“祀天用蓝，朝日用红，夕月用月白”，朝服因祭祀之不同而采用不同的服色，这并不是满洲原有的祭祀制度，反而与《周礼·春官·大宗伯》所载之六冕礼制有异曲同工之处。

《周礼》所载：

---

① 王业宏、赵丰：《清入关前朝服考》，《东华大学学报(哲学社会科学版)》2009年第4期，第256页。

② 王业宏：《清代前期龙袍研究(1616—1766)》，东华大学2010年博士论文，第15页。

③ 王业宏：《清代前期龙袍研究(1616—1766)》，东华大学2010年博士论文，第64页。

④ (清)陈寿祺：《尚书大传辑校》卷三，《清经解续编》第2册，上海：上海书店出版社1988年版，第417页。

王之吉服：祀昊天上帝，则服大裘而冕，祀五帝则如之。享先王，则衮冕。享先公，飨，射，则鷩冕。祀四望山川，则毳冕。祭社稷、五祀，则𫄨冕。祭群小祀，则玄冕。

虽然清朝无有冕服之制，但是其朝服随祭祀而变服色，或多或少也受到六冕礼制随祭祀而变冕制的影响。① 且其“色用明黄”，使诸贝勒“勿用黄缎”，对黄色的独尊似乎也是受汉族传统服饰文化“玄衣、黄裳”的影响。“据史籍披载，自隋文帝听朝之服，用柘黄文绫袍以来，唐、宋、元、明各代皇帝相继因袭，都以黄色为中央集权的象征，所以官、民人等，一概禁用。”②可见清朝对黄色的独尊并非首创，而是渊源于汉文化圈各王朝千年的历史服饰传统。

3. 朝服纹饰

清代皇帝朝服的纹饰，基本上可以分为两种。按《大清会典》规定：

一为：

色用明黄，惟圜丘、祈谷用蓝，披领及裳，俱表以紫貂，袖端薰貂。绣文，两肩前后正龙各一。襞积行龙六，前后列十二章，间以五色云。

二为：

色用明黄，惟朝日用红，披领及袖，俱石青片金加海龙缘。绣文，两肩前后正龙各一，腰围行龙五，衽正龙一。襞积前后团龙各九，裳正龙二，行龙四，披领行龙二，袖端正龙各一，前后列十二章，日、月、星辰、山、龙、华虫、黼、黻，在衣；宗彝、藻、火、粉米，在裳。间以五色云，下幅八宝平水。

① 中华传统服饰还有“孟春之月，天子衣青衣；孟夏之月，天子衣黄衣；孟秋之月，天子衣白衣；孟冬之月，天子衣黑衣”的规定，清代朝服之制亦与之类似。

② 王云英：《清代满族服饰》，沈阳：辽宁民族出版社1985年版，第76页。

据其记载，朝服的纹饰主要有两大类。一为龙纹，分为团龙、正龙、行龙；二为十二章，分为日、月、星辰、山、龙、华虫、黼、黻、宗彝、藻、火、粉米。从早期的绘画和康熙时期实物等资料，可以总结出清代早期的朝服纹饰主要有五种形式：暗花、柿蒂窠、四团形式、八团形式和无框架的满地云龙纹的形式，而明代龙袍或袍料的纹样根据《定陵》的报告主要有二团、四团、八团、十团、十二团、柿蒂窠等记载，其中十团龙袍摆的两团去掉即为八团形式，对照下来不难看出这种承袭的关系。① 可以看出，团龙等纹饰很大程度上都照搬了明代龙袍纹饰，这是因为当时满洲服饰织造技术相对落后，其服饰纹样不可避免地继承明朝。天聪六年皇太极之制中有“勿用五爪龙等服”之语，表明皇太极实际上已经承认了“五爪龙”等龙纹纹饰的独尊地位，而这种龙纹的纹样及地位都源于明制，说明皇太极已经默认了清朝朝服对于明朝服制的学习与模仿。

再来看一下“十二章”。虽然关于十二章的具体章数、章纹划分有不同的说法②，但是毫无疑问十二章是中华传统服饰的典型纹饰。

《周礼》郑玄注：

> 玄谓《书》曰：“予欲观古人之象，日、月、星辰、山、龙、华虫，作绘；宗彝、藻、火、粉米、黼、黻，希绣。”此古天子冕服十二章，舜欲观焉。

《大清会典》之朝服：

---

① 王业宏：《清代前期龙袍研究（1616—1766）》，东华大学2010年博士论文，第66页。引文原文《定陵》注为：定陵博物馆，北京文物工作队：《定陵》（上、下），北京：文物出版社1990年版。朝服纹饰亦可参看王业宏、赵丰：《清入关前朝服考》，《东华大学学报（哲学社会科学版）》2009年第4期。

② 阎步克：《服周之冕——〈周礼〉六冕礼制的兴衰变异》，北京：中华书局2009年版，第65-77页。

列十二章，日、月、星辰、山、龙、华虫、黼、黻，在衣；宗彝、藻、火、粉米，在裳。

“作绘”即是“在衣”，“希绣”便是“在裳”，清朝朝服之制除了黼、黻在衣不在裳外，与郑玄所述冕服礼制毫无区别，可以说基本采用了郑玄“十二章”之说。朝服纹饰中的十二章是满族承袭明代汉族服饰特色之一。① 众所周知满族统治者一贯坚持满洲传统服饰，拒绝改易汉服，此政策之严苛从“剃发易服令”中可见一斑。那么为何清朝朝服又采用了“十二章”呢？《清稗类钞》载：

高宗（即乾隆）在时，尝屡衣汉服，欲意易之。一日，冕旒袍服，召所亲近曰：“朕似汉人否？”一老臣独对曰：“皇上于汉诚似矣，而于满则非也。”乃止。②

文称乾隆“屡衣汉服”，这是符合事实的。其实不仅乾隆，《雍正行乐图》中雍正亦屡衣汉服，这表明雍正、乾隆时期对于汉服已不像清初那样排斥。但说乾隆“欲竟易之”仍值得怀疑。乾隆十七年（1752）在翔凤楼集合诸王及属下说：

“朕每敬读圣谟，不胜钦凛感慕……我朝满洲先正遗风，自当永远遵循，守而勿替。”③乾隆三十八年，又下谕“衣冠必不可轻言改易”。

可见乾隆依然坚持祖宗政策，不改衣冠之制。但又据《清史稿》记载：

① 宋晓燕：《清代宫廷服饰研究》，山东大学2008年硕士学位论文，第18页。

② （清）徐珂：《清稗类钞》，北京：中华书局1984年版，第6146页。

③ 《清高宗实录》卷四零一，北京：中华书局1985年影印版。

> 况揆其议改者，不过云衮冕备章，文物足观耳。殊不知润色章身，即取其文，亦何必仅沿其式？如本朝所定朝祀之服，山龙藻火，粲然具列，皆义本《礼》经，而又何通天绛纱之足云耶？①

可见虽然乾隆信誓旦旦地说“自当永远遵循，守而勿替”，但其实还是改了，乾隆突破了清朝拒不改易汉俗的政策，按照“即取其文，亦何必仅沿其式”的原则，采纳传统“十二章”入朝服。且乾隆改制，是依循《礼》经，而不是依循明朝“通天绛纱”之制。乾隆言语之间颇多对“义本《礼》经”的得意之色，可见乾隆时期对于“十二章”的采用，不只是单纯对于纹饰装饰性的取用，而是渊源于对于《礼》经的认同，这代表了清朝统治者对中华传统服饰礼制的进一步认可。

实际上，“十二章”并不是在乾隆时期突然采用，早在顺治时期，“十二章”在帝服上便有应用。北京故宫收藏的清早期的服饰中，顺治时期的两件“明黄色缎绣狐皮边男龙袍”上便绣有十二章纹饰，但还很不规范，并没有作为制度规定下来。在当时清朝声称坚持满俗、拒不改易汉俗的政策之下，顺治却有“十二章”之服，这表明清朝服饰政策可能并不如表面表现的那样严苛，因此至于乾隆之时便敢于公然突破早期皇太极所立政策，采纳“十二章”。

4. 小结

清代皇帝朝服早在入关前努尔哈赤时期形成时便仿自明式。后来其朝服服式、服色、纹饰更深受明朝服制和传统服饰礼制的影响，至乾隆时更进一步突破了清代皇太极确立的针对满族本身拒绝改易汉服、“不改汉人衣冠”的政策，采纳“十二章”作为朝服纹饰。

另一方面，对比明、清朝服，可以说除了满族特有之披领、马蹄袖等民族因素外，与明朝朝服并无二致。纵观清朝各帝朝服图像，其朝服之式亦是由简及繁，其满族传统特色愈来愈淡，反而愈

① （清）赵尔巽：《清史稿》卷一三零，北京：中华书局1976年版，第3034页。

来愈像汉族传统帝服。其实不仅是朝服，清朝的龙袍、衮服乃至整个清朝的服制架构都可以找到中华传统服饰礼制的影子。“尽管清代废除了衮冕制，但从清代皇帝端罩、衮服和朝袍的设置上，仍然能够看到中国古代冠服制度‘大裘而冕’‘披衮而象天’和‘天地玄黄，五方正色’传统礼制与文化精髓的延续。”①

（二）官服——官员补服

早在努尔哈赤的后金时期，清代的官服制度便已初步形成。后金政权在征战的过程中逐渐接收了大批的明朝官员，这些官员带去了明朝的官服制度，扰乱了满洲原有的礼治秩序。满洲原有的众家贝勒的披领朝衣制度无法维持，因此努尔哈赤需要进一步健全官服制度来维持统治。于是，天命六年（1621）七月，规定“贝子穿四爪蟒子之补服，督堂、总兵官、副将穿麒麟补服，参将、游击穿狮补服，备御、千总穿带彪之补服”②。这便是清代官服制度中补服制度③的雏形。

所谓补服，就是一种前后带有补子的衣服。有圆形、方形两种，在补子上或织或绣或缂丝固定的几种鸟、兽的纹样，作为官员的品级或文武职别的徽识。这种补服，明朝已有。《明会典》卷六十一记载：

> 公、侯、驸马、伯：麒麟、白泽。
>
> 文官：一品、二品：仙鹤、锦鸡；三品、四品：孔雀、云雁；五品：白鹇；六品、七品：鹭鸶、鸂鶒；八品、九品：黄鹂、鹌鹑、练鹊；风宪官用獬豸。

---

① 严勇、房文俊：《天朝衣冠：故宫博物院藏清代宫廷服饰精品展》，北京：紫禁城出版社2008年版，第19页。

② （清）《满文老档》太祖卷三，北京：中华书局1990年版，第217页。

③ 因“补服”之主要特点在于胸前、后一小块儿区分官员类型、阶别的“补子”，本章主要研究对象为“补子”，故本章之“补服制度”仅指官服之不同补子与不同阶别对应而形成的使用制度，顶戴、衣料、服色、束带、服饰等不包括在内。

> 武官：一品、二品：狮子；三品、四品：虎、豹；五品：熊罴；六品、七品：彪；八品、九品：犀牛、海马。①

天命六年(1621)补服制度的制定，直接仿效了明朝的官员补服制度。“努尔哈赤决定，要效仿明朝官员的补服之制，使后金官员也着补服，以辨等级。”②其实在努尔哈赤初定清朝官服的时候，不仅补服之制仿自明朝，连官服式样也与明朝相同。“清代官员的补服，定制很早，纯属袭明朝旧制。”③这些可以从当时的图册中得到印证。“清崇德初年，由内三院文臣绘画完成《太祖武皇帝实录战图》，以图文结合形式体现努尔哈赤开国历程，其中有多幅诸贝勒、大臣跟随汗王出征、集会的场面，这些贝勒、大臣的官服即出现前、后胸带有图案的补服，而衣服的样式尚为明制补服之式。”④可见在努尔哈赤时期，满族官员补服式样确实仿自明制。

总之，天命六年(1621)努尔哈赤首次制定了清朝的官服制度，此次定制，官阶分定与补服使用十分粗糙，基本上从补服补子到补服式样都仿自明制，且后来并没有得到很好的施行，满族官员服饰穿着依然十分随意。

及至入关初，睿亲王多尔衮出于实际需要，下令“姑依明式，速制本品官服”，完全依循明朝官服之制。至顺治二年(1645)，才定诸王贝勒顶戴制度。至顺治九年(1652)四月，“定诸王以下文、武官民舆马、服饰制”时，才进一步完善了清代官服制度。《清世祖实录》顺治九年(1652)四月载：

---

① 《大明会典》卷六十一·礼部十九，中国基本古籍库，明万历内府刻本，第4012页。

② 王云英：《清代满族服饰》，沈阳：辽宁民族出版社1985年版，第62页。

③ 王云英：《清代满族服饰》，沈阳：辽宁民族出版社1985年版，第132页。

④ 李理：《清代官制与服饰》，沈阳：辽宁民族出版社2008年版，第174页。

民公、侯、伯俱用麒麟补。在部院等衙门：一品官用仙鹤补，二品官锦鸡补。不在部院等衙门：一品、二品官用狮子补。在部院等衙门：三品官用孔雀补，四品官用云雁补。不在部院等衙门：三品官用虎补，四品官用豹补。在部院等衙门：五品官用白鹇补，六品官用鹭鸶补，七品官用鸂鶒补。不在部院等衙门：五品官用熊补，六品七品官用彪补。在部院等衙门：八品官用鹌鹑补，九品官用练雀补。不在部院等衙门：八品官用犀牛补，九品官用海马补。都察院、按察使司官不论品级俱穿獬豸补。①

除表达方式不同及清朝文官八品、九品除去黄鹂不用外，顺治九年(1652)所定补服制度与明朝别无二致，可以说完全承袭了明代补服制度。不仅采纳文、武一至九品官之补服图案，连中华传统礼制传承千年的监察用獬豸图也一并采用。纵观明、清补服之制可以发现，顺治九年(1652)所定补服制度，除官员阶级表达方式不同外，补子图案的类型、阶别划分直接照搬明代补服制度。《明史·舆服志》以补服来分别文武，文用禽鸟，武用猛兽。清承其制，都御史、副都御史、给事中、监察御史、按察使的补服绣獬豸，算是法官使用特殊服饰之做法的一个残余了。② 沈从文在《中国古代服饰研究》中论述“明贵族男女”时也说：“官服除花纹外，分别等级用方圆补子，胸、背各一。补子一般比清代的大些，约市尺一尺二寸到一尺五寸。”③可见清朝补服制度实际上袭自明制，只

① 《清世祖实录》卷六十四，北京：中华书局1985年影印版，第502页。原文有删节。《大清会典》《清史稿》所载补服制度与此大体相同，只是武官一品、二品分开，一品改用麒麟，其余依旧，故不再述。《大清会典》卷三十·礼部，《文渊阁四库全书》，第953页；(清)赵尔巽：《清史稿》，北京：中华书局1976年版，第3055页。

② 阎步克：《分等分类视角中的汉唐冠服体制变迁》，《史学月刊》2008年第2期，第39页。

③ 沈从文：《中国古代服饰研究》，上海：上海书店出版社2005年版，第567页。

是补子之尺寸与明朝不一致。“清代补子从形式到内容都是在直接承袭明朝官补的基础上修改而来，但尺寸比明代略有缩小。”①

这绝不只是单纯对于补子图案的采用，而是对于补子背后所代表的明代官制体系、传统礼制思想的一并沿袭。这体现了清初服饰政策导向与实际发展的不一致性。一方面，当时正值入关初期，“剃发易服令”如火如荼，清廷统治者仍对以满易汉、拒不从明的服饰政策坚称不二。另一方面，对于清代官员服饰，不仅多尔衮在入关之初下令“暂从明式”，观其后来之制，可以说是“仍从明式”了。可见当时清廷统治者于服饰一事，对外所表现出来的以满易汉、拒不改俗的政策，与实际上不断地学习汉族、吸收明制并不一致，清代服饰依然深受汉族传统服饰及礼制的影响。

（三）礼失而求诸野——“剃发易服令”之后的民间服饰遗存

从上文对于皇帝朝服和官员补服的分析我们可以看出，清初服饰的实际发展情况与清廷统治者声色俱厉表现出的拒斥汉化、坚持满服的政策并不一致。既然上层贵族官员服饰都遗留了大量的汉族、明制服饰元素，对于民间服饰也有必要做一个考察，观察以“剃发易服令”为代表的以满易汉政策实施后汉族服饰的遗留情况，以便对清初的民族服饰政策落实与社会实际服饰情况有一个更直观的认识。

“从明、清间画迹分析，居官有职的，虽补服翎顶，一切俱备，妇女野老和平民工农普通服装却和明代犹多类同处，并无显著区别。死后殉葬，更多沿用旧礼。即部分写影，也还沿袭明制。”②可见虽然当时官员顶戴之制施行得比较严格，但是至于下层百姓，依然服饰杂处，大抵沿袭明制。清初刻《康熙更耕织图》③所画耕

① 黄能馥、陈娟娟：《中国服饰史》，上海：上海人民出版社 2004 年版，第 540 页。

② 沈从文：《中国古代服饰研究》，上海：上海书店出版社 2005 年版，第 589 页。

③ 焦秉贞绘，朱圭刻：《耕织图》，藏故宫博物院。部分图可参沈从文：《中国古代服饰研究》，上海：上海书店出版社 2005 年版，第 585-588 页。

织男女，所服便仍近于明式。"衣着还近似江南明末农家装束，惟男子头上多露顶椎髻，用明式巾裹网巾和瓜皮帽的不多，但并无曳长辫的……男女衣服背间多齐领缀巾一方，晚明作劳动人民形象为常见标志。"①"露顶椎髻"便是"剃发"了，然而却并无"曳长辫"的，表明虽然当时人民被迫剃发，但是对于编辫一事，仍然不愿，甚至还有用明式裹网巾和瓜皮帽的，可见当时人民习穿仍为明服。

就妇女服饰而言，清初汉族女子服饰可以说是完全遗留，这是确凿无疑的。清初满、汉两族女子基本保持各自的服制，汉族女子的穿着还保留着明代的遗风，肥大的衣衫、低低的领圈、宽宽的长袖、束胸的兜肚，把女性的身体层层包裹，给人以溜肩、平胸、宽大、直筒般的外观感受。② 女子服饰也最能表现出清初满、汉服饰之争的尴尬境地：一方面，清统治者严令要求要坚持满装、不能改易汉服；另一方面不仅满族普通旗人改换汉服，连上层贵族乃至皇后、嫔妃亦改换明式衣冠汉式妆。并且屡禁不止，愈演愈烈。《陔馀丛考》载：康熙初，曾诏禁裹脚，康熙七年(1668)又罢此禁。便足以见，清统治者对此亦是力不从心、无能为力。众所周知，满族妇女所穿鞋式为花盆底鞋，史称"高底鞋"，这是满族根深蒂固的着鞋传统了，却在后来深受缠足之风的影响，一度出现"花盆底三寸金莲"③，可见当时汉族缠足之风在满族的盛行。前文便提及，在 1712 年朝鲜使者崔德中出使北京时便注意到：

> 女人或着褶衣，穿黑唐衣，头饰花珠，且垂面黑纱，乘驴子而行者，间有之。女子则犹带明制矣。

① 沈从文：《中国古代服饰研究》，上海：上海书店出版社 2005 年版，第 589 页。

② 王金华、周佳：《图说清代女子服饰》，合肥：黄山书社 2013 年版，第 5 页。

③ 花盆底三寸金莲，图可参见骆崇骐：《趣谈中华鞋史》，上海：东华大学出版社 2014 年版，第 89 页。

可见当时女子服饰确实保留了下来，前文论述“十从十不从”便已作说明，甚至后来，满族妇女反而深受汉族妇女服饰影响，遂有“大半旗装改汉装，宫袍截作短衣裳”。

至于戏子优伶，亦在经过一番斗争之后，保留了传统的汉族服饰。1712 年，朝鲜使者崔德中在返回朝鲜途中路经永平府，正好看见演戏：

> 色色改服，服皆明、宋朝服、军服，而像形《水浒传》与奇奇怪怪事。

可见虽然顺治下令，但是当时戏子仍然未有剃发易服。崔德中所记之事，并不是特例，“连满清宫廷、贵胄私第的演出，仍然是‘大明衣冠’，这使得戏曲领域‘漏网’，获得了‘易服色’的豁免权，在戏台上很奇特地保留了历史上汉族的传统服装”①。

还有便是僧服道袍。虽然此二类不算汉民族服饰，但是道服颇近儒服，勉强可以算作传统服饰。顺治九年(1652)四月在定官民服饰时说：“惟袈裟、道服不在禁限”。② 可见清统治者在制定服饰政策时，确实豁免了僧、道服饰。大概由于僧人道士乃方外之人，多居老寺深山，并不参与政治或世俗事务，且“和尚、老道斜领交裾的大袍子，已是千年‘一贯制’，毫无改变”③，僧服道袍都属于其特制之衣，所以也不存在由汉服变换满装的必要。因此对于僧道服饰便不作要求，明代那些遗民便多穿道服僧袍，以躲避易服，隐居深山者也多以老道自居。

总结说来，虽然清初的剃发易服之令严苛无情，各统治者也对汉族服饰一贯斥而远之，但是汉族的传统服饰依然在民间留存了下

① 葛兆光：《大明衣冠今何在》，《史学月刊》2005 年第 10 期，第 44 页。

② 《清世祖实录》卷六十四，北京：中华书局 1985 年影印版，第 502 页。

③ 张仲：《小脚与辫子》，北京：国际文化出版公司 1994 年版，第 125 页。

来，可见“剃发易服令”并不像统治者所表现的那样坚决而又彻底。所谓“礼失而求诸野”，尽管统治者实施了严苛的以满易汉、改换满装的服饰政策，但是汉族传统服饰依然在民间社会大量地留存了下来。

(四) 本章小结

虽然清初时期清朝统治者采取了极其坚决的摒弃汉族服饰、坚持满族传统的政策，但是当时满族之生产力与政治、文化的发展水平都不足以建立起一套完整的属于满族自己的服饰礼制，也无法设计出一整套服饰与服制相对应。“清入关前由于征战频繁，很难在短时期内设计出体系完备的服装纹样，所以为弥补典制不足，在创建服饰制度过程中，较多地采取向明朝服饰制度直接借鉴效仿的省事方法。”①无论是朝服还是补服，都具有大量的汉族服饰元素遗留，都是清朝服饰学习汉俗、继承明制的表现。无论是朝服的制式、服色、章饰，还是补服的纹饰和应用体制，都可以看到鲜明的汉族色彩，只是增添满族特有之披领、马蹄袖等民族特色，来表明自己坚持满装、拒绝汉服的服饰政策，乃至不被汉族所完全同化。反过来说，虽然满族服饰都具有披领、马蹄袖等满族特色，但是从衣服式样、纹样、服色和服饰礼制的架构上，都可以找到大量的汉族、明朝服饰元素遗留。

观察清代民间服饰亦不难发现，在“剃发易服令”之后，仍有大量的汉族传统服饰和明制衣冠留存了下来，这在女子服饰上表现得尤为明显。这表明，清初的服饰政策并没有得到真正彻底的执行，在清初以满代汉的服饰政策下，汉族服饰仍然大量地留存了下来，并没有“烟消云散”。足见脱去了民族情结和政治色彩的满、汉服饰之争，实际上并没有那么不可调和，对于服饰政策研究的根本还是必须落实到具体的服饰本身。

---

① 房宏俊、严勇、万钧：《对清代八团彩云金龙纹吉服的再认识》，《故宫博物院院刊》2007 年第 2 期，第 81 页。

三、余论

有清一代，入关之前便已确立了坚持满族传统、拒绝改易汉俗的服饰政策，后来满族服饰政策进一步深化，逐渐发展为以满代汉，提出“剃发易服令”，试图用满族服饰取代汉族服饰。历来对于清初服饰政策的考察，更多地关注“剃发易服令”，难以摆脱汉民族本位情结和对于儒家传统的过分痛惜，对于服饰政策的研究往往也不够客观，对于服饰政策后服饰的具体发展状况关注甚少。

本文首先对清初的服饰状况做了一番考察，发现清初服饰水平十分低下，服饰、服制都混乱不堪，但清统治者却要求坚持骑射、国语，穿衣打扮不离旧俗，这便是清初服饰政策的前身。其后对于清初服饰政策的产生、形成与实施做了一个梳理，认识到清初皇太极便完全确立了坚持满族旧制、拒绝改易汉俗的服饰政策，并要求“后世勿轻变祖制”。后来随着满族入主中原，坚持满制、拒绝汉化的服饰政策进一步深化，演变出以“剃发易服令”为代表的以满代汉的政策，试图用满装完全取代汉服，并因此严重激化了满、汉民族矛盾。对于历来认为由金之俊提出的缓和满、汉矛盾的“十从十不从”政策，进行考证发现应不属实，并非官方政策，应当为汉族人民出于对传统服饰的情怀对当时“男顺女不顺”等谚语的建构，但是“十从十不从”确实符合当时实际的服饰情况，这表明清初服饰政策并没有得到很好的施行。

因此对于清代服饰本身进行观察，选取上层服饰中具有代表性的皇帝冠服、官员补服进行考察，发现清代服饰诸多元素实际上源于汉族传统服饰，也多有对于明制的仿造袭用。这表明清初服饰政策与服饰实际建设是不一致的。从根本上说，满族的政治、经济、文化发展水平使其无法建立属于自己的，还能适用于整个国家的服饰体制，因此等级体制的架构不得不仍旧仿自汉俗明制。从实际上看，满族入主中原，急于建立起自己的服饰礼制，而满族本身的服饰生产水平十分低下，服饰的设计、生产等都不足以支撑整个服饰礼制的建构，因此不得不广泛地借鉴传统服饰。至于下层服饰的考察，则发现汉族服饰在民间仍有大量遗留。可见“剃发易服令”等以满代汉政策并没有那样严苛彻底，清初“以满易汉”之后传统服饰仍旧广泛地遗存。尤以女子服饰为代表，不仅大量遗留，且多有满族女子不依政策，改穿汉族女子服饰，甚至在后来影响满族女子服饰，其形制和纹样逐渐模仿汉制，使得“大半旗装改汉装，宫袍截作短衣裳”。实际上，千年以来的中华服饰传统与普天之下深受传统服饰观念影响的百姓，也不会完全被一道政令而完全地改变，传统服饰依然具有十分强大的生命力及历史惯性。

总的来说，清初服饰政策与其执行情况是不一致的，无论是针对满族本身的拒斥汉俗、坚持传统的政策，还是针对汉族以满代汉、改易满装的政策，都没有得到彻底的施行。

这是由于清初为了稳固统治，制定的服饰政策本身便忽视了当时的实际情况，原本没有完整服饰礼制建构的满族在进入中原地区之后，面对服饰建构的需要，不得不因袭汉族传统服饰及礼制。且满族最开始作为明朝之建州卫，必然深受中原王朝之影响，进而对中原的礼乐文明崇拜乃至模仿，从其爱穿明朝缎衣便可略观一二；满族也颇受儒家学说影响，纵观清朝诸帝，爱好儒学者不乏其人，因此其对于中华传统礼制也有一些景仰之心。因此在后来，乾隆宣称“义本礼经”，开始公开主动地因袭中华传统服饰礼制“十二章”，虽然其依然声称“祖宗旧制不可轻易改替”，但这实际上便是对清初拒斥汉俗政策的改替。

虽然清初采取了极其严厉的拒斥汉俗的政策，以狠厉的手段推行“剃发易服令”，激起极其尖锐的满、汉之争，以至于后世往往认为中华服饰礼制在清朝烟消云散，或者认为明、清之际是我国服饰史的一大断裂，更甚者认为满族对汉族的残酷统治是来自异族的殖民，这都是不恰当的，囿于清初的政策而没有考察实际。虽然从史书记载上看，清初采取了抵制汉族的严苛政策，但这是出于当时清统治者面对强大汉族传统的不自信，且其虽然声称拒斥汉俗，制定了相应的服饰政策，但由于满族深受中原地区及儒家文化影响，又迫于实际生产水平，所以在实际上突破了那些政策，仍然大量因循明朝旧制，承袭汉族传统。

总的来说，我们对服饰政策的研究不能囿于服饰政策本身，还必须从服饰出发，考察具体的服饰在政策前后的发展情况以与政策对比考量，这样才能对服饰政策的实际实施、服饰的发展状况做出更细致的把握。清朝作为最后一个封建王朝，其服饰之繁华绮丽无疑是传统的顶峰，且其聚集了明、清之际的服饰交融，满、汉族服饰的斗争乃至传统与近现代服饰的交杂，使得清朝服饰状况既十分繁复又十分重要，因此对于服饰史之梳理必须十分重视清朝。但由于时间较长、地域又广，材料太多太杂，政策与实际之间往往又会不一致，使得清朝的服饰研究十分困难，仍然寄希望于后世能够把对于服饰政策地梳理与实际情况考察结合起来，还原一个清晰而又真实具体的服饰历史。

参考文献

一、基本典籍

[1]《大明会典》卷六十一·礼部十九，中国基本古籍库，明万历内府刻本。
[2]《大清会典》卷三十·礼部，中国基本古籍库，《文渊阁四库全书》。
[3]（东汉）王充：《论衡》，上海：上海人民出版社 1974 年版。
[4]（汉）郑玄注、（唐）孔颖达正义：《礼记》，《十三经注疏》，北京：中华书局 1980 年版。
[5]天台野叟：《大清见闻录·史料遗闻》，郑州：中州古籍出版社 2003 年版。
[6]（清）赵尔巽：《清史稿》，北京：中华书局 1976 年版。
[7]（清）阿桂、于敏中等撰修：《钦定满洲源流考》，钦定四库全书本，上海：上海人民出版社 2007 年版。
[8]（清）不着撰人：《研堂见闻杂记》，孔昭明：《台湾文献史料丛刊》第 5 辑，台北：大通书局 1987 年版。
[9]（清）陈寿祺：《尚书大传辑校》，《清经解续编》第 2 册，上海：

上海书店出版社 1988 年版。
[10]《清高宗实录》，北京：中华书局 1985 年影印版。
[11]（清）计六奇：《明季北略》，北京：中华书局 1984 年版。
[12]（清）计六奇：《明季南略》，北京：中华书局 1984 年版。
[13]（清）《建州闻见录校释》，沈阳：辽宁大学历史系 1978 年版。
[14]（清）蒋良琪：《东华录》卷五，梁钦挥编《全州历史文化丛书》，南宁：广西人民出版社 2003 年版。
[15]（清）《满文老档》，北京：中华书局 1990 年版。
[16]（清）阮葵生：《茶余客话》，北京：中华书局 1959 年版。
[17]（清）史惇：《恸余杂记》，北京：中华书局 1959 年版。
[18]《清史列传》，北京：中华书局 1987 年版。
[19]《清世祖实录》，北京：中华书局 1985 年影印版。
[20]《清太宗实录》，北京：中华书局 1985 年影印版。
[21]《清太宗实录稿本》，沈阳：辽宁大学历史系 1978 年版。
[22]《清太祖实录》，北京：中华书局 1985 年影印版。
[23]（清）谈迁：《北游录》，北京：中华书局 1960 年版。
[24]（清）天嘏：《满清外史》。
[25]（清）徐珂：《清稗类钞》，北京：中华书局 1984 年版。
[26]（清）叶梦珠：《阅世编》卷八，上海：上海古籍出版社 1981 年版。
[27]（清）宇文懋昭撰，崔文印校证：《大金国志校证》卷三十九，北京：中华书局 1986 年版。

二、今人专著

[1]陈志华、朱华：《中国服饰史》，北京：中国纺织出版社 2008 年版。
[2]华梅、戢范：《服装艺术》，北京：人民出版社 2008 年版。
[3]黄能馥、陈娟娟：《中国服饰史》，上海：上海人民出版社 2004 年版。
[4]李理：《清代官制与服饰》，沈阳：辽宁民族出版社 2008 年版。
[5]梁燕主编：《齐如山文集》，石家庄：河北教育出版社 2010

年版。
[6]骆崇骐：《趣谈中华鞋史》，上海：东华大学出版社 2014 年版。
[7]孟森：《明清史讲义》，北京：商务印书馆 2011 年版。
[8]沈从文：《中国古代服饰研究》，上海：上海书店出版社 2005 年版。
[9]孙世圃：《中国服饰史教程》，北京：中国纺织出版社 1999 年版。
[10]王金华、周佳：《图说清代女子服饰》，合肥：黄山书社 2013 年版。
[11]王平、李志芳：《中国历史概论》，太原：北岳文艺出版社 2009 年版。
[12]王云英：《清代满族服饰》，沈阳：辽宁民族出版社 1985 年版。
[13]萧一山：《清代史》，沈阳：辽宁教育出版社 1997 年版。
[14]徐海荣：《中国服饰大典》，北京：华夏出版社 2000 年版。
[15]徐海燕：《满族服饰》，《清文化丛书》，沈阳：沈阳出版社 2004 年版。
[16]徐君慧：《庄妃传：康熙祖母秘录》，南昌：江西人民出版社 1998 年版。
[17]阎步克：《服周之冕——〈周礼〉六冕礼制的兴衰变异》，北京：中华书局 2009 年版。
[18]严勇、房文俊：《天朝衣冠：故宫博物院藏清代宫廷服饰精品展》，北京：紫禁城出版社 2008 年版。
[19]张仲：《小脚与辫子》，北京：国际文化出版公司 1994 年版。
[20]周锡保：《中国古代服饰史》，北京：中国戏剧出版社 1984 年版。
[21]宗凤英：《清代宫廷服饰》，北京：紫禁城出版社 2004 年版。
[22][美]魏斐德著，陈苏镇、薄小莹译：《洪业——清朝开国史》，北京：新星出版社 2013 年版。
[23][意]卫匡国著，戴寅译：《鞑靼战纪》，杜文凯编：《清代西人见闻录》，北京：中国人民大学出版社 1985 年版。

三、研究论文

[1]房宏俊、严勇、万钧：《对清代八团彩云金龙纹吉服的再认识》，《故宫博物院院刊》2007年第2期。
[2]冯尔康：《清初的剃发与易衣冠——兼论民族关系史研究内容》，《史学集刊》1985年第2期。
[3]葛兆光：《大明衣冠今何在》，《史学月刊》2005年第10期。
[4]孔定芳：《清廷剃发易服与明遗民的抗争》，《历史学研究》2013年第5期。
[5]王业宏：《清入关前朝服考》，《东华大学学报(哲学社会科学版)》2009年第4期。
[6]王云英：《皇太极的常服袍》，《故宫博物院院刊》1983年第3期。
[7]吴志铿：《清代前期剃发易服令的施行》，《台湾师范大学历史学报》第23期。
[8]阎步克：《分等分类视角中的汉唐冠服体制变迁》，《史学月刊》2008年第2期。
[9]宋晓燕：《清代宫廷服饰研究》，山东大学2008年硕士学位论文。
[10]王业宏：《清代前期龙袍研究(1616—1766)》，东华大学2010年博士论文。

阮元《十三经注疏·毛诗注疏校勘记》的学术史考察

2013级　钟毅

摘　要：清代实学风气兴盛，传统注疏之学重新受到重视，学界逐渐认识到，经学文献传刻衍生的历史中，曾经发生过注、疏合刻的现象，只有各得其底本，才能还原经书的本来面目。阮元开十三经局，召集学人作《十三经注疏校勘记》，重刊《十三经注疏》，在总目录与单书扉页中，毛诗分别以"正义""注疏"为书题，书题题名的矛盾引申出，从四库馆臣到阮元幕下学人群体，经学注疏被"发现"、认识与厘清这个话题。《毛诗注疏校勘记》由顾广圻完成初校，段玉裁、阮元等人都曾参与审定。顾广圻辨明经、传、笺、疏各自体例，分析出孔颖达、陆德明所据不同底本，定其是非以用之校勘的考据思路，实际上是阮元幕下学人群体所共同的治经理念。顾广圻、段玉裁二人面对校勘分歧，在同一考据视野的话语下进行商榷，既没有在校勘理念上对立，也没有对共同的考据思路加以批判与反思，所争的无非是谁的考据方法更为精密，结论更为妥当。二人交恶后，却动辄在校勘理论上有意识地将对方置于自己对立面。分析顾、段二人校勘毛诗的工作，可以为认识顾、段之争提供一个新思路。

关键词：清代经学；十三经注疏校勘记；毛诗注疏校勘记；顾、段之争

引　论

有清一代学术中，经学复兴，对经学文献的重新整理、认识是

其一大特色。清初，顾炎武鉴于前代校书之陋习所导致古籍严重错讹的现象，倡“有右文之主出焉，其复此非难也，而书之已为劣生刊改者，不可得而正矣。是故信而好古，则旧本不可无存；多闻阙疑，则群书亦当并订，此非后之君子之责，而谁任哉”①。指出了清代学者进行经学研究的方向与使命，于是，校勘作为探得古籍堂奥的一大治学门径而彰显②。乾嘉以降，校书名家辈出，风气斐然，以校勘名世的著名学者顾广圻甚至有“有书不知校雠，与无书等”③之论。在返回原典与文献整理的学术风潮下，对经学文献的版本溯源、审定显得势在必行。

中国经学文献的流传与衍生，涉及经学史、文献学史研究，是一个复杂而广阔的话题。从儒家经典的形成、经典化开始，由于抄本文献的多样性，无论是汉武帝立五经博士，将经典列于学官，师读授受定于一是，抑或唐太宗“以经籍去圣久远，文字多讹谬”④，钦定定本以求解决经书南北传本不同的问题，都对经典文本的统一性有过需求。但这一要求即使到了知识相对固定的刻本时代，经典也在刻板的交替更迭中不断地以新面貌呈现。由此形成了漫长而特殊的知识传承过程，漫长是因为这一过程绵延两千年，贯穿中国历史，特殊则是由于这一经学知识传统自成“经—注—疏”的垂直体系，能够封闭而稳定地传递。有论者观察到，“两宋以来，经学文献在流传和刊行过程中，为满足民间广大受众的多元需求，不断地

① （清）顾炎武著，黄汝成集释：《日知录集释》，上海：上海古籍出版社2006年版，第1032页。

② 皮锡瑞说：“国朝经师有功于后学者，有三事：一曰辑佚书，一曰精校勘，一曰通小学。”见皮锡瑞：《经学历史》，北京：中华书局2012年版，第241页。梁启超也指出：“清儒之有功古学者，更一端焉，则校勘也。古书传习愈稀者，其传抄踵刻，讹谬愈甚，驯至不可读，而其书以废，清儒则博征善本以校雠之，校勘遂成一专门学。”见梁启超：《清代学术概论》，上海：上海古籍出版社1998年版，第59页。

③ （清）顾广圻：《顾千里集》，北京：中华书局2007年版，第354页。

④ （后晋）刘昫等撰：《儒学上》序，《旧唐书》卷一八九，北京：中华书局1975年版，第4941页。

衍生出新的不同类型、不同级次的文献，并表现通俗化的倾向"①，乔秀岩在《〈毛诗正义〉的历程》一文中也指出，所谓十行本，就是民间为盈利出版的通俗经书读本，应当放在"纂图互注""重言重意"本的发展潮流中去理解②。经、注、疏与《经典释文》的合刻以及与《十三经注疏》的汇刻，即是经学文献在面向普通读者通俗化进程中的产物。乾嘉时期，学者因日本文献《七经孟子考文》传入，而对经学文献演变的这一历史过程有了新的观察材料，卢文弨、钱大昕、段玉裁、顾广圻等人，皆明确提出了对注、疏原本分别单行的认识，成为当时学界的一大发现。对经典进行重新校勘整理的愿望随着对现存版本的不满意不断发酵，加之客观条件的成熟，乾嘉时代最具代表性的经学考据著作——阮元领衔的《十三经注疏校勘记》在这一环境中问世。

《十三经注疏校勘记》作于阮元巡抚浙江期间，始于嘉庆六年(1801)，终于嘉庆十一年(1806)，历时六年，召集当时众多校勘名家而成，为重刻《十三经注疏》的前期准备工作，影响巨大，阮元本人认为此书做到了"异同毕录，得失兼明"③，皮锡瑞赞其"为经学之渊海"④，日本学者加藤虎对此更是推崇备至，他说："清儒校勘之书颇多，然其惠后学，无若阮元《十三经校勘记》。凡志儒学者，无不藏《十三经》，读注疏者，必看校勘记，是学者不可一日无之书也。"⑤

以往学界对《十三经注疏校勘记》与《毛诗注疏校勘记》所做探

① 顾永新：《经学文献的衍生和通俗化——以近古时代的传刻为中心》，北京：北京大学出版社2014年版，第798页。

② 乔秀岩：《北京读经说记》，台北：万卷楼图书股份有限公司2013年版，第222页。

③ (清)阮元：《恭进十三经注疏校勘记折子》，《揅经室集》，北京：中华书局1993年版，第590页。

④ 皮锡瑞：《经学历史》，北京：中华书局2012年版，第241页。

⑤ 乔衍管：《跋宋监本周易正义——兼论阮元十三经校勘记》，乔衍管：《古籍整理自选集》，台北：文史哲出版社1999年版，第16页。

讨，关注点主要在三个方面：

一、有关《校勘记》的外部环境、编纂始末等相关问题。汪绍楹所撰《阮氏重刻宋本十三经注疏考》一文，是最早讨论阮刻《十三经注疏》的论文，将阮元修校记的缘起、经过，校勘时“十三经局”发生的争议都进行了论说，较为详尽地介绍了《十三经注疏》的外缘情况①。唐光荣在《阮元、段玉裁与〈十三经注疏校勘记〉》一文中，讨论了阮元本人在《校勘记》中的手笔与段玉裁参与《校勘记》编撰的实际情况，通过对比阮元涉及校勘的文章与《校勘记》，认为《十三经注疏校勘记》中由阮元亲笔撰写的内容少，而阮元其他著作中的校勘成果也不一定会被《校勘记》吸收，另外则根据段玉裁的文集与《校勘记》中的一些按语，认为段玉裁并未自始至终主持校勘工作②。钱宗武、陈树对比研究了嘉庆十三年(1808)文选楼单刻本和嘉庆二十一年(1816)南昌府学合刻本两个不同系统的《十三经注疏校勘记》，对比校记，两种刻本各有异同优劣，但总体而言，文选楼本较南昌府学本全面、完整，南昌府学本有删减不当的弊端，另一方面，南昌府学本对校记的增补也可视为一家之言，有一定的参考价值③；李慧玲《试论阮元〈十三经注疏校勘记〉得以问世的客观条件》一文从清代的考证风气、江浙地区成为人文渊薮与阮元身居高位能够号召众人三个方面，对《十三经注疏校勘记》的客观条件进行了讨论。④

二、在经书传刻版本源流，《校勘记》选择在底本的校勘得失上做文章。除了上文所引汪绍楹的文章中有专节讨论各经书宋、

---

① 汪绍楹：《阮氏重刻宋本十三经注疏考》，《文史》1963 年第三辑，第 25-32 页。

② 唐光荣：《阮元、段玉裁与〈十三经注疏校勘记〉》，《达县师范高等专科学校学报(社会科学版)》2004 年第 3 期，第 24-26 页。

③ 钱宗武、陈树：《论阮元〈十三经注疏校勘记〉两个版本系统》，《扬州大学学报(人文社会科学版)》2007 年第 1 期，第 24-28 页。

④ 李慧玲：《试论阮元〈十三经注疏校勘记〉得以问世的客观条件》，《东南学术》2013 年第 1 期，第 209-215 页。

金、元、明各刊本的版刻源流①，屈万里有《十三经注疏刻板述略》一文，对《十三经注疏》的起源、历代版本的传刻，有深入的考察和评述，文末还评议了阮刻本的优劣之处，认为阮刻本是历代刻本中最好的，至于缺点，则是阮元难睹单疏本、八行本原刻与传抄旧本等文献②。李慧玲在其博士学位论文中，以《毛诗注疏(附校勘记)》为研究对象，主要讨论了阮刻本选用底本与各参校本的校勘价值，另外还对校勘过程与校勘得失做了说明，提出了阮刻《毛诗注疏》对经学有大功劳但并非善本的观点，指出其底本选择不当、最佳通校本未能使用、误校和失校的情况比较多等问题③，笔者认为这一研究是上海古籍出版社新作标点本《毛诗注疏》的前奏。

三、关注校记的书写体例，校勘方法的运用。唐光荣在《〈十三经注疏〉中的两类校勘记》一文中，以《校勘记》中补校的现象为研究对象，以此来对校记的撰写过程进行再思考，他分别总结分析了校记中带圈(“○”)的案语和南昌府学本带“补”字的按语两种补校形式。在此基础上，他提出校记中圈(“○”)前后案语不是在一道工序中完成，作者当另有其人；另外，凡是以“补”字开头的补校内容，则都是南昌府学本所多出来的，当为卢宣旬等人作《十三经注疏》时所补入④。他在硕士学位论文中进一步研究了校记中带圈(“○”)这一形式补校的作者问题，分别归纳了圈(“○”)前后案语的17种关系，并以此来考察阮元、段玉裁作为当中作者的可能性，最后得出结论，“○”后案可能出自包括阮元、段玉裁等多位整理者之手，无唯一作者⑤。陈浚宽在硕士学位论文中，比较全面

① 汪绍楹：《阮氏重刻宋本十三经注疏考》，《文史》1963年第三辑，第37-53页。

② 屈万里：《书佣论学集》，台北：开明书店1980年版，第216-236页。

③ 李慧玲：《阮元〈毛诗注疏(附校勘记)〉研究》，华东师范大学2008年博士学位论文。

④ 唐光荣：《〈十三经注疏〉中的两类校勘记》，《古籍整理学刊》2004第3期，第48-52页。

⑤ 唐光荣：《〈十三经注疏校勘记〉圈(“○”)后案语作者问题考论》，西南师范大学2001年硕士学位论文。

地列举了校勘实例，以传统的四校法进行归类①，评价了《毛诗注疏校勘记》的校勘方法与价值，以此作为研究扬州学派学术特色的一个实例，并提出不应该忽视《校勘记》训诂学价值的理念②。

除了上述的三个研究视角，自《校勘记》出现至今，还有不少对其进行校勘纠误的校勘札记，因不在本文话题范围之内，在此也不再做评述。总体而言，学界的关注充分发掘了《十三经注疏校勘记》中所承载的包括勘正错漏的校勘学意义，以及保全各本异文的版本学意义。

有意思的是，阮元为辑《校勘记》，设十三经局，请段玉裁总成其事，段玉裁向阮元推荐了顾广圻，并给予了顾氏相当高的评价："苏州有博而且精之顾广圻。……其人尚未进学，而学在在东之上，校书最好。"③然而，两人很快便因对注疏合刻起于何时的问题有了争议，闹得不欢而散，以至酿成大波，④ 为之后清代学术史上著名的"顾段之争"留下了伏笔。通过这个例子我们可以看到，由学术赞助人所组织的群体学术研究形式，一方面为学人提供了交流学术及相互影响的机会，但由于学者们学术观点上的分歧及个性方面的差异，又会经常发生争论甚至因此反目⑤。《十三经注疏校勘记》由十三经局的学人共成其事，彼此在学术观点上或有出入，但也正因为其成于众手，分析校记书写中对这些学术论争的处理，可以借此探讨阮元幕下学人群体的治经方法与在经学问题分歧处认

① 文中作者用了陈垣先生归纳的对校、本校、他校、理校四法作为前提，见陈垣：《校勘学释例》，上海：上海书店出版社 1997 年版，第 118 页-122 页。

② 陈浚宽：《阮元〈毛诗注疏校勘记〉探析》，台湾东海大学 2011 年硕士学位论文。

③ 刘盼遂辑：《与刘端临第十一书》，《经韵楼文集补编》，《经韵楼集》，南京：凤凰出版社 2010 年版，第 37 页。

④ 汪绍楹：《阮氏重刻宋本十三经注疏考》，《文史》1963 年第三辑，第 28-30 页。

⑤ 尚小明：《学人游幕与清代学术》，北京大学 1997 年博士学位论文，第 182 页。

识上的差异。本文拟从以下几个话题来对此进行描述：一，在实学风气影响下，注疏之学在清代重新受到重视，而江南地区的藏书底蕴则为考文活动提供了客观的文献支持，有了这一层背景，从四库馆臣到阮元学术群，注疏合刻历史被讨论，成为《十三经注疏校勘记》创作的重要认识前提；二，从顾广圻作《毛诗注疏校勘记》的考据思路来理解阮元学幕①的考据视野和治经理念；三，从《毛诗注疏校勘记》中段玉裁与顾千里的分歧处讨论二人的校勘实践，认为顾、段之间在同一考据视野下进行叙事，今天校勘学史上讲顾、段二人校勘理念的对立，是受他们在交恶后自己塑造建构的这一景象影响的结果。《十三经注疏校勘记》不单是一份因重新校勘经典而形成的异文记录，校记中一篇篇专门的考据文章，能够为我们展现一个鲜活动态的清代经学史研究视野，这也是笔者想于本文所着力讨论的。

一、从《毛诗注疏》书题看清人对经书刊本的认识

嘉庆二十年(1815)南昌府学刻本《十三经注疏》中，阮元在《重刻宋板注疏总目录》一文的起首题各书书名，其中有唐代孔颖达作过正义的五经，以“正义”为书题，分别为《周易正义》《尚书正义》《毛诗正义》《礼记正义》与《春秋左传正义》，其他各经只题“注疏”。但分别看各经扉页所题书名，却又与所谓总目录有所出入，以毛诗为例，扉页处题作：

> 重刊宋本毛诗
> 注疏附挍勘记
> 嘉庆二十年江西南昌府学开雕②

---

① 阮元学幕的概念借用于尚小明对清代学人幕府的研究，其中有对阮元幕府的讨论。见尚小明：《学人游幕与清代学术》，北京大学 1997 年博士学位论文，第 126-138 页。

② (清)阮元：《十三经注疏》，北京：中华书局 2009 年版，第 549 页。

其书名为《毛诗注疏》，其他有孔颖达正义的四经，扉页书题同毛诗的情况一样，皆以"注疏"为书题。为何同在阮刻本中，总目录与扉页书题却有所差别？"正义""注疏"两名哪一个更为合适，更符合经书刊行的传统？这个细节其实映射出，在清代注疏之学复兴的背景下，对于经书传刻衍生的问题，从四库馆臣到阮元幕下学人群，经历了一个认识逐渐深入的历史过程。下面从三个方面来谈注疏之学被再"发现"、再认识的这一话题。

（一）实学风气建立与古注疏地位升格

后唐长兴三年(932)，国子监第一次版刻十二种经典，到清代乾隆年间已愈八百多年，从经典注疏进入刻板导致抄本渐渐失传，到后来刻板本身也在不断地更迭流变，曾经流行过的早期文本形式慢慢淹没于历史的兴衰中。在越刊八行本合刻注、疏以后，又出现了经、注、疏、《经典释文》合刻的十行本，乔秀岩就以毛诗为例，指出所谓十行本注疏，本质上与"纂图互注""重言重意"等版本属于同一类产品，都是民间盈利机构为了满足学人快速阅读、了解经典注疏的需求而出版的通俗经书读本①。十行本的这一通俗化的性质，无疑使得其形式能够在历史的流传当中大行其道，明清以后，学界渐以注疏合刻为经书常态，此后的各个刻本辗转相承、讹误相袭，学界对早期注、疏、《经典释文》分别单行的历史事实也难以认识了。元明以后，宋元人新注的"四书五经"新经典系统全面代替了汉唐人古注的地位，进一步加剧了后人对于古代经典注疏面貌的茫昧。以《诗经》为例，朱子《诗集传》成为了世所推崇的经典权威注本，毛诗则沦落到鲜有人问津的地步。直到清代，《诗集传》仍然作为科举考试的指定教材，段玉裁就曾感叹：

> 夫人而曰治毛诗，而所治者乃朱子《集传》，则非毛诗也，

---

① 乔秀岩：《北京读经说记》，台北：万卷楼图书股份有限公司 2013 年版，第 222-224 页。

是以订毛传也。①

当时竟有人以为《诗集传》就是毛诗，古注疏之学的凋敝，也由此可以推知。

清初，顾亭林提出“读九经自考文始，考文自知音始”②，学界以稽古右文为风潮，古学复兴，考文与知音成为经学研究中重要的两个面向。四库馆臣撰写《四库全书总目》时，对于经典注疏的认识立场已经有了明显的转变，在第十二条凡例中说：

故说经主于明义理，然不得其文字之训诂，则义理何自而推？论史主于示褒贬，然不得其事迹之本末，则褒贬何据而定？……今所录者，率以考证精核，论辩明确为主，庶几可谢彼虚谈，敦兹实学。③

说经的目的还是明其义理，但义理却必须到文字训诂当中求得，学问的基本原则是“谢彼虚谈，敦兹实学”。什么是“实学”呢？阮元在《重刻宋板注疏总目录》一文中说：“窃谓士人读书当从经学始，经学当从注疏始，空疏之士、高明之徒，读注疏不终卷而思卧者，是不能潜心研索，终身不知有圣贤诸儒经传之学矣。”④可见，实学即是要回到经典的古注疏中去，重视文献基础，无征不信。分别对比总目提要对《毛诗正义》《诗集传》与《诗经汇纂》的评价后，四库馆臣的态度就明显表现出来。其评价《毛诗正义》：

我国经学昌明，一洗前明固陋。乾隆八年，皇上特命校刊

① （清）段玉裁：《毛诗故训传定本小笺题辞》，《经韵楼集》，南京：凤凰出版社2010年版，第5页。

② （清）顾炎武：《答李子德书》，《亭林诗文集》，上海：上海古籍出版社2012年版，第127页。

③ （清）永瑢等：《四库全书总目》卷首，北京：中华书局1965年版，第18页。

④ （清）阮元：《十三经注疏》，北京：中华书局2009年版，第1-2页。

> 《十三经注疏》，颁布学宫，鼓箧之儒，皆骎骎乎研求古学。今特录其书，与小序同冠诗类之首，以昭六义渊源，其来有自，孔门师授，端绪炳然，终不能以他说掩也。①

不仅以一种高度赞扬的口吻评价《毛诗正义》，而且对于清朝学者能够进入古学的研究不无自得之意。对《诗集传》的评论，反而少不了不满之辞。在对《诗经汇纂》的评论中说：

> 钦定《诗经汇纂》虽以《集传》居先，而序说亦皆附录，允为持千古之平矣。②

撰者对《诗经汇纂》以《诗集传》为基础感到颇不以为然，但因其书为钦定纂修，也不敢有太多微词，反过来褒奖该书能够收录小序，实际上还是在暗讽《诗集传》删去诗序的做法，体现了注疏之学在清代升格的趋势。阮元幕下学人群即在推崇实学，重视古注疏的学术思潮下，对十三经注疏进行整理，并取得了开拓性的新进展。

（二）江南地区藏书楼成为考文的文献基础

江南学者在考据学上取得令人瞩目的成就，使考据学的活力与影响力辐射向全国，这与江南地区藏书的风气是密不可分的。明代士大夫阶层出现图书收藏热，藏书事业为考据学的兴起铺平了道路，散落于天壤之间的古抄本、金石拓本、宋元刻本成为清代藏书家青睐的收藏目标，这些藏书也成为学者进行文献考据的基础③。

---

① （清）永瑢等：《四库全书总目》卷首，北京：中华书局 1965 年版，第 120 页。

② （清）永瑢等：《四库全书总目》卷首，北京：中华书局 1965 年版，第 123 页。

③ ［美］艾尔曼著，赵刚译：《从理学到朴学——中华帝国晚期思想与社会变化面面观》，南京：江苏人民出版社 2012 年版，第 114 页。

著名学者桂馥曾说："北方学者，目不见书，又鲜师承，是以无成功。"①北方学者不多，其中一个重要原因就是缺少藏书。

官方藏书主要包括内府藏书与乾隆中叶以后修撰《四库全书》。其中有三套《四库全书》即藏在江南地区，分别为扬州的文汇阁、镇江的文宗阁与杭州的文澜阁，是为江浙三阁，又称为南三阁。阮元先后任浙江学政、浙江巡抚，十三经局也是在杭州开设，经局学者参访官方藏书，无疑有近水楼台先得月的优势②。私人藏书家中，大概为了标明自己对宋元刻本与经学的兴趣，藏书楼命名也显得十分有特色。比如黄丕烈的"百宋一廛"，足以复汲古、绛云之盛而垂名乾嘉藏书史；另外，与黄丕烈藏书齐名的吴骞，其藏书的拜经楼号称有元版千部，置之十架，所以又有"千元十驾"的称号；③ 其他藏书家如朱昌燕，有朝经暮史昼子夜集楼，沈德寿有抱经楼，卓天寅有传经堂，卢文弨有抱经堂，等等④。另外，阮元自己也有文选楼进行藏书，嘉庆二十年(1815)重刊的《十三经注疏》底本就是阮元家藏元板十行本。这些藏书楼对宋元旧刻、经学文献的收藏，对于阮元纂修《十三经注疏校勘记》有很大的帮助。

江南地区藏书对阮元幕下学人校勘十三经的影响，以《毛诗注疏校勘记》的引据目录为例，所用"南宋石经残本"存有十石，案语下即说藏于杭州府学⑤。其中"孟蜀石经残本二卷"，即段玉裁在《跋黄荛圃蜀石经毛诗残本》中所提到，他早前听闻蜀石经并刻经、

① (清)桂馥:《周先生传》,《晚学集》卷七,《钞稿本乾嘉名人别集丛刊》本，北京：国家图书馆出版社2010年版，第230页。

② (清)张鉴等撰:《阮元年谱》，北京：中华书局1995年版，第41-95页。

③ 陈登原:《古今图籍聚散考》，上海：华东师范大学出版社2010年版，第263页。

④ 吴晗:《江浙藏书家史略》，北京：中华书局1981年版，第17-105页。

⑤ (清)阮元:《毛诗注疏校勘记》,《清经解》，南京：凤凰出版社2005年版，第6727页。

注，在赴成都时曾专门寻找，希望能从荆榛瓦砾中寻得残碑破字，以为校书的材料，最终也没如愿寻得，而后得知黄丕烈得蜀刻《召南》一卷①，《校勘记》中所用，即有黄丕烈所得。其他如“唐石经”“相台岳氏本”“闽本”“明监本”“汲古阁本”都行于世，使用较为容易。另外，阮元在《刻七经孟子考文并补遗序》中说：

> 《四库全书》新收日本人山井鼎所撰《七经孟子考文》并物观《补遗》共二百卷，元在京师，仅见写本。及奉使浙江，见扬州江氏随月读书楼所藏，乃日本元板落纸印本，携至杭州，校阅群经，颇多同异。传注、释文、正义三者，所校更为繁细。助语多寡，偏旁增减，或不足为重，然精核可采者亦附不少。元督学两浙，偶于清暑之暇，命工写刊小板，以便舟车，印成卷帙，谂于同志，用校经疏，可供采择。②

《七经孟子考文》于18世纪上半叶传入中国，对清代学者影响极大，也成为《十三经注疏校勘记》编撰中重要的参考文献。阮元在私人藏书中见到该书的印本，遂令工匠刻板，以资于注疏的校勘。

在注疏之学重新受到重视以后，那些仍行于世却束之高阁的传本被利用起来，而稀见而珍贵的宋元版、金石材料则被藏书家有意识地收集、汇聚到江南。虽然仍有很多重要版本未被时人发现，但总的来说，江南藏书为阮元十三经局“发现”、认识古注疏提供了坚实的文献基础。

(三)阮元幕下学人群在整理十三经中的开拓

阮元(1764—1849)，字伯元，号云台，又号雷塘庵主，其学问渊博，在经史、小学、天算、与地、金石、校勘方面都有巨大成

① (清)段玉裁：《经韵楼集》，南京：凤凰出版社2010年版，第6页。
② (清)阮元：《揅经室集》，北京：中华书局1993年版，第43页。

就，“领袖一世，实清代经学名臣最后一重镇”①。阮元在仕途上平步青云，他以显赫的地位推动学术的发展，任职所至，必提倡学术研究，主持风雅。督学浙江，即修《经籍纂诂》；巡抚浙江，立诂经精舍；巡抚江西，辄刻《十三经注疏》；总督两广，立学海堂，刻《皇清经解》。嘉庆六年(1801)正月，巡抚浙江的阮元于诂经精舍召集学人，成立十三经局，开始编纂《十三经注疏校勘记》，召集了八名学人分任此事，七人分工如下：

> 《易》《谷梁》《孟子》则属之元和李锐，《书》《仪礼》则属之德清徐养源，《诗》则属之元和顾广圻，《周礼》《公羊》《尔雅》则属之武进臧庸，《礼记》则属之临海洪震煊，《春秋左传》《孝经》则属之钱塘严杰，《论语》则属之仁和孙同元。②

段玉裁则曾在十三经局中主持过一段时期③。阮元想要重刻十三经，作为士林的标准读本，一来是他感到历来诸本辗转翻刻，讹谬百出④；二来如他在《恭进十三经注疏校勘记折子》中所说：

> 昔唐国子博士陆德明虑旧籍散失，撰《经典释文》一书，凡汉、晋以来各本之异同，师承之源委，莫不兼收并载，凡唐以前诸经旧本赖以不坠。臣撰是书，窃仿其意。⑤

阮元想要效法陆德明作《经典释文》，在校勘记的书写中兼收

① 钱穆：《中国近三百年学术史》，北京：九州出版社 2011 年版，第 529 页。

② (清)钱泰吉：《曝书杂记》，《丛书集成初编》本，上海：商务印书馆 1937 年版，第 6 页。

③ 唐光荣：《阮元、段玉裁与〈十三经注疏校勘记〉》，《达县师范高等专科学校学报(社会科学版)》2004 年第 3 期，第 24-26 页。

④ (清)阮元：《重刻宋版十三经注疏题记》，《十三经注疏》，北京：中华书局 2009 年版，第 2-5 页

⑤ (清)阮元：《揅经室集》，北京：中华书局 1993 年版，第 590 页。

含纳旧学是他的一个目标。十三经局的直接成果就是文选楼本《十三经注疏校勘记》，后被严杰收入《皇清经解》当中；后来卢宣旬任重刊《十三经注疏》之事，删节文选楼本《校勘记》，将之附入各经注疏后，并有所补校，成为南昌府学本。《十三经注疏校勘记》由此形成两种不同的系统①。

汪绍楹先生指出，嘉庆二十年（1815）肇工的阮元《重刊宋本十三经注疏》，实际上渊源自卢文弨②，注、疏原本别行的议论，即从卢文弨而发，他在《重雕经典释文缘起》中说："古来所传经典，类非一本。陆氏所见，与贾、孔所见本不尽同。今取陆氏书附于'注疏本'中，非强彼以就此，即强此一就彼，欲省两读，翻致两伤。"③这一校勘理念在今天看来似乎是卑之无甚高论的，但对于当时的学界来说，不啻为醍醐灌顶之论，大胜于众人之口，段玉裁在《翰林院侍读学士卢公墓志铭》中说卢文弨在校勘十三经中的理论创新：

> 公治经，有不可磨灭之论。其言曰："唐人之为义疏也，本单行，不与经注合。单行经注，唐以后尚多善本。自宋后附疏于经注，而所附之经注，非必孔、贾诸人所据之本也，则两相鉏铻矣。南宋后，又附《经典释文》于注疏间。而陆氏所据之经注，又非孔、贾诸人所据也，则鉏铻更多矣。浅人必比而同志，则彼此互改，多失其真。有改之不尽，以滋其鉏铻者。故注疏、释文合刻，似便而非古也。"其读书特识，类如此。④

---

① 钱宗武、陈树：《论阮元〈十三经注疏校勘记〉两个版本系统》，《扬州大学学报（人文社会科学版）》2007年第1期，第24-28页。

② 汪绍楹：《阮氏重刻宋本十三经注疏考》，《文史》1963年第三辑，第25页。

③ （清）卢文弨：《抱经堂文集》，北京：中华书局1990年版，第389页。

④ （清）段玉裁：《经韵楼集》，南京：凤凰出版社2010年版，第195页。

后来段玉裁也在这一理念下阐发出了“以贾还贾，以孔还孔，以陆还陆，以杜还杜，以郑还郑，各得其底本”①的校勘方法。卢文弨因为发现注疏合刻导致经书讹误百出，后世重刻又辗转相袭，萌发了重新校勘十三经的想法，臧庸在《重雕宋本尔雅书后》一文中就说：“近日读经之士，多思重雕《十三经注疏》，而未见发轫者。”②所以说，卢文弨实际开启了乾嘉之际重校十三经的风气。阮元在做《十三经注疏校勘记》时基本继承采纳了卢文弨的理念作为指导思想，他在《十三经注疏校勘记序》一文中说：

> 凡疏与经注本，各单行也，而北宋之季合之。维时释文犹未合于经注疏也，而南宋之季合之。夫合之者，将以便人，而其为经注之害，则未有能知之者也。唐之经本，存者尚多，故课士于定本外，许用习本。习本流传至宋，授受不同。合之者以所守之经注冠诸单行之疏，而未必为孔颖达、贾公彦所守之经注也。其字其说，乃或龃龉不谋，浅者乃或改以以就一。陆氏之本，又非孔、贾所守之本，其龃龉亦犹是也。自有十三经合刊注疏、音释，学者能识其源流同异，亦鲜矣。③

在唐代时，经学文献的形态尚还是多样的，宋代合刊注疏，将来源于不同授受的文献强行统一，从而造成了龃龉失读的情况，而这一现象自十三经汇刊以后，就很少有学者能认识到了。阮刻《十三经注疏校勘记》就在这一学术认识下展开，以《毛诗注疏校勘记》为例，在引据各本目录中，分别为“单经本”“经注本”“注疏本”，在《周礼注疏校勘记》的引据目录中，还列入了“单疏本”。对于校勘经书理念的这一创新认识，是阮刻《十三经注疏校勘记》在经学

① （清）段玉裁：《经韵楼集》，南京：凤凰出版社2010年版，第283、313页。

② （清）臧庸：《拜经堂文集》，《续修四库全书》集部第153册，上海：上海古籍出版社2003年版，第518页。

③ （清）段玉裁：《经韵楼集》，南京：凤凰出版社2010年版，第1-2页。

文献的整理上能够向前推进的重要动力。

那么，既然阮元学术圈对注疏合刻的历史有如此清晰而深入的认识，又为何出现上文所引述，总目录书名与各经扉页题名不同的情况？“正义”与“注疏”题名有所差别，“正义”之名源于唐代，《新唐书·儒学上·孔颖达传》有记载：

> 初，颖达与颜师古、司马才章、王恭、王琰受诏撰五经义训，凡百余篇，号义赞，诏改为正义云。①

可知孔颖达等人奉敕修撰五经义疏，最初名为“义训”，后来唐太宗诏改为“正义”，所谓“正义”，其实质内容并不包含各经之注，亦即为后代“单疏本”所展现的形态。关于注疏，屈万里在《十三经注疏板刻述略》一文中指出：“合经文注文及义疏而刻于一本者，始于南宋初年浙东茶盐司……绍熙中，三山黄唐来主是司，继刻《毛诗》《礼记》二种，又因其半叶八行，故亦谓之八行本。亦即《九经三传沿革例》所称之‘越中旧本注疏’也……然经注及义疏合刻，始于是本；书名标题，有‘注疏’之称，亦始于是本，此学者不宜忽视者。②”至少早在南宋，对于经、注、疏合刻的本子，就已经有“注疏”的题法了，而注疏合刻与书名题有“注疏”，始自八行本。可见，“正义”与“注疏”原本不应当混淆，“毛诗注疏”也绝不等于“毛诗正义”，考之阮元在《重刻宋板注疏总目录》中所记：

> 二十一年秋，刻板初成，藏其板于南昌学，使士林、书坊皆可就而印之。学中因书成，请序于元。元谓圣贤之经，如日月经天，江河行地，安敢以小言冠兹卷首？惟记刻书始末于目录之后，复敬录《钦定四库全书》十三经注疏各提要于各注疏之前，俾束身修行之士，知我大清儒学远轶前代，由此潜心敦

① （宋）欧阳修：《新唐书》，北京：中华书局1975年版，第5644页。

② 屈万里：《书佣论学集》，台北：开明书店1969年版，第221-224页。

品，博学笃行，以求古圣贤经传之本源，不为虚浮、孤陋两途所误云尔。①

原来是阮元为表尊重，将《四库全书》中十三经各书的提要冠于各经注疏刻本之首，其中有孔颖达所作正义的毛诗题为“钦定四库全书总目毛诗正义四十卷”，此题名为《四库全书总目》旧式。对于注、疏合刻这一段经学文献演变史的认识，至少在四库馆臣撰写提要的时候，尚还不敢下结论，在经部《尔雅疏》提要下：

既列注文，而疏中时复述其文，但曰“郭注云云”，不异一字。亦更不别下一语，殆不可解。岂其初，“疏”与“注”别行欤？今未见原刻，不可考矣。②

四库馆臣在为《尔雅疏》撰写提要的时候已经敏锐地发现，紧跟着注文的疏文有时却仅仅只是在复述注文，且不增删一字，于著书情理不可解，于是大胆猜测疏文与注文在最初的时候是分别单行的，但由于没有见到早期单行本的面貌，所以也不敢做论断，在撰写各经提要之时，对注疏刻本源流的认识也就不如阮元学术圈清晰。四库馆臣们将注疏合刻题作“正义”，实际上是因为不了解“正义”与“注疏”的区别，不知道在经注与疏各自单行的宋代，所谓“正义”仅仅与“疏”相类。

从《十三经注疏》题名问题延展开，可以看到清代学术重新认识经典古注疏的动态的学术历程。实学之风树立，注疏之学受到重视，四库馆臣开始怀疑“正义”与“注疏”有所区别，江南的藏书环境则为考文活动提供了大量的文献根据，最后十三经局在注、疏合刻的版刻源流上进行探索辩论，这是《十三经注疏校勘记》向前推进之处，也是其赖以出发的校勘理念，《毛诗注疏校勘记》也正是

① （清）阮元：《十三经注疏》，北京：中华书局2009年版，第5-6页。

② （清）永瑢等：《四库全书总目》卷首，北京：中华书局1965年版，第339页。

在这一认识中应运而生。

二、对《毛诗注疏校勘记》考据实践的观察

在受到段玉裁的举荐后，顾广圻于嘉庆六年(1801)至嘉庆七年(1802)应阮元之聘，进入“十三经局”，担任毛诗的校勘工作①。《毛诗注疏校勘记序》说：“因以元旧校本授元和生员顾广圻取各本校之，元复定其是非。”②可见，至少初校工作是由顾广圻来完成的。顾广圻是清代最著名的学者之一，他和当时许多学人一样，怀才不遇，“特以贫故，见役于人”，“身通六艺，仅为谋食之资，学贯百家，穷于反古之世”，以校书为业。由于文选楼本与南昌府学本《校勘记》在内容上互有异同，本文以文选楼本作为讨论的对象，因为文选楼本未经卢宣旬删节增补，用来讨论十三经局的校勘实践显得更加全面和具有代表性。

(一)顾广圻的考据思路

在毛诗的校勘工作中，除了例行的版本比勘、引证他书材料分析异文之外，顾千里还十分善于发现材料之间的关联，综合运用文献中不同层次的信息进行校勘。并凭借其出色的文献功底，考辨异文来源，不仅判断是非，同时注意归纳古文献中的通例，着意于还原各个时代的文本，达到考镜源流的效果。校勘记序对他的工作评价道：“于以知经有经之例，传有传之例，笺有笺之例，疏有疏之例。”③这是比较中肯贴切的。从下文一些校记的书写中我们可以体会顾广圻的考据视角。

第一个例子，在《采苹》篇“则非礼也”条下说：

---

① 李庆：《新订顾千里年谱》，《顾千里研究》，台北：台湾学生书局2013年版，第65-70页。

② (清)阮元：《毛诗注疏校勘记》，《清经解》，南京：凤凰出版社2005年版，第6729页。

③ (清)阮元：《毛诗注疏校勘记》，《清经解》，南京：凤凰出版社2005年版，第6727页。

> 小字本、相台本同。案：惠栋于礼下添“女”字非也，笺说传“必先礼之”之礼，不更言礼女，其为礼女自明矣。正义云“则非礼女也”，乃正义自为文，不可据以改笺。凡正义自为文，其于注有足成，亦有檃栝，皆取词旨通畅，不必尽与注相应。①

根据引据目录，顾广圻是看到了惠栋《毛诗古义》的②，对惠栋的修改他并不认同，在这条校记里提出了“正义自为文”的解释体例。就是说，孔颖达疏通注的文字时，对于注文来说，有时候会增加一两个字，有时候也会对注文进行概括，目的是为了让文义通顺，不一定字字都和注文相应。而在这一条中，惠栋据正义自为之文来改笺是不当的。

第二个例子，在《丝衣》篇“不吴不敖”条下所记：

> 唐石经、小字本、相台本同。案：传云“吴，哗也”，正义云“人自娱乐必讙讙为声，故以娱为哗也，定本‘娱’作‘吴’”，《释文》云“不吴，旧如字，哗也”，是正义本作“娱”，《释文》、定本作“吴”也。详正义之意，因传云“吴，哗也”而说之以娱乐讙讙，又例以为毛不破字，故定经文从“娱”也。其实此经字与《泮水》经同，彼笺用此传，经文皆本是“吴”字。《说文》云“吴，大言也”，义与“哗”合，当以《释文》、定本为长。卢文弨校乃依照《史记》所引为“虞”，误也。③

这条校记在版本对比上不能提供更多的信息，但顾广圻从正义

① （清）阮元：《毛诗注疏校勘记》，《清经解》，南京：凤凰出版社 2005 年版，第 6735 页。

② （清）阮元：《毛诗注疏校勘记》，《清经解》，南京：凤凰出版社 2005 年版，第 6728 页。

③ （清）阮元：《毛诗注疏校勘记》，《清经解》，南京：凤凰出版社 2005 年版，第 6853 页。

所记梳理脉络，首先厘清了《释文》、正义、定本其实面貌各异的事实，他认为毛传与定本、《释文》都是作“吴”，而正义改字为“娱”。但是根据《泮水》一诗，“不吴不虞”下郑笺作“吴，哗也”①，用的正是《丝衣》的传文，两经皆作吴。且从训诂的角度来看，“吴”同样可以训为哗，其实不必改字，于是最后案断作“吴”是较为合适的，而正义改字不当，卢文弨前校有误。

另外一个例子如《板》篇“民之多辟”条下说：

> 唐石经、小字本、相台本同。案：《释文》云“多僻，匹亦反，邪也，注同”，考《七月》序，正义云“古，避、辟、譬、僻皆同，作‘辟’字而借声为义”，是正义本作“辟”字，其正义云“皆多邪僻者”，易为今字而说之也。《荡·释文》云“辟，匹亦反，邪也，本又作僻，注同”，而于此经独以“僻”为正者，以下“立辟”文连，故别之，其实毛氏《诗经》但作“辟”，与下经“立辟”同字，传云“辟，法也”，不更指其何“辟”，犹“昔育恐育鞫”，传之“育长”，不指言何“育”也。《后汉书》《玉篇》《文选》注引作“僻”，乃以破引之，当以正义本为长。《考文》古本作僻，依《释文》。②

这个地方需要从“辟”与“僻”中选择一个，这涉及古今字的判断问题，从《释文》的说法来看，陆德明应该是作“僻”的。考之《七月》诗正义云“古者避、辟，扶亦反，譬、辟皆同，作辟字而借声为义”③，据正义的说法，古字用“辟”，到了后代，“僻”字分离出来成为常用字。《荡》篇的《释文》本也不强调“僻”为正字。最后，顾广圻推论，这一篇的《释文》做出这样的调整，是因为本诗“民之

① （清）阮元：《十三经注疏》，北京：中华书局2009年版，第1319页。

② （清）阮元：《毛诗注疏校勘记》，《清经解》，南京：凤凰出版社2005年版，第6833页。

③ （清）阮元：《十三经注疏》，北京：中华书局2009年版，第829页。

多辟，无自立辟”①，两个“辟”字不同义而连言，前为邪僻而后为法度，为了避免误读，所以《释文》用“僻”字来代替，但其实这是不了解毛诗体例的做法，最后认定正义本说为是。

第四个例子，《伯兮》篇“谖草令人忘忧”条下说：

> 小字本、相台本同。案：此当作“谖草令人善忘”，故笺云：“忧以生疾，恐将危身，欲忘之。”传不言“忧”，笺以“忧”申之也。若传已云“忘忧”，则生疾危身，人所共晓，何烦更笺乎？《释文》云：“令人，力呈反。善忘，亡向反，又如字。”《尔雅》释文引诗云：“焉得萲草。”毛传云：“萲草，令人善忘。”是《释文》本不误也。正义说传云：“谖训为忘，非草名，故传本其意言焉。得谖草，谓欲得令人善忘忧之草。”此正义本“忘”上有“善”字之证。其仍云“忘忧”者，以郑说为毛说。凡正义以为毛、郑不异者，其自为文，每如此，非传有“忧”字也。正义本当亦不误。《释文》“谖”下云：“《说文》作‘藼’，云‘令人忘忧也’。”皆所以着其异耳，不知者反据之，并取正义自为文者以改此传，失之甚矣。各本皆误，当正之。②

在这个例子中，顾广圻大胆地指出各本皆误，应当把“忘忧”改为“善忘”。虽然没有版本的依据，但他根据笺、正义的解释，认为如果毛传已经是“忘忧”，那么笺和正义的解释就显得多此一举了。另外，《释文》所引，也进一步说明了陆德明所见的本子是不误的。正义其实也是在以“忘忧”解释“善忘”，这本来不至于导致混淆，而后人却借此以改传，终造成错讹而随着版刻的更迭守讹传缪。所幸顾广圻在《经典释文》和正义的行文中，觉察到了这一线索，以此来上推出文本的原貌。

---

① （清）阮元：《十三经注疏》，北京：中华书局2009年版，第1185页。

② （清）阮元：《毛诗注疏校勘记》，《清经解》，南京：凤凰出版社2005年版，第6749页。

第五个例子，《载驱》篇正义文“笺以为齐子恺悌”条校语：

> 闽本、明监本、毛本同。案经、注作“岂弟”，标起止云“至‘岂弟’”。正义作“恺悌”，“岂”“恺”“弟”“悌”皆古今字，易而说之也，例见前。《考文》古本经作“恺悌”，误采《正义》所易之今字。①

这首诗中，经、传、笺都作“岂弟”，正义标起止引用原文的地方也明言“岂弟”，“岂弟”与“恺悌”分别为古今字，古常用“岂弟”，作正义时用“恺悌”易之。本诗的正义就用了今字来申说笺意，这是一处正义自为文例，不得据正义自为文来说解的地方来改变经、传所用字。《考文》中的古本没有理解这一点，误用了正义中的今字，据以改经，这是不对的。

第六例，《桓》篇“娄丰年”条下：

> 唐石经、小字本、相台本同。闽本、明监本、毛本“娄”作“屡”。案《释文》作“娄”，是其证也。正义中字作“屡”，当是易为今字耳，余经依《释文》皆当作“娄”。正义自为文作“屡”者，皆易字之例。唐石经错见“屡”字者，非。屡，乃俗字耳。今杜预集解本于宣十二年传所引此经亦作“屡”，非左氏之旧矣。②

“娄”“屡”两字在不同的版本中传刻，似有混杂难分之状。且《释文》作“娄”而正义用“屡”，顾广圻从辨明古今用字不同的角度，指出“屡”当是正义用俗字解释正字，后人不知其体而据以改经。案：翻检《说文》：“娄，空也”，段注：“娄之义又为数也，俗

① （清）阮元：《毛诗注疏校勘记》，《清经解》，南京：凤凰出版社2005年版，第6758页。

② （清）阮元：《毛诗注疏校勘记》，《清经解》，南京：凤凰出版社2005年版，第6853页。

乃加尸旁为屡字。古有娄无屡也。”这条校勘记告诉我们，正义自为文，有时候表现为注文用正字，疏文用俗字。

最后一个例子，《驷驖》篇“於园於囿，皆有此乐”条下说：

> 毛本二“於”字误，于闽本明监本不误，案：凡正义所有“于”字或顺经、顺注及引他书而顺彼文也。其自为文则例用“於”字，互相错乱者皆非，余同此。①

在这一条校记中总结用字规律，指出正义以前，经、注古字多用“于”，而正义中以后代用字习惯自作之文则通用“於”字，两个字不会互相混淆，也就是说，正义有自为文之例，不可以据以改经、注文，而这首诗经文中所用“於”字当作“于”。

通过上述七个例子，我们可以窥见顾广圻校勘工作中的考据思路：首先，他在进行校勘时，不单比勘版本信息，还考辨明宋代刻本出现之前的底本信息。根据孔颖达所作正义与陆德明《释文》的行文，从中分辨出唐代各个本子的用字面貌，他突破了“疏不破注”的理论，提出“正义自为文”的发现。从训诂、古今用字习惯的角度，判断各本用字优劣，推测后代刻本用字的源流，最后尽量从本经之中找到实例来证明自己的推论。在版本不能提供更多信息的情况下，他根据毛传用字规律，正义在自为文中以俗字解释正字、以今字解释古字的现象，《释文》的引用解释等，考辨出注、疏、《释文》合刻前各本所据经文的面貌，以此来考订后世版本的是非。可以说他的校勘实践正体现了段玉裁所谓“以孔还孔、以陆还陆”，“定其底本之是非”②的校勘追求，这在下文也将进一步地论述。这些对古文献体例的归纳，不仅成为他校勘的依据，而且也为我们阅读其他古书提供了学习方法和视角。在这一个层面上，我们已经

---

① （清）阮元：《毛诗注疏校勘记》，《清经解》，南京：凤凰出版社2005年版，第6763页。

② （清）段玉裁：《与诸同志书论校书之难》，《经韵楼集》，南京：凤凰出版社2010年版，第313页。

可以说，《毛诗注疏校勘记》不单单是罗列异文、排比材料的简单校语的集合和文字纠错记录，而是一部考证视野广阔、方法先进的高水平考据学著作。

（二）校记书写中的学术商榷

《毛诗注疏校勘记》的创作并非成于一人之手，当中包括了好几位学者的工作。今天我们所能够了解到的是，在顾千里完成初稿之后，另有他人对之加以审定增补，才最终形成了我们今天所看到的《校勘记》。如校勘记序所言，在初校完成之后，“臣复定其是非”①，其一，阮元可能也参与了审定的工作；其二，当时学者方东树指出：“案严云：‘臣复定其是非’，此语为段氏驳《诗经》而设，因以施于群序云尔。按校勘记成，云台寄与段懋堂复校，段见顾所校《诗经》引用段说未着其名，怒之，于顾所订，肆行驳斥，随即寄粤付凌姓司刻事者开雕，而阮与顾皆不知也，故今《诗经》独不成体。”②段玉裁见到初稿以后非常生气，对《校勘记》进行了补订，批驳顾千里。这一点，从《校勘记》的引据各本目录与段玉裁文章的意见重合处可以看到更多的信息，他在《跋黄荛圃蜀石经毛诗残本》一文中说：“余为阮梁伯定《十三经校勘记》，则取《甘棠》召伯听男女之讼，重烦劳百姓，此与《司马相如传》‘方今田时重烦百姓’同解，今本有‘不’字，非也。”③而《毛诗注疏校勘记》的引书目录中“孟蜀石经残本二卷”这一条下说“其余乖异甚多，均无足采，惟《甘棠》笺‘重烦百姓’，较今本少‘不’字，与《汉书·司马相如传》‘方今田时重烦百姓合’”④，从段玉裁的文章来看，这

① （清）阮元：《毛诗注疏校勘记》，《清经解》，南京：凤凰出版社2005年版，第6729页。

② （清）萧穆：《记方植之先生临卢抱经手校十三经注疏》，《敬孚类稿》卷八，《近代中国史料丛刊》第426册，台北：文海出版社1969年版，第376-377页。

③ （清）段玉裁：《经韵楼集》，南京：凤凰出版社2010年版，第6页。

④ （清）阮元：《毛诗注疏校勘记》，《清经解》，南京：凤凰出版社2005年版，第6727页。

条案语应该来自他的修改。另外，《校勘记》中“〇”之后的案语，情况多样，有赞成顾说，也有反对顾说和补充顾说，有学者已经讨论过“〇”后案语作者的问题①，不过，可以确定的是，“〇”后的校语都不是出自顾广圻之手，若是顾氏的意见发生变化，直接修改旧校即可，无需如此大费周章。这也导致《毛诗注疏校勘记》出现了前后校语截然分开、论点相互对立的情况，显得十分突兀，方东树也因此说“《诗经》独不成体”，多少反映出整理者在顾、段的学术论争中两难的境地。但从学术史的角度来看，这种处理却为解段、顾二人的学术理念产生分歧，后来掀起轩然大波的顾段之争的缘起，以及参与校勘记的其他学者对二人校勘的看法等问题，提供了珍贵的线索。

顾广圻在撰写校勘记时，对段玉裁的说法多加参考，取其精华，不乏大段征引。当中不少以段说为是之处，而在其认为不妥的地方则有几种处理方式，下文也略举几例，来看校勘记的书写中顾、段进行的学术商榷：

第一例，《皇矣》篇“天立厥配”条，顾千里依从正义，认为毛传作“配”，而读如妃，但仍引用了段玉裁的意见：

> 唐石经、小字本、相台本同。案：传云“配，媲也”，正义云：“妃字亦音为配，《释诂》云‘妃，媲也’。某氏曰：诗云‘天立厥妃’。是毛读‘配’如妃，故为媲也。是为妻之配夫，意与郑合。”考正义之说是也。笺云“又为之生贤妃，谓大姒也”，此申毛以“配”是“妃”之假借字，直于训释中改其字，以显之也。《释文》云“厥配，本亦作‘妃’，音同，注同”。其“亦作”本非也，乃依笺字改经耳。某氏《尔雅》注当即所谓以破引之，如引其“麐孔有”之比。

① 唐光荣认为校记中圈(“〇”)前后案语不是在一道工序中完成，“〇”后案可能出自包括阮元、段玉裁等多位整理者之手，无唯一作者。见唐光荣：《〈十三经注疏校勘记〉圈(“〇”)后案语作者问题考论》，西南师范大学2001年硕士学位论文。

段玉裁云："古多用妃，少用配。妃是正字，配是假借字也。配者，酒色也，今人云配合，周秦人云妃合，嘉耦曰妃，非专谓男女也。经文本作妃，毛以配合解之，郑以后妃解之，改妃为配，自是后人所为"。

〇按，段说是。毛用《释诂》"妃，媲也"，非读"配"为"妃"也。①

这一条校记包含了三个层次，第一层为顾广圻自己对"天立厥配"的意见，他从正义的说法中推论出毛传本作"配"，而读如妃，而郑笺为了进一步明言之，则直接用"妃"字来说明诗义。而在《释文》所见中的作"妃"字，他明确地判断为因后人误解郑笺而改经。第二层则参考了段玉裁的说法，段玉裁反过来以为古字多用"妃"，而少用"配"，指出这是三代的常用语，而经文本作"妃"，后人改为"配"，顾广圻在这里虽然不同意段玉裁的观点，但他还是在《校勘记》中照录了这一说法，以备一说，没有下任何案断。第三层则是"〇"后案语，认同段玉裁说法。

第二例，《淇奥》篇"倚重较兮"条校记说：

唐石经、小字本、相台本"倚"作"猗"，闽本、明监本、毛本同。案："猗"字是也。《释文》"猗，于绮反"，正义云"而此云猗重较兮"，序下正义云"猗重较兮是也"，皆其证。此经"绮""倚"假借，在作传、笺时人共通晓，故不更说，《车攻》"两骖不猗"同。《节南山》"有实其猗"，传"猗，满也"，笺"猗，倚也"，因易传故说之，亦是谓"猗""倚"假借也。其此正义云"倚此重较之车兮者"，易"猗"字为"倚"字而说之，正义于古今字例如此，与上下文直引经文者不同例也。《考文》古本作"倚"，采正义而误。《经义杂记》引《曲礼》正义、《荀子》杨注、《文选》李注皆作"倚"，疑从犬者讹，其说非

① （清）阮元：《毛诗注疏校勘记》，《清经解》，南京：凤凰出版社 2005 年版，第 6819 页。

也；又据《释文》、正义、石经、《说文系传》《群经音辨》以为唐人虽多引作人旁，未若从犬者尤为信而可征，得之矣。凡昔人引书或改、或不改，非有成例，用之资证则可，若以为典要，则其失多矣。①

这一条中的“倚”“猗”两字，各有版本来源，顾广圻判断应当作“猗”，他的证据主要有三个：一、本诗《释文》直接解释“猗”字，正义引文也作“猗”，是一个直接的证据；二、认为“猗”“倚”两字本为假借字，汉代人人通晓，“猗”字是可以直接使用的而不需要训诂说明，《车攻》篇可以找到证据；三、《节南山》篇之所以郑笺会解释“猗，倚也”，是因为与毛传立异，而更说明之，不构成对第二条证据的挑战。而正义以“倚”来说解“猗”，实际上是以今字来说古字，这在众多唐人注的文献中能体现出来。《毛诗注疏校勘记》在撰写中参考了很多段玉裁《诗经小学》的意见，这一条没有明说，实际却在暗中否定了段玉裁的看法。段玉裁认为“猗”为“倚”之讹，主要有三个方面论据：一、正义所说“倚此重较之车”；二、毛传、郑笺都没有“猗，倚也”的训诂；三、他见到了《文选》的一个刻本中李善注引毛诗作“倚重较兮”②。可以说，这三个论据一个都站不住脚，而顾千里在《校勘记》中也一一对其进行了否定。乔秀岩在文章中用了这个例子，他认为这一段其实在暗讽段玉裁，最后一句“凡昔人引书或改、或不改，非有成例，用之资证则可，若以为典要，则其失多矣”，则似乎是在教训段玉裁，以此来作为段玉裁看了《校勘记》初稿以后大怒的一个例证③。笔者认为，段玉裁也在这一条的校勘上失了手，《文选》李善注引文确实不可作为校订毛诗的确凿证据，但是在这一段校记的书写中，虽然顾千

① （清）阮元：《毛诗注疏校勘记》，《清经解》，南京：凤凰出版社2005年版，第6747页。

② （清）段玉裁：《诗经小学》，《段玉裁全书》，南京：江苏人民出版社2015年版，第488页。

③ 乔秀岩：《古籍整理的存真标准》，《北京读经说记》，台北：万卷楼图书股份有限公司2013年版，第16-17页。

里不同意段玉裁的结论，却也没有讽刺之意，完全是在学术商榷的范畴内对关于本条校勘的证据和方法进行说明。至于最后一句叹词，应当是当时对校勘群书的一个原则认识，卢文弨也有相似之论：“大凡昔人援引古书，不尽皆如本文，故校正群籍，自当先从本书相传旧本为定；况未有雕板以前，一书而所传各异者，殆不可以遍举。”①从校勘上来看，古人引书重其义，不能作为确凿的版本依据，而段玉裁这样的大学者有此失误，所以才会在校勘记中有所感叹吧。

第三个例子，《椒聊》篇“条，长也”条下：

> 小字本、相台本同。案：正义云“《尚书》称‘厥木惟条’，谓本枝长，故以条为长也”，其说非也。此传以长训条，乃谓“条”为“修”之假借，古字“条”“修”相通，如《汉书》“修侯之比考”。笺云“椒之气日益远长”，是此经“远”“条”二字皆以气言之，不以枝言之也，下章同。《考文》古本改经，二“条”字皆作“修”，乃“长也”之训，而为之耳，非有所本，此经自正义及唐石经以下各本皆作“条”也。②

这首诗毛传以长来训条，正义援引《尚书》，以用“条”来形容木，引申出本枝长，所以条有长的意思，顾广圻则明言这是不正确的。毛传之所以用长来训条，是因为“条”“修”两字假借通用，而不是条有长的本义。郑笺就有“椒之气日益远长”的解释，进一步说明了此处和枝无关。《七经孟子考文》不解这两个通假字的用法，根据毛传训诂来改经文是不对的。段玉裁则认为此处“条”应该改为“修”，详下所论。同篇“言声之远闻也”条下校记：

---

① （清）卢文弨：《抱经堂文集》，北京：中华书局1990年版，第389页。

② （清）阮元：《毛诗注疏校勘记》，《清经解》，南京：凤凰出版社2005年版，第6761页。

小字本、相台本同。案：段玉裁云："'声'当作'馨'，此欲以馨训条也。"今考此章"条"与上章同，皆训"长"，为"修"字之假借，非有异也，不宜更为之训。此传沿"声之远闻也"，乃篇末总发一篇之传，谓此《椒聊》诗乃言桓叔声之远闻也。篇末总发传，毛氏每有此例，如《采芑》《木瓜》之属是矣。此传毛当有所案据，自作正义时已无文以言之，后遂专系诸第二章"远条且"一句，而疑其有所不可通也。

○按：《说文》云"馨香之远闻也"正与此合，盖上章作"修"，此章作"条"，后人乱之耳。"条"取芬芳条畅之义。①

段玉裁将上条字改为"修"，而下条字则以"馨"为训，顾千里认为这样说经不得毛传体例，反而与正义犯了同样的错误，以为是指枝条长。这一条"○"后案语重申了段玉裁的观点，应当是段玉裁之后审定所增。关于这首诗的争论还没结束，段玉裁前前后后几十年自作《毛诗故训传定本小笺》一书②，顾千里作《毛诗注疏校勘记》时就引用了不少当中说法，有意思的是，在《校勘记》完成之后，段玉裁又将《毛诗故训传定本小笺》一书寄给顾千里审定。顾千里发现段玉裁仍然坚持原来改上"条"字为"修"、以馨香来训下"条"字的意见，遂作《与段大令论椒聊经传书》，针对段玉裁改字的意见，他重说了自己在《校勘记》中的意见，指出段玉裁的改法既没有版本依据，于传、笺之义又不合，若采用他在《校勘记》中的处理，则没有这些矛盾③。今重新翻阅段玉裁所作定本，发现仅

① （清）阮元：《毛诗注疏校勘记》，《清经解》，南京：凤凰出版社 2005 年版，第 6761 页。

② 据年谱，"乾隆四十三年（1778 年）戊戌，先生四十四岁，是年之巫山县任，事简民和，暇则作《毛诗故训传定本小笺》"，则乾隆年间就已经开始此书创作，见刘盼遂：《段玉裁先生年谱》，《清华学报》1932 年第 2 期，第 11 页。

③ （清）顾广圻：《顾千里集》，北京：中华书局 2007 年版，第 100 页。

有“愚谓声当作馨芬芳条鬯之意”①一句意见保留，其他地方似乎已经根据顾广圻的意见进行修改。

最后一个例子，《驷驖》篇“骐骐文也”条下校记：

> 小字本、相台本同。案：当作“骐綦文也”。正义云“色之青黑者名为綦，马名为骐，知其色作‘綦文’”，考此则正义本作“骐綦文也”，以“綦”解“骐”，诂训之法也。《释文》云“骐，马骐文也”，以《曹·鸤鸠·释文》订之，当亦“綦”之误。
>
> ○段玉裁云：骐骐文也，《尸鸠》传同，《駉》传亦曰“苍骐曰骐”，此皆以“骐”释“骐”，下“骐”即“綦”字。綦者，苍艾色，见《出其东门》传，《说文》所本也。而此等字皆不作“骐”者。毛时习用“骐”字，谓苍艾色为綦色。故《尚书》“骐弁”，《曹风》“其弁伊骐”，皆谓苍艾色也，此等传以“骐”释“骐”，正如《北风》传以“虚”释“虚”，《葛屦》传以“要”释“要”，正是一例，谓此马名骐者以其骐文也。诂训之学必于古今字求之。②

在这首诗的处理中，顾广圻没有根据版本的情况下判断，而根据正义的说法，以青黑色为綦，而马名为骐，马因颜色而得名。他从正义的以“綦”解“骐”的说解中推论出了正义文本的面貌当为“骐綦文也”，还非常自得地说这是诂训之法。“○”后案语用段玉裁说，提出了不同意见，根据毛传其他篇目用字，“骐”字与“綦”字实为古今字，而在毛传中通用“骐”。所以段玉裁认为这处文本以“骐”释“骐”没有错误，还举出了毛传中同样的训体为证，最后还似针锋相对般，提出诂训治学还是需要从古今字中求来。笔者按：关于这一条的校勘，顾千里明显失手了，其一，他无视了毛传篇目

① （清）段玉裁：《毛诗故训传定本小笺》，《清经解》本，南京：凤凰出版社2005年版，第4903页。

② （清）阮元：《毛诗注疏校勘记》，《清经解》本，南京：凤凰出版社2005年版，第6763页。

所提供的反面例证和各版本记载的信息；其二，在上一节所述的例子中，我们可以看到，顾千里明白地提出了正义有自为文之例，以今字解释古字，不可以据正义说法改经、注文，但是在这一条中，他就是从正义的解释来推测正义的面貌，可以说犯了据正义改经文的错误。所以这一条的校勘中，以段说为优。

在毛诗的校订中，顾广圻认真慎重地参考段玉裁的意见，在自己觉得有所不妥的地方，还是很委婉地进行反驳。在两说难分高下时，往往引段玉裁看法以备一说，而不做案断，段玉裁明显失误时，顾广圻对其说法加以批判，但不忘隐去作为持论者的段玉裁以示尊重。对于某些地方的校勘，双方虽然也有书信往来，但总的来说，还是在学术商榷的范围内，所要辨明的也是在校勘中遇到的具体例子，就事论事。笔者认为，双方在校勘中都有所失误，二人在进行商榷时，从训诂、毛传体例、古今字、假借字等考据方法出发，也是在谁的方法更紧密的话语下进行，不存在校勘理念对立的情况。

（三）对于顾、段之争的一个新思考

嘉庆十二年（1807）以后，段玉裁与顾千里交恶，顾、段之争在学术界引起轩然大波，两方就《礼记》的校勘问题，往返书信连篇累牍，相持不下，最后上升到校勘理论的阐发。由于有这个背景的缘故，今天讲校勘学史，习惯从这场争论中把顾、段二人的校勘理念对立起来，更有将之上升到吴、皖学派之争层面之论①。笔者从《毛诗注疏校勘记》的书写中发现，顾、段二人在校勘实践上，未必如理念中的对立，下面对此进行说明。

学界在讨论处于争论中心的段玉裁、顾千里二人校勘方法和原

① 余敏辉就认为，这场争论的实质是由于二人在校勘应遵循的原则上，持有对立性的分歧，见余敏辉：《段、顾之争与校勘原则》，《社会科学战线》1997年第3期，第227页；漆永祥也是从顾、段二人的争论说到对古本的态度、校勘的方法原则上的分歧，还提出这代表了吴、皖两派在学术上的争鸣，见漆永祥：《论顾、段之争对乾嘉考据学的影响》，《古籍整理研究学刊》1991年第3期，第13-16页。

则分歧的时候，所依据的主要材料便是二人争论到了白热化阶段所写的一些阐发校勘理念的文章。如顾千里在《礼记考异跋》中说：

书必以不校校之，毋改易其本来，不校之谓也；能知其是非得失之所以然，校之之谓也。①

形成了校勘学上著名的“不校校之”之论，面对古书错讹，在保留古本面貌的基础上，以校勘记、考异、考证札记承载校勘成果。而段玉裁在《答顾千里书》中对顾千里过于看重宋版进行了批评：

故有所谓宋版者，亦不过校书之一助也，是则取之，不是则却之，宋版岂必是耶？②

又说校经当改则改：

夫校经者，将以求其是也。审知经字有讹则改之，此汉人法也。汉人求诸义，而当改在改之，不必其有左证。③

之后更进一步地在《与诸同志书论校书之难》一文阐发了校勘学界中“以贾还贾、以孔还孔”，“定底本之是非”的著名理论：

校书之难，非照本改字不讹不漏之难也，定其是非之难。是非有二：曰底本之是非，曰立说之是非。必先定其底本之是非，而后可断其立说之是非。

① （清）顾广圻：《顾千里集》，北京：中华书局2007年版，第100页。
② （清）段玉裁：《经韵楼集》，南京：凤凰出版社2010年版，第283页。
③ （清）段玉裁：《经韵楼集》，南京：凤凰出版社2010年版，第282页。

> 故校经之法，必以贾还贾，以孔还孔，以陆还陆，以杜还杜，以郑还郑，各得其底本，而后判其义理之是非，而后经之底本可定，而后经之义理可以徐定。不先正注、疏，释文之底本，则多诬古人，不断其立说之是非，则多误今人。①

二人在校勘理念上似乎尖锐对立，不可调和。但笔者观察到，学界用来作为研究二人校勘思想的文章，皆是作于顾、段交恶，相争不下后，其中为逞口舌之快颇多意气之言。超出了学术论争范围的意气之言，恐怕有人为制造对立之嫌，不加考辨当做二人代表性意见，恐怕于义不安。

本章第(二)节所列举的四个例子，都是校记中反映顾广圻、段玉裁二人在面对校勘分歧时产生的学术商榷。第一个例子中，顾广圻以为配为正字，读为妃，段玉裁则提出周秦人习惯用妃，假借为配，争论点在古人用字习惯与假借字上；第二个例子，顾广圻雄辩地从本经其他篇目的证据、郑笺的训诂体例、正义以今字解释古字的自为文体例，论证此处应当作“猗重较兮”，猗、倚两字通假，进而提出段玉裁在这个问题上以其他书的引诗为证并没有说服力；第三个例子，段玉裁先提出条应当改为修，顾千里则依据毛传的训释，指出正义的错误，条、修二字假借通用，认为不应当改字，我们可以看到，段玉裁在这一处分歧中，承认了自己的错误，并在自己的书中按顾广圻的意见进行了修正；在第四个例子中，顾广圻从正义用綦来训释骐，得出正义所据经文面貌当为“骐綦文也”的结论，还自得地说是训诂之法，段玉裁不仅从本经当中提出了反目的证据，还进一步说明了綦与骐本为古今字，针对顾广圻的得意处，说训诂之法要在古今字中求得，其实是在说，顾广圻用正义的训诂来推测经文原本面貌，却忽视了正义以今字解释古字的自为文之例，这是顾广圻在考据上的疏忽。那么，段玉裁、顾广圻至少在处理校勘毛诗时发生的分歧上，是围绕着考据方法是否精准来展开商

① (清)段玉裁：《与诸同志书论校书之难》，《经韵楼集》，南京：凤凰出版社2010年版，第313页。

榷的，双方辩论都直接指出对方在审度上失当之处。换句话说，虽然二人校勘得出的结论有所差异，但理论方法却是一致的。

在顾千里写给段玉裁的信中，可以发现一个有趣的对比。第（二）节的例子中有提到，在《毛诗注疏校勘记》完成后，段玉裁寄所作定本小笺给顾千里，顾看到段坚持原来错误观点，于是写了《与段大令论椒聊经传书》一信给段玉裁，继续商榷这个问题。在文中认为段玉裁改字既不合诸刻本，也不合于日本所传来的古本，颇有武断之处，“此不能无疑者也”，然后论说了自己对这一问题的看法，措辞十分诚恳尊敬①。另一方面，段玉裁寄书给他审定，也说明了二人关系还不错。而在之后的《书毛诗故训传定本后》一文中，他直指段玉裁校勘中有所难通之处，最后下一个“段喜纽合附会”“尤属杜撰”的评价②。我们可以看到，顾广圻前后两文都是就定本小笺中的校勘问题而发，但在交恶前，仅作为就事论事的学术商榷，段玉裁书中的问题也只是其犯的小错，并没有上升到从理论上批判的层面。而在后文中，两人明显已经交恶，行文毫无顾忌客气之语，对于同一书中段玉裁的失误，已经上升到“段喜纽合附会”的严重地步，仿佛段玉裁整个人的学术原则都是靠不住的。从这个例子中，其实反映出二人交恶后，为了在争论中打倒对方，已经不能简单依靠发现对方偶然的学术失误了，而需要从这些失误中归纳出理论性的学术意见，将对方置于自身的对立面加以批判，但这样从意气相争中得出的学术理论，往往具有偶然性，既不足以完全概括对方，也不能与自身契合。笔者想要进一步说明的是，在当时学者的著作中，偶然失误是很常见的事情，所以需要在与其他学者的交流中相互指正。在顾、段交恶前，二人之间的学术商榷也非常频繁，但都是在分歧处各持己见，进行辩论。而在关系恶化之后，双方的校勘理论，其实在很大程度上是为了将对方作为批判的对象而提出的，用之来概括二人复杂的学术实践，其实未必客观。

如前文所述，段玉裁所总结的校勘理想，根植于清中叶对于经

① （清）顾广圻：《顾千里集》，北京：中华书局2007年版，第100页。
② （清）顾广圻：《顾千里集》，北京：中华书局2007年版，第385页。

书刊行历史认识的背景下。顾广圻在毛诗的校勘实践中，辨明注疏合刻前各本所据，实际做到了段玉裁提出的“以孔还孔、以陆还录”与“定底本之是非”的追求。因《礼记·王制》中“西郊”还是“四郊”的争论，段玉裁批评顾广圻道：“经文之不误者，尚惧缘辞生训，所释非其本义，况守讹传缪之经耶？孔氏守唐时讹谬之本，千里又守孔氏所守，至于古本之是者确有可据而不之信，信孔以诬郑，诬郑以诬经，不大为经之害也哉！凡校经者，贵求其是而已。”①可以看出，段玉裁提出“以孔还孔，以陆还陆”，是因为要辨明他们都不是最古的说法，不可以据信。段玉裁指责顾广圻盲目信从孔颖达正义，导致守讹传缪，实际上是对在四郊、西郊的争论中，他持郑注、顾广圻持孔颖达正义为据不满而发的意气之言。看得出来他为了批判顾广圻，有意在塑造二人之间校勘理念似乎对立的形象。其实在第(一)节的例子中，可以看到，顾广圻校勘过程中十分明确提出不可据正义改经、注的意见，而且他还大胆地判断过诸版本皆误的情况，也非守讹传缪之人。

从反面来说，段玉裁的追求是效法刘向、歆父子，校雠诸本以写成定本，称其为“汉人法”，“当改则改之”。在他自己写作毛诗定本的时候，面对《郑风·褰裳》中“子不我思，岂无他士。士，事也”这一文本时，他又显得格外谨慎，他说：“经本作‘事’，传本作‘事，士也’，谓事即士之假借，转写以注改经，又以经改注，经果是士字，何须传乎，前文‘士曰昧旦’何以不传也，‘吉士诱之’‘无与士耽’皆不传。”他根据其他诗的行文方式以及毛传的体例，认定经文当作“事”，而传文应当为“事，士也”，而传本正颠倒了，但是由于没有其他文本的证据，也无《尔雅》《说文》等书的印证，所以在复定之经传中仍然采用了旧本，只是在其下进行案语说明②。既是自己所作定本，又理论确凿的情况下，由于没有版本

① (清)段玉裁：《经韵楼集》，南京：凤凰出版社2010年版，第317页。

② (清)段玉裁：《毛诗故训传定本小笺》，《清经解》，南京：凤凰出版社2005年版，第4903页。

依据，段玉裁依然选择谨慎记下案语，而没有改动原文，从这个角度来说，其实没有做到他自己所说的“当改则改之”，反而更加贴近顾广圻提出的“不校校之”。那么，顾广圻自己有没有在校勘中贯彻“不校校之”的理念呢？袁媛已经提出了，在顾广圻所校的一百六十七种典籍中，其中由他负责校刊的约五十种，而附以校勘记或者考异的仅有十种，可以说绝大多数书他都没有做到“不校校之”①。

顾、段之争的发生导致二人关系彻底恶化，争论中的书信却成为校勘学史上不可或缺的宝贵材料。“不校校之”“定底本之是非”等校勘理念白纸黑字，越来越概念化与规范化。段玉裁、顾广圻所提出的校勘理论对于今天的借鉴意义自不必论，但二人之间是否如书信中所言，在校勘理论上如此对立，则未必然。笔者认为，校勘实践是复杂的，至少在《毛诗注疏校勘记》的书写中，顾、段二人所进行的学术商榷，是在考据是否合适的话题下展开的，与交恶后动辄从具体问题中发挥理论批判对方的情况大为不同。

三、结语

以上所论，是笔者在《校勘记》的书写中，所进行的学术史考察。其中包含了两个话题：一是经学注疏在清代如何被“发现”、认识与厘清，从乾嘉学者的考文活动中展开、认识他们的经学传统；二是讨论在《毛诗注疏校勘记》的成书中以考据为核心的校勘方法，展示阮元幕下十三经局学人的治经理念，并在这一角度下观

① 袁媛认为导致这一现象的原因有三种，一是大多数典籍的校勘未与出版行为挂钩，只是将版本对勘和考证所得记录于自己或他人的藏本之上，无所谓“不校校之”；二是某些典籍情况特殊，底本为钞本而脱讹衍错太多，顾氏因此选择了校订成新定本的方式；三是顾千里几乎在所有校刊的活动中，只是受聘的身份，未必能决定刊刻方式、校勘呈现方式。见袁媛：《也谈“顾段之争”——时代风气与个人治学的交织》，《文献》2016 年第 3 期，第 153 页。

察到，顾广圻、段玉裁二人在校勘分歧处的商榷，实际是围绕着谁的考据方法更为妥当合适进行的，既没有在校勘理念上水火不容，也没有对共同的考据思路加以批判与反思。

随着实学风气的展开，经典注疏之学在清代经历了一个被重新发现的过程，日本《七经孟子考文》也在这一时期传入中国。阮元幕下学人群体，依托江南地区丰厚的藏书底蕴，接过卢文弨重校十三经的愿望，开始讨论注疏合刻的经学文献传刻史，在校勘实际中贯彻各循其底本的理念，在十三经的整理工作上取得的成果承前启后，影响深远。阮刻《十三经注疏》在各种十三经的整理本中脱颖而出，则是因为其有《十三经注疏校勘记》的成就，上海点石斋重校缩印阮刻本前有俞樾作序说："问所据何本，曰：'江西阮刻本也'，余闻之益喜。或曰：'刻十三经何不遵武英殿本而用阮本为？'余曰：'是无它，取其有《校勘记》，有阮文达之为《校勘记》，罗列诸家异同，使人读一本如读诸本。'"①可见，《十三经注疏校勘记》详列诸本异同，定其是非，才是十三经局的工作中真正精华所在。

《毛诗注疏校勘记》是其中考据水平较高的一部作品，以本校记的书写为例，可以管窥在整理经学文献中，阮元学术圈的考据视野和治经理念：一，重视经学内部的连贯性，提出一观点，首先在本经中寻求自证，将本证法推至极致，意谓一经之中，文义语义必定贯彻首尾，始终一致，因此前文可以证后文，前后各处文例可以证明一例；二，归纳经、注、疏各自行文体例，认为彼此各不混淆，比如经文与经文、注文与注文的关系，比之经文与注文，注文与疏文的关系更加密切，在此基础上突破"疏不破注"的理论，提出了"正义自为文"的体例，以此来辨明古今字、正俗字、假借字，并用于校勘；三，明确单经本、经注本、单疏本、注疏本各自传授不同，在校勘中注意辨明各自底本，避免强就此以改彼的情况；四，在校勘中，除了依据版本信息，还十分重视正义中所能包含的

① （清）俞樾：《春在堂全书》第4册，南京：凤凰出版社2010年版，第317页。

古代经学话语，遵古以求是。

另外，由于《十三经注疏校勘记》成于众手，期间难免有所分歧。校记的书写，本身就能够反映阮元学术圈在学术分歧上的折中。《毛诗注疏校勘记》中有不少顾广圻与段玉裁在校勘中意见不一的信息，从这些信息可以看出，二人还是在同样的考据视野和治经理念下，就考据方法的精密性来论各自的意见是否恰当，在理论上却没有对立性的冲突。后来二人交恶，口诛笔伐，通过各自的书信在校勘理念上将对方置于自己的对立面加以批判，自我建构了一种因校勘理念对立而导致冲突的景象。通过二人校勘毛诗的视角，给我们提供了一个认识顾、段之争的新线索。

参考文献

一、基本典籍

[1]（后晋）刘昫等撰：《旧唐书》，北京：中华书局1975年版。

[2]（宋）欧阳修：《新唐书》，北京：中华书局1975年版。

[3]（清）顾炎武著，（清）黄汝成集释：《日知录集释》，上海：上海古籍出版社2006年版。

[4]（清）顾炎武：《亭林诗文集》，上海：上海古籍出版社2012年版。

[5]（清）永瑢等：《四库全书总目》，北京：中华书局1965年版。

[6]（清）卢文弨：《抱经堂文集》，北京：中华书局1990年版。

[7]（清）段玉裁：《诗经小学》卷三十，《段玉裁全书》，南京：江苏人民出版社2015年版。

[8]（清）段玉裁：《毛诗故训传定本小笺》，《清经解》，南京：凤凰出版社2005年版。

[9]（清）段玉裁：《经韵楼集》，南京：凤凰出版社2010年版。

[10]（清）阮元：《毛诗注疏校勘记》，《清经解》，上海：凤凰出版社2005年版。

[11](清)阮元：《十三经注疏》，清嘉庆刊本，北京：中华书局2009年版。
[12](清)阮元：《揅经室集》，北京：中华书局1993年版。
[13](清)桂馥：《晚学集》，《钞稿本乾嘉名人别集丛刊》，北京：国家图书馆出版社2010年版。
[14](清)臧庸：《拜经堂文集》，《续修四库全书》集部第153册，上海：上海古籍出版社2003年版。
[15](清)顾广圻：《顾千里集》，北京：中华书局2007年版。
[16](清)钱泰吉：《曝书杂记》，《丛书集成初编》，上海：商务印书馆1937年版。
[17](清)张鉴等撰：《阮元年谱》，北京：中华书局1995年版。
[18](清)萧穆：《敬孚类稿》，《近代中国史料丛刊》第426册，台北：文海出版社1969年版。
[19](清)俞樾：《春在堂全书》，南京：凤凰出版社2010年版。

二、今人专著

[1]皮锡瑞《经学历史》，北京：中华书局2012年版。
[2]梁启超《清代学术概论》，上海：上海古籍出版社1998年版。
[3]钱穆：《中国近三百年学术史》，北京：九州出版社2011年版。
[4]陈登原：《古今图籍聚散考》，上海：华东师范大学出版社2010年版。
[5]陈垣：《校勘学释例》，上海：上海书店出版社1997年版。
[6]屈万里：《书佣论学集》，台北：开明书店1980年版。
[7]吴晗：《江浙藏书家史略》，北京：中华书局1981年版。
[8]漆永祥：《乾嘉考据学研究》，北京：中国社会科学出版社1998年版。
[9]李庆：《顾千里研究》，台北：台湾学生书局2013年版。
[10]乔衍管：《古籍整理自选集》，台北：文史哲出版社1999年版。
[11]尚小明：《学人游幕与清代学术》，北京：社会科学文献出版

社 1999 年版。
[12]顾永新：《经学文献的衍生和通俗化——以近古时代的传刻为中心》，北京：北京大学出版社 2014 年版。
[13]张宝三：《东亚〈诗经〉学论集》，台北：台大出版中心 2009 年版。
[14]乔秀岩：《北京读经说记》，台北：万卷楼图书股份有限公司 2013 年版。
[15][美]艾尔曼著，赵刚译：《从理学到朴学——中华帝国晚期思想与社会变化面面观》，南京：江苏人民出版社 2012 年版。

三、研究论文

[1]刘盼遂：《段玉裁先生年谱》，《清华学报》，1932 年第 2 期。
[2]汪绍楹：《阮氏重刻宋本十三经注疏考》，《文史》第三辑 1963 年 10 月。
[3]漆永祥：《论顾、段之争对乾嘉考据学的影响》，《古籍整理研究学刊》1991 年第 3 期。
[4]余敏辉：《段、顾之争与校勘原则》，《社会科学战线》1997 年第 3 期。
[5]唐光荣：《阮元、段玉裁与〈十三经注疏校勘记〉》，《达县师范高等专科学校学报(社会科学版)》2004 年第 3 期。
[6]唐光荣：《〈十三经注疏〉中的两类校勘记》，《古籍整理学刊》2004 年第 3 期。
[7]钱宗武、陈树：《论阮元〈十三经注疏校勘记〉两个版本系统》，《扬州大学学报(人文社会科学版)》2007 年第 1 期。
[8]李致忠：《十三经注疏版刻略考》，《文献》2008 年第 4 期。
[9]李慧玲：《〈十三经〉注疏校勘记得以问世的客观条件》，《东南学术》2013 年第 1 期。
[10]袁媛：《也谈“顾段之争”——时代风气与个人治学的交织》，《文献》2016 年第 3 期。
[11]李慧玲：《阮元〈毛诗注疏(附校勘记)〉研究》，华东师范大学

2008 年博士学位论文。
[12]陈浚宽：《阮元〈毛诗注疏校勘记〉探析》，台湾东海大学 2011 年硕士学位论文。
[13]唐光荣：《〈十三经注疏校勘记〉圈（“○”）后案语作者问题考论》，西南师范大学 2001 年硕士学位论文。

寻“趣”入情

——《才子牡丹亭》的情趣化解读探究

2013级　刘东仪

摘　要：《才子牡丹亭》是清康雍年间程琼和吴震生夫妇为汤显祖戏剧《牡丹亭》所作的一部评点专著。该评本风格独特，其中把曲文词汇联想为男女性事或器官的注解方式更是前无古人。对此，学者多以此种注解为美秽掺杂，有导欲之嫌。如果顺着批者颇具“情趣”的视角考察，便能发现批者贯穿始终的审美态度和审美理想。进一步说，这种审美理想与晚明的崇“情”之风遥相呼应，批者对“情中有欲”的宣扬，既是为身体、情欲高调正名，又是理想失落于现实的无奈。

关键词：晚明；情与欲；性事隐语策略；《才子牡丹亭》

前　　言

(一)问题的提出

《才子牡丹亭》是一部罕见且极具个性的《牡丹亭》评点专著，为清康雍年间程琼、吴震生(1695—1769)夫妇所作。① 该书初名《绣牡丹》，程琼逝世后，由吴震生改名为《才子牡丹亭》并刊刻出版，后遭禁毁。在戏曲评点史上，该书的独特之处主要有四。首

---

① 关于程琼、吴震生生平的研究请参看华玮：《〈才子牡丹亭〉作者考述——兼及〈笠阁批评旧戏目〉的作者问题》，《戏曲研究》2000年第00期。

先，不同于前人简略精练的注释，该书批者引用史料进行大量详细论证；其次，该书主观特色明显，笺注中含有大量批者的发挥；再者，该书的论述以情色论为基础，书中有大量性事附会；最后，该书为少见的女性戏曲评点，有强烈的女性意识。其中，批者对“色”的大肆宣扬和对《牡丹亭》情色化的解读尤其值得关注。汤显祖的《牡丹亭》尚“情”，其中虽不避色欲描绘，但并无极致推崇，而《才子》批者①在认同“至情”的基础上，对曲文进行情色化的解读，并以“色情难坏”为《牡丹亭》主旨，这种以“色情”为中心的阐述在《牡丹亭》戏曲评点史上是罕见的。在这种“色情”论述中，最为奇特的是批者以性事隐语作为解注释曲文词汇的策略，对于这种策略，已有学者从不同角度作出评价与理解。

华玮和江巨荣指出：“这样的‘笺注’，一味凭空想象，穿凿附会，连文中词汇都没有了明确的语义。这些奇谈怪论，曲解了汤显祖的本意，破坏了《牡丹亭》的语言美和艺术美。”②

从戏曲评本的功能角度来看，《才子》的批者确有曲解之嫌，但这种策略难道不具备进一步的探究价值吗？笔者在阅读的过程中，感受到《才子》中虽然大量堆砌性事隐语，但批者并非简单地罗列，而是往往以颇具“情趣”的审美眼光玩赏看待自己将男女性事和曲文附会在一起的做法。如果依循她的“情趣”视角作进一步的探究，这种视角反映出的是她对“情趣”境界的追求，即“情”与“欲”的交融状态。这种追求体现出她的审美理想，即肯定躯体、性爱及内在欲求。这种理想又回应着晚明在“至情论”影响下肯定个体价值、推崇个性解放的风尚。

“情趣”一词，概念较为模糊，为方便讨论，笔者在此作出说明。在阅读《才子》之时，笔者感受到《才子》批文中呈现出来的独

① 下文皆以《才子》指《才子牡丹亭》，以“批者”指《才子牡丹亭》的主要作者程琼。

② (清)吴震生、程琼：《才子牡丹亭》，华玮、江巨荣点校，台北：台湾学生书局2004年版，第28页。华玮批评：“这样的‘笺注’，一味凭空想象，穿凿附会，连文中词汇都没有了明确的语义。这些奇谈怪论，曲解了汤显祖的本意，破坏了《牡丹亭》的语言美和艺术美。”

特视角，这种视角颇具情调趣味，这种情趣主要体现在批者常从审美角度赞颂性、情欲、身体。《才子》中处处可见批者对“情趣”的偏好，这种偏好可从两个方面理解。在曲文注释中，她常联想情色，以性事注解词语，并常自诩为妙解，以为颇有审美意味。① 另外，在文义疏通中，批者多以“情趣”“人趣”为追求：

无数冷面粗心，只须评以“少趣”，真擢筋洞髓之笔。自知着肚着转，尤是“趣”人。惟章惇见一门下士，看《易略》，问其说，其人举性命之言。子厚曰“何得对吾乱道”，亟乎左右取杖，哀鸣乃释，反觉得有“趣”。②

“忙处抛人”，喻其事，又似指世间不知情趣却得淫媾者。③

人肠易断，全为多情识趣。④

人趣之异于诸界者，惟牝牡。异于众生者，惟肉色。而禁脔颇多。惟有情之天下，人多欣遂之事，想耽于欣遂之境。⑤

人生在世本无趣，细思之，即牝牡亦无甚趣。难得人弄出一种才情来，遂有许多享人趣者，不然愈觉有生之苦也矣。⑥

批者多次表明自己的审美理想，即对“情”“欲”交织的“情趣”之境的追求，但又感叹世间多只知淫媾之人而少“多情识趣”之人。

① 此点将于下文详细展开。

② （清）吴震生、程琼：《才子牡丹亭》第六出《怅眺》批语，华玮、江巨荣点校，台北：台湾学生书局 2004 年版，第 70 页。

③ （清）吴震生、程琼：《才子牡丹亭》第一出《标目》批语，华玮、江巨荣点校，台北：台湾学生书局 2004 年版，第 6 页。

④ （清）吴震生、程琼：《才子牡丹亭》第一出《标目》批语，华玮、江巨荣点校，台北：台湾学生书局 2004 年版，第 7 页。

⑤ （清）吴震生、程琼：《才子牡丹亭》第七出《闺塾》，华玮、江巨荣点校，台北：台湾学生书局 2004 年版，第 77 页。

⑥ （清）吴震生、程琼：《才子牡丹亭》第十出《惊梦》，华玮、江巨荣点校，台北：台湾学生书局 2004 年版，第 142 页。

“情趣”即指笔者所感受到的批者选用的批注视角，也指批者在文中呈现出来的有关身体的审美追求。这种态度与批者对“情”与“欲”的理解分不开，而批者对这两组概念的理解又似承接晚明之风。另外，“情欲”一词，在文中主要分广、狭两义，广义之“情欲”与“礼教”这一概念相对，主要用来描绘清初时代之情、礼张力；而狭义之“情欲”，则主要指人的自然的欲念，尤其是指对异性的欲望，主要用以讨论批者对“情”与“欲”的看法。①

《才子》批者程琼在评点《牡丹亭》时，以极其坦然的“情趣”视角切入，表现出对“情趣”之境界近乎痴迷和狂热的追求，这种特征是否与晚明张扬情欲的风潮有所契合呢？这种追求又显示出她怎样的心境呢？笔者以为，以“情趣”为线索，探究她对《牡丹亭》主题——“情”的独特理解，可以窥见晚明“至情”跨越时空的力量。

（二）研究回顾

因《才子牡丹亭》一书内容复杂，规模巨大，加上点校本刊行时间晚，学界对该书的研究起步总体较晚。研究成果多以单篇论文为主，主要围绕《才子》文本进行考察。

华玮首先开启了对这本奇书的研究。她在《才子牡丹亭作者考述》一文中，将《才子》与《西青散记》对勘，认为批注为夫妻合注，而《旧评戏目》大抵是吴一人完成。② 其后华玮对《才子》的主要思想以及剧评特色还有其中的女性意识都进行了细致探讨。在《〈才子牡丹亭〉之情色论述及文化意涵》一文中，华玮对评本中情色论述进行解读，指出“色情难坏”为该评本的中心思想，并将评本置

① 关于“情”与“欲”这组概念在历史上的范畴辨析以及在晚明到清初的语境问题，参见［美］黄卫总：《中华帝国晚期的欲望与小说叙述》，南京：江苏人民出版社2010年版，第20-48页。在此章中他指出：“在这期间，伴随而出现的一个有趣现象就是‘情’与‘欲’区别的日益模糊：当肉体的欲望被情感化，情感心理也同时欲化了。”（第29页）

② 华玮：《〈才子牡丹亭〉作者考述——兼及〈笠阁批评旧戏目〉的作者问题》，《戏曲研究》2000年第00期。

于“礼教”与“情欲”的交织中进行考察。①

在《〈牡丹〉能有多危险？——文本空间、〈才子牡丹亭〉与情色天然》一文中，勾勒出批注中既充满感官情色刺激，又不乏社会文化批评的文本空间。② 华玮进一步在《论才子牡丹亭之女性意识》一文中探讨评点者的女性意识及形成背景，认为清初礼教、边缘文人心理、评点者的批注动机以及读者设定都是塑造女性意识的重要因素。③ 华玮还在《性别与戏曲批评——试论明清妇女之剧评特色》中论及《才子》的剧评特色，指出《才子》批者具有女性细腻的视角，重视感悟和同情的理解，并关注戏曲主人公形象和命运。④

江巨荣则另辟蹊径，关注《才子》中大量的历史文献引用现象。在《〈才子牡丹亭〉的历史意蕴》一文中他指出《才子》中罕见的戏曲评点方式的特点和缺陷，并深入挖掘其中的历史意蕴，总结出《才子》批者“以史注曲”的特色手法。⑤ 另外，他在《〈才子牡丹亭〉对理学、贤文的哲学、历史和文学批判》一文中，沿“贤文”一词，从文学、哲学、历史三个层次分析评点者对理学的批判特色。⑥

杜鹃在《〈才子牡丹亭〉初探》中探讨情色思想及性事附会的手法，⑦ 并在《“好色”与“意淫”——〈才子牡丹亭〉的评点旨趣》中对该评本的评点旨趣作出解读，指出《才子》批者标榜“色情”是为了

---

① 华玮：《〈才子牡丹亭〉之情色论述及其文化意涵》，《礼教与情欲：前近代中国文化的后/现代性》，台北：近代史研究所 1999 年版。

② 华玮：《〈牡丹〉能有多危险？——文本空间、〈才子牡丹亭〉与情色天然》，《文化艺术研究》2012 年第 3 期。

③ 华玮：《论〈才子牡丹亭〉之女性意识》，《戏剧艺术》2001 年第 1 期。

④ 华玮：《性别与戏曲批评——试论明清妇女之剧评特色》，《中国文哲研究集刊》1996 年第 9 期。

⑤ 江巨荣：《〈才子牡丹亭〉的历史意蕴》，《南京师范大学文学院学报》2002 年第 2 期。

⑥ 江巨荣：《〈才子牡丹亭〉对理学贤文的哲学、历史和文学批评》，《戏曲研究》2004 年第 3 期。

⑦ 杜鹃：《〈才子牡丹亭〉初探》，复旦大学 2003 年硕士学位论文。

给闺中女子设计逃避苦闷的途径——“意淫”。①

美国学者商伟则试图解读《才子》中的性诠释方式，他将寻根诠释置于晚明以降的文学实践中，指出评点者在晚明戏曲文本小说的影响下，在语汇和诠释两个层面点评文本，于探讨文学和典故之外构建出一个充满性象征的世界。②

高雯、王宁则将《才子》置于《牡丹亭》女性戏曲评点史中加以考察。高雯在《〈才子牡丹亭〉在女性戏曲评点史上的价值》一文指出，《才子》体现女性的戏曲评点能力以及闺阁才媛的精神追求，该评点本起到推动《牡丹亭》的传播和承载批者本身思想的作用。③另外，高彦颐在《闺塾师——明末清初的江南才女文化》一书中以社会性别的眼光，将《才子》一书置于江南地区文化以及情教思想的背景下探讨。④

围绕《才子》文本，学者们已从多个角度给予考察。笔者在阅读该批本过程中，关注到批者在每出开头以大量性事注释曲文词汇，这种注解的方式让笔者产生疑惑，批者为何要在每出开头集中罗列性事隐语？对于此，学者们已有如下观点：华玮推测这可能是批者出于商业目的，为了吸人眼球；还可能是炫耀才华，故意所为；又或者是借此营造香艳氛围，使读者用与以往不同的方式理解《牡丹亭》。但她同时也提到这种营造手法缺少变化，并无明显效果。⑤ 商伟则指出，《才子》批文有分层现象，性事隐语注解和后

① 刘明今、杜鹃：《“好色”与“意淫”——〈才子牡丹亭〉的评点旨趣》，《中国文学研究》2007 年第 3 期。

② ［美］商伟：《一阴一阳之谓道——〈才子牡丹亭〉的评注话语及其颠覆性》，《汤显祖与牡丹亭》（上），台北：中国文哲研究所 2005 年版。

③ 高雯：《〈才子牡丹亭〉在女性戏曲评点史上的价值》，《湖北社会科学》2016 年第 1 期。

④ ［美］高彦颐著，李志生译：《闺塾师：明末清初江南的才女文化》，南京：江苏人民出版社 2004 年版。

⑤ 华玮的解读和分析，详见《〈才子牡丹亭〉之情色论述及文化意涵》，《礼教与情欲：前近代中国文化的后/现代性》，台北：近代史研究所 1999 年版，第 243-245 页。

续的曲文疏通并不连贯。另外，他将这种手法和晚明的文学实践联系起来，探索这种写作模式的叙述母题来源。他认为，这种独特评点方式的思想和语汇来源可以追溯到晚明以降以身体、性、情欲为主要题材的戏曲文本小说。① 杜鹃则从《才子》的女性读者角度切入，指出这种性事附会“或许正是当时人们，包括闺中女子，谈论小说戏曲的一种习尚”。她指出《才子》批者这样做的目的是为了满足闺中女子的“意淫”需求。② 她还提出批者的做法受“明清大肆泛滥的色情小说的影响”。③ 另外，在她看来这种附会“很有特点，几乎前无古人，后也无来者”，“有的展现了男女性事的美感，有的则极其秽亵庸俗”④。

上述学者将晚明视作一个重要影响因素，笔者以为较有启发。但是杜鹃只略为提及晚明的色情小说，并无进一步展开，而商伟则以戏曲小说的写作模式为着力点，但未从作者对“情”之理解以及这种理解和晚明风尚的关联方面做出阐述，如果从商业目的来分析，又似乎流于表层，难以深入批者的内心思想。另外，对《才子》批文美秽参半的看法更多地是站在研究者的角度给出的评价，笔者以为，无论他人以为是美还是秽，如果抓住批者的“情趣”视角就会发现，批者眼中的性事、男女躯体以及人体的自然需求都是极具美感的。除此之外，《才子》的批文，如果从注释的内容来看，

---

① 具体论述见商伟《一阴一阳谓之道：〈才子牡丹亭〉的评注话语及其颠覆性》，《汤显祖与牡丹亭》(上)，台北：中国文哲研究所 2005 年版，第 441 页。他指出这种在戏曲评点上不常见的方式，在评点之外文学领域可以找到共同的公共话语。评点《金瓶梅词话》《山歌》《挂枝尔》都与《才子》有异曲同工之处。

② 杜鹃总结：“闺中妇女爱读《牡丹亭》，无以发泄性的苦闷，或许便如程琼所提倡的那样，驰骋想象，以想求梦，在白日梦中完成了‘意淫’，于是便作出了如此这般奇特的附会。”刘明今、杜鹃：《“好色”与“意淫”——〈才子牡丹亭〉的评点旨趣》，《中国文学研究》2007 年第 3 期，第 208 页。

③ 杜鹃：《〈才子牡丹亭〉初探》，复旦大学 2003 年硕士学位论文，第 26 页。

④ 杜鹃：《〈才子牡丹亭〉初探》，复旦大学 2003 年硕士学位论文，第 24 页。

确实有分层，批者并未将自己对曲文词汇的注释贯穿到后续的串讲中去。但据笔者观察，情趣视角实则贯穿两部分注解甚至全文，如果从这个视角进入，以“情趣”作为线索，是否能更好地提炼批者对于“情”的独特理解？把这种理解和晚明的崇“情”风尚相连，是否可以得出不同于写作模式借鉴这个层次的联系呢？如果考虑到批者的闺阁女性身份，我们是否可以对这种策略作出新的阐述呢？如果把这种理解放在整个从晚明到清初的“礼教”与“情欲”的张力下去看待，批者这一举动又有何种意义呢？综上，笔者以为，“情趣”作为一个批者独特的审美视角和审美追求，值得进一步展开。

二

《才子》中大量性事隐语使得该评本充满情欲意味，批者似有意选用如此具有感官刺激的方式：

> 我恨形寿易尽，不能与后来闺秀少作周旋，愿得为洒翰事姑之媚媳，以娱之。彭绣衣女，性嗜酒，尝结女社，谈经济，我又请得为挥觥鼓掌之豪伴，以悦之。①

批者在《才子》序中明确指出她的创作具有针对性，想要借此批本来娱悦闺阁女性。《牡丹亭》自问世以后便备受关注，尤其受到江南闺阁女性读者群的追捧。对于《牡丹亭》在这类有着较好物质水平和较高受教育水平的女性中的风靡情况，程琼在《才子》序中也有记载：“盖闺人必有石榴新样，即无不用一书为夹带者，剪样之余，即无不愿看《牡丹亭》者。”②可见《牡丹亭》之受欢迎程度。《牡丹亭》的风靡使得女性读者不再局限于闺阁当中，她们借阅读

① 程琼：《才子牡丹亭序》，《才子牡丹亭》，台北：台湾学生书局2004年版，第vi页。

② 程琼：《才子牡丹亭序》，《才子牡丹亭》，台北：台湾学生书局2004年版，第vi页。

进入一个更广大的世界，这种由阅读带来的信息共享和情感共振在《牡丹亭》的女性读者群中创造了一个浮世①。在这一浮世中，《牡丹亭》的女性读者群以“情”为纽带，逐渐凝聚了跨越时空的精神力量和历史使命。程琼在《才子》序中提到她希望把“金针度人”，为女性读者提供拓宽知识面的管道，并借此批本娱悦后来闺秀。② 这根“金针”上附着的是她对《牡丹亭》独特的理解，这种理解主要体现在她对情欲、身体的高度自觉和推崇上。程琼不满于前人评论《牡丹亭》中有关性、情欲主题时“犹抱琵琶半遮面”的态度以及“隔靴搔痒”的方式③，她试图揭开《牡丹亭》阅读“浮世”中一直遮掩的面纱，让这一“浮世”中的读者“开未得”的“艳想”得到安慰。④ 在这种动机的指导下，她有意借性事隐语的堆砌，燃起情色气氛，不仅在笺注中处处点出主人公情欲之所生所向，还时时提醒读者关注戏剧主角的情欲，使读者在关注主人公情欲之余，进入自我的情色想象。这种想象让读者与批者一起，进入女性私密的浮世，感受跨越时空的情欲共振。

以上，笔者从《牡丹亭》女性读者群的角度，描绘了《才子》中的情欲世界。但若要对这种情欲氛围做进一步分析，则需具体分析批者用以描绘情欲的性事隐语策略的具体手法和特点。《才子》对

① 笔者受高彦颐启发，以“浮世”一词代指女性读者通过阅读而将自己置于闺阁世界之上，在幻想和现实之间和其他读者获得精神的联结。高将本来指对日本城市隐喻的“浮世”用来描述小说和戏曲的女性读者体验。详见高彦颐：《闺塾师：明末清初江南的才女文化》，南京：江苏人民出版社 2004 年版，第 32 页。

② 程琼：《批才子牡丹亭序》，《才子牡丹亭》，台北：台湾学生书局 2004 年版，第 vi 页。“作者当年‘鸳鸯绣出从君看’，批者今日‘又把金针度与人’矣。”

③ 三妇本及《吴吴山三妇合评牡丹亭还魂记》，由康熙年间吴仪一三妇陈同、谈则、钱宜相继合评而成，该本是程琼阅读《牡丹亭》的底本。

④ （清）吴震生、程琼：《才子牡丹亭》第二出《言怀》批语，华玮、江巨荣点校，台北：台湾学生书局 2004 年版，第 23 页。批者评“心似百花”，谓：“作者自喻其艳想无边无量‘开未得’。艳想既丛�櫰如此，不似君王安得舒展此心之目耶！”

《牡丹亭》的解读呈现“趣化”的特点，这种“趣”首先体现在批者对曲文中“亵喻”的注释上。程琼在《批才子牡丹亭序》中明言“尔依诸人所训，将亵欲一一注明……”①，她所言的“亵喻”是把某些词语比喻成对性事或男女器官的附会，这种喻体和本体的关系需要通过情色联想来理解。试看《言怀》批语：

杨“柳”倒看乃似男根，出陶穀《清异录》。柳颇似丘头，俗名漏春和尚……“雨打”喻女根于男，“风吹”喻男根于女……有人在楼下，论男根，或曰筋，或曰气……又元人有“养三寸元阳气”语。浩然之气，元曲已见。②

《言怀》是介绍柳梦梅的一折，开头介绍了他的出身于“河东旧族”“柳氏名门”。③ 但在《才子》批文中，批者却释“柳”为“男根”，并试图在《清异录》中为其找到历史依据。笔者考察《清异录》，其中确有关于“柳”的记载：

新栽柳树，必用泥固济其木，颇类比丘顶相。元伯玉宅前插柳，初春吐芽，伯玉曰：“且得漏春和尚一一无恙。”盖取杜子美“漏泄春光有柳条”之句。④

《清异录》为宋人陶穀所撰，搜罗唐及五代异名新说，类聚名物加以说解。陶穀所载“柳”，形似比丘顶，如如来头顶的肉髻，别名“漏春和尚”。“漏春和尚”一词出自杜甫《腊日》“侵陵雪色还

① 程琼：《才子牡丹亭》序，《才子牡丹亭》，台北：台湾学生书局2004年版，第vi页。

② 程琼：《才子牡丹亭序》，台北：台湾学生书局2004年版，第15页。

③ “［真珠帘］（生上）河东旧族，柳氏名门最。论星宿，连张带鬼。”（清）吴震生、程琼：《才子牡丹亭》第二出《言怀》批语，华玮、江巨荣点校，台北：台湾学生书局2004年版，第13页。

④ 陶穀：《清异录》，《清异录，江淮异人录》，上海：上海古籍出版社2012年版，第33页。

萱草，漏泄春光有柳条”句，① 用以形容气候回暖，冰雪消融时候，渐有的春日气息。可见在陶穀的记载中，并无以“柳”为“男根”之义，不知《才子》批者如何得出两者的关联？与之相似的是，批者将“气”同样解作“男根”，指出这种比附“元曲已现”。但批者所引“养三寸元阳气”，实出自元人赵显宏所作《殿前欢·闲居》中“下长生不死棋，养三寸元阳气，落一觉浑沦睡”句②，以形容山林之乐，也无“男根”附会义。批者所注的“亵喻”似乎并无严格历史例证，更似具有主观随意性。

综观全书，批者注明“亵喻”历史出处的做法并不多，更多时候是直接附会。批者的注释策略是在每出开头先注明性事隐语，常以动物、植物、日常用品及工具、自然现象、衣服饰品，甚至是形容词、数量为喻体，来代指男根、女根。不仅附会种类多，批者更恨不得将所有曲文的词汇都做性事隐语解。在《旅寄》一出批语的开头部分，批者以“人”“寒冻”“吊水”“槎牙饿鸢”指男根，以“路”“三水船儿到岸开”“草包”“瓦窑”“天”“鸟巢”指女根，另以“雪”喻精、“星”喻茎端、以“擎天柱”“架海梁”形容男根的长和壮大；以“叶”喻女扉、“衾”喻女囊、“险折腰”形容女根之滑。③ 各类名词在批者眼中皆有艳义。除此之外，批者也常附会男女性事。如批

① 全诗为“腊日常年暖尚遥，今年腊日冻全消。侵陵雪色还萱草，漏泄春光有柳条。纵酒欲谋良夜醉，还家初散紫宸朝。口脂面药随恩泽，翠管银罂下九霄。”

② 全曲为“去来兮，东林春尽蕨芽肥。回头那顾名和利，付与希夷。下长生不死棋，养三寸元阳气，落一觉浑沦睡。莺花过眼，鸥鹭忘机。去来兮，桃花流水鳜鱼肥。山蔬野菜偏滋味，旋泼新醅。胡寻些东与西，拼了个醒而醉，不管他天和地。盆干瓮竭，方许逃席。去来兮，生平志不尚轻肥。林泉疏散无拘系，茶药琴棋。听春深杜宇啼，瞻天表玄鹤唳，看沙暖鸳鸯睡。有诗有酒，无是无非。去来兮，楚天霜满蟹初肥。黄花似得渊明意，开遍东篱，笑山翁醉似泥，喜稚子诗能缀，爱仙果甜如蜜。烟萝路绕，车马声稀。题歌者楚云楚云闲，任他孤雁叫苍寒。去留舒卷无心惯，聚散之间。趁西风出远山，随急水流深涧，为暮雨迷霄汉。阳台事已，秦岭飞还。”

③ （清）吴震生、程琼：《才子牡丹亭》第二十二出《旅寄》，华玮、江巨荣点校，台北：台湾学生书局 2004 年版，第 325 页。

者以“暗影”指男女交合时因男性身体遮挡，女根隐于阴影之中①，以“风声”形容交合之迅猛②。

批者不厌其烦于每出开头罗列大量“亵喻”，似乎沉溺于性事，一味以追逐情欲为乐，她将自己的批本与春宫图作比，自言“看此批本《牡丹亭》，岂不胜看仇唐名手所绘春宫图耶”③。但是，如果我们再进一步考察批者的注解态度和附会内容，可以发现批者对待附会的态度并不鄙俗，而是颇具玩赏品味色彩。批者曾在《欢挠》的批语中列举她在书中用来附会女根的词汇：

> 书内如春心玉液、翠香红酸、笑眼生花、凤尖俏眼、云摇月躲、无家瑶阙、雨丝风片、雨香云片、玉兰烟幕、笑眼欢容、幽窗冷雨、桂窟冰蟾……一段伤心、三分门户等语，其喻女根，既如此之确当，又如此之清丽。后不用作咏美人典故者，必非解事儿矣。④

女性性器在批者眼中如美人一般，值得用各种绮丽娇艳的词汇赞咏。批者眼中的情欲世界并不淫邪，反而充满美感。她的附会极具想象，甚至诗情画意。除以上所载，她亦将“香烛”“柳”“芍药”比作“男根”，将“绣夹书囊”“渲腮筛影”“花”比作女根。批者似也乐在其中，经常在注解之后感叹自己的联想之妙，如她评到“‘人立’则女根似‘小庭深院’，寓意巧妙”，“‘步髀意软’背着女根解

① （清）吴震生、程琼：《才子牡丹亭》第三十出《欢挠》批语，华玮、江巨荣点校，台北：台湾学生书局2004年版，第417页。

② （清）吴震生、程琼：《才子牡丹亭》第三十二出《冥誓》批语，华玮、江巨荣点校，台北：台湾学生书局2004年版，第440页。

③ （清）吴震生、程琼：《才子牡丹亭》第十四出《写真》批语，华玮、江巨荣点校，台北：台湾学生书局2004年版，第211页。

④ （清）吴震生、程琼：《才子牡丹亭》第三十出《欢挠》批语，华玮、江巨荣点校，台北：台湾学生书局2004年版，第421页。

之，方见意趣”①，“‘嫣然一笑’描摹女根甚丽”②，“‘空蒙笼沙’喻男根已出时，可谓神肖矣”③，在程琼的眼中，对各类名词进行性事附会更似巧解，颇可把玩。可见批者似崇“欲”，实则更尚“趣”，这种“趣”正是她审美视角下的产物。

批者不仅对性事隐语作审美化的解读，有时甚有戏谑意味，让读者忍俊不禁。《旅寄》讲柳梦梅于暮冬时节北上进京赶考，不料受寒而病，摔倒在冰天雪地里，恰好遇到杜丽娘授课老师陈最良搭救，陈最良感慨他孤身取试、受此辛苦，叹道“你自揣高中的，方可去受这等辛苦”④。《才子》批者却挖苦道“‘自揣高中方可去’又嘲其深，而笑男根之多短”⑤，竟言此句嘲弄男根尺寸短小。又如《急难》一出中柳梦梅去迟科试，幸逢“旧知交”才得补上考试，后又因杜丽娘爹娘消息不明，感叹道“直恁的活擦擦、痛生生，肠断了”⑥。《才子》批者却称“‘旧知交’，亦谑意”，称“‘活擦擦、痛生生’虐谑易明”⑦，笔者似可想见其偷笑状。

除了从释义部分可以窥知批者的情趣化解读特点，笺注部分也处处有“趣”。商伟指出：“释义的部分将语词从上下文中孤立出来而一一给予索引式的诠释，但后一部分的笺注，因为着眼于句子和

① (清)吴震生、程琼：《才子牡丹亭》第十出《惊梦》批语，华玮、江巨荣点校，台北：台湾学生书局2004年版，第126页。

② (清)吴震生、程琼：《才子牡丹亭》第三十出《欢挠》批语，华玮、江巨荣点校，台北：台湾学生书局2004年版，第417页。

③ (清)吴震生、程琼：《才子牡丹亭》第二十八出《幽媾》批语，华玮、江巨荣点校，台北：台湾学生书局2004年版，第389页。

④ (清)吴震生、程琼：《才子牡丹亭》第二出《旅寄》，华玮、江巨荣点校，台北：台湾学生书局2004年版，第324页。

⑤ (清)吴震生、程琼：《才子牡丹亭》第二出《旅寄》批语，华玮、江巨荣点校，台北：台湾学生书局2004年版，第325页。

⑥ (清)吴震生、程琼：《才子牡丹亭》第四十四出《急难》，华玮、江巨荣点校，台北：台湾学生书局2004年版，第558页。

⑦ (清)吴震生、程琼：《才子牡丹亭》第四十四出《急难》批语，华玮、江巨荣点校，台北：台湾学生书局2004年版，第560页。

段落的连贯性而时有通便之说。”①在《才子》中，释义部分是相对孤立的，批者在此部分将“譬喻”集中注明，而在后一部分的“通便之说”中，批者依旧保留着她的情趣视角，如她释“杜丽娘”三字：

> 从阴华丽之名触得，即花娘也。肚中有花，岂不“丽”乎！又肚里娘也，知好色则慕肚里花，甚于慕其母，岂非肚里娘乎。②

她将杜丽娘名字做了一番联想，称女主人公肚里有花，故名中有“丽”，以形容其艳丽，肚中不仅有花还有娘，难怪她慕色胜过于慕其母。在批者眼中，杜丽娘三字多了些命运的意味。肚中之花只有自己可见，他人无法欣赏，正如杜丽娘“爱好天然”，娇丽如花，却恐青春易逝，无人解自身之好，注定舍弃人世间的一切“慕色而亡”。实为构思巧妙，富有趣味且给人启发。

《才子》批文前一部分的释义中虽有大量性事隐语，但批者似乎无意单纯追逐性事，而更似以赏玩的态度进行审美活动，认为男女性器及交合之事颇具美感。在后一部分笺注中也呈现出这种情趣化解读的特征。

二

如果我们进一步追问批者以情趣化的视角解读《牡丹亭》的原因，笔者认为应该回到批者对《牡丹亭》主题——“情”的理解上。这种情趣的解读与她对“至情”的理解分不开：

① 商伟：《一阴一阳谓之道》，《汤显祖与牡丹亭》(上)，台北：中国文哲研究所2005年版，第436页。

② (清)吴震生、程琼：《才子牡丹亭》第三出《训女》，华玮、江巨荣点校，台北：台湾学生书局2004年版，第32页。

惟于譬喻猥亵之处，仍旧别有至情至理，悉成绮语藻思，故为天仙化人之笔，若使他手效颦，则俗不可耐矣。①

正因为有“至情至理”，这类譬喻才成为“绮语藻思”“天仙化人之笔”，从而与俗套的猥亵之语区分开来。可见在批者看来，肉欲之事不落淫邪是因有“情”的滋养。反之，人若执著于肉欲但却无“情”便也可以称猪狗了：

欲心与情迥别者，欲只取其事，心存人尽夫也之心，虽有古今情至之诗词文章，彼亦不解，虽有极聪明解事之人当其前，彼亦不必辨。若情则释不知情而但知欲之人如狗彘，必聪明付与聪明手矣，无他分于“痴”与“不痴”耳。有情者以“痴”故妙，但有欲者，以不“痴”为不妙也。②

批者将“情”与“欲”(肉欲)区别开来。男女双方，只要有一方有“欲”无“情”，则无论这人知晓多少至情文章，无论对方有多聪明善解，双方依旧不得相解相通。批者又言有情之人不会像只知晓“欲”的人一般以获得交合的快感为驱动，而以对“情”的痴迷为内在动力。显然，批者认为“情”与单纯的肉欲，即狭义的“欲”是对立的。

批者又言“欲”分三品：

中品欲者，若离境界不恒生心。下品欲者，但共言笑，欲情即歇。皆不足为“你情我意”。上品欲者，无惭无愧，恒思欲境，心心相续，惟见妙好。而我以心推穷寻逐，微细揣摩，

① (清)吴震生、程琼：《才子牡丹亭》，华玮、江巨荣点校，台北：台湾学生书局2004年版，第126页。

② (清)吴震生、程琼：《才子牡丹亭》第十八出《诊祟》批语，华玮、江巨荣点校，台北：台湾学生书局2004年版，第265页。

昼夜专念，心着难舍，连持不绝，庶几“你情我意”。①

批者以“欲”释“你情我意”，欲若为下品，“欲”与“情”明确有别，男女双方“欲情即歇”，只能在很浅的层次有所互动。若为中品欲，则“情”不恒久。只有上品欲方能使双方互通心意，情坚且长。从下品欲到上品欲，男女双方情意互通的程度不断加深，“欲”与“情”的界限也越来越模糊，在上品欲处，则双方终于情投意合。显然，在批者欣赏推赞的上品欲中，“欲”与“情”水乳交融，而在其他两种“欲”则与“情”有不同程度的分离。批者的这一观点又与她所言“情为得欲，而不全起于欲”②一句相合。“情”不全起于“欲”，也正说明“欲”能生“情”，这生“情”之“欲”也是在上品欲境界了吧。批者在《标目》批语中也讲到“‘忙处抛人’喻其事，又似指事间不知情趣却得淫媾者”③。只知淫媾者为肉欲所驱动，完全不懂“情趣”为何物，而这种“情趣”正是“情”与“欲”交融的状态。她还将这种状态和“无情之欲”作进一步的区分：

人肠易断，全为多情识趣。尝谓徒欲不足以死人，有情之欲使足以死。经过有情之欲者，徒觉欲之绝无味也。④

“有情之欲”便是这“情”“欲”交融的境界，这种境界只有“多情识趣”之人才懂其中妙处，只知“欲”的人无法体会。批者推崇《牡丹亭》的“至情”，但这种推崇中增添了她对“情”的独特理解，即对“情”“欲”和谐境界的向往。在这种理解之下，批者以情趣化

① （清）吴震生、程琼：《才子牡丹亭》第二十出《悼殇》批语，华玮、江巨荣点校，台北：台湾学生书局2004年版，第296页。

② 《才子牡丹亭〈原序批语〉》，（清）吴震生、程琼：《才子牡丹亭》，华玮、江巨荣点校，台北：台湾学生书局2004年版，第2页。

③ （清）吴震生、程琼：《才子牡丹亭》第一出《标目》批语，华玮、江巨荣点校，台北：台湾学生书局2004年版，第6页。

④ （清）吴震生、程琼：《才子牡丹亭》第一出《标目》批语，华玮、江巨荣点校，台北：台湾学生书局2004年版，第7页。

角度评点《牡丹亭》曲文也不难解释了。

批者对于“情”的“欲”化理解也表现在她对于“肉色”的推崇上。《才子》将“色”(美色)与“情”并举，标榜“色情难坏”①，批者又言“色情难坏，尤以肉”②。批者对于“肉色”的推崇坦率而又直接：

> 玉茗此书，只是特阐色情之难坏，又以此处“肉”字为主，见得人间即以“肉”为胜事，则天上若使非肉，亦不愿生西方。既然非“肉”亦不愿往，宁可轮回受此“好肉”耳。……诸天相视成阴阳，须解得妙相。近者“团肉成片”，相视者交媾时互视亵处也。身身相视尤妙。不是一夫一妻也，曼持天地尤若生酥，况于天身，岂无“肉”相？如来随众生机，亦必幻出广博好“肉”。其然，则蠢肉痴皮有如猪彘者，亦可以息淫机矣。③

批者爱“情”不减又极喜“肉色”，直言若是天上无肉，宁愿轮回人间，又言如来也本肉身，若要度化众生也需幻化出好“肉”。人的“肉色”在她眼中如此美好，简直是人间之极乐胜事。她感叹道“人趣之异于诸界者，惟牝牡。异于众生者，惟肉色”④，男女之“肉色”更是成为天地间人之独特性所在。

批者对“肉色”的推崇并不只在为其摇旗呐喊，更在品评：

---

① 关于批者对“色情难坏”的具体论述可参看华玮：《〈才子牡丹亭〉的情色论述及文化意涵》，《礼教与情欲：前近代中国文化的后/现代性》，台北：近代史研究所 1999 年版，第 224 页。

② (清)吴震生、程琼：《才子牡丹亭》第十出《惊梦》批语，华玮、江巨荣点校，台北：台湾学生书局 2004 年版，第 156 页。

③ (清)吴震生、程琼：《才子牡丹亭》第十出《惊梦》批语，华玮、江巨荣点校，台北：台湾学生书局 2004 年版，第 157 页。

④ (清)吴震生、程琼：《才子牡丹亭》第七出《闺塾》批语，华玮、江巨荣点校，台北：台湾学生书局 2004 年版，第 77 页。

> 骨秀而细，肉滑而柔，为“娇香种”。少女之妙，全在手足汗多，此津液有余而气足，所为香泽是已。以娇柔多汗之手折柳，柳无不起。以娇柔多汗之汁之足入握入鼻，何须诺龙耶。①

批者对少女身体的评玩细致入微，极富情趣，手足汗液在她眼中也成为妙之所在。

批者如此痴迷“情趣”当然少不了“才”的助力。来看《如杭》批语：

> 无“才”者虽有“情”，不能引之使长，濬之使深，是“才”者“情”之华，亦“情”之丹也。有“色”无“情”，则“色”死；有“色”无“才”，则“色”止；是“情”者“色”之焰，“才”者“色”之神也。然徒有“情”，亦终不能代“色”；徒有“色”者，必非绝世之“色”，果有绝“色”，必无无“才情”者，以绝色是父母“才情”所结也。②

“才是一种审美禀赋”③，这种禀赋使得“情”长而深。而“色”如“情”之明焰，使“情”更为耀眼和灼热。“情”在与“色”“才”的交织下，更为丰富饱满。

在批者眼中，“情”与单纯的肉欲对立，但是“情”中若没有性爱也不完整。“情”“欲”交织可享“肉色”的“情趣”境界才是作者所向往的。批者强调的似乎是“彼此才貌相衬、情意相通、

① （清）吴震生、程琼：《才子牡丹亭》第二十出《悼殇》批语，华玮、江巨荣点校，台北：台湾学生书局2004年版，第294页。

② （清）吴震生、程琼：《才子牡丹亭》，华玮、江巨荣点校，台北：台湾学生书局2004年版，第513页。

③ 华玮总结“才”为“直接遗传自父母的先天禀赋，一种既能弘大和深化审美的自觉（“情”），又能引导和保障整个审美判断得以顺利完成的能力”。详见华玮：《〈才子牡丹亭〉的情色论述及文化意涵》，《礼教与情欲：前近代中国文化的后/现代性》，台北：近代史研究所1999年版，第234页。

灵肉合一的亲密感情关系"①，在这种关系中，"情"与"欲"是和谐交融的，"欲"是具有审美特色的，对"肉色"的追求是正当的。

三

18世纪的中国，在官方的大力宣扬之下，礼教大行其道。但在"礼教复兴"的主旋律之下，"情欲觉醒"却又同时存在。② 礼教的复兴和情欲的觉醒在各个层面都有所体现，两者相生、相争、棉絮不断③，这种牵扯不是简单的"压迫—反抗"模式，而更趋向一种张力结构④。从晚明到清初，在情欲与礼教的张力之下，"情""欲"的关系也呈现较为复杂的变化。回到《才子》评本本身的附会策略，杜鹃指出这种附会模式受到明清大肆泛滥的色情小说的影响。⑤ 若将《才子》中情趣化视角下的"情"与"欲"放置晚明来看，是否与当时有继承的一面？这种继承又该如何理解呢？

---

① 华玮：《〈才子牡丹亭〉之情色论述及其文化意涵》，《礼教与情欲：前近代中国文化的后/现代性》，台北：近代史研究所1999年版，第241页。

② 李孝悌：《18世纪中国社会中的情欲与身体——礼教世界外的嘉年华会》，《恋恋红尘——中国的城市、欲望和生活》，上海：上海人民出版社2007年版。有关情欲主题的民间小戏情歌通过卖唱妓女、流动商旅的口头传唱和俗曲的唱本贩卖在多种场合、各类阶层回响流行，《霓裳续曲》《白雪遗音》《缀白裘》等情歌小戏选集中皆可见繁复多端的情欲表达。

③ "礼教与情欲当然不是打开晚近中国问题的唯一锁钥，其他足以鞭辟而入里的主题与角度仍多。但礼教与情欲之争执、相生、绵延不断，在中国历史上确已牵扯多时。"见华玮：《引言》，《礼教与情欲：前近代中国文化中的后现代性》，台北：近代史研究所1999年版，第5页。

④ "张力结构"原是江晓原针对"性压抑"模式所提出的新模型。笔者认为"礼教"与"情欲"也有类似模式。详见江晓原：《性张力下的中国人》，上海：东方出版中心2006年版，第8页。

⑤ 杜鹃：《〈才子牡丹亭〉初探》，复旦大学2003年硕士学位论文，第26页。

晚明时期，“情”与“欲”这一组概念备受争论，两者的意涵和相互间的关系也处在动态变化当中。① 笔者以为《才子》批者对“情”与“欲”的看法与晚明时期的一部小说集《弁而钗》有相似之处。《弁而钗》是晚明时期醉西湖心月主人所写的一部以才子佳人叙述模式为基础的男风小说②，分《情贞记》《情侠记》《情烈记》《情奇记》四记，每一记单独为一段男风故事，每段故事都极力渲染男同性恋之间的“情”。在每段“情”中，“欲”都是一个重要因素，每对有情人的爱恋纠缠都离不开肉欲。

《情侠记》所描绘故事模式很是有趣，秀才钟图南被张机的美貌所迷惑，进而用计与其发生关系，事后张机大怒，欲当场手刃秀才。但是当钟图南表白自己的真情并表示愿意被张机斩首之后，事情发生转折，张机原谅了秀才，最终两人互定情意。张机和钟图南的恋情可谓始于“色”而终于“情”，因“色“而生的“欲”在真“情”的升华下未有不堪，这种极端做法反而成为秀才痴情的表现。在《情贞记》中，风翔对赵王孙一见钟情，以痴情打动了赵王孙并发生关系，两人因“情”而生“欲”，又因“欲”而定“情”，之后“夜夜同宿，相爱相亲”③。在这段故事中有一个小插曲，赵王孙在确定了对风翔的感情后，遭到杜忌、张狂两人的轻薄，但他的表现非常刚烈，直言“吾头可断，吾膛可破，吾身不可辱”④。在面对没有“情”参与的“欲”时，赵王孙的以死相逼也可视作他对单纯肉欲的鄙视和厌恶。

---

① 参见黄卫总：《中华帝国晚期的欲望与小说叙述》，南京：江苏人民出版社 2010 年版，第 20-47 页。在第二章中他专门分析中华帝国后期的“情”的争论。他提到士人利用“情”这一概念的模糊性对其作出不同的阐释，“情”在他们眼中有离“欲”，有时又含“欲”。

② 才子佳人的模式主要体现在注重突出人物设定的主动和被动以及其“才”“色”“德”，结局美满。

③ 醉西湖心月主人：《弁而钗》，《明代小说辑刊·第二辑》，成都：巴蜀书社 1995 年版，第 820 页。

④ 醉西湖心月主人：《弁而钗》，《明代小说辑刊·第二辑》，成都：巴蜀书社 1995 年版，第 824 页。

黄卫总指出：“‘肉欲’被视为‘情’的一个不可少的组成部分，只有在没有了‘情’的要素或变为‘薄情’之时欲望才会沦为贪欲。”①这种观点与《才子》中对“情”与“欲”的看法较为接近，两者同样是包容甚至赞许“至情”与“欲”的融合，却又不屑单纯的肉欲。

在《情侠记》中，风翔对赵王孙的表白：

情之所钟，正在我辈。今日之事，论理自是不该，论情则男可女，女亦可男，可以繇生而之死，亦可以自死而之生。局于男女生死之说者，皆非情之至也。②

这一表白与汤显祖于《牡丹亭》中所发论断极为相似：

情不知所起，一往而深，生者可以死，死者可以生。生而不可与死，死而不可复生，非情之至也。……嗟夫！人世之事，非人世所可尽。自非通人，恒以理相格耳！第云理之所必无，安知情之所必有邪！③

汤显祖为“情”雄辩，强调“情”与“理”相对，并具有超越生死的力量。《弁而钗》的作者则将主情论进一步扩展到男风的情感世界，在这个世界中，男风之情也像《牡丹亭》中一样有着超越生死的力量。

---

① 黄卫总：《中华帝国晚期的欲望与小说叙述》，南京：江苏人民出版社 2010 年版，第 60 页。黄在本书中的欲望主要是指西方所用“desire”，与本文中笔者所用”情欲“一词较为相近，“情”与“欲“这组中国本土概念都在欲望的范畴之内。

② 醉西湖心月主人：《弁而钗》，《明代小说辑刊·第二辑》，成都：巴蜀书社 1995 年版，第 818 页。

③ （清）吴震生、程琼：《才子牡丹亭〈原序〉》，华玮、江巨荣点校，台北：台湾学生书局 2004 年版，第 1 页。

晚明时期盛行崇情风潮，汤显祖、冯梦龙皆为主情论的主将。但是在这一风潮之下，“情”与“欲”这一组概念的界线始终复杂。“情”在文人的推崇下，逐渐成为至高的价值和赞颂的对象，很多小说和戏剧都以“情”为核心主题。但面向大众需求的戏剧、小说的流行也使“情”这一概念愈加趋向世俗化和欲化，和“欲”之间的区别逐渐模糊。这种欲化趋势对作为崇高情感价值的“情”形成压力，促使以汤显祖为首的晚明作家出来为情辩护①。他所创《牡丹亭》中敢于正视自己内心强烈的情感需求，并依循此情反抗“贤文”，出入生死以追求自己生命的幸福的以杜丽娘为标志的人物形象，也鼓励着后世直视这极强、极深、极广的自然而生的情感。

在这一层意义上，《才子》主要批者程琼选用情色论调的方式注解曲文，大颂“肉色”，更似回应《牡丹亭》文本中承载的跨越时空的晚明遗风。她顺乎性情，在批文中大肆渲染情色，尽情展现自己对“情趣”境界的追求以及对情意相投、灵肉和谐的两性关系的神往。这一切虽有人以为极端导欲、颇为畸形②，但笔者以为，程琼对“情趣”的极度执著，更是她对自己的理想追求的一种放大。这种极度执著，从一个方面显示出她在《牡丹亭》阅读、创作的“浮世”里，得以摆脱世间“禁脔”，真正以个独立体姿态审视和接纳人天然的身体、情欲、性之内涵。在《牡丹亭》“至情”思想这一强大力量鼓舞下，她以极端姿态接纳对人的天然躯体及伴随的需求，以评点本为媒介，在“贤文”盛行的时代发出震撼之音。另一方面，这种极端更体现出她对现实的无可奈何。批者在自己堆砌的情色世

① 关于晚明“情”“欲”意涵的界定以及两者关系的发展轨迹，黄卫总在《中华帝国晚期的欲望与小说叙述》一书中有详细论证，他指出“所谓晚明的欲望解放——如果的确存在这样一种解放的话——总是与欲望的种种含义的深刻焦虑相伴相随的。”黄的欲望包含“情”“欲”这组概念。详见黄卫总：《中华帝国晚期的欲望与小说叙述》，南京：江苏人民出版社2010年版，第6页。

② 杜鹏认为批者在文中的一大局限是对情欲的极度宣扬和对低俗趣味的迎合，她指出这种做法有极端唯欲论倾向，详见杜鹏：《〈才子牡丹亭〉初探》，复旦大学2003年硕士学位论文，第32页。

界中如痴如醉，但这种痴醉并不能帮助她在现实世界实现个体价值。她的身份依旧是闺阁女子，即便她在婚姻空间和丈夫也算才智相配、情义相合，但除了这狭小的一方天地，整个社会的公共空间依旧无法容其彰显生命价值。① 作为才女，满腹诗才兜兜转转不过是为寻觅更好婚姻，甚至辅导丈夫、儿子考取功名，更何况世间女子中比她不幸的又多了去。② 由此来看，“情趣”便是她逃脱现实苦海的法门了。她感叹道：

> 人生在世本无趣，细思之，即牝牡亦无甚趣。难得人弄出一种才情来，遂有许多享人趣者，不然愈觉有生之苦也矣。③

现实的无趣、人生的根本性苦闷，逼得她在批文中张扬地倾诉对“情趣”之境的向往，这种向往背后有多少心酸血泪，我们已不

---

① 有关程琼和吴震生的记载详见史震林：《西青散记》，北京：中国书店 1987 年版。程琼经常和丈夫还有好友一同交游、赋诗、讨论问题交换观点。《西青散记》记载夫妻二人表达自己对情的看法：“玉勾词客尝恨情多，夫人则谓自古以来有有法之天下，有情之天下……”。史震林对她的评价颇高，“书画算弈，无不精敏，论事评理，微妙独绝。其神解所彻，文字象数，皆尘秕也。”程琼去世以后，吴震生备受打击，更是自号“鳏叟”。从程琼和吴震生的对话和史震林的评价中我们不难推知夫妻二人才智匹配，拥有平等双向的情感交流。在他们的婚姻空间中，可以说对方都被对方的魅力所吸引，这种吸引力来自各自的才华和情感表达，伴随这种吸引的是肉体和精神上的愉悦和自由，而这种婚姻空间的愉悦也使得她眼中的情欲如此美好，也可视作程琼情趣视角的来源。

② 参见[美]曼素恩：《缀珍录：十八世纪及其前后的中国妇女》，南京：江苏人民出版社 2004 年版，第 9-19 页。作者对比欧洲文艺复兴时期知识女性可以在教会“知识满壁”的小室中“追求心智上的生活，但是中国盛清社会却没有给才女提供类似的公共空间，这种缺失也使得知识和文才只能回归到她们作为妻子、女儿、儿媳的传统角色。而作为文学创作主体的女性本身就挑战了中国上层文化传统的根基，她们对于创作倾注的精力更是向我们展示了一个丢失的世界。

③ (清)吴震生、程琼：《才子牡丹亭》第十出《惊梦》，华玮、江巨荣点校，台北：台湾学生书局 2004 年版，第 142 页。

得而知。弗洛伊德有言：

> 一个幸福的人绝不会幻想，只有一个愿望未满足的人才会。幻想的动力是未得到满足的愿望，每一次幻想就是一次愿望的履行，它与使人不能感到满足的现实有关联。①

作为程琼和吴震生夫妇的好友，史震林曾评价程琼："书画算弈，无不精敏，论事评理，微妙独绝。其神解所彻，文字象数，皆尘秕也。"②程琼如此才女，带着对情色的万份执著，洋洋洒洒写下三十余批文，想必饱受生命价值失落的煎熬，这又何尝不是深刻的悲剧。

除此之外，才子对"情"与"欲"关系的理解虽与晚明小说呼应，但是其中对于"情趣"的强调，对于情色语汇审美化的玩味，似乎《弁而钗》并无太多强调。当然，这与两者的体裁形式区别有一定关系，评点体裁和小说毕竟不同。但这种情趣化的视角是否与晚明到清初的文化环境变迁有关呢？《才子》对性事隐语的审美化理解，与晚明到清初才子佳人小说的发展轨迹上有类似之处。在才子佳人小说的发展过程中，"情"与"欲"呈现出颇为玩味的交织关系。黄卫总曾归纳："自清初开始，拯救'情'的努力便采取了一种更为'理学化'的转向。"③在这种"理学化"的趋势之下，才子佳人小说中"情"的设定也发生了改变，"情"逐渐与"欲"分

① ［奥地利］弗洛伊德：《创作家与白日梦》，《现代西方文论选》，上海：上海译文出版社1983年版，第4页。弗洛伊德在探讨创作家的创作素材来源的时候，谈到成年人靠幻想创造"白日梦"来舒缓精神的紧张以回归孩童时的幸福，这种幻想具有强烈的动机掩饰倾向。虽不完全符合本文探讨主题，但具有启发意义。

② 史震林：《西青散记》，北京：中国书店出版社1987年版，第48页。

③ 黄卫总：《中华帝国晚期的欲望与小说叙述》，南京：江苏人民出版社2010年版，第60页。关于这一趋势的导因，黄认为晚明对"情"的高度推崇也为另一股力量提供合理性，即"保守重估"派，"情"与"理"、道德的协调性被大肆发挥，这种发挥使得清代产生距离感。

离，趋于纯情化①，在小说《定情人》《好逑传》中都有对道德的考验和对肉体忠贞的坚守。② 而这种去肉欲的小说在发展过程中曾有一部分向色情小说靠拢，③ 这种靠拢在性描写方面，体现出的特征和《才子牡丹亭》对性事隐语的情趣化注解有类似之处。纯情小说一直以来坚守非细节化和非庸俗化④，但却逐渐对色情描写产生兴趣，但在纯情小说色情化的过程中，对性事的描绘多用曲笔和委婉的高级色情词汇，这与《才子》批者经常用的情趣化表达相似。⑤ 两者的关联值得进一步考察。

结　　语

《才子牡丹亭》评本充满情欲色彩，批者程琼在整部书中大量地进行性事附会来解释曲文，规模堪当一部性学辞典，这在戏曲评点史上是极为罕见的。对于批者“将亵喻处一一注明”的做法，笔

① “纯情化”一词改自马克梦在《吝啬鬼、泼妇、一夫多妻者——十八世纪中国小说中的性与男女关系》一书中讨论才子佳人小说时所作的“纯情小说”一词，这一概念与“色情小说”相对应，在内容上不含有或少量含有色情内容的描写。具体参考马克梦著，王维东、杨彩霞译：《吝啬鬼、泼妇、一夫多妻者——十八世纪中国小说中的性与男女关系》，北京：人民文学出版社 2001 年版，第 133 页。

② 对于这两部小说，黄卫总有详细剖析。参见黄卫总：《中华帝国晚期的欲望与小说叙述》，南京：江苏人民出版社 2010 年版，第 109-299 页。

③ 关于色情化的才子佳人小说，马克梦同样在《色情化的才子佳人小说》一章中有深刻剖析，详见马克梦著，王维东、杨彩霞译：《吝啬鬼、泼妇、一夫多妻者——十八世纪中国小说中的性与男女关系》，北京：人民文学出版社 2001 年版，第 133 页。

④ 马克梦著，王维东、杨彩霞译：《吝啬鬼、泼妇、一夫多妻者——十八世纪中国小说中的性与男女关系》，北京：人民文学出版社 2001 年版，第 136 页。“纯情小说以其非细节化和非庸俗化的人物行为标志着与该种规范的分道扬镳以及与晚明‘颓废’小说风格决裂。”“规范”指明代晚期以来由著名小说、话本加以确立的中国小说规范，在该种规范下，小说呈现大量淫秽、色情、低俗细节。

⑤ 如“云散雨收”(《玉楼春》)、“颠鸾倒凤”(《绣屏缘》)。

者认为颇具情趣意味。《才子》批者则多以审美的眼光看待性事、性器，并且乐在其中，常常感叹自己的联想之精妙，甚至有时带着戏谑意味。除在注释曲文的词汇时显示出“趣”的一面，她对曲文的人物或情节评点也充满情趣。这种情趣化的视角反映出批者对《牡丹亭》“情”的独特理解。批者认为“情”与性爱不可分离，这种“情”“欲”交融的、充满“趣”意的境界是值得赞扬的。《才子》批者对“情”与“欲”的理解与晚明男风小说《弁而钗》极为相似，两者皆以单纯的肉欲为不齿，但同时也认为真正的“情”离不开肉欲。而她以审美化的方式形容性事细节又似与纯情才子佳人小说在晚明到清初时所经历的色情化过程有所关联，当然，这一点还有待考察。

晚明时期，汤显祖为“情”辩护，若说在他的《牡丹亭》中，“情”是绝对主宰，则在程琼的《才子牡丹亭》批本里，“情”“欲”交织的“情趣”之境拥有颠覆一切的力量。她对性、身体、情欲的高度自觉和接纳，绽放出超越时代的精神力量，在这种力量的滋养下，她坦率肯定情欲，高调宣扬“肉色”，给时代的贤文礼教痛快一击。但是，我们也要看到这种超越时代的自觉所蕴含的悲剧意味，无论程琼在“浮世”中如何正视人之本能，在整个社会中，主流礼教规范所生成的向心力是难以逃离的。

参考文献

一、基本典籍

[1]（宋）陶谷：《清异录》，《清异录、江淮异人录》，上海：上海古籍出版社 2012 年版。

[2] 醉西湖心月主人：《弁而钗》，《明代小说辑刊·第二辑》，成都：巴蜀书社 1995 年版。

[3]（明）汤显祖著，徐朔方，杨笑梅校注：《牡丹亭》，北京：人民文学出版社 1963 年版。

[4]（清）史震林著：《西青散记》，北京：中国书店出版社 1987 年版。

[5]（清）吴震生、程琼著，华玮、江巨荣点校：《才子牡丹亭》，台北：台湾学生书局2004年版。

二、今人专著

[1][奥地利]弗洛伊德：《创作家与白日梦》，《西方文论选》，上海：上海译文出版社1983年版。

[2] 徐扶明：《牡丹亭研究资料考释》，上海：上海古籍出版社1987年版。

[3] 熊秉真、吕妙芬主编：《礼教与情欲：前近代中国文化的后/现代性》，台北：近代史研究所1999年版。

[4]郭英德：《明清传奇史》，南京：江苏古籍出版社1999年版。

[5] [美]马克梦著，王维东、杨彩霞译：《吝啬鬼、泼妇、一夫多妻者——十八世纪中国小说中的性与男女关系》，北京：人民文学出版社2001年版。

[6] [美]高彦颐著，李志生译：《闺塾师：明末清初江南的才女文化》，南京：江苏人民出版社2004年版。

[7] [美]曼素思著，定宜庄、颜宜葳译：《缀珍录：十八世纪及其前后的中国妇女》，南京：江苏人民出版社2004年版。

[8] 华玮主编：《汤显祖与牡丹亭所（上、下）》，台北：中国文哲研究所2005年版。

[9] 江晓原：《性张力下的中国人》，上海：东方出版中心2006年版。

[10]李孝悌：《恋恋红尘——中国的城市欲望和生活》，上海：人民出版社2007年版。

[11]段继红：《清代闺阁文学研究》，天津：南开大学出版社2007年版。

[12] [美]黄卫总著，张蕴爽译：《中华帝国晚期的欲望与小说叙述》，南京：江苏人民出版社2010年版。

三、研究论文

[1] 华玮：《性别与戏曲批评——试论明清妇女之剧评特色》，《中

国文哲研究集刊》1996 年，第 9 期。
[2] 华玮：《〈才子牡丹亭〉之情色论述及其文化意涵》，《礼教与情欲：前近代中国文化的后/现代性》，台北：近代史研究所 1999 年版。
[3] 华玮：《〈才子牡丹亭〉作者考述——兼及〈笠阁批评旧戏目〉的作者问题》，《戏曲研究》2000 年第 00 期。
[4] 华玮：《论〈才子牡丹亭〉之女性意识》，《戏剧艺术》2001 年第 1 期。
[5] 华玮：《〈牡丹〉能有多危险？——文本空间、〈才子牡丹亭〉与情色天然》，《文化艺术研究》2012 年第 3 期。
[6] 江巨荣：《〈才子牡丹亭〉的历史意蕴》，《南京师范大学文学院学报》2002 年第 2 期。
[7] 江巨荣：《〈才子牡丹亭〉对理学贤文的哲学、历史和文学批评》，《戏曲研究》2004 年第 3 期。
[8] 杜鹃：《〈才子牡丹亭〉初探》，复旦大学 2003 年硕士学位论文。
[9] 刘明今、杜鹃：《"好色"与"意淫"——〈才子牡丹亭〉的评点旨趣》，《中国文学研究》2007 年第 3 期。
[10] [美]商伟：《一阴一阳之谓道——〈才子牡丹亭〉的评注话语及其颠覆性》，《汤显祖与牡丹亭》(上)，台北：中国文哲研究所 2005 年版。
[11] 王宁：《明末清初江南闺阁女性〈牡丹亭〉阅读接受简论》，《戏剧艺术》2008 年第 3 期。
[12] 王燕飞：《〈才子牡丹亭〉之男性意识》，《汤显祖研究通讯》2008 年第 1 期。
[13] 陈宁：《传播学视野下的〈牡丹亭〉》，陕西理工学院 2012 年硕士学位论文。
[14] 赵雅丽：《20 世纪 80 年代以来的〈牡丹亭〉女性评点研究述略》，《东华理工大学学报》2014 年第 2 期。
[15] 林宗毅：《〈才子牡丹亭〉与〈西厢记〉之关系试探——以"亵喻"、红娘、莺莺为讨论中心》，《艺见学刊》2014 年第 7 期。
[16] 高雯：《〈才子牡丹亭〉在女性戏曲评点史上的价值》，《湖北社会科学》2016 年第 1 期。

“朝闻道，夕死可矣”章的儒学诠释史

2014 级　金怿菲

摘　要：《论语·里仁篇》的“朝闻道，夕死可矣”章历来受到儒家的关注，在如何理解“朝闻夕死”的问题上，儒学内部一直存在着一定的差异。本文试图梳理历代儒者对“朝闻道，夕死可矣”的阐释，由汉唐儒者“闻世之有道”的政治化理解，转而到宋代理学家对“实理”的认知，再到阳明学士人对“死”这一问题的思考，以及阳明学对清代学者潜移默化的影响，通过对历代儒者注释的比较分析，探究儒学发展的特征和轨迹。

关键词：朝闻道，夕死可矣；政治儒学；生死观

儒学思想在发展过程中，其内涵并不是一成不变的。与西方哲学常常通过批判前人思想来体现自己思想的独创性相比，传统儒家却一直将《尚书》《春秋》等“五经”，之后又扩大到《论语》《孟子》等“十三经”奉为经典，似乎儒家在两千年当中没有什么新的思想变化。但是，如果我们仔细关注各个时代的儒家对于这些经典的解释，就会发现正是在对上述经典的层层叠加的解释中，随着时代的变迁与经典解释者自己的理解不同，儒学思想逐渐发生了转变。以《论语·里仁篇》“朝闻道，夕死可矣”章为例，通过汉代以来的经学解释以及宋明理学家、清代考据学家的解释就能看出，对这一章的理解不仅反映出儒家内部的个体之间的差异，而且更能够看到其中所反映的鲜明的时代特征和潮流。

本文主要探讨宋代以后对于该章的理解，文章主要分为三个部分，第一部分介绍宋代理学的解释，第二部分对明代阳明学兴起之后学者的解释进行考察，第三部分介绍清代学者的注疏，并进行简

要的总结。

在进入第一部分之前，先来看一下汉唐儒学的解释。

三国时期的何晏(？—249)在《论语集解义疏》中写道："言将至死，不闻世之有道也。"①这个解释似乎有些脱离了文本，因为在原文当中，孔子并没有说自己马上就要面临死亡，却依然没有等到"有道之世"的来临。南朝的皇侃(488—545)引用栾肇的解释，认为"闻世有道"即"道行于世"，若能"朝闻世有道"，则能"夕死无恨"：

> 叹世无道，故言设使朝闻世有道，则夕死无恨，故云可矣。栾肇曰："道所以济民，圣人存身，为行道也，济民以道，非为济身也。故云诚令道朝闻于世，虽夕死可也，伤道不行，且明己忧世，不为身也。"②

"道"是"经世济民"之"道"，栾肇强调，作为儒家理想的圣人之所以活着，就是为了"济民"，而不是为了他自己。皇侃的基本意思很显然和何晏是一致的。

直到北宋时代的大儒邢昺(932—1010)，他也认为孔子在感叹世间无道，这当然是一种非常政治化的解读："此章疾世无道也。设若早朝闻世有道，暮夕而死可无恨矣。"③就孔子而言，孔子一生周游列国，不为做官，只为行道。《论语·季氏篇》中也有记载："天下有道，则礼乐征伐自天子出；天下无道，则礼乐征伐自诸侯出。自诸侯出，盖十世希不失矣；自大夫出，五世希不失矣；陪臣执国命，三世希不失矣。天下有道，则政不在大夫。天下有道，则庶人不议。"

---

① (南朝·梁)何晏集解，皇侃义疏：《论语集解义疏》，上海：商务印书馆1937年版，第47页。

② (南朝·梁)何晏集解，皇侃义疏：《论语集解义疏》，上海：商务印书馆1937年版，第47页。

③ (清)阮元校刻：《十三经注疏》，上海：上海古籍出版社1997年版，第2471页。

生活在礼乐崩坏的春秋末年，孔子有这样的思想是很合理的。因此可以说，从汉代开始直至北宋初期完结的经学传统的上述解释思路，在《论语》当中确实是能够找到相应的根据的。简单总结一下：汉唐儒者大多认为，此章是孔子感叹世间无道，因而自己没有办法经世济民乃至治国平天下。“道”在这里是政治意义上的，是相对于自己的客观的东西，“夕死可矣”是一种修辞性的说法，并不是真正在讨论人如何面对死亡等问题。

一、宋代理学的诠释

到了宋代，随着理学的逐步兴起，我们可以看到，理学家们对此章的解读与前人有了很大的不同。

> 明道曰：“皆实理也。人知而信者为难。子曰：‘朝闻道，夕死可矣。’死生亦大矣，非知道者，岂以夕死为可乎?”①

北宋的程颢(1032—1085)认为“道”皆是“实理”，人真正要相信并去实践“实理”是一件难事。

程颢的弟弟程颐(1033—1107)思想虽然与程颢有所不同，但是一些基本的观点是相通的，所以先来看一下他的解释，也有助于我们理解程颢的观点中的“实理”与“知而信”的意思。程颐的解释有好几段，为了引用方便，这里使用朱熹的《论孟精义》中的材料：

> 伊川解曰：“人不可以不知道，苟得闻道，虽死可也。”又语录曰：“闻道，知所以为人也。夕死可矣，是不虚生也。”又曰：“朝闻道，夕死可矣，死得是也。”又曰：“苟有朝闻道夕死可矣之志，则不肯一日安于所不安，何止一日，须臾不能，如曾子易箦，须要如此乃安。人不能若此者，只为不见实理。

① (宋)朱熹撰，朱杰人等编：《论孟精义》，《朱子全书》第7册，上海：上海古籍出版社、合肥：安徽教育出版社2002年版，第144页。

实见得是，实见得非。凡实理，得之于心自别。若耳闻口道者，心实不见，若见得，必不肯安于此。人之一身，尽有所不肯焉，及至他事又不然。若士者，虽杀之，使为窬，必不肯焉，其它未必然。至若执卷者，莫不知说礼义，又如王公大人，皆能言轩冕外物，及其临利害，则不知就礼义，却就富贵，如此者，只是说得，不实见得。及蹈水火，则人皆避之，是实见得。须是有见不善如探汤之心，则自然别。昔曾伤于虎者，它人语虎，则虽三尺童子，皆知虎之可畏，终不如曾经伤者神色慑惧，至诚畏之，是实见得也。得之于心，是谓有得，不待勉强，学者则须勉强。古人有捐躯殒命者，若不实见得，则乌能如此？须是实见得生不重于义，生不安于死也。故有杀身成仁者，只是成就一个是而已。”又曰：“老喜学者尤可爱。人少壮则自当勉强，至于老矣，志力须倦，又虑学之不能及，年数已不多。不曰朝闻道夕死可乎？学不多，年数之不足，不犹愈于终不闻乎？”①

这段话比较长，首先看第一句：“人不可以不知道，苟得闻道，虽死可也。”程颐认为，“闻道”就是“知所以为人”，这个“所以为人”应该是“人之所以为人”的省略表达。如果能够“闻道”，即便死也无所谓，在这里程颐显然并没有把“夕死可矣”的“死”放在心上。但是接下来的两条语录：“闻道，知所以为人也。夕死可矣，是不虚生也。”又曰：“朝闻道，夕死可矣，死得是也。”“死得是也”的意思不是特别明确，可能类似于“死得其所”的意思。再接下去的部分也很长，大致意思是说：要“闻道”其实是非常困难的事情，人人都知道应该要遵循仁义礼智等规范，但是遇到“礼义/富贵”或者“保身/杀身成仁”这样的抉择，“士者”“执卷者”“王公大人”，这些通常为人们所尊敬的阶层的人却纷纷放弃了对于道的追求，在程颐看来这就是“不见实理”。他还举了一个非常生动的

① (宋)朱熹撰，朱杰人等编：《论孟精义》，《朱子全书》第7册，上海：上海古籍出版社、合肥：安徽教育出版社2002年版，第144-146页。

例子，说人人都知道老虎很可怕，但是一般人只是通过书本知识或者他人的说法知道这一点，只有真正被老虎攻击过的人，才会听到“老虎”两个字就“神色慑惧，至诚畏之”，可见“闻道”之难。另外，程颐还提到“得之于心，是谓有得，不待勉强，学者则须勉强”，就是说，人要切实真正地“闻道”，作为学者就必须通过后天的努力，勉力为之，才能最终达到“不待勉强”的地步。这段话当中，程颐还是没有解释“道”是“实理”的具体意思，但从他说的“古人有捐躯殒命者，若不实见得，则乌能如此？须是实见得生不重于义，生不安于死也。故有杀身成仁者，只是成就一个是而已”来看，程颐是非常重视“生死”问题的。对生的渴望是每个人最基本的诉求，一般人怕死求生，为此不惜放弃“仁”的理想，只有真正“闻道”的人，才能做到孟子所说的“杀生求仁”，程颐的思想当中，已经隐含了对于死亡这个终极问题的思考在里面。

再接下来看南宋理学的集大成者朱熹的解释，朱熹继承了北宋理学家尤其是程颢、程颐的思想，在他们的基础上进行了发挥：

> 道者，事物当然之理。苟得闻之，则生顺死安，无复遗恨矣。朝夕，所以甚言其时之近。程子曰：“言人不可以不知道，苟得闻道，虽死可也。”又曰：“皆实理也，人知而信者皆难。死生亦大矣！非诚有所得，岂以夕死为可乎？”①

朱熹非常明确地指出，“道”就是“事物当然之理”，引用程颐的两条语录来说明“闻道”是非常困难的，一旦“闻道”，就“生顺死安，无复遗恨”，这显然也是沿袭了程颐的“苟得闻道，虽死可也”，“夕死可矣，是不虚生也”。再来看《四书或问》的解释：

> 或问：朝闻夕死，得无近于释民之说乎？曰：吾之所谓道者，固非彼之所谓道矣。且圣人之意，又特主于闻道之重，而非若彼之恃此以死也。曰：何也？曰：吾之所谓道者，君臣、

① （宋）朱熹：《四书章句集注》，北京：中华书局1983年版，第71页。

父子、夫妇、昆弟、朋友当然之实理也。彼之所谓道，则以此为幻为妄而绝灭之，以求其所谓清净寂灭者也。人事当然之实理，乃人之所以为人而不可以不闻者，故朝闻之而夕死，亦可以无憾。若彼之所谓清净寂灭者，则初无所效于人生之日用，其急于闻之者，特惧夫死之将至，而预倚是以敌之耳。是以为吾之说者，行法俟命而不求知死；为彼之说者，坐亡立脱，变见万端，而卒无补于世教之万分也。故程子于此，专以为实见理义重于生，与夫知所以为人者为说，其旨亦深切役矣。但所谓不虚生死得是者，意若小偏耳。①

朱熹在《四书或问》中明确指出“道”就是“君臣、父子、夫妇、昆弟、朋友当然之实理”，也就是通常所说的“三纲五常”的人伦之道。通过对于“道”的定义，朱熹将孔子的“朝闻夕死”与佛教的“清净寂灭”之道进行了区分，认为只有人伦才是“人之所以为人而不可不闻者”，而佛教宣扬世界本身就是幻妄，要人领悟到死亡才是最重要的问题，但这在朱熹看来完全是颠倒黑白。所以只要切实地知道三纲五常的道理并且在生活中进行实践，就可以“行法俟命而不求知死”。他还认为：“程子于此，专以为实见理义重于生，与夫知所以为人者为说，其旨亦深切役矣。”朱熹只是侧重于“生”，生死是佛教所要讨论的问题，也可以说，他对“死”是避而不谈的。

二、明代阳明心学的解释

通过上文的考察，可以很清楚地看到，宋代的理学家虽然对死亡的问题有所注意，但是因为他们要反对佛教等“异端”，所以对于“夕死可矣”的解释也模棱两可，强调儒家所重视的只是“生”，“死”是不必太多考虑的。到了明代，王阳明的心学思想曾经风靡一时，他没有像朱熹那样对四书等经典进行系统的解释，但是从下

① （宋）朱熹撰，朱杰人等编：《四书或问》，《朱子全书》第6册，上海：上海古籍出版社、合肥：安徽教育出版社2002年版，第684-685页。

面的文献当中，我们还是能够间接地看出他对“朝闻道，夕死可矣”的看法。

维正德三年岁次戊辰十一月十八日，友生王某谨以清酌庶羞，致奠于亡友刘君。呜呼！仁者必寿，吾敢谓斯言之予欺乎？作善而降殃，吾窃于君而有疑乎？跖、蹻之得志，在往昔而既有，夷、平之馁以称也，亦宁独无于今之时乎？人谓君之死，瘴疠为之。噫嘻！彼封豕长蛇，膏人之髓，肉人之肌者，何啻千百，曾不彼厄，而惟君是罹！斯言也，吾初不以为是。人又谓瘴疠盖不正之气，其与人相遭于幽昧邅难之区也，在险邪为同类，而君子为非宜。则斯言也，吾又安得而尽非之乎？於乎！死也者，人之所不免。名也者，人之所不可期。虽修短枯荣，变态万状，而终必归于一尽。君子亦曰：“朝闻道，夕死可矣。”视若夜旦。其生也奚以喜？其死也奚以悲乎？其视不义之物，若将浼己，又肯从而奔趋之乎？而彼认为己有，变而弗能舍，因以沉酗于其间者，近不出三四年，或八九年，远及一二十年，固已化为尘埃，荡为沙泥矣。而君子之独存者，乃弥久而益辉。呜呼！彼龟鹤之长年，蜉蝣亦何自而知之乎？属有足疾，弗能走哭，寄奠一觞，有泪盈掬。复何言哉！复何言哉！呜呼尚飨。①

刘天麟反对权宦而难逃不幸，这件事使得王阳明备受打击，悲痛之余，他开始思考“朝闻道，夕死可矣”的问题。尽管有“仁者必寿”之说，但正如刘的惨剧，不得不考虑的是，人终究是要面对生死的。王阳明主张人们对生命之“修短枯荣”不必太在意，不必因生死而大悲大喜。很显然，王阳明对于“道”的理解已经不是朱熹那样的对于君臣夫子夫妇的伦常之理，他把关注点放到了人的生死问题。

① （明）王守仁撰，吴光等编校整理：《祭刘仁征主事》，《王阳明全集》卷二十八，上海：上海古籍出版社2011年版，第1140页。

在王阳明的影响下，我们可以看到，有很多士人都开始从“生死”的角度来理解“道”。例如，王阳明门下最著名的弟子王畿（1498—1583）认为“道”是能够超越生死、超越时空的，“闻道”则“夕死无憾”。

> 道无生死，闻道则能通昼夜、一死生，虚静光明，超然而逝，无生死可说。故曰：“夕死可矣。”犹云未尝生、未尝死也。①
>
> 卫武公年九十，尚不忘箴警，况吾侪乎！凡我同盟，既脱世网，下戏台，正好洗去脂粉，觑见本来面目之时。若于此不知回头，真成当面蹉过，可惜也已！自今以始，幸相与发个为性命真心，从事于致知之学，时时握其机、入其窍，直心以动，自见天则，使视听不违其度，喜怒不乖其节，人伦上下、远近之交，不失其宜。自性自养、自命自立，或出或处，做个天地间脱洒光明大豪杰，乃不为幸生耳。且人生百年，只如倏忽，生死如昼夜，定知不免。孔氏云：“朝闻道，夕死可矣！”道无生死，一念灵明，照彻千古。生死随缘，不作有无二见，可以死者以其放下，无复牵带，所谓“通昼夜之道而知也”。谁人肯向死前休？若信得此及，从前种种世情嗜好、未了之心，等于梦幻空华，便须全体放下，摄心归一，干办末后随身一着，免致临期措手不迭，同心之愿也。②

在第二段文字中，王畿勉励已经年近九十的卫武公去寻找自己的本来面目，去从事“致知之学”，具体来说是指：“使视听不违其度，喜怒不乖其节，人伦上下、远近之交，不失其宜。”如果光看前半部分的话，似乎王畿的说法与朱熹等理学家并没有什么不同。

① （明）王畿撰，吴震编校整理：《书累语简端录》，《王畿集》，江苏：凤凰出版社2007年版，第72页。

② （明）王畿撰，吴震编校整理：《云间乐聚册后语》，《王畿集》，江苏：凤凰出版社2007年版，第414页。

但王畿接下来又说，人生百年看似很长，但其实就仿佛昼夜的更替一般，是非常短暂而且不可避免的，死亡看似很可怕，但其实“道”本身就是超越“生死”的，通过“一念灵明”的照射，就可以明白这个道理——生死等都是因缘巧合，并不是一定的，所以不能对“生”或者“死”起执著。王畿的看法，与王阳明所说的“视若夜旦。其生也奚以喜，其死也奚以悲乎”是相通的，也就是说，都把生死这个“大事”看成是如同昼夜更替一般的自然现象，既然昼夜更替每天都在进行，而且不可避免，我们也不会为了白天的消逝而感到悲伤，那么也就不应该执著于生命的延续。他们把侧重点放在了对于自己内心的体悟上面，认为只要把握住内在的道理，就能解决一切问题：“时时握其机、入其窍，直心以动，自见天则。”

另外，王畿的弟子周汝登(1547—1629)也批评了世人不知“道”，认为世人“只认躯壳为身，躯壳在便道是生，不在，便道是死”①，他认为“夕死说形骸魂魄决裂溃散，此正是不闻道之语”②。他赞同张载所言“聚亦吾体，散亦吾体，知死不亡者，可与言性矣”③，也就是说，人的肉体形骸随世间的自然变化而改变，但真正的性命心体却不因形骸的溃散而消亡变化。

另一方面，在阳明学传播的过程中，部分阳明学者对于“朝闻夕死”的看法可能就更加接近于佛教了。例如杨起元(1547—1599)说：“佛学有脱离生死之说，即孔子朝闻道夕死可矣之说也。”④焦竑(1540—1620)也认为：“世以出离生死之说，创于西极之人，而实非也。孔子不云乎？曰朝闻道，夕死可矣。曰：未知生，焉知死。曰：原始反终，故知死生之说也。”⑤在这里，杨起元和焦竑都明确地把佛教的说法与儒家“朝闻夕死”的说法等同起来，这样，

① (明)周汝登：《东越证学录》，台北：文海出版社1970年版，第365页。

② (明)周汝登：《东越证学录》，台北：文海出版社1970年版，第365页。

③ (宋)张载：《张载集》，北京：中华书局1978年版，第7页。

④ (明)杨起元：《证学编》卷二，《四库全书存目丛书》子部，山东：齐鲁书社1995年版，第326-326页。

⑤ (明)焦竑：《读论语》，《丛书集成新编》第88册卷一，台北：新文丰出版公司1985年版，第150页。

不仅“夕死可矣”，而且整个句子的理解都完全偏向于对生死问题的理解，“闻道”，其内涵就是指领悟生死的道理，在这里，他们的理解同宋代理学以及王阳明的理解，已经发生了很大的改变。

明末著名的思想家李贽有《三教归儒说》，里面也提到了“朝闻夕死”：

> 儒、道、释之学，一也，以其初皆期于闻道也。必闻道然后可以死，故曰：“朝闻道，夕死可矣。”非闻道则未可以死，故又曰：“吾以女为死矣。”唯志在闻道，故其视富贵若浮云，弃天下如敝屣然也。然曰浮云，直轻之耳；曰敝屣，直贱之耳：未以为害也。若夫道人则视富贵如粪秽，视有天下若枷锁，唯恐其去之不速矣。然粪秽臭也，枷锁累也，犹未甚害也。乃释子则又甚矣：彼其视富贵若虎豹之在陷阱，鱼鸟之入网罗，活人之赴汤火然，求死不得，求生不得，一如是甚也。此儒、道、释之所以异也，然其期于闻道以出世一也。盖必出世，然后可以免富贵之苦也。①

同样主张儒释道三教合一，李贽在这里却并没有特意将“朝闻夕死”与领悟生死道理结合起来，他认为，儒家和佛教、道教一样，最终目的都是为了“闻道”，只是在对于富贵等事物的看法上面有所不同。所以李贽并不是特别重视“夕死可矣”这后半句，他强调的是儒释道都急切地想要追求“道”的愿望很强烈而已，这一点，和前面程颐说的“苟有朝闻道夕死可矣之志，则不肯一日安于所不安，何止一日，须臾不能，如曾子易箦，须要如此乃安”倒是很相似的。

龚鹏程在研究晚明文学思潮的时候就指出：“在思想史上最大的意义，就在显示了当时有批这样的人，其核心关怀与存在之焦

---

① （明）李贽撰，张建业主编：《续焚书注》，《李贽全集注》第3册，《三教归儒说》，北京：社会科学文献出版社2010年版，第223页。

虑，是生死问题。"①通过对"朝闻夕死"的解释，我们也可以确认他的说法。

三、清代考据学的解释

到了清代，刘宝楠在《论语正义》中通过引用典故阐明了自己的观点，他指出：

> 《尔雅释诂》："朝，早也。"《说文》："朝，旦也。夕，莫也。从月半见。"朝夕言时至近，不踰一日也。"闻道"者，古先圣王君子之道，已得闻知之也。闻道而不遽死，则循习讽诵，将为德行之助。若不幸而朝闻夕死，是虽中道而废，其贤于无闻也远甚，故曰"可矣"。《新序杂事篇》载楚共王事，晋书皇甫谧传载谧语，皆谓闻道为已闻道，非如注云"闻世之有道也"，汉石经"矣"作"也"。②

对于刘宝楠所引用的两个出典，先来看一下具体情况：

> 谧曰："人之所至惜者，命也；道之所必全者，形也；性形所不可犯者，疾病也。若扰全道以损性命，安得去贫贱存所欲哉？吾闻食人之禄者怀人之忧，形强犹不堪，况吾之弱疾乎！且贫者士之常，贱者道之实，处常得实，没齿不忧，孰与富贵扰神耗精者乎！又生为人所不和，死为人所不惜，至矣！喑聋之徒，天下之有道者也。夫一人死而天下号者，以为损也；一人生而四海笑者，以为益也。然则号笑非益死损生也。是以至道不损，至德不益。何哉？体足也。如回天下之念以追损生之祸，运四海之心以广非益之病，岂道德之至乎！夫唯无损，则至坚矣；夫唯无益，则至厚矣。坚故终不损，厚故终不

① 龚鹏程：《晚明思潮》，北京：商务印书馆2005年版，第224页。
② （清）刘宝楠：《论语正义》，北京：中华书局1990年版，第146页。

薄。苟能体坚厚之实，居不薄之真，立乎损益之外，游乎形骸之表，则我道全矣。”

皇甫谧将“又生为人所不和，死为人所不惜”视为“至”道，认为“苟能体坚厚之实，居不薄之真，立乎损益之外，游乎形骸之表，则我道全矣”。并以此来回答那些劝他广泛结交的人，说明他志在于得道，不愿受到外界名利、富贵的干扰，而追求一种人道合一的境界。皇甫谧之言说明他读书是为了“得道”，也就是说他认为“道”在于已而并非在于世，也证明“朝闻道”指的是已闻道而非“闻世之有道”。

楚共王有疾，召令尹曰：“常侍筦苏与我处，常忠我以道，正我以义，吾与处不安也，不见不思也。虽然，吾有得也，其功不细，必厚爵之。申侯伯与处，常纵恣吾，吾所乐者，劝吾为之；吾所好者，先吾服之。吾与处欢乐之，不见戚戚。虽然，吾终无得也，其过不细，必前遣之。”①

楚共王说常侍筦苏“常忠我以道，正我以义”，而因此“吾有所得也，其功不细”。楚共王之所谓也就是常侍筦苏的劝谏使他的言行合乎道义，虽然忠言逆耳，但使之“闻道”，应受嘉奖。这里的“闻道”，也是指楚共王自己闻道，而非常侍筦苏使他“闻世之有道”。刘宝楠引用这两个例子说明了“朝闻道，夕死可矣”的闻道并非是“闻世之有道”，而是指已闻道。

可以看出，刘宝楠一方面通过引用《新序》和《晋书》的相关典故，反驳了以何晏、皇侃、邢昺为代表的汉唐儒学传统的“世无道”的说法，但是另一方面，他说的“古先圣王君子之道”又究竟是什么意思？从后文的闻道“则循习讽诵，将为德行之助。若不幸而朝闻夕死，是虽中道而废，其贤于无闻也远甚”的说法来看，既然“闻道”之后可以帮助自己修行德性，即便随后生命终结而没有最

① （汉）刘向：《新序校释》，北京：中华书局2001年版，第52-59页。

终达到“道”的境界，那也比没有“闻道”要好很多，这就意味着，刘宝楠认为“闻道”只是自己知道“道”是什么，有了基本的认识之后再付诸实践，通过实践来提升自己的德行品性。至于“道”的具体内容是什么，“道”与阳明学士人讨论领悟生死之道是否相关，他没有更进一步地说明，我们也不得而知。通过《新序》和《晋书》，只能知道“道”不是外在的，是超越形体以及外在的富贵名利的，所以刘宝楠的解释应该说还是在宋明理学的框架内。刘宝楠与程朱的区别在于，程颐和朱熹等理学家都认为“闻道”绝不仅仅是自己明白了“道是什么”，而必须是一种深刻的“真知”，这种“真知”一定伴随着自己的领悟和之后的实践，在刘宝楠这里，并没有这一层意思。

此外，虽然到了清代之后，阳明学普遍被认为是“空谈误国”而受到批判与否定，但依然有一些儒者信奉阳明学，例如程树德在《论语集释》里面曾经引用了这样一段材料：

> 《岭云轩琐记》：杜宇光先生唯熙传姚江学派，造诣深粹。年八十余，小疾，语诸友曰“明晨当来别”。及期，焚香端坐，曰：“诸君看我如是而来，如是而去，可用得意见安排否？”遂瞑。王门之学，能入悟境者曾无几人。一悟则其临终从容若此，颇得“朝闻道，夕死可矣”之意。①

由此可见，在当时还是存在真诚地实践阳明学的士人的，他们用自己最后的生命来实践自己所理解的“朝闻道，夕死可矣”。一般学界都认为，清代的考据学是对宋明理学的反动，但是，通过考察“朝闻夕死”的儒学解释在历代的演变，就能看出其实未必如此。清代的儒者很多在表面上否定宋明理学，主张客观地理解儒学的经典，但从他们的解释来看，其依然受到宋明理学的影响，这一点是很值得注意的。

① 程树德：《论语集释》：北京：中华书局1990年版，第244-246页。

四、结语

对本文关于“朝闻道，夕死可矣”章的历家注释，在这里作如下总结：

首先，汉唐儒学将“朝闻道”解释为“闻世之有道”，这是一种政治意义上的解读，而“夕死可矣”只是用来论证“道行于世”的重要性。这种解释偏重于批判社会现实，侧重点是外在的政治实践，笔者认为，这和经学在总体上高度介入政治，试图通过对经典的诠释与解读来影响政治以及社会有关。

到了宋代，随着理学的兴起，儒家更加偏重于个体的道德修养与真实体认，认为只有个人的德性与修养达到圣人的境界，才能完成齐家治国平天下的最终理想。反映在朝闻夕死的解释上，理学家们认为“道”是“实理”，程颐和程颢所持的观点是基本相通的，认为“闻道”是与自身相关的终极意义上的“真知”，只有“闻道”的人，才能在面对财富等诱惑的时候，做出符合“道”的行为，甚至“杀身成仁”。朱熹沿袭了这种说法，并且明确指出“道”即是人伦之道，只要通过对三纲五常不懈追求和探索，就可以明白“鬼神”和“死”的道理，因为对佛教的敌视，朱熹试图回避“死”的问题。

到了明代，儒者一方面继承了宋代理学的内在化的倾向，另一方面，对于朝闻夕死的看法发生了一些转变。如王阳明开始认识到“死”这一话题无可回避，主张应对生命的意义加以关注。在其影响下，阳明学士人多认为，生死是一种再平常不过的自然现象，只要把握内心的“道”与“灵明”，即能超越生死；哪怕生命稍纵即逝，但其精神是永恒存在的。在阳明学的发展过程中，如杨起元、焦竑等学者，都明确地将“朝闻夕死”的说法等同于领会生死的道理。这种转变的原因可能是多方面的，例如吸收了佛教方面对于生死问题的关注；另外，阳明学士人很多都来自民间，在思想上更多地受到世俗化风潮的影响，所以可能会更关注于个体的存在感受。

清代刘宝楠否认了汉唐儒者的说法，认为“闻道”是指“己闻道”，他没有指出“道”究竟是指什么，也无心于“生死之道”，只是提出“闻道”这一过程本身是可以提高修养品性的，而关于是否能掌握“道”的真谛，则似乎显得没那么重要了。值得注意的是，在阳明学普遍受到批判的清代，依然有如杜字光的儒者，在宋明理学的思想体系下对经典进行思考。可以大致认为，清代的解释有某种综合，在推进文本的基础上，对宋代有所回归。

通过对“朝闻道，夕死可矣”内容理解的发展，我们不难看出，一方面佛教的传入和发展，对儒学的内涵有所影响和冲击；而从另一方面来看，正是在时代的发展和变化下，宋代理学、明代阳明学、清代考据学等学派的发展，以及儒家学者对经典的不断思考、注解和实践，为儒学发展注入了新的内涵，赋予了其新的生机与活力。

参考文献

一、基本典籍

[1]（三国·魏）何晏集解，（南朝·梁）皇侃义疏：《论语集解义疏》，上海：商务印书馆 1937 年版。

[2]（汉）刘向编著：《新序校释》，北京：中华书局 2001 年版。

[3]（宋）张载：《张载集》，北京：中华书局 1978 年版。

[4]（宋）朱熹撰：《论孟精义》，《朱子全书》第 7 册，上海：上海古籍出版社、合肥：安徽教育出版社 2002 年版。

[5]（宋）朱熹撰：《四书或问》，上海：上海古籍书版社 2001 年版。

[6]（宋）黎靖德、王星贤点校：《朱子语类》卷三，北京：中华书局 1986 年版。

[7]（明）周汝登撰：《东越证学录》，台北：文海出版社 1970 年版。

[8]（明）杨起元撰：《证学编》卷二，《四库全书存目丛书·子部》，山东：齐鲁书社 1995 年版。

[9]（明）焦竑撰：《读论语》，《丛书集成新编》第 88 册卷二；焦竑《焦氏澹园集》卷四十八，台北：新文丰出版公司 1985 年版。

[10]（明）李贽撰，张建业主编：《续焚书注》，《李贽全集注》第 3

册，《三教归儒说》，北京：社会科学文献出版社 2010 年版。
[11]（清）阮元校刻：《十三经注疏》，上海：上海古籍出版社 1997 年版。
[12]（清）刘宝楠：《论语正义》，北京：中华书局 1990 年版。

二、今人专著

[1]龚鹏程：《晚明思潮》，北京：商务印书馆 2005 年版。
[2]吴震编校整理：《王畿集》，南京：凤凰出版社 2007 年版。

三、研究论文

[1]陈宝良：《明代士大夫的生死观念及其行为选择》，《故宫学刊》2013 年第 2 期。
[2]李景林：《孔子“闻道”说新解》，《哲学研究》2014 年第 6 期。
[3]廖名春：《〈论语〉“朝闻道，夕死可矣”章新释》，《清华大学学报（哲学社会科学版）》2009 年第 6 期。

传统语文学视阈下的《重刊详校篇海》编撰探析

2014级　谢天

摘　要：《重刊详校篇海》为明朝赵钦汤、李登二人所详加校正，大约于万历年间完成，后收入《续修四库全书》二百三十二册。该书以《四声篇海》为基础删减校正而成，在《字汇》《正字通》通行以前是一部比较流行、极为重要的字书。为使该书得到充分了解与有效利用，从传统语文学视角对其编撰体例与研究价值进行探析显得尤为必要。

关键词：传统语文学；《重刊详校篇海》；编撰体例；研究价值

绪　论

《重刊详校篇海》(以下简称《详校篇海》)收录于《续修四库全书》第二百三十二册经部小学类，署名作者为明人李登，付刻完成于万历戊申年(1608)。王重民先生曾评述其"在《字汇》《正字通》未通行以前，是书盖为最通行之字典"①，杨载武先生亦称其"犹如重新编了一部字典而具有楷书字典的作用"②。由此可见，《详校篇海》曾于金末明初风行一时，在字书发展历程中具有较高的实用价值与借鉴意义。

① 王重民：《中国善本书提要》，上海：上海古籍出版社1983年版，第61页。

② 杨载武：《〈重刊详校篇海〉管见》，《辞书研究》1993年第4期，第112页。

一、作者考证

《详校篇海》署名作者虽为李登，但是通过卷首李登作序所言，不难发现该书编撰另有其人。其序云：

> 我旧公祖新盘赵翁，自束发读书，已循文切理，不苟于所从。一值所疑，务质诸字书，而若音，若义，若文，与夫假借、转注二书中音义之别出者，亦参考而靡遗。于是取《篇海》旧本为藁草，而参考者自《正韵》而下，如《韵会》、如《集韵》、如《集成》等书，悉采而辑之，则知《篇海》旧本之载者伤于滥，而注则伤于疎。滥者思以损之，疎者思以益之，宦辙所至，辄贮行笥。当尹我应天时，正讨论修饰时也。数年来兹，复总督南粮，犹以政暇随检随注，几以成书，而绾于政务，未克成也。谓朽夫登，尝从事于艺学，虽有精力不逮，而尚能佐校订之役，举而属之。……惜登寡陋，识不逮志，未尽如翁意者，竢后博雅君子，据为张本，亦犹今日之增损云。①

据上文可推知，《详校篇海》的编撰发起者便赵新盘，而李登完成的主要是后期的校订损益工作。然赵新盘为何许人也？按乾隆《解州全志》卷九《赵钦汤传》所云：

> 钦汤字新盘，博学淹贯。隆庆二年进士……又迁京兆尹。会加赋，抗疏止之，转南户部侍郎，总督粮饷。②

① (明)李登：《重刊详校篇海 · 序》，《续修四库全书》第232册，上海：上海古籍出版社1997年版，第1页。

② (清)言如泗、熊名相、吕瀶：《解州全志》卷九，哈佛燕京图书馆影印版，第8页。

解州，在今山西省境内，可推断赵新盘为山西解州人。“迁京兆尹”者，即李登序中所谓“尹我应天”，指南京也。二者也同时指出赵新盘曾负责总督粮储，充任南京户部侍郎一职。梅膺祚《字汇》序中曾写道：“若反切、直音之合，则与赵司徒之所校，匪质剂而适叶符。”①作为《字汇》音切的补充来源，《详校篇海》在单字注音上普遍采用先列反切、再注直音的方法，此亦可说明赵新盘正是该书主要纂辑人之一。

赵新盘因政事未能竟成，《详校篇海》的校正增损工作则由李登继续完成。至于李登其人，《篇海类编》附录中“制述字学姓氏”部分有言：“李登，字士彦，年八十校《篇海》。”②若其年龄考证无误，则据此可知李登生于嘉靖七年(1528)前后。又据《江南通志》所记载：

> 李登，字士，上元人，文行特着，隆庆初选贡，授新野令。……授新野令，折锾纳粟以备饥，筑堤成梁以捍水，民戴其惠，以伉直忤时，改崇仁教论讲明邹鲁之学。③

可见李登亦是博学强识之人，方才有校订《详校篇海》的功夫与本领。

二、版本源流

《详校篇海》现存的版本有三类：分别为明万历三十六年(1608)刻本、明崇祯七年(1634)刻本(改名为《重刊订正篇海》)

---

① (明)梅膺祚：《字汇·序》，《续修四库全书》第232册，上海：上海古籍出版社1997年版，第389页。

② (明)宋濂：《篇海类编·附录》，《续修四库全书》第229册，上海：上海古籍出版社1997年版，第571页。

③ (清)黄之隽：《江南通志》卷一六三，《钦定四库全书·史部十一·地理类》影印版，第5页。

及明刻清初修本①。在王重民先生看来，当中明万历年间刻本为最善之本。

李登序谓赵新盘“取《篇海》旧本为藁草”以作《详校篇海》，凡例又云“旧本名《五音篇海》”②，然其旧本究竟代指哪本？欲解答该问题，则无法避免从文化史角度对《详校篇海》做更深入的探究分析。通过杨正业先生《〈篇海〉世家》③一文，可以了解到《篇海》家族分支众多庞杂，因而有必要对其家族溯源并列于下表，以明辨其源流变化与发展历程。

字书名称	署名作者	成书年代	收字数目
《增广类玉篇海》	(金)王太等	1130年	62 236个
《大定甲申重修增广类玉篇海》	(金)祕祥等八人	1164年	约46 000个
《新修絫音引证群籍玉篇》	(金)邢准	1188年	50 514个
《重编改併五音篇》	(金)韩孝彦	1196年	43 371个
《改併五音类聚四声篇海》	(金)韩道昭	1208年	55 716个
《重刊详校篇海》	(明)李登	1608年	39 047个

《详校篇海》前身各本之中，因相隔年代最近、收字数目最多，《改併五音类聚四声篇海》(以下简称《四声篇海》)对其编纂影响最深，凭此推测《详校篇海》序中所言“旧本”极可能便指该书。

目前传世的《四声篇海》主要有三类版本：一是明成化七年(1471)重刊释文儒之摹刻本，标名为《大明成化丁亥重刊改併五音

① 王硕鹏：《〈详校篇海〉与〈四声篇海〉字头对比研究》，河北大学2008年硕士学位论文，第3页。

② (明)李登：《重刊详校篇海·凡例》，《续修四库全书》第232册，上海：上海古籍出版社1997年版，第2页。

③ 杨正业：《〈篇海〉世家》，《辞书研究》2006年第2期。

类聚四声篇海》；二是明成化三年至七年(1467—1471)释文儒、思远、文通之删补本，标名为《成化丁亥重刊改併五音类聚四声篇海》；三则是明正德十五年(1520)重刊本，名曰《五音聚韵》。①

在此三类版本中，《成化丁亥重刊改併五音类聚四声篇海》因“不再是原貌翻刻，而是进行删补修订，与时俱进地满足了天下学人查检用字的需要”，故其“后来一直是《篇海》最好流行最广的版本，也因此被收入《续修四库全书》”②。所以，在选取具体的比较对象时，笔者主要参照的正是该版本。

三、研究现状

《四声篇海》发行以后曾风行一时，直至《字汇》《正字通》等书问世，尤其受《康熙字典》出版之影响，该书逐渐被人们所遗忘。其后，随着《汉语大字典》和《中华字海》的出现，该书体例得到不同程度的参考与引用，其实用价值重新受到人们的关注与认同。目前学术界暂无《四声篇海》之研究专著，成果主要为介绍性质的论文。

周国光的《〈四声篇海〉琐论》③一文，主要从作者、成书、内容、体例、价值五个方面对《四声篇海》进行了系统性的介绍。宁忌浮的《字典史上的一块丰碑——〈四声篇海〉》④，则从收字、部首的简化、笔画排字法的创立、单字的归部等四个方面指出了《四声篇海》所取得的成就与不足。张涌泉的《论〈四声篇海〉》⑤一文首

① 郭敬燕：《〈改并四声篇海〉版本考略》，《德州学院学报》2013 年第 29 卷第 5 期，第 57-58 页。

② 郭敬燕：《〈改并四声篇海〉版本考略》，《德州学院学报》2013 年第 29 卷第 5 期，第 57 页。

③ 周国光：《〈四声篇海〉琐论》，《信阳师范学院学报》1986 年第 1 期。

④ 宁忌浮：《字典史上一块丰碑——〈四声篇海〉》，《辞书研究》1987 年第 1 期。

⑤ 张涌泉：《论〈四声篇海〉》，《旧学新知》，杭州：浙江大学出版社 1999 年版，第 113-127 页。

先介绍该书作者、成书、体例及不同刻本，其后从部首与属字排列方法不同、异体俗字与正字之关系未能得以沟通、臆改引文、传抄讹误四个方面指出《四声篇海》的缺点。

《四库全书总目》谓《四声篇海》“殊体僻字，靡不悉载。然舛谬实多，徒增繁碎”①，说明其弊端主要在于生僻俗字的过滥收录。后有杨宝忠先生对该书得失之评述：

> 贡献主要有二：一是删并部首，一是计笔划列字。其失在于收字全无裁择，收录异体不知沟通……字妖讹火，遍布书卷，荒秽芜杂，莫此为甚。②

《详校篇海》正是对《四声篇海》在收字方面不足之处的补正之作。然而由于其因循前者编排方式，在以义类排列部首的改编本《篇海类编》出现以后，《详校篇海》即不再为后世所重，此情形尤以《字汇》刊出之后为甚。相较于前者，《详校篇海》专门研究更为匮乏，多只提及于相关文章。

杨载武的《〈重刊详校篇海〉管见》③，依次介绍该书作者、成书过程与时间，从体例、单字归部原则、收字、注音、释义五个方面详细论述该书体例特点，并证明《篇海类编》是依《详校篇海》重排而成。杨晓霞的《〈重刊详校篇海〉研究》④则从《篇海》世家源流、作者考证、收字体例、研究价值四个方面进行论述。

杨宝忠先生《疑难字考释与研究》⑤一书亦对《详校篇海》作者、

---

① （清）永瑢等：《经部四十三·小学类存目一》，《四库全书总目提要》万有文库本卷四十三，上海：商务印书馆1933年版，第67页。

② 杨宝忠：《疑难字考释与研究》，北京：中华书局2005年版，第90页。

③ 杨载武：《〈重刊详校篇海〉管见》，《辞书研究》1993年第4期。

④ 杨晓霞：《〈重刊详校篇海〉研究》，《齐鲁师范学院学报》2014年第3期。

⑤ 杨宝忠：《疑难字考释与研究》，北京：中华书局2005年版。

性质、体例、注音、收字进行了简单介绍，并对其在字书史上的地位给予了充分肯定。杨先生门下二位学生王硕鹏所作《〈详校篇海〉与〈四声篇海〉字头对比研究》①及李二忠所作《〈详校篇海〉与〈四声篇海〉释义对比研究》②，则通过两书比较考察分别对《详校篇海》字头与释义进行了细致的整理研究。

综上所述，目前国内学术领域对《详校篇海》的研究寥寥无几，因而将《详校篇海》一书放在传统语文学角度下深入探析十分必要。不仅对于自身是一次综合运用、贯通实践学科知识的过程，更有助于加深对字书编纂理念、发展历程等方面的认知与理解，提升学科素养与阅读能力。

四、研究意义

综观我国字书编纂的历史长河，自见于著录文献记载最早的《史籀篇》，至古代字书的奠基著作《说文解字》，及至当代规模最大的《中华字海》，历代基本均有字书的问世。其间，宋、金两代可谓交相辉映，诸如《类篇》《类玉篇海》《四声篇海》等多部重要字书均出于此段时期。

相较之下，于《四声篇海》基础之上增订删减而成的《详校篇海》则稍显黯淡。尽管该书的问世一定程度上遏制了当时大型字书盲目求大求全之风，曾在字书发展历史进程中产生了一定的积极影响，但由于其重排本《篇海类编》的出现，后世便大多只知其改本，原本《详校篇海》逐渐流于众人视线之外。因而对于《详校篇海》的研究不仅具有填补当前领域学术空白之作用，而且在与《四声篇海》《字汇》《字汇补》等字书的比对分析中更利于对其在字书编撰历史中之价值地位形成客观公允的评

① 王硕鹏：《〈详校篇海〉与〈四声篇海〉字头对比研究》，河北大学2008年硕士学位论文。

② 李二忠：《〈详校篇海〉与〈四声篇海〉释义对比研究》，河北大学2009年硕士学位论文。

价与认识。

在中国传统语文学的视野下，以《详校篇海》为切点，对全书的解读与把握往往可在阅读检索时具有事半功倍的效果；同时管中窥豹，亦可促进对字书编撰知识之总结概括，深入辞书学理论与字词典编撰体系研究。《详校篇海》卷首虽有凡例，但其仅是笼统扼要的编撰体例概要。通过综合运用文字、音韵、训诂等学科知识，或可对《详校篇海》全书体例特点作更为具体详细的归纳总结。因此，对于《详校篇海》的探析不仅可从宏观层面总体把握字书编撰体例理论知识，而且可从微观层面结合各学科知识与文本建立联系，以达融会贯通之境。

由于《详校篇海》乃《四声篇海》之删节本，因而其自身亦具有规范价值与研究意义。通过梳理字书发展脉络，不难发现该书对于目前流传的多部重要字书如《字汇》《中华字海》等均具有显著的影响。因而在将《详校篇海》的研究分析置于字书历史发展过程中时，可总结推导其利弊得失，感悟前代大型字书编纂之经验方法，对于今后字典编订提供借鉴与指导。

五、研究方法

人类编纂字书已有相当长远的历史，同时积累了丰富的字书编撰实践经验，但是相对而言，人们总结的辞书编撰理论远不及辞书编纂的实践操作。长期以来，辞书的研究成果只局限于通过序、跋、凡例、附录等形式表达出来。而目前对于《详校篇海》的研究与整理更是少之又少，因此缺乏前人基本的规律性归纳与指导，是本次论文最大的难点。

当前掌握的参考资料可分为三类：其一为关于《详校篇海》的研究成果与整理工作，有杨载武的《〈重刊详校篇海〉管见》①、杨

① 杨载武：《〈重刊详校篇海〉管见》，《辞书研究》1993 年第 4 期。

晓霞的《〈详校篇海〉研究》①、卢鹏的《〈详校篇海〉编纂体例研究》②三篇；其二由于《详校篇海》在《四声篇海》基础之上编纂而成，而其编排又对后世《字汇》等书具有借鉴范式，因此有关上述字书及其之间的比较研究亦有参考价值，主要有王硕鹏的《〈详校篇海〉与〈四声篇海〉字头对比研究》③、李二忠的《〈详校篇海〉与〈四声篇海〉释义对比研究》④、高永安的《〈字汇〉音切的来源》⑤和吴萍的《再论〈字汇〉音切的来源》⑥等；其三则为辞书学科理论、古典文献学科知识方法等相关研究论文与专著，如陈炳超的《辞书编纂学概论》⑦、邹酆的《辞书学探索》⑧等。通过三类资料的交叉互补参考，有利于全面的整理与研究。

本篇论文的研究方法主要为归纳法与对比法。通过综合利用文字学、音韵学、训诂学和辞书学的相关知识，进行定量与定性分析，从传统语文学的角度归纳总结出《详校篇海》的列字原则、注音方法与训释特点，进而推论出该书一般规律性的编撰体例特点。同时，通过对《详校篇海》与《四声篇海》乃至《字汇》等字书在字头、音切与释义等方面的比较，寻求其间的差异与原因，进而对《详校篇海》一书在辞书历史上的地位与价值进行客观公允的评价。

① 杨晓霞：《〈重刊详校篇海〉研究》，《齐鲁师范学院学报》2014 年第 3 期。

② 卢鹏：《〈详校篇海〉编纂体例研究》，河北大学 2009 年硕士学位论文。

③ 王硕鹏：《〈详校篇海〉与〈四声篇海〉字头对比研究》，河北大学 2008 年硕士学位论文。

④ 李二忠：《〈详校篇海〉与〈四声篇海〉释义对比研究》，河北大学 2009 年硕士学位论文。

⑤ 高永安：《〈字汇〉音切的来源》，《南阳师范学院学报(社会科学版)》2003 年第 1 期。

⑥ 吴萍、郑贤章：《再论〈字汇〉音切的来源》，《中南大学学报(社会科学版)》2016 年 01 期。

⑦ 陈炳超：《辞书编纂学概论》，上海：复旦大学出版社 1991 年版。

⑧ 邹酆：《辞书学探索》，武汉：湖北人民出版社 2001 年版。

第一章列字

《详校篇海》以《四声篇海》为蓝本编纂成书，两书在部首列次与字头编序上基本一脉相承。《详校篇海》在立部上承袭前书，贯彻并发展其单字形似归部原则，“颇有字非部头直以形似而附载之者”①；收字上则力求弥除前书过滥之失，大量删损俗讹疑难用字，收字数目较之《四声篇海》减少近三分之一；同时《详校篇海》增收部分传世字书、韵书与文献当中的流俗用字，以适应社会需求。该书所收均为楷书字体，且对旧本俗讹字形加以楷正，几无明显具有籀篆古法之形。

一、编次

韩道升于《重编改併五音篇·序》中云：“韩公先生孝彦，字允中，着其古法，未尽其理，特将已见，刱立门庭，改《玉篇》归于五音，逐三十六字母之中，取字最为绝妙。”②即是说《四声篇海》以五音三十六字母立部，总计444部。《详校篇海》亦谓《四声篇海》“其立部以三十六字母为序，意在辨音，音固不可无辨也，故悉因而不改，苟知字母之辨者，举一偏傍，即知属于某部，尽易检寻，惟不知者须历检全目”③。李登因承前书编次原则，以声母为纲，以声调为目，以笔画为辅，即以三十六字母编次，字母之下按四声排列顺序，而每部内之字又按笔画多寡排序。《详校篇海》

① （明）李登：《重刊详校篇海·凡例》，《续修四库全书》第232册，上海：上海古籍出版社1997年版，第3页。

② （金）韩孝彦、韩道昭撰，（明）释文儒、思远、文通删补：《成化丁亥重刊改併五音类聚四声篇海·重编改併五音篇序》，《续修四库全书》第229册，上海：上海古籍出版社1997年版，第248页。

③ （明）李登：《重刊详校篇海·凡例》，《续修四库全书》第232册，上海：上海古籍出版社1997年版，第2页。

仅在原书基础上增一“臭”部，设于卷四前册穿母“尺”部之后——该书正文共分五卷，每卷又分前后两册，每册依次以十天干之顺序标目，此举“为《字汇》《康熙字典》等书用地支标目开了先河”①。

然而，笔者以为《详校篇海》在部首编排与归类方面不及前书《四声篇海》。首先，《详校篇海》人为地将445部列入五卷十册，而非完全依照五音三十六字母的发音部位分卷别册，如卷三内糅合重唇音、轻唇音与齿头音共9母80部，而重唇音帮、滂母与齿头音心、邪母却分属卷二与卷四，如此便略显杂乱无章；又如彻母独“丑”一部归于二卷前册，明母独“木”一部归于卷三后册等，如此便又主观割裂字母内部各字联系。其次，《四声篇海》总目录中于每卷首明确标识三十六字母及其发音部位，字母之下以四声排序之首字注明平、上、去、入声，并于每部皆注其反切列于其下；而《详校篇海》总目未能悉数沿用，仅将各部反切注音一项发展为部分对疑难字部采用直音方法，且经前后比照不难发现其注音多有出入，不可不说这是莫大的遗憾。

因此，为使《详校篇海》分卷立部更为科学简便化，现参照《四声篇海》总目录，依据三十六字母系统，对其部首编排重新归类，列于下表：

<table>
<tr><th>发音部位</th><th>字母分类</th><th>所属卷册</th><th>起止部首</th><th>部首数目</th></tr>
<tr><td rowspan="4">牙音</td><td>见母</td><td rowspan="2">一卷前册甲</td><td>金部第一至骨部第四十六</td><td>46</td></tr>
<tr><td>溪母</td><td>臤部第四十七至曲部第五十九</td><td>13</td></tr>
<tr><td>群母</td><td rowspan="2">一卷后册乙</td><td>琴部第六十至共部第六十四</td><td>5</td></tr>
<tr><td>疑母</td><td>言部第六十五至歺部第七十九</td><td>15</td></tr>
</table>

① 杨载武：《〈重刊详校篇海〉管见》，《辞书研究》1993年第4期，第112页。

续表

发音部位	字母分类	所属卷册	起止部首	部首数目
舌头音	端母	二卷前册丙	东部第一至斗部第十二	12
	透母		天部第十三至兔部第十七	5
	定母		田部第十八至希部第二十五	8
	泥母		男部第二十六至肉部第二十九	4
舌上音	知母		夂部第三十至叕部第三十五	6
	彻母		丑部第三十六至㲋部第四十	5
	澄母	二卷后册丁	长部第四十一至中部第四十八	8
	娘母		女部第四十九至聿部第五十二	4
重唇音	帮母		髟部第五十三至必部第六十九	17
	滂母		收部第七十至支部第七十七	8
	并母	三卷前册戊	皮部第一至帛部第七	7
	明母		宀部第八至木部第三十四	27
轻唇音	非母	三卷后册己	夫部第三十五至弗部第四十五	11
	敷母		丰部第四十六	1
	奉母		凡部第四十七至𦣻部第五十	4
	微母		文部第五十一至勿部第五十七	7
齿头音	精母		夘部第五十八至巿部第六十六	9
	清母		青部第六十七至桼部七十五	9
	从母		酋部第七十六至亼部八十	5
	心目	四卷前册庚	司部第一至索部第二十三	23
	邪母		㳄部第二十四至夕部第二十六	3
正齿音	照母		舟部第二十七至卓部第四十一	15
	穿母		车部第四十二至臭部第五十二	11
	床母		牀部第五十三至食部第五十八	6
	审母	四卷后册辛	身部第五十九至東部第七十八	20
	禅母		臣部第七十九至石部第九十二	14

续表

发音部位	字母分类	所属卷册	起止部首	部首数目
喉音	晓母	五卷前册壬	香部第一至㬔部第十五	15
	匣母		亢部第十六至学部第三十九	24
	影母		衣部第四十至一部第五十四	15
	喻母	五卷后册癸	云部第五十五至曰部第八十二	28
半舌音	来母		龙部第八十三至秝部一百三	21
半齿音	日母		人部第一百四至日部第一百十七	14

《详校篇海》于每部之下皆注其收字数目，部首之内各字依笔画顺序编次，四画之后的字以阳文数字标识笔画数目并进行归类，如遇过多笔画下收字甚少则将其合并于一。如卷一："金"部第一，凡七百九十四字，起于"金"字，自四画"钮"字始标笔画，按笔画数目由少至多依次排列，因十七画以之后收字不多，故十七至二十四画皆归一类随附其后。这一字头编次方法袭用《四声篇海》方便检索的特点，故有黄侃先生称"此实计划编字法之权舆也"①。

二、删字

《详校篇海·凡例》第七条提到："但有音有义不甚差异者，存之；其余有音无义字画差异者，徒灾木而无用，去之。"②说明该书大量删减《四声篇海》中的有音无义之俗讹错别字，从而简便时人用字检索，也展现出赵新盘、李登二人编纂过程中严谨务实的态度。此外，通过两书对比还可发现，《详校篇海》同时保留少数有音无义之字，亦减除部分有音有义之字。

① 黄侃：《黄侃论学杂著》，上海：中华书局 1964 年版，第 20 页。

② （明）李登：《重刊详校篇海·凡例》，《续修四库全书》第 232 册，上海：上海古籍出版社 1997 年版，第 3 页。

(一)有音无义之字

据统计,《详校篇海》对《四声篇海》中有音无义之字总共删去8 758 字,其收字较多的部下基本均有所删减。现以“牛”“米”部两部为例,枚举其中部分《详校篇海》所减《四声篇海》之有音无义字,并将收录于其他字书(如《字汇补》①《康熙字典》②《中华字海》③等)的字列出,以进行较为全面的探析。

1. “牛”部

在该部下,《详校篇海》较之《四声篇海》减少 54 字,经笔者粗略估算,其中有音无义字减少约 43 字,现举例说明如下:

(1)犷,《四声篇海》引《川篇》:“犷,音厅。”(303 页上)

《字汇补·牛部》:“犷,通丁切,音厅。见《金镜》。”(580 页下)

(2)㸴,《四声篇海》引《龙龛手鉴》:“㸴,音牵。”(303 页下)

《中华字海·牛部》:“㸴,同‘牵’。字见朝鲜本《龙龛》。”(853 页左)

(3)牴,《四声篇海》引《搜真玉镜》:“牴,音氐。”(303 页下)

《字汇补·牛部》:“牴,同牴。”(581 页上)

(4)犓,《四声篇海》引《龙龛手鉴》:“犓,丑六切。”(330 页下)

《字汇补·牛部》:“犓,丑六切,音畜。义同。”(581 页上)

(5)犆,《四声篇海》引《类篇》:“犆,音特。”(330 页下)

《字汇补·牛部》:“犆,音义与特同。”(581 页下)

(6)犗,《四声篇海》引《龙龛手鉴》:“犗,音辖。”(304 页上)

《字汇补·牛部》:“犗,又车声也。又何懈切,音邂。”(581

① (清)吴任臣:《字汇补》,《续修四库全书》第 233 册,上海:上海古籍出版社 1997 年版。

② (清)张玉书、陈廷敬等:《康熙字典》,上海:上海古籍出版社 1996 年版。

③ 冷玉龙、韦一心:《中华字海》,北京:中华书局、中国友谊出版公司 1994 年版。

页下）

（7）犸，《四声篇海》引《龙龛手鉴》："犸，古文方字。"（303 页上）

《字汇补·牛部》："犸，古文方字。"（581 页上）

（8）犦，《四声篇海》引《川篇》："犦，音豹，又步角反。"（304 页上）

《中华字海·牛部》："同'犦'。字见《类篇》。"（856 页中）

2. "米"部

在该部下，《详校篇海》较之《四声篇海》减少 122 字，经笔者粗略估算，其中有音无义之字减少约 75 字，现举例说明如下：

（1）粆，《四声篇海》引《俗字背篇》："粆，卜左切。"（368 页上）

《康熙字典·米部》："粆，《篇海》：'布火切，音跛。'碎米。"（906 页）

（2）粅，《四声篇海》引《类篇》："粅，音料。"（368 页上）

《中华字海·米部》："粅，同'料'。字见《篇海》。"（1292 页左）

（3）粡，《四声篇海》引《类篇》："粡，音料。"（368 页上）

《中华字海·米部》："粡，同'料'。字见《篇海》。"（1293 页左）

（按："料"之俗写作"粈"，如《龙龛手鉴》："料，或作粈。"而"粡"形与"粈"形相近，皆音料。故"粡"亦当为"料"之异体字。）

（4）粪，《四声篇海》引《龙龛手鉴》："粪，音粪。"（368 页上）

《中华字海·米部》："粪，同'粪'。见《直音篇》。"（1293 页右）

（5）粴，《四声篇海》引《类篇》："粴，音糊。"（368 页下）

《中华字海·米部》："粴，公制长度单位公里的旧译。"（1294 页中）

（6）糍，《四声篇海》引《搜真玉镜》："糍，丑知切。"（368 页下）

《康熙字典·米部》："《海篇》：'音痴。'煮粥米为胶。"（910

页）

（7）粺，《四声篇海》引《龙龛手鉴》："粺，新藏作'精'。"（368页下）

《中华字海·米部》："粺，同'精'。见《龙龛》。"（1295页中）

（8）糴，《四声篇海》引《搜真玉镜》："糴，音朵。"（368页下）

《字汇补·米部》："糴，同'朵'。"（616页上）

（9）粹，《四声篇海》引《搜真玉镜》："粹，七碎切。"（369页上）

《字汇补·米部》："粹，七碎切，音翠。粉粹也。"（616页上）

（10）糗，《四声篇海》引《搜真玉镜》："糗，音皐。"（369页上）

《中华字海·米部》："糗，音高，义未详。见《篇海》。"（1298页中）

（11）糉，《四声篇海》引《类篇》："糉，音粥。"（369页上）

《中华字海·米部》："糉，同'粥'。字见《篇海》。"（1299页中）

（12）糟，《四声篇海》引《龙龛手鉴》："糟，音丰。"（369页上）

《中华字海·米部》："糟，同'豐'。见《武威汉简·有司九》。"（1299页右）

（按："糟"为"豐"之异体。"糟"字见于《龙龛手鉴·米部》，曰："俗，音丰。"《仪礼·有司彻》："豐賁坐设于豆西。"①《汉语大字典·米部》亦以"豐""糟"同字②。）

（13）糪，《四声篇海》引《类篇》："糪，音桌。"（369页下）

《字汇补·米部》："糪，同'桌'。"（616页下）

（14）糜，《四声篇海》引《类篇》："糜，音研。又音糜。"（369页下）

① （汉）郑玄注，（唐）贾公彦疏：《仪礼注疏》卷四十九，《十三经注疏》阮刻本，上海：上海古籍出版社1997年版，第1207页。

② 《汉语大字典》，武汉：崇文书局1992年版，第4910页。

《字汇补·米部》："糜，怭皮切，音糜。碎也。"(616 页下)

综上可知，《详校篇海》对《四声篇海》所删有音无义之字多引自《类篇》《龙龛手镜》《搜真玉镜》等字书，其皆为意义未详之疑难异体字，抑或佛藏道传之非常用字，且修正了某些错讹字形。由此足见赵新盘、李登二人深厚的文字学功底，以所见文献、字书为基础的一种本能、主动的纠错行为。此举提升了《详校篇海》自身的实用价值，适应了社会学士的检索需求；并且对于《四声篇海》而言，纠正了其中存在的些许谬误，使《篇海》系列字书发展更为完善。

(二)有音有义之字

除大量删减《四声篇海》有音无义之字，《详校篇海》亦删除其中部分音义兼有之字。现仍选取"牛""米"二部，辅以后世字书作为参照。

1. "牛"部

在该部下，《详校篇海》共删减《四声篇海》中有音有义字约 28 字，现举例说明如下：

(1)牀，《四声篇海》引《川篇》："牀，音壮。正也。"(303 页上)

《字汇补·牛部》："牀，支浪切，音壮。正也。"(581 页上)

(2)牀，《四声篇海》引《龙龛手鉴》："牀，士庄切。牀榻也。"(303 页上)

《中华字海·牛部》："牀，同'牸'。见《正字通》。"(849 页中)

(3)牴，《四声篇海》引《龙龛手鉴》："牴，丁礼切。触也。"(303 页上)

《字汇补·牛部》："牴，丁礼切，音抵。触也。"(581 页上)

(4)牸，《四声篇海》引《龙龛手鉴》："牸，他刀切。牛行迟皃。"(303 页下)

《中华字海·牛部》："牸，同'牸'。见《龙龛》。"(852 页右)

(5)犆，《四声篇海》引《龙龛手鉴》："犆，徒得切。犆牛又独

也。”(303页下)

《字汇补·牛部》:“犆,疑即‘犆’字之讹。《篇韵》:‘犆牛’。”(581页上)

(6)犍,《四声篇海》引《龙龛手鉴》:“犍,居言切。兽似牛。”(303页下)

《中华字海·牛部》:“犍,同‘犍’。见《集韵》。”(853页中)

(7)犓,《四声篇海》引《龙龛手鉴》:“犓,侧于切。养牛也。”(303页下)

《字汇补·牛部》:“犓,同‘犓’。”(581页下)

(8)犧,《四声篇海》引《龙龛手鉴》:“犧,许宜切。犧牲。《书》云:‘色纯曰犧也。’”(304页上)

《中华字海·牛部》:“犧,同‘牺’。”(856页左)

(按:“犧”为“牺”之异体,《龙龛手鉴·牛部》曰:“牺正,犧俗。”①)

2.“米”部

在该部下,《详校篇海》共删减《四声篇海》中有音有义字约40字,现举例说明如下:

(1)粊,《四声篇海》引《川篇》:“粊,音诜。米滓也。”(368页上)

《字汇补·米部》:“粊,疏臻切,音诜。米滓也。”(615页下)

(2)粁,《四声篇海》引《龙龛手鉴》:“粁,音聊。粁理也。又力吊切,粁量计度也。”(368页上)

《中华字海·米部》:“粁,同‘料’。”(1291页右)

(3)粓,《四声篇海》引《龙龛手鉴》:“粓,卜管切。屑米饼也。”(368页上)

《中华字海·米部》:“粓,同‘䬳’。字见《篇海》。”(1293页左)

(4)粣,《四声篇海》引《龙龛手鉴》:“粣,征例切。正作

① (辽)释行均:《龙龛手镜》高丽本,北京:中华书局1985年版,第98页。

‘狾’。狂犬也。”(368 页下)

《中华字海 · 米部》：“粝，同‘狾’。字见《篇海》。”(1294 页中)

(5)糁，《四声篇海》引《龙龛手鉴》：“糁，思感切。羹糂也。”(368 页下)

《字汇补 · 米部》：“糁，思感切，音糂。羹糂也。”(616 页上)

(6)䊆，《四声篇海》引《奚韵》：“䊆，楚搜切。䊆粉也。”(368 页下)

《字汇补 · 米部》：“䊆，楚搜切，音搊。䊆粉也。”(616 页上)

(7)糝，《四声篇海》引《龙龛手鉴》：“糝，苏感切。羹糁。”(368 页下)

《字汇补 · 米部》：“糝，苏感切，音糂。羹糁。”(616 页上)

(8)粎，《四声篇海》引《类篇》：“粎，音促。里也。”(368 页下)

《四声篇海》引《类篇》：“粎，音米。爱也。”(369 页上)

《字汇补 · 米部》：“粎，名礼切，音米。爱也。”(616 页上)

(9)糈，《四声篇海》引《龙龛手鉴》：“糈，私吕切。粮米也，祠袖米。又音所。”(369 页上)

《中华字海 · 米部》：“糈，同‘糈’。字见《篇海》。”(1297 页中)

(10)㰦，《四声篇海》引《奚韵》：“㰦，相叫切。饮酒尽也。”(369 页上)

《字汇补 · 米部》：“㰦，相叫切，音笑。饮酒尽也。”(616 页下)

由上可知，《详校篇海》对于《四声篇海》中删减的有音有义字，尽管大多音义明确，但是均为不常用的俗讹字或生僻字。对其删减摘除有效地压缩了《详校篇海》作为大型字书的篇幅，增强了其查阅检索的便利性与实用性。此举同时也在一定程度上减少了《四声篇海》收字正俗混杂的情况，抑制收敛了辞书编纂历史进程中盲目求全求大的不良风气。

三、增字

《详校篇海》的编纂，不仅有对《四声篇海》的删字，亦有在其基础上的增字。据统计，《详校篇海》中新增字数达 1 324 个。下面以“牛”“米”两部为例，结合《详校篇海》前后的字书、韵书，试加以分析说明。

1. “牛”部

该部新增字共 15 字，举例如下：

(1)犹，《详校篇海》：“犹，羽末切，音由。不动也。”(66 页下)

(按：此字未见《详校篇海》以前字书。)

(2)牮，《详校篇海》：“牮，作甸切，音荐。牮屋土诰。亦作‘揞’。”(67 页上)

(按：《字汇·牛部》：“牮，作甸切，音荐。屋斜用牮。又以土石遮水亦曰牮。”①《详校篇海》以前字书未收此字。)

(3)㸗，《详校篇海》：“㸗，定浊，徒红切，音同。无角牛，亦作‘犝’。”(67 页上)

(按：《集韵·平声·一东》：“犝、㸗，《说文》：‘无角牛也。’或从同，通作‘童’。”②“㸗”即“犝”之异体字，《四声篇海》收“犝”而未收“㸗”，自《详校篇海》始增“㸗”字。)

(4)牾，《详校篇海》：“牾，讹胡切，音吴。搘牾。又去声音，忤逆也。《王莽传》：‘无所牾意。’”(67 页上)

(按：《说文·午部》：“啎，逆也。从午，吾声。”③又《字汇·牛部》：“牾，五故切，音误。与‘忤’同，逆也，违戾也。又与

① (明)梅膺祚：《字汇·巳集》，《续修四库全书》第 233 册，上海：上海古籍出版社 1997 年版，第 80 页。

② (宋)丁度：《集韵》明州本，北京：中国书店出版社 1983 年版，第 5 页。

③ (汉)许慎：《说文解字》，北京：中华书局 2013 年版，第 312 页。

‘牾’同，逢也。”①故“牾”与“牾”同，《集韵·平声·十一模》首收“牾”字②，盖《详校篇海》承《集韵》增收之。）

（5）犆，《详校篇海》：“犆，定浊，徒得切，音特。《广韵》：‘钝也。’又同‘特’。”（67页下）

（按：《集韵》：“特、犆、犆，敌德切。《说文》：‘朴特，牛父也。’曰独也。或作‘犆’‘犆’。”③“犆”为“特”字之异体，《详校篇海》据《广韵》增之。）

（6）犪，《详校篇海》：“犪，印尼患。《庄子》：‘犪三月也。’”（68页上）

（按：“犪”为“豢”之异体。《字汇·牛部》：“犪，同‘豢’。”④《详校篇海》以前字书未见此字。）

2.“米”部

该部新增字共约6字，现举例如下：

（1）粧，《详校篇海》：“粧，侧霜切，音庄。粉饰。”（157页上）

（按：“粧”之异体为“粧”，《四声篇海》仅收“粧”，《详校篇海》则二字兼收。）

（2）粡，《详校篇海》：“粡，群浊，其亮切，音糨。义同。”（158页上）

（按：《详校篇海》以前字书未见此字。）

（3）粞，《详校篇海》：“粞，思计切，音细。米屑。”（157页下）

（按：此字未收录于《详校篇海》以前字书。）

① （明）梅膺祚：《字汇·巳集》，《续修四库全书》第233册，上海：上海古籍出版社1997年版，第81页。

② （宋）丁度：《集韵》明州本，北京：中国书店出版社1983年版，第91页。

③ （宋）丁度：《集韵》明州本，北京：中国书店出版社1983年版，第757页。

④ （明）梅膺祚：《字汇·巳集》，《续修四库全书》第233册，上海：上海古籍出版社1997年版，第84页。

综上可得，《详校篇海》所增收字多为收录于前世字书之字，同时亦有此前未见之字，其中包括部分流俗用字。这些新增字适应性强，间或流传于前代或者当时民间生活与文学作品中，如元代关汉卿戏曲杂剧中多次用到“粧”字：“一箇箇铺眉苫眼粧些像态”①，“将那李四的浑家梳粧打扮得呵”②等处。一方面，《详校篇海》删减《四声篇海》中部分俗讹之字；另一方面，《详校篇海》又增加《四声篇海》中未收之俗文讹字。这说明赵新盘、李登二人在编纂该书时除参看《四声篇海》，亦借鉴《说文》《广韵》《集韵》等字书与韵书，并根据时代需求适当增删《四声篇海》未收之字，提升其作为字书之使用价值。

四、字形

《详校篇海》卷首语：“古文钟鼎籀篆，难使民间通习。秦汉以来，亦既变为楷隶以便民，至今从而不改。”③该书中所列字形经隶变、楷化之后，已与古文字形具有较大差异。故在编撰时对于不同的古文字形，《详校篇海》采取不同的术语体系以作说解，现分析说明如下。

1. 古文

《详校篇海》中的古文字形部分列为字头，在训释中则标明其今文字形；未列入字头的古文字形，则在今文字形的训释下注明。由于某些字形的所处时代难以考究，《详校篇海》便将其统称为古文。一般表示为“古作某”“古某字”或“今作某”等格式。举例如下：

(1)迻，《详校篇海·辵部》：“迻，弋枝切，音移。徙也，迁

① 吴晓玲等：《关汉卿戏曲集》，北京：中国戏剧出版社1958年版，第195页。

② 吴晓玲等：《关汉卿戏曲集》，北京：中国戏剧出版社1958年版，第395页。

③ (明)李登：《重刊详校篇海·凡例》，《续修四库全书》第232册，上海：上海古籍出版社1997年版，第2页。

也。今作移。”(111 页下)

(2)舯，《详校篇海·舟部》：“舯，资辛切。古津字。”(242 页下)

(3)钧，《详校篇海·金部》：“钧、銞，二视伦切，音均。三十斤也。古作钧、銞。又姓。又均平。”(12 页上)

(4)李，《详校篇海·木部》：“李，音里。果名。古作杍。又姓。”(175 页下)

2. 籀文

对于古文为籀文字形之字，《详校篇海》会明确注明，通常以“籀文作某”形式表示。举例如下：

(1)箕，《详校篇海·竹部》：“箕，坚溪切，音饥。簸箕。籀文作箕。”(104 页下)

(2)贛，《详校篇海·章部》：“贛，同上。出籀文。”(246 页下)

3. 篆文

同于籀文，《详校篇海》亦会在字义训释中指出篆文字形之古文，表现为“篆作某”。举例如下：

(1)丣，《详校篇海·卯部》：“丣，同上。篆文。”(156 页上)

(2)芬，《详校篇海·艹部》：“芬，敷文切，音分。芬芳也。篆作芬。”(209 页上)

由于古文字形符合文字自图像向符号转变发展的特点，《详校篇海》一书中保留部分古文字形，并列明今文字形以示比较；同时随着社会进步与时代需求，《详校篇海》亦在字形隶变、楷正之后摘除了部分古文字形，如“瑁”之古文“玥”字。由此可知该书编撰过程中对于古文字形的态度是部分承认而部分否定，故书中古文字形并不常见。因而《详校篇海》中保留下来的古文字形对于今古文字际关系的说解以及汉字字形时代流变的研究之意义更显得弥足珍贵。

第二章注音

对于一部具有传承性的字书而言，也应分析其注音的共时性和完备性。《详校篇海》一书兼采前世注音方法，一般先列反切，再注直音；无反切则只注直音，无直音字可寻则以声韵相同而声调不同之字补注四声加以注之。由于明代中原地区全浊声母消失，原全浊声母上声字变为去声，故《详校篇海》于全浊声母单字后均先列声母并标注“浊”声，再出反切和直音，帮助检索者掌握正确的读音。此外，《详校篇海》为多音字注音时，先注其本音，再注转注音，之间以“又音”形式连接，如此便能大致了解语音的发展情况。

一、反切

反切即以两字拼注一字之音，据笔者所知，可追溯于东汉而盛行于六朝以后。“那时，正当佛经传入中国，一般文士受印度拼音文字的影响，知道了分析字音的门径，于是逐渐利用反切来代替不能精确又有时而穷的直音。”①因而反切注音使单字拼读起来更为科学与准确。《详校篇海》继承前代反切注音方法，其基本形式为“某某切”，上字取声，下字取韵与调，拼合而成。因该书中多数字标注直音读法，所以单一反切注音并不多见。现举例如下：

(1)《详校篇海·革部》：“䩫，良将切。与‘緉’同。”(34 页上)

(2)《详校篇海·土部》：“坍，他甘切。同‘坍’，水冲岸坏也。”(92 页上)

(3)《详校篇海·大部》：“夵，他告切。与‘套’同。”(100 页下)

(4)《详校篇海·女部》：“妳、奶，二奴蟹切。与‘嬭’同，乳也。”(119 页上)

(5)《详校篇海·木部》：“梚，匹皃切。出免疑韵。俗为四十斤为梚。”(182 页下)

(6)《详校篇海·心部》：“怓，奴故切。与‘怒’义同。”(231 页下)

---

① 董同龢：《汉语音韵学》，台北：文史哲出版社 2012 年版，第 77 页。

由上可知，《详校篇海》中单列反切注音的字多为原正字的异体字形，因此在编纂时后面均列出其正字。除字形不同外，其读音与训释均与原正字相通，故在注音时只列正字即可代替直音，同时使用正字以达到声训方法的效果，也简洁字书之版面，可谓一举两得。

二、直音

直音即用一同音字为单字注音，该注音方法在《详校篇海》中的基本形式为“音某”；如某字直音无同音字或其直音字过于生僻，则以“音某平/上/去/入声”表示。此外，该书对于多音字采用“某、某二音”或“又音某”的方式；如二音仅有声调不同，则多采用“又平/上/去/入声/音某”的注音方法。《详校篇海》对于具有古音之字以“旧音某”“旧本音某”等方式标注。现分类举例说明如下：

1. 单音字

(1)《详校篇海·见部》：“覭，音兜。见也。”(29 页上)

(2)《详校篇海·犬部》：“猸，音眉。兽也。”(49 页上)

(3)《详校篇海·竹部》：“篔，音云。竹也。”(107 页上)

(4)《详校篇海·疒部》：“痼，音由。病也。又息恶肉。”(128 页上)

(5)《详校篇海·鼠部》：“鼢，音方。鼢鼠，地鼠也。”(280 页上)

(6)《详校篇海·水部》：“澧，音礼。水出衡山，因为州名。又姓。”(293 页上)

(7)《详校篇海·金部》：“銇，音雷去声。钻也。”(13 页下)

(8)《详校篇海·言部》：“謓，音吞上声。謓詪很貌。”(57 页下)

(9)《详校篇海·皮部》：“皯，音争上声。皮肤急皃。”(142 页上)

(10)《详校篇海·马部》：“駚，音印上声。马头高。”(151 页上)

综上可知，《详校篇海》一书中单列直音的字均为形声字，其缘由可能是《四声篇海》未收此字，而《详校篇海》首增该字时未有合适的反切上下字与之配合。因此赵新盘、李登在为该类单音字注音时，仅能参照其声旁进行直音；而在标注直音时少数字未有相应同音字，故有以同声韵而不同声调字加以声调定音。

2. 多音字

(1)《详校篇海·金部》："鍪，雌、资二音。"(13页下)

(2)《详校篇海·角部》："觰，音渣。角上广下大。又上去鲊、诈二音。亦牛角广。"(32页上)

(3)《详校篇海·口部》："喤，匣浊，宏、黄二音。小儿啼声。"(41页下)

(4)《详校篇海·疒部》："瘤，流、溜二音。"(128页下)

(5)《详校篇海·木部》："柃，灵、领二音。木名，可染。"(177页上)

(6)《详校篇海·角部》："觟，音梏。又匣浊，音斛。并治象牙。"(31页下)

(7)《详校篇海·口部》："嗻，音蔗。又平音遮。多言貌。"(43页上)

(8)《详校篇海·鸟部》："鸉，音羊。鴹鸉，一足鸟，舞则将雨。又邪浊，音祥。同'翔'。"(86页下)

(9)《详校篇海·女部》："妻，音凄。妇与己齐也。又去音砌。以女嫁人曰妻。"(119页下)

(10)《详校篇海·阜部》："陊，声同多。小堆。又上音朵，小崖也。"(193页下)

由上可得，《详校篇海》对于多音字的注音有多种标注方式，若不同读音声调相同，则直接并列注出直音字；如不同读音之间声调亦不相同，则明确标识其声调，以又音形式连接，使多音字注音更为准确与完备。

3. 古音字

(1)《详校篇海·见部》："覱，音咎。旧音湛。"(29页下)

(2)《详校篇海·骨部》："髍，旧音避。髀股。"(36页下)

(3)《详校篇海·瓦部》："瓹，匣浊，旧音化。罂大口。"(72页上)

(4)《详校篇海·冫部》："滜，旧音醉。寒也。又音翠。注同。"(132页下)

(5)《详校篇海·足部》："踺，旧本又音铎。跣足蹋地也。"(203页下)

(6)《详校篇海·艹部》："蘏，音敦。草名。亦作'蕺'。旧本音顿。"(221页上)

(7)《详校篇海·手部》："挒，并浊，音弼。推击也。又音别。捩也。旧本音必。"(269页上)

(8)《详校篇海·虫部》："蟔，音弋。虫名。旧本又音异。"(314页下)

通过与《四声篇海》的比较可知，《详校篇海》中的古音字其旧音标注多以前书为准；而《四声篇海》收字又主要来源于《玉篇》《龙龛手鉴》等字书，故《详校篇海》字之旧音可上溯至这些字韵书音。这也在一定程度上反映出历史发展进程之中语音变化的一般规律。

三、反切加直音

《详校篇海》卷首有言："字音不可不确。旧本《五音篇海》有切而无音……一有差讹，便难订正。今本既用反切，又加直音，不厌重复者，直欲人呼字确当而无差失也。"①《详校篇海》中单字注音最为常见的体例便是反切加直音的方式，后世多部字书仿从于此。杨宝忠先生便曾于《疑难字考释与研究》中云：

> 字书既注反切，又注直音，就闻见所及，以此书为始，后世字书若《字汇》《字汇补》《康熙字典》等均从之。②

① (明)李登：《重刊详校篇海·凡例》，《续修四库全书》第232册，上海：上海古籍出版社1997年版，第2页。

② 杨宝忠：《疑难字考释与研究》，北京：中华书局2005年版，第90页。

其基本形式为“某某切，音某”，此外亦有特殊情况下的不同变体。现举例论述之：

(1)《详校篇海·口部》：“吠，奉浊，符废切，音费。犬鸣。”(38页上)

(2)《详校篇海·贝部》：“赌，董五切，音睹。博财。”(134页下)

(3)《详校篇海·心部》：“恬，定浊，徒廉切，音甜。安也，静也。《庄子》：‘以恬养智。’”(231页下)

(4)《详校篇海·水部》：“淑，式竹切，音叔。《说文》曰：‘清湛也。’又深也。善也，和也。”(285页下)

(5)《详校篇海·言部》：“诂，公土切，音古。诂训，道古今之言而明其故。又去音固。注同。”(55页上)

(6)《详校篇海·艹部》：“菩，并浊，薄胡切，音蒲。菩萨，佛号。又蒲汲切，音孛。麻菩杨，艹名。又奉浊，房缶切，音负。香草。”(213页上)

(按：由此可考近代音韵部分合情况，“缶”为尤、侯韵唇音字，时已与鱼、虞、模三韵并入鱼、模韵部。)

(7)《详校篇海·虫部》：“闽，弥邻切，音民。东南越闽也。又母官切，音瞒。蛮别种。《周礼》：‘七闽。’”(311页下)

(8)《详校篇海·骨部》：“骨，古忽切，旧音谷。肉之核也。一曰独也。”(35页下)

(9)《详校篇海·土部》：“坳，于交切，旧音腰。地坳下不平。《庄子》：‘覆杯水于坳堂之上。’”(92页下)

(10)《详校篇海·宀部》：“客，乞格切，旧音刻。宾客。又寄也。”(144页下)

从上例可看出，(1)至(4)为《详校篇海》最普遍的注音方式；(5)至(7)在反切加直音的注音基础上，针对多音字以“又音”方式连接不同读音；(8)至(10)则为古音字之注音，以“旧音”方式表现。这些均符合《详校篇海》字之单一直音的特征，说明该书在注音方式上具有较为统一的体例系统。

四、读若

除直音法外，早期的注音方法还有读若法与譬况法。《详校篇海》中对于不便直音之字便兼采读若的拟音方法，具体表现为“读如某”的形式。读若法，据段玉裁所解：

凡言读若者，皆拟其音也。……读若亦言读如。字书但言其本字本音，故有读若，无读为也。①

故《详校篇海》中“读如某”多以音同或音近之字为单字注音，且一般不具有假借义。同时，该书亦有“声同某”之拟音方式，笔者以为其为读若法之变体，故亦将其归并于下列。现分别举例说明如下：

1. 读如

(1)《详校篇海·牛部》：“犃，并浊，薄口切，读如裒去声。犃牯，偏头。又短头牛。又雄也。”(67 页上)

(2)《详校篇海·多部》：“夥、伙，二匣浊，一胡果切，旧并音祸。楚谓多也曰伙。一胡买切，读如坏。注同。”(81 页上)

(3)《详校篇海·木部》：“柦，定浊，徒旱切，读如但。木器，如檄，无足。”(177 页下)

(4)《详校篇海·隹部》：“雗，匣浊，下朗切，读如杭去声。田器。”(244 页下)

(5)《详校篇海·页部》：“頩，并浊，毗面切，音下。倾冠。《玉篇》：‘冠名。’又奉浊，扶晚切，读如饭。无发也。”(334 页上)

(6)《详校篇海·邑部》：“扈，匣浊，侯古切，读如户。夏后同姓所封之国，在鄠。”(346 页下)

2. 声同

(1)《详校篇海·戈部》：“戏，许意切，声同系。戏笑。又戏弄。”(19 页下)

---

① (清)段玉裁：《说文解字注》，上海：上海古籍出版社 1988 年版，第 6 页。

(2)《详校篇海 · 玉部》:“璟,于丙切,音影。亦作‘境’。玉光采。又居永切,声与拱同。亦玉光。”(77 页上)

(3)《详校篇海 · 木部》:“札,侧八切,声同札。《释名》曰:‘札,栉也。编之如栉齿相比也。’”(176 页上)

(4)《详校篇海 · 水部》:“泳,为命切,声同莹。潜行水底为‘泳’也。”(283 页下)

(按:明代庚、青韵部字来自庚、耕、清、青、等诸韵,兼收东、钟韵部中合口字。)

(5)《详校篇海 · 火部》:“熇,呼木切,声同忽。炽也。烧也。炎气热也。”(320 页下)

(6)《详校篇海 · 页部》:“顸,许干切,声同憨。颟顸,大面貌。又鱼干切,音岸。头无发。”(333 页下)

五、传承

《字汇 · 序》有云:“若反切、直音之合,则与赵司徒之所校,匪质剂而适叶符。”①通过两书对比,不难发现《字汇》中字之音切主要来源于《详校篇海》——“《字汇》直音的来源是《海篇》一系字书,最有可能的是由赵新盘和李登编纂的《重刊详校篇海》”②。现选取“刀”“页”二部,举例说明如下:

1. “刀”部

(1)《详校篇海》:“刵,而志切,音二。削也。”(81 页下)

《字汇》:“刵,而志切,音二。削也。”(453 页下)

(2)《详校篇海》:“刨,并浊,薄交切,音庖。削也。”(82 页上)

《字汇》:“刨,蒲交切,音庖。刨,削。”(454 页下)

① (明)梅膺祚:《字汇 · 序》,《续修四库全书》第 232 册,上海:上海古籍出版社 1997 年版,第 389 页。

② 高永安:《〈字汇〉音切的来源》,《南阳师范学院学报(社会科学版)》2003 年第 1 期,第 41 页。

（按：“薄”“蒲”二字同属并母。）

（3）《详校篇海》：“刮，古滑切，音聒。摩也，又剔刮，又刮削。”（82 页上）

《字汇》：“刮，古滑切，关入声。刮削，又摩也。”（454 页下）

（4）《详校篇海》：“剚，测洽切，音插。切物声即剚。”（82 页下）

《字汇》：“剚，测洽切，音插。切物声。”（455 页下）

（5）《详校篇海》：“剅，当侯切，音兜。小穿，又小裂。”（82 页下）

《字汇》：“剅，丁侯切，音兜。小裂也。”（455 页下）

（按：“当”“丁”二字同属端母。）

（6）《详校篇海》：“劅，直角切，音浊。刑也。”（84 页上）

《字汇》：“劅，直角切，音浊。刑也。”（457 页下）

2.“页”部

（1）《详校篇海》：“顸，许干切，声同憨。颟顸，大面貌。”（333 页下）

《字汇》：“顸，许干切，音近憨。颟顸，大面貌。”（341 页下）

（2）《详校篇海》：“頫，奉浊，扶晚切，读如饭。无发也。”（334 页上）

《字汇》：“頫，扶晚切，音近饭。无发也。”（342 页上）

（3）《详校篇海》：“頳，苏绀切，声同散。鎮頳，摇头貌。”（335 页上）

《字汇》：“頳，苏绀切，音近散。鎮頳，摇头貌。”（343 页上）

（4）《详校篇海》：“顜，牀浊，士锦切，读如甚。頠顜，俯首。”（335 页上）

《字汇》：“顜，士锦切，音近甚。頠顜，俯首。”（343 页上）

（5）《详校篇海》：“頠，五罪切，声同委。头不正。”（336 页上）

《字汇》：“頠，五罪切，音近委。头不正。”（344 页下）

（6）《详校篇海》：“顡，桑感切，声同伞。鎮顡，动头也。”（336 页上）

《字汇》："𩔗，桑感切，音近伞。鎮𩔗，动头也。"（345 页上）

综上可知，《详校篇海》反切与直音方法基本为《字汇》所传承与沿袭，两书中的相当部分字头反切与直音基本相同；《详校篇海》中注音为"读如某"或"声同某"之字，在《字汇》中则统一表示为"音近某"。由此可见，《详校篇海》一书的注音体例对于后世字书的音切编纂方面具有深远的影响，更凸显出该书注音方式的重要价值。

第三章训释

众所周知，汉字由形、音、义三部分构成；因此除字形与字音外，有必要对《详校篇海》一书中字义进行全面的分析。"篇海旧本之载者伤于滥，而注则伤于疎。滥者思以损之，疎者思以益之。"① 若说《详校篇海》对前书收字删多增少，则其在单字释义上较之丰富完备。一般而言，字义训释可划分为形训、声训和义训三类。《详校篇海》一书主要采用义训方式，对部分字之本义以形训方式训释，而较少使用声训方式。此外，该书在针对多义字进行训释时会引用书证与例证的综合方式，以使释义更具客观性与根据性。

一、形训

汉字作为一种表意文字，其特定字形必然包含某种意义。所谓形训方法，即根据字形来考求字义。"某一字的字形即表示了与该形相应的字义，而且所表示的往往是该字原始的意思。"②形训之基础作《说文》便是从解构字形的角度，由六书之门法考释字义；同样的，《详校篇海》中运用形训方法分析字形结构，以训释所收字

① （明）李登：《重刊详校篇海·序》，《续修四库全书》第 232 册，上海：上海古籍出版社 1997 年版，第 1 页。

② 华星白：《训诂释例》，北京：语文出版社 1999 年版，第 14 页。

之本义。现对比《说文解字》①举例说明如下：

（1）《详校篇海·戈部》：“戍，伤遇切，音庶。守边。又遏也。舍也。从人从戈，人荷戈所以戍。”（19 页上）

《说文解字·戈部》：“戍，守边也。从人持戈。”（266 页下）

（2）《详校篇海·臼部》：“臼，群浊，巨九切，音旧。舂也。古者掘地为臼，其后穿木石。象形，中象米也。”（54 页上）

《说文解字·臼部》：“臼，舂也。古者掘地为臼，其后穿木石。象形，中米也。凡舂之属皆从舂。”（145 页上）

（3）《详校篇海·匚部》：“匠，从浊，疾亮切，旧音酱。木工也。从匚从斤，斤所以作器。”（191 页上）

《说文解字·匚部》：“匠，木工也。从匚，从斤，斤所以作器也。”（268 页下）

（4）《详校篇海·臣部》：“臣，禅浊，时邻切，音辰。牵也，事君也。象屈服之形。”（298 页上）

《说文解字·臣部》：“臣，牵也，事君也。象屈服之形。凡臣之属皆从臣。”（60 页下）

（5）《详校篇海·虫部》：“虫，许伟切，音毁。一名蝮。博三寸，首大如擘，象其卧形也。”（308 页下）

《说文解字·虫部》：“虫，一名蝮。博三寸，首大如擘指，象其卧形。凡虫之属皆从虫。”（279 页下）

（6）《详校篇海·儿部》：“兀，五忽切，音杌。高而上平也。从一在儿上。又兀兀，不动貌。”（380 页上）

《说文解字·儿部》：“兀，高而上平也。从一在儿上。”（174 页上）

经由上例可知，《详校篇海》中采用形训方法进行训释的字通常属于六书中所谓的象形字、指事字或会意字。由于该书中某些字虽经隶变、楷化而仍保留古文字形的抽象性特征，故可从象形角度释其本义；而某些字由不同字形构件组合而成，故可借指事或会意之法以训其义。《详校篇海》通过引用《说文》中形训的方式训释字

① （汉）许慎：《说文解字》，北京：中华书局 2013 年版。

义，体现出该类字在字形与字义之间的有机关联。

二、声训

声训方式即通过语音途径训释字义；具体而言，是以音近义通之字训释本字。《详校篇海》中声训体例较为少见，现选取几例说明如下。

(1)《详校篇海·韭部》："韭，举有切，音久。荤菜名。一种而久生者，故谓之韭。"(26 页上)

(2)《详校篇海·木部》："格，各頟切，音革。式也，量也，度也。至也，来也。又感通也，变革也。"(178 页上)

(3)《详校篇海·水部》："湾，乌还切，音弯。水曲也。"(296 页上)

(4)《详校篇海·示部》："祕，兵媚切，音秘。祕之言闭也。"(300 页上)

(5)《详校篇海·用部》："甬，尹竦切，音勇。甬之言涌也。若水涌出也。"(364 页上)

(6)《详校篇海·豊部》："豊，良以切，音礼。行礼之器也。"(367 页上)

由上例可发现，《详校篇海》中声训之字或与其所注直音在字义上具有理解层面的关联性与贯通性，或以"之言"的形式表现该字的声训特征，且《详校篇海》往往会在释义中揭示出两字之间的关系。由于该种训释方式穿插于单字释义的多层义项之中，难免显得较为隐晦。因此对于该书中的声训方法，在检索阅读时尤其需要留心与注意。

三、义训

相较于形声两训假以字形与字音分析字义而言，义训则是直接表达陈述语义的方法。《详校篇海》收录大量并未涉及形与音之分析与联系的字，因此该书在训释上所涵盖的义训范围亦为最广。从义训的类型来看，可将《详校篇海》中的所有义训方式分为五类：同义直训、反义相训、设立义界、描写形象与比况事物。下面将围绕此五者举例进行分说。

1. 同义直训

同义直训即利用训释词与被释词在意义上相通的特点进行义训的方式。《详校篇海》对于单字释义普遍运用此种方式，其一般表现为“甲，乙也”或“甲，谓之乙也”，其中甲、乙两字词属同义或近义。现举例说明如下：

(1)《详校篇海·句部》：“拘，沽虚切，音居。执也。止也。拘检也。”(30 页下)

(2)《详校篇海·刀部》：“刷，所劣切，音说。拭也。清扫也。刮也。”(82 页上)

(3)《详校篇海·天部》：“奏，则候切，音走去声。告上也。”(91 页下)

(4)《详校篇海·目部》：“督，都毒切，音笃。正也。察也。”(170 页下)

(5)《详校篇海·卄部》：“莫，末各切，音摸。无也。勿也。又不可也。”(212 页下)

(6)《详校篇海·手部》：“拯，支颖切，音整。救也。举也。援也。助也。”(269 页下)

(7)《详校篇海·革部》：“鞵，匣浊，胡买切，读如械。鞧谓之鞵。”(35 页上)

(8)《详校篇海·走部》：“趁，陟邻切，音珍。又音轸。走谓之趁。”(199 页下)

在同义直训方式之中，“谓之”相当于今天所谓的“称为”“当作”，与一般直训不同的是，它的被释词总是位于“谓之”之后。同义直训是《详校篇海》最为广泛的义训方式之一，这是由于同义、近义具有不用的表达，着之以不同的字，相互之间便可以来回往复进行训释。

2. 反义相训

反义相训是与同义直训相对的训诂概念，通常以反义词确定被释词之义项。在《详校篇海》中反义相训的编撰实践表现为“甲，不乙也”；其中甲乙两字词为对立反向意义。现试举例说明如下：

(1)《详校篇海·曲部》：“曲，丘六切，音曲。枉也。章也。不直也。”(53页下)

(2)《详校篇海·多部》：“多，得何切。众也。重也。不少也。”(81页上)

(3)《详校篇海·辵部》：“近，群浊，巨谨切。又去，其靳切。并读如靳。不远也。迫也。几也。”(111页上)

(4)《详校篇海·非部》：“非，方微切，音飞。不是也。责也。违也。訾也。闲也。”(190页下)

综上可知，《详校篇海》中使用反义相训之字多为形容词性。此种义训方法适用于解释含义浅显或模糊之字，抑或难以寻得合适训释字词之字。以对立义项加一“不”字，从而使得训释简洁而又准确。

3. 设立义界

义界，是以下定义之方式解说字义，展开而言，即以句子阐明字义之界限，进而准确表达该字之意蕴。《详校篇海》中设立义界进行训释时，通常具有明显的标识特征：“曰”“为”等表示判断的字词；“属”“类”“名”等代表事物类别的字词。下面分条举例分析：

(1)《详校篇海·广部》：“廪，力锦切，音凛。仓有屋曰廪。”(71页上)

(2)《详校篇海·支部》：“政，之盛切，音正。正也。以正理立典常法则曰政。大曰政，小曰事。”(138页下)

(3)《详校篇海·车部》：“军，居云切，音钧。万一千五百人为军。”(248页上)

(4)《详校篇海·立部》：“童，定浊，徒红切，音同。男有罪为奴曰童。”(370页下)

(5)《详校篇海·目部》：“眏，居月切，音决。睊目。又目患。”(168页下)

(按：“睊目”为侧目而视。“眏”即属侧目或目之疾患二义项界限以内。)

(6)《详校篇海·井部》:“阱,从浊,疾正切,音净。坑也。穿地为井为阱,以陷兽者。”(201页下)

(7)《详校篇海·黍部》:“䵒,并浊,薄买切,音败。又补委切,音彼。黍属。”(279页上)

(8)《详校篇海·虫部》:“蚱,陟格切,音窄。蚱,蝉七月生。蚱蜢也。又侧驾切,音诈。蝉属。”(310页上)

(9)《详校篇海·金部》:“釛,布核切,音八。金类。”(13页上)

(10)《详校篇海·犬部》:“狟,匣浊,胡官切,音桓。又呼渊切,音喧。兽名。貉类。”(47页下)

(11)《详校篇海·木部》:“杉,师衔切,音衫。木名。似松而材为良。”(175页下)

(12)《详校篇海·隹部》:“雊,居求切,音鸠。鸟名。又聚也。同‘鸠’。”(244页上)

由上可得,设立义界的主要目的是表现被释词的本质特征,如许威汉先生所云:“义界既然是下定义,自然应该以能揭示事物的本质属性为基本原则。具体地说,就是必须确切地说明一种事物的本质特征或者一个概念的内涵与外延。”①结合《详校篇海》一书来看,(1)至(6)例为阐释字义之内涵以区别于其他之字;(7)至(12)例则从字义之外延进行分类归纳。

4. 描写形象

对于某些不易直接训释或者设立义界之字,《详校篇海》采取的方法是描写其形象,以使释义更为具体详尽。描写形象主要通过描摹、刻画字义所包含之形象,赋予被释字词具象化的形象。在该书中描写形象的标识特征为“貌/皃”,前为描述性词句。现举例分析如下:

(1)《详校篇海·口部》:“听,语谨切,旧音引。仰鼻笑貌。

① 许威汉:《训诂学导论》,上海:上海教育出版社1987年版,第31页。

又口大貌。又平，鱼巾切，音银。亦笑貌。”(38页上)

(2)《详校篇海·牛部》：“犇，逋昆切，音贲。牛惊貌。”(67页上)

(3)《详校篇海·走部》：“赳，丑律切，音出。走皃。”(199页下)

(4)《详校篇海·山部》：“崜，都火切，音朵。山形皃。又丁戈切，声同多。小山皃。”(262页上)

(5)《详校篇海·手部》：“抂，群浊，巨王切，音狂。抂，攘乱貌。”(268页下)

(6)《详校篇海·水部》：“湯，尸羊切，音伤。与‘汤’同。湯湯，水流貌。”(290页下)

通过上例可知，《详校篇海》中描写形象的多为针对动词词性之字，少数为名词词性。通过对字义中所蕴含的情态、性状、动作等方面的描述，检索者凭借自身的经验进行体悟，使字义理解起来更加深刻。

5. 比况事物

由于古代事物明目分类研究不如今日发达明细，因而对于这类字词的训释通常采以形近类似的事物比喻。《详校篇海》中亦是如此，其运用比况事物的义训方式时以“如”“似”二字为主要标志。现举例说明如下：

(1)《详校篇海·犬部》：“狳，羊诸切，音余。兽，似兔，鸟喙，鸱目，蛇尾，遇人则眠。”(48页上)

(2)《详校篇海·木部》：“杙，夷益切，音弋。果如梨，酢甜，核坚，出交趾。”(175页下)

(3)《详校篇海·缶部》：“櫑，力回切，音雷。酒樽也。似壶，容一斛。”(191页下)

(4)《详校篇海·山部》：“祓，于求切，音由。兽状，如马而羊目，四角，名曰祓。”(261页下)

由上可知，《详校篇海》在训释字义运用比况方式时，往往首先划分其归属类别，随后列出其形似之事物。比况事物可看作是设立义界与描写形象的补充性义训方式，因此在《详校篇海》中的情况并不多见。

四、编撰方式

自《说文》开始，字书的编撰历来都注重引用相关的证据材料，以为其释字义提供根据，从而增强释义的准确性与科学性。《详校篇海》在训释字义时也时常引证前代字书、韵书或单字用例，据此可将其分为书证与例证两类。此外，该书训释字义各项排列由本及末亦是其编撰方式的一大特点。

1. 书证

《详校篇海》一书广征群书，材料繁复，所引书目包括《仓颉篇》《山海经》《论语》《庄子》《尔雅》《说文》《玉篇》《广韵》等，种类多达四十余种。现从中选取几例说明如下：

(1)《详校篇海·牛部》："犋，邦妹切，音贝。牛二岁。《尔雅》：'体长牬。'"(67页上)

(2)《详校篇海·鼻部》："鼻，并浊，毗意切，音避。《说文》：'鼻，引气自畀也。'《白虎通》曰：'鼻者，肺之使。'"(143页上)

(3)《详校篇海·马部》："馯，匣浊，侯旰切，音汗。《汉书》有'馯臂'。"(151页上)

(4)《详校篇海·木部》："柯，古俄切，音歌。枝也。《说文》：'斧柄。'又姓。"(177页下)

(5)《详校篇海·心部》："惓，群浊，逵员切，音权。惓惓，谨也。又去，逵眷切。与'倦'同。《玉篇》云：'闷也。'"(234页下)

(6)《详校篇海·火部》："燹，苏典切，音癣。野火也。《字林》云：'逆烧也。'"(321页下)

综上可得，《详校篇海》在引用书证材料时或作为辅佐前一义项的释义手法，或作为新的义项补充列出，如此可将《详校篇海》的字书功能与所引书目结合起来相互印证，增强编撰的科学性与权威性。

2. 例证

除引书外,《详校篇海》还借鉴人说事例、历史传说与典章制度等实际材料进行字义的说解及其运用。通过提供某字的典型用例,有助于阅读者体会该字的用法与语境,更为准确地把握字义。下面举例说之:

(1)《详校篇海·菐部》:"仆,并浊,步木切,音樸。驭车也。又僮仆,给事侍从者。又太仆,官名。又仆仆,烦猥皃。又附也。《诗》:'景命有仆。'"(136页下)

(2)《详校篇海·卯部》:"卿,丘京切,音轻。汉置正卿九:太常,光禄,太仆,卫尉,廷尉,鸿胪,宗正,司农,少府也。"(198页下)

(3)《详校篇海·子部》:"季,吉器切,音计。稚也,少也,小称也。《左传》:'伯仲叔季。'"(199页上)

(4)《详校篇海·水部》:"聻,子役切,音积。又音笺。相传人死为鬼,人见惧之。鬼死为聻,鬼见怕之。"(295页下)

与书证相同,《详校篇海》引用事例材料或为前一义项进行更深一步的阐发,或提出不同于前一义项的新的字义。同时,该书中例证方法的使用也是为了提升其作为字书在释义上的客观性与根据性,由此《详校篇海》的训释显得更为完备和具体。

3. 义项排列

综观以上所有训释之例,还可发现《详校篇海》对于多义字的义项排列一般按照由本义到假借、引申义的顺序,其间多以"又"而连接。现举例说之:

(1)《详校篇海·土部》:"封,方中切,音风。大也,厚也,缄也。又聚土也,垤也,培也,建也。"(93页上)

(2)《详校篇海·辵部》:"逗,定浊,大透切,音豆。留也,住也,止也。又物相投合也。"(112页上)

(3)《详校篇海·女部》:"嫌,匣浊,胡兼切,旧音贤。不平于心也。又疑也,憎也。"(122页下)

(4)《详校篇海·面部》:"面,莫见切,音面。颜前也。又向也,首也。"(158页上)

(5)《详校篇海·走部》:“趣，七虑切，音覰。趋也，遽也，疾也，行之速也。趣向也。又五经之指趣也。又督迫也。”(200 页下)

(6)《详校篇海·手部》:“折，之列切，音浙。拗折也，断也，屈曲也。又毁弃也。”(268 页上)

这样的排序原则基本符合“要以初义为主，而渐及于后来之转借，譬如先嫡而后庶”①的编撰宗旨理念；同时适应字义使用频率由高到低的次列，兼备条理性与方便性，凸显出《详校篇海》作为字书的实用价值。

结　　语

纵览全书，《详校篇海》可分为卷首与正文两大部分。

卷首包括序、凡例与总目。序乃为李登阐明校刻此书背景与目的之文字，凡例是从立部、画数、字体、字头、音注、释义等多方面说明《详校篇海》之编纂体例。其中共列叙十一条，且后附清浊之辨姑拈数类例余。总目则将所收录部首按照五音三十六字母之顺序以分卷分册形式依次编排，始于见母金部，终于日母日部。共列举 445 个部首，较之《四声篇海》则多一“臭”部。

该书正文共分五卷，每卷又分前后两册，每册下分别以十天干之顺序排列，标目为集，此举乃开创《字汇》《康熙字典》等后世多部字典地支标目之先河。每集前均有编列各集内部首之目录，部首之下标注收字数目，各部首内基本依照笔画数量自少至多排列，并于四画之后分注笔画数段(某些收字甚少之部首除外)，以便查检。据统计，《详校篇海》共收字 39 047 字，其字形均为楷书字体，并无明显具有籀篆古法之字体。

在单字注音上，《详校篇海》一般采用先列反切，再注直音的方法；若该直音无同音字可寻，则以声韵相同而声调不同之字补注

① (明)李登:《重刊详校篇海·凡例》,《续修四库全书》第 232 册，上海：上海古籍出版社 1997 年版，第 2 页。

四声加以注之。其所创直音方法后为《字汇》《字汇补》等系列字书所一直沿用与传承，参考价值极为丰厚。此外，《详校篇海》于全浊声母单字之前，均先列声母后注“浊”，再出反切与直音。若有异读或音变之字，则均于本音之后再注转注之音。如此便于不同地区与不同层次之人群的辨音与识读。

该书在对单字释义方面，群征博引诸多字书及文献典籍，如《诗经》《礼记》《尔雅》《字林》《广韵》等，充分发挥书证与例证方法之功效以释字义。同时，其列举义项遵从先嫡后庶之顺序，“以初义为主而渐及后来之转借”，如此则兼具条理化与实用性。

目前为止，《详校篇海》虽鲜为人知，但其在我国源远流长的字书编纂历史过程当中仍具有举足轻重的地位。杨载武先生曾指明：“由于《详校篇海》内容丰富详实而不繁冗，实用价值较高，因而在当时被广泛使用。”①其列部次第、归部原则、字头收录、注音方式与训释方法等体例特点对后世字书的编纂产生了深远的影响，诚可谓字书之一沧海遗珠。

参 考 文 献

一、基本典籍

[1]（金）韩孝彦、韩道昭撰，（明）释文儒、思远、文通删补：《成化丁亥重刊改併五音类聚四声篇海》，《续修四库全书》第229册，上海：上海古籍出版社1997年版。
[2]（明）李登：《重刊详校篇海》，《续修四库全书》第232册，上海：上海古籍出版社1997年版。
[3]（明）宋濂撰，屠隆订正：《篇海类编》，《续修四库全书》第229-230册，上海：上海古籍出版社1997年版。
[4]（明）梅膺祚：《字汇》，《续修四库全书》第232-233册，上海：

① 杨载武：《〈篇海类编〉真伪考》，《西华师范大学学报（哲学社会科学版）》2007年第1期，第33页。

上海古籍出版社 1997 年版。
[5](清)吴任臣:《字汇补》,《续修四库全书》第 233 册,上海:上海古籍出版社 1997 年版。
[6](清)张玉书、陈廷敬等:《康熙字典》,上海:上海古籍出版社 1996 年版。
[7](汉)许慎撰,(宋)徐铉校定:《说文解字》,北京:中华书局 2013 年版。
[8](清)段玉裁:《说文解字注》,上海:上海古籍出版社 1988 年版。

二、今人专著

[1]冷玉龙、韦一心:《中华字海》,北京:中华书局、中国友谊出版公司 1994 年版。
[2]杨宝忠:《疑难字考释与研究》,北京:中华书局 2005 年版。
[3]王重民:《中国善本书提要》,上海:上海古籍出版社 1983 年版。
[4]裘锡圭:《文字学概要》,北京:商务印书馆 1990 年版。
[5]王宁:《汉字学概要》,北京:北京师范大学出版社 2001 年版。
[6]唐作藩:《音韵学教程》,北京:北京大学出版社 1991 年版。
[7]林焘、耿振生:《音韵学概要》,北京:商务印书馆 2004 年版。
[8]郭锡良:《汉字古音手册》,北京:商务印书馆 2010 年版。
[9]董同龢:《汉语音韵学》,台北:文史哲出版社 2012 年版。
[10]齐佩瑢:《训诂学概论》,北京:商务印书馆 1984 年版。
[11]周大璞:《训诂学初稿》,武汉:武汉大学出版社 1994 年版。
[12]华星白:《训诂释例》,北京:语文出版社 1999 年版。
[13]许威汉:《训诂学导论》,上海:上海教育出版社 1987 年版。
[14]刘叶秋:《中国字典史略》,北京:中华书局 1992 年版。
[15]陈炳超:《辞书编纂学概论》,上海:复旦大学出版社 1991 年版。
[16]邹酆:《辞书学探索》,武汉:湖北人民出版社 2001 年版。

三、研究论文

[1]杨载武:《〈重刊详校篇海〉管见》,《辞书研究》1993年第4期。

[2]杨晓霞:《〈重刊详校篇海〉研究》,《齐鲁师范学院学报》2014年第3期。

[3]卢鹏:《〈详校篇海〉编纂体例研究》,河北大学2009年硕士学位论文。

[4]梁春胜:《从〈类玉篇海〉到〈四声篇海〉——我国字典编纂史上的一个转折点》,《中国典籍与文化》2004年第2期。

[5]周国光:《〈四声篇海〉琐论》,《信阳师范学院学报》1986年第1期。

[6]宁忌浮:《字典史上一块丰碑——〈四声篇海〉》,《辞书研究》1987年第1期。

[7]张涌泉:《论〈四声篇海〉》,《旧学新知》,杭州:浙江大学出版社1999年版。

[8]郭敬燕:《〈改并四声篇海〉版本考略》,《德州学院学报》2013年第5期。

[9]王硕鹏:《〈详校篇海〉与〈四声篇海〉字头对比研究》,河北大学2008年硕士学位论文。

[10]李二忠:《〈详校篇海〉与〈四声篇海〉释义对比研究》,河北大学2009年硕士学位论文。

[11]杨载武:《〈篇海类编〉真伪考》,《西华师范大学学报(哲学社会科学版)》2007年第1期。

[12]高永安:《〈字汇〉音切的来源》,《南阳师范学院学报(社会科学版)》2003年第1期。

[13]吴萍、郑贤章:《再论〈字汇〉音切的来源》,《中南大学学报(社会科学版)》2016年第1期。

[14]杨正业:《〈篇海〉世家》,《辞书研究》2006年第2期。

[15]哈达:《〈字汇〉研究》,内蒙古师范大学2004年硕士学位论文。

朱珔《文选集释》初探

2014 级　程子莹

摘　要：清代《文选》学深受乾嘉考据学的影响，学者利用系统的语言文字知识、综合的考据和校勘方法，对《文选》进行了全面研究。朱珔是历经乾隆、嘉庆、道光三朝的清代学者，其成书于道光年间的《文选集释》是一部综合性的《文选》研究著作，具有清代乾嘉学派的鲜明特点。其书在尊崇李善注的基础上，广征博引曩哲时贤涉及《文选》注释的内容，进行了全面的名物考据、地名考订、文字校勘与训诂补注等工作，尤其注重《文选》的名物研究和地名研究，对于清代以前以及时贤的选学研究成果进行了全面整理，发展了清代选学条理李善注一途，保存了《文选》研究的宝贵资料。是清代选学中卓有特色和成就的著作。

关键词：朱珔；《文选集释》；清代《文选》学

《文选》是我国现存最早的一部文学总集。对于《文选》的研究，由隋朝萧该《文选音》起始，经历唐代曹宪对《文选》学的创建和李善的传承，发展至清代达到巅峰。清代《文选》学深受乾嘉考据学的影响，学者利用系统的选学知识和校勘方法对《文选》进行了全面研究。朱珔是历经乾隆、嘉庆、道光三朝的清代学者，其选学著作《文选集释》是清代选学考证派的代表著作之一。此书是一部综合性的《文选》研究著作，全面涵盖了名物考据、地名考订、文字校勘与训诂补注等内容，尤其注重《文选》中有关名物和地名的研究，对清代以前以及时贤的选学研究成果进行了全面整理①，是清

① 王小婷：《清代〈文选〉学研究》，上海：上海古籍出版社 2014 年版，第 241 页。

代选学中卓有特色和成就的著作。①

对于朱珔的《文选集释》，前人少有专门研究之作，有关朱珔著作的研究也集中于其《说文假借义证》一书。《文选集释》多在《文选》研究专著或清代选学研究著作中作为章节提及。此外，当代研究朱珔的几篇硕士学位论文关注到了《文选集释》问题的探讨。例如以朴学传统研究《文选》的高步瀛，于其1929年主讲辽宁萃升书院时的讲义《选学举要》中详列《文选诸家注》，《文选集释》收录在其内；又于其1985年出版的《文选李注义疏》中引用了大量朱珔有关名物、地名考辨的说法。② 周贞亮在1931年于国立武汉大学所作的《文选学》中，设立专章介绍《文选集释》，惜此书笔者未曾获见；骆鸿凯在1936年出版的选学著作《文选学》的"源流第三"下"清代《文选》学家述略"中有对朱珔《文选集释》的提要，其中载录了《文选集释》序的内容，并对其书进行了贬责，认为其为"吐果之核，弃药之滓"。③ 骆鸿凯《文选学》的问世，真正标志着现代选学的成立。④ 屈守元于1993年出版的《文选导读》是20世纪50年代之后中国大陆最早系统地研究选学的专著⑤，此书于"清儒《文选》学著述举要"下收录了《文选集释》，介绍内容十分简洁，主要对朱珔生平著述以及《文选集释》版本流传状况作出了概括，并认为《文选集释》"重征实之学，于地理、名物，考订甚详，是清代《选》学的一部好书"⑥；贾全明在2001年发表的硕士学位论文《〈文选集释〉研究》将其对《文选集释》的研究分为三部分：一是对朱珔生平和著作的概述。二是从体例和内容方面分析《文选集释》，认为体

① 王书才：《〈昭明文选〉研究发展史》，北京：学习出版社2008年版，第316页。

② 高步瀛：《文选李注义疏》，北京：中华书局1985年版。

③ 骆鸿凯：《文选学》，北京：中华书局1989年版。

④ 王立群：《清代〈选〉学与20世纪现代〈选〉学》，《河南大学学报(社会科学版)》2002年第4期，第14页。

⑤ 王立群：《论20世纪〈文选〉学家流派与〈文选〉学研究分期》，《中州学刊》1999年第3期，第120页。

⑥ 屈守元：《文选导读》，成都：巴蜀书社1993年版。

例上此书具备集注体基本特征，并且致力于补正李善注，考辨旧说；内容方面，有补李注之疏略者，有勘订传刻转写之舛误者，有补证并引申推阐名物者，有对《文选》文、《文选》注之旨意进行宜畅者。三是总结了《文选集释》的价值，即体例与内容上发展了清代治理选学之条理李注一途，对此前之选学研究成果进行了全面整理；字音、字义、校勘、名物之考辨有功于李注，且可为文字、音韵、训诂诸学科提供借鉴，其书于辞章之学亦颇有卓见。① 王书才2008年出版的《〈昭明文选〉研究发展史》按时间顺序梳理了《文选》学从诞生以来的发展状况，其在下编“清代的《文选》研究”中，将“朱珔与《文选》名物学、地名学”一节归于“清代《文选》学鼎盛期”，对朱珔的生平与著述，以及《文选集释》在名物考据、地名学方面的成就进行了说明论述，特别详释了此书与李善注的关系，即补充、订正、条晰和维护。② 靳扬扬于2009年在苏州大学发表的硕士学位论文《朱珔论考》分四章介绍了朱珔其人，第一章简单介绍朱珔的家世和生平，重点在其仕宦和归隐之后的任教经历；第二章对朱珔的交游详加论述，试图探索友朋对于朱珔学术理念和文学创作的影响；第三章研究朱珔的诗文创作，从思想内容和艺术特色两方面对朱珔的诗文深入剖析，并按体裁择选出代表作品；第四章以《文选集释》和《说文假借义证》两书为代表，加上文集中的学术性随笔，略窥朱珔治学大概，并旁及其经学和文学思想。③ 王小婷于2014年出版的《清代〈文选〉学研究》按类别划分清代《文选》研究著作，并将朱珔《文选集释》归于“清代《文选》学综合类著作研究”一章中，她将自己的研究分为五个部分：一是对朱珔其人生平进行详述，二是讲述《文选集释》写作的缘起和版本，三是对《文选集释》的内容体例以及后人截然相反的评价进行介绍，四是举例说明此书在考释名物地理、校勘训诂方面的内容，最后总结此书的价值为建立和完善了《文选》“地名学”“名物学”，以及对此前选学研究

① 贾全明：《〈文选集释〉研究》，河南大学2001年硕士论文。

② 王书才：《〈昭明文选〉研究发展史》，北京：学习出版社2008年版。

③ 靳扬扬：《朱珔论考》，苏州大学2009年硕士论文。

成果进行了全面整理。①

《文选集释》一书卷帙繁多，考究内容极为细琐详实，本文试从名物地名考据和校勘特点的角度对其成果进行探讨。本文基于王书才和王小婷提及的研究角度，通过对朱珔《文选集释》的初步阅读，对此书进行了延展性的观察研究。

清代是传统《文选》学的巅峰期，其中又以嘉庆、道光、咸丰三朝年间(1796—1861)为最盛。其时关于《文选》的出版繁多，研读《文选》的士人人数众多，研究著作丰富，角度广泛。据江庆柏先生统计，清代各种《文选》版刻有三四十种，各类专门研究著作有七八十种，各家未刊批校本尚不计在内。② 参与《文选》评点、批校、序跋，或过录他人上述内容及撰有研究著作者达一百六十多人。清代选学从研究者的学识到研究方法，都深受乾嘉考据学的影响。清代选学的繁荣，是在清代人对经、史、子三部典籍进行了系统精湛的研究之后转向集部的产物。清人当时认为三部书籍留有的学术钻研余地已微乎甚微，所以才另辟蹊径。《文选》研究方法的主流，也直接承袭和运用经史研究的考据方法，利用系统的语言文字知识和多种研究方法来研究《文选》。对于经史考据的研究结果，选学家进行了广泛、直接的吸收。同时《文选》研究者大多本身就与乾嘉考据家有直接的人事关系。③ 清代《文选》研究著作，可分为评点、笔记类，考据类和综合类三种。在朱珔《文选集释》问世之前，清朝已有的重要《文选》研究成果主要有以下几种：在清代《文选》研究的发展期，即清初至乾隆末年(1644—1795)，选学研究由延续明代评点之风和搜罗前人考据条目两个方面展开。其中评点类以何焯最为著名。何焯从诗文的艺术手法进行点评，揭示了诗文篇章的句旨和微言大义，对其中的佳句进行了品析，同时考订并

---

① 王小婷：《清代〈文选〉学研究》，上海：上海古籍出版社 2014 年版。

② 江庆柏：《清代的文选学》，《华南师范大学学报(社会科学版)》1987 年第 3 期，第 107 页。

③ 王书才：《〈昭明文选〉研究发展史》，北京：学习出版社 2008 年版，第 201-210 页。

评论了诗文作者。此外，他对考据也有所兼顾，集评点与考据于一身，扩展《文选》考据资料至史书及相关注释文献，因而承启明清之风，成为清代选学研究“第一人”。汪师韩和孙志祖对唐宋元明和清代早期《文选》考据方面的条目内容进行了抉择归罗。孙志祖撰有《文选考异》和《文选李注补正》。《文选考异》仿朱子《韩文考异》，对俗本(毛本)《文选》进行订正，其书广泛收罗诸家校勘，以何焯校语为最多。他引用诸说均列出了其说所本之人，又能以经史子集诸说服务于校勘，同时运用了多样的校勘方法。但其书校勘的内容仅是《文选》正文，不包括注文，又由于其所用底本不佳，对文义理解有偏差，音韵学知识缺失，使其校勘成果犹显不足。《文选李注补正》仿吴师道的《国策》，在补充李善注方面，增补了李善注未释的词语、事件，对较为简略和“未详”的条目进行详释补充，添加李善注漏引的文句出处。在订正李善注方面，此书纠正了李善引书之不当、引书之脱误以及训诂误说。汪师韩著有《文选理学权舆》和《文选理学权舆补》，其写作目的在于整理类辑《文选》正文和李善注，将《文选》注以类别为八门，即撰人、书目、旧注、订误、补缺、辩论、未详和评论。清代选学的鼎盛期无论校勘训诂、名物阐释还是综合研究方面都产生了代表性著作，《文选》评点派渐趋没落，考据派走向繁盛。其时综合研究著作有张云璈的《选学胶言》，此书不载录《文选》原文，只是按照其篇章顺序，对存有问题的地方逐条考释，并根据每条内容，或摘自《文选》原句，或出于自撰，拟定一题目，然后进行考辨论证，以笔记的形式，条统驳杂的内容，并于赋的部分着重阐述。校勘类选学著作，最重要的当属《文选考异》。《文选考异》主要撰者为清代著名校勘学家顾广圻与文学家彭兆荪，其撰作《文选考异》的缘起为当时没有单纯的李善注本《文选》流传，其前的选学家的校勘零散，没有形成系统的校勘原则，大多仅列出异文，不涉校勘，校正处也缺少依据。《文选考异》尊重《文选》原文，原文有误不加改动，只是另撰《考异》附于原书之后，以“不校校之”。其主要校勘方法是对校，即与尤刻本、袁刻本和茶陵本互校，总结李善注义例作为判断是非的准绳。此书是清人第一次系统地对《文选》进行校勘的成果，是第一次对唐宋以下、清初以前《文选》李善注与五臣注流传过程中产生的异文进行校勘整理，对其后的选学著作影响深远。同时胡克家影宋刻本《文选》的面世，改变了明末以来毛氏汲古阁刻本《文选》垄断学界的局面，并取而代之成为《文选》研究的必读之书。梁章钜所作《文选旁证》也是选学鼎盛期的重要著作，其书兼容并蓄各家的注解，网罗丰富，是以具备了辑佚的作用。朱珔与梁章钜交情深厚，因而为此书撰作了序。但此书仍主要限于胡克家《文选考异》的范围内，多有借鉴挪用。胡绍煐所作《文选笺证》是清代选学词语训诂方面的代表作。此书目的在于填补清代前儒治《文选》重校勘、轻声音文字的空白，也为补正李善注训诂的缺失。其训诂注重“声近义通”的理论，明通假，注重连语，注重考证名物；其校勘多引用他人成果。但胡绍煐此书运用的底本仍为毛氏汲古阁本《文选》，对于胡克家本《文选》束之高阁，因而导致其《文选》研究事倍功半。

朱珔正是在这样的时代环境和研究状况下，展开了其对于《文选》的研究。朱珔(1769—1850)，字玉存，一字兰坡，号兰友，讳珔，学者称兰坡先生。① 安徽泾县人。朱珔先世本吴人，唐末自姑苏迁婺源，六世祖纬迁泾县，为泾县右族。② 曾祖讳武勋，敕祀乡贤，以曾孙朱理贵赠通奉大夫。祖讳庆霨，以孙朱理贵赠资政大夫，理官贵州巡抚。朱珔嗣父讳安桂，早卒，嗣母汪氏未婚守志，“以贞行受旌彰彰矣，其族以娣姒妇姑同节者，盖累累焉”③。生父讳安邦，国子生，配胡氏、赵氏。朱珔生时奉父遗命为其弟朱安桂后，既贵覃恩，累赠生父、嗣父奉政大夫，妣皆太宜人。

朱珔一生可以嘉庆七年(1802)和道光二年(1922)为两个节点，

① 关于朱珔的字号，各书记载略有不同。《清史稿》《(同治)苏州府志》《朱兰坡先生墓志铭》等皆曰字兰坡。《壬寅销夏录》《清续文献通考》《清秘述闻绩》《晚晴簃诗汇》《右春坊右赞善前翰林院侍讲朱兰坡先生传》等皆曰字玉存。《壬寅销夏录》《清续文献通考》《清秘述闻绩》《晚晴簃诗汇》等皆曰号兰坡。

② (清)梅曾亮：《朱兰坡先生墓志铭》，《柏枧山房全集》卷十五，清咸丰六年(1856)刻本。

③ (清)梅曾亮：《朱宜人传》，《柏枧山房全集》卷八，清咸丰六年(1856)刻本。

分别为其为官和归隐的人生阶段。嘉庆七年(1802),朱珔进士选翰林院庶吉士,授编修充武英殿,纂修国史馆,协修实录馆校勘官。十二年(1807),典山东乡试,充国史馆文颖馆纂修。十八年(1813),充日讲起居注官,擢右春坊赞善。十九年(1814),迁中允教习、庶吉士、晋洗马,寻除侍讲,充国史馆总纂。二十一年(1816),教习庶吉士,与修《明鉴》。明年坐承纂官,累左迁编修,充国史馆提调。二十五年(1820),分校礼部试。道光元年(1821),直上书房,屡蒙嘉奖,有"品学兼优"之褒。二年(1822),复校礼部试,迁赞善,以养母汪氏患病,乞养归,至家则汪氏已考终。明年主讲钟山书院,不久生母赵氏亦病逝。服阕,辇下故人争走,书劝出山,朱珔曰:"禄不逮养,即万钟何加焉?况穸窀未奠乎前后。"先后主讲江宁、钟山书院,移苏州正谊书院,又移紫阳书院,遂不复出。

朱珔以词坛耆宿主持风会,后进瞻之若山斗。在吴中结问梅诗社,与石琢堂、吴棣华两廉访,韩桂舲尚书、彭苇间郡守、董琴涵兵备诸公,迭主敦盘。当是时巡抚陶文毅、承宣使梁章钜,皆与朱珔为同年生,因而学术上得以相互切磋。朱珔与梁章钜交情深厚,在选学研究上有所探讨,并为梁章钜所作《文选旁证》撰序。宝应朱文定、华阳卓文端,并寓吴中,朱珔与诸公及顾南雅、吴棣华相倡和,绘《沧浪七友图》,文采风流,照鹳一世。门下高材生多出,取巍科,壬辰最状马比部学易吴宗伯、钟骏并出公门。朱珔于道光二十八年,以老辞讲席,三十年考终里第,寿八十有二。① 祀苏州五百名贤祠。②

朱氏为书香世家,家族学术氛围浓厚,长幼相互提携扶持,长辈对晚辈耳提面命,家风严谨。朱氏大兴家塾,建藏书阁,刊刻先人著作,形成一个较为集中的家刻群体。这也为朱珔日后博采古今

① (清)李元度:《右春坊右赞善前翰林院侍讲朱兰坡先生传》,《天岳山馆文钞》卷十二,清光绪六年(1880)刻本。

② (清)何绍基:《(光绪)重修安徽通志》卷二十二,清光绪四年(1878)刻本。

众书，核其是非，勘其异同，比对发明提供了便利条件。朱琦八世祖以“莘野家风”四字题其所居。祖父朱庆霨对族中后辈敦促严格，朱氏家塾培风阁藏书泰半为其所购。① 朱琦于培风阁自题联云：“仿君子懋修，志无怠，功无荒，箴游观所其无逸；求古人陈迹，经有程，史有课，譬稼穑乃亦有秋。”又有志勤堂联云：“士所尚在志，行远登高，万里鹏程关学问；业必精于勤，博闻强识，三余蛾术惜光阴。”②朱琦族弟荣实领庚子解额，洎丁未重谒泮宫，第三孙维垣适注学籍，相携扶以入，朱琦有诗纪事，一时传和为佳话。朱琦有子五：梦元，国子生；鼎元，壬辰举人；蔚元，增广生；起元，甲午优贡；葆元，从九品。③

朱琦植品敦俗，内行纯竺，至性高节，好古多识，“气浑刚而貌舒舒，包育万有，见善若虚”④。藏书、治经、教学三方面活动相互促进。朱琦精于经学小学，经术誉满三天，著书甚众，具以行者载艺文。⑤ 其“经学一宗汉儒，所著书盈数尺，多所发明，今海内论经术者莫之先也。而立身行己规行矩步，道范俨然，则又以宋儒为法。其为教因文艺诱之以学古，穷经因学古穷经进之以行谊。因材相质而善道之，不务为高远，以绝人于不可跻。故士每乐就其教。所至翕然从之，文风科目为之一振。”⑥其经学著作博而能赅，杂而不逾，网罗百家九流⑦，与桐城姚鼐、阳湖李兆洛并负儒林宿

① 靳扬扬：《朱琦论考》，苏州大学2009年硕士论文，第4-10页。

② （清）梁章钜：《格言》，《楹联丛话·楹联续话》卷二，北京：中华书局1987年版，第209页。

③ （清）李元度：《右春坊右赞善前翰林院侍讲朱兰坡先生传》，《天岳山馆文钞》卷十二，清光绪六年（1880）刻本。

④ （清）梅曾亮：《朱兰坡先生墓志铭》，《柏枧山房全集》卷十五，清咸丰六年（1856）。

⑤ （清）冯桂芬：《（同治）苏州府志》卷一一二，清光绪九年（1883）刊本。

⑥ （清）冯桂芬：《朱兰坡宫赞师七十寿序》，《显志堂稿》卷二，清光绪二年（1876）冯氏校邠庐刻本。

⑦ （清）冯桂芬：《国朝古文汇钞序》，《显志堂稿》卷二，清光绪二年（1876）冯氏校邠庐刻本。

望，鼎足而三云。① 于诗文成就方面，“诗话兰坡学博才赡，宜其蕴蓄宏深，《诗集》正续逾四十卷。模山范水，论古述今，多主详实。晚作间有高格，则更进一境矣。”②朱珔主讲钟山、正谊、紫阳书院几三十年，以教授著述为乐，其学术理念、治学成果以及文学成果皆大成于任教正谊书院的十年间③。其立教，“非必期于科目，而世之取士固不必以根柢经术相期，乃不谋而合。若操左契，岂分达其速与？抑譬诸树木，养其根荄，其实而华秀，随之气类之相感召，固有不期然而然者”。④

朱珔平生著述除《文选集释》二十四卷外，尚有《小万卷斋文稿》二十四卷、《诗稿》三十二卷、《诗续稿》十二卷、《经进稿》二卷；辑有《国朝古文汇钞初集》百七十二卷、《二集》百卷、《国朝诂经文钞》六十二卷、《经文广异》十二卷、《说文假借义证》二十八卷。⑤

《文选集释》成书于道光十六年(1836)，共分为二十四卷。朱珔于《自序》⑥中署“道光十六年(1836)自记于吴门正谊书院”。其曰“李氏当日有初注、覆注、三注、四注，至绝笔之本乃愈详，其不自域可知”，因而朱珔于初稿作序后，对《文选集释》仍屡有增改。该书主要版本有清同治十二年(1873)朱氏家刻本、光绪元年(1875)泾川朱氏梅村家塾刻本、江西重刻本、台湾广文书局1974年排印本。本文所据即为光绪元年(1875)泾川朱氏梅村家塾刻本。

---

① (清)赵尔巽:《列传两百六十九》,《清史稿》卷四八二，北京：中华书局1977年版，第13264页。

② (清)徐世昌:《晚晴簃诗汇》卷一一七，退耕堂刻本。

③ 靳扬扬:《朱珔论考》，苏州大学2009年硕士论文，第18页。

④ (清)冯桂芬:《朱兰坡宫赞师七十寿序》,《显志堂稿》卷二，清光绪二年(1876)冯氏校邠庐刻本。

⑤ (清)李元度:《右春坊右赞善前翰林院侍讲朱兰坡先生传》,《天岳山馆文钞》卷十二，清光绪六年(1880)刻本。

⑥ (清)朱珔:《自序》,《文选集释》卷一，清光绪元年(1875)泾川朱氏梅村家塾刻本，北京：国家图书馆出版社2013年版，第3-5页。

根据卷首朱珔族侄朱荣实《新刻文选集释序》①以及书后朱珔子朱葆元《跋后》②所记，咸丰年间兵乱曾致朱氏家塾书稿散佚，乱后《文选集释》的初撰之稿由“济川再侄孙为瑶圃明经购得”，重订之半部由“侄维垣于乱后收购”。于是朱葆元与其侄朱应坊对这两版加以校对整理，刻成朱氏家塾本。此版本前十二卷所据为初稿，后十二卷所据为重订之稿，故此书前半部分较后半部分条目与篇幅略逊。

《文选集释》是一部综合性的《文选》研究著作。此书在李善注和旧注的基础上，对名物考证、地名考订、文字校勘与训诂补注等内容展开了全面研究。朱珔在《自序》中交代了他写作《文选集释》的缘由：“《昭明文选》一书，惟李崇贤注号称精赡，而骚类祗用旧文，不复加证；经序数首，更绝无诠语，未免于略。且传刻转写，动成舛误，凡名物犹需补正，并可引申推阐，畅宣其旨。”他指出李善注释的《文选》是他所尊崇的《文选》注释版本，并以其敏锐的眼光捕捉到李善注的缺漏与失误，成为他撰著的前提。他尖锐地指出，虽然清代选学已有何焯、余萧客、汪师韩、孙志祖、叶树藩、胡克家、张云璈、梁章钜、胡绍煐等人的著作相继问世，但这些人的著作仍是“弥罅塞漏，终属寥寥”。因此朱珔于闲暇时浏览《文选》及其相关著作，对其中的问题札记成集，将参错歧论并列折中，整理厘分为二十四卷。针对《文选》“自象纬舆图，暨夫宫室车服器用之制，草木鸟兽虫鱼之名，训诂之通借，音韵之淆别，罔弗赅具”的特点，朱珔为避免拘于一隅，十分审慎深思，对《文选》相关研究成果“兼存互析，土壤细流之益，当亦儒修所不废。中间援引囊哲外，更多时贤……至于小大信而有征”，由此他将其书命名为《文选集释》。

---

① （清）朱荣实：《新刻文选集释序》，《文选集释》卷一，清光绪元年（1875）泾川朱氏梅村家塾刻本，北京：国家图书馆出版社 2013 年版，第 7-10 页。

② （清）朱葆元：《文选集释·跋后》，清光绪元年（1875）泾川朱氏梅村家塾刻本，北京：国家图书馆出版社 2013 年版，第 639-640 页。

朱珔《文选集释》为汇集诸家对于同一古籍的注释和解说，并用以相互发明、断以己意的集注之体。他致力于以补正李善注，考辨旧说的方式，对诗文涉及的名物进行考据。从形式上看，朱珔并未照录《文选》全篇，随文集注，而是于李善注有所补正者则分条辑录之，于李善注所误解者则辨析之，于诸说纷纭者则断定之，分条著录，类似于读书札记。体例与内容上发展了清代治选学之条理李善注一途。① 从内容上看，《文选集释》首先集众说以为字词说解，他广泛征引古代字书、史书及其校注、名物专书和方志诸书。例如对《说文解字》《史记》和《汉书》诸志的普遍运用，以及频繁征引《禹贡》《淮南子注》《山海经注》《尔雅注》《毛诗草木鸟兽虫鱼疏》诸书进行专项分析。另一方面，朱珔吸收订补了曩哲时贤考证《文选》的专卷专著以及学者笔记等书中有关《文选》的内容。例如他参考了顾炎武《日知录》、阎若璩《潜丘札记》、王念孙《读书杂志》、桂馥《札朴》、张云璈《选学胶言》、叶树藩《文选补注》、余萧客《文选音义》、汪师韩《文选理学权舆》、孙志祖《文选考异》和《文选李注补正》等书籍笔记，又辨析了王应麟、杨慎、何焯、孙星衍、钱大昕、郝懿行、戴震、孔广森等人相关的观点，尤其在多处补正了胡克家《文选考异》的疏漏，征引并驳正了段玉裁涉及《文选》的见解，因而保存了古今许多十分重要的《文选》研究资料。《文选集释》全书共四十七万五千余字，总计 1 765 条校文②。朱珔于《目录》中阐明其统计标准为“每卷各列若干条，其间有以类相从，或别推为说者，统归上条计数”③。书中每条校文的体例大致可以归纳为：先陈列《文选》原文，并以直引或转述的方式摘录李善自注及其所本旧注，然后罗列他书相关内容以补充、讲解或者修正李善注，最后断以己意。遇到诸家考证歧出，无法分辨的情况，

① 贾全明：《〈文选集释〉研究》，河南大学 2001 年硕士论文，第 5 页。

② 王小婷：《清代〈文选〉学研究》，上海：上海古籍出版社 2014 年版，第 234 页。

③ (清)朱珔：《目录》，《文选集释》卷一，清光绪元年(1875)泾川朱氏梅村家塾刻本，北京：国家图书馆出版社 2013 年版，第 11 页。

朱珔一般直言未能辨析，只将诸说陈列出来，留给读者参考。

《文选集释》一书偏重考据。我国传统的考据学由先秦开始萌芽，至清代考据学达到传统学术的巅峰，并在乾嘉时期极盛。① 经史、小学、水地天算、金石、校勘辑佚，都涵盖在考据的范围内。梁启超在其著作《清代学术概论》中总结了清代"正统派之学风"十条，其中"凡立一义，必凭证据；无证据而以臆度者，在所必摈"，"选择证据，以古为尚"，"孤证不为定说。其无反证者姑存之，得有续证则渐信之，遇有力之反证则弃之"，"最喜罗列事项之同类者，为比较的研究，而求得其公则"，"凡采用旧说，必明引之，剿说认为大不德"，"文体贵朴实简洁，最忌'言有枝叶'"②几条，于朱珔《文选集释》中有很好的反映，充分显示了《文选集释》在清代学术大背景下的深刻时代烙印。

《文选集释》一书对考据学的贡献，首先体现在它尤重辨析名物。以往李善注、五臣注对于《文选》中名物的注释简单且主要致力于词语训诂，《文选集释》则对《文选》天文、地理、历史、名物、人名、典章制度方面的考索都力求具体全面。朱珔利用自己的博学多识，网罗殆尽涉及《文选》中名物的古今书籍，针对诸家不尽相同的观点，朱珔倾向于提出一种调和众家的说法或仅陈述不论，综合考虑去取裁断。李善注中保留了旧注的说法，李善于《西京赋》下道："旧注是者，因而留之，并于篇首题其姓名。其有乖缪，臣乃具释，并称臣善以别之。他皆类此。"③通过对这些名物细致地考究，朱珔对于李善注及其留存的旧注做了很好的完善。

《文选集释》与李善注的关系，首先在于它弥补了李善注的缺注。例如《东都赋》"勒三军"一句，朱珔案：

> 注无所释。《后汉书》注云："《周礼》郑注'天子六军，三

---

① 庞天佑：《论中国传统考据学的历史发展》，《湛江师范学院学报》1994年第4期，第89-98页。

② 梁启超：《清代学术概论》，北京：中华书局2010年版，第69-70页。

③ （梁）萧统编，（唐）李善注：《赋甲 · 京都上》，《文选》卷二，上海：上海古籍出版社1986年版，第47页。

居一偏’，故此言‘勒三军’也。”案此郑注见《大司马职》，彼云“三三而居一偏”，疏谓：“三三者，非如算法三三而九，直是两个三，为三而复三也。”考《小司徒》言：“田与追胥竭作。”是田猎宜有六军，虞人为表，百步则一，为三表，又五十步为一表。易氏祓曰：“或谓三表相距各百步，每表各六十丈，何以容大阅之众。若以开方论，其势诚窄。若据虞人莱所田之野，则迥野左右何有纪极。”郑氏谓左右之广当容三军，此指一旁而言，若左右两旁，当容六军。又云“步数未闻”，则六军分行左右开张，取其容六军之众，不以步数拘也。如此则地势广袤，岂止容六军而已。所解甚晰。然则此三军举一偏言之，义正合章怀注，可以补李氏之不及。①

李善注于此处没有注释。朱珔征引了《后汉书》注，并溯源其注于《周礼·大司马》，核对《后汉书》注的引用内容。又考证《周礼·小司徒》和易祓的说法，对郑玄注进行解释，并参校李贤注说法，对《文选》此句中“三军”补充解释为“三军举一偏言之”。以此弥补了李善注的缺漏。

其次，对于李善注较为简略的条文，朱珔进行了详细补充。例如《西都赋》：“建金城而万雉，呀周池而成渊。”李善注：“《盐铁论》曰：‘秦四塞以为固，金城千里。’”②朱珔案：

《水经·渭水》注云：“渭水又东，径长安城北。汉惠帝元年筑，六年成。秦离宫无城，故城之。”赵氏一清曰：“《汉书·惠帝纪》：‘元年城长安。三年春，发长安六百里内男子十四万六千人城长安，三十日罢。’注郑氏曰：‘城一面，故速罢。又五年九月，长安城成。六年，起长安西市也。’”《史

① （清）朱珔：《文选集释》卷二，清光绪元年（1875）泾川朱氏梅村家塾刻本，北京：国家图书馆出版社2013年版，第122-124页。

② （梁）萧统编，（唐）李善注：《赋甲·京都上》，《文选》卷一，上海：上海古籍出版社1986年版，第7页。

记·吕后纪》云："惠帝三年方筑城，四年就半，五年六年城就。"索隐曰："《汉宫阙疏》：'四年筑东面，五年筑北面。'《汉旧仪》：'城方六十三里，经纬各十二里。'"《三辅旧事》云："城形似北斗也。"《方舆纪要》则曰："城南为南斗形，北为北斗形，人呼为斗城，亦名阳中城。中，始也，取一阳初生之义云。"又引《潘岳关中记》："长安城皆黑壤赤城，今尚赤如火，坚如石，父老相传凿龙首山土为之。"①

此处李善只是简单征引了提及金城的文句，并未进一步介绍长安城的具体情况。朱珔便通过征引其他有关长安城的文献，补充了长安城的建城史及其旧城规模。并进一步通过引用《方舆纪要》和《潘岳关中记》，展现了古城的形状风貌。

驳正李善注的谬误也是《文选集释》考索的重要方面。有直指李善注注释错误的，如《西京赋》："柞木翦棘。"李善注："贾逵《国语》曰：'槎，邪斫也。柞与槎同，仕雅切。'"②朱珔案：

金氏甡云："《周颂》'载芟载柞'，注：'除木曰柞'。《周礼》：'柞氏掌攻草木。'何必借槎字作解。"余谓《说文》槎字训与贾同，又□字云："槎，识也。"《禹贡》"随山刊木"，古文刊作□，谓斫木以为表识也。韦昭注《国语》则但云："槎，斫也。"是斫木之义，槎为正字。柞本木名，与槎音相近。《周颂》《周礼》之柞皆槎之假借。金氏转以议。善注非也。③

此处李善注将柞转为槎的字义解释。朱珔通过征引金甡的观点，并考察众书，加以推究槎的本义，指出柞为"除木"之义，槎

① （清）朱珔：《文选集释》卷一，清光绪元年(1875)泾川朱氏梅村家塾刻本，北京：国家图书馆出版社2013年版，第42-43页。

② （梁）萧统编，（唐）李善注：《赋甲·京都上》，《文选》卷二，上海：上海古籍出版社1986年版，第67页。

③ （清）朱珔：《文选集释》卷三，清光绪元年(1875)泾川朱氏梅村家塾刻本，北京：国家图书馆出版社2013年版，第206-207页。

是“斫木”之义的正字，两字相混是因两字音相近，古书中多用以假借。以此来指正李善注的谬误。

也有对李善注注释不当的地方加以完善的，如《西都赋》：“俯协河图之灵。”李善注引《尚书·洛书》曰：“河图，命纪也。然五经纬，皆河图也。”①朱珔指出此处河图的解释不应泛指，而应具体到《河图》一书。其案：

> 《后汉书》章怀注引《河图》曰：“帝刘季，日角戴胜，斗匈龙股，长七尺八寸。昌光出轸，五星聚井，期之兴，天授图，地出道，于张兵钤刘季起。”此与李善注引《春秋汉含孳》之文异，李云“五经纬皆河图也”，似不如直引《河图》为当。彼时纬书俱在，不知李氏何以遗之。②

李善注中还存在一些含混不清，不够明晰的条目，朱珔对这类条目会进一步加以细辨剖析。例如《西都赋》“仰悟东井之精”一句，李善注引《汉书》曰：“汉元年十月，五星聚于东井，沛公至霸上。”又曰：“以历推之，从岁星也。此高祖受命之符。”③对于岁星出现于东井的时日，朱珔添补和辨析了多家说法。首先针对刘攽所云“太白辰星去日率不能一两次，今十月而从岁星于东井，非也”，朱珔反驳：“五星以秦之十月聚东井耳。秦之十月，今七月，日当在鹑尾，故太白辰星得从岁星也。”又引用《东坡志林》“汉元年十月，乃今之八月。八当作七。八月而得七月节，七当作六。日犹在翼轸间，金水聚井不甚远”佐证自己的观点，从而证明《汉书》记载五星聚于东井的时间合理。朱珔又案：

① （梁）萧统编，（唐）李善注：《赋甲·京都上》，《文选》卷一，上海：上海古籍出版社1986年版，第6页。

② （清）朱珔：《文选集释》卷二，清光绪元年(1875)泾川朱氏梅村家塾刻本，北京：国家图书馆出版社2013年版，第34-35页。

③ （梁）萧统编，（唐）李善注：《赋甲·京都上》，《文选》卷一，上海：上海古籍出版社1986年版，第6页。

> 顾炎武《日知录》曰："《高帝纪》春正月注：凡此诸月号皆太初后记事者追改之非，当时本称也，以十月为岁首，即谓十月为正月，当时谓之四月耳。《叔孙通传》'诸侯群臣朝十月'注：汉时以十月为正月，故行朝贺之礼。史家追书十月，此元年十月，当是建申之月，惟此一事失于追改。遂以秦之十月为汉之十月。"余谓如诸说于历数得已，但推步与占验本不同，开国祥征未必尽循常度。犹曰空谈不足夺实测。然据《高帝纪》自元年后每年并书"冬十月"，明是秦之正月。元年尤重，何得独未追改，而下文又何以书春正月也。一年之中，不应参差如是。《任敖传》云："以高祖十月至霸上，故因秦以十月为岁首，是十月乃夏正之十月。"倘改十月为七月，则《敖传》语作何解耶？且高祖十月至霸上，实始得国，故称元年，岂合于七月预称之君谓。即七月至霸上，岂七月亦可为岁首乎？惟宋高氏似孙《纬略》于高祖元年十月引崔浩《考古今历》云："五星以前三月聚东井。"窃意灾祥之应总由先兆，有前数月者，并有前数年者，何必当月？今作五星以夏正七月聚东井，而高祖以夏正十月至霸上，庶诸家之说无妨于《汉书》元年首称夏正之冬十月，与《任敖传》亦不背。特是星聚以七月，而《汉书》系诸十月。其文若离析读之元年冬十月断住，盖从《春秋》首月虽无事必书之例，正其名为开国，下五星聚于东井，乃因沛公至霸上，牵连以书，非谓即在是月，似可通。或者五星之聚为开国一大关键，不能不书，于元年而七月为秦之十月，适同十月之名，遂追书于十月，究属淆紊。至《天文志》单举星聚为十月，殆又承《本纪》而误。所以启后人之疑，正在此耳。顾氏学精博蒙于此，推寻未安，聊为异议，俟明者审定焉。①

朱珔先是从纯粹历数推断的角度，引用刘攽、《东坡志林》、顾炎武的说法，根据秦历和夏历的关系对此处"五星可于十月出现

① (清)朱珔：《文选集释》卷一，清光绪元年(1875)泾川朱氏梅村家塾刻本，北京：国家图书馆出版社2013年版，第30-34页。

于东井”作出各种合理的解释。接着又从谶纬的角度，作出合情的解释，认为此处可能仅是以“五星聚于东井”作为一种开国祥兆，因为汉代初期以十月为正月，而后又改用夏历，因此此处的秦之十月被系诸夏之十月，但五星聚于东井并非真实发生在夏历十月。从而整理众家说法，给予后学启发，俟明者审定。

遇到李善注或旧注同时列出相歧说法，而不能加断语的情况，朱珔也加以判断辨析。例如《蜀都赋》：“菌桂临崖。”旧注刘渊林注：“《神农本草经》曰：‘菌桂出交趾，圆如竹，为众药通使。’一曰：‘菌，熏也，叶曰蕙，根曰熏。’”①朱珔案：

> 此注后说本之《离骚》“杂申椒与菌桂兮”。王逸注语盖沿其误也。《广雅》亦云：“菌，熏也。其业谓之蕙。”王氏《疏证》引洪兴祖《离骚补注》曰：“下文别言蕙茝，又云‘矫菌桂以纫蕙’，则菌桂自是一物。菌一作箘，其字从竹，五臣以为香木是矣。”王又云：“申椒与菌桂对文，菌桂之不分为二，犹申椒也。”余谓此处菌桂与卭竹为对，卭竹一物，则菌桂亦一物也。自当从《本草》前说之义。②

此处旧注罗列的两个说法相互矛盾，依《神农本草经》之言，则菌桂是一物，而依第二种说法，则以菌、桂单独成物。朱珔征引王念孙《广雅疏证》的说法，通过《离骚》和“于是乎邛竹缘岭，菌桂临崖”的句法，判断旧注给出的“菌桂为一物”的说法为正确。

若遇李善注或旧注不误，他人说法反误的情况，朱珔也给予了驳正。如《西京赋》“复陆重阁”一句，薛综注：“复陆，复道阁也”。③ 朱珔案：

---

① （梁）萧统编，（唐）李善注：《赋乙·京都中》，《文选》卷四，上海：上海古籍出版社 1986 年版，第 176-177 页。

② （清）朱珔：《文选集释》卷六，清光绪元年（1875）泾川朱氏梅村家塾刻本，北京：国家图书馆出版社 2013 年版，第 470 页。

③ （梁）萧统编，（唐）李善注：《赋甲·京都上》，《文选》卷二，上海：上海古籍出版社 1986 年版，第 76 页。

《左氏·昭四年传》："日在北陆。"服注云："陆，道也。"故注以复陆为复道。何氏焯校本疑陆为陛，孙氏《考异》亦据之。然陛乃阶级之名，与此殊不合，陆字非误，何说未可从也。注阁字衍。①

此句旧注将陆解释为道，朱珔找出其根据为《左传》服虔注，并从词意的角度，对何焯以陆为陛的说法加以驳正，从而肯定了旧注的解释。

朱珔在分析李善注及旧注的同时，于字里行间条理了训诂的源流问题。例如《西京赋》："杪木末，擭獑猢。"薛综注："獑猢，猿类而白，腰以前黑，在木表。"②朱珔案：

《上林赋》作獑胡。《史记》又作蜥胡。《集解》引徐广曰："蜥音在廉反，似猨，黑身。"《索隐》引张揖云："蜥胡似猕猴，头上有发，腰以后黑。"《汉书》注及本书注引并与《索隐》同。薛张二说一以为腰以前，一以为腰以后，正相反。③

朱珔指出《汉书》注与薛综注所引，与《史记》所引同为引张揖的说法。以此，朱珔对注释的学术脉络进行了梳理。

《文选集释》另一方面的硕果，为继承考释了地名语篇。对于李善注地名的考证，《文选集释》进行了十分详细的补充和辨证。全书地理方面的考释条目达到三百四十条，约占总条目的五分之一。④

① （清）朱珔：《文选集释》卷三，清光绪元年（1875）泾川朱氏梅村家塾刻本，北京：国家图书馆出版社2013年版，第239-240页。

② （梁）萧统编，（唐）李善注：《赋甲·京都上》，《文选》卷二，上海：上海古籍出版社1986年版，第71页。

③ （清）朱珔：《文选集释》卷三，清光绪元年（1875）泾川朱氏梅村家塾刻本，北京：国家图书馆出版社2013年版，第229页。

④ 王小婷：《清代〈文选〉学研究》，上海：上海古籍出版社2014年版，第234页。

《文选集释》广博参考、吸收了旧有地名学著作的成果，反映了中国传统地名学研究注重地名的记录、地名渊源的解释以及地名沿革的研究的特点。我国有关地名的记录可以上溯到商周乃至更早的时期，秦汉时期大一统王朝郡县的置废以及地名的更易，推动了对地名渊源和沿革的研究；魏晋南北朝时期，出现了更多有关地理的著作；隋唐之后，记录大量地名的全国总志、地图以及图经志书涌现，同时期大量记载地名和地方实际状况的方志图经也层出不穷。历代学者带有实测人文性质的游记和学术笔记，也从不同角度储存了有关地名学的宝贵信息。① 朱珔广泛征引了先秦、两汉《山海经》《尚书·禹贡》《周礼·职方》《史记·河渠书》《尔雅·释地》《汉书·地理志》《沟洫志》等典籍，魏晋南北朝杜预《春秋释地》、郭璞《山海经注》、郦道元《水经注》《三辅黄图》、刘昭《续汉书注》等文献，唐宋地名学专著《晋书地理志》、李吉甫《元和郡县志》、颜师古《汉书注》、乐史《太平寰宇记》，以及王应麟《困学纪闻》《玉海》、洪迈《容斋随笔》、祝穆《方舆胜览》等学者笔记。对于时贤研究成果，朱珔引用最多的是顾祖禹的《方舆纪要》和胡渭的《禹贡锥指》。

《文选集释》有关地名的考证，同名物考证一样，力求详尽。在与李善注的关系上，朱珔对李善注地名的缺注、详略不一以及误注，进行了细致的补充和订正。如《西都赋》“于是睎秦岭，睋北阜”一句，李善注：“秦岭，南山也。《汉书》曰：‘秦地有南山。’”②此处李善注只是简单引用出现秦岭大致方位的文献，于秦岭具体地理位置并无交代，属于李善注地名解释详略不一、体例模糊的一类。朱珔案：

王氏应麟《通鉴地理通释》云：“商州上洛县西十八里有秦

① 韩光辉：《中国地名学的发展》，《中国科技史杂志》1993年第4期，第3-14页。

② （梁）萧统编，（唐）李善注：《赋甲·京都上》，《文选》卷一，上海：上海古籍出版社1986年版，第7页。

> 岭，山岭北为秦山，南为汉山，周六百二十里。”《明一统志》：“秦岭在西安府蓝田县东南。”《方舆纪要》云：“即南山别出之岭。凡入商洛汉中者，必越岭而后达。”此赋后文言“前乘秦岭”，盖由此东出即蓝田关矣。又云：“《史记》曰：‘秦岭，天下之大阻也。’”《三秦记》：“长安正南山名秦岭，东起商洛，西尽汧、陇，东西八百里，岭根水北流入渭，号为八百。”秦川旧记皆云：“南山深处高而长大者曰秦岭。”①

朱珔通过征引史书的志书、官修一统志、方志等书，详尽描述了秦岭的具体定位和脉络走向。

《文选集释》中有关水系地理位置的考证，往往与山川地形分布密不可分，注解也十分注重水系源流的说明。如《南都赋》“淯水荡其胸”，薛综注：“《山海经》曰：‘攻离之山，淯水出焉。南流注于汉。’郭璞曰：‘今淯水在淯阳县南。’②朱珔案：

> 《说文》：“淯水出宏农卢氏山，东南入沔。”《水经·淯水篇》云：“出宏农卢氏县攻离山。”此即《山海经》之山名也。下云：“东南过南阳西鄂县西北，又东过宛县南。”郦注以为即此赋所谓“荡胸”者也，“又屈南过淯阳县东”，此即郭注所称淯阳县者，县因以得名也。下云：“又南过新野县西，又西过邓县东，南入于沔，沔为东汉水，故亦云注于汉也。”《说文》又引或说曰：“出郦山。《汉志·南阳郡》郦下有‘育水出西北，南入汉’，是出郦山者，与出卢氏山者异源而同流矣。”若《方舆纪要》引郡志云：“淯水出嵩县双鸡岭。”双鸡，盖攻离之讹耳。而《汉志》复于卢氏下云：“熊耳山右有育水，南至顺阳入沔。”《续志》亦云：“卢氏有熊耳山，淯水出。”《括地志》同。

---

① （清）朱珔：《文选集释》卷二，清光绪元年（1875）泾川朱氏梅村家塾刻本，北京：国家图书馆出版社2013年版，第35页。

② （梁）萧统编，（唐）李善注：《赋乙·京都中》，《文选》卷四，上海：上海古籍出版社1986年版，第149-150页。

此则《水经》之所谓均水。郦注云："均水，《地理志》谓之淯水是也。"赵氏一清云："熊耳山之育水，郦氏以均水当之。"《书叙指南》曰："《水经》均州地名龙井，今龙井之文见《沔水篇》育溪注中。则均之为育益可信。"此与攻离山之淯水源流既不甚远，而名称又复相似，故详辨之。如此乃《纪要》及郝氏注《中山经》竟混而一之并误。①

朱珔通过征引地理专著、字词书、和史志等书，考证出淯水的源流——出于宏农县攻离山，东南过南阳西鄂县西北，东过宛县南，南过新野县西，又西过邓县东，南注于汉水。

由于古今历史的变迁，同一地名的地理位置会根据时代环境变化而发生改变，出现同名不同处的情况。朱珔于地名考证中不仅交代了这种沿革变化，还尝试分析了出现这种地理位置偏差的原因。如《东京赋》"盟津达其后"一句，薛综注云："孟津，四渎之长，故武王为诸侯约誓于其上。《尚书》曰：'东至于孟津。孟津，地名，在洛北。都道所凑，古今以为津。'"②朱珔案：

孟津，《史记》《汉书》并作盟津。《左氏·隐十一年传》："王与郑人苏忿生之田有盟。"杜注即盟津。盟与孟，古字通也。阎氏若璩云："孟津地本在河北，其渐讹而南也。自东汉始考更始二年，使朱鲔等屯洛阳，光武亦令冯异守孟津以拒之。是时孟津犹在北。安帝永初五年，羌人寇河东至河内，百姓惊奔，南渡河，使朱宠将五营士屯孟津。灵帝中平六年，何进谋诛宦官，使丁原烧孟津，火照城中。城中者，洛阳城中也。则已移其名于河之南矣。"余谓杜预言河阳县南孟津，河阳，今为怀庆府。孟县津在县西南，南渡即河南府。孟津县盖

① （清）朱珔：《文选集释》卷五，清光绪元年（1875）泾川朱氏梅村家塾刻本，北京：国家图书馆出版社 2013 年版，第 368-370 页。

② （梁）萧统编，（唐）李善注：《赋乙·京都中》，《文选》卷三，上海：上海古籍出版社 1986 年版，第 100 页。

两岸相距之地，故本在北而南亦称之也。《方舆纪要》云：“孟津亦曰富平津，亦曰陶渚，自古设险之所。”①

朱琦首先指出薛综注直接解释“孟津”而非“盟津”，是因为盟与孟古字通。接着考据史书，得出东汉更始二年（24）孟津地理位置仍然在河北，而至汉灵帝时则移名于河南的地名变迁历史。并根据朱琦其时实际地理状况勘察，解释地名盟津变迁的原因在于盟津在河南河北交界地，因而两岸都可称作盟津。又朱琦于后文“迴行道乎伊阙”下，罗列了伊阙的不同名称，“亦曰龙门，亦曰伊阙山，一名阙口山，一名钟山，又名龙门龛”。② 这些正反映了清代地理学的特点。清儒之地理学，依梁启超先生所言，可称为“历史的地理学”。其研究以便于读史为目的，以地理学为政史梳理的工具。同时清儒嗜古成癖，清儒所作的地理学也带有鲜明的考古倾向。③

朱琦不仅考证了《文选》原文和李善注中出现的地名，对于自己所引的用于阐释名物的其他文献中出现的地名，朱琦也陈列了相关的地名说明。例如《蜀都赋》“灵寿桃枝”下，朱琦引《水经·江水篇》印证灵寿木的产地：“鱼复县江左岸有巴乡村，村侧有溪，溪中多灵寿木”。对于鱼复县，朱琦补充“《两汉志》属巴郡。鱼复为今夔州府奉节县”。④ 他不仅说明了鱼复在汉代的地理位置，而且一如说明其他地理位置一样，交代了其于朱琦当时的地理名称，为后代学者阅读提供了衔接的桥梁。

《文选集释》用以训诂的方法多种多样。此书中的训诂多以《说文解字》作为第一参考，而《说文解字》其书在清代学界占有重要的

① （清）朱琦：《文选集释》卷四，清光绪元年（1875）泾川朱氏梅村家塾刻本，北京：国家图书馆出版社 2013 年版，第 258-259 页。

② （清）朱琦：《文选集释》卷四，清光绪元年（1875）泾川朱氏梅村家塾刻本，北京：国家图书馆出版社 2013 年版，第 260-261 页。

③ 梁启超：《中国近三百年学术史》，北京：商务印书馆 2011 年版，第 372-384 页。

④ （清）朱琦：《文选集释》卷六，清光绪元年（1875）泾川朱氏梅村家塾刻本，北京：国家图书馆出版社 2013 年版，第 494-495 页。

地位。《文选集释》最先陈列《说文解字》的说法，再引用其余字书韵书，或是其他文献的说解，这些说解都是围绕《说文解字》的训诂加以驳正或补充的。朱珔本人对于《说文解字》本就有相当的研究，他于晚年著有《说文假借义证》一书。《文选集释》对于《文选》中形容词和动词的训诂之处很少，然而也有如对《西都赋》"桑麻铺棻"句中"棻"字加以考证的情况。李善注："王逸《楚辞注》曰：'纷，盛貌也。棻与纷，古字通。'"①朱珔指出："注以棻为纷之借字，固可通。但棻本棼之隶变。《说文》：'棼，香木也。从木，岁声。篆体本作岁，象香气上出。'"以上是从形训的角度对棻字加以分析，认为李善注解棻为茂盛的意思不准确，词意应为形容"香气上出的样子"。"此处上句五谷垂颖。颖为禾穗。盖谓垂其穗，末则铺棻。当亦谓布其香气，似此于对偶尤称。"②朱珔又联系上句，根据此处棻字的文中义和此句的句法，阐明此说法的合理性。运用声训的方法，从音韵的角度加以分析的有如《西京赋》"草则箴莎营蒯"，对于"莎"的说解，朱珔案：

> 彼郭注引《夏小正》曰："薃也者，莎薜。媞者其实。薃一作缟，薜一作隋。媞一作缇。"《说文》："莎，镐侯也。"……《广雅》："地毛，沙薜也。"《本草别录》："莎一名夫须。须、莎、薜俱双声，缟、镐，隋、薜，缇、媞并声借字。"《广雅》又云："其蒿，青蓑也。蒿亦镐之声借，莎可为蓑，故名青蓑，蓑即莎矣。"段氏谓"镐侯双声，莎随迭韵，皆累呼也，单呼则曰缟，曰莎，其根即香附子"。

"莎"一物具有薃、镐侯、沙薜、夫须、青蓑等多种叫法，同一种叫法又有不同的写法，朱珔从音韵的角度，对这些不同叫法和

① （梁）萧统编，（唐）李善注：《赋甲·京都上》，《文选》卷一，上海：上海古籍出版社 1986 年版，第 10 页。

② （清）朱珔：《文选集释》卷一，清光绪元年（1875）泾川朱氏梅村家塾刻本，北京：国家图书馆出版社 2013 年版，第 58 页。

写法提出了互通的依据。

在进行训诂考证的同时，朱珔也因势进行了校勘工作。通过这些条例可以领略到朱珔校勘训诂方法的灵活性和综合性，以及对文本熟悉的程度和知识面的广博。有在考据过程中发现原赋错误的，如《西京赋》“抱杜含鄠”一句，朱珔根据《广韵》所引《西京记》“抱土含□”，认为“此句记殆赋之误”。并且从文字考察，说明了赋误的原因，其曰：“古土、杜字通用。《毛诗》‘桑土’，《韩诗》作‘桑杜’是也。《广韵》：‘□，侯古切，音户。’吴氏志伊《字汇补》谓与鄠同。据姚察《史记训纂》，户、扈、鄠三字一也。其从虎者，音相近耳。《集韵》又作虎阝，呼古切，与□实一字。《说文》：‘鄠，右扶风县也。’前后二志同。今西安府鄠县北二里有故鄠城，即古扈国也。”①有发现李善自为说的部分，如《西都赋》“步甬道以萦纡，又杳窱而不见阳”下，李善注引《说文解字》：“萦纡，犹回曲也。”②朱珔考察今版《说文解字》“萦，收䉶也。纡，诎也。一曰萦也”，并无李善注所引文。因此推测“盖萦纡本有回曲之义，当是李氏所自为说，而引《说文》为下杳窱之证，误以上属耳”。③ 也有原赋不误，他人校订误，而进行校正的。如于《东都赋》“铺鸿藻，信景铄，扬世庙，正雅乐”下，朱珔案：《困学纪闻》云：“雅乐当作予乐，盖五臣本改为雅乐耳。《汉书·明帝纪》注引《汉官仪》曰：‘大予乐令一人，秩六百石。’颜廷之《曲水诗序》‘大予协乐’注亦引《东观汉记》语。余谓汉乐既本名雅会，明帝乃改之，则正者，言改而正之也。似作雅乐文气自顺。”④此处朱珔通过文中义，驳正了王应麟的说法。有发现征引文献衍文的，如《西都赋》“五都之货

---

① （清）朱珔：《文选集释》卷二，清光绪元年（1875）泾川朱氏梅村家塾刻本，北京：国家图书馆出版社2013年版，第147-148页。

② （梁）萧统编，（唐）李善注：《赋甲·京都上》，《文选》卷一，上海：上海古籍出版社1986年版，第17页。

③ （清）朱珔：《文选集释》卷一，清光绪元年（1875）泾川朱氏梅村家塾刻本，北京：国家图书馆出版社2013年版，第89页。

④ （清）朱珔：《文选集释》卷二，清光绪元年（1875）泾川朱氏梅村家塾刻本，北京：国家图书馆出版社2013年版，第118-119页。

殖”，注引《汉书》曰：“王莽于五都立均官，更名洛阳、邯郸、临淄、宛、城都市长安皆为五均司市师。”①朱琦根据《汉书·食货志》案：“五都本不连长安在内，注倒置长安于下，似六都矣。安字盖误衍。长字读上声。”②朱琦在校勘过程中也有参考五臣注，并与他人说法相互参校，由此获得启发，继而提出自己的见解。如《东都赋》“功有横而当天，讨有逆而顺民”，朱琦考五臣本“功”作“攻”，“讨”作“计”。案孙志祖《文选考异》云：“此善与五臣两失之。如上句作攻，则下句应讨；上句作功，则下句应计。”朱琦谓《后汉书》正作功作计，但以横字观之，似作攻为是。计与下复作讨是也。③ 除此处提到的孙志祖的校勘著作外，朱琦吸收、补正时人校勘成果更多的是胡克家的《文选考异》。如《西京赋》“猛虡趪趪”，薛综注：“县钟格曰笋，植曰虡。”④朱琦案：

> 《考工记·梓人》注：“乐器所县，横曰簨，植曰虡。”《礼记·檀弓》注：“横曰簨，植曰虡。”《诗·灵台》毛传：“植者曰虡，横者曰栒。”簨、簨、栒俱与笋同。又有《瞽传》：“植者为虡，横者为栒。”衡亦即横字也。后《东京赋》“崇牙张下设业设虡”下两引皆横字。知此处格字亦当作横。而胡氏《考异》本未及。⑤

朱琦指出胡克家《文选考异》本校勘未及此处，补充了其缺漏。

在各条目行间，朱琦还常有小注附入。这些小注有对他引用的

① （梁）萧统编，（唐）李善注：《赋甲·京都上》，《文选》卷一，上海：上海古籍出版社 1986 年版，第 8-9 页。

② （清）朱琦：《文选集释》卷一，清光绪元年（1875）泾川朱氏梅村家塾刻本，北京：国家图书馆出版社 2013 年版，第 50 页。

③ （清）朱琦：《文选集释》卷二，清光绪元年（1875）泾川朱氏梅村家塾刻本，北京：国家图书馆出版社 2013 年版，第 113 页。

④ （梁）萧统编，（唐）李善注：《赋甲·京都上》，《文选》卷二，上海：上海古籍出版社 1986 年版，第 53 页。

⑤ （清）朱琦：《文选集释》卷二，清光绪元年（1875）泾川朱氏梅村家塾刻本，北京：国家图书馆出版社 2013 年版，第 155-156 页。

他书存在的遗漏进行补充的，有纠正本书或有关文书错误的，有补充注中出现的地名的地理位置的，有校勘不同版本文献的，有补充李善注出典的，有联系《文选》收录的其他文赋的，还有补充对于同一事物的其他说法的，等等，内容十分丰富。这都体现了朱珔学识的广博以及学问积淀的丰厚。

朱珔《文选集释》一书打着深刻的清代乾嘉学派的烙印。他凭借自己渊博的学识，运用系统的文字学知识，以小学来注释选学。他在李善注的基础上，通过广征博引曩哲时贤涉及《文选》注释的内容，继承和完善了《文选》的名物和地名研究，对其时已获得的选学研究成果进行了全面整理。朱珔在兼存互析、无征不信的原则下，敢于下己意，对他人的注释有所论断、有所驳正，展现了他丰厚的学养和识断的气魄。前辈学者对于朱珔《文选集释》的评价，大致有两种截然相反的意见：一种如骆鸿凯之贬责，称其为"吐果之核，弃药之滓"①；另一种如屈守元的褒誉："《集释》重征实之学，于地理、名物，考订甚详，是清代《选》学的一部好书。"②笔者更倾向于第二种评价。清代乾嘉学术风潮偏重于小学考据的倾向，虽然于学术研究上较为繁琐，似有"一叶障目不见泰山"之嫌，但这些细致的考究工作，是综合性学问和能力在考据这一着眼点上释放的结果。《文选集释》在名物考证以及整理旧说上的成就，使其成为清代《文选》里程碑上不可磨灭的著作。因此对于《文选集释》，我们应该对其存留下来的宝贵选学和小学成果充分吸收，汲取其中有利于今后学问研究的部分，思考前人所遗留的学术问题，对选学继续传承和发展。

参考文献

一、基本典籍

[1](清)朱珔：《文选集释》，清光绪元年(1875)泾川朱氏梅村家

① 骆鸿凯：《文选学》，北京：中华书局1989年版，第104页。

② 屈守元：《文选导读》，成都：巴蜀书社1993年版，第119页。

塾刻本，北京：国家图书馆出版社 2013 年版。
[2]（梁）萧统编，（唐）李善注：《文选》，上海：上海古籍出版社 1986 年版。
[3]（清）赵尔巽：《清史稿》，北京：中华书局 1977 年版。
[4]（清）端方：《壬寅销夏录》，稿本。
[5]（清）冯桂芬：《（同治）苏州府志》，清光绪九年（1883）刊本。
[6]（清）冯桂芬：《显志堂稿》，清光绪二年（1876）冯氏校邠庐刻本。
[7]（清）梅曾亮：《柏枧山房全集》，清咸丰六年（1856）刻本。
[8]（清）李元度：《天岳山馆文钞》，清光绪六年（1880）刻本。
[9]（清）梁章钜：《楹联丛话》，北京：中华书局 1987 年版。
[10]（清）李元度：《天岳山馆文钞》，清光绪六年（1880）刻本。
[11]（清）何绍基：《（光绪）重修安徽通志》，清光绪四年（1878）刻本。
[12]（清）徐世昌：《晚晴簃诗汇》，退耕堂刻本。

二、今人专著

[1]梁启超：《中国近三百年学术史》，北京：商务印书馆 2011 年版。
[2]梁启超：《清代学术概论》，北京：中华书局 2010 年版。
[3]骆鸿凯：《文选学》，北京：中华书局 1989 年版。
[4]屈守元：《文选导读》，成都：巴蜀书社 1993 年版。
[5]王书才：《〈昭明文选〉研究发展史》，北京：学习出版社 2008 年版。
[6]王小婷：《清代〈文选〉学研究》，上海：上海古籍出版社 2014 年版。
[7]高步瀛：《文选李注义疏》，北京：中华书局 1985 年版。

三、研究论文

[1]江庆柏：《清代的文选学》，《华南师范大学学报（社会科学版）》1987 年第 3 期。

[2]俞绍初：《〈文选〉成书过程拟测》，《文学遗产》1998 年第 1 期。
[3]陈骁：《选学意义刍议》，《河北联合大学学报(社会科学版)》2016 年第 3 期。
[4]王立群：《清代〈选〉学与 20 世纪现代〈选〉学》，《河南大学学报(社会科学版)》2002 年第 4 期。
[5]王立群：《论 20 世纪〈文选〉学家流派与〈文选〉学研究分期》，《中州学刊》1999 年第 3 期。
[6]贾全明：《〈文选集释〉在文选学上的价值》，《西南交通大学学报(社会科学版)》2006 年第 2 期。
[7]庞天佑：《论中国传统考据学的历史发展》，《湛江师范学院学报》1994 年第 1 期。
[8]韩光辉：《中国地名学的发展》，《中国科技史杂志》1993 年第 4 期。
[9]靳扬扬：《朱珔论考》，苏州大学 2009 年硕士论文。
[10]贾全明：《〈文选集释〉研究》，河南大学 2001 年硕士论文。

明清时期朝鲜诗文中的“江南”

2014 级　李好

摘　要：“江南”既是一个地理区域，也是一个具有文化史意义的概念。朝鲜王朝的时段大致与中国的明清两代相对应，中国古代的历史故事与文学作品对朝鲜汉语诗文的创作产生了深远的影响。朝鲜诗文中有关“江南”的论述，一方面来自对中国文化的接收与模仿，另一方面也结合自身需求，呈现出朝鲜本地文化的特征。朝鲜女性笔下的江南继承了中国古典诗文中温婉多情的水乡形象与“采莲”主题，明清之际的金陵城也承载着一代朝鲜士人怀念故国之幽思，西湖景观作为逃离政治的城市隐逸空间被士人反复歌咏。作为一个经过历代文人骚客反复书写的空间意象，“江南”不仅是佳丽地、温柔乡，还经常与特定的政治意识联系在一起。这些诗文中反映出来的“江南”，从多个侧面折射出明清时期的朝鲜人对于中国“江南”的记忆与想象。

关键词：江南；明清时期；朝鲜诗文；空间想象

引　　言

清人钱谦益为袁伯应《南征吟》所作小引中谈到：

> 至其榷关南国，登车奉使，江南佳丽之地，风声文物，与其才情互相映带。①

① （清）钱谦益注，钱曾笺注，钱仲联标校：《牧斋初学集》，上海：上海古籍出版社 2009 年版，第 1084 页。

与《南征吟小引》同样论及长安的“关河四塞，自古帝王之州”不同，“江南”则是“佳丽之地”，并借以称赞袁伯应之才华。作为中国古典文学中最常见的地理意象之一，它不仅代表了真实存在的地理区域，还包含了经济、政治、文化等多方面的丰富内蕴。随着中国历史上各区域的经济、文化地位的变化，“江南”逐渐被赋予“佳丽之地”的意涵，也成为集人文荟萃、商品经济发达、温婉多情诸特征于一体的地理空间。英国文化地理学家麦克·克朗(Mike Crang)在《文化地理学》一书中指出：

> 很显然，我们不能把地理景观仅仅看作物质地貌，而应该把它当做可解读文本，它们能够告诉居民及读者有关某个民族的故事，他们的观念信仰和民族特征。①

这一表述启发我们对地理空间的论述投入更多关注，因为诸如“江南”这样的范畴，不仅仅是一个单纯的地理空间，同时也是一种文化上的形象建构。历代文士或依据传统典籍与民俗传说，或结合自身经历创造出来的“江南”，承载着特定群体的社会记忆。而经典塑造的“江南”到了后世的具体场景中，又依据各人的生活经历展示出不同的面相。

想象既帮助书写者建立自我认同，又反过来塑造了想象的对象本身。而对于我们厘清有关“中国”的论述，来自域外的想象是否能提供的一个新的视角？在以域外汉文文献补充中国学术之阙上，历史学家吴晗的《朝鲜李朝实录中的中国史料》有开创之功，近年来葛兆光等人提倡的“从周边看中国”也提醒我们，也许从日本、朝鲜、越南、琉球的古代文献中，能够对中国的形象瞥见一二②。

---

① ［英］麦克·克朗著，杨淑华、宋慧敏译：《文化地理学》，南京：南京大学出版社2005年版，第51页。

② 参考葛兆光：《揽镜自鉴——关于朝鲜、日本文献中的近世中国史料及其他》，《复旦学报》2008年第2期，第2-9页；张伯伟：《从朝鲜史料看中国形象之变迁》，《韩国研究》第12辑，第230-254页；王汎森：《从东亚交涉史料看中国》，《东アジア文化交涉研究(别册1)》2008年3月，第93-96页；吴政纬：《眷眷明朝：朝鲜士人的中国论述与文化心态》，台北：秀威信息科技2015年版。

以朝鲜的汉文典籍为例，笔者在阅读《韩国历代文集丛书》《燕行录》《朝鲜时代女性文集全编》等资料的过程中，发现朝鲜文人对于“江南”的书写颇具代表性。朝鲜人对于中国文化的吸收与学习自不待言，而明清两代亦有不少东国使者来华，对中国有近距离的观察。但不同的距离有时会产生不同的想象，朝鲜人对于江南的感知也许并不如其实地考察过的“燕京”那样深刻，在这样的情况下，湮没于传统“温柔乡”“佳丽地”叙事下的“江南”形象在东国也许会有新的变迁。邓小南提到的材料与议题彼此不能错位①，提醒我们在写作过程中不能单纯以某些材料攀附历史事实，且想象与实际也确实存在不大不小的差异。本文于此并非要“以诗证史”②以追寻“江南”的原貌，而是试图勾勒当时之情景下，远在东国的书写者对于“江南”的想象与记忆③。而对于“江南”在朝鲜诗文中的书写这一问题，笔者在论述中，既参考了城市意象、文化地理学等理论，又试图结合中国传统文学批评固有的“知人论世”观念，对书写者的生平经历进行考察。

明清时期周边地区对“中国”的论述的话题，以前的学者多从《燕行录》等游记资料出发进行考察④。这些研究对朝鲜人在中国北方的观察(尤其是辽东与北京周边地区)颇为用力，且成果明显，而在朝天使、燕行使陆路并不经过的江南地区，则相关研究较少⑤。

---

① 邓小南：《永远的挑战：略谈历史研究中的材料与议题》，《史学月刊》2009年第1期，第50-54页。

② 参考张耕华：《“以诗证史”与史事坐实的复杂性——以陈寅恪〈元白诗笺证稿〉为例》，《华东师范大学学报》2006年第5期，第56-60页。

③ 这一点受到王振忠《徽州与衢州：江南城乡的片段记忆——稿本〈静寄轩见闻随笔、静寄轩杂录〉初探》的启发，该文通过对徽州士商江南春撰写的《静寄轩见闻随笔、静寄轩杂录》进行分析，试图揭示清代徽州一个士商的社会生活与精神世界。见《社会科学》2011年第3期，第153-162页。

④ 学界对《燕行录》的研究，参考王禹浪、程功、刘加明：《近二十年中国燕行录研究综述》，《哈尔滨学院学报》2012年第11期，第1-12页。

⑤ 对于明清时期的江南与周边地区文化交涉的研究，有陈小法：《明代中日文化交流史研究》，北京：商务印书馆2011年版；朱莉丽：《行观中国——日本使节眼中的明代社会》，上海：复旦大学出版社2013年版。

且学界以往多采用《燕行录》等史料，偏重于新见材料对明清经济社会史、明清中外文化交流史的补充，而单纯从文学角度出发的形象研究很少。

对于明清时期周边地区对“江南”的论述，日本学者大木康的《风月秦淮：中国游里空间》①一书的序言《日本文学中的秦淮》对日本近世文学中的“秦淮”作了基本梳理。但序言仅为引子性质的文字，此书主题仍在于对南京秦淮的历史文化的研究，并未对日本文学中的“秦淮”作一深入的专题研究。日本京都大学教授金文京的《西湖在中日韩——略谈风景转移在东亚文学中的意义》②则以“西湖”的风景书写为例，探讨了“西湖”作为东亚汉文学一大主题的典范意义。而杨雨蕾的《明清朝鲜文人的江南意象》③一文则较为详细地论述了明清朝鲜文人对中国江南的地理感知，及其背后所蕴含的政治关怀和文化追求，并希望以此作为其江南中外交流史研究的重要环节，其从朝鲜本土实景入手，以认识朝鲜文人对中国江南意象的沿袭和再创，于笔者有很大启发。而不同于杨氏文章的是，本文主要以诗词、辞赋等更能展现作者心态与情感的文献为主，其他材料为辅，对于当时的朝鲜人心中的“江南”形象进行梳理。一方面，力求进行材料的补充；另一方面，本文试图分析“江南”这一地理空间的子意象的个案（如金陵、西湖），以期对这一整体研究进行细化，并希望采用东亚汉文学的整体视角，着重关注特定文学形象在异域的经典化与流变。

综上所述，除引言与结语之外，本文正文分为三个部分：

（1）“江南”的空间范畴。简要梳理前人对“江南”这一地理空间的看法，对本文关注的明清时期的“江南”作出基本界定。

---

① ［日］大木康：《风月秦淮：中国游里空间》，台北：联经出版事业公司2007年版。

② ［日］金文京：《西湖在中日韩——略谈风景转移在东亚文学中的意义》，载石守谦、廖肇亨主编：《东亚文化意象之形塑》，台北：允晨文化实业股份有限公司2011年版，第141-165页。

③ 杨雨蕾：《明清朝鲜文人的江南意象》，《浙江大学学报》2011年第6期，第141-149页。

(2)"江南"在朝鲜诗文中的多元展现。朝鲜人对"江南"的观感是多层面的，创作者是否亲身到达中国"江南"，创作者所言是中国之"江南"还是朝鲜之"江南"，有哪些因素影响了"江南"在朝鲜汉语诗文中的流变。此部分拟从上述几个角度依次说明"江南"在朝鲜汉籍中的诸面相。

(3)书写范式与子意象。此部分选取朝鲜女性的"采莲"诗歌书写，朝鲜诗赋中的金陵记忆与想象，西湖图景在朝鲜的流传三个具体实例，探讨中国汉文学对朝鲜女性诗人创作的影响，以及金陵、西湖等子意象背后的政治文化意识。

一、"江南"的空间范畴

"江南"作为一个承载着特定文化意涵的词语，在中国古典文学中占有重要地位。自汉乐府的"江南可采莲"始，江南逐渐成为充满历史、文化的想象空间①。

历史上，"江南"的地理含义是不断游移变动的②。而有关"江南"的具体地理区域的厘定，周振鹤于《释江南》一文中有较为详细的论述③。秦汉时期，江南指的是现在的长江中游以南地区④。汉代的江南包括豫章、丹阳、会稽诸郡。唐代对自湖南西部向东至海

① 参考林启屏：《诗的隐喻：韦庄〈人人尽说江南好〉》，《倾听语文》，台北：里仁书局2005年版。

② 冯贤亮《明清江南地区的环境变动与社会控制》："在今天有关'江南'的所有论著中，它也从未有统一的定义与标准"，见上海：上海人民出版社2002年版，第1页；李伯重《简论"江南地区"的界定》同样指出，古代文献中的"江南"如同"中原""塞北""岭南""西域"等地理名词，并非有明确范围的地域区别，载《中国社会经济史研究》1991年第1期，第104-105页。

③ 周振鹤：《释江南》，《中华文史论丛》第49辑，上海：上海古籍出版社1992年版，第141-146页。

④ 秦汉时期的"江南"更倾向于楚国地区(长江中游)，而吴越地区(长江下游)习惯性的称谓为"江东"。《秦本纪第五》："秦昭襄王三十年，蜀守若伐楚，取巫郡，及江南为黔中郡。"，见(汉)司马迁：《史记》，北京：中华书局1959年版，第213页。

滨的区域设“江南道”，则江淮以南、南岭以北的整个东南地区皆为江南，后又分为江南东道、江南西道，但可看出“江南”指涉区域的逐渐东移。宋代，“江南东道”设“两浙郡”，两宋以来的江南则偏指太湖流域，尤其是明代以来，苏、松、常、嘉、湖五府以及镇江、杭州成为常见的“江南”概念(受行政区划“江南承宣布政使司”“江南省”的影响，有时还包括应天、镇江及长江以北的扬州在内的江淮地区，更远的时候还包括宣城、徽州地区)。此时的“江南”不仅是长江以南的地理空间，同时也带有经济文化的因素。诸如苏、松、常、嘉、湖五府经济发达、文化昌盛的特点，以及吴语民系的特殊性，都成为明清时期“江南”的文化场景的构成因素。从“江南”的概念在历史上的变动情况来看，一方面，其中心由长江中游向东移动到今江浙地区；另一方面，其指涉的空间逐渐变小，由泛指转向特指。

李嘉瑜《元代上京纪行诗的空间书写》①一书第四章《江南书写》便重点讨论了元代的“江南”概念的厘定，作者指出当代学者对“江南”空间的看法大致有二：一是狭义的江南，即“长江中下游的吴越地区”；二是广义的江南，即“长江以南除四川盆地外的广大陆地地区”。而作者认为狭义的江南多用于明清时期，元代的江南概念则与长江之南的广义的江南相近，并综合考虑了萧启庆、许有珉等元史研究者的看法，因此在后文以“长江之南”的广义诠说来进行论述。

明清时期的“江南”概念的论述，则以李伯重《简论“江南地区”的界定》②一文最具代表性，作者受傅衣凌、施坚雅(G. William Skinner)、斯波义信等江南经济史研究者影响较大，讨论“江南”侧重于从经济区域的角度出发，并结合了行政规划上的变动来分析“江南”一词具有复杂性与含混性的历史原因。李伯重认为，今日

① 李嘉瑜：《元代上京纪行诗的空间书写》，台北：里仁书局 2014 年版。

② 李伯重：《简论“江南地区”的界定》，《中国社会经济史研究》1991 年第 1 期，第 104-105 页。

所论之指代江浙一带的“江南”，唐以前称作“吴”或“三吴”，唐代称为“浙西”，而元代以后，这些词汇的出现频率减少，逐渐为“江南”一词所替代。而明清时代的“江南”地区，一般指苏、松、常、镇、宁、杭、嘉、湖、太八府一州①地区。因此本文讨论明清时期之“江南”，也采用李伯重先生的看法。

总的来说，“江南”的论述在朝鲜文献中的表现是比较丰富的。笔者能力所限，暂时无法阅读谚文文献，因此仅能就汉文文献进行考察。在文体上，有关“江南”的论述不仅见于诗词，部分辞赋作品与文士笔谈记录也颇有价值。

二、“江南”在朝鲜诗文中的多元展现

（一）“在场”与“不在场”

约翰·伯格（John Berger）于《观看之道》中谈到，“我们注视的永远不是事物本身，我们注视的永远是事物与我们之间的关系”②。在这种启示下，笔者打算将被注视的“江南”与书写者之间的关系作为考察的重点，而非客观还原“江南”真实的风貌。不难理解，明清两代同时期的朝鲜文献有很多，然而书写者并非人人都有机会能够一睹江南之景。更确切地说，真正到达过中国江南的朝鲜人很少，通过没有真实游历经验的朝鲜人的文字考察“江南”的真实历史，既是不科学的也是没有必要的。而对于“江南”和书写者的关系，则需要结合书写者的经历，对“江南”进入文本的意义作出合

① 关于“五府”“七府”“八府”等说法的讨论，参考冯贤亮：《史料与史学：明清江南研究的几个面向》，《学术月刊》2008年1月；陈学文：《筚路蓝缕的三十年——明清江南史研究的回顾与展望》，见王家范主编：《明清江南史研究三十年（1978—2008）》，上海：上海古籍出版社2010年版，第3-24页。

② John Berger. Ways of Seeing：“We never look at just one thing；we are always looking at the relation between things and ourselves.”（London：British Broadcasting Corporation；Harmondsworth：Penguin，1972），p. 9.

理的阐释。

因此我们应当注意到，“江南”在朝鲜文献中存在着不同的展现方式①。对于到达过江南的朝鲜人来说，“江南”更多地包含了书写者的真实感受，这种书写产生较为真实的地方感，同时其作为史料的意义更加明显；而对于大多数未曾亲身来访的朝鲜人而言，其诗文中的“江南”，则更依赖于前人对于“江南”的形象的建构（譬如文学经典中的某些象征），及自身真实生活经历对“江南”的改写。

相比起未曾到达江南实地的朝鲜人来说，真正具有江南经验的朝鲜人属于少数。而这些亲身游历者之中，首推元明之际的高丽人郑梦周（1337—1392），其诗集中多纪行诗歌。在郑梦周到达目的地南京的过程中，其所作有关“江南”的诗歌不可谓不多（在明朝迁都北京之后，朝鲜半岛来华的使者到达江南的机会便大大减少）。如《江南曲》：

> 江南女儿花插头，笑呼伴侣游芳洲。荡桨归来日欲暮，鸳鸯双飞无限愁。②

这首诗所描绘水乡儿女之情景，可能正是作者游行江南的真实感受，一定程度上似乎可以反映元明之际江南地区的风俗（如花插

---

① 这种“不在场”的书写方式在中国古典诗文中并不少见，王文进《南朝边塞诗新论》中论及南朝诗人的边塞诗时，便谈到“南朝边塞诗所构建的版图全部见载于《史记》《汉书》典范之中，并且根本是一个在时空坐标上完全远离自身江南的世界。按理说，这种缺乏现实基础的作品，应该无法生根流传。但是令人惊讶的是：一百多首不断反复传唱的旋律，历经宋、齐、梁、陈而不绝，又似乎证明这些作品适度反映着南朝人士特殊的时空思维。”其后又举谢朓以建康联想长安洛阳、萧纲以襄阳想象长安、庾信以长安想象塞外等例子，来论述南朝文士在“不在场”的书写中表达对中原京华的痴迷。王文进：《南朝边塞诗新论》，台北：里仁书局2000年版，第83-87页。

② ［高丽］郑梦周：《圃隐先生文集一》，《韩国历代文集丛书》第21册，首尔：景仁文化社1999年版，第122页。

头等)。同样在诗题中便明确提到“江南”的还有《江南柳》:

江南柳,江南柳,春风袅袅黄金丝。
江南柳色年年好,江南行客归何时。
苍海茫茫万丈波,家山远在天之涯。
天涯之人日夜望归舟,坐对落花空长叹。
空长叹,但识相思苦,肯识行人行路难?
人生莫作远游客,少年两鬓如雪白。①

此诗以“柳”起兴②,目的在于抒发诗人羁旅漂泊之感与对家乡的思念。而在这些直言“江南”二字的诗歌之外,郑梦周诗集中还有诸多提到江浙一带具体地名的作品,如《高邮湖》《扬州》《扬州竹西亭怀松京诸友》《常州除夜呈诸书状官》《扬子江》《金山寺》《瓜州》《姑苏台》《送杭州使》等(从郑梦周另一首诗《淮阴驿分道别庞镇抚》中“青山绕淮甸,芳草满江南”似乎可以看出,在郑氏观念中,淮扬一带亦属于“江南”的范畴③)。而值得注意的是,相比于金陵城阙常给人留下的烟柳繁华与宫败国破的印象,此时作者笔下的南京整体上呈现出贵为大明帝都的雄壮气象,如《龙江关》一诗:

兰舟早发凤凰台,城阙崔巍首重回。欲为钟山题一句,龙江津吏苦相催。④

① [高丽]郑梦周:《圃隐先生文集一》,《韩国历代文集丛书》第21册,首尔:景仁文化社1999年版,第126-127页。

② 关于“柳”意象的经典化过程,参考程章灿:《“树”立的六朝:柳与一个经典文学意象的形成》,《北京大学学报》2011年第2期,第52-61页。

③ 此外,柳得恭《冷斋集》卷四提及中国文士时,有“江南仪征人”“江南常州府人”“江南扬州府人”的表述,从中可看出朝鲜人观念中的“江南”,除了汉文经典的塑造之外,比较多受到明朝行政区划的影响。

④ [高丽]郑梦周:《圃隐先生文集一》,《韩国历代文集丛书》第21册,首尔:景仁文化社1999年版,第126页。

著名的《郑和航海图》又名《自宝船厂开船从龙江关出水直抵外国诸蕃图》，此图便标示了龙江关紧挨着天妃宫。“龙江关”在今南京市区西北，据鲁国尧《郑成功两至南京考》一文，明代南京沿江有三关，“龙江关”为其中之一，是一个天然良港和水陆交通要道①。

又如郑梦周《扬子江船上》：“身随海舶贺王正，路入江南眼忽明。地辟天开新建极，龙盘虎踞旧闻名。”②以及《入京》：“江南形胜地，千古石头城。绿水环金阙，青山绕王京。一人中建极，万国此朝正。我亦乘查至，宛如天上行。”③还有《皇都》四首中“穆穆”“蒙帝力”“尺剑龙飞定四维”“天地经纶”等词句，虽也论及春深莺柳之秀美景致，但整体来看南京留给作者的直观印象仍然是雄伟豪壮的。

元明易代与丽鲜易代时间相差不远，明朝基本统一中国后，高丽朝中分裂为亲明派与亲元派。而郑梦周则是主张奉明为正统的代表，视蒙元为夷狄，称北元为“元氏余孽”，反对蒙元对高丽的控制，其诗作中多以“圣朝”“圣代”“华夷归混一”“夷夏即今归混一”来赞美新兴的明王朝。郑梦周前后共出使明朝三次，《皇都》四首作于其第二次出使（1386）时，此次出使明朝旨在请求减少岁贡与使用明朝衣冠，而根据“退来不觉流双涕，感激唯知祝万年。从此三韩蒙帝力，耕田凿井摠安眠”可看出，其减免岁贡的请求得到了

① 鲁国尧《郑成功两至南京考》：“在明代，下关称‘龙江关’，吴敬梓《金陵景物图诗》：‘诸国进贡者梯航数万里，每岁必至，立关于此，以招徕之，所以柔远人焉’。清朝初年，在上新河和龙江关设关卡，负责检查和征收来往船只之税。上新河关位于龙江关上游，称‘上关’；龙江关在其下游，遂称‘下关’。”载《南京大学学报（哲学·人文科学·社会科学版）》2007年第4期，第88-98页。按：《至正金陵新志》《万历上元县志》《嘉庆重刊江宁府志》等方志记载甚详，大致可以勾勒出元明清三代“龙江关”的地理位置与作用，本文从略。

② ［高丽］郑梦周：《圃隐先生文集一》，《韩国历代文集丛书》第21册，首尔：景仁文化社1999年版，第126页。

③ ［高丽］郑梦周：《圃隐先生文集一》，《韩国历代文集丛书》第21册，首尔：景仁文化社1999年版，第99-100页。按，“查”即“槎”，指船的意思。

明政府的同意①，在这样的心境下，作者笔下的南京城则现出积极的情感。这样的实地经验，于后来的朝鲜士人中少见，郑梦周的江南纪行，无疑成为后世文士“江南”印象的重要来源②。

而将元明之际的南京与本文后面分节论述的明清之际的南京进行对比，可以发现“金陵”承载的文化意蕴发生了明显的变异。

（二）虚实之间——“江南”的异域重建

朝鲜半岛长期以来深受中国文化影响，即使是在明清时期的中国人眼中，朝鲜文物风俗也接近华夏。而这一深远影响也表现在地理的层面，具体地说，就是中国地名对于朝鲜半岛的影响③。在我们关注“江南”这一地理空间的时候，其实也应当看到，朝鲜本土亦有“江南”。如果说朝鲜对于中华之“江南”的观看仅仅是一种虚像的话，那么其眼中的本国的“江南”则可看作能够被亲身感受的实像。而这种“江南”书写，有时指涉原中国江南，有时描绘朝鲜本土之“江南”，而更多的情况下则是一种错综含混的书写。

有关朝鲜本土的“江南”在政治地理上的展现，最早见于高丽成宗年间。是时，将全国分为十道——关内、中原、河南、江南、

① 参考伍跃：《高丽使臣郑梦周的南京之行——朱元璋时代外交的一个侧面》，《明史研究论丛》第9辑，北京：故宫出版社2011年版。

② 李穑《书江南纪行诗藁后》：“自奉金陵正朔以来，见吾曹驰驲南去，未尝不歆羡其行。而益叹吾身之衰，吾志之不遂也。今读郑五宰江南行藁田横、韩信、李绩等诗，感吾之心多矣。陈教谕熊鹰诗，豪放不似和韵。至于歌咏大朝闲暇之气像，陈述小邦倾向之精诚，所谓诗史也。其余咏物遣兴杂篇，咀嚼有余味，予于是跃然自幸。乃曰：宗之从公为书状官，归而求跋其在涂诗文，公又不鄙征予言。年前年后陶隐归，必不靳相示。吾虽闭门高卧，江南一片，尽在吾目中矣！何必劳吾身，然后快吾志耶？于是乐为之书。”见郑梦周之江南纪行对其他朝鲜文士“江南”观念的影响。见［高丽］郑梦周：《圃隐先生文集一》，《韩国历代文集丛书》第21册，首尔：景仁文化社1999年版，第122页。

③ 华林甫：《中国传统地名学对朝鲜——韩国半岛的影响》，《中国文化研究》2001年第4期，第174-181页。

海阳、岭南、岭东、山南、朔方、浿西①。此十道之建置，明显是模仿唐代贞观之十道划分，其中关内、河南、江南、山南、岭南诸道均是从唐十道中直接摘取过来的。华林甫《中国传统地名学对朝鲜—韩国半岛的影响》对于朝鲜半岛的地名渊源、模仿方式、地理方位之对应、地名别号之移植均有讨论。而高丽王朝之江南道，大致上与现全罗北道区域相对应②。

表 1　**朝鲜地名与中国地名的对应**

共同方位	古代中国地名	李氏朝鲜地名
南部	义安郡(东晋置，治今广东潮安县东北)	义安郡(今庆尚南道昌原)
	合浦县(西汉置，北宋移治今广西合浦县)	合浦县(今庆尚南道马山附近)
	南海县(隋置，即今广东南海市)	南海县(今庆尚南道南海岛)
	福州(唐置，即今福建福州市)	福州(今庆尚北道安东)
	临汀郡(唐置，治今福建长汀县)	临汀(今庆尚北道延日)
	晋康郡(东晋置，治今广东德庆县东)	晋康(今庆尚南道晋州)
	曲江县(西汉置，治今广东韶关市南)	曲江(今庆尚北道兴海)
	兴安县(北宋置，即今广西兴安县)	兴安(今庆尚北道星州)
	宜山县(北宋置，即今广西宜山县)	宜山(今庆尚南道宜宁)
	全州(五代晋时置，宋时徙治今广西全州县)	全州府(今全罗北道全州)
		[以上属庆尚道]

① 魏嵩山《朝鲜八道建置沿革考》："高丽成宗十四年(955)已有'道'的建置，当时全国分为十道(即关内、中原、河南、江南、海阳、岭南、岭东、山南、朔方、浿西十道)。"见《韩国研究论丛》第二辑，上海：复旦大学韩国研究中心 1996 年版，第 318-332 页。

② 《世宗庄宪大王实录卷》第一百五十一《地理志》："(高丽)成宗十四年乙未，以全州、瀛洲、淳州、马州等州县为江南道。"《李朝实录》第 11 册，《世宗实录》，东京：学习院大学东洋文化所 1957 年版，第 165 页。

续表

共同方位	古代中国地名	李氏朝鲜地名
南部	罗州(南朝梁置，治今广东化州市)	罗州府(今全罗南道罗州)
	南平县(东汉末置，治今福建南平市)	南平县(今全罗南道南平)
		[以上属全罗道]
	始安郡(三国吴置，治今广西桂林市)	始安(今忠清北道槐山)
	海丰县(东晋置，即今广东海丰县)	海丰(今忠清南道洪城)
		[以上属忠清道]

而在朝鲜时期，所言“江南”多指全罗道顺天都护府。“山水绮丽，世称小江南”①，也自然是取中国唐代以来“江南”山水秀丽繁盛之意。然而我们需注意到，想象与实际往往有所偏差。根据朝鲜对于中国地理方位上的仿效(见表1②)，全罗道诸地地名实际上是模仿两广及福建地区为主的，并非取诸中国传统意义上的江南地区。而其所言“江南”之别号，则更多是出于该地风景秀美、人文之胜而言。因此，前者之地理空间的宏观层面的构建与模仿，与朝鲜半岛实地的形象还是存在着差异。

朝鲜时代女诗人许兰雪轩③的几首诗词中的“江南”结合了其自身的生活经历，表达了诗人对自身经历的哀叹与闺怨的寂寞感

① [高丽]洪彦弼等撰：《顺天都护府》，《新增东国舆地胜览》卷四十，奎章阁藏嘉靖刊本，第699页。

② 此表摘自华林甫：《中国传统地名学对朝鲜——韩国半岛的影响》，《中日文化研究》2001年第4期。

③ 许兰雪轩，朝鲜时代著名女诗人，本名楚姬，字景樊，兰雪轩为其号。其诗作在中国亦颇具盛名。明清时期，其诗作见于中国诗集中的有：吴明济《朝鲜诗选》、蓝芳威《朝鲜诗选》、汪世钟《朝鲜古今诗》、程相如《四女诗》、钟惺《名媛诗归》、钱谦益《列朝诗集》、朱彝尊《明诗综》等。关于许兰雪轩及其作品，参考李南：《许兰雪轩及其作品研究综述》，《湖北第二师范学院学报》2013年第7期，第22-26页。对于其诗伪作问题，参看[韩]朴现圭：《许兰雪轩作品的剽窃实体》，《韩国汉诗研究》2000年第8期。

伤。其言“人未归”“望归舟”“山长水远无消息”诸语，也自然不会是在中国的场景之中思念丈夫金诚立。许氏有关“江南”的诗作，将于本文第三部分中详谈，此处从略。

许兰雪轩诗作之外，于东国本地之江南吟咏者亦不在少数。如李安讷(1571—1637)《梦江南》一诗便以“梦江南”道尽诗人羁旅之孤苦：

征谋治法两何叅，羁宦经年病不堪。古馆寥寥无箇事，一帘春雨梦江南。①

同样的，对作者经历进行简要的考察，此诗录于李安讷《东岳先生集卷之一北塞录》中，其序云：

万历二十七年岁己亥秋八月二十一日丁酉，以承文院权知副正字，升拜咸镜北道兵马评事。九月初四日庚戌，辞朝而行。十月初四日庚辰，到镜城。明年庚子三月二十一日甲子，引病而归。五月初四日丙午，次杨州海村。翌日端午，入京城。自拜辞至还京，二百三十八日。②

从序中可看出《北塞录》所录诗歌的创作时间为万历二十七年(1599)九月初四至次年五月初五。结合其同乡李植(1584—1647)为其所作《赠崇禄大夫议政府左赞成兼知经筵春秋馆成均馆事弘文馆大提学艺文馆大提学谥文惠公行崇政大夫行礼曹判书兼弘文馆提学艺文馆提学东岳先生李公行状》可知，李安讷在十八岁中进士后遭到竞争者的诽谤，因而不再参加科举。其后结交友人以“堂有老亲”劝说其坚持仕途，而最后李安讷“仍复求举，中万历己亥(1599)庭试第二名，权知承文正字”。而在此数月后便升拜咸镜北

① ［朝鲜］李安讷：《东岳先生文集一》，《韩国历代文集丛书》第701册，首尔：景仁文化社1999年版，第53页。

② ［朝鲜］李安讷：《东岳先生文集一》，《韩国历代文集丛书》第701册，第14页。

道兵马评事，并于九月初四辞朝而前往镜城。从《北塞录》所录诗歌标题所包含时间可看出，这些诗作是按照时间顺序排列的。依据诗题包含信息不难推断，《梦江南》所作时间介于万历二十八年(1600)正月初一和三月三日之间①，此时作者仍宦居镜城。咸镜北道位于朝鲜半岛东北部，是朝鲜半岛最偏远、气候最寒冷地区，作者于此前所作《日夕抒怀》《庚子元日》《思归曲，题钟城行营评事厅壁》《得家书》《寄家书》等诗中已经直接抱怨过自己的处境，“羁旅病客情”诸语即表明诗人患病在身，羁旅他乡的愁苦心绪，而《梦江南》所言“江南”便可能指代诗人家乡——京畿德水县。相比起咸镜北道的“北塞”形象，诗人家乡以及朝鲜国都所在之京畿地区则被看做“江南”。

还有李诚中(1539—1593)所作《江南词》四首：

何自从来白鸟双，偶然相并立船窗。凌风一举无寻处，云点青霄月印江。

浦上鸳鸯自作双，双飞故故近篷窗。生憎浦水深如许，不放春潮到锦江。

闲愁漫与两难双，唱尽新词写碧窗。怊怅黄昏期不至，谢楼风月自澄江。

别恨山鵽不作双，归心蜂子枉穿窗。春来莫怪洋波阔，怨泪应添濯锦江。②

---

① 前后最靠近《梦江南》一诗且诗题包含具体时间的是《元朝，忆两兄》和《三月三日，悄悄独坐，不得饮一杯酒》两首，且《梦江南》前一首诗标题为《镜城府评事衙后，有万庭可一亩许。余于春日，乃命官僮左植松一株，右栽杜鹃花十余本。子曰：岁寒然后知松柏之后凋也。故取以砺余临事变不易之操。杜鹃，古蜀帝魂也。唐诗云：声声啼血染花枝。故曰杜鹃花，托以伸余尊君恋阙之意。继此而来者，有与余同趣。则其封培之》，诗题中明确说明“余于春日”，笔者据此推断《梦江南》作于春季。

② ［朝鲜］李诚中：《坡谷先生文集一》，《韩国历代文集丛书》第2244册，首尔：景仁文化社1997年版，第262-263页。

从中不难发现“江南”实像与虚像的交融，“谢楼风月自澄江”一句将视线拉远至南朝诗人谢朓，但作者李诚中最终回到的，仍然是其最熟悉的“锦江”，此时“江南”便是锦江之南这片作者可知可感的土地。而李诚中笔下锦江之景，又有《初到锦江》二首：

乱山重叠路高低，云壑平沉雨意迷。南岭上时开远望，夕阳犹在锦江西。

两岸晴峰落槛低，少年花月此间迷。楚天云散无寻处，江水南流白日西。①

对锦江之南描绘颇细致的，还有李献庆(1719—1791)的《锦江词》三章：

宁饮锦江水，不食泗河鱼。中兴驻驿路，亡国落花墟。
妖艳锦江女，喜嫁江南商。锦碧如江碧，与侬作衣裳。
郎道侬歌好，夜夜南竹枝。惯听鹧鸪语，又唱鹧鸪词。②

在此作中，诗人甚至使用了“侬”这一极具中国吴越地区方言特色的字眼。李献庆另有《南塘商妇词》五首亦有“杨柳侬素厚”“教郎下船沽侬酒”“欢去不归奈侬何”“尽侬相思柳”等句。这样一来，“锦江之南”不仅在自然风光上与中国本土江南遥相应和，还使诗文产生了一种中国江南地区的风俗之美与独特情致。由此可见，即使是本土之江南，在其被书写的过程中，受中国文化的影响也是很大的。而从李献庆等人的诗歌来看，朝鲜人对于“江南”风景的接受并非消极被动的，而是一种主动的仿效。

更值得玩味的是，朝鲜人在“江南”风景的效仿中，对中国和

① ［朝鲜］李诚中：《坡谷先生文集一》，《韩国历代文集丛书》第2244册，首尔：景仁文化社1997年版，第270页。

② ［朝鲜］李献庆：《艮翁先生文集一》，《韩国历代文集丛书》第938册，首尔：景仁文化社1999年版，第36-37页。

朝鲜两地风景进行比较的心态，及其对本国风光的歌咏与认同。张伯伟《汉文学史上的 1764 年》①曾经谈到朝鲜通信使在日本的唱酬笔谈活动，这种诗赋外交的方式具有文化上一较高低的作用。朝鲜通信使与日本士人均十分在意对方的看法，以及双方文学素养的高低差异。诗文酬唱中，展现出更深厚汉文化素养的一方易产生优越感，以及对对方的居高临下与鄙夷心态。笔者认为，不仅仅是诗赋外交上的竞争，在明清时期的东亚世界，这种文化上的比赛还常见于礼仪、学术、艺术等其他方面。同样的，在与中国“江南”胜景竭力靠近以显示自身文化的同时，朝鲜人也强调朝鲜风景之佳处，对本国风景作出了不低于中国风景的期望与评价。如李睟光《次许岳麓汉上诗韵二十首并序》中有“汉江佳丽比吴江，山水休言在越邦。最是楼台如画里，小亭人倚夕阳窗”②句，言本国汉江风景并不输中国之江南，便是最好的例证。

（三）传播与形塑

“江南”作为一个文化地理意象，在其从中国到达朝鲜并发生流变的过程中，人为的中介产生了重要作用。石守谦《中介者与东亚文化意象之形塑》一文指出，在东亚文化意象形塑的过程中，“所谓的人为，尚应有层次之别”③。具体地说，便是“核心的形塑者”和“外围的中介者”，前者直接参与意象的构建，而后者在意象传递中充当了“管线”的作用。

就前者而言，笔者在阅读相关诗文时，发现“江南”意象的塑造与文学典范的流传不无关系。衣若芬《宋代题“潇湘”山水画诗的地理概念、空间表述与心理意识》一文谈到了“文化地理”与“实质

① 张伯伟：《汉文学史上的 1764 年》，《文学遗产》2008 年第 1 期，第 114-131 页。

② ［朝鲜］李睟光：《芝峰先生文集一》，《韩国历代文集丛书》第 2530 册，首尔：景仁文化社 1998 年版，第 67 页。

③ 石守谦：《中介者与东亚文化意象之形塑》，石守谦、廖肇亨主编：《转接与跨界——东亚文化意象之传布》，台北：允晨文化实业股份有限公司 2015 年版，第 1-15 页。

地理”的差异，作者在论述“潇湘”母题作为一个文学原型意象时谈到：“唐宋文学中的‘潇湘’在诗人的神游地逐渐衍化为抽象的地理概念，实质的空间(physical space)遂具有文化的空间(cultural space)意义。文化的空间包括了具体的人为活动，直线发展的时间过程，也包括穿插跳跃的流动时序及文化系统所开出的象征意涵，是一种‘架构’(frame work)或‘母型’(matrix)。”①而“江南”在朝鲜汉文学中的传播与形塑，一方面与其具有的文化空间的性质有密切关系；另一方面，“江南”也形成了固定的书写体式。

金允植(1835—1922)《云养集》卷六《诗余学步，庚子春在济州时作》中收录了二十首词，其中有一首词为《忆江南，听赵云成洞箫》：“飘律吕。讶直上青云中。曲依依春恨积。余音袅袅客愁新。恼杀倚楼人。”②又《诗余学步序》云：

> 谪居无事，偶阅华人王秋坨小词二十首，戏傚一遍。余本不解声调，必多舛误，
>
> 犹之邯郸学步，无乃并失其旧步欤？因命之曰诗余学步。③

可知金允植所作二十首词皆为仿效华人王秋坨而作。一方面，不难发现次韵、效仿等方式是朝鲜士人诗词创作的重要特征之一，这种唱和交流不仅存在于本国士人之间，亦存在于中国与朝鲜之间④；另

① 衣若芬：《宋代题“潇湘”山水画诗的地理概念、空间表述与心理意识》，李丰懋、刘苑如主编：《空间、地域与文化》，台北：中国文哲研究所2002年版，第325-372页。

② [朝鲜]金允植：《云养先生文集二》，《韩国历代文集丛书》第2744册，首尔：景仁文化社1999年版，第106-107页。

③ [朝鲜]金允植：《云养先生文集二》，《韩国历代文集丛书》第2744册，首尔：景仁文化社1999年版，第102页。

④ 钱锡生认为：“高丽、朝鲜时代，韩国也涌现出诸多词作，这些词受到中国唐宋词的辐射和影响，主要表现在以下方面：一是多采用联章体，二是步韵，三是效体。”见钱锡生：《论唐宋词在韩国的传播与接受》，《江海学刊》2013年3月，第188-193页。

一方面，“忆江南”或“望江南”的主题，和经典词作的流传与模仿不无关系。除金允植之外，朝鲜用《忆江南》或《望江南》词牌创作者，不在少数，如权韠《忆天磨三首，效自乐天忆江南》、李殷相《箫篴各奏三四调。僧辈曰：此处最灵，不可奏乐。余戏谓之曰：仙人亦好吹箫，此是步虚词，正宜于此处，有何伤乎？吾辈亦将步虚而行。相与一噱而罢，步下石迳，小憩毗卢庵，宿摩诃衍，口占忆江南小令。》、许薰《望江南·即事》、郭钟锡《望江南》、南龙翼《效望江南词三叠》等。

词文学从中国到达朝鲜的具体过程今已难考，然而至少到高丽时期，朝鲜半岛已经有词文学的记录。据罗忼烈先生考证，《高丽史·乐志二·唐乐》中所记录六十七首祝寿、宴飨唱词中，有十五首是可考的，其作者包括晏殊、欧阳修、苏轼、柳永等词人①。而前述诸多朝鲜士人用《忆江南》词牌创作，显然也是受白居易等人词作的影响。“忆江南”或“望江南”主题形成的书写典范，与“江南”意象的形塑之间的联系，更体现于“忆江南”主题已经超出词文学的体式，而广泛存在于其他体裁的汉文学中，如李睟光便有七言绝句《忆江南》《望江南》，李万敷《闲居八咏乐辞各体》之《梧月望江南》等。对中国古典诗文的学习与仿作，正是朝鲜汉文学创作者形塑“江南”意象的重要手段之一②。

除此之外，若把目光放在文学创作的外部环境中，则此前所述之“外围的中介者”亦不可忽视。虽材料有限，但也启发笔者从文

① 罗忼烈：《高丽、朝鲜词说略》，《文学评论》1991 年第 3 期，第 17-25 页。

② 在高丽、朝鲜的词文学中，《巫山一段云》《忆江南》等体裁不仅被仿效最频，也多用于写景，写景词在高丽、朝鲜词文学中占据了重要地位。李宝龙《韩国高丽词文学研究》：“中国词文学中恒有的几个主题，特别是伤春悲秋、离愁别恨之类在高丽词中表现得非常淡漠，甚至没有……相反，在中国词文学中并不占主流地位的几种题材，在高丽词文学中却得到了空前的壮大和发扬，诸如写景、咏物、怀古。特别是写景。”见北京：人民出版社 2011 年版，第 239 页。

本外部进行一些简单的思考。在宋元时代，高丽王国与中国之间商业来往密切。明清时期，民间贸易虽然较宋元时期更少，但依然有一些文士往来与商业贸易的情况。而除了使节、僧侣、商人①等将中国书籍传递到朝鲜半岛之外，来自中国江南地区的移民与军队也给朝鲜半岛带来了更为丰富的“江南”经验。

对于此点，韩国学者郑珉的《壬辰倭乱和韩中文士的交流》②一文提到的一些内容对笔者多有启发。其一，在公元十六世纪的抗倭战争中，明政府派出江浙一带的水军，以对抗擅长水战的日本军队。作者认为，驻扎在朝鲜的明军与朝鲜文士的文化交流是朝鲜和明朝文人之间最初的文化交流，这些出身江南地区的军士给朝鲜人带来更丰富的“江南”知识。此外，还有一些漂流与行旅的实地经历使得朝鲜人对江南有了更多了解，如崔溥《漂海录》对于江南风情的介绍，赵纬韩所作汉文小说《崔陟传》所反映的作者的江南经历，等等③。其二，从知识层面的因素看，是时朝鲜诗坛深受明初“前后七子”复古思潮影响，由崇尚“江西诗派”转向学“唐风”，郑珉认为学唐之风的流传促进了对以中国江南地区为背景的文学的憧憬与向往。另外，朝鲜初期广泛流传的《剪灯新话》《剪灯余话》《娇红记》等传奇小说作品，大多是以中国的江南地

① 笔者认为汉语古典文学从中国传播到朝鲜的过程中，赴华留学生发挥了重要作用。杨昭全《中国——朝鲜·韩国文化交流史》：“朝鲜学生来华留学，始自朝鲜百济、新罗时期，而以统一半岛后的新罗学生赴唐求学为最盛。”见北京：昆仑出版社2004年版，第158页。

② ［韩］郑珉：《壬辰倭乱和韩中文士的交流》，见张伯伟编：《风起云扬——首届南京大学域外汉籍研究国际学术研讨会论文集》，北京：中华书局2009年版，第719-722页；另参考同氏：《壬乱时期文人、知识人层与明军的交流和意味》，《韩国汉文学研究》第19集，首尔：韩国汉文学会1996年版，第151-186页。

③ 参考［日］松浦章编著：《明清时代中国与朝鲜的交流——朝鲜使节与漂着船》，台北：乐学书局2002年版；［韩］金敏镐：《韩国古小说里的中国——以赵纬韩的〈崔陟传〉为中心》，《明清小说研究》2012年第3期，第244-251页。

区为背景的①。

"江南"意象在朝鲜半岛的流传与形塑是一个复杂的过程，其中不排除有其他因素，如朝鲜内部的动因，即朝鲜为何接受"江南"，及具体如何对"江南"意象进行改造与取舍。材料有限，此处所论难免挂一漏万。

三、书写范式与子意象

（一）隔水荷香满客衣——海东女性笔下的"采莲横塘"

书写是诠释自己的一种手段，而对文本的文体、意象、风格等角度的选择，则更有利于揭示书写者自我表达的某个面相。"江南"并非朝鲜汉文诗歌中最重要的书写主题，但它足以成为中国古典诗文对于周边地区的影响的某一具体展现。尤其是在女性诗作中，"江南"以及构建其整体想象的诸多意象②的反复出现，不啻展示了中国古典诗文的书写程序在异域的流传与深化，更显现了"江南"在创作者眼中的某些特质。而对于"江南"的书写中，"莲花"（以及类似的表述"菡萏""藕花""荷花"等）则是诸多意象中不可回避的一类。

本文无意深入探寻古典文学中"莲花"意象的经典化问题，以

① 杨昭全：《中国——朝鲜·韩国文化交流史》中《中国古代小说传入朝鲜之状况》一节统计了传入朝鲜的中国小说、笔记等书籍，其中周密《癸辛杂识》、陶宗代《南村辍耕录》、田汝成《西湖游览志》、墨浪子《西湖佳话》、陈树基《西湖拾遗》、何梦梅《正德游江南全传》等著作皆为以江南为背景或于江南着墨尤多者，笔者认为朝鲜人对江南的想象与这些著作在朝鲜的流传有很大关联。见北京：昆仑出版社2004年版，第580-640页。

② 此处对"意象"的理解采用袁行霈先生的观点："融入了主观情意的客观物象，或者是借助客观物象表现出来的主观情意。"参考袁行霈：《中国古典诗歌的意象》，见同氏：《中国诗歌艺术研究》，北京：北京大学出版社1996年版，第49-62页。

及南朝吴歌、西曲对后世文学的影响等问题①，若对此着墨过多，则进入另一话题。然而将目光投向朝鲜时代女性诗文，不难发现，“莲花”意象确实在诗文中频繁出现。如李玉峰《采莲曲》：

南湖采莲女，日日南湖归。浅渚莲子满，深潭荷叶稀。荡桨娇无刀，水溅越罗衣。

无心却回棹，贪看鸳鸯飞。②

又以许兰雪轩为例，“莲花”意象在《兰雪轩集》中的出现似乎在其整体创作中并非十分醒目。因为就地理(空间)意象而言，诸如“渭城”“长乐坂”“蓬莱”“潇湘”等意象也有一定程度的使用，而就花鸟等风物意象而言，许兰雪轩诗作中所见也颇多。前人对于许兰雪轩之诗文有较为丰富的研究，应当说，以往对于许兰雪轩之诗歌风格的关注，大多着眼于其游仙诗，及其气象颇宏大之作(如《次伯兄高原望高台韵》《出塞曲》)，认为其诗颇有唐风③，反而对于其女性特质更为明显的创作缺乏关注。而笔者阅读许兰雪轩诗作

① 参考俞香顺：《中国文学中的采莲主题研究》，《南京师范大学文学院学报》2002 年第 4 期，第 7-16 页。“采莲”与“采菱”之间亦有差异。历史上，中国江南地区的乡间女性形象经历了一个由“采莲女”到“采菱女”的演变过程。本文所论暂将二者看作同一种书写模式，不作严格的区隔。参考王建革：《历史时期江南水环境变迁与文人诗风变革——以有关采菱女诗歌为中心的分析》，《民俗研究》2015 年第 5 期，第 125-135 页。

② ［朝鲜］李玉峰：《玉峰集》，张伯伟主编：《朝鲜时代女性诗文集全编》，南京：凤凰出版社 2011 年版，第 70 页。李玉峰，朝鲜时代女诗人，为宗室李逢之之庶女，云江公赵瑗之小室，号玉峰。后于壬辰倭乱中殉节。其诗真伪亦存在问题，传世 32 篇作品中至少三分之一为他人作品混入者。

③ 参考张宏生：《模拟之风与主流意识——许兰雪轩诗歌新论》，《中国文化研究》2008 年冬之卷，第 19-25 页。文中认为兰雪轩诗作中的“唐风”，并非模仿外国文学时常见的时代的延迟问题，而是当时东亚地区的文化交往已经较为便利，当时的朝鲜诗坛已经受到同时期的明朝文学界的“复古”思潮影响，而许兰雪轩诗作的抄袭与模仿唐人的问题，也有明后七子的影响因素。

时，发现其中仍然存在许多风格委婉哀愁的作品，且对于"江南"的论述以及大量的"莲花"意象的运用不可谓不多。如充分显示出女性书写特质的《四时词·夏》：

额上鹅黄腻睡痕，流莺唤起江南梦。南塘女伴木兰舟，采采荷花归渡头。轻桡齐唱采菱曲，惊起波间双白鸥。①

上述诗句明显与南朝乐府民歌《西洲曲》中"采莲南塘秋，莲花过人头"②有相同情致。对于荷花的观照还延续到《四时词·秋》中："池荷粉褪夜有香，井梧叶下秋无影。"③风格几近相同的文字亦出现于其他诗作中，如《采莲曲》："秋净长湖碧玉流，荷花深处系兰舟。逢郎隔水投莲子，遥被人知半日羞。"④又如《横塘曲》二首："菱刺惹衣菱角大，日落渚田潮未退。莲叶盖头当花冠，藕花结带为杂佩。红藕香残风雨多，吴姬争唱竹枝歌。归来日落横塘口，烟里兰桡响轧鸦。"⑤

也许古典诗文中的一些固定表达已经成为不同地域共有的文学财产，诸如"莲叶""藕花""红藕"等意象还不能明确说明诗人书写的是江南之景，然而诗中的其他线索，如"横塘"的出现使我们相信，诗人所描绘的正是一幅江南的自然图景。"横塘"一词在中国古典诗文中有多重含义，一说为建邺(今江苏省南京市)之古堤，又有江苏吴县之古堤，而无论"横塘"所指之地位于今南京地区还

① ［朝鲜］许楚姬：《兰雪轩集》，张伯伟主编：《朝鲜时代女性诗文集全编》，南京：凤凰出版社 2011 年版，第 108 页。

② ［陈］徐陵编，(清)吴兆宜注，程琰删补：《玉台新咏》，北京：中华书局 1985 年版，第 222-223 页。

③ ［朝鲜］许楚姬：《兰雪轩集》，张伯伟主编：《朝鲜时代女性诗文集全编》，南京：凤凰出版社 2011 年版，第 109 页。

④ ［朝鲜］许楚姬：《兰雪轩集》，张伯伟主编：《朝鲜时代女性诗文集全编》，南京：凤凰出版社 2011 年版，第 159 页。

⑤ ［朝鲜］许楚姬：《兰雪轩集》，张伯伟主编：《朝鲜时代女性诗文集全编》，南京：凤凰出版社 2011 年版，第 136 页。

是苏州地区，均在传统意义上的“江南”范围内。诗中又谈及“吴姬”，则更为明显地表明此诗正是描绘江南地区的风景。而“吴姬”恰好常与“江南采莲”(或“采菱”)之情景相生，如唐代王勃《采莲曲》：“徘徊莲浦夜相逢，吴姬越女何丰茸。”①许兰雪轩二十七岁早亡，一生尤为失意，许氏生前并未踏足中国土地，因而此种江南之景只能是其想象。而这种想象，主要来自于对中国诗文的大量阅读，以及自身在东国此岸的生活经历。

对于中国前代诗文的阅读自不难理解，而对“江南”的书写与作者的生活经历又有何关系？许氏还有《江南曲》五首：

> 江南风日好，绮罗金翠翘。相将采菱去，齐荡木兰桡。
> 人言江南乐，我见江南愁。年年沙浦口，肠断望归舟。
> 湖里月初明，采莲中夜归。轻桡莫近岸，恐惊鸳鸯飞。
> 生长江南村，少年无别离。那知年十五，嫁与弄潮儿。
> 红藕作裙衩，白苹为杂佩。停舟下渚边，共待寒潮退。②

诗人于此处几乎点明了所言之地即江南，无论是诗题“江南曲”，还是其惯用的“木兰桡”“舟”“红藕”“白苹”等意象，均能唤起读者对于江南水乡的联想。值得注意的是，许兰雪轩直言“我见江南愁”，笔触遂一变其他采莲诗作中的浪漫闲适，而转为悲凄哀愁。可结合其另一首诗《闺怨》：“锦带罗裙积泪痕，一年芳草恨王孙。瑶筝弹尽江南曲，雨打梨花画掩门。”③

许氏另有《赠金诚立》：“燕掠斜檐两飞飞，落花撩乱扑罗衣。洞房极目伤春意，草绿江南人未归。”④以及词作《渔家傲》：“庭院

① 《全唐诗》，北京：中华书局1960年版，第672页。

② ［朝鲜］许楚姬：《兰雪轩集》，张伯伟主编：《朝鲜时代女性诗文集全编》，南京：凤凰出版社2011年版，第125-126页。

③ ［朝鲜］许楚姬：《兰雪轩集》，张伯伟主编：《朝鲜时代女性诗文集全编》，南京：凤凰出版社2011年版，第148页。

④ ［朝鲜］许楚姬：《兰雪轩集》，张伯伟主编：《朝鲜时代女性诗文集全编》，南京：凤凰出版社2011年版，第159页。

东风恻恻，墙头一树梨花白。斜倚玉栏思故国。归不得，连天芳草萋萋色。罗幕绮窗扃寂寞，双行粉泪霑朱臆。江南江北烟树隔。情何极，山长水远无消息。”①结合其生平经历考察，上述几首诗词应当是寄托对其丈夫金诚立的思念。虽然也是直言“江南”，但其中意蕴完全是闺阁女性苦待夫归的悲伤。《江南曲》五首从表达上仍旧沿袭了采莲诗歌的传统，以“采莲”之事为书写背景，且多化用前人诗作②。但其哀婉真切之幽思，实为其生活经历之体现，诗中所言“生长江南村”，恐怕也并非如《贾客词》中“朝发宜都渚”“几日到荆州”，以及《竹枝词》中“巫峡苍苍烟霭平”“巴江峡里猿啼苦”等远隔异域之生造情境，而是真实存在于诗人所处之地的“江南”。这种“江南”，既受到中国诗文中采莲诗歌等文学作品的影响，又结合了东国作者自身的生活经历，因而是一种混合的表达，在这种情形下，“江南”在异域被注入了新的生命。

如果仅仅通过直言“江南”，或者以采莲主题来表现其对于江南的想象，则其文学创作的视野未免过于狭隘，而对于江南地区可视可感的具体地理空间，东国作者亦不陌生。如许兰雪轩《春日有怀》结尾二句：“谁念木兰舟上客，白苹花满广陵津。”③然通观全诗，发现其中还运用到“章台”“汉水”等意象。诗人在此应该仅仅是借用中国之景，不仅是江南扬州之景，还有中国境内其他地区的地理意象。许氏生前并不曾到达中国，这些意象可能只是单纯化用文学经典，因此将此处“广陵”理解为中国之广陵较合适。

更为突出的是三宜堂金氏的《作浙江春怨曲》五首：

佳姬年十三，溯回水中央。相逢采莲女，共问居住乡。我

① ［朝鲜］许楚姬：《兰雪轩集》，张伯伟主编：《朝鲜时代女性诗文集全编》，南京：凤凰出版社2011年版，第160页。

② “轻桡莫近岸，恐惊鸳鸯飞”二句，当承自唐代储光羲《江南曲》中“为惜鸳鸯鸟，轻轻动画桡”二句。

③ ［朝鲜］许楚姬：《兰雪轩集》，张伯伟主编：《朝鲜时代女性诗文集全编》，南京：凤凰出版社2011年版，第115页。

家浙江西，君家若那傍。去年别荡子，秋来着兰墙。

妾本浙江女，惯乘浙江船。摇橹入长浦，莲花正堪怜。采莲相思苦，逢人问秦川。游子秦川去，花心独难眠。

绿水明如镜，新妆淡映洲。采莲今已暮，回棹逐中流。中流无处所，罗袖不胜秋。日暮西风急，更问大堤游。

采莲南浦月，歌起花深处。自恨春光好，中流不定去。

欲向大堤去，前溪风正急。采莲心绪乱，背向鸳鸯泣。①

以及金氏《龙城，古带方国也。山川形胜，人物华丽，仿中华名胜地作八胜览》八首，此八首均为杂言诗，分别以扬州(原文写作“杨州”)、苏州、杭州、洛阳、襄阳、大堤(在今湖北襄阳)、浙江、瞿塘等八地为描写对象。其中写扬州、苏州、杭州、浙江四诗可为参考。

《杨州投橘词》：

杨州女儿年十四，纤指如葱学琵琶。罗衫妬莺翅，云鬟插杏花。落日娇倚栏头，杨州牧使暂停车，一笑投橘争相夸。杨州牧使好风流，夜宿城南桃李家。②

《苏州甲第词》：

苏州甲第高参差，双双燕子是谁家。绣户妆锦贝，纹窗凝碧纱。曲栏干花影里，重重帘箔锁美娃，门外暂停油碧车。苏州贵客不可求，徘徊街上听箜篌。③

① [朝鲜]金三宜堂：《三宜堂稿》，张伯伟主编：《朝鲜时代女性诗文集全编》，南京：凤凰出版社2011年版，第747页。

② [朝鲜]金三宜堂：《三宜堂稿》，张伯伟主编：《朝鲜时代女性诗文集全编》，南京：凤凰出版社2011年版，第750页。

③ [朝鲜]金三宜堂：《三宜堂稿》，张伯伟主编：《朝鲜时代女性诗文集全编》，南京：凤凰出版社2011年版，第750页。

《杭州踏花词》：

杭州城外春光好，杭州城中盛繁华。绣幕千尺楼，风筝十里家。花柳画桥东畔，杭州女儿竞豪奢，三三五五行踏花。杭州少年喜相逢，金鞭争拖郁金缝。①

《浙江采莲曲》：

浙江九月烟波阔，吴姬越女摇兰樯。两两下长浦，莲花映新妆。摘莲花入花底，腰间微动真珠珰，纤歌互答水中央。罗衣却牵莲花藕，鸳鸯惊起舞作浪。②

但不难发现，上述诗作中对江南诸城之摹状，仍以特定意象的堆栈为主要手段。如《杭州踏花词》一诗中“盛繁华”“绣幕”“十里家”“画桥”“竞豪奢”诸语，与北宋柳永名作《望海潮》词之情境极为相似；且开头从“盛繁华”说起，再叙具体场景，其书写程序亦与《望海潮》上阕吻合。

又如洪原周《次唐浙江怀古》：“枫叶芦花十里堤，秋风萧瑟山容凄。数声归雁云边远，一曲菱歌浦外迷。旧苑月明林上下，平沙潮落岸东西。如今不见浣沙女，只有烟鸥眠箬溪。”③此外洪氏还有另一首诗《次金陵图韵》：“古城寂寞入云齐，旧苑无人野鸟啼。江左清风何处问，多情花柳护春堤。”④诗人洪原周长于文学家庭，其诗集《幽闲集》中多家庭内部唱和之作，以及次韵之作。洪氏长期

① ［朝鲜］金三宜堂：《三宜堂稿》，张伯伟主编：《朝鲜时代女性诗文集全编》，南京：凤凰出版社2011年版，第750页。

② ［朝鲜］金三宜堂：《三宜堂稿》，张伯伟主编：《朝鲜时代女性诗文集全编》，南京：凤凰出版社2011年版，第751页。

③ ［朝鲜］洪原周：《幽闲集》，张伯伟主编：《朝鲜时代女性诗文集全编》，南京：凤凰出版社2011年版，第894页。

④ ［朝鲜］洪原周：《幽闲集》，张伯伟主编：《朝鲜时代女性诗文集全编》，南京：凤凰出版社2011年版，第912页。

生活于文教发达之环境中，其才学亦十分出众，从诸多次韵诗与咏史诗的创作也可以看出其对于中国历代文史掌故比较熟悉。而无论是《次唐浙江怀古》还是《次金陵图韵》，其对中国江南的描写，均体现出某些固定的想象元素(例如金陵之“古城”“旧苑”“野鸟啼”“花柳”)，而这些固定的想象，与其自幼从中国诸家诗文中汲取知识是分不开的。

康白情所言：“夷类其文心不出四途：咏物也，闺怨也，伤离也，悼亡也，尽之矣。此可以觇古之女文学家之心胸隘之又隘已。”①一定程度上代表了近代以来的学者对于古代女性文学的看法，虽然所言较偏颇，女性文学创作主题实际上也远不止于此，但旧时女性诗歌以咏物闺怨为主流题材确实是相当明显的。而咏物伤离之女性情感的表达，与文学经典反过来对女性本身的形塑也不无关系，此番讨论朝鲜女性笔下之“江南”，也望能对此作出补充。

对于朝鲜时代的女性作者而言，“江南”在整体上代表了遥远的中国的一处温柔乡，但也许这一空间在朝鲜又有了在地化的表达(如许兰雪轩之诗作中隐含的“东国江南”)。一方面，我们看到“采莲”“采菱”“横塘曲”等已经成为固定的书写范式与主题②，朝鲜女性对于遥远江南的体悟主要来自对中国古典文学的接受；另一方面，部分女性作者笔下的“江南”并非是单调的采莲吴歌声，书写的情绪也并非仅限于细腻哀伤，而存在许多随着具体情境生发出新鲜情绪的作品，且部分诗人以具体场景(苏州、扬州、杭州、金陵等城市)书写“江南”，诗作的题材与情感均得到了开拓。这一部分主要从诗歌文本入手进行探析，而对具体的跨国文化交流史，特别

① 康白情：《读王卓民君论吾国大学尚不宜男女同校商兑》，《妇女杂志》1918 年第 4 卷第 11 号。

② ［韩］郑珉《十六、十七世纪学唐风的性格和风情》认为 16 世纪开始流行的“文必秦汉，诗必盛唐”的拟古风气推动了江南曲、采莲曲等南朝风格民歌在朝鲜汉文学中的流行。见《韩国韩文学研究》20 周年特辑号，首尔：韩国韩文学会 1997 年版，第 151-186 页。

是中国江南才女文化对于朝鲜女性创作的影响①，则有待日后进行更为细致的探索。

（二）魂归来兮哀江南——金陵城与易代之悲

古典文学中的地理论述，常常兼有写实性与创造性的特征。辞赋、诗词等体裁中的地理论述不同于传统史籍中“地理志”的书写，但其蕴含的政治意味仍然不可忽视。特定的地理空间，配合着历代史事与书写者个体记忆的累积，逐渐演变为一种书写典范。

而从文学史的角度观察，旧调滋生新调，并为新调所吸收，在相异的时空背景下表达相同的情感，这种经典化的例子在文学史上并不罕见。特定的文本与特定的地理书写，之所以成为后世不断追摹的对象，也是因为其承载的集体记忆与社会意识，已经使得原作的内涵被空前扩大。以“哀江南”主题为例，经典化了的《哀江南赋》，一方面成为固有的文化资产，一方面也随时迁变。诗人以“哀江南”作为易代之悲的象征，建立或寄托自己的金陵想象。远离文本创作者的金陵，一方面标示着金陵古城的实际地理空间，另一方面则代表了处于天崩地坼境遇中的创作者的自我认同。毫无疑

① 对于朝鲜女性文学和明清文学的交涉这一话题，相关研究有韩国高丽大学民族文化研究院朴英敏教授的《朝鲜后期才女的写作活动与明清文人的影响》，《台湾“中研院”“2015 明清研究国际学术研讨会纪要”》（《清史研究国际通讯》2015 年第 5 卷第 2 期）中提到该文。笔者认为中国江南才女文化对于朝鲜女性创作可能确实有一定影响。张伯伟《朝鲜时代女性诗文集编纂流传的文化史考察》一文提到成海应（1760—1839）《兰室谭丛 · 妇人诗集》，其中“列举了大量明代闺秀诗集，可见当时传入朝鲜者不在少数”。明代闺秀群体很大一部分活动于苏松太湖流域及其周边，即今江苏省南部以及浙江省北部。例如成氏提及的沈宜修为吴江人，季娴为泰兴人。见《“中央大学”人文学报》2011 年第 46 期。又如朝鲜时代著名金石学家金正喜：“江浙间女史工画者，有如孙碧梧、骆珮香、曹墨琴、归珮珊、如亭夫人、分如夫人、清微道人、张净因、屈宛仙诸人，皆闺阁间名胜。”金正喜所处时代与中国清代嘉道年间相近，至少于此时朝鲜文人对于中国江南地区的女性文学之盛已经掌握了较多信息。[朝鲜]金正喜：《阮堂先生全集一》，《韩国历代文集丛书》，首尔：景仁文化社 1999 年版，第 479 页。

问，作为一宗宝贵的文学遗产，《哀江南赋》有着典范的意义，尤其是在易代之情形下，其价值不断为后人所言说。① 清初著名词家陈维崧在《词选序》(《今词苑序》)中就谈到《哀江南赋》具有超越其辞赋文体的意义：

客亦未知开府哀江南一赋，仆射在河北诸书，奴仆庄骚，出入左国。即前此史迁、班掾诸史书，为见礼先一饭。②

“江南”在明清之际的天崩地坼是一个更为复杂的话题，此处难以展开论述③。金陵无疑是易代之悲的吟咏中心④，如屈大均所作的一系列以金陵为主题的诗歌，便贯穿着诗人忠贞于故国的气节与无尽的黍离之悲。在这一部分，笔者主要以朝鲜诗文中的“金陵”为关注点，探寻当时的朝鲜诗文对于明清鼎革的历史记忆。

---

① 对于这一话题，学者郑毓瑜的《明清之际辞赋作品的“哀江南”论述——以夏完淳〈大哀赋〉为端绪的讨论》以明末反清志士夏完淳的《大哀赋》为观察对象，对于明清之际的“哀江南”论述有较为深入的探讨。该文收录于郑毓瑜论文集《文本风景——自我与空间的相互定义》，台北：麦田出版社2014年版。

② (清)陈维崧著，陈振鹏标点，李学颖校补：《陈维崧集》，上海：上海古籍出版社2010年版，第54页。

③ 参考杨念群：《何处是“江南”？——清朝正统观的确立与士林精神世界的变异》，北京：生活·读书·新知三联书店2010年版。该书提到：“清兵攻略、士族节义、盗寇横行与江南‘奴变’交织互动，使积攒于江南秀水明山内部的种种怨怼不平之气，居然通过血腥的相互嗜杀与大兵的屠城惨剧混然并现，构成一片恐怖的血色奇观。”(第36页)此外，关于“残山剩水”的表述，杨念群在书中谈到：“正因为无法直接抒发胸臆，才有了遗民诗中大量类似‘残山剩水’式的隐语表述。”(第26页)

④ 李朝后期，经常见于文人笔下的“季文兰”其人的身份转移便是一个较好的例子，经过长时间的层累的书写，故事主人公季文兰的形象被不断丰富化，其身份也逐渐被定位为江南女子，有的文献甚至精确到金陵女子。对于此现象，本文不展开说明，详见杨海英：《朝鲜士大夫的“季文兰情结”和清初被掳妇女的命运》，《清史论丛》2007年号。

后世对于经典文本的接受往往体现于学术研究(笺注、批评)与文学创作(模仿)两个方面。而模仿之作主要也有“承袭体式”与“接受母题”两大类①。在庾信《哀江南赋》的模仿之作中，夏完淳《大哀赋》不仅是前类中之佼佼者，而且其作品所体现作者之境遇与品格，从某种角度上看还有超越原作之处。而朝鲜朝官员金堉②所作《哀江南赋》则介于此二类之间，一方面承袭旧有体式，标题直接照搬原作，也采用赋这一文体，但另一方面又迥异于夏氏《大哀赋》在写作程序上与原作的趋同。金堉的《哀江南赋》无论是篇幅、语句体式还是创作手法，均与原作相差明显。以下录金堉《哀江南赋并序》原文：

> 甲申三月。大明太祖都南京，我国越海朝聘，谓天朝为江南。太宗迁于北京，而仍以江南称，盖狃于旧也。今而哀之，作此赋。
>
> 赫圣祖之首出，期五百而应箓。呈灵符以效瑞，有朱衣之投药。失怙恃于遘厉，乃潜龙于皇觉。属四海之云扰，天既厌于夷德。悯烝黎之涂炭，思救焚而拯溺。赖滁王之馆甥，果恊吉于珓卜。来三八以影附，揔丰沛之英特。既戮陈而擒张，终二狐之走北。爰用夏以变夷，复中华之旧俗。明日月以并行，一天地而新涤。垂鸿猷于来许，庶永休于千亿。何继述之无君，计不出于磐石。白帽加于王顶，悲月儿之流落。殲忠节于一刃，戮亦及于九族。偏黄里于僻隅，昧帝王之中宅。拂人心而自用，始斫丧乎国脉。虽洪熙之少康，年不永而短促。夸太平于宣德，笑十日之燕乐。许忠肝与义胆，宠金貂之贵客。厌皇居而要屈，甘白龙之鱼服。彼正统之幻冲，浮王振而尤惑。

① 参考何世创:《庾信哀江南赋的接受表征与内蕴》,《河北师范大学学报》2011 年第 2 期，第 96-101 页。

② 金堉，1580—1658 年，字伯厚，号潜谷、晦静堂，谥号文贞，官至朝鲜朝一品文官。曾于 1636 年使华，撰有《朝天日记》《朝京日录》《朝天录》《潜谷文稿》等，有赋作四篇:《哀江南赋》《次濯缨感旧游赋》《登海峤赋》《归山居赋》。

轻万乘于孤注，辱一俘于土木。幸天顺而复辟，亦贻讥于骨肉。诛肃愍以何罪，死无负于社稷。治成化之不纯，盖无臣以辅翼。皆万岁之阁老，反不及于阿丑。繄弘治之贤主，符戊申之圣作。惜蔽聪于阉臣，米黄白之千百。矧正德之放荡，亦何芝以明贵。二大老之既去，独西涯之今哭。应河清以生圣，俗将跻乎封屋。欽肃皇之笃孝，信谄谀于瑰萼。元初改于隆庆，仅浔享于年六。有圣子而传祚，将万祀而一历。初虽美而鲜终，晚幸酒而慕色。吾东土之一域，实偏蒙乎帝力。劳王师以远救，扫七年之逋贼。国犹活而民苏，恩欲报而罔极。逮泰昌之嗣位，望至治而拭目。痛万姓之无禄，才一月而礼陟。惟天启与崇祯，兄及弟兮似续。务苛细以作聪，无远图以经国。政柄归于司礼，称国老之定策。视朝绅于奴隶，秉禾绢于掌握。内壅蔽于宫掖，外摠制于方岳。万竖刀以适君，非一高之指鹿。世混浊而渎货，金在市而手攫。苞苴塞于道路，走无胫之珠玉。极侈靡于上下，犹未充于其欲。民怨咨而莫恤，日崇信乎掊克。弃礼义而自肆，人不异于禽犊。捐廉耻之日盛，士皆同于跖跻。嗟世道之至此，果谁尤而谁谪。天虽高而鉴临，岂得已于庸释。不念祸于萧墙，忧外寇之孔棘。舟中人之皆敌，起蜂虿于肘腋。惨月晕于台城，已天崩于荒谷。戮妃嫔兮何美，行兮王子衣白。壮九重之丹碧，忽一炬而焦黑。飘吴宫之巢燕，棘晋门之铜骆。岿武英之独存，傍凝碧之太液。思景象之惨怆，怳在前而目击。坐御床兮何者，寔渔人之双获。纷满朝之簪缨，举屈首而臣仆。褚衣冠而循发，混黔首而皆秃。无一介之男儿，孰岁寒之松柏。道既否而回泰，物无往而不复。念祖宗之积德，岂十世而斩泽。望东南之佳气，想龙凤之天属。森旧物之犹在，岂重恢之无略。地佳丽于江南，势龙蟠而虎伏。初定鼎而宅兹，等周家之卜洛。苟得贤而养民，鉴前车之既覆。按旧都而改辙，复何难于禹绩。山东西之将相，燕赵鲁之才淑。多慷慨而悲歌，亦习礼而知学。讵甘心而屈膝，再尊主乎奇渥。日夜望于官军，思一洒乎耻辱。抑天定之如何，仰苍苍而漠漠。览余涕而抒哀，窃敷衽而精祝。①

虽然同样是“以赋写史”的创作，这篇赋与庾信原作也明显不同。我们可以想象，在当时的历史场景中，金堉《哀江南赋》与夏完淳《大哀赋》在互相没有注意到的情况下②，同样创作了承袭“哀江南”之旨的赋，可以说这一主题确实在易代之场景下有着普遍性的价值。

而就此作而言，作者于序中直接表明创作背景与心态，并表达了作者对于“江南”的感受——“谓天朝为江南”，这一令人感到诧异的表达正是通过“大明太祖都南京”而产生合理性的。由于都城金陵的存在，“江南”被视作天朝的代表，即使后来明朝迁都北京，仍使用“江南”旧称，不难看出“江南”尤其是旧都南京在朝鲜士人心中的文化向心力。

然而检视此赋，作者并未对“金陵”或者“江南”寄托过分的哀思，虽有明亡之哀痛，但在叙述了有明一代各朝之兴衰史实后，赋作最后仍落脚于对南明朝廷励精图治、恢复江山的希冀。结尾处所言“讵甘心而屈膝，再尊主乎奇渥。日夜望于官军，思一洒乎耻辱。抑天定之如何，仰苍苍而漠漠。览余涕而抒哀，窃敷衽而精祝”，实为亡国幽情与复国壮志皆备之体现。从这层意义上说，在明清易代之际，部分朝鲜士人虽对天朝的灭亡表示哀叹，但对恢复明政权仍然抱有信心。在这一视角下，“金陵”也并非仅仅是繁华

① ［朝鲜］金堉：《潜谷先生文集一》，《韩国历代文集丛书》第2224册，首尔：景仁文化社1997年版，第25-30页。

② 按，据其序文可知金堉此赋作于甲申（1644年）三月，而夏完淳《大哀赋》作于乙酉（1645）年。虽然金堉曾来访过中国，但当时夏完淳仅有五岁，也并未创作《大哀赋》，而且金堉到访的是北京，短时间内也很难接触到江南的情况。而如果说夏完淳创作《大哀赋》之时已经知道金氏赋作也很难说得通，一方面当时的历史情形比较危急，另一方面，一名海外文人的创作也很难在短短一年内传到中国来，对于当时的中国文坛来说，引入域外一名并非声名显赫的文人的创作也没有很大的意义。因此笔者认为这两篇赋的创作是彼此陌生的。

凋零、天崩地坼之象征，其被赋予的某种积极的政治意义不言而喻，毕竟此时“东南之佳气”已经与“龙凤之天属”自然而然地联系起来。“东南”即“江南”，理所应当的，这时候的“江南”也成为正统的中心①。

明清时期朝鲜文人对于“金陵”的书写不止于此，“金陵”见诸笔端的还有李民宬《题金陵图》：

天坛道士谁氏子，碧眼炯炯骨清癯。欣然倒屣如旧识，手示一幅金陵图。

金陵佳丽天下无，龙盘虎踞帝王都。谪仙谢朓留篇咏，千载脍炙令人吁。

画师不是无心人，欲砭海东井蛙愚。霏微烟雨漫长空，笔法似出营丘徒。

三山二水闻已熟，指点不待傍人呼。依依暮云北固岫，历历归帆京口湖。

淮清桥畔柳弄烟，铁瓮城边月如梳。乘流鼓枻者谁子，落日沧波风袂孤。

应为归思满吴会，秋风挂席寻莼鲈。平生此景不可得，我欲飘然与之俱。

道人有术通神灵，乞我中流一叶芦。悄然神往沧州陬，嗒尔隐几疑非吾。

恍然一片春梦中，行尽江南千里途。道人本是鹤上仙，脚底且有王乔凫。

胡为对此融心神，终年冗坐燕山隅。李成，营丘人，有江南骤雨图。②

① 孙卫国：《大明旗号与小中华意识——朝鲜王朝尊周思明问题研究》一书中详细谈到了朝鲜的“正统观”，其重要标志之一就是对于南明王朝的认识。迥异于清代主流的明史类著作，凡是南明王室仍存在的历史时段，朝鲜史书皆奉南明为正朔。详见此书第六部分《从史书编撰看朝鲜尊周思明观》。见北京：商务印书馆2007年版。

② ［朝鲜］李民宬：《敬亭先生文集一》，《韩国历代文集丛书》第901册，首尔：景仁文化社1999年版，第168-169页。

即使同为东国士人，处于不同时段的书写者，其心态还是存在显著的区别。结合李氏生卒年（1570—1629），是时明朝还未灭亡，而这首诗中的“金陵”也还是“佳丽天下无”“龙盘虎踞”“帝王都”的传统形象，并未承载易代之悲。

晚些时候还有任圣周的同名诗作《题金陵图》：

佳丽金陵圣祖居，丹青想象泪沾裾。石头狮子云霞古，玄武瓜州舟楫踈。

一代衣冠宫殿在，百年日月山河虚。中天汉祚昔人语，何乃于今久寂如。①

同样的，考察任氏生卒年（1711—1788），很明显当时已经是朝鲜王朝后期，中国处于清朝统治比较稳固的时期。这首诗中的“金陵”，既没有体现如李民宬诗作中的“龙盘虎踞帝王都”的气象，也和金堉《哀江南赋》中承载的重振河山的情感相差甚远。此时的“金陵”带给书写者的，只剩下“泪沾裾”“山河虚”的悲凉。首联中“金陵圣祖居”便开门见山表示了作者的情感立场，后面的“一代衣冠”“百年日月”同样实指明王朝，结句“中天汉祚昔人语，和迺于今夂寂如”也直接点明诗人悲凉的心绪。结合其生卒年易知，作者并未亲身经历鼎革世变，但是在朝鲜朝上层士人长期尊明抑清的大环境下②，任氏诗作所表达的情感仍然是追思前朝的。

对以上诸例的分析，不一定能揭示朝鲜士人心中的“金陵”的

① ［朝鲜］任圣周：《鹿门先生文集四》，《韩国历代文集丛书》第1504册，首尔：景仁文化社1999年版，第435页。

② 葛兆光：《宅兹中国》：“清代乾隆到嘉庆年间，中国人对于外面的世界，大多还沉湎在两千年来以自我为中心的想象里。但是这个时候朝鲜人对中国的感觉却不同了，尽管明朝已经覆亡百年以上，这些朝鲜人仍然流露对明帝国的依恋，和对无奈之下朝觐胡人皇帝的怨怼之情，他们把清帝国叫做‘夷虏’，把清皇帝叫做‘胡皇’。”见北京：中华书局2011年版，第155页。

全貌，但在某种意义上，这些诗文的确有利于我们对相关问题作出一些基本的判断。六朝城阙与残山剩水，正代表了当时存在于朝鲜士人内心的有关中华的想象，其寄寓情志于“金陵”这一地理空间，也是其生命姿态的展示与家国记忆的扩张。而无论是政治上的声明，抑或是个人心态的描摹，处于不同时空情境的人的笔下，显然有着显著的差异。笔者认为，意象流传的具体语境往往比意象的固定模式更为重要，通过这些不同诗文对“金陵”的书写，“江南”的政治性特征得到某种程度的彰显。

(三)西湖美景澹烟浮——城市中的隐逸空间

有关西湖景观在东亚诸国的转移，最早有清人王晫《西湖考》云：

> 吾杭西湖，名胜甲天下，其盛自唐宋迄今，笙歌画舫无虚日，甚至异域亦有披图而歆羡者。①

杭州西湖作为中国古典文学中最为典型的城市胜景之一，其旖旎风雅之美毋庸详说。如王氏所言，西湖自唐宋以来便名满天下，不仅是自然山水风光，更与不少名人轶事联系颇深，因而具有非同寻常的文化意义。而王氏尤注意到，其优美的人文与自然风光，还影响到异域。其中尤为重要的一点则是遍布东亚地区的对西湖的模仿现象(如扬州瘦西湖)，而东邻日本、朝鲜亦有相当数量仿效西湖者。关于西湖在日本、朝鲜等地的风景转移及文学意义，韩国汉阳大学郑珉的《十六、十七世纪朝鲜文人知识分子层的江南热与西湖图》②、日本京都大学金文京的《西湖在中日韩——略谈风景转

① (清)王锡祺辑：《小方壶斋舆地丛钞》第4帙第8册，台北：广文书局1962年版。

② [韩]郑珉：《十六、十七世纪朝鲜文人知识分子层的江南热与西湖图》，《古典文学研究》第22辑，首尔：韩国古典文学会2002年版，第281-306页。

移在东亚文学中的意义》①、韩国梨花女子大学金东俊《韩国汉文学史에 표상된中国西湖의 전개와 그 지평》②等文章有详细论述。因其珠玉在先，此部分主要在前人基础上作资料性的补充，并依旧聚焦于明清时期的朝鲜诗文这一范围。

前述“江南”“横塘”“金陵”等意象，其真正在朝鲜诗文中得到书写，均经历了时间上的积淀、空间上的转移等过程，并在朝鲜发生或大或小的在地性的转变，而诗文则是我们考察其流变的重要载体。意象形塑过程中，还有一个重要的接续性环节，即图像的流传，这种直观性、艺术性的意象展现方式，在西湖的风靡过程中，表现得尤为明显。西湖胜景为朝鲜士人所倾心，与西湖图像的流传有着密切关系。

郑珉指出，明代田汝成《西湖志》(原书名为《西湖游览志》)成为朝鲜文人知识分子间的热门读物，是西湖热的一个重要原因。朝鲜著名文人许筠(1569—1618)在《与郑寒江丙申九月，又上仝》中谈到：

> 志之凡例，欲据田汝成《西湖志》，阁下不欲之，奚哉？地里廨宇土产，闻命矣。以志余载其事。吾自用吾法，慎无过，何如？③

结合其与郑逑(1543—1620)其余几封书信可知，许筠此处谈及《西湖志》，是为了表明其参考田氏前作的凡例修撰《江陵志》的意愿。此信写于丙申九月，则最迟到公元1596年，《西湖志》已经传入朝鲜，并在文人中产生了较大影响。

---

① ［日］金文京：《西湖在中日韩——略谈风景转移在东亚文学中的意义》，石守谦、廖肇亨主编：《东亚文化意象之形塑》，台北：允晨文化实业股份有限公司2011年版，第141-165页。

② ［韩］金东俊：《韩国汉文学史에 표상된中国西湖의 전개와 그 지평》，《韩国古典研究》2013年第28号，首尔：韩国古典研究学会，第77-124页。

③ ［朝鲜］许筠：《惺所覆瓿藁》，首尔：成均馆大学校大东文化研究院1961年版，第188页。

同样证明《西湖志》在朝鲜士人中流传的还有申钦(1566—1628)《题西湖志后》云：

钱塘清赏世间无，南北高峰里外湖。安得来生作湖长，放游如白又如苏。①

其另有《书西湖游览志后》云："西湖，故天下佳境。而然非世平时康，则其何以得意于游赏，以成其乐也。彼生乎此地，而享太平之乐，以终其天年者，斯何人哉！余每览此，未尝不掩卷长吁。"②从中不难看出申氏对西湖的憧憬向往。除此之外，西湖形象往往与深厚的历史文化联系在一起。白居易、苏轼等名人，皆成为了西湖文化中重要的一部分，也融进了朝鲜文士对西湖的整体想象之中。

田汝成《西湖志》仅仅是推动西湖在朝鲜流传变异的实例之一，而郑珉在其研究中已经从多方面述及当时朝鲜流行的江南热与西湖热的外部动因：十六世纪复古诗风引起的学唐风潮与南朝民歌，壬辰倭乱中浙江出身明军来朝活动，《剪灯新话》等以江南为背景的传记小说的传入等。以上诸点于此从略，而回到西湖图像的讨论，则有金得臣(1604—1684)《终南丛志》中所记一则轶事可供讨论：

明庙尝得一图，出示群臣，皆莫知其为何图也。湖阴郑士龙进曰："此乃西湖图也。"遂以手指点曰："此灵隐寺也，此涌金门也，此东坡所筑之堤也，此钱镠之墟也，此赵嘏之舍也，此林处士之所居也。"历历若曾所目见。明庙以鞍具马立于庭，仍命侍臣作诗曰："有居魁者，以此鞍马赠之。"湖阴遂

① ［朝鲜］申钦：《象村先生文集二》，《韩国历代文集丛书》第127册，首尔：景仁文化社1998年版，第232页。

② ［朝鲜］申钦：《象村先生文集四》，《韩国历代文集丛书》第129册，首尔：景仁文化社1998年版，第127页。

即赋进一律诗曰：“灵隐寺中鸣暮钟，涌金门外夕阳春。至今蚁垤封犹合，依旧灵胥怒尚汹。湖舫客归花屿暝，苏堤莺掷柳阴浓。钱墟赵社俱无所，欲问孤山处士踪。”明庙览而称赏，诸臣阁笔，遂赐鞍马。许筠评为“春容奇重，说尽一部《西湖志》于五十六字中”①。

在这则故事中，朝鲜明宗向群臣出示一幅画作，仅有郑士龙(1491—1570)一人辨认出那是西湖图，不仅指出了西湖的具体景点，还以即兴赋诗赢得国王所赐鞍马，许筠对其作出了高度评价。而当时仅有郑士龙对西湖了解程度颇深，亦可一窥当时朝鲜文士中西湖图还未广泛流行，从传入到流行应当经历了一个较长的过程。

检视《韩国历代文集丛书》中有关西湖图的诗文，有：李宜茂(1449—1507)《书游西湖图上》、郑士龙《钝庵寄送〈杭州西湖图〉〈雪拥蓝关图〉〈商山四皓图〉〈玉堂春晓梅花图〉，索咏，杂记一律，博笑》、李好闵(1553—1634)《杭州西湖图》、李庆全(1567—1644)《杭州图，十一岁作》等。这些诗文表明了文字以外，西湖景观更通过图画得到了更为广泛的流传。其中，杨士彦《杭州图跋》云：

抗，东南都会，海徼雄藩。属县九，钱塘称臣。名山岳而周遭者五十有五，天柱天目最高。带三江控七湖，庠序十二学，楼观二十宫。茶帘酒旗风飏，苏小之宅；女墙雉堞云矗，周王之城。灵胥怒涛，卷青天而雪立；岳王忠愤，悬白日而霜飞。文正知州日，龟山教化时。谁攀一枝雪，千里寄相思。昭来人物百二十，已往声名六万年。安得当时谏议笔，为君更写

① ［朝鲜］金得臣：《终南丛志》，蔡美花、赵季主编：《韩国诗话全编校注》第3册，北京：人民文学出版社2012年版，第2105页。

一佳篇。①

从中可见朝鲜士人对中国西湖历史典故之熟悉，而杭州西湖与苏小之宅、周王之城、灵胥怒涛、岳王忠愤等联系起来，便有了文化深度。从异国的理想乡到注重现实的城市空间，西湖最终以异域重建的形态在朝鲜汉城定居下来，也与西湖背后的政治文化隐喻有着密切关系。林逋、苏轼等文士的隐逸形象，使得朝鲜的西湖观感不再单纯是想象中的，而是与现实政治文化结合在一起的。汉城西湖指汉城西部麻浦、西江一带。徐命膺(1716—1787)《西湖十景古今体》其序云：

> 余居西湖，所暮朝者流峙，所上下者鱼鸟。无味之中至味存焉。遂分为十景，以各体赋其事。命曰古今体。②

无论是西湖图还是“西湖十景”，至此可看出都已经有朝鲜本土的模仿。徐氏言“余居西湖”表明此处所写为朝鲜汉城之西湖，而作者也要将中国江南的“西湖十景”模式借用过来，重新赋予本土的西湖以新的十景。汉城西湖风景优美，是士人契会群游的地点，并拥有与杭州西湖相似的地名，而到了朝鲜时代则被文士们与杭州西湖联系起来。朝鲜士人并不以湖来创造本国西湖，反而以江作为西湖，可见到此时，西湖的文化意义已经大于其景观意义。而汉城西湖也被赋予了中国西湖所具有的部分特征，林逋、苏轼等人所象征的隐逸之风，被投射到本土的西湖。从某种意义上看，汉城

---

① ［朝鲜］杨士彦：《蓬莱诗集》，《韩国文集丛刊》第 36 集，韩国古典翻译院。按，“抗”，即“杭”。韩国学综合 DB：《韩国文集丛刊》第 36 集，《蓬莱诗集》，网址：http://db.mkstudy.com/zh-tw/mksdb/e/korean-literary-collection/book/reader/8361/? sideTab=toc&articleId=964126。

② ［朝鲜］徐命膺：《保晚斋文集》，《韩国历代文集丛书》第 2737 册，首尔：景仁文化社 1996 年版，第 74 页。徐氏所创十景分别为“白石早潮”“青谿夕岚”“栗屿雨耕”“麻浦云帆”“鸟洲烟柳”“鹤汀鸣沙”“仙峰泛月”“笼岩观涨”“鹭梁渔钓”“牛岑采瞧”。

西湖面对朝鲜政治斗争的氛围，成为了城市中的桃源，一处远离朝堂的避风港。

同前文所述，“江南”的空间在朝鲜的在地生产虽多用于“锦江之南”，然而这只是最常见的情况之一，朝鲜的书写者们在抒发情感时依旧会随着具体情境而赋予不同地域以“江南”的形象。同样的，西湖的比拟转移也并不仅限于汉城之西湖，西湖景观的流传本身就是具有开放性的。试举一例，金允植《怀归川赋，在沔阳时作》开头：“余生于荳湖之湄，长于归川之乡。年垂强仕，挈眷入京，自是鞅掌尘途，未尝一日偃息在牀也。总之在归川者为三十秋，去归川者为十九霜。虽无定于转蓬，犹回恋于首邱。梦长在于东湖，心常绕于云楼。夫归川之为乡也，处杨广之交，临汕湿之会。峡开山媚，沙明水浍。朴瓛翁比之于西湖，李樊老拟之于蜀山者也。”而在“朴瓛翁比之于西湖”后则有注云：“昔瓛斋先生尝曰：吾入燕时，逢钱塘举人，袖中出西湖图示之。察其山水形势，我国斗陵归川之间，可以当之。但少人功铺置耳。”①则此处所论西湖，当为归川而非汉城。

文学意象与地理概念终究有着不大不小的差异，政治经济内涵上偏指吴越地区的“江南”一词，在诗赋作品中，常常还包含了部分长江中游的意象(或“楚地意象”)。不仅在中国，在朝鲜诗文中，“楚天空阔楚山碧。楚水无情尽日流。江南绿尽王孙草。燕子不来人自愁”的诗句也并不少见。而“江南”作为一个地域概念，从不同的角度看也会呈现出不同的特点。胡晓明在《“江南”再发现——略论中国历史与文学中的“江南认同”》②一文中认为，“江南”所指涉的空间，是由“具有历史与地理的特殊性的特定人物、事件、论述、象征、记忆、想象与幻想，彼此交互作用而形成”。胡晓明将

① ［朝鲜］金允植：《云养先生文集二》，《韩国历代文集丛书》第2744册，首尔：景仁文化社1999年版，第106-107页。

② 胡晓明：《“江南”再发现——略论中国历史与文学中的“江南认同”》，《华东师范大学学报(哲学社会科学版)》2011年第2期，第113-123页。

“江南认同”作为一条暗线，放在中国文化“南北问题”的大脉络中进行考察。文中重视“江南意识”与中原文化的联系，并以此作说明江南文化较之巴蜀文化、粤闽文化更具生机与活力的重要原因。前人将魏晋六朝作为“江南”由质转向文的转折点①，但在历史时空中，“江南”脱离荒僻粗野的形象，而转变为合秀美山水、典章文物、名士风流于一体的“人间天堂”，则经历了南朝、中唐、南宋、晚明等多个历史节点。

在上文对“江南”子意象的论述中，同样可以看到，明清时期朝鲜人对“江南”的文化感知，一方面来源于传世典籍、传闻，另一方面来源于亲身经历。虽然想象的媒介、角度、结果各不相同，但在“江南”的书写世界中，最重要的一点仍是朝鲜人对中国文化的倾慕。这种倾慕在不同的历史时空中是多样的：江南象征着文物典章，呼应了朝鲜“大明日月，小华江山”的归化心态；江南保存的质朴隐逸的面相，适应了朝鲜朱子学兴盛的社会氛围与文士的“逸趣”传统；江南与政治中心不近不远的距离，满足了朝鲜士人面对政治动乱的疏离；江南在中国历史上多次成为汉族政权的避风港，则与朝鲜士人在清代表现出明显的“尊周思明”的华夷观念联系在一起。以此观之，具备清秀的自然景观、深厚的人文历史的“江南”，受到朝鲜士人的偏爱是可以理解的。

结　　语

以上对明清时期的朝鲜汉文文献中有关“江南”的诗文作了一定程度的梳理。朝鲜书写者笔下的“江南”，或灿烂明丽，或凄婉

① 葛永海《地域审美视角与六朝文学之“江南”意象的历史生成》：“‘江南’意象在六朝的历史生成具有重要的意义。就江南文化而言，它对于江南文化的历史演进以至于其后自成系统具有奠基性意义……追本溯源，正是以六朝为起点，‘江南意象’的发展被顺利纳入文化传承的轨辙，从而拓展了在文化机体中发育壮大的纵深空间，也获得了可致久远的绵绵生命力，最终完成了对于江南文化历史性的诗性构建。”见《学术月刊》2016 年第 3 期，第 90-103 页。

哀愁，或隐逸风雅，一方面受到中国古典诗文对“江南”空间意象的形塑的影响，另一方面又在本地经验的影响下呈现出自身的独特性。且东国之“江南”与中华之“江南”往往杂糅在一起，形成一种含混的意象。在这些琐碎的书写中，其文字能够为我们展现东国人对于中华的想象的一部分，以及在特定的图景下，“江南”这一空间概念在异域的流变的特征。

本文第三部分尝试分析两个问题，一是中国固有的“江南”主题对于朝鲜汉文学的影响，具体表现为朝鲜汉诗对于“采莲”题材与风格的继承(本文暂且以女性诗文为例)。继承旧有的写作传统和表达新的情感与风景之间往往需要一种平衡。而在阅读过程中，我们同样看到了朝鲜的创作者对于“江南”这一空间更多地采取想象而并非实地观察。既然是想象，则必定与真实场景之间存在差异。

第二个问题则是“江南”情感表达的多元化，笔者选取了“金陵”和“西湖”的子意象，旨在探讨“江南”承载的政治历史意义与个人情感。同时，对于这些子意象的书写也提示我们，“江南”不仅仅为我们树立了一个丰富的文学世界，还提供了许多对于后世文人写作不可或缺的具体文化场景。

在行文过程中，笔者发现“江南”一词背后的文化、经济、政治意义过于复杂，其指涉的方向太多，较难处理。因为同一个范畴在不同时空中会有不同的表征，具备历时性特质的“江南”一词并非一成不变，而朝鲜人观感中的“江南”，又常常是一种含混的概念。以至于“江南”所承载的记忆与想象过于丰富，不同层面的文化内涵往往交织在一起，很难找寻某一具体的脉络进行论述。学力所限，难免以寻常庸人之见所得烛照而雌黄，疏陋之处甚多。

东国文献之丰富，凭一己之力，实在难以在本文的尝试中面面俱到地展开。而在阅读文献与写作的过程中，对于外语的陌生，及影印本古籍的寻找和理解也是一大障碍，本文所引许多诗文为自行标点处理，误差不可避免。此次写作也实为窥斑见豹之尝试，这一话题更深入的部分，以及其牵涉的其他话题，如明清时期东亚各国士人之间的笔谈交游，则谨俟日后有能者开拓。

参考文献

一、基本典籍

[1]（汉）司马迁撰，（南朝·宋）裴骃集解，（唐）司马贞索隐，（唐）张守节正义：《史记》，北京：中华书局1959年版。
[2]（陈）徐陵编，（清）吴兆宜注，程琰删补：《玉台新咏》，北京：中华书局1985年版。
[3]《全唐诗》，北京：中华书局1960年版。
[4]（清）钱谦益注，钱曾笺注，钱仲联标校：《牧斋初学集》，上海：上海古籍出版社2009年版。
[5]（清）陈维崧著，陈振鹏标点，李学颖校补：《陈维崧集》，上海：上海古籍出版社2010年版。
[6]（清）王锡祺辑：《小方壶斋舆地丛钞》，台北：广文书局1962年版。
[7][高丽]洪彦弼等撰：《新增东国舆地胜览》，奎章阁藏嘉靖刊本。
[8][高丽]郑梦周：《圃隐先生文集》，《韩国历代文集丛书》，首尔：景仁文化社1999年版。
[9]《李朝实录》，东京：学习院大学东洋文化所1957年版。
[10][朝鲜]李安讷：《东岳先生文集》，《韩国历代文集丛书》，首尔：景仁文化社1999年版。
[11][朝鲜]李诚中：《坡谷先生文集》，《韩国历代文集丛书》，首尔：景仁文化社1997年版。
[12][朝鲜]李献庆：《艮翁先生文集》，《韩国历代文集丛书》，首尔：景仁文化社1999年版。
[13][朝鲜]李睟光：《芝峰先生文集》，《韩国历代文集丛书》，首尔：景仁文化社1998年版。
[14][朝鲜]金允植：《云养先生文集二》，《韩国历代文集丛书》首尔：景仁文化社1999年版。
[15][朝鲜]金堉：《潜谷先生文集》，《韩国历代文集丛书》，首

尔：景仁文化社 1997 年版。
[16][朝鲜]李民宬：《敬亭先生文集》，《韩国历代文集丛书》，首尔：景仁文化社 1999 年版。
[17][朝鲜]任圣周：《鹿门先生文集》，《韩国历代文集丛书》，首尔：景仁文化社 1999 年版。
[18][朝鲜]金正喜：《阮堂先生全集》，《韩国历代文集丛书》，首尔：景仁文化社 1999 年版。
[19][朝鲜]许筠：《惺所覆瓿藁》，首尔：成均馆大学校大东文化研究院 1961 年版。
[20][朝鲜]申钦：《象村先生文集二》，《韩国历代文集丛书》，首尔：景仁文化社 1998 年版。
[21][朝鲜]徐命膺：《保晚斋文集》，《韩国历代文集丛书》，首尔：景仁文化社 1996 年版。
[22]张伯伟主编：《朝鲜时代女性诗文集全编》，南京：凤凰出版社 2011 年版。
[23]蔡美花、赵季主编：《韩国诗话全编校注》，北京：人民文学出版社 2012 年版。

二、今人专著

[1]袁行霈：《中国古代诗歌艺术研究》，北京：北京大学出版社 1996 年版。
[2]孙卫国：《大明旗号与小中华意识——朝鲜王朝尊周思明问题研究》，北京：商务印书馆 2007 年版。
[3]郑毓瑜：《文本风景——自我与空间的相互定义》，台北：麦田出版社 2014 年版。
[4]陈小法：《明代中日文化交流史研究》，北京：商务印书馆 2011 年版。
[5]朱莉丽：《行观中国——日本使节眼中的明代社会》，上海：复旦大学出版社 2013 年版。
[6]冯贤亮：《明清江南地区的环境变动与社会控制》，上海：上海人民出版社 2002 年版。

[7]吴政纬：《眷眷明朝：朝鲜士人的中国论述与文化心态》，台北：秀威信息科技2015年版。
[8]李嘉瑜：《元代上京纪行诗的空间书写》，台北：里仁书局2014年版。
[9]王家范主编：《明清江南史研究三十年(1978—2008)》，上海：上海古籍出版社2010年版。
[10]李丰楙、刘苑如主编：《空间、地域与文化》，台北：中国文哲研究所2002年版。
[11]石守谦、廖肇亨主编：《东亚文化意象之形塑》，台北：允晨文化实业股份有限公司2011年版。
[12]石守谦、廖肇亨主编：《转接与跨界——东亚文化意象之传布》，台北：允晨文化实业股份有限公司2015年版。
[13]杨念群：《何处是“江南”？——清朝正统观的确立与士林精神世界的变异》，北京：生活·读书·新知三联书店2010年版。
[14]杨昭全：《中国——朝鲜·韩国文化交流史》，北京：昆仑出版社2004年版。
[15]王文进：《南朝边塞诗新论》，台北：里仁书局2000年版。
[16]李宝龙：《韩国高丽词文学研究》，北京：人民出版社2011年版。
[17]葛兆光：《宅兹中国》，北京：中华书局2011年版。
[18][日]松浦章编著：《明清时代中国与朝鲜的交流——朝鲜使节与漂着船》，台北：乐学书局2002年版。
[19][日]大木康：《风月秦淮：中国游里空间》，台北：联经出版事业公司2007年版。
[20][英]麦克·克朗著，杨淑华、宋慧敏译：《文化地理学》，南京：南京大学出版社2003年版。
[21] John Berger. Ways of Seeing. London: British Broadcasting Corporation; Harmondsworth: Penguin, 1972.

三、研究论文

[1]葛兆光：《揽镜自鉴——关于朝鲜、日本文献中的近世中国史

料及其他》，《复旦学报》2008 年第 2 期。
[2]张伯伟：《从朝鲜史料看中国形象之变迁》，《韩国研究》第 12 辑。
[3]王汎森：《从东亚交涉史料看中国》，《东アジア文化交涉研究（别册 1）》2008 年 6 月。
[4]邓小南：《永远的挑战：略谈历史研究中的材料与议题》，《史学月刊》2009 年第 1 期。
[5]张耕华：《“以诗证史”与史事坐实的复杂性——以陈寅恪〈元白诗笺证稿〉为例》，《华东师范大学学报》2006 年第 5 期。
[6]王振忠：《徽州与衢州：江南城乡的片段记忆——稿本〈静寄轩见闻随笔、静寄轩杂录〉初探》，《社会科学》2011 年第 3 期。
[7]王禹浪、程功、刘加明：《近二十年中国燕行录研究综述》，《哈尔滨学院学报》2012 年第 11 期。
[8]杨雨蕾：《明清朝鲜文人的江南意象》，《浙江大学学报》2011 年第 6 期。
[9]林启屏：《诗的隐喻：韦庄〈人人尽说江南好〉》，《倾听语文》，台北：里仁书局 2005 年版。
[10]李伯重：《简论“江南地区”的界定》，《中国社会经济史研究》1991 年第 1 期。
[11]周振鹤：《释江南》，《中华文史论丛》第 49 辑，上海：上海古籍出版社 1992 年版。
[12]程章灿：《“树”立的六朝：柳与一个经典文学意象的形成》，《北京大学学报》2011 年第 2 期。
[13]俞香顺：《中国文学中的采莲主题研究》，《南京师范大学文学院学报》2002 年第 4 期。
[14]张宏生：《模拟之风与主流意识——许兰雪轩诗歌新论》，《中国文化研究》2008 年冬之卷。
[15]康白情：《读王卓民君论吾国大学尚不宜男女同校商兑》，《妇女杂志》1918 年第 4 卷第 11 号。
[16]张伯伟：《朝鲜时代女性诗文集编纂流传的文化史考察》，《“中央大学”人文学报》2011 年 4 月第 46 期。

[17]杨海英：《朝鲜士大夫的“季文兰情结”和清初被掳妇女的命运》，《清史论丛》2007年号。
[18]何世创：《庾信哀江南赋的接受表征与内蕴》，《河北师范大学学报》2011年第2期。
[19]华林甫：《中国传统地名学对朝鲜——韩国半岛的影响》，《中国文化研究》2001年第4期。
[20]魏嵩山：《朝鲜八道建置沿革考》，《韩国研究论丛》(第二辑)1996年版。
[21]冯贤亮：《史料与史学：明清江南研究的几个面向》，《学术月刊》2008年1月。
[22]鲁国尧：《郑成功两至南京考》，《南京大学学报(哲学·人文科学·社会科学版)》2007年第4期。
[23]伍跃：《高丽使臣郑梦周的南京之行——朱元璋时代外交的一个侧面》，《明史研究论丛》第9辑，北京：故宫出版社2011年版。
[24][韩]朴现圭：《许兰雪轩作品的剽窃实体》，《韩国汉诗研究》2000年第8期。
[25]王建革：《历史时期江南水环境变迁与文人诗风变革——以有关采菱女诗歌为中心的分析》，《民俗研究》2015年第5期。
[26][韩]郑珉：《十六、十七世纪学唐风的性格和风情》，《韩国韩文学研究》20周年特辑号，首尔：韩国韩文学会1997年版。
[27][韩]郑珉：《十六、十七世纪朝鲜文人知识分子层的江南热与西湖图》，《古典文学研究》第22辑，首尔：韩国古典文学会2002年版。
[28][韩]金东俊：《韩国汉文学史에 표상된 中国西湖의 전개와 그 지평》，《韩国古典研究》2013年第28号，首尔：韩国古典研究学会。
[29]张伯伟：《汉文学史上的1764年》，《文学遗产》2008年第1期。
[30]罗忼烈：《高丽、朝鲜词说略》，《文学评论》1991年第3期。
[31][韩]金敏镐：《韩国古小说里的中国——以赵纬韩的〈崔陟

传〉为中心》，《明清小说研究》2012 年第 3 期。
[32][韩]郑珉：《壬辰倭乱和韩中文士的交流》，张伯伟编：《风起云扬——首届南京大学域外汉籍研究国际学术研讨会论文集》，北京：中华书局 2009 年版。
[33][韩]郑珉：《壬乱时期文人、知识人层与明军的交流和意味》，《韩国汉文学研究》第 19 集，首尔：韩国汉文学会 1996 年版。
[34]葛永海：《地域审美视角与六朝文学之“江南”意象的历史生成》，《学术月刊》2016 年第 3 期。
[35]胡晓明：《“江南”再发现——略论中国历史与文学中的“江南认同”》，《华东师范大学学报(哲学社会科学版)》2011 年第 2 期。

四、网络资源

[1]韩国学综合 DB：《韩国文集丛刊》第 36 集，《蓬莱诗集》，http://db.mkstudy.com/zh-tw/mksdb/e/korean-literary-collection/book/reader/8361/? sideTab=toc&articleId=964126。

民国学术中的白居易

2014级　夏雨薇

摘　要：白居易是大唐诗坛的代表性人物。对于其"老妪能解"的浅近诗风与新乐府讽喻诗，或抑或扬，评述者都代不乏人。而民国时期此研究的概况与前代有明显不同，民国学者更加注重白诗的通俗浅近和社会功用。此种研究正是西学东渐、新文化运动等流风衍变与学术转型的体现；同时，典范学者研究白居易之学术理路及此研究对于后世之影响也十分值得关注。

关键词：民国学术；白居易；新文化运动；浅近诗风

白居易作为唐代诗坛的代表性人物，其浅近如话、"老妪能解"的诗风与"文章合为时而著，歌诗合为事而作"的讽喻精神向来为后人所乐道。因此历代骚人墨客在回味大唐韵致时，总不忘品评这位在彼时诗坛独树一帜的诗人，白诗甚至在传入日本后成为"显学"。白居易身前身后，评述其诗者都代不乏人。由此可见，白居易研究从古至今都是一个有生命力的话题，那么民国(1911—1949)学术中的白居易，何以具有特别值得探讨的深度与价值呢？

不同时代的研究风貌体现了白居易评价背后的学术动向与时代变化。时至民国，时势风云剧变，彼时白居易研究较于前代倏然大热，研究、品评白诗者层出不穷，对他的褒奖也达到前所未有的高度。那么，在特殊语境之中，民国白居易研究为何大热便是本文最为关注的问题。笔者通过对比考察，发现民国白居易研究与前人在观点、目的、方法等方面均有不同，当然民国视野中的白居易也不可能完全脱离前人的影响，依然继承了先前的一些论述，但是总体研究风貌上的差别是显而易见的。为什么会有此种差异呢？这正是西学东渐、新文化运动所带来的流风衍变与学术转型。白居易研究之于整个民国学术界固然是一个细节问题，但这些散落在文学史、期刊、专著中的评价所蕴含的信息，已经足够使我们窥视到在“数千年来未有之变局”①中，民国学者是怎样将自己的挣扎与抉择、觉悟与努力投射到千年前的白乐天身上，与他隔着漫长的时空相知相和，并肩呐喊，力图用文学的力量挽狂澜于既倒，扶大厦之将倾。

一、概况：古代与近代的白居易研究

中唐以降，除去苏轼在《祭柳子玉文》中著名的“元轻白俗”的批评，以及《冷斋夜话》“老妪能解”②的传说，还有很多对白居易精炼、典型的评述。《旧唐书》对白居易极力推崇：“文章新体，建安、永明。沈谢既往，元白挺生。”③金代王若虚在《滹南诗话》中赞“乐天之诗，情致曲尽，入人心脾”④。清代刘熙载《艺概》有言：“常语易，奇语难，此诗之初关也。奇语易，常语难，此诗之重关也。香山用常语得奇，此境良非易到。”⑤由此可见，前人评白诗，多称赞其“用常语得奇”的绝妙诗境，品味其情深言浅的诗风。除此之外，古人评价白居易作品的一个重要视角便是儒家传统的诗教观，强调“温柔敦厚”与“诗本性情”。如《御选唐宋诗醇》称白诗：“盖根柢六艺之旨，而不失乎温厚和平之意。”⑥赵翼《瓯北诗

① （清）李鸿章：《筹议海防折》，顾廷龙、戴逸主编：《李鸿章全集》第6册，合肥：安徽教育出版社2008年版，第159页。

② （宋）释惠洪：《冷斋夜话》，北京：中华书局1985年版，第6页。

③ （后晋）张昭远、贾玮等：《旧唐书·元镇白居易传》，北京：中华书局1975年版，第4360页。所谓三个时期的新体，主要是指建安文人五言诗，讲究声律的永明新体诗，以及讲究语言声调流美的元白律体诗。

④ （金）王若虚：《滹南诗话》，北京：人民文学出版社1962年版，第58页。

⑤ （清）刘熙载：《艺概笺注》，贵阳：贵州人民出版社1997年版，第65页。

⑥ 陈友琴：《白居易诗评述汇编》，北京：科学出版社1958年版，第259页。

话》亦肯定白诗表情达意之通透深远："诗本性情，当以性情为主。"①

其实白居易诗歌的评价经历了一个由高至低的历史变迁。他的诗歌在中晚唐至五代时期流传颇广，而且大体上评价很高。如前所引，《旧唐书》极力推崇元白的律体诗，唐末张为《诗人主客图序》②奉白居易为"广大教化主"，除此之外五代后蜀韦縠在《才调集》的选诗中，也大量选取了元白的艳体诗及长律，而且这一时期的诗作追风白诗的也大有人在，如此种种都反映了晚唐五代的宗白诗风③。直至北宋初年，白居易质朴坦易的诗风仍为诗人称赞，宋祁《白居易传赞》承元稹之论肯定白诗"至讽谕，意激而言质，闲适诗在思澹而辞迂，以质合迂，宜人之不爱也"④。

而到北宋中期，欧阳修领导的第二次古文运动展开，文人对白居易的评价产生了明显的变化，"赵宋以来尊杜抑白强作解释之批评"⑤。与《旧唐书》不同，欧阳修、宋祁修撰的《新唐书》在具体评价白居易时颇有微词，对杜牧批评白诗"淫言媟语"表示赞同。而后苏轼又讥"元轻白俗"，魏泰《临汉隐居诗话》也认为："白居易亦善作长韵叙事，但格制不高，局于浅切，又不能更风操，虽百篇之意，只如一篇，故使人读而易厌也。"⑥足可见北宋中期以后，士人对骈文律诗以及市民化、俚俗化诗作的轻视。从此而至元明清各朝，批评白诗的都大有人在。如明代王世贞、王世懋兄弟贬之犹

① （清）赵翼：《瓯北诗话》，北京：人民文学出版社 1963 年版，第 36 页。

② 陈友琴：《白居易诗评述汇编》，北京：科学出版社 1958 年版，第 11 页。

③ 参看贺中复：《论五代十国的宗白诗风》，《中国社会科学》1996 年第 5 期，第 151 页。

④ 陈友琴：《白居易诗评述汇编》，北京：科学出版社 1958 年版，第 30 页。

⑤ 陈寅恪：《元白诗笺证稿》，北京：生活·读书·新知三联书店 2001 年版，第 44 页。

⑥ 陈友琴：《白居易诗评述汇编》，北京：科学出版社 1958 年版，第 46 页。

重，有“生平闭目摇手不道《长庆集》”①之语。王夫之《薑斋诗话》说其诗“备述衾裯中丑态”②，清初王士祯则认为其诗没有神韵“沙中金屑苦难披”③。直至朴学昌盛，白居易论才逐渐辨证和深入，叶燮《原诗》言：“白俚俗处而雅亦在其中，终非庸近可疑。”④也不失为持平之论。综上可见，唐宋古文家及明代拟古派人物对白诗多予贬抑，而其他文人对于白诗或抑或扬，每一时期均是议论纷繁。

但到了1915年后，学术界对白居易的态度发生了很大转折，学者们不仅大量、系统地研究其生平家世，分析其思想，品评其诗作，对他的激赏也到了前所未有的高度。陈寅恪《元白诗笺证稿》盛赞其《新乐府》“询唐代诗中之钜制，吾国文学史上之盛业也”，“诚足当诗史”⑤。在民国年间，白诗竟被推崇至此。

在此时代风会剧变之际，民国学术中的白居易和前人的研究有着千丝万缕的联系，他们评白诗，受《御选唐宋诗醇》的影响颇深，各家文学史屡次引用其观点⑥。如刘大白《中国文学史》：“不过把杜诗的雄浑苍劲，变而为流丽安详罢了。”⑦曾毅的《中国文学史》也引用了此语：“不袭其面貌，而得其神味也。”⑧但民国与前代研究却也有着本质上的不同。下表选取了一些代表性的著作与观点，

---

① 陈友琴：《白居易资料汇编》，北京：中华书局1962年版，第200页。

② 陈友琴：《白居易资料汇编》，北京：中华书局1962年版，第240页。

③ 陈友琴：《白居易资料汇编》，北京：中华书局1962年版，第252页。

④ 陈友琴：《白居易资料汇编》，北京：中华书局1962年版，第251页。

⑤ 陈寅恪：《元白诗笺证稿》，北京：生活·读书·新知三联书店2001年版，第121页。

⑥ 《御选唐宋诗醇》原文：“盖根柢六艺之旨，而不失乎温厚和平之意，变杜甫之雄浑苍劲而为流丽安详，不袭其面貌而得其神味者也。”陈友琴：《白居易诗评述汇编》，北京：科学出版社1958年版，第259页。

⑦ 刘大白：《中国文学史》，长沙：岳麓书社2011年版，第228页。

⑧ 曾毅：《中国文学史》，上海：泰东书局1928年版，第158页。

以体现民国白居易研究的概况。

表 1　　**民国白居易研究概况**

研究方向	民国学术界的代表性专著、论文及观点
细述生平 考证家世	陶愚川《诗人白居易析论》①：将白居易一生分为三个时期：努力读书的时期；作出大量讽喻诗的时期；乐天知命吟咏自适的时期。 陈幼嘉《白居易的生平及其诗》②：强调其生平与诗歌创作的关系。 周庆熙《白乐天评传及年表》③。 郭虚中《白居易评传》④：将其生平划分为少年、得意、失意、闲适、晚年五个时期。
	陈寅恪《白乐天之先祖及后嗣》⑤：北齐五兵尚书白建并非其先祖，白氏真正先祖为后周白氏弘农郡守。
思想倾向	张汝钊《白居易诗中的佛学思想》⑥：白居易是在时势的逼迫下趋入宗乘，结合具体的诗作将其佛学思想分为五大类。 陈寅恪的《白乐天之思想行为与佛道之关系》⑦：从“丹药之行为”与“知足之思想”两方面论之，得出他“外虽信佛，内实奉道”的结论。

① 陶愚川：《诗人白居易析论》，《大夏年刊》1933 年(创立九周年纪念)，第 197-212 页。

② 陈幼嘉：《白居易的生平及其诗》，《大地(宁波)》1935 年第 1 期，第 10-17 页。

③ 周庆熙：《白居易评传及年表》，河北女师《国文学会特刊》1935 年 5 月，第 30-38 页。

④ 郭虚中：《白居易评传》，南京：正中书局 1943 年版。

⑤ 陈寅恪：《白乐天之先祖及后嗣》，《岭南学报》1949 年第 2 期，第 19-28 页，后辑入《元白诗笺证稿》。

⑥ 张汝钊：《白居易诗中的佛学思想》，《海潮音》1934 年第 15 卷第 3 期，第 93-101 页。

⑦ 陈寅恪：《白乐天之思想行为与佛道关系》，《岭南学报》1949 年第 10 卷第 1 期，第 1-7 页。

续表

研究方向	民国学术界的代表性专著、论文及观点
诗歌 创作 理论	胡适《白话文学史》①：白居易是“文学革新运动的领袖”，“为人生而作文学”，“托根于人情而结果在正义，语言声韵不过是叶苗花朵而已”。 刘大白《中国文学史》：“他底作风，力求易解，能说出一般人心中所要说的话。”② 胡云翼《唐诗研究》：“一方面扫除中唐诗渐趋典雅的风格，而用白话作诗；一方面又打破中唐诗吟风弄月的描写，而以社会痛苦的题材作为资料。”③
社会问题	彭兆良《白乐天诗中反映的妇女思想》④。 齐公远《白居易的妇女观》⑤。 芝熏《白居易诗中妇女问题的研究》⑥。
	非我《社会诗人白居易及其诗中之时代背景》⑦。 敏子《白居易诗中的贪官污吏》⑧。
	赵景深《中国文学小史》⑨：“他又有《新折臂翁》一篇，写黩武主义的卑劣，和杜甫有同样的非战思想。” 秦桂祥《白香山诗中关于非战思想及妇女问题之探讨》⑩。

① 胡适：《元稹白居易的文学主张》，《新月》1928 年第 1 卷第 2 期，后收入《白话文学史》，第 1-7 页。

② 刘大白：《中国文学史》，长沙：岳麓书社 2011 年版，第 228 页。

③ 胡云翼：《唐诗研究》，香港：商务印书馆香港分馆 1930 年版，第 93 页。

④ 彭兆良：《白乐天诗中反映的妇女思想》，《玲珑》1935 年第 5 卷第 35 期，第 2294-2299 页。

⑤ 齐公远：《白居易的妇女观》，《甘肃妇女》1943 年第 2 期，第 48-50 页。

⑥ 芝熏：《白居易诗中妇女问题的研究》，《妇女世界》1945 年第 56 期，第 30-31 页。

⑦ 非我：《社会诗人白居易及其诗中之时代背景》，《津汇月刊(天津1934)》1934 年第 2 期，第 12-16 页。

⑧ 敏子：《白居易诗中的贪官污吏》，《空军》1933 年第 41 期，第 37 页。

⑨ 赵景深：《中国文学小史》，太原：山西人民出版社 2014 年版，第 68 页。

⑩ 秦桂祥：《白香山诗中关于非战思想及妇女问题之探讨》，《国专月刊》1935 年第 1 卷第 5 期，第 55-58 页。

续表

研究方向	民国学术界的代表性专著、论文及观点
版本研究及诗歌考证	岑仲勉所作有关白集考证的一系列论文①。 陈寅恪《元白诗笺证稿》②：考证《新乐府》及《长恨歌》等，对白香山之诗歌、生平乃至思想进行了考论结合的综合研究。 俞平伯《长恨歌及长恨歌传的质疑》③：提出著名的“隐事”说。 夏承焘《读“长恨歌”：兼评陈寅恪教授之“笺证”》④。 吴绍泰《读白居易新丰折臂翁诗》⑤。

由此表可见民国与古代白居易研究在形式与侧重点上的不同。首先，相较于古代零散、主观性较强的诗评诗话等形式，民国学者受到西方学术的影响，研究形式多为论文或者系统、专门的研究著作，已具备现代学术形态之雏形。而在总体研究形态的变化下，白诗研究者的研究侧重点也有了明显转移。他们在继承前人成果的同时吸收西方新学理，开拓了更丰富的研究视角，以“社会”“平民”“白话”等为关键词，体现了在时代变革之际学术范式的更新。而且许多大学者如胡适、陈寅恪等对白居易研究都有极具代表性的观

① 《论〈白氏长庆集〉源流并评东洋本〈白集〉》《补〈白氏源流〉事证数则》《〈白氏长庆集〉伪文》《从〈文苑英华〉中书、翰林制诰两门所收白氏文论〈白集〉》《从(金译录)〈白集〉影页中所见》《(文苑英华辩证)校白氏诗文附案》《〈白集·醉吟先生墓志铭〉存疑》，考证详实、分析细致，解决了《白集》编定时间、东林真迹消亡时间、分类及真伪、版本优劣等几大关键问题，由此闻名中外。参见《岑仲勉史学论文集》，北京：中华书局1990年版。

② 陈寅恪：《元白诗笺证稿》，北京：生活·读书·新知三联书店2001年版，第121页。

③ 俞平伯：《长恨歌及长恨歌传的质疑》，《小说月报》1929年第20卷第2期，第357-361页。

④ 夏承焘：《读“长恨歌”：兼评陈寅恪教授之“笺证”》，《国文月刊》1949年第78期，第8-11页。

⑤ 吴绍泰：《读白居易新丰折臂翁诗》，《少年(上海1911)》1925年第15卷第7期，第79-81页。

点与成果，也可推知彼时此研究之热度与深远影响。

二、关注：有意以白话为诗、为社会作诗

前人关注白居易浅近的诗风，民国时人也不例外，甚至更加强调白诗的此种特质。关注白居易有意以白话为诗、为社会作诗，是民国学者最显著的特点。

清人赵翼在《瓯北诗话》中，亦关注到其诗之“坦易”，对白居易的褒奖也常为民国学者乐道：

> 中唐诗，以韩、孟、元、白为最。韩、孟尚奇警，务言人所不敢言。元、白尚坦易，务言人所共欲言。试平心论之：诗本性情，当以性情为主。奇警者，犹第在词句间争难斗险，使人荡心骇目，不敢逼视。而意味或少焉。坦易者，多触景生情，因事起意，眼前景，口头语，自能沁人心脾，耐人咀嚼。此元白较胜于韩孟。世徒以轻俗訾之，此不知诗者也。①

苏雪林曾以此语作为对白诗“质直显露”批评的回应，称其是“很有见解的批评”②。曾毅《中国文学史》亦化用其说：“韩之诗尚奇险，白之诗尚坦夷；韩务言人之所不敢言，白务言人之所欲言。”③

由前表可知，民国学者虽继承了前人研究的基础，但更多的是研究风貌与实质的不同。同样是品评白居易浅近的诗风，古人多注重其俚俗中有典雅、浅近处有意味的诗境，而民国学者则将关注点放在白居易“有意用白话作诗”，“有意效仿民间风行俗文学”④上，

---

① （清）赵翼：《瓯北诗话》，北京：人民文学出版社1963年版，第36页。

② 苏雪林：《唐诗概论》，上海：商务印书馆1934年版，第135页。

③ 曾毅：《中国文学史》，上海：泰东书局1928年版，第158页。

④ 胡适：《元稹白居易的文学主张》，《新月》1928年第1卷第2期，第22页。后收入《白话文学史》。

更加注重白诗的通俗性和平民性，以白居易为切入点，为白话文的普及乃至于新文化运动发声蓄力。

最能说明问题的一个典例便是民国学者与古人在白居易、杜甫比较研究上的不同。中唐韩愈开始推尊李杜，有“李杜文章在，光焰万丈长”之语，历代评诗者鲜有以为白优于杜者，都认为白宗杜甫而不如杜甫(民国学者亦不乏持此论者①)，即使是对元白推崇备至的《旧唐书》，也只是从律体诗的角度，认为在文辞的华美流转方面白胜过杜。② 但是到了民国，苏雪林却明确指出“白居易比杜甫还要进一步”的观点：

> 杜甫那些时事诗，是一时应激的反应，是客观的描写；而元白一派却是“痛定思痛”的反应，是主观的讽喻。杜甫的态度是消极的，元白则是积极的。杜甫的思想没有成为系统，元白则成为系统。所以杜甫仅是个写实艺术家，元白则为功利主义者。③

胡适也曾说：

> 老杜只是忍不住要说老实话，还没有什么文学主张。元白不但忍不住要说老实话，还要提出他们所以要说老实话的理由，这便成了他们的文学主张了。④

---

① “奉少陵一人为标准，韩更欲高之，白更欲低之，然各以其才力，若用心之结果，与谓曰练意象，不如曰重修辞，与谓曰事内容，不如曰主外形……犹过不及。故韩、白二人伟则伟矣，终不能及杜甫何。”参看顾实：《中国文学史大纲》，上海：商务印书馆 1928 年版，第 203 页。

② 参看王运熙：《白居易诗歌的几个问题》，《学术研究》2003 年第 5 期，第 118 页。

③ 苏雪林：《唐诗概论》，上海：商务印书馆 1934 年版，第 127 页。

④ 胡适：《元稹白居易的文学主张》，《新月》1928 年第 1 卷第 2 期，第 1-27 页。后收入《白话文学史》。

由此可见，以为杜胜过白的，大多是从艺术创作的角度评比二人的诗作，白诗在追求语浅情挚的同时，终究是失掉了杜诗沉郁雄厚的意境；以为白胜过杜的，则是从诗歌功用的角度评析，白诗自发地、有意地讽喻社会，这的确是杜甫作诗乃出于“情动于中而形于外”所不及的。钱基博的评价或许较为客观：“取境旷，寓意适，此白之所以异于杜也；所以诗境无杜之郁厚，而旷真过之。”①新文化运动之后，要求文学为变革社会现实服务成为时代潮流，如此也无怪民国学者对于杜白二人的评价出现分歧。胡适、刘大白、苏雪林等新学者出于对文学的社会功利性的追求，相较于老杜自然会偏向乐天，认为更具社会性和平民化的白诗优于沉郁顿挫的杜诗。而相对“老派”的文学研究者如曾毅、顾实、钱基博等，则更关注诗文才力与个中意境，如此“意直言激”、不留余味的白诗焉能与杜诗比肩？新旧学者站在不同的评判立场上，自然各执一词，难分高下。

就研究的出发点而言，古人从诗教的角度，强调“诗本性情”“温柔敦厚”，而民国学者不同于标榜“文以载道”，“以教训、以传道为目的”的“传教派”，更注重诗歌是否“是人生的反映”，将“人类感情之倾泻于文字上”②，从而使读者与之共鸣。他们尤其关注白氏讽喻诗以社会痛苦为题材，歌生民之苦，倾注忧虑之情，针砭时弊，铸鼎照奸。顾实屡屡指出白诗如何普及：“彼诗任当时大行于世，上自王公，下至野老村妪，莫不玩诵之，故白居易者，纯粹平民诗人也。”③而朱东润则着眼于白诗的功用：“及元白之时，天下已乱，然发而为新乐府，讥刺讽谏，犹幸得邀当局之垂听，谋现状之改进，其诗成为人生的艺术者此也。”④彼时的白居易研究，已

---

① 钱基博：《中国文学史》，上海：上海古籍出版社2011年版，第380页。

② 郑振铎：《新文学观的建设》，《文学旬刊》1922年第37期（原载笔名为西谛）。

③ 顾实：《中国文学史大纲》，上海：商务印书馆1928年版，第201页。

④ 朱东润：《司空图诗论综述》，《国立武汉大学文哲季刊》1934年第3卷第2期，第273页。

不再局限于诗歌或作者本身，其实更寄托了以社会诗人白居易为榜样，指导当代文坛着眼社会，而不再只是“躲在象牙塔里，浅斟低唱”的理想，而且要“以文学作照妖镜，照出社会上的形形色色”。民国学术界如此品评、颂扬白居易，也与“热烈地希望在中国文坛上，能有一个像白居易那样肯为人生而努力的人出来挽狂澜于既倒”①不无关系。

白居易有《与唐生诗》曰：“非求宫律高，不务文字奇。但歌生民苦，愿得天子知。”若用以描绘民国人的心境，便是：“但歌局势迫，愿得百姓惊。”何以民国学者多激赏白居易的“社会文学”，称其“乃一部唐代诗经”？除了白诗本身固有的价值，也和彼时社会状况下，学者们欲以文学救时弊警人心的迫切需求有关。晚清民国时期不同于之前任何一个易代之际，“今日之世变，岂特春秋所未有，抑秦汉以至元明所未有也”②。适逢如此数千年未有之大变局，知识分子目睹八方风雨，唯有一双孱弱的书生之手，便只得以笔作刀。

但或许民国学术中的白居易，与《白氏长庆集》背后那个历史上真实的白居易有所出入。闻一多在写杜甫时曾说：“看不见祖宗的肖像，便将梦魂中迷离恍惚的，捕风捉影，模拟出来，聊当瞻拜的对象。”③民国文人笔下的白居易又何尝不是如此？尽管学者尽力追求“还他一个本来面目”，但隔着邈远的时空，彼时对白居易的追忆，那些思想或者言说，也许只是民国学人出于期待而赋予白诗的新意涵，或者说是出于现实需要而以自己的观点附会白诗。但无论如何，民国学者与白居易遥隔千年的相知相和，使今时今日的我们对白居易、对民国学术都有了一个新的认识。

---

① 陶愚川：《诗人白居易析论》，《大夏年刊》1933年(创立九周年纪念)，第207页。

② (清)张之洞：《劝学篇·序》，《张文襄公全集》卷二零二，北京：中国书店出版社1990年版，第1页。

③ 闻一多：《唐诗杂论》，北京：中华书局2003年版，第138页。

三、语境：白居易研究背后的学术动向与时代风貌

既然民国视野中的白居易研究与此前有如此大的不同，那么这些特点体现出民国怎样的文化转型与时代背景，便是研究与探寻的意义所在。

（一）西学东渐：西方文学理论的输入

随意翻阅彼时研究白居易的著作，会发现许多新鲜字眼："知识阶级中的平民诗人"①，"因为他反对'艺术的艺术'，所以他以白话作诗；因为他主张'人生的艺术'，所以他有许多诗为社会鸣不平"②，"为韵文改革之同志"③，等等。白诗评论中，类似于平民诗人、社会文学、写实主义、文学改革等名词屡见不鲜。这些名词显然不是个例，而是整个学术界乃至于整个中国社会的惯用话语在白居易研究中的映射。除此之外，白居易大热与西学东渐更深层次的关系是白诗本身的特质与西方写实文学思想之间的契合。学者推崇主张为时世而作诗的白居易，正与民国时期大量输入的自然主义、写实主义文学理论有关。

由白居易研究中理念、术语的更新，我国文学研究由传统向现代的转型可见一斑。传统文学理论初期的异化，主要是通过知识分子有选择、有意识地翻译西方著作，尤其是文学理论的译介来实现的，其中梁启超是最早明确化、理论化向中国宣传西方文学思想观念的人④，并借此使从集部脱胎的"文学"日益受到重视，不再只是经学的附庸。而到了新文化运动前期，陈独秀发表了一篇具有纲

---

① 刘大白：《中国文学史》，长沙：岳麓书社 2011 年版，第 228 页。

② 赵景深：《中国文学小史》，太原：山西人民出版社 2014 年版，第 68 页。

③ 周庆熙：《白居易评传及年表》，河北女师《国文学会特刊》1935 年，第 30 页。

④ 梁启超于 1898 年发表《译印政治小说序》，强调小说在国民革命中的功用。

领性意义的《现代欧洲文艺史潭》，指出："欧洲文艺思想之变迁，由古典主义一变而为理想主义，再变而为写实主义，更进而为自然主义。"①五四时期大量宣扬西方理论的思潮由此开启，《新青年》更是成为西方文学及理论译介的重要战地②。而且此时此刻，中国在与西方的文化竞争中无疑已经败下阵来，"西方理论代表普遍真理"的观念早在辛亥革命之前就已"深深地根植于中国知识分子的心中"③。正是在这种背景下，知识分子对舶来品喜闻乐见，西方文学理论在中国文学批评中的移植随处可见，"写实主义""浪漫主义"的术语比比皆是。其实不仅仅是文学领域，"民主""法治""主义"这些西来词汇在政论中更为典型。

由此，文学研究的术语、概念、范畴已经在大量的译介与著述中发生了质变，即使以传统理论研究文学著作的仍不在少数，但大体上由传统向现代转型已是大势所趋。雷纳·韦勒克在《20世纪西方文学批评》中将二十世纪描述为"批评的时代"，实则此语用来形容彼时的中国也毫无抵牾："文学批评达到了一种新的自觉，一种更加重要的社会地位。"④于是在民国时期，文学批评成为热潮，学界中不同的文学研究话语众声喧哗。

但是在探讨以白居易为切入点的文学研究转型时，除了关注西方理论对中国的影响，还应着眼学者在有选择地引介西方文学研究体系时，所呈现出的中国文学自身的内在因素，以及此间的误读与改造。

---

① 陈独秀：《现代欧洲文艺史谭》，《青年杂志》1915年第1卷第3期，第40页。

② 如《新青年》"易卜生号"引发的"易卜生戏剧热"（第4卷第6号），还有"戏剧改良专号"（第5卷第4号），"马克思主义研究专号"（第6卷第5号），以及胡适、周作人、郑振铎等人的大量有关西方文学思想、观念的文章。

③ 余英时：《中国知识分子的边缘化》，《中国文化的重建》，北京：中信出版社2011年版，第41页。

④ ［美］雷纳·韦勒克著，刘让言译：《20世纪西方文学批评·引言》，广州：花城出版社1989年版，第1页。

虽然民国学者借用西方话语体系来称赞白居易的“写实主义”“平民文学”，乃至于称他为“民主诗人”①，但这不过是立足于白居易写诗浅近易读，能“泄导人情”“救济人病，裨补时缺”。抛却那些先进的理论与“主义”，应该看到的是这些学者如此激赏乐天，和中国传统文论中带有功利色彩的倾向不可能毫无关系。白居易主张“文章合为时而著，歌诗合为事而作”（白居易《与元九书》），是对儒家“命大师陈诗以观民风”（《礼记·王制》）的传承，民国时期局势空前严峻，纵使有西方理论的渗透，文人们将白居易抬高到此种地位，难道不是对这种自古即有的文学社会功利性的继承甚至强化吗？

除了中国的传统因素的影响，学者对西方理论的误读与改造也不容忽视。诸多著作中对白居易的评述，都可以体现出民国学者在彼时国情中对西方文化的采择。例如胡适移植西方话语中的“写实主义”“文学革新运动”以赞白居易②，学者吴奔星甚至直接给白居易冠上“民主诗人”的头衔③，王启怀将白诗归为“平民阶级的文学”，与“贵族阶级的文学”相对立④。而这其中的某些理论是否真的可用来描述白居易，是很值得怀疑的。由此可见以胡适等为代表的新式学者出于期待视野而对西方文论产生误读，甚至出于特定的目的对其进行改造，从而用以评论文学研究对象来抒发己见，白居易研究就是一个很好的例子。因此“西方文学在流入中国之后……必然会在一定程度上被中国本土化”⑤，中国在与西方的视域融合

---

① 吴奔星：《民主诗人白居易：略论他的新乐府》，《东方杂志》1946年第42卷第5期，第59-64页。

② 胡适：《元稹白居易的文学主张》，《新月》1928年第1卷第2期，第1页。后收入《白话文学史》。

③ 吴奔星：《民主诗人白居易：略论他的新乐府》，《东方杂志》1946年第42卷第5期，第59-64页。

④ 王启怀：《语体文：平民诗人白居易评传》，《学生文艺丛刊》1933年第7卷第7期，第47-68页。

⑤ 朱利民：《西方理论的中国化步伐：进化论与中国文学理论的变异》，四川大学2007年博士学位论文，第4页。

中构建着自身是不容置喙的事实。

(二)新文化运动：对浅易诗风的推崇

除了白居易研究中新的学术话语的使用之外，白居易研究何以在民国大热才是最值得关注的问题。除了前文已经涉及的现实原因，民国学者对白诗“爽心悦耳”“朗朗上口”①、明白如话的风格的关注，与由倡导白话而开始的新文化运动息息相关。

胡适《五十年来中国之文学》中政论家黄远庸的一封信令人印象深刻：“愚见以为居今政论，实不知从何处说起……至根本救济，远意当从提倡新文学入手，综之，当使吾辈思潮如何能与现代思潮相接触，而促其猛醒。而其要义须与一般之人，生出交涉。”②字字皆使人感受到彼时有识之士的反思与觉悟：掉书袋的政论文学无人问津而收效甚微，政治与文化的双重压力，都意味着文学革命迫在眉睫。就连“学衡派”的李思纯也指出，白话文学“为中西文学接触后所引起的一种变迁，而亦古文家义法森严压迫之下一大反动也”③。这场文学革命产生于尖锐的民族矛盾之中，产生于华夏运风雨飘摇之际，“是作家们……自觉地以文学方式回应西方现代性挑战，直面现实、重构中国形象的结果”④。

这种心境投诸白居易研究中，便会在“注重本体”的同时，深具“当下关怀”。民国学者屡次撰文分析白居易诗中反映的社会问题，深入挖掘白居易对现实的关注，表1中已论及。而每每品评白诗，学者们又多能指出此研究于当时的深刻意义：“白诗在今日贪污迭出，民生艰苦，群王实行民主政治的……年代看来，其意义自

① 郑振铎：《中国文学史》，北京：当代世界出版社2009年版，第274页。

② 胡适：《五十年来中国之文学》，《胡适古典文学研究论集》，上海：上海古籍出版社2013年版，第117页。

③ 易峻：《评文学革命与文学专制》，《学衡》1933年7月第79期，第7页。

④ 方长安：《中国近现代文学话语的转型与日本文学的关系》，《求索》2004年第2期，第183页。

更丰富，其价值自更伟大。”①民国人读《卖炭翁》，便不由得联想到连年冀北，军阀割据下平民更甚于唐代的苦难②；读到《轻肥》“是岁江南旱，卫州人食人”时便感慨：“这种现象如今还是一样，陕西的旱灾，汉口的水灾，数千万灾民，真是人食人，委员大人们谁管？”③卢怡灏立足社会现实，将其与唐代对比，读来更是字字血泪：

> 唐代的不安，比诸现代的不安是怎样？唐代人民痛苦比诸现代人民痛苦是怎样？种种情形在客观的看起来是并没有差异，内争始终是没有打消，内争已是够味了，更兼帝国主义的压迫蹂躏和政治的不明，百姓的凄凉较于唐代有过之无不及！④

在西方文化的投影和中国社会自身的变动之下，彼时活跃在文坛的“桐城谬种，选学妖孽”逐渐为时代潮流所抛却。于是，新文学改革运动逐渐拉开帷幕。胡适从八事言文学改良⑤，陈独秀亦发表《文学革命论》，“高张文学革命军的大旗”⑥。在新文化人眼中，只有“打倒旧文学”，才能让新文学在彼时的中国社会站稳脚跟，

---

① 吴奔星：《民主诗人白居易：略论他的新乐府》，《东方杂志》1946 年第 42 卷第 5 期，第 60 页。

② 参见《平凡的诗人——白居易》，《复旦实中季刊》1927 年第 1 卷第 3 期，第 47 页。

③ 非我：《社会诗人白居易及其诗中之时代背景》，《津汇月刊(天津1934)》1934 年第 2 期，第 13 页。

④ 卢怡灏：《从〈白乐天与元微之书〉说到现代文学的使命》，《知用学生》1935 年第 1 卷第 6 期。

⑤ “一曰，须言之有物。二曰，不摹仿古人。三曰，须讲求文法。四曰，不作无病之呻吟。五曰，务去滥调套语。六曰，不用典。七曰，不对仗。八曰，不避俗字俗语。”参见胡适：《文学改良刍议》，《胡适古典文学研究论集》，上海：上海古籍出版社 2013 年版，第 17 页。

⑥ 陈独秀：《文学革命论》，《文学改良刍议》附录一，《胡适古典文学研究论集》，上海：上海古籍出版社 2013 年版，第 27 页。

即所谓的不破不立。但是将绵延千载的中国文学一刀切断的历史虚无主义显然也是不可行的，因此除了如饥似渴地汲取域外的思想和学说，新文化运动的助力者们也纷纷转向本国历史中寻求文学革命的“前辈”。在“不避俗字俗语”、提倡白话文、白话诗的文风激荡之下，他们便在千年前寻到了文学革新的知音——白居易。

胡怀琛说得很明白：“在新文学界里出风头最早的，要算是白香山。一则因为他是著名的白话诗人，他的诗乡下老婆子也能够读得懂。二则因为他的诗，也着眼在社会上取材料，所以新文学家送他一个徽号，叫做‘白香山的社会文学’。”①

其实，诸学者对白诗如此青眼有加，也可看做是他们对新文学源流追溯的努力。此举具有双重意味：“一是要探寻在中国的‘旧文学’中孕育着的可以导致‘新文学’发生的因素，一是通过对‘旧文学’的评价，确定‘新文学’发展的合理方向。”②虽然在新文化运动中，胡适与周作人等在回溯新文学的源流时分歧明显③，但他们对社会、平民文学的关注可谓贯穿始终。早在1918年，周作人即撰文提倡“人的文学”，并将其与新文学画上了等号④。随后，他以“普通”“真挚”定义了“平民文学”的概念⑤。而胡适在《国语文学史》《白话文学史》中通篇都在强调平民文学的重要，直至1935年他作《中国新文学大系建设理论导言》仍然提倡要建立“活的文学”与“人的文学”。无论从通俗性还是社会性来说，白居易被称为

① 胡怀琛：《中国诗论》，《诗的启蒙》，南昌：江西教育出版社2013年版，第259页。

② 骆玉明：《古典与现代之间——胡适、周作人对中国新文学源流的回溯及其中的问题》，《中国文学研究》2000年第4卷第1期，第3页。

③ 胡适提倡进化论，认为文学史即是白话文学逐步成长而取代文言文学的过程，而周作人认为文学史是在“言志”与“载道”之间摆动的过程。见胡适《白话文学史》、周作人《中国新文学的源流》。

④ 周作人：《人的文学》，《新青年》1918年第5卷第6号，第575-584页。

⑤ 周作人：《平民文学》，《周作人文集》，北京：华夏出版社2000年版，第233页。

千年前的“平民文学”，都当之无愧。

新文化人致力于革除时弊，肃清文胜风气，以质救弊，提倡言之有物，摒弃陈词滥调，意在回归文学之真面目，追求高远之思想与真挚之情感。而白乐天作诗言近旨远，惯常用妇孺皆能吟能懂的通俗语言寄托讽喻劝诫之意，忧国忧民之思。讽喻诗、叙事诗如《新丰折臂翁》《卖炭翁》等读来感人至深，情感力透纸背，而志在高远。文学革命的先锋人物钱玄同曾赞杜甫、白居易之写实诗的优美：“作诗者之情感，诗中人之状况，皆如一一活现于纸上”，“犹如作诗之人与我面谈”①。这正与千年后致力于文学改良的文人的文学主张不谋而合，是以在胡适、刘大白等人的笔下，白居易俨然成为自觉从事文学改良、开创时代的诗坛巨擘，他的诗一扫贵族典雅工丽的风格，而成为流转灵动的“活文学”。民国文人遥追大唐风致而激赏乐天，不惜笔墨地研究、评论乐天，实则是为穷根溯源，追慕平民文学之先驱者，在此变革之际确立这种植根于生民、作用于社会的文学的应有地位。正如胡适在《白话文学史》引子中所说：

> 我们现在研究这一二千年的白话文学史，正是要我们明白这个历史进化的趋势。我们懂得了这段历史，便可以知道我们现在参加的运动已经有了无数的前辈，无数的先锋了；便可以知道我们现在的责任是要继续那无数开路先锋没有做完的事业，要替他们修残补阙，要替他们发扬光大。②

诚然，新文化运动为功殊伟，但也应该看到，其间有不可忽视的弊端与隐患，迫于现实的需要迅速隔断古旧的文化对剧烈变化着的社会的影响，过度功利、激进的态势使新文化运动自兴起之日便受到无数文人攻讦反对。或许胡适本人也日益见其局限，所以才会在新文化运动后发表《新思潮的意义》一文，揭橥“整理国故”的口

① 钱玄同：《寄陈独秀》，《文学改良刍议》附录二，《胡适古典文学研究论集》，上海：上海古籍出版社 2013 年版，第 30 页。

② 胡适：《白话文学史》，长沙：岳麓书社 2010 年版，第 2 页。

号，掀起一场新的学术文化运动，对中国传统进行重新阐释，推动了“中国现代学术之建立”。

四、典范：中西思想的交汇融合

旧学与新知激烈碰撞之际，经历了欧风美雨，学术研究不可能没有西学的烙印。民国时期的白居易研究也是如此，胡适与陈寅恪是研究白居易的两位重要学者，亦是中西思想融合的典范。而在具体的论著中，两人却呈现出了迥异的学术风貌和治学取向。在聚焦民国学术中的白居易之时，我们不仅仅要看到倡导白话的新的“时代潮流”，也不能忽视如陈寅恪等对旧学有所眷恋、继承的学者，由此便为以白居易为切入点，探寻民国时期士人面对中西、新旧文化的不同抉择提供了可能。

（一）胡适：社会、功利的白居易

作为新文化运动的首倡者，胡适凭借《白话文学史》与《中国哲学史大纲》填补了五四前夕学术界思想的空白，从而成为新的“学术典范”。① 就白居易研究而言，他又是二十世纪率先对白居易的诗歌创作进行系统、深入探讨，并提出了“新乐府运动”②这一概念的学者。因此要探讨民国学术中的白居易，胡适必然是一个绕不过去的人物。

胡适较集中、系统地评价白居易的论述，主要是他发表于1928年的《元稹白居易的文学主张》（后收入其《白话文学史》）。除此之外，还有《读白居易〈与元九书〉》《读香山诗琐记》《论“文学”》《跋宋刻本〈白氏文集〉影本》诸文均论及白居易，足可见其重视。胡适作为典范性学者，通过其评价白居易的蛛丝马迹，他独有的学

① 余英时：《中国思想史上的胡适》，台北：联经出版事业公司1984年版，第15页。

② 胡适：《元稹白居易的文学主张》，《新月》1928年第1卷第2期，第21页。后收入《白话文学史》。

术理路与治学态度便可见一斑。由此，又可进一步探寻究竟是何种因缘际会、何种思想学说，塑造了一位少年即立志成为“国民导师”，身后仍影响学术界数十年的学者。

胡适非常重视白话文学，在《国语文学史》中明确提出“中唐是白话文学风行的时期”，其中专门提出白居易、元稹、刘禹锡三人的诗，“因为是白话诗，所以风行一世”①。他对“有意用白话作诗”的白居易十分欣赏，认为元白诸人的“文学革新运动”开创了“中国文学史上一个很光荣灿烂的时代”②。

然而，胡适对白居易的评价并非一直如此之高。他对白诗及此种“有所为而为之”的文学态度的前后转变以及最终的定型，实际上与他的经历和思想理路的变化息息相关。

胡适自幼在家乡接受了扎实的传统教育，此间，他接受了“一点做人的训练”以及来自于父亲胡传的理学思想的浸润。从绩溪到上海，他不仅从梁启超、严复与林纾的著作中汲取西方思想，还能认真读十三经、理学与诸子等中国典籍，打下了中学的根基。在传统文论的影响下，胡适早年曾发誓“不作无关世道之文字”，虽无文字留世，但想来彼时的胡适，对“惟歌生民病”的白居易该是十分推崇的。而后他留学美国，接触了西方文学概论，明白可有“无所为而为之”的追求美感的文学，便又回过头来批评“专讲济用”的“实际家”白居易等人：“白香山抹倒一切无所讽喻之诗，殊失之隘。”③然而受到了实验主义的影响后，再加之回国后的他目睹国内黑暗现况，于是又转而提倡关注世道人心的诗文，对元白刮目相看，赞白居易是“说老实话的讽刺诗人”，开创了“中国文学史上一个很光荣灿烂的时代”④。

---

① 胡适：《国语文学史》，合肥：安徽教育出版社2006年版，第47页。

② 胡适：《元稹白居易的文学主张》，《新月》1928年第1卷第2期，第1页，后收入《白话文学史》。

③ 胡适：《胡适留学日记(下)》，合肥：安徽教育出版社1999年版，第171-174页。

④ 胡适：《元稹白居易的文学主张》，《新月》1928年第1卷第2期，第1页。后收入《白话文学史》。

在这一段胡适对白居易的不同评价所反映的经历中，尤其值得注意的，是实验主义对胡适的影响。胡适的白居易研究所体现出的，除了扎实的中学根柢，还有胡适作为新式学者所接受的西学思想。胡适最为服膺的，当属杜威的实验主义，他文学观中的历史性与社会实用性，都与此相关。胡适曾表示，杜威的哲学是他"生活和思想的一个向导"①。何以一向具有叛逆精神、独立意识的胡适之，会公开宣称自己是杜威的信徒呢？首先，这与杜威实验主义和新儒家思想某方面的共性不无关系②，实验主义与胡适幼时就打下的理学家庭的底子巧妙融合。其次，杜威实验主义和少年胡适心中已初具雏形的思想倾向一拍即合③。而实验主义对胡适的影响，不仅体现在他的哲学、史学研究中，在文学理论中也比比皆是。他曾表明，要"把实验主义的哲学理论应用到文学改良运动上而来"④，"所做的文学事业只不过是实行这个主义"⑤。

受了实验主义的影响，在白居易研究中，胡适尤其注重"寻出他的前因与后果"⑥，指出白居易是"受了杜甫的感动"，还称"中国文学史上的大变动向来都是自然演变出来的"，而元和长庆时期是"有意的、自觉的文学革新时代"。⑦ 其自然演变、追流溯源的

① 胡适：《胡适留学日记》自序，合肥：安徽教育出版社 1999 年版，第 1 页。

② 格里德指出新儒家思想具有"怀疑主义、人文主义，它对个人德行与其社会责任感不可分割的信仰，以及它对生活是能够而且必须要按照人类的经验来认识的观点的承认"的特点，而杜威实用主义是"人本主义的、具有社会导向的、以取源于进化论的变化观点为基础的"。参见[美]格里德著，鲁奇译，《胡适与中国的文艺复兴》，南京：江苏人民出版社 2010 年第 2 版，第 41 页。

③ 胡适在 1914 年写道："以吾所见言之，有三术皆起死回生之神丹也：一曰归纳的理论，二曰历史的眼光，三曰进化的观念。"参见《胡适留学日记》，合肥：安徽教育出版社 1999 年版，第 222 页。

④ 胡适：《胡适口述自传》，《胡适文集》卷一，北京：北京大学出版社 1998 年版，第 318 页。

⑤ 胡适：《尝试集·自序》，《胡适文集》卷九，北京：北京大学出版社 1998 年版，第 78 页。

⑥ 胡适：《问题与主义》，北京：北京大学出版社 2013 年版，第 1 页。

⑦ 胡适：《元稹白居易的文学主张》，《新月》1928 年第 1 卷第 2 期，第 1 页，后收入《白话文学史》。

历史态度可见一斑。胡适于1917年发表的文学宣言书《文学改良刍议》高呼"文学者，随时代而变迁者也。一时代有一时代之文学"①，其后此观点又在《历史的文学观念论》《文学进化观念与戏剧改良》等文中反复重申②。由此可见，他在上海求学时所接受的进化论，以及在美所习的将进化论引入哲学领域的实验主义，被胡适吸收、转化后有意识地运用到了文学研究领域。他从此种"历史的态度"③出发，梳理自汉至唐一千多年文学的变化与发展："我们现在研究这一二千年的白话文学史，正是要我们明白这个历史进化的趋势。"④因此，胡适如此重视"用白话作诗"的乐天，与他提倡新文化运动，力图为文学革命建立起历史背景有关，而他研究白居易的视野、方法，与杜威的实验主义更是分不开的。

除此之外，从胡适的白居易研究中，亦可发现他有很强的文学"工具性""社会性"思想。甚至可以说，胡适之所以注重白话文学、通俗文学，便是因为此种特性可以更好地为文学的"工具性"服务。其实这也与实验主义不无关系，在杜威看来，文学艺术的根本任务是改变现实，"成为社会改革的重要部分"⑤。在此影响下，白居易"为人生而作文学"，"托根于人情而结果在正义，语言声韵不过是叶苗花朵而已"⑥的特点，便更加吸引本身对缥缈的文学之美没有兴趣的胡适了："……这样轻轻的十四个字(道州民)，写出一个

① 胡适：《文学改良刍议》，《新青年》1917年第2卷第5期，第3页。

② 其实，"一代有一代之文学"的论述可上溯到金元时期，王国维在《宋元戏曲史》中也多有阐释，但是从王静安到胡适，实则是由文体通变观到文学进化论、从传统到现代的转型。参见齐森华、刘召明、余意：《"一代有一代之文学论"献疑》，《文艺研究理论》2004年第5期，第44页。

③ 胡适：《实验主义》，《胡适文存一》，台北：远东书局1983年版，第409页。

④ 胡适：《白话文学史》，长沙：岳麓书社2010年版，第2页。

⑤ 赵秀福：《实用主义美学思想研究》，济南：齐鲁书社2006年版，第108页。

⑥ 胡适：《元稹白居易的文学主张》，《新月》1928年第1卷第2期，后收入《白话文学史》，第16页。

人道主义的主张，老杜集中也没有这样大气力的句子。在这种地方，白居易的理解与天才融合为一，故成功最大，最不可及。”①胡适有意无意中强化了文学的工具性，因此更为关注其是否“明白清楚”和“有益于世道人心”。跳出白居易研究这一领域，胡适将文学作为改革时弊的利器的思想其实更为明显，他曾提出“新文学必须要关心当前紧迫的社会与文化问题②”，“如果诗歌不能表达人类悲惨境地的呼喊，而只满足于作为美丽的爱情和圣徒的传声筒，那它就是无视自己应该履行的基本目的的神圣职责”③。正是出于这种心态，“最上层要‘补察时政’，最少也须能‘泄导人情’”的白居易与胡适一拍即合，被其盛赞为“文学革新运动的领袖”。

从绩溪上庄到留学美国，再到新文化运动中“暴得大名”，胡适穿梭于中西文化之间，力图为彼时处于困境的中国找到出口，将“旧学和新知配合连用得恰到好处”，从而进行了“一种综合性的创造”。④ 在以上经历以及实验主义等思想的影响下，胡适对于白居易的研究才呈现出特有的风貌，被赋予了更深层次的研究价值，提供了更广阔的研究视野。白居易研究所折射的民国时期中西思想的交汇融合，在胡适身上得到了充分的体现与绝佳的诠释。

(二)陈寅恪：诗史互证——白诗与唐史的对接

与胡适等学者对白诗研究只有数篇散论不同，陈寅恪的《元白诗笺证稿》(以下简称《证稿》)是他倾注心血历时数年而

① 胡适：《元稹白居易的文学主张》，《新月》1928年第1卷第2期，后收入《白话文学史》，第7页。

② 胡适：《建设的文学革命论》，《胡适文存一》，台北：远东书局1983年版，第77页。

③ Hu Shi. The Social Message in Chinese Poetry. Chinese Social and Political Science Review, Vol. 7, Issue 1(January 1923).

④ 余英时：《中国思想史上的胡适》，台北：联经出版事业公司1984年版，第89页。

成，且颇为得意的一部巨著①。直至晚年他也十分重视白居易研究，曾赋诗云："文章堆几书驴券，可有香山乐府新。"②(癸卯冬至日感赋)

作为史学家的陈寅恪，一生治学严谨，他笔下的白居易研究，与胡适等学者的论著有着迥然不同的风貌与视角。他不满足于仅仅对白诗进行概述性的品评，而是用雅致的语言详尽地笺证了《长恨歌》《琵琶行》等名篇，还有元白二人(兼及李公垂)的新题乐府五十篇与古题乐府十九首。以诗证史，由史解诗，屡发新论。

"清人杨忠羲于《雪桥诗话》中。虽已言及以诗证史之事，然运用纯熟，发明之多，始以寅恪始。"③诚然，从钱谦益笺注杜诗，到乾嘉学派提倡、实践"六经皆史"之理论，"诗史互证"在清代已具雏形。而陈寅恪不仅上承已有之成果，更能吸收西方学术与中学暗合之处，将史学观念与文学思想对接，从而树立了一种新的研究范式。

陈寅恪的"诗史互证"继承了清代考据学的方法与精神，是显而易见的。他认为诗是一种珍贵的史料，可用以纠正错误、说明真相、别备异说、互相证发、增补缺漏④。在《证稿》中，他以元白诗证史的例子不胜枚举，涉及唐代政治制度、婚姻观念、服饰化妆、物质生活等诸多方面。除此之外，他更能以史释诗，通解诗

① 陈寅恪的《元白诗笺证稿》虽然出版于1950年，但此书实则成书于战时成都，陈氏对白居易的研究可以追溯到20世纪30年代他在清华任教时期，专授"元稹白居易"一课，足可体现他对白居易的研究已历经数载(见《清华大学校史稿》，北京：中华书局1981年版，第157页脚注二)，因此将《元白诗笺证稿》归为民国时期的白居易研究，亦是理所应当。

② 陈寅恪：《陈寅恪集·诗集》，北京：生活·读书·新知三联书店2009年版，第148页。

③ 汪荣祖：《史家陈寅恪传》，北京：北京大学出版社2005年版，第128页。

④ 黄萱：《唐代史听课笔记片段》，《陈寅恪集·讲义与杂稿》，北京：生活·读书·新知三联书店2002年版，第478页。

意，凭借着对诗文的深厚造诣，用史识解诗。① 陈寅恪曾说："今之读白(居易)诗而不读唐史者，其了解之程度，殊不能无疑。"②《证稿》在俯瞰史诗关系之中，以考据学实事求是的治学精神和"无征不信"的研究方法，"探河穷源，剥蕉至心"③，从而能"钩沉索隐，发现真相"④。

而陈寅恪高于乾嘉学派之处在于，他在"证"之外更强调"释"。他十分推崇以司马光为代表的"求义理讲通鉴"的宋代史学传统，强调"在史中求史识"，"在历史中寻求历史的教训"，注重实证与诠释的结合。⑤ 这种治学理念体现于文学研究中，就是对文学发展脉络的把握和文学规律的归纳。如疏解《长恨歌》之时，陈寅恪开宗明义地指出"须知当时文体之关系"，而后将元白诗代入整个中晚唐的科举系统之中，阐明古文运动之兴起，以及由此而产生的文体革新。他以为白居易《长恨歌》与陈鸿撰写的《长恨歌传》"为一不可分离之共同机构"，"实为贞元元和间新兴文体"。对于元白新乐府，陈寅恪辨体究元，将其与古文运动联系起来，"实与贞元元和时代古文运动巨子韩昌黎……适相符同"，论白诗者向以"老妪能解"概括白诗，而陈寅恪却"从文体流变的角度肯定其创造性质……看作是唐代古文运动在诗歌创作方面的自然发展"⑥。

---

① 胡守为：《陈寅恪先生的考据方法及其在史学中的运用》，《学术月刊》1980年第4期，第76页。

② 陈寅恪：《元白诗笺证稿》，北京：生活·读书·新知三联书店2001年版，第217页。

③ 陈寅恪：《柳如是别传》，上海：上海古籍出版社1980年版，第12页。

④ 陈寅恪：《柳如是别传》，上海：上海古籍出版社1980年版，第582页。

⑤ 参看孙俐：《陈寅恪的文学研究方法探微》，华中师范大学2014年博士论文，第78页。

⑥ 刘梦溪：《一代文化所托命之人——论陈寅恪先生的学术创获和研究方法》，《书目季刊》1991年第25卷第1期，第37页。

除了对传统的继承，西方学术对其“诗史互证”的影响不容忽视。陈寅恪笺白诗，对于唐代胡汉之间的往来及其在诗歌中的体现十分敏锐，这与其掌握诸多文字，精通西洋比较语言学不无关系。陈寅恪留学期间，学习梵文、巴利文、藏文等诸多古今语言，吸收了历史语言考证之精义，以语言为工具研究东方历史与文化。《证稿》诸篇的比照与考证，正可视为西洋比较语言学门径的引申。

陈寅恪研究白居易，还受到了法国比较文学的影响，十分重视比较研究的方法，“故今世之治文学者，必就同一性质题目之作品，考订其作成之年代，于同中求异，异中见同，为一比较分析之研究，而后文学演化之迹象，与夫文人才学之高下，始得明了”。陈寅恪游学多年的德、法两国正是比较文学影响学派的发源地与流行中心，而且其挚友吴宓就读于比较文学系，归国后还被誉为“中国比较文学之父”。在此境况下，陈寅恪焉能不被影响？这种比较研究的理念贯穿了陈氏治学始终，在《与刘舒雅论国文试题书》中有详细的叙述。他以为比较研究需有“历史演变及系统异同之观念”，不可将古今中外随意取来比较①。而元白二人诗歌创作关系至为密切，白氏之《琵琶引》改进自元稹《琵琶歌》，题旨相近，故“今取两诗比较分析，其因袭变革之词句及意旨，固历历可睹也……而乐天当日实已超过微之之作”②，通过比较，得出白诗的感情与境界都高于元诗的结论，并指出乐天诗中难解的字句可以在与元诗的比较中得到解释。

景蜀慧将《证稿》这种“诗史互证”称为“是源于传统的训诂学考据学方法而参以宋代以来的史学方法，以及近代西方史学、语言学、诠释学理论精华的一种既打通汉宋，又融合中西的史学研

① 陈寅恪：《与刘舒雅论国文试题书》，《金明馆丛稿二编》，台北：里仁书局 1981 年版，第 221 页。

② 陈寅恪：《元白诗笺证稿》，北京：生活・读书・新知三联书店 2001 年版，第 46 页。

究方法”①。然而“诗史互证”谈何容易？除了要对白诗本身有深挚的情怀与感悟，更需要对作者与诗文具有“了解之同情”②，通过“理解汇集融贯于一诗之中的诗笔与史才，把握诗中所见的古远的和当时的历史语境”③，从而达到对“古典”与“今典”的诠释④。

陈寅恪之所以能总结出此种方法而巨著迭出，与他深厚的学术渊源有关。陈先生的学识极为广阔，不仅有来自家庭传统的诗学造诣，而且有扎实的清代考据学功夫，传统中国的史学涵养。而且他游学欧美多年，浸润于西方学术，受西方汉学、史学和广义的语言文字学亦影响甚深。⑤ 在陈寅恪“诗史互证”之方法形成的过程中，正是西学的影响使他的研究比传统考据学更多了几分深厚的人文精神，从而更富有现代学术之风貌。在“诗史互证”的过程中，他不仅考证名物制度，更能于诗歌字里行间，涵泳优游，将诗人放到其当下所在的时空语境中进行考察。还有学者指出，他在“诗史互证”之后所提出的“了解之同情”一语，源自德国近代思想家赫尔德的 einfuhlund（移情）一词，这与他游学欧美的学术阅历也不无关系。⑥ 可以说，陈寅恪是真正学贯中西，能通文史两境之人。

那么，同样是研究白居易，同样是中西兼治，为何陈寅恪与胡适等学者会呈现出如此大相径庭的研究风貌？陈寅恪作《元白诗笺证稿》的背后，又隐含着他对于新文化运动，对于彼时传统文化的

① 景蜀慧：《“文史互证”方法与魏晋南北朝史研究》，《中山大学学报》2000 年第 1 期，第 34 页。

② 陈寅恪：《冯友兰〈中国哲学史〉上册审查报告》，《金明馆丛稿二编》，台北：里仁书局 1981 年版，第 247 页。

③ 姜伯勤：《史与诗——读陈寅恪先生〈元白诗笺证稿〉〈论再生缘〉〈柳如是别传〉》，胡守为主编：《陈寅恪与二十世纪中国学术》，杭州：浙江人民出版社 2000 年版，第 357 页。

④ 古典今典之说，见陈寅恪：《柳如是别传》，上海：上海古籍出版社 1980 年版，第 251 页。

⑤ 参看陈弱水：《一九四九年前的陈寅恪——学术渊源与治学大要》，台北：台湾历史语言研究所编《新学术之路》上册 1998 年版，第 105 页。

⑥ 陈怀宇：《陈寅恪与赫尔德——以“了解之同情”为中心》，《清华大学学报（哲学社会科学版）》2006 年第 4 期第 21 卷。

尴尬处境怎样的忧虑呢？

胡适、刘大白等新式学者研究白居易，均着眼于他明白如话的诗风，从而为新文化运动摇旗呐喊。而陈寅恪为什么要做元白诗考证？“一来是因为元白诗里面历史资料比较多，二来恐怕是针对新文化运动中对白话诗历史的建构而来。在他看来，胡适、钱玄同等人并没有真正理解元白诗，只欣赏其白话文学性的一面，却忽略了元白。”①诚然，陈寅恪作诗笺，更多地关注白诗背后的政治、社会与文体流变等，力图还原其“所处之环境，所受之背景”②，这与他作为史学家本就与胡适等文学研究者身份不同有关。而除了不满于胡适等人对白诗的解读，在白居易研究之外，陈寅恪的主张与对新文化运动的态度也十分微妙。

新文化运动如火如荼之时，陈寅恪几乎从未卷入双方的论争，或作出公开评价。但通过他讨论传统文化的文章，或许可以寻得他对于新文化运动态度的蛛丝马迹。1932 年陈寅恪写《与刘舒雅论国文试题书》一文，提倡用对对子来测试语文水平，同时还批评了《马氏文通》根本不合汉语本质③（而胡适受《马氏文通》影响至老未变④）；1934 年陈寅恪又撰《四声三问》⑤，阐述四声之发展演变与对传统文化的重要影响。⑥ 这两篇文章如此强调对偶、平仄四声，其实已经暗寓了他对新文化运动的异议与批评。新文化运动“八不主义”不讲对仗、不用典的主张，恐怕难以让讲究诗歌应有言外之

---

① 陆扬：《唐宋变革究竟是怎么一回事》，http://www.thepaper.cn/newsDetail_forward_1475403，2016 年 5 月 29 日。

② 陈寅恪：《冯友兰〈中国哲学史〉上册审查报告》，《金明馆丛稿二编》，台北：里仁书局 1981 年版，第 247 页。

③ 陈寅恪：《与刘舒雅论国文试题书》，《金明馆丛稿二编》，台北：里仁书局 1981 年版，第 221 页。

④ 见胡颂平：《胡适之先生晚年谈话录》，北京：中国友谊出版公司 1993 年版。

⑤ 陈寅恪：《四声三问》，《金明馆丛稿初编》，北京：生活·读书·新知三联书店 2001 年版，第 367 页。

⑥ 罗志田：《陈寅恪的“不古不今之学”》，《近代史研究》2008 年第 6 期，第 34 页。

意、余音绕梁之美的陈寅恪服膺。他治学主张“了解之同情”，但也强调“此种同情之态度，最易流于穿凿附会之恶习……往往依其自身所遭际之时代，以推测解释古人之意志”①，一些民国学者在研究白居易之时，动辄“民主诗人”的用语，对白诗通俗性、社会性的过分解读，或许在他眼中都有穿凿之嫌。因此他所作《证稿》，才会如此迥异于时人时论，而是以深厚的学养、详实的笺证成文，不仅更加贴近元白，更贴近元白诗背后的大唐风致。

处于新旧中西交杂之世，陈寅恪仿佛始终游离于激进的世风之外。他曾在王国维挽词中，盛赞“中体西用”之说，彼时民国趋新世风强劲，乃至于“举世拜倒洋学之袴下”②，而陈先生仍敢于公开表态偏向于广义的“中体西用”说，很能体现其提倡的“独立之精神”。北伐之后他仍自称“思想囿于咸丰同治之世”③，对传统文化的护卫始终不变。其实，无论是“中体西用”或是“思想囿于咸丰同治之世”，都可从中感受到他稳健温和的思想是怎样在冒进的时代中进退两难。他绝非守旧落后，而是期望保留旧学之特性，与新知折中调和：“必须一方面吸收输入外来之学说，一方面不忘本来民族之地位。”④从回国后到抗战爆发，陈寅恪一直在北京这个文化中心却一直“冷眼旁观”，和新文化运动乃至于整个时代崇尚西化、过分功利的世风扞格不入。“论学论治，迥异时流，而迫于事势，噤不得发。”⑤洞见了时代的弱点，饱含着对文化的忧虑，却因为不合于时代潮流，不愿随俗，只得沉默。

---

① 陈寅恪：《冯友兰〈中国哲学史〉下册审查报告》，《金明馆丛稿二编》，台北：里仁书局1981年版，第252页。

② 顾实：《发刊词》，上海中国国学研究会《国学辑林》1926年第1期，第1页。

③ 陈寅恪：《冯友兰〈中国哲学史〉下册审查报告》，《金明馆丛稿二编》，台北：里仁书局1981年版，第252页。

④ 陈寅恪：《冯友兰〈中国哲学史〉下册审查报告》，《金明馆丛稿二编》，台北：里仁书局1981年版，第252页。

⑤ 陈寅恪：《寒柳堂集》，北京：生活·读书·新知三联书店2001年版，第150页。

由此，民国学术中的白居易无疑为我们提供了一个切入的视角，去遥想民国学者在彼时大背景与大语境之中的转变与抉择。在中国社会、政治发生急剧变革之时，无论是如胡适等人关注白诗的浅近以宣扬白话运动，洞见了文学功能转移之必要，开始思考如何化文学为利器，逆转时运；还是如陈寅恪以扎实的学识为白诗笺证以期与历史暗合，做传统文化沉默的护卫者，都是民国时期不同学者的特定选择。时至今日，我们不可能也不必要去评判其中的是非曲直，只能寄希望于通过白居易研究这一话题，去探寻民国时期的学术风貌与学者的心路历程。不可否认的是，当今白居易研究仍受到民国的影响，百年前学者的研究取向，如对其讽喻诗、浅白诗风的探究在今日学界仍占主流，一些民国时期的代表观点，如今依然为学界屡次引用。作为学术转型的关键时期，民国白居易研究为今日留下了许多开创性的成果，为当下从新的视野探讨白诗指引了方向，其价值与意义是毋庸置疑的。这一话题中浸润的民国文学精神与文化品格，以及研究取得的丰富成果，都给当下的白居易、民国的研究，乃至于整个文化史研究留下了珍贵的财富和深刻的启示。

参考文献

一、基本典籍

[1]（后晋）张昭远、贾玮等：《旧唐书·元镇白居易传》，北京：中华书局1975年版。
[2]（宋）释惠洪：《冷斋夜话》，北京：中华书局1985年版。
[3]（金）王若虚：《滹南诗话》，北京：人民文学出版社1962年版。
[4]（清）刘熙载：《艺概笺注》，贵阳：贵州人民出版社1997年版。
[5]（清）赵翼：《瓯北诗话》，北京：人民文学出版社1963年版。
[6]《张文襄公全集》卷202，北京：中国书店1990年版。
[7]《李鸿章全集》第6册，合肥：安徽教育出版社2008年版。

二、今人专著

[1]刘大白：《中国文学史》，长沙：岳麓书社 2011 年版。
[2]汪荣祖：《史家陈寅恪传》，北京：北京大学出版社 2005 年版。
[3]陈寅恪：《寒柳堂集》，北京：生活·读书·新知三联书店 2001 年版。
[4]陈寅恪：《陈寅恪集》，北京：生活·读书·新知三联书店 2009 年版。
[5]陈寅恪：《元白诗笺证稿》，北京：生活·读书·新知三联书店 2001 年版。
[6]《金明馆丛稿二编》，台北：里仁书局 1981 年版。
[7]陈寅恪：《柳如是别传》，上海：上海古籍出版社 1980 年版。
[8]陈友琴：《白居易诗评述汇编》，北京：科学出版社 1958 年版。
[9]陈友琴：《白居易资料汇编》，北京：中华书局 1962 年版。
[10]郑振铎：《中国文学史》，北京：当代世界出版社 2009 年版。
[11]赵景深：《中国文学小史》，太原：山西人民出版社 2014 年版。
[12]赵秀福：《实用主义美学思想研究》，济南：齐鲁书社 2006 年版。
[13]陈寅恪：《岑仲勉史学论文集》，北京：中华书局 1990 年版。
[14]苏雪林：《唐诗概论》，上海：商务印书馆 1934 年版。
[15]余英时：《中国思想史上的胡适》，台北：联经出版事业公司 1984 年版。
[16]余英时：《中国文化的重建》，北京：中信出版社 2011 年版。
[17]周作人：《周作人文集》，北京：华夏出版社 2000 年版
[18]胡适：《白话文学史》，长沙：岳麓书社 2010 年版。
[19]胡适：《胡适留学日记》，合肥：安徽教育出版社 1999 年版。
[20]胡适：《国语文学史》，合肥：安徽教育出版社 2006 年版。
[21]胡适：《胡适文集》，北京：北京大学出版社 1998 年版。
[22]胡适：《胡适文存》，台北：远东书局 1983 年版。
[23]胡云翼：《唐诗研究》，香港：商务印书馆香港分馆 1930

年版。
[24]胡守为主编：《陈寅恪与二十世纪中国学术》，杭州：浙江人民出版社 2000 年版。
[25]胡颂平：《胡适之先生晚年谈话录》，北京：中国友谊出版公司 1993 年版。
[26]胡适：《问题与主义》，北京：北京大学出版社 2013 年版。
[27]闻一多：《唐诗杂论》，北京：中华书局 2003 年版。
[28]顾实：《中国文学史大纲》，上海：商务印书馆 1928 年版。
[29]郭虚中：《白居易评传》，南京：正中书局 1943 年版。
[30]钱基博：《中国文学史》，上海：上海古籍出版社 2011 年版。
[31]曾毅：《中国文学史》，上海：泰东书局 1928 年版。
[32][美]雷纳·韦勒克著，刘让言译：《20 世纪西方文学批评·引言》，广州：花城出版社 1989 年版。
[33][美]格里德著，鲁奇译：《胡适与中国的文艺复兴》，南京：江苏人民出版社 2010 年第 2 版。
[34]《清华大学校史稿》，北京：中华书局 1981 年版。
[35]《新学术之路》上册，台北：历史语言研究所 1998 年版。

三、研究论文

[1]王运熙：《白居易诗歌的几个问题》，《学术研究》2003 年第 5 期。
[2]方长安：《中国近现代文学话语的转型与日本文学的关系》，《求索》2004 年第 2 期。
[3]卢怡灏：《从〈白乐天与元微之书〉说到现代文学的使命》，《知用学生》1935 年第 1 卷第 6 期。
[4]齐公远：《白居易的妇女观》，《甘肃妇女》1943 年第 2 期。
[5]齐森华、刘召明、余意：《“一代有一代之文学论”献疑》，《文艺研究理论》2004 年第 5 期。
[6]刘梦溪：《一代文化所托命之人——论陈寅恪先生的学术创获和研究方法》，《书目季刊》1991 年第 25 卷第 1 期。
[7]芝熏：《白居易诗中妇女问题的研究》，《妇女世界》1945 年第

56 期。
[8] 朱利民：《西方理论的中国化步伐：进化论与中国文学理论的变异》，四川大学 2007 年博士学位论文。
[9] 朱东润：《司徒空诗论综述》，《国立武汉大学文哲季刊》，1934 年第 3 卷第 2 期。
[10] 孙俐：《陈寅恪的文学研究方法探微》，华中师范大学 2014 年博士论文。
[11] 吴绍泰：《读白居易新丰折臂翁诗》，《少年（上海 1911）》1925 年第 15 卷第 7 期。
[12] 吴奔星：《民主诗人白居易：略论他的新乐府》，《东方杂志》1946 年第 42 卷第 5 期。
[13] 陈幼嘉：《白居易的生平及其诗》，《大地（宁波）》1935 年第 1 期。
[14] 陈寅恪：《白乐天之先祖及后嗣》，《岭南学报》1949 年第 2 期，后辑入《元白诗笺证稿》。
[15] 陈寅恪：《白乐天之思想行为与佛道关系》，《岭南学报》1949 年第 10 卷第 1 期。
[16] 陈独秀：《现代欧洲文艺史谭》，《青年杂志》1915 年第 1 卷第 3 期，第 40 页。
[17] 陈怀宇：《陈寅恪与赫尔德——以“了解之同情”为中心》，载《清华大学学报（哲学社会科学版）》，2006 年第 4 期第 21 卷。
[18] 参见《平凡的诗人——白居易》，复旦实中季刊 1927 年第 1 卷第 3 期。
[19] 周庆熙：《白居易评传及年表》，河北女师《国文学会特刊》1935 年 5 月。
[20] 周作人：《人的文学》，《新青年》1918 年第 5 卷第 6 号。
[21] 张汝钊：《白居易诗中的佛学思想》，《海潮音》1934 年第 15 卷第 3 期。
[22] 非我：《社会诗人白居易及其诗中之时代背景》，《津汇月刊（天津 1934）》1934 年第 2 期。
[23] 郑振铎：《新文学观的建设》，《文学旬刊》1922 年第 37 期。

[24]罗志田：《陈寅恪的“不古不今之学”》，《近代史研究》2008年第6期。
[25]贺中复：《论五代十国的宗白诗风》，《中国社会科学》1996年第5期。胡适：《元稹白居易的文学主张》，《新月》1928年第1卷第2期。后收入《白话文学史》。
[26]胡守为：《陈寅恪先生的考据方法及其在史学中的运用》，《学术月刊》1980年第4期。
[27]俞平伯：《长恨歌及长恨歌传的质疑》，《小说月报》1929年第20卷第2期。
[28]易峻：《评文学革命与文学专制》，《学衡》1933年7月第79期。
[29]秦桂祥：《白香山诗中关于非战思想及妇女问题之探讨》，《国专月刊》1935年第1卷第5期。
[30]夏承焘：《读“长恨歌”：兼评陈寅恪教授之“笺证”》，《国文月刊》1949年第78期。
[31]骆玉明：《古典与现代之间——胡适、周作人对中国新文学源流的回溯及其中的问题》，《中国文学研究》2000年第4卷第1期。
[32]陶愚川：《诗人白居易析论》，《大夏年刊》1933年(创立九周年纪念)。
[33]敏子：《白居易诗中的贪官污吏》，《空军》1933年第41期。
[34]彭兆良：《白乐天诗中反应的妇女思想》，《玲珑》1935年第5卷第35期。
[35]景蜀慧：《“文史互证”方法与魏晋南北朝史研究》，《中山大学学报》2000年第1期。